国家出版基金项目
NATIONAL PUBLICATION FOUNDATION

中国社会科学院近代史研究所中华民国史研究室

总编　李　新

中华民国史

大事记

第七卷

(1934—1936)

韩信夫　姜克夫　主编

中　华　书　局

1930年 李静之 张小曼
1931年 任泽全
1932年 石芳勤 徐玉珍
1933年 江绍贞
1934年 熊尚厚
1935年 吴以群 刘一凡
1936年 郭 光
1937年 郭大钧 王文瑞 李起民
李隆基 常丕军 刘敬坤
1938年 陈道真 韩信夫
1939年 李振民 张振德
1940年 梁星亮
1941年 陈仁庚 梁星亮
1942年 董国芳
1943年 李振民 张守宪
1944年 梁星亮 张振德
1945年 齐福霖 王荣斌
1946年 查建瑜 任泽全
1947年 陈 敏 章笑明 汪朝光
1948年 卞修跃 贾 维 陈 民
1949年 江绍贞 朱宗震

审 订 李 新 韩信夫 姜克夫 齐福霖 吴以群
（以下按姓氏笔划为序）
王学庄 江绍贞 刘敬坤 朱宗震 朱信泉
孙思白 汪朝光 李振民 严如平 杨天石

杨光辉　邱权政　张允侯　陈铁健　郑则民
尚明轩　周天度　查建瑜　贾　维　梁星亮
章伯锋　曾业英

校　阅　王述曾

修　订　韩信夫　江绍贞　齐福霖　孙思源

目　录

第七卷

1934年(民国二十三年)

1　月

1月1日　中央军对福建人民革命军发动总攻。第二路军蒋鼎文、第四路军张治中及第五路军卫立煌三部共七个师，由顺昌、建瓯、屏南分别出动，布成品字阵形向延平、水口、古田推进。

△　福建人民革命军第一军沈光汉部、第五路军谭启秀部及福建农民自卫军等，继续分别进攻浙边平阳、庆元、泰顺等地，以求攻入浙江，突破中央军重围。翌日及3日，浙边庆元、八都、泰顺等地战斗均烈。

△　赣粤闽湘鄂“剿共”西路军第二纵队司令刘膺古令第十八师朱耀华、第六十二师陶广两部强袭湘赣苏区万载县高村。翌日，陶师由铜鼓出发任主攻，朱师配合。

△　湘鄂西红三军贺龙部撤离四川黔江，回师湖北利川。川军陈万仞师第十三旅达凤岗部两个团于是日晚进占黔江县城。3日，红三军攻入利川，歼鄂军两个团，溃其一团，毙鄂军新三旅团长一名。川军陈师派佟团赶赴云阳边境柏树坝地带堵击。

△　徐向前红四方面军西线指挥所，以其预备队第二七一团和前沿的第二十七师，在四川仪陇城南五里墩，向川军第三路军罗泽洲部四个团发起袭击，用以阻滞和消耗川军的有生力量。翌日红军将川军击

溃，毙团长以下400余人，俘100余人，缴枪200余支。

△　伪满召开各府、院、部等首脑联席会议，讨论准备实行帝制问题。

△　孙科由中山县返港晤胡汉民，转达南京方面协商条件：蒋介石保留职位，汪精卫下野；军政分离，另设国防委员会主持军事，组织比"中政会"更有权力的委员会主持政治；请胡汉民与阎锡山、冯玉祥等往南京任职。胡表示如能接受他上年12月15日对时局宣言中所提八项主张即可到京任职。

△　新疆边防军帮办、新编第八师师长张培元派兵攻击塔城，截留盛世才从苏联运往迪化之枪械。盛部航空学校校长姚雄即邀巴品古归化军袭击张军。是日，张部所属原东北军千余人突然倒戈与阿尔泰军相应，伊宁大本营被围，张培元急由乌苏回援。3日，张军被巴品古归化军消灭于伊宁，张培元得悉后于惠远自杀。

△　原察东"剿匪"司令刘桂堂于上年末由赤城经延庆窜入河北昌平，是日入北平西北之明十三陵及大小汤山。3日越廊房南入安次、固安。4日，察哈尔省政府通令取消其察东"剿匪"司令职，并号召刘部官兵自拔来归。

△　中央银行国库局成立。该行汇兑局归并业务局，以席德懋任经理。

△　福建人民政府根据上年年底公布闽海关增收海关税的规定，是日起对福州地区输入之一般进口货，一律增征现行关税一成。

△　浙赣铁路杭(州)玉(山)段建成通车。

△　教育部在上海设立全国教育电影推广处。

△　上海宗教哲学研究所成立。该所由吴铁城、王晓籁、王一亭等发起。宣称"对社会提倡精神治疗，冶儒、释、道、耶、回五教为一炉，培养固有道德"。举李玉阶、章文通、王一亭、王晓籁等九人为理事。

△　日本借口"保护国际列车"，从本日起派伪满守备队100名，日关东军守备队三四十人，登中东路西段之国际列车随车"监护"。

△ 齐齐哈尔之《龙江日报》和《齐齐哈尔日报》合并，改称《北满洲日报》，并发行海拉尔及北黑增刊。该报为日伪在齐市的重要报刊。

△ 《长城半月刊》在沪创刊，潘文安主编，发行人陈一夫，上海河南路文明印刷所印刷。

△ 北平《外交周报》创刊，北平外交月报社编辑兼发行，编辑委员会主任委员李圣五，委员吴颂皋、高宗武等，受外交部指导。

△ 《文学季刊》在北平创刊。郑振铎、章靳以主编。

△ 《汉口商业月刊》创刊，汉口市商会商业月刊社编辑，市商会发行。

1月2日 张治中部抵古田北部，与福建人民革命军赵一肩部接战。次日，张部进攻古田外围；第五路军第三十六师宋希濂部炮击延平郊区。

△ 福建农民自卫军范铁民部在福建寿宁、福鼎间组织地方人民政府；并设军官学校。

△ 中共中革军委电令湘赣省委及红十七师速出宜春、分宜北渡袁水，会合红十六师向南浔路永修地区活动。是日，红十七师萧克部由吉安三都圩渡沪水，经永阳镇入安福，突袭西路军第一纵队刘建绪部寮塘桥、竹江津等阵地，歼灭绥靖团一队。

△ 日机轰炸察省赤城、永宁、龙门所地区。4日，北平军分会向日驻平武官谷荻提出交涉。5日，日本借口堵剿刘桂堂，又增兵冀北密云、三河两县。

△ 国民党中央执行委员、原国民政府外交部长伍朝枢患脑溢血病逝于香港。

1月3日 福建人民政府闽东警备司令邱兆琛率李金波等三独立团增兵连江，进占罗源、宁德，与中央军海军第一舰队司令陈季良部战于白鹤岭、飞鸾岭之间。同日，陈季良抵福建三都澳部署进攻福州计划。

△ 第二路军蒋鼎文部由浦城、建瓯线东进，拟断政和、庆元间福

建人民革命军后路，其孙元良师向古田推进。

△　福建省军独立师师长陈齐瑄在寿宁通电投靠蒋介石。蒋委陈任新编第十师师长，令其充当进攻福建人民革命军之先锋。

△　福建龙漳、兴泉两省人民政府分别在龙溪、晋江正式成立。以许友超(未到任)、徐名鸿为龙漳省正副省长；戴戟(未到任)、陈公培为兴泉省正副省长。

1月4日　中央军海军陆战队进攻罗源，并以一部分攻丹阳、连江。福州形势开始紧张。

△　国联技术合作专家刍贝尔(法国人)到平，遂在中法、北京两大学讲演《国际合作实现之可能》。谓"国联对日本占据东北，深致不满，中国现正遭严重危难，又因种种不平等条约之束缚，不获与国联切实合作，至为遗憾"。希望努力促其进展。

△　驻沪日本水兵及海军陆战队2500人在虹口阅兵，并举行作战演习。参加者尚有在乡军人及少年兵800余人。

1月5日　蒋介石驻浦城指挥进攻延平、古田第十九路军，由第五路军第九纵队刘和鼎部第四、三十六、五十六师等师主攻延平，从正面强袭其西北高地；以第五路军第十纵队汤恩伯部冷欣师和第四路军第三十六师宋希濂部攻击延平各制高点；以第三十师孙连仲部进攻吉溪；蒋鼎文于安丰镇设指挥所，直接指挥炮兵第一团和空军助战。同日，第四路军第二纵队指挥官王敬久，率第八十七师(王兼师长)和第八十八师孙元良部进攻古田。福建人民革命军(第十九路军)由南屏抽调两旅增援。

△　福建人民革命军军事委员会召开会议，李济深、陈铭枢等改变固守福州方案，决定命蔡廷锴火速率部驰援古田、延平击破中央军，保全福州。蔡即命毛维寿为右路军指挥官，指挥第二军及第三军之一部，沿大湖经雪峰向古田急进解赵一肩师之围；命沈光汉为左路军指挥官，指挥第一军及第三军之一部，沿白沙、甘蔗经水口向延平推进；陈铭枢、蒋光鼐、黄琪翔随总部行营由福州向白沙前进；以第四军张炎部为总预

备队。限令该军于 1 月 7 日到达福州待命。

△ 湘赣军区红三师和赣北独立师分途向修水县东部湖田坂、何子恕、木古港发动突袭，与郭汝栋部张、刘二旅在湖田坂作战。11 日，红军经大桥北进，郭师刘旅、新七旅追击，红军直入走马场、紫荆山一带。13 日，郭师等追至紫荆山包围红军。红军与之血战一昼夜，赣北独立师师长杨锡成牺牲，损失甚重。

△ 刘湘限令各军于一周内攻占仪陇、巴中、江口及立山等地，完成其第一期"进剿"计划。是日，四川"剿匪"军第三路军罗泽洲部会同第二路军李炜如部进攻仪陇、巴中。10 日，徐向前红四方面军自动撤出仪陇，退入旺苍坝、千佛岩、顶山场之线，李部于当日进占仪陇。次日，罗部亦至仪陇后山，向仪陇城开枪恐吓李部。李疑红军反攻，慌忙撤走，罗部即入仪陇。

△ 第四十军孙殿英部自上年西进屯垦，为宁、青等省当局阻止，后遵军委会之令暂停西进。是日，孙军一部由五原循黄河河套，经宁远、石千子向沃野移动。次日，孙军分抵宝丰、沃野一带。宁夏省政府主席马鸿逵在石嘴子、平罗及宁夏省垣间节节布防。10 日，孙在临河设立军部，积极准备西进。

1 月 6 日 宋希濂部攻占延平制高点九峰山，汤恩伯部攻占延平东部。延平闽军第五师师长司徒非派人向刘和鼎接洽投降；第一军沈光汉部第一师刘占雄部不战而退。中央军占延平，一部进至雪峰。

△ 陈济棠以福建战事激烈，电令粤军独立第一师师长黄任寰、独立第二师师长张瑞贵、第五师师长李振良、独立第四师师长邓龙光等加紧粤边防务。8 日，独一师由大庾、蕉岭、平远开往上杭、永定；独立二师向诏安、云霄推进；第五师一部由兴宁向梅县开拔，拟转上杭。

△ 日本驻伪满大使馆参事官谷正之根据日外务省及拓务省之训令，与关东军司令部在长春召开联席会议，审议"驻满之日本新警察制度"，决定：一、驻伪满大使馆内设警务厅统制全境之日籍警察；二、警务厅长由宪兵司令官兼任（初任厅长为田代司令官）；三、在东三省之外务

省警察及关东厅与“满铁”附属地之警察均受其指挥;四、警察之最高指挥者为关东军司令官。

△ 刘桂堂部在中央军第二十五师关麟徵等部截击下,由阜城分窜冀南、鲁西、鲁北。11日,刘部一股窜鲁北桑园、德州,一股窜鲁西濮县大王庙。12日,韩复榘派第七十四师李汉章及民团第二路军赵仁泉等堵截,以防深入鲁省。13日,刘部在冀南之一部窜深县,一部由景县南入清河、临清间油坊镇附近。何柱国军及骑兵师白凤翔等部紧追堵剿。

△ 张学良由意大利乘“康脱浮特号”轮回国,途经香港登岸访胡汉民。前张学良顾问端纳及东北军旧部荣臻、鲍文樾、冯庸、米春霖、刘鸣九等十余人在港候迎。

△ 国民政府指令行政院,派陆军第三十五师师长马鸿宾兼任甘宁边区“剿匪”司令。

1月7日 中央军李延年、汤恩伯两纵队沿闽江而下,分东、西两路夹击水口。闽军谭启秀部背水作战,失守天竺山。同日晚,李部占水口,谭只身乘木筏逃出重围,闽人民革命军两师被歼。

△ 湘鄂边区“剿匪”总司令徐源泉令所部进攻利川,贺龙红三军在利川城郊与之激战。徐部不支,急向川军刘湘求援。次日,川军陈万仞调杨勤安独立旅由川东边区磨刀溪向利川北部南坪洞、凉露山、汪家营之线推进。12日,红军与徐部再战后南撤,16日入咸丰县大、小沙溪。

△ 伪满国务总理郑孝胥召开各部总长会议,审议所谓《国策大纲》,准备实行帝制。大纲主要内容是:(甲)对内政策:(一)制定各种法律,取法制主义统制;(二)实行地方自治;(三)开发实业,统制金融;(四)振兴教育,提高文化;(五)整顿警察制度及武备,维持治安;(六)广收人才,选用贤能;(七)实行王道主义。(乙)对外政策:(一)以尊重国际主义为外交方针,与各国合作为原则,取亲善政策,遵守国际法及外交惯例;(二)维持治安,保护外侨之生命财产;(三)开放门户,欢迎外国之对满投资及经济合作;(四)侧重对外通商政策,等等。

△　三民主义力行社召开干部会议，决定三大活动政策：一、在全国各部队内开展工作，以监视各军长官活动；二、实行法西斯主义，扫荡国民党内部一切“反动分子”，收容杂色派别，徐图消灭，厉行党部法西斯化，集一切权力于领袖；三、没收军阀政客财产作为基金。

1 月 8 日　汪精卫在南京国民党中央纪念周上讲话，坚持“厉行党治”、“厉行训政”、“扫除一切障碍”，反对以和平方法解决闽事。并谓对第十九路军定非消除不可。

△　张学良回国抵上海，对记者发表谈话谓：“本人对于救国之主张，一如昔日，即为‘和平统一’四字。”11 日，又发表书面谈话，表示：一、“姑容许一个领袖（指蒋介石）有实验的机会，姑拥护一个主义使得发挥其效能”；二、办教育的人共同起来刷新人才教育；三、速息“阋墙之争”，准备应付第二次世界大战；四、全国“真正做到精诚团结”，并与政府商议东北难民及失业者根本救济办法。末谓，“如志不得行，拟再出国调查研究”。

△　伪满加紧进行复辟帝制活动。伪满国务院召开特别内阁会议，讨论向溥仪提出《国体建议书》。11 日，日关东军授意伪省、市长向溥仪呈送《改帝制建议书》。18 日，伪满在奉天召开实行帝制市民请愿大会，强迫市民参加。

△　《文学季刊》在北平创刊，谢冰心、郑振铎、朱自清、章靳以、李长之、吴晗、林庚等编辑，北平立达书局发行（自第四期起改由该社自行发行）。

1 月 9 日　蔡廷锴接红军彭德怀电告：“蒋军卫立煌部在闽江以南活动，有趋永泰模样。”是夜蔡由甘蔗至白沙与陈铭枢、蒋光鼐、黄琪翔等召开紧急会议，决定前线各部火速撤回福州，退兵闽南。会后陈、蒋、黄等星夜赶往福州，安排人民政府撤退。

△　福建人民革命军厦门守军张炎部李营退往漳州。同日，漳厦警备司令兼厦门特别市长黄强、公安局长林鸿飞撤离厦门，避居鼓浪屿。嗣后黄等降中央。

△ 中共东满特委在延吉县南洞召集该地区各抗日武装领导人举行联席会议，讨论决定共同抗日的办法和原则：一、各武装团体密切联系，互相帮助，继续开展反日反满活动；二、对日军前来劝降，应坚决拒绝，若有投降者应立即清算；三、当日军来攻时，不应以武装抵抗，应取回避主义；四、同日军交战或袭击时消耗的弹药，应由反日士兵予以补充；五、同正在避难的同志取得联系，筹集粮食，同时应向亲日伪者征收，或夺取运输途中的粮食。

△ 刘湘在成都四川善后督办公署接见上海《新闻报》、《申报》及中央社、国闻社组成的上海记者赴川考察团。谓"目前四川最重要的工作即为剿匪计划的完成"，之后"再行着手开发四川，进行生产建设"。表示欢迎各省各界投资开发四川。

△ 财政部统一全国盐税，通令各榷运局自本月起，发售盐斤除用新衡器外，每担一律收税 10 元。

1 月 10 日 蔡廷锴在福州召集各军师长以上干部会议，部署退往漳州、泉州的计划：第三军区寿年部首先渡江南撤，以急行军进占仙游，掩护主力部队总撤退；第七十八师在马尾附近监视蒋军海军行动，俟主力退出福州后南撤；第四军张炎部掩护主力渡越乌龙江后跟进；第二军毛维寿部随第三军之后，于惠安、泉州间轮番掩护主力撤出；第一军沈光汉部随第二军之后跟进；以先遣纵队司令邱兆琛部为总掩护以断后路。此外，并决定政府重要人员先去香港，俟军事稳定再返福州。同时决定，在人民革命军主力未撤退之前，暂委张炎为福州戒严司令。同日，蔡、蒋联名电请陈济棠派兵接防闽西。

△ 中央军鱼雷游击司令王寿廷由三都澳率舰艇两艘及陆战队两个营，会同厦门要港司令林国赓进占厦门。同日，蒋鼎文派刘光谦接收福建人民政府厦门特别市政府，杨廷枢接收思明县府。

△ 西路军第二纵队司令刘膺古在萍乡召开"清剿"会议，第十八师师长朱耀华、第五十师师长岳森、第六十二师师长陶广等出席。会议决定将湖南全省分为五个保安区，共编 34 团又两营。贯彻"军政并行，

清剿兼施”方针。实行“筑堡封锁，筑路交通，清乡善后”三大政策。部署以“肃清”万载红军孔荷宠部为最主要任务。

△ 蒋介石派德国军事顾问团上校军官韩英士(亦作亨因斯)持其亲笔信前往德国柏林，迎接前德国陆军总司令赛克特再次来华，正式担任军事顾问团总顾问。3 月 6 日，赛离开柏林前夕，德国总统兴登堡、国防部长麦肯逊、外交部长牛赖特等曾分别接见，均表示德国政府将予以可能之支持。日政府得悉后，对此表示强烈反对，要求德国驻日大使狄克森急电柏林外交部劝阻，德政府未允。其后，日驻柏林大使访德外交部，指责德助中国备战，以便将来对日。

△ 国民党中政会通过财政部发行《民国二十三年关税库券》一亿元，作为偿还银行积欠、安定金融之用，月息五厘，七年偿清本息，由财政部指定关税收入为还本付息基金，本月起九八折发行。13 日，国民政府公布《条例》。

△ 是日为日本“日俄战争纪念日”，溥仪在长春举行阅兵式。同日下午举行“中央最高首脑部及各省代表联席会议”，决定推郑孝胥为代表面谒溥仪，劝进帝位。

△ 全国国语教育促进会呈请教育部通令各省、市教育厅、局，推行社会教育应切实注重国语，并附办法四条，以便推行。25 日，教育部批准，通饬各地遵照施行。

△ 国民党中央执行委员，前海军部长、福建省政府主席杨树庄在上海病逝。

△ 武昌鄂声通讯社创立。

1 月上旬 四川“剿匪”第一路军邓锡侯，以右翼第五师第十三旅陶凯部由剑阁县红岩子渡嘉陵江，右翼与第二路军遥取联系；中路以龚渭清旅、杨晒轩旅分别由昭化、广元出发；左冀卢济清旅由朝天驿沿大巴山脚东进，分别在广元县元坝子、王家坝、快活岭和苍溪县山川寺等地，多次向徐向前红四方面军发动猛攻。红三十一军王树森部在快活岭之役歼灭邓部近千人。其后，红军自动缩短战线向后撤退，陶凯旅和第十五旅杨宗礼两部进占赵家场、麻桑树、张坝场、肖家梁及元坝子等地。

△ 上年冬，黔东车鸣翼部在龙里县属观音山被王家烈部战败后回驻铜仁，得湘西陈渠珍之助积极准备反攻。是旬，王家烈派其第二师师长柏辉章率部进攻车部，先后在岑巩县罗家山、铜仁县荣店场及亚渔场、猫猫岩将车部击败，占领铜仁。下旬，经何键派员调解，双方在龙溪口会商解决办法。

1月11日 海军部长陈绍宽率“海宁”等五舰由沪驶闽，次日抵三都澳向福州推进。

△ 西路军第一纵队司令刘建绪电令第十六师彭位仁由莲花进攻永新，寻湘赣萧克红十七师、高咏生红十八师主力作战。次日，彭部开至桥头、朱岭坳，13日乘雪雾分途进占将军山、更鼓寨、梅花山等险隘。湘赣红军模范师等大部入莲花、安福交界之大山中，一部向永新。

△ 内蒙各盟旗代表吴鹤龄、赵泰保等在南京面谒汪精卫，请速批准成立自治区政府。汪允尽早实现。

1月12日 张治中部自9日起，从延平、屏南、水口三路围攻古田，并以飞机进行轰炸。驻守古田之第十九路军第五军第七师赵一肩部连日遭到围攻，驰援古田之右路军第二军毛维寿部未能及时赶到，赵部不支，是日停止抵抗，向张治中投降。中央军占古田。

△ 是日至次日，日海军陆战队200余人，乘人民革命军正在撤退之际在福州登陆，进驻仓前山。

△ 陈济棠约晤第十九路军驻广州办事处处长陈福初，要求将驻广州河南第十九路军特务营撤退。次日，第十九路军特务营自动缴械，陈济棠派军警接收第十九路军驻粤各机关，并停发对福建的协饷。

△ 是日及13日，云南省第二殖边督办杨益谦、第一殖边督办李曰垓先后急电云南省政府主席龙云，报告英兵入侵班洪情形。

△ 初旬，新编第三十六师马仲英部万余人围攻迪化城，盛世才派外交处长陈德立前往苏联驻迪化总领事馆向总领事阿布列索夫请求军

援。盛世才答应在新疆实行反帝、亲苏、民平等政策。是日，巴品古归化军佯称赵寿山任指挥官，分兵两路，一由霍尔果斯入伊宁，一由塔城向绥来。马仲英得悉后，乃派马虎山赴头屯河迎击。

△ 孙殿英发出移防通电，谓“官民饥寒交迫，实不能坐以待毙，只有仍本屯垦令西行”。同日，孙部与宁夏马鸿逵军接战，占领宁夏磴口县，并电请蒋介石、何应钦令马鸿逵停止军事行动。次日，孙军分路进攻宝丰、黄渠桥各大镇。马鸿逵电北平军分会报告孙军进犯宁境。何应钦即电令孙停止行动，原地待命。

△ 上年 6 月 25 日美籍教士辛普生(即新振华)在甘肃会宁县华家岭被土匪枪杀事件，经甘肃省政府严密查办，捕获凶手马荣华、马维和、范永德等三人。是日，甘肃皋兰地方法院判处主犯马荣华死刑，3 月 1 日执行枪决。

△ 国民政府特派蒋鼎文为赣粤闽湘鄂“剿匪”军东路总司令。

△ 国民政府任命陈仪为福建省政府委员兼主席，省政府暂设延平，由行政院转饬陈仪迅即赴任。又令，福建省各政府、各委员、各兼厅长，由行政院查明，未经“附逆”者饬回原任，其“附逆”有据者分别褫职，遴员补充。

△ 国民政府特派黄慕松为致祭护国弘化普慈圆觉大师达赖喇嘛专使；准张乃燕辞建设委员会副委员长职。

1 月 13 日 福建人民政府及其第十九路军退出福州，撤往漳州、泉州。李济深、陈铭枢、蒋光鼐、黄琪翔、陈友仁、徐谦、余心清、章伯钧、胡秋原、梅龚彬、何公敢等人民政府领导人分别乘飞机、轮船、汽车离开福州。同日，蔡廷锴等通电在漳州设人民政府，在泉州设总部，表示坚持战斗。

△ 中华苏维埃共和国临时中央政府以福州濒危，致电福建第十九路军，作六项紧急提议，其要点为：一、立即实践其宣言中及协定上所允诺的人民民主权利；二、立即武装福州、泉州、漳州各地群众，赞助群众参加反日反蒋战线，以保卫福州及泉、漳各地；三、立即组织反日反蒋

的斗争团体，不应借口战局紧张，妨碍或禁止这种组织的发展；四、实际赞助蒋敌后方民众武装组织和反日反蒋活动；五、决心肃清自己队伍中准备向蒋介石投降或请托帝国主义保护的分子；六、向第十九路军全体官兵宣布，为反日反蒋，只有与苏维埃和红军合作到底，并采取一切有效方法与联合一致的有效军事行动。

△　西路军第二纵队司令刘膺古命令第十九师第五十七旅为第一支队，以该旅旅长陶柳任支队长；第六十二师抽兵两团为第二支队，以钟光仁任支队长；第十八师抽兵两团为第三支队，以易振湘任支队长；第五十师抽兵三团为第四支队，以彭璋任支队长；第六十二师抽兵两团为第五支队，以李国钧任支队长，限22日前分别集结谢家坊、潭埠、三百兴、黄冈口等地待命，准备向小源、白水、菱湖等湘赣苏区根据地发动进攻。

△　王陵基趁红军撤出仪陇之后，是日命令所部主力分别向旺苍坝、千佛岩、顶山场一线继续发动总攻；田颂尧部之罗乃琼师及曾宪栋师之一部向恩阳河推进。徐向前红四方面军在胡家场等地截击王陵基部，一部在阆中县鸡梁山击败田颂尧部。

1月14日　河北省政府以"指导民运"为名，于本月初派员赴唐山解散开滦煤矿工会，妄图用官办的工会整理委员会取代原有工人自己组织的工会。是日，马家沟、林西、赵各庄、唐各庄等矿工三万余人在中共唐山市委领导下举行罢工，要求恢复工会和失业工人复工。马家沟矿工人的罢工遭保安队镇压，死伤六人，工人要求省府严惩凶手。唐山启新洋灰厂工人起而声援。唐山矿工人表示如三日不得解决，将取一致行动。28日，唐山矿工人加入罢工。31日矿方在国民党党政人员的参加下被迫签字，允许取消包工、赔偿罢工损失、恢复失业工人工作，并答应工人有代表办事处之组织以为变相之工会。2月1日，罢工结束。

△　日军于上年12月假"剿匪"之名侵占察边沽源县后，是日又有日伪军千余名进占赤城以东之喜峰砦，并向龙门所推进，守军宋哲元部黄守中部队竟向后撤退。同日，日军驻黑河司令官森一郎用飞机在察

东地区散发“警告”宋哲元驻军的《声明书》。次日，日军向赤城驻军提出警告。宣称：“（一）察东长城线系‘中满’国疆，中国驻军系违背《塘沽协定》；（二）立即撤退龙门所赵家营子一带驻军；（三）赤城、独石口等处系协定之延长线，亦不应驻兵；（四）察军撕去日方布告为不敬及挑衅。”

△　孙殿英部绕过石嘴子攻至平罗附近，次日起连日全力攻击平罗城。16 日，国民政府军事委员会电令孙、马停止军事行动，静候处置。孙部副军长于世铭率一部由葫芦州绕攻李岗堡，拟断马军平罗、宁夏间联络。17 日，孙、马两军在李岗堡激战，孙军被马军击溃，退至蒋砦、陈砦。

△　英舰“白威克号”、美舰“杜尔萨号”借口护侨，各派水兵数十人在福州登陆，次日撤往马尾。

1 月 15 日　中共临时中央在瑞金召开六届五中全会，讨论《目前的形势和党的任务》、《白色区域中经济斗争与工会工作》及《中国苏维埃运动与它的任务》等问题。18 日，通过《目前的形势和党的任务》、《政治决议案》等决议案，补选中央委员和候补中央委员、中央党务委员会委员。并改选中央政治局，由博古（秦邦宪）任总书记，张闻天、周恩来、项英、陈云为政治局委员。

△　第十九路军全部撤离福州。蔡廷锴离福州前，聘请萨镇冰出面担任福州维持会会长，并以省公安局局长丘国珍、商会主席罗勉侯等为委员。下午萨等就职，由福州维持会及商会等筹助第十九路军开拔费 12 万元，全市遍贴“欢送十九路军”等标语。蔡与其主要人员分乘汽车去峡兜。次日晨，第十九路军退尽，中央军海军陆战队进入福州。随后，刘和鼎、李玉堂、蒋鼎文也先后至福州。

△　蒋介石由浦城至延平部署军事，特委陈明仁为浦城警备司令，陈万泰为建瓯警备司令，以警戒闽北红军。17 日又命蒋鼎文负责闽战全面指挥，进军泉州。20 日，蒋鼎文抵厦门，命令以宋希濂、李延年两师由福州渡闽江向泉州追击；以王敬久、孙元良两师自延平南下渡闽江向西南转进，配合向泉州追击；以冷欣、李默庵两师向左行半径迂回，经

永春、安溪向泉州西部压迫，并截断蔡廷锴所部西进龙岩的交通线；以万耀煌、刘戡两师从永泰南下，经仙游向泉州北部压迫；以第三师李玉堂部由福州经海路迂回至厦门、漳州南部登陆，直捣漳州，并遮断泉州闽军退路。

△ 胡汉民在《三民主义月刊》第三卷第一期上发表《政治上的责任》一文，重申去年12月15日对时局宣言的主张：一、推翻军阀统治（按：指南京蒋政权），然后实行“抗日剿共”；二、反对福建人民政府与南京政府，要求组织一个“真正代表国家人民利益”的政府；三、中国必须严格实行三民主义政治。并将其主张归纳为八个字：“蒋汪下野，福建回头。”

△ 中华国货产销联合公司在上海成立。该公司由参加芝加哥博览会出品协会之各省代表周贯虹等发起，得全国18省区响应，以“生产救国为宗旨，扶助实业之发展，实行产销合作”相号召，股本26.05万元。30日召开第一次董监事联席会，举杜月笙为董事长，王晓籁、史量才、许世英、林康侯、俞佐廷、邬志豪为常务董事，聘邬志豪任总经理。

△ 《音乐杂志》季刊在上海创刊。萧友梅、易韦斋、黄自编辑。该刊为全国惟一的音乐刊物。

1月16日 第五路军卫立煌部南进追击第十九路军，其所属第八十三师刘戡部在仙游以南与第十九路军第三军张君嵩第三师接触。张师英勇反击，掩护各军南撤。同日，蔡廷锴抵莆田，主张先集兵力于仙游，击败卫立煌部后南下，遭第一军第一师师长邓志才和第二军军长毛维寿反对，遂改令第三、四两军及邱兆琛纵队统归区寿年指挥，一面堵后，一面掩护西侧部队继续南撤；并令第二军到达惠安后，以一部占领涂岭要隘，掩护主力昼夜兼程抵达泉州设防。

△ 陈济棠电蒋介石，要求保留第十九路军名称，给蔡廷锴、蒋光鼐川资出国，并将闽南划归粤军防地，所遗第十九路军由戴戟、陈维远改编。

△ 国民政府任命李敬明为陆军第三十一师师长；免邢震南第四

师师长。

△ 蒋介石密电孔祥熙，要求在沪与德国人福斯炮厂经理接洽购置重炮。18日，孔复电报告已遵意与该厂经理晤洽。

△ 马仲英部由迪化北郊攻占东门飞机场及无线电台，19日攻占南梁及王家庄，其在头屯河之战七战七胜。盛世才因巴品古归化军的援助，尽力固守迪化，并派兵一部进攻昌吉。

△ 何应钦派北平军分会高级参谋侯成前往太原面见阎锡山，请阎出面阻止孙殿英军西进。是日，侯在太原要求见阎。阎以患“感冒”为由，未予接见。

△ 日伪军进攻察东赵家营、郭家窑子，图占龙门所。守军张人杰令所部负责守土，对进犯者妥为应付。该部宋铁林旅胡文郁团予以还击，至夜日伪军撤退。

△ 刘桂堂部在鲁西民团总指挥赵仁泉直辖混成团和李德宣骑兵团袭击下，由曲周窜入邯郸、永年，19日占涉县，欲久居武安、林县及涉县地带。豫、鲁、晋三省军队对刘部组织会剿。

△ 波兰首任驻华公使魏登涛在南京向国民政府主席林森呈递国书。

1月17日 蔡廷锴率部由莆田经涂岭抵泉州，是日召开紧急会议。蔡决定本人离军去闽西，希望部队火速分路西进闽西保存力量，凡不愿西进者自由择定，宣布将第一方面军部队归毛维寿代指挥。随后，蔡派副参谋长范汉杰率高级参谋陈心慕往厦门与蒋鼎文接洽，说明蔡已离军，愿和平改编第十九路军。傍晚，蔡乘机抵漳州。

△ 蒋介石鉴于红军围攻沙县甚急，电令第三路军总指挥陈诚以第五纵队罗卓英及第七十九师樊崧甫部于20日向建宁推进，予以策应。陈即令罗卓英部由黎川、硝石之线向熊村、河塘一带集结；樊崧甫师经水口至长源、淹岩一带集结；均限23日到达，以备续向建宁推进。

△ 国民党中政会第三九二次会议通过《内蒙古自治办法》，凡11条：一、内蒙古自治，分区设置自治政府，对区域隶属、组织权限、经费等

各项另拟办法；二、内蒙古自治之实施，自治区政府未成立前，由中央或当地省政府派员组设筹备处；三、内蒙古自治区在察、绥两省未设县治的地方各设两区；四、自治区政府设委员五至15人，委员长一人，副委员长二人，区政府分科办事，为区旗两级；五、自治区政府隶属行政院，并受中央各主管部、会之指导监督；六、自治区内之国防、外交均归中央，其特殊性质者，在不抵触中央及当地省政府法令范围内，区政府可发布或制定单行法规；七、省区关系，自治区内各蒙旗行政为中央未授权省政府者属之，如涉及省行政范围者得与省政府会商。省政府得中央委托，可代表中央指导区政府办理自治；八、自治区经费，由中央核准后拨款补助，税收属国税者由中央征收，在已设县区由省政府征收地方税，自治区政府仅在未设县区征收地方税；九、经济问题，未开垦与未设县治的蒙旗，在该地住满一年以上，不分民族得享游牧垦耕种，森林矿产归国有，并由财政部在该区设中央银行分行；十、教育制度及经费，由教育部会同蒙藏委员会拟订具体办法；十一、司法由行政司法部会同蒙藏委员会拟订具体办法。

△　是日晨，内蒙各王公赴京代表尼玛鄂特索尔及各盟旗驻京办事处代表赵泰保等，在蒙古各盟旗联合驻京办事处处长吴鹤龄率领下，分别向国民党中央党部等机关请愿，要求设立自治区政府，该地未开垦土地暂予保留；自治区政府有一定税收权；并反对外族人移居蒙地。

△　上海市公安局公共租界总巡捕房共同出动，前往福州路合众书局搜查，抄去鲁迅著作《二心集》1333本，解送捕房。鲁迅所著《伪自由书》出版后亦被查禁。

1月18日　胡汉民在香港对记者发表谈话，对福建局势提出善后办法：一、宁、闽应即停战；二、第十九路军应即驱逐乱党，自承其咎，取消新组织，恢复党徽、国徽；三、依照淞沪抗日旧制，改编第十九路军，以保存此有历史之国家武力。

△　晚7时，上海特别市党部执行委员、上海市政府社会局局长吴醒亚、上海淞沪警备司令部军法处处长陶百川、上海市政府教育局局长

潘公展等，在上海“招待”本市各大报主要负责人。潘公展宣称：“当此中央讨逆剿匪均获胜利”之后，“中央仍将专力肃清赤匪”。“在后方之教育上与文化上，尤应排斥赤化宣传，摒绝匪徒一切活动”。要求各报“今后对军事政治消息之刊布要慎重，副刊文字之涉及左倾或过激者”完全不得刊载。次日，吴醒亚等又宴请各报副刊、电影专刊和各杂志编辑、新闻记者数十人。续谓：“兹后务望上海文化界一致摒绝赤化稿件”，倘再有不接受商量而发现不妥文字者，“则当以为有特殊使命论，自当另行制裁”。

△ 内蒙代表吴鹤龄、赵泰保等在汪精卫所设招待会上，表示坚决拒绝17日国民党中政会通过的《内蒙古自治办法》，要求照上年黄绍竑在蒙所商之原案通过。同时就《内蒙古自治办法》向国民党中央提出三项补救要求：一、请保障盟旗部族之原有地位及区域的权益；二、实行自治，共御外侮；三、各盟旗部永远免除省县之侵蚀压迫。并声明：蒙古自治绝非分离运动，自治并非为少数人谋利益，非反对省县当局，仅求公允。

△ 川军第五路军右方兵团中央纵队刘若弼旅（刘代旅长），经宣汉县隘口向绥定、宣汉、城口、万源之交通要道马渡关推进，是日占领罗鼓寨、大罗坪等要地。徐向前红四方面军再次紧缩阵地，先后撤至固军坝、罗文场、马渡关及红灵台之线。

△ 班禅应国民党中央电召，离绥经北平转赴南京，出席国民党四届四中全会。临行时发表谈话称：解决藏事须由宗教入手，必须宗教推动方可言政治。24日班禅专车抵京。

△ 财政部电令各省、市政府转令各地银炉业于令到之日一律停止营业，今后不得再行私开，并将公估局于同日一律撤销。

1月19日 红三军贺龙部由咸丰转战湘西龙山县茨岩塘。21日，湘军陈渠珍、龚仁杰部及保安团罗致英部来攻，贺部与之接战。23日，贺部入永顺西库，24日进攻马达铺、杉木村，陈渠珍等部驻守永顺城。

△ 鄂豫皖徐海东红二十八军向河南固始出动，全歼民团三个队，

后转移至安徽六安。

△ 西南政务委员会在广州召开常会，决定解决闽事四项原则：一、宁、闽克日停止军事行动；二、取消人民政府；三、李济深、陈铭枢引咎下野；四、责成蒋光鼐、蔡廷锴恢复第十九路军番号，整饬军纪，驱逐叛逆。俟执行部通过，即电请南京当局采纳。22 日，胡汉民及西南政委会分别致电国民政府，请求停止对第十九路军用兵。指出“若压迫过甚，恐其铤而走险”，“殊非国家、地方之福”。

△ 秦德纯代表宋哲元在北平访日驻平武官柴山，要求制止日军对察东的骚扰。柴山答复系属“误会”，但仍主张在平与察省代表谈判，竭力借此要挟，划察东为“非武装区”，逼迫察省驻军撤至赤城以西。

△ 蒋介石为反共军事需要，派浙江建设厅厅长曾养甫任闽赣浙皖道路建筑处处长，在军务工程专家协助下，调集工兵万人，工人数千，开始赶筑浦城、建宁线。并计划筑建宁、延平线，接至水口，使闽北各主要城市以汽车大道联成一气。

△ 蒋介石、汪精卫、陈果夫、居正、孙科、于右任、顾孟馀、叶楚伧等联名分别致电胡汉民、冯玉祥、阎锡山、赵戴文、刘守中及在沪各中委，促速入京出席国民党四届四中全会。

△ 孙殿英续攻平罗，翌日被马鸿逵部马宝琳旅击退。20 日，阎锡山改变以前支持孙军西开的许诺，电劝孙停止前进。21 日，孙部再攻平罗失利，退集平罗北部地带。

△ 内蒙云王、德王自滂江电黄绍竑，质问上年在蒙所商自治办法为何擅自改变，要求黄促请国民党中央照原案通过。

1 月 20 日 国民党四届四中全会在南京召开，到中央执监委及候补执监委 96 人。22 日，蒋介石由杭州抵南京出席。会议讨论各种提案共 51 件，其中以西南代表崔广秀、黄旭初根据胡汉民八项政治主张所提之提案最为会中所注目。会议通过改革政治案、分期促进训政案，以及推行土地政策、统一水利机关、整理田赋、废除苛杂、安抚东北流亡人员等议案。25 日，全会选举林森连任国民政府主席，并通过全会宣言后结束。

△ 国民政府任命邓家彦为国民政府委员。

△ 伪满国务总理郑孝胥谒伪执政溥仪，呈递劝进帝位建议书，并宣称于 3 月 1 日实行帝制，以溥仪为“满洲帝国皇帝”。伪满外交部次长日人大桥忠一在广播电台作特别讲演，宣称：“满洲国”之国体变更，与复辟“完全无关”。溥仪亦发表宣言，谓“满洲三千万人民全体盼余践位，此为余之神圣权利”。同日，日本外务大臣广田发表声明，支持郑孝胥的声明，表示将促其早日实现，并电日本驻各国使臣向驻在国政府解释。

△ 川军第五路军左方兵团之右纵队范绍增师在流江河东北双河场被徐向前红四方面军歼灭千余人。23 日，王陵基急欲抢夺马渡关，亲临前线指挥所部续向马渡关推进，从东、西、北三面围攻红军，所部范师第十二旅在庆云场又被红军夜袭击溃，其左翼攻势遭挫。

△ 第八十四师师长高桂滋等部，为追剿刘桂堂攻河南涉县。29 日，刘桂堂部由涉县西窜，绕道入太行山至林县。

△ 伪满吉林省公署及省治安维持会，为镇压义勇军活动，召开政治工作会议，决定设立行政指导班、宣抚工作和施疗班，分向抚远、宝清、密山、同江、饶河、虎林等县执行任务。并于各地改组县公署，实施保甲条例，整编警察队，组织壮丁团，调查户口和枪支，其工作时间为三个月，经费为 20.655 万日元。

△ 北平“文化团体联合会”致电国民党四届四中全会，建议设立“中央文化委员会”，集中人才从事编纂、译述以三民主义为范围的书籍，严格取缔“反动”宣传，以加强对文化领域的统治。

△ 中国国际学会在上海正式成立，选举郛翰芳、徐泽予、许性初、王新命等 15 人为理事，项远村、黄造雄等五人为候补理事。会议通过建议教育部令各大学添设国际学院或增设国际课程、发刊《国际月刊》等 15 件提案。

△ 黔桂公路于上年 11 月筑成，是日午后在广西南丹县六寨市举

行通车典礼。

1月中旬 上海《社会经济月报》创刊，社会经济调查所编纂并发行，孙成欧编辑，受农村复兴委员会委托进行经济调查与研究。

△ 上海《时代漫画》月刊创刊，主编鲁少飞，发行张光宇，时代图书公司出版。

1月21日 中华苏维埃共和国第二次全国苏维埃代表大会在瑞金召开，到会正式代表700余人，旁听1500人。毛泽东致开幕词。24日、25日，毛泽东代表中华苏维埃共和国中央执行委员会与人民委员会作工作总结。朱德、林伯渠分别作《红军建设决议报告》和《经济建设决议报告》。大会通过《对中央执行委员会两年来工作报告的决议》、《关于苏维埃建设的决议》、《关于红军问题决议案》及《中华苏维埃共和国宪法大纲》等。大会选出第二届中央执行委员175人，候补委员36人，中央工农检查委员35人。2月1日大会闭幕。

△ 中央军李玉堂师由海道抵漳州南部，一部由嵩屿登陆进攻漳州，一部由角尾附近登陆进攻同安，于上午将漳州、同安占领。同日，李默庵师由仙游、枫亭进攻涂岭、驿版，第十九路军进行抵抗，与之鏖战三四小时，5000人被包围缴械，李师占领惠安；第九师李延年部越永泰、仙游经南安开向安溪。

△ 蔡廷锴退抵龙岩，漳州后方部队随之到达，集结龙岩兵力约4000余人。蔡以与红军有边界协定，欲与闽西地方武装傅柏翠合作，遂下令破坏漳龙公路，将部队撤退大池、小池地区整理，计划以游击战同蒋介石作最后斗争。

△ 第十九路军第一军军长沈光汉、第二军军长毛维寿、第三军军长区寿年、第四军军长张炎受"力行社"特务头子戴笠拉拢收买，趁是日上午中央军进攻漳州时，通电脱离福建人民政府，投降蒋介石。

△ 外交部驻云南特派员王占祺奉外交部之命，就英国于上年12月侵犯云南边境事往晤驻滇英国领事哈定，哈定予以否认。25日，哈定又以个人名义致函王占祺，仍谓英缅人之开矿队未越边界进入班洪，

无视事实接连加以否认。

1 月 22 日 中央军宋希濂师占莆田，续向泉州推进；王敬久师与刘戡师相配合进逼泉州。对泉州取包围之势。

△ 蒋鼎文拟定收编第十九路军办法，营长以上离营，余则点械收容。蒋介石即日复电照准，令第十九路军集合莆田、福清、惠安听候改编。次日，蒋鼎文电泉州第十九路军将领，限三日内作出明白表示。沈光汉等复向蒋介石要求仍驻泉州并保留第十九路军名义，另派戴戟来闽负责改编，至 25 日晚仍未开出泉州。蒋未允，仍以重兵压迫，准备以武力解决。沈等软化，表示听命调动，遵令候编。

△ 第二次全国苏维埃代表大会主席毛泽东致函东北人民革命军及义勇军，表示向英勇的抗日战士致敬，希望继续坚持抗日民族革命战争，发动群众完全驱逐日本及一切帝国主义出中国。

△ 宋哲元在北平邀集秦德纯、萧振瀛及赵登禹等会商应付日军要求中国撤退察东驻军的办法，决定派张北警备司令张允荣协助察东防务，以对付日军对察东的侵略。23 日，宋偕秦德纯抵北平，同何应钦商谈察东问题，决定对日之无理要求据理驳复。

△ 伪满驻日公使丁士源辞职，由沈瑞麟继任。

△ 国民政府特派顾维钧为海牙公断院公断员。

△ 上海《中国青年铲共大同盟》发表宣言，声称“铲除电影界赤化活动”，并谓上海的明星、天一、联华和艺华四大电影制片公司，从 1933 年开始即被一般赤色作家和共产党人所“操纵”，“宣传赤化，鼓吹阶级斗争”；各电影公司今后绝对不得再摄制宣传“赤化”、描写阶级斗争和社会黑暗面的影片；凡已摄制者，“须自动删剪”，违者“定以炸弹轰炸”。并扬言将对田汉、沈端先、钱杏邨、茅盾、沈西苓、楼建南、许幸之等所编剧本进行取缔。

1 月 23 日 国民政府任命阮肇昌为陆军第五十七师师长，李松山为第五十五师师长；准驻秘鲁特命全权公使魏子京辞职。

△ 日本外务大臣广田在议会发表外交方针演说，宣称：“满洲国”

与日本有密切而特别的关系，此后应“极力为之援助”。“中国应速恢复其治安与繁荣，常保邻善互助关系”。表示日本政府“深切注意关心中国之共产党活动，及共产军横行之情况”。希望美国“增进历史上之亲善关系”，谅解日本在东亚之地位。并期望日、英两国“亲交关系之增进”。声称日本是“维持东亚和平唯一基石”，要求各国明白理解日本的现实地位。表示今后将推行“亚细亚门罗主义”，中国之权益应由日本独占，反对英、美之在华势力。按：此演说即为日本政府“天羽声明”的基调。

△ 上海市邮务工会等50余工会，联名具呈国民党四届四中全会，要求国民政府转饬立法院速即修改工会法，明文规定各省、市得组织总工会，或颁布上海市总工会单行组织法规；反对国民党中央民运会擅改工会名称为“各业工会救国联合会”，致使市总工会组织无形取消。

△ 河北迁安县西部农民在中共领导下举行抗日反蒋暴动。是日晚，上下梨树峪农民百余人高举“京东红军抗日游击队”大旗，与苇子峪、上川的暴动农民汇合，收缴地主枪支，没收地主财物分给穷人，并攻打警察局。其后，国民党调大批军警镇压，30多人被捕，被迫转移。

1月24日 内蒙代表赵泰保等连日向监察院长于右任、国民政府主席林森请求采纳原订自治大纲。是日，赵等再向国民党四届四中全会请愿，要求中政会重议蒙古自治方案。29日，赵等又谒蒋介石，并拟就长篇宣言，分派代表向中央党部、军事委员会参谋本部及行政、司法、考试、监察、立法五院再作最后请愿。强烈反对中政会所订自治方案，要求采纳蒙方意见，予以重议。

△ 刘膺古部陶柳、钟光仁、易振湘各支队，分别由突石、分水坳、富财洲出发，总攻湘鄂赣红军根据地小源。红军徐彦刚部采取游击战术，迂回永新、安福、莲花边界。

△ 国民政府明令改组福建省政府。委员兼财政厅长许锡清、委员兼秘书长李章达“附逆”有据，着即褫职；委员戴戟（兼民政厅长）、郑贞文（兼教育厅长）、孙希文（兼建设厅长）、高登艇、林知渊、李清泉免本

兼各职。任命郑贞文、林知渊、孙家哲、孙希文、徐桴、李进甲、陈体诚、李清泉为福建省政府委员，陈仪兼民政厅长，孙家哲兼财政厅长，孙希文兼建设厅长，郑贞文兼教育厅长。

△ 国民政府令免陈仪军政部政务次长职，遗缺由顾祝同继任。

1 月 25 日 彭德怀红三军团，寻淮洲红七军团各一部于 23 日起，由福建将乐、夏茂进攻沙县，全歼蒋军第五十二师卢兴邦部两个团及靖卫队。是日，进占沙县城。

△ “剿匪”北路第三路军于 23 日以第十一、第六十七两师由河塘移集黎川；以第十四、第九十四师集结团村、五都围附近。24 日晚，陈诚下令以第十一、第六十七两师为右翼队，受傅仲芳指挥进占横村；以第十四、第九十四两师为左翼队，由霍揆彰指挥进占樟村；第六师由龙安镇向横村。是日，左、右两翼同时发动进攻，董振堂红五军团踞守樟、横两村南部高地。战至下午 4 时许，陈部右翼队分经丁路、杨家店占领横村；左翼队经铁炉、孔家田占领樟村。

△ 刘膺古至万载，督率朱耀华、岳森两师及陶柳、钟光仁两支队，分三路进攻湘赣边区红军省军区及省苏维埃所在地小源，红军及苏维埃政府转移。

△ 陈济棠委李扬敬、黄任寰为闽粤边防区正副司令，令黄克日调所部由闽西上杭开拔，先移永定，再移平和、云霄，向闽南推进。次日，又召集李扬敬，张瑞贵、缪培南等商订布防粤闽边防及处置第十九路军办法，决定以独立第一师黄任寰、第五师李振良、独立第四师邓龙光等分别开入闽西、闽南和广东大埔，设置第一、第二两道防线；对第十九路军残部允改编为一独立旅。佯称阻击第十九路军散兵，实为暗防中央军入粤。

△ 伪满国务总理郑孝胥在长春发表谈话，为伪满复辟帝制制造舆论。谓“以往二十余年，中华民国废帝制，以共和相号召，实际上不过假所谓民主政治之虚名”，“故政治终致失败”。“我满洲国……应恢复旧道德，顺天意而实施君主”，“冶物质与精神文明于一炉”。

1月26日 林森在南京国民政府礼堂宣誓连任国民政府主席职，蒋介石、汪精卫等各中委、各部院会长官、各机关代表千余人出席。中监委员吴敬恒任新职大典主席，代表中央授印、监誓，并政训词，林森宣读誓词并致答词。

△ 国民党第四届中央监委第一次全会通过决议：一、推定林森、吴敬恒、张静江、张继、蔡元培为监委会常委；二、推定萧吉珊为监委会秘书长；三、通过中央监委会组织法案。

△ "剿匪"北路军总司令顾祝同令第三路军总指挥陈诚率罗卓英、樊崧甫等纵队由樟村、横村向建宁推进。同日，陈诚部第十一师黄维和第六十七师傅仲芳部进攻邱家隘；第七十九师樊崧甫（兼）进攻寨头隘；由第十四师霍揆彰、第九十四师李树森任掩护队，先分别进占竹箕隘、大坪。董振堂红五军团猛烈反击，打退陈诚部冲锋十余次，但损失甚大，遂撤出战斗。傅、黄、樊等部进占邱家隘和寨头隘。

△ 中共中央为福建事变发表第二次宣言，指出福建人民政府的失败是改良主义第三条道路的结果，是首领动摇妥协或叛卖的结果。号召全国工农及民众与红军联合起来，打倒日本及一切帝国主义，打倒卖国的国民党政府。

△ 红十七师萧克部奉中共中革军委命令由安福入分宜县境开始北上，准备会合红十六师和独立红三师共同东进南浔路。翌日，在萧公渡一举突破国民党军沿河防线，渡越袁水，北入分宜、新喻间之双林。28日，钟光仁部进占小源。29日，红军渡锦江入宜丰地区。刘膺古令所部朱耀华、彭位仁等对萧部主力"追剿"。

△ 是晚，第八十三师刘戡部由仙游经泉州北部进占泉州。翌日，蒋鼎文自厦门抵泉州，下令第十九路军全部退出泉州，向指定之莆田、福清、惠安三县集中，听候改编。其中一部官兵，散处龙岩及闽西长汀、连城，彷徨无依。

△ 孙殿英屡攻平罗不下，改以左翼队于世铭部佯攻平罗，由右翼队第一一七、一一八两师及一炮兵旅，在刘月亭指挥下经贺兰山潜入宁

夏城郊北塔发动攻城。翌日，孙军爬城猛攻，两军激战数小时，午后，马鸿宾第三十五师抄袭孙军后路。孙军攻城失利，退集城西北之满达桥、礼拜寺、八里桥一带。双方形成对峙。

△ 西藏驻南京代表接拉萨电称：西藏司伦噶厦益仓及僧俗官民大会举热振呼图克图为总摄政，掌握西藏政教大权，其军权仍由司伦噶厦负责。31 日，行政院决议准热振代摄达赖职权，2 月 23 日正式就职。

1 月 27 日 国民政府任命李文范为国民政府委员。

△ 林彪红一军团、罗炳辉红九军团各一部增援董振堂红五军团，分别向寨头隘、王坊发动反攻。次日，陈诚部第十四师、第十一师各以一团作掩护，将主力陆续撤回樟村，以便集中力量与红军作战。

△ 广西省政府主席黄旭初在南京谒蒋，代表李宗仁、白崇禧表示愿意服从"中央"，并请求予以经济补助。

△ 西藏甘丹、哲蚌、色拉三大寺代表程文渊、李春先等在南京向国民党中央及行政院请愿，请求由政府设法驱除西藏宵小，改良政治，并派大员护送班禅回藏主持一切，以免西顾之忧。

△ 财政部与中国、交通、中南、金城等 16 家银行合组之银行团签订 4400 万元借款合同，指定以意大利庚款余额为还本基金，海关税余款为付息基金，利率月息八厘，至民国三十七年(1948)偿清本息。2 月 8 日，合同公布。

△ 中华乡村教育社在南京栖霞乡村师范学校举行成立大会。古楳、何玉书、彭百川等 100 余人到会。大会通过社章，提出调查、研究、实验、推广、编撰等五项工作任务。选举何玉书、陈剑修、吴研因、彭百川、梁漱溟等 16 人为理事。该社有社员 200 余人，团体社员 20 余个。分设事工、教育行政、社会教育、教材等四组分任工作。

1 月 28 日 陈济棠以中央军占泉州、漳州，乃改订布防计划，指定独一师黄任寰驻上杭，独四师邓龙光驻永定，第五师李振良驻平和，独二旅严应鱼驻岩前。并于大埔、蕉平、蕉岭各县设警备司令部。布成弧形阵线，仍防中央军入粤。

△ 蒋介石委派陈调元任赣粤闽湘鄂“剿匪”预备军总司令。2月7日，陈至南昌设总司令部。3月23日，国民政府明令公布。

△ 红新十军方志敏部第二十、二十一、二十三等三师由江西紫湖口向浙江常山县球川镇出击。翌日，在江西玉山、德兴两县边界之大桥与当地驻军发生激战，常山县球川驻军前往增援，红军撤回。

△ 徐向前红四方面军主动放弃马渡关，退守大垭口、鹰背场之线。翌日，川军王陵基部右方兵团第八旅进占马渡关，第九旅本部进至马渡关左侧背之得胜场、鲁班河、百丈岩一线。

△ 国民党上海警备司令部以“左倾”嫌疑逮捕民立女子中学秘书、《春秋剧社》主持人王大藻。市教育局以该校校长王本岳“容留共党”，予以撤职，并派吴醒亚、童行白等11人改组校董会。

△ 青海西宁青海电讯社创立，由陈秉渊主办。

1月29日 国民党中央举行纪念周，陕西省府主席邵力子报告《西北开发与建设》。强调要开发西北，必先救济西北；要建设西北，必先发展西北的交通。

△ 李济深于26日自汕头乘轮抵港，转赴澳门，随回广西。是日由梧州乘船经戎墟转回原籍苍梧县。

△ 国民政府任命傅汝霖为内政部常务次长。

1月30日 国民政府任命班禅额尔德尼为国民政府委员。

△ 蒋介石在泉州任命毛维寿、张炎为东路军第七路军正、副总指挥。同日，毛、张在惠安通电就职。

△ 行政院会议决议，撤销青海西区屯垦督办公署，免去孙殿英督办兼职(2月1日国民政府明令公布)。同日，北平军分会代委员长何应钦电令孙殿英率部退磴口以北地区，遵照北平军分会之编制进行缩编。

△ 孙殿英由宁夏城北迂回宁朔，转攻宁夏城。是日在金家寨、李家岩再次为马军击败。

△ 滦榆行政专员陶尚铭与日特务机关长仪我在天津商定《改正

榆关接收方案》六条，定于民国二十三年2月10日实行接收。按：1933年1月3日，日本陆海空军联合攻陷榆关，自此榆关为日军侵占。嗣经签订中日《塘沽停战协定》，日方将榆关交还中国接收。几经谈判，始达成《接收方案》六条。

1月31日 顾祝同委薛岳为北路“剿匪”第六路军总指挥。以第四十三、九十七、九十二、九十三等师编为第六纵队，由刘绍先任指挥官；以第五十九、九十、九十九等师编为第七纵队，由吴奇伟任指挥官。同时，命两部由永丰经古县、藤田向彭德怀红三军团和寻淮洲红七军团阵地沙溪、龙岗圩、古龙岗等地推进。

△ 甘宁陕绥靖主任朱绍良由兰州赴中卫，调部支援马鸿逵抗击孙殿英军。2月2日，青军骑兵第二师马步青部抵宁朔，马得援军后，宣称将以全力反攻。

是月 中共中央政治局决定，取消中国工农红军总司令部和红一方面军司令部的名义和组织，红一方面军总部同中央革命军事委员会合并，方面军所属部队由中革军委直接指挥，称中央红军。2月3日，中革军委改组，主席仍由朱德担任，周恩来、王稼祥为副主席。

△ 南昌行营划江西全省为五大守备区。以丰城、清江、新淦、永丰、吉水、藤田、乐安、凤冈为第一路守备区；宜黄、新丰、南丰、黎川、南城、临川、崇仁为第三路守备区；资溪、金溪等县为第五路守备区；余江、万年、东乡、贵溪、乐平、德兴、浮梁、铅山、弋阳、横峰、玉山、上饶、广丰为赣东守备区；峡江、吉安、泰和、遂川、万安为赣江守备区。分别训练团队，建筑碉堡公路，防堵红军。

△ 日本陆军参谋部决定所谓《对察施策》，依据其上年7月16日关东军参谋所提《暂行蒙古人指导方针纲要案》，以锡林郭勒盟和察东地区为“施策目标”，并依情势的发展向西扩张，企图建立第二个傀儡——伪“蒙古国”。《施策》的项目包括：开辟交通、通商交易、开发产业、利用喇嘛教及回教、设置经营教育、医疗和善邻会馆。宣称建立蒙古军，强化蒙古自卫军，设置通讯机关、谍报等。

△　关东军、“满铁”与伪满共同组设劳工管理委员会，以管制和限制关内移民。

△　川军田颂尧第二十九军国民党特别党部在川北潼属各县，先后破坏中共川北各地机关30余处，逮捕共产党员156人，查抄文件、刊物9000余件。

△　教育部在南京设立东北青年教育救济处，专门办理救济东北青年教育事宜。

△　广西省苗瑶教育委员会(后改称特种教育委员会)成立，由省教育厅长雷沛鸿兼任委员长。其任务是在苗、瑶族中推行教育工作。

△　《四川经济月刊》在重庆创刊，四川省银行经济调查室编辑出版。

2　月

2月1日　蒋介石由京抵杭，部署福建军事善后事宜。同日，张学良往杭州谒蒋，向蒋表示“一切听命中央”。

△　北路军第三路军陈诚部由黎川南进。林彪红一军团由毛坊、王坊附近再次反攻寨头隘、西成桥及平寮等阵地，战至次日11时许，撤至溪口坊(圩)、将军殿之线，会合董振堂红五军团、罗炳辉红九军团在鸡公山等地筑堡，阻击向南推进之樊崧甫、霍揆彰等部。

△　刘建绪电令第十五师王东原乘红军萧克部北入宜丰、同安之际进攻永新。

△　盛世才部西路军在伊犁集兵4000余人反攻昌吉，次日击败马仲英军。马部由昌吉撤退南梁。

△　中国青年党党员苗可秀、赵同等18人，在辽南三道虎岭改组原“劲斗团”，成立中国少年团，组织抗日铁血军，以东北大学学生苗可秀任总司令，赵同任参谋长。铁血军提出“爱护老百姓，唤醒伪满军，团结义勇军，打倒日本人”的口号。8月，铁血军增至300人，年底约近500人。

△　云南各界在昆明组设“云南民众外交后援会”，对付英军入侵班洪等地。并致电国民政府，表示誓作政府后盾。

△　刘桂堂率部突破冀南皮岭至磁县，次日夜南入漳河，3日窜河集，何柱国部跟踪追击。6日、7日刘部窜辉县，8日至修武，遭王奇峰骑兵师和常经武师堵截。后于9日入孟县。

△　财政部规定：自是日起，征收田赋改收纸币。同日，又令所属各机关于本日起实行度量衡新制，所有各种非法度量衡器具一律禁止使用；并饬全国度量衡局从速举办度量衡检定人员养成所，以推动全国度量衡的划一。

△　广东省政府组设经济设计委员会，对工商业实行统制。

△　粤汉铁路韶（关）乐（昌）段正式通车。

△　中国天一保险公司在上海开幕。资本500万元，董事钱新之、秦润卿、王伯元、胡文虎等。董事长王伯元、总经理梁晨岚。

△　陕西考古会在西安成立，张鹏一为委员长，徐炳昶为工作主任，翁文灏等10人为委员。该会决定先发掘斗鸡台遗址。

△　南京《中国文学月刊》创刊。主编萧作霖、陆印全，编辑张资平、何德明、黑婴、汪馥泉、赵景深等，流露社出版。

2月2日　红军第十七师萧克部由宜丰北进，是日占领宜丰、上高以北的找桥，东入奉新县黄沙坳、上梅、凤凰山一带。翌日，第十八师朱耀华部和第六十二师陶广部之一旅赶至，在黄沙坳地区与红军激战。红军突破陶广部钟光仁旅阵地，乘胜全线出击，朱、陶两部溃退潭山市。当夜，萧克部与红十六师高咏生部在黄沙坳会师。

△　陈济棠派员至龙岩谒蔡廷锴，接洽收编第十九路军残部。蔡为保存最后一点实力，同意粤方收编。6日，陈经中政会同意后，改编该部为粤军独立第三旅，任命第十九路军军需处长黄和春为旅长，退驻永定、上杭，受黄任寰指挥。

△　新任福建省主席陈仪、东路军总司令蒋鼎文召开省府委员及军事特派员联席会议，讨论编遣民军、“剿共”、整理民政、统一财政等问

题。决定收编民军改为保安队，由陈仪兼任保安处长，萧乾任司令。军饷请中央拨付。

△　中国地方自治会在南京成立，于右任等发起组织，推举陈立夫、张道藩、谷正纲等24人为理事。该会标榜“以调查地方自治”为宗旨，通过《中国地方自治协会简章》，凡19条。

2月3日　蒋介石为“剿共”军事电陈诚，核准“先由樟村西向南丰构成樟南间横缀碉堡线，由黎川以西钟贤、东坪一带守军推进接守”，“逐步交替向建宁推进”之意见。并令东路军以第八十八师孙元良、第八十九师王仲廉及第四师冷欣编为第十纵队进入闽西。先集中延平，次向沙县、泰宁进展。

△　蒋介石、孔祥熙、宋子文、张学良在杭州开会，商定扩充空军之经费，以实现其四中全会通过于本年内向英、美购买大量飞机的决定，以备“剿共”和对粤作战。翌日，续商“剿共”军事，蒋立促孔、宋速筹军费。

△　国民政府任命陈训泳为海军部常务次长，免去其原任海军练习舰队司令职。

△　上海真如国际无线电台举行中英直接通报开幕典礼。上海至伦敦间直达电路开放。

2月4日　下午3时，陈济棠在广州召开军事会议，余汉谋等20余人出席，会议讨论粤军“剿共”军事方针及海空军之实力扩充。决议：一、陆军推进赣南闽边区“剿共”。其攻的方略是，与东、西、北各路军联络进行，听从军委会命令。守的方略是，饬新开上杭、永定之邓龙光师担任建筑防御工事，暂由黄任寰任指挥；二、海军补充“海圻”、“海容”、“肇和”三大舰之实力，除添换新炮外，由黄埔海军学生补足原额；三、空军将五大队各扩充一倍。同日晚，陈在谈话会上宣布，中止入闽部队之前进，对江西取守势；又令陈维远撤销闽南警备司令部。

△　徐向前红四方面军以一部主力在东线进攻万源，川军城（口）万（源）游击司令陈部败退宣、万交界区红庙子、樊哙店地带，红军再占

万源。红四方面军在西线一部退集柳池、木门。是日川军第一路军邓锡侯部进占旺苍坝。

△ 孙殿英部以主力进攻宁夏城，所部夏维礼旅等由大礼拜寺、八里桥攻至城西南，被马鸿逵部骑兵击溃。翌日，孙军刘月亭部由宁夏新城西南绕至唐渠两岸，猛攻城北小礼拜寺、满达桥，马部骑兵迂回至孙军侧背反击，激战竟日，孙军又败。

△ 伪满东北交通委员会通过《国有铁路归并四局案》，决定设立奉天、吉林、哈尔滨及齐齐哈尔等四铁路局（原为九局），分别管理奉天、沈海、京图、呼海、洮昂等铁路线。4月1日正式成立四铁路局，同时，并设哈尔滨水运局、铁路学院。水运局除掌管船舶及码头外，并经营陆路汽车，日益成为全面控制我东北之交通机关。

△ 湖南省政府令警备司令部、省公安厅、长沙市政府，严厉取缔未经登记的群众团体。

2月5日 蒋介石在杭州出席浙江省党政联合纪念周并训话，大讲所谓"教、养、卫"。侈谈"教的根本在使人人知礼义廉耻"；"养的根本在人人知衣食住行"；"卫在训练保卫团基队"，"教其放枪射击"，"服从命令，遵守纪律"，要求首从江西做起，再推行全国。12日，蒋又在南昌行营训话，鼓吹"以实行教、养、卫三字造成复兴民族的基础"，并将教、养、卫三字归结成"礼义廉耻，衣食住行，共同一致"三句话，为其推行所谓新生活运动做准备。

△ 西路军第二纵队司令刘膺古令朱耀华、彭位仁、郭汝栋和岳森等师，分向奉新以西之上、下梅、凤凰山、黄沙坳地带红军发动总攻。并令"在进剿作战区域所有山林，应四面纵火焚烧"。红军萧克、高咏生部分别转入甘坊、九仙汤。

△ 陶尚铭在天津向河北省政府主席于学忠请示接收榆关问题。晚，陶率临榆县县长袁泰、公安局长苏玉琦赴山海关，与日方代表仪我交涉办理接收事宜。组成榆关接收委员会，以陶为委员长，苏玉琦、袁泰、朱震五及榆关商会会长、邮电局长等为委员。

△ 北平军分会代委员长何应钦分电阎锡山、傅作义、朱绍良、马鸿逵及于世铭等,通令免孙殿英北平军分会委员、第四十一军军长兼第四十师师长各职,并着即撤销第四十一军及第四十师番号,所属步兵交于绎庭、刘月亭两旅长负责指挥,各给三个团编制;所属骑兵交副军长于世铭指挥,亦各给三个团,均退集磴口以北整顿,归军分会直辖;如孙不听命,即由晋、绥、甘、宁各军将领以有效方法严厉处置。7日,国民政府公布免孙命令。

2月6日 第十九路军福建事变失败。在莆田、惠安、福清等地之原第十九路军二万余人,于是日及翌日被中央军宋希濂等师全部缴械。8日起,新编第六十师陈沛部开始由莆田徒手乘轮北上,伍诚仁第四十九师、杨步飞第六十一师、文朝籍第七十八师等集中莆田、惠安等地,随后至上海、南京转乘津浦路专车北上,17日运完。其中下级军官分送南京、洛阳两军校受训,全部士兵分驻开封、归德等地,交河南刘峙整训,三个月后分发各部队。

△ 上月24日红三军贺龙部由西库向永顺城进攻,因湘军龚仁杰旅罗致英团固守未克。是日,红军放弃进攻永顺,乘机以主力攻破桑植城。何键急令龚仁杰、朱际凯、罗致英等部反攻桑植。

△ 第二十九军军长、察哈尔省政府主席宋哲元鉴于日伪军在察东活动频繁,是日偕秦德纯前往张北沽源、商都、宝昌、赤城等地视察,8日返回张家口。

△ 新疆伪东土耳其斯坦伊斯兰共和国总理沙比提率兵围攻马占仓、马绍武军,马仲英派东干回军6000千人由焉耆前往救援。是日,马军击溃沙比提伪军,进占喀什噶尔之疏附(回城),沙比提逃往叶尔羌,伪府人员星散,伪"东土耳其共和国"解体。

△ 日军驻虎林司令官筱原大佐,以虎林义勇军红玉山部2000名自上月30日至本月1日退入苏境,竟向苏军司令意马纳夫发出通告,要求苏联确认已加以收留;并称"万一发生有悖友邦之谊时,于'满'俄两国之亲善,将召多大之障碍,本官甚为忧虑"。

△　墨西哥加下省燕线拿打埠全体华侨向国内发出通电，报告墨西哥排华情形，呼吁援助。电称：从1月起，墨西哥排华党“保种爱国会”四处散发传单，宣告与华人经济绝交，驱逐华人出境。2月5日更有党徒分别把守华人商店，不准墨西哥人前往购货。华侨向当局进行交涉，不予接见。嗣经中国驻墨西哥使馆多次交涉，始将其排华风潮平息。

2月7日　国民政府特派张学良为豫鄂皖三省“剿匪”总司令部副司令。

△　国民政府令免第四十一军军长兼第四十师师长孙殿英本兼各职。

△　蒋介石为加紧“剿共”，下令苏浙闽皖赣五省边区公路局长曾养甫，限期6月前完成五省边区之公路。

△　朱耀华、彭位仁两部追击湘赣红军萧克、高咏生两部至甘坊。次日，高部转入石门楼附近塘埠一带，摆脱朱、彭两部追击。红军续向南浔路前进。

△　蔡廷锴离龙岩，乘机飞梅县。19日由汕头乘轮船抵香港，之后暂居九龙。

△　国民党中政会决定由经委会、内政部、财政部合组土地委员会，于六个月内将全国土地作有系统之调查。又决定全国水利机关暂归全国经济委员会统辖。

2月8日　薛岳部自永丰向藤田进攻。是日以其先头部队第九十三师唐云山部攻占藤田东北大、小旅岭。10日，分别在大、小旅岭、福华山、天台山、曾坊、上下秋陂、新墟、老墟、花木前、瑶岭、南华山、瑶华山、杏塘、瑶村、下严坊等地开始构筑藤田至瑶华山之碉堡共89座；并派出游击队一支，向沙溪、白沙、石马、螺田、大水街、水口、罗背街一带苏区进行侦察和破坏，以掩护其筑堡活动。16日，藤田、瑶华山一带碉楼完成。

△　红三军贺龙部退出桑植，在永顺县双溪桥、五里桥与米树勋部

教导团激战。次日，红军分兵在毛坝、宫坝开展游击。12日，湘军龚仁杰、朱际凯部回驻永顺城。

△ 红新十军方志敏部再次集中紫湖口，进攻浙边王板、华埠地带。翌日，红军一部与浙江保安纵队指挥蒋志英部遭遇，即以主力绕道常山，将蒋部截为三段，溃其一营。10日，红军返回赣边玉山。

△ 盛世才部借助苏联红军援助，在迪化西北头屯河大举反攻马仲英军。11日，马军作战失利，马虎山受伤，被迫从迪化退往达坂城。

△ 川康边防军司令刘文辉派康藏交涉员兼德格知事姜郁文在矮达与西藏噶伦及三大寺代表琼沚等举行谈判。藏方提出：一、德格（包括邓柯、石渠、白玉等县）、甘孜、瞻化、朱倭（炉霍县属之一村）及康南之井盐、巴安县属河西各村之地，须完全交藏方管辖；二、康、藏前在冈拖所订立之停战和约无效；三、川、康军应无条件容许达结寺僧返寺，否则彼等将采取自由行动，藏方不负责任。刘文辉代表拒绝藏方条件，谈判三日未有结果。

△ 国民党中常会第一〇八次会议决定派陈肇英为福建省国民党代表大会筹备专员，主持全省党务；安徽省党务整理委员一律调回，派苗培成为安徽省党务特派员；四川党务特派员仍由曾扩情继任，限六个月完成工作。

△ 孙殿英军继续进攻宁夏城，是日，何应钦下令晋、绥、甘、宁、青五省分别出兵，对孙殿英军实行围剿。由晋绥军任堵截，宁夏各军任截剿，甘、青、陕各军联合防堵。

△ 国民党中央决定组设国民党党史馆，以蒋介石、林森、汪精卫、孙科、戴季陶等九人为建筑委员，拟定于南京明故宫旧址建馆。

△ 宁波和丰纱厂因纱业疲惫停工，3月23日复工。此后时开时停。

2月9日 蒋介石由杭州飞南昌，行前召见张学良指示豫、鄂、皖三省“剿共”计划，抵南昌后即饬赣西各县部队跟踪追击湘赣红军。

△ 第五纵队罗卓英部于7日筑成樟村、横村北至龙安镇，南至邱

家隘寨、头隘间碉堡，并集第十一、六十七、九十四、七十九各师于樟、横两村地带。是日起至15日，陈诚命其主力西移，以便筑成西成桥至南丰间封锁线，准备进攻凤翔峰、司令岩。罗卓英部向西成桥西南端大、小鸡公山发动攻击，占领大、小鸡公山。10日，林彪红一军团、罗炳辉红九军团反攻鸡公山未成，退集西成桥及其南部黄家隘、五通桥阻击罗部。

△　宁、粤商定粤、闽、赣边区“剿共”军事计划：决定由粤方派黄任寰师开抵永定、坎市、蓝家渡、合溪、槵市、湖雷等地；以李振良师四个团分驻上杭、武平、峰市、蕉岭；以第四师邓龙光师驻防大埔、枫朗、梅县、松口、五华、兴宁等处；独立第二师张瑞贵部驻饶平、浮山、黄岗、潮平一带。

△　川军罗泽洲部在杨森部配合下，在西线巴中县属天池地区与徐向前红四方面军一部作战，激战竟日，红军退鼎山场，一部据守黑山寨。罗部进占天池。

△　甘肃绥靖主任朱绍良派飞机三架在宁夏城郊助马鸿逵军，是日马军转守为攻，孙殿英军在飞机轰炸和风雪的袭击下撤至平罗以北。11日，孙殿英亲自督率敢死队5000人再攻宁夏城北，并以主力攻击马军左翼阵地千家寨、罗家湾、谢家庄等地。12日，朱绍良调集第一师胡宗南及甘肃新十四师鲁大昌等部援马。

△　据上海《时事新报》报道，财政部为统一华北税收机关，将河北省财政公署撤销，新设冀、察、晋、绥四省统税局，任命宁恩承为局长兼华北矿税专员，关吉玉为副局长。

△　立法院通过《国立北平故宫博物院暂行组织条例草案》，17日公布，决定原隶国民政府改隶行政院。

2月10日　蒋介石令蒋鼎文确定东路军战斗序列：以汤恩伯为第十纵队指挥官，隶属第五路军，辖第四、第十、第八十八、第八十九各师，限期集中延平；李延年为第四纵队指挥官，隶属第二路军，辖第三、九、八十三、三十六师共四个师；刘和鼎为第九纵队指挥官，隶属第五路军，辖第五十六、五十二、八十、新编第十一师、第八十五师及独立第四十五旅；第八十七师王敬久部为总预备队。17日，汤部集中延平，设立纵队指挥部。18日，蒋再令汤恩伯由青州直攻沙县，或先占将乐、归化。并令闽北前方各部队于卫立煌总指挥未到以前，概归刘和鼎负责，而以汤为闽北前敌指挥官。

△ 红四方面军总指挥徐向前亲自指挥东线王宏坤红四军、余天云红三十军各一部，趁川军准备春节休整之机向其右翼大举反击。翌晨3时，红军集中第九、四、三十军各一部夜袭宣汉、万源间的马鞍山楼门口，经昼夜激战，在罗大湾全歼警备第三路军（相当于一个旅）及另两个团，击毙第三路军副司令郝耀庭。

△ 蒋介石以徐向前红四方面军第三十军据万源以东城口诸地，北连陕、鄂门户镇巴，电令刘湘、杨虎城转饬镇巴驻军相机“进剿”，以阻红军入陕。

△ 榆关接收典礼在临榆县署举行。日方代表驻榆特务机关长仪我、天津驻屯军代表川合等，按照1月30日所商定之“方案”，移交部分行政权给中国代表、滦榆区行政督察专员陶尚铭。是日，新任临榆县长袁泰及山海关公安局长苏玉琦分别就职。接收后，伪机关仍占据城外，日关东军一部及特务机关、宪兵队仍继续常川驻榆，其余日伪机关如牌照签证所、“国境”警备队、“国际”防疫所、绥兴捐税分卡及电报邮局等均继续存在。中国警察在榆关只限定200人，且须徒手站岗。一切抗日爱国活动更被绝对禁止。

△ 云南班洪、班老群众在殖边督办李曰垓领导下，阻止英人在班洪强采金银矿及修筑道路、建筑营房。班洪王胡玉山已与英兵开战三次。英国侵略者收买班弄头目马美廷、户板头目宋忠福及永班王等所属土民，于是日再次进攻班洪村寨。班洪头目率众在班洪老丫口寨拼死抵抗，连日坚持战斗。

△ 日本在大连召开所谓“亚细亚民族合作”预备会议，诡称为亚洲有色民族“夺回自由与繁荣”，“脱出白种人压迫”。12日会议闭幕，

推鲍观澄为会长，日人十河为顾问。

△ 伪“协和军”司令石友三派其党羽由沈阳潜赴滦东鼓动旧部胡协五（滦东战区保安第一队队长）投敌不逞。是日，石即收买胡之部下张福堂将胡杀害。

2 月上旬 陈济棠电蒋介石表示其对第十九路军之处理意见：一、调该军前往江西“剿共”；二、粤方不再继续协助该军军费；三、改编后断绝与西南方面的关系；四、粤方入闽部队暂不离闽；五、该军各高级将领由“中央”制裁，以防野心再起；六、闽西、闽南防务仍由粤军负责。蒋接电后复陈，谓俟日后再定。

2 月 11 日 蒋介石、汪精卫联名通电，重申“剿匪”及生产建设之主旨。谓“救亡图存之方策，以为治标莫急于剿除‘赤匪’，治本莫急于建设”。顽固坚持“攘外必先安内”的反动方针。同时，呼吁中央、地方开诚相与，亲密合作，救亡图存，共同迈进。

△ 湘赣红军萧克、高咏生两部由山口渡修水，进入浬溪、甫田桥，在武宁附近击溃湘军第十六师彭位仁一个营后，于是日进占武宁北之芭蕉、横路铺等地。翌日，朱耀华等部星夜追至箬溪，郭汝栋等两师由龙港追向横路铺。红军在郭部到达前转移，16 日进至瑞昌附近范家铺、王家洲、南田铺一带。西路军总司令何键除令刘膺古立即派队尾追，命湖南省保安司令李觉往万载指挥外，并请南昌行营于南浔铁路堵截。

△ 徐向前红四方面军何畏第九军在东线进占四川宣汉县毛坝场以西的红岩，以八个团攻克王陵基直属第三师驻地胡家场，歼灭该师第七旅大部，活捉其第九旅旅长张邦本。翌日，红军掉头西向占领池溪场。14 日，红军转攻为守，集主力包围第七旅许绍宗部于鸣鼓场、老木口。许旅在鸣鼓场地区被红军围困达 27 日之久。

△ 中华苏维埃共和国临时中央政府为福建事变发表第三次宣言，略述福建人民政府与红军协议联合反蒋抗日经过，指出福建人民政府的失败是因为他们只在口头上宣布一些左的改良主义政纲，在军事

上采取失败主义路线，在群众运动上不仅未给民众以民主权及武装民众，反而予以限制。宣言再次声明苏维埃中央政府及红军军事委员会决不因福建人民政府的失败而放弃愿在过去三条件下与任何抗日反蒋军队订立协定的提议。指出只有全中国抗日反蒋力量联合起来，才能打倒日本帝国主义和南京卖国政府。

△　陕西绥靖公署主任杨虎城派刘建承至太原谒阎锡山，协商晋、陕联防堵击孙殿英军。

△　国际邮政第十次大会在埃及首都开罗举行，中国政府派驻瑞士公使胡世泽、驻葡萄牙公使张歆海、交通部邮政总局局长黄乃枢为全权代表出席。

△　刘桂堂部众一股窜河南济源县，13 日大股越黄河达孟津、磁涧，一部西入渑池。15 日大股抵宜阳。17 日窜入洛宁，该县县长秦硕弃城潜逃。

△　"中国文化协进会"南京分会成立，陈立夫为理事长，潘公展为秘书长，周佛海、王云五、张竹平、郑正秋、叶秀峰分任教育、出版、新闻事业、电影、广播事业等委员会主任。该会在国民党"CC 同志会"操纵下，鼓吹孔孟之道，出版反动宣传书籍，配合蒋介石军事反共，进行反革命文化"围剿"；并于各省、市设立分会，极力拉拢各地大专学校校长、教授及文化界名人为理事。

△　刘家俭等在南京创办"中德编译社"，社址设励志社内。

△　国民政府军事委员会委任王劲修为福建兴（化）泉（州）永（春）警备司令，指挥闽南地方军队。

△　陈铭枢离港，乘"康德罗梭号"轮赴法。

△　教育部在北平设"东北青年救济处"办事处，开办国立东北中山中学及私立东北中学，以收容东北流亡失学青年。

2 月 12 日　蒋介石在南昌行营扩大纪念周讲话，题为《复兴民族之根本要务——教、养、卫之要义》，宣称："今日国家之存亡，系于江西，故江西应作复兴民族之基础。"并谓："建设国家，复兴民族的根本任务，为‘数’、‘养’、‘卫’。”

△ 晚，蒋介石在南昌行营与杨永泰、熊式辉谈“剿共”问题，称“预定于三月十日前第二期作战开始，三月杪，到达连城、宁化、广昌、龙冈之线。四月杪或五月十日到达汀州、宁都、兴国之线。六月杪占领瑞金、雩都，肃清残匪”。

△ 铁道部全国公路线自1931年6月6日公布后，至今完成第一阶段之路线，计：京桂、京滇康、京藏、闽新、绥新各路线共5100余里。

2月13日 蒋介石在南昌召集顾祝同、陈诚、熊式辉、陈调元及西、南两路军代表举行军事会议，部署“剿共”军事，继续指挥第五次“围剿”；并由国民政府明令公布，任命蒋鼎文为赣粤闽湘鄂五省“剿匪”军东路总司令、卫立煌为前敌总指挥；陈诚为北路军前敌总指挥。

△ 阎锡山电北平军分会，谓其已向晋绥军下动员令共同堵击孙殿英军。同日，孙军驻晋办事处自动结束。

△ 藏军千余人从南路绕道袭击德格后路，并以牛皮船20余只从北路渡金沙江进攻巴安。15日，藏方再次增兵猛攻金沙江东岸邓柯城，截断与德格间交通，进而占领邓柯城。16日，川、康军增援部队赶到，将藏军击退，夺回邓柯城。17日，康、藏两军在德格展开激战。

△ 上海具有数十年历史之老九章、何恒昌两大绸缎庄亏累歇业。

2月14日 北平军分会委傅作义任晋绥军总指挥，阎锡山亦派王靖国、赵承绶率部集中临河，袭击孙殿英军后路。同日，陕军井岳秀部进驻安边堡。

△ 新疆克尼斯族军（亦称回兀兀）得英军暗助，与喀什噶尔守备队（东干回军）发生战争。是日，喀什噶尔守备队袭击英驻喀什领事馆，焚烧馆址，英四人受伤。

△ 天津市各业工会救国联合会以天津北洋、荣昌火柴厂及北洋、恒源纱厂等相继停工，全市失业工人近万人，是日发出代电，呼吁当局严令各厂即日复工，以维工人生计，安定社会。

△ 《新生》周刊在上海创刊，发行人兼总编辑杜重远。该刊继承

邹韬奋所办《生活周刊》的反帝爱国精神，勇敢揭露国民党政府的卖国行径与日本帝国主义者的侵略阴谋。

△　国民党南京市党部会同警察厅查封南京神州国光社。

2月15日　陈诚以樊崧甫师为主攻，以傅仲芳师及税警团、迫击炮连协助，猛攻林彪红一军团阵地凤翔峰（江西康都县属）。次日，红军反攻宜古坳，击溃敌军一营，毙团、营长五人。红军亦受重大损失，撤入杭山圩、太和圩。樊师占凤翔峰、芦坑。17日，傅师攻占凤翔峰南部司令岩。

△　晨8时，红新十军方志敏部进攻浙边开化县大桥头，浙江保安队蒋志英部由华埠增援，红军与之激战至夜11时。翌晨，红军撤回江西德兴县紫湖口、马岭。

△　黔东军车鸣翼与湘西军陈渠珍，在湘、黔边界之龙溪口会商解决双方军事冲突的办法，共同协定：一、陈渠珍部撤回湖南；二、车鸣翼离军，下野出国；三、车部由其部将李可达收缩；四、双方停火，弃嫌修好；五、铜仁由王家烈部柏辉章驻守，绥靖黔东。

△　中国工程师协会应刘湘之请组成四川实业考察团，以萨福均为团长，团员23人，是日由上海启程赴川考察钢铁、水利、交通及盐糖、皮革等各项工业，以备投资开发四川工矿业。

△　上海《国货月报》创刊，主编高时伯，中国国货月报社发行。

△　杭州全浙新闻通讯社创立，李志正主办。

2月16日　绥远省政府主席傅作义、山西省政府主席徐永昌联袂抵平谒何应钦，商榷处置孙殿英军办法，决定对孙殿英本人再作最后一次劝告，希遵令将所部交于世铭等分别统率，退出磴口以北待命；如孙不听从劝告，则仍由晋、绥、陕、甘、宁、青军事当局加以围剿。

△　日军独立守备队发动“清乡”，对东边道、辽东、辽南之三角地抗日义勇军进行“大讨伐”。

△　上海《人言周刊》创刊。主编谢云翼、郭明，编辑林语堂、全增嘏、潘光旦，发行人章建之。

2月17日 湘赣军区红军高咏生第十六师、萧克第十七师进攻德安县马回岭和沙河车站，九江、南昌震动。是日，蒋介石急令陈雷率三旅兵力，在瑞昌、珉山、德安、永修之线堵击并赶筑工事；命刘膺古抽调两个团于箬溪至白槎，沿修水、武宁间堵截；命朱耀华、彭位仁两师寻红军主力追击；命郭汝栋师兼程前至范家铺防堵红军西进；并令刘膺古克日驰赴武宁统一指挥第一、二两纵队。同时，张学良亦派一独立旅开往大冶防堵。

△ 刘湘以王陵基在宣汉、万源间之楼门口及胡家场惨败，于上日将其召回软禁，并撤其本兼各职。是日，刘召集各路正、副总指挥邓锡侯、田颂尧、李其相、杨森、罗泽洲、范绍增等举行军事会议，会商第二期"剿共"计划，决定以唐式遵、许绍宗分别接任第五路军总指挥和第三师师长(3月6日明令公布)；先将红军压迫到通江、巴中、木门以北，相机威胁南江牵制红军主力，再推至通江县石盘关至竹峪关以右一线进占万源，封锁川、陕边界及镇巴，切断红军通往陕西之退路，以谋全歼为军事方针，全部兵力约55个师。并着各路军正、副总指挥即赴前线准备进攻。3月3日正式发布川军第二期总攻令。

△ 北平军分会召集晋、绥、宁、青、甘五省将领傅作义等开会，具体商讨对孙(殿英)军事，决定以晋绥军负责东北路，甘、宁、青军负责西南路，分别从大同、绥远、仓头及其他五处围剿孙军，并派空军助战。

2月18日 "剿共"西路军王东原师分兵绕攻赣西永新县黄竹岭，袭击湘赣红军侧背。次日，红军第十八师徐彦刚部由黄竹岭退守南华山，蔡会文等部亦撤至永新东南，王师进占永新。

2月19日 新生活运动开始。蒋介石在南昌行营扩大纪念周上讲演《新生活运动之要义》，宣称"新生活运动"，"就是要使全国国民军事化"。要求首先在南昌和江西推行、发动"新生活运动"。21日，南昌新生活运动促进会成立，蒋自任会长，旋颁《新生活运动须知》。23日，蒋在南昌再次讲演，要求全国达到"国民生活军事化"。并对"新生活运动"的目的、内容和方法作了详尽说明。

△ 湘赣红军萧克第十七师攻入瑞昌之黄老门、九源渡及上、下陶庄。次日在陶庄与岳森部发生激战。20日,刘鹰古由万载前往武宁督战,至夜红军突围南移。21日,红十七师在柘林市巧渡修水,南进靖安北部前庙、东坑山,湘军岳森师尾追。

△ 第四十军军长庞炳勋、北平军分会委员胡毓坤、戢翼翘等联名致电孙殿英,促孙遵平军分会令停止军事行动,交出军权离军引退。23日,孙复电表示愿离军。

△ 英国驻滇领事哈定就英侵我云南边界事照复外交部驻滇特派员王占祺,坚持以非法的司格德红线(按:指英国司格德于1904年自划的界线)为中缅边界。王据理予以驳复。

△ 国民党上海特别市党部奉中央宣传委员会第三十号密函,内称"查上海各书局出版共产党及左倾作家之文艺作品为数甚多。兹经调查,其内容鼓吹阶级斗争者计149种",涉及上海市25家书店。要求"严行查禁,并勒令缴毁各刊物底版,以绝根据"。

△ 全国经济委员会组设蚕丝改良委员会,以曾养甫为主任,谭熙鸿、沈百先等九人为常委,并议定《改良全国蚕丝大纲》。

2月20日 蒋鼎文在厦门就赣粤闽湘鄂"剿匪"军东路总司令职,于厦门设总部,由参谋长赵南主持。22日,蒋计划指挥所部,一部由沙县、将乐进入泰宁、归化,向建宁进攻;一部由龙岩进攻代英、连城。并于漳州、龙岩、上杭、新泉、连城、将乐至永定一带,构筑东线堡垒封锁线。

△ 北路军第六路军薛岳部第九十九师郭思演部与红军警卫师战于江西崇仁县马鞍石,其一部攻占大排。

△ 行政院会议通过铁道部为实现兴筑新路,整理旧路计划而发行"民国二十三年第一期铁路建设公债"案,发行额1200万元,4月30日公布条例,5月1日发行。

△ 班禅额尔德尼在南京就国民政府委员职。

△ 刘桂堂部众窜至陕县,何柱国、唐俊德、高桂滋等部分别堵击。

25 日，刘部入卢氏县，继渡洛河入豫陕边地带。

△ 行政院第一四八次会议决定筹组新疆建设计划委员会，以褚民谊为筹委会主任，聘于尔普、王曾善、杨虎城、林竞、李景枞、艾沙等 25 人为委员。

△ 上海银行界张嘉璈、贝淞荪、李铭等以上海市银行同业公会名义致电美总统罗斯福，表示对美国政府实施新货币政策，提高银价之举不予赞同，请其考虑提高银价对华不利之点；并致电财政部要求"缓批世界经济会议所产生的白银协定"，以应付国外之货币侵略。27 日，上海外侨公会亦电请罗斯福对白银法予以慎重考虑。

2 月 21 日 湘赣红军第十六师高咏生部转经瑞昌西部横港抵瓜坑。次日，刘膺古命令以朱耀华率钟、李、易各支队继续尾追外，改派彭位仁师经永修车站牛萍公路西进高安附近截击，命郭汝栋师向瓜坑前进，并电请蒋介石转饬德安驻军驰赴奉新、上富之线堵截；令第二十六师王镇东旅等部由武进开驻箬溪、河浒，阻止红军南进。

△ 薛岳督率韩汉英与欧震两师，集中炮火轰击沙溪，红军江西军区陈毅部与之接战。经过顽强抵抗，红军分别撤至上固、潭头及上、下溪一带。薛岳部占沙溪。

△ 刘湘增调第一师彭光仁旅、第二师林毅旅及陈兰亭部开赴梁山、开江一带，归第五路军唐式遵指挥，加强其主攻力量。25 日，蒋介石电刘湘，嘱其"化除门户之见，团结一致，奋勇'剿共'，由先生全盘指挥，调整补充，限一二月内收复通、南、巴"。

△ 日使有吉在南京面谒汪精卫，交涉中日悬案问题，试探中国政府的对日方针。汪表示完全同意日本广田外相的外交方针。中日悬案之解决，决先从易开始。

△ 吉林国民救国军余部在中苏边境被日军讨伐队围剿，损失惨重，该部代总司令吴义成率 60 余人逃入苏联境内，余部 30 多人在吉东分水岭组成游击队。

△ 国民党中政会第三九六次会议通过地方自治原则三条：一、确

定县与市为地方自治单位；二、分扶植、开始、完成三期之程序进行；三、为推行政令起见，每省至少应设县政建设实验区一处，或分区设实验县若干处，以为研究及实验中心。

△ 南洋华侨陈嘉庚公司在世界经济危机的冲击下遭到巨大亏累，宣告破产，失业工人达6000余人。

△ 上海中国著作人出版人联合会召开紧急会议，到会有北新、现代、光华、生活及新中国等30余家书局。会议就国民党中央宣传委员会转令上海市党部分向各书局查禁大批进步书刊事作出决议：一、以全体出版业名义呈请国民党中央党部暂缓执行；二、要求对所被禁书刊进行复查，并说明其被禁之理由；三、公推代表五人向当局请愿，要求收回成命。

2月22日 中共中央指示满洲省委建立反日统一战线，指出必须反对关门主义倾向；必须保障无产阶级的骨干及对领导权的实现；必须最广泛地武装群众，采取各种组织形式、名称，并号召其加入人民革命军；在党领导下的游击区建立起临时革命政权；坚决没收日本帝国主义及其走狗的财产；对城市工人运动予以极大转变，建立极广泛的群众反日统一战线。

△ 陈诚部筑完樟村、西成桥、沧浪、石沟圩至南丰之封锁线，令第三路军主力集结南丰，以备南进广昌。25日，第三路军总指挥部迁南丰城。

△ 汤恩伯纵队第八十八、八十九两师达顺昌，准备进攻将乐。红军寻淮洲第七军团踞沙县高沙、鱼溪湾；彭德怀第三军团主力进入夏茂、富口、漠源。翌日，汤恩伯恐受夹击，乃改攻沙县，以第八十八、八十九师进攻夏茂、高沙线，警戒将乐；而以一部配合第四师进攻沙县，并令第五十二师由尤溪协攻。

△ 蒋介石电汪精卫，要求拨中英庚款作为特种教育经费，计划在其侵占的苏区内施行反共教育。

△ 国民政府令行政院、军事委员会，严厉执行新闻检查。规定凡

有不服从检查者，予以停版三日到一星期的处分。24日，对南京新闻通讯社处以停刊五日的处分。

△ 孙殿英将前敌总指挥刘月亭撤职，挑选班、排长800余人为骨干，亲自督率再攻宁夏城，图作最后大拼杀，一日间孙军死伤400余人。翌日，孙军又猛攻宁夏城，马鸿逵电平告急，两军激战两日。24日，甘、青军在宁朔之金积与孙军接战，晋军进迫磴口，对孙军形成夹击之势。孙部将领杨子卿等向马鸿逵投降。

△ 内蒙哲里木盟、卓索图盟等盟长、王公通电表示在国民政府领导下求自治，决不受日伪诱惑；盼国民政府以黄绍竑在蒙所议方案为圭臬，从速复议自治办法。

2月23日 国民党华北各省、市党部联合十数省党部向国民党中央建议："（一）请中央提前于本年5月5日总理就任非常大总统纪念日召集'国民大会'，解决当前一切国是，缩短训政，促进宪政，改变省长制。在提前召集'国大'前，现有各省、市党部应一律停止改选；（二）各省、市另设一评议会，由中央派大员一人为主任，指导监督各省、市党务，提高党威党权。"

△ 吴铁城由沪密电汪精卫报告蒋光鼐等在港活动情形，谓由憬然主持《大众日报》为言论机关，拟召集流亡在港之福建人民政府分子组织活动。

2月24日 红军第十七师萧克部于赣北庙前渡河，次日一部西进塘埠，一部由高湖折经麻田南入上富。26日转至修水县石溪作短暂休整。朱耀华督率钟、易、李三个支队尾追，分两路向南压迫；岳森督饬所部于葡萄津至修水线及铜鼓河堵截；彭位仁师向高安集中；高安团队于瑞河南岸警戒；李觉师推进东桥，上高夹击。

△ 日伪将上年9月下旬拘禁之中东路苏籍职员六人释放，表示对苏联让步，以换取中东路售路谈判的恢复。26日，苏联表示愿将中东路售价减为二亿卢布。28日，日电讯社传伪满国务总理郑孝胥表示："切望从速解决售路问题。"中断六个月的谈判酝酿恢复。

2月25日 吴铁城由沪密电汪精卫，报告胡汉民已决定重组中华革命党，由胡自任领袖，并秘密召集邹鲁等到港，以元老为基础，知识分子为中坚，号召群众向蒋介石夺权。

△ 汤恩伯督率孙元良、冷欣、王敬久、卢兴邦等师，分由顺昌、青州、尤溪围攻沙县，在高沙铺渡河攻占养天峰和五里亭高地。寻淮洲红七军团第十九师撤往漠布。冷欣和卢兴邦师占沙县。

△ 湘赣红军第十六师高咏生部由幕阜山南麓武宁县大德山、洪下源移向小坳、洋段，连日迂回应敌。蒋介石电令何键增兵白槎、柘林防堵。翌日，代理湘保安司令李觉率郭汝栋师赴万载县分兵于王家铺、望日台、夏家桥和金水铺抄截。

△ 红三军贺龙部进占大庸县西教乡、教字垭地带。湘军陈渠珍令龚仁杰、朱际凯、罗致英各部分进合击。

△ 第十九路军残部自被粤方改编为独立第三旅后，是日陈济棠突然密令驻永定第五师、驻大埔之独四师及独一师等部予以监视，并派李振良指挥所部第十三、十四两团，先将城内独三旅机炮营缴械。翌日，又协同独四师及独一师将其全部缴械，旅长黄和春被监视。嗣后，黄被改任第一集团军总部参议。

△ 蓟密区行政督察专员殷汝耕与日关东军承德特务机关长松井，在古北口制定接收古北口方案：规定古北口定于2月28日接收（注：后改为3月4日）。翌日，蓟密区公署北平办事处将方案发表。

△ 前第十九路军秘书、福建人民政府军委会总政治部副主任、龙漳省政府副省长徐名鸿，于2月19日由龙岩化装潜赴广东大埔，途经三巴河口时被捕，陈济棠令黄任寰予以就地枪杀。是日，徐就义，死前遗书，一致国人，一致家属，嘱葬汤坑，并请蔡廷锴书墓碑：“社会主义者徐名鸿之墓。”

△ 中国保护动物会在上海觉园开成立会。举叶恭绰、许世英、陈无我、张一麐、王一亭、朱庆澜等21人为理事。3月8日举叶恭绰为理事长。

2 月 26 日 蒋介石电令陈济棠速饬所部分向雩都、兴国及筠门岭进展，配合北路军、东路军进攻红军。

2 月 27 日 蒋鼎文偕福州行辕主任林蔚等由厦门乘飞机赴广州，与陈济棠商定东、南二路“剿共”军事计划，粤军参加者尚有余汉谋、缪培南、邓龙光、杜益谦等人。次日继续会商，共同决定：一、东、南两路军取一致态度，互相联络总攻苏区，东路以长汀为目标，南路以会昌为目标；二、两军各分纵队（共 10 个纵队）前进，南路仍以余汉谋、李扬敬为指挥官，东路俟蒋返闽后再定；三、南路军日前接防闽南、闽西之军队一律调返粤边，由东路军派队接防，以东、北两路军担任闽南及赣西防务；四、攻击计划定本月下旬开始，闽西南由东路军派第三、九两师接防，设闽南行政专员公署，专员由东路军委派，副专员由南路军派温翀远充任；五、东、南两路连贯进攻，如南路开到赣某地，东路亦必开到相当地点。3 月 3 日，蒋、陈会商结束，蒋鼎文飞返厦门。

△ 国民政府派王麟阁为议定中瓜友好通商航海条约全权代表，准原任全权代表李世中辞职。

△ 暹罗华侨苏标旗等七人抵厦门，向厦门市华侨公会报告上年 10 月 28 日暹罗勿洞坡当地饥民暴动，华侨无辜被杀 22 人，嗣又有五人被杀，11 月后掀起驱逐华侨回国风潮，80 余人被拘禁。苏等请转呈南京国民政府救济。

2 月 28 日 国民党中政会第三九七次会议复议内蒙自治办法，通过蒙古自治问题办法原则八项：一、在行政院隶属下设一蒙古地方自治政务委员会，总理各盟旗政务；二、各盟公署改称盟政府，旗公署改称旗政府；三、察哈尔部改称旗；四、各盟旗管辖治理权一律照旧；五、各盟旗现有牧地停止放牧，以后从事改良牧畜，并兴办附带工业；六、盟旗原有租税及蒙民原有私租一律予以保障；七、省、县在盟旗地区所征地方税，须割给盟旗若干成；八、盟旗地方以后不得再增设县治或设局。同日，内蒙各代表开会讨论，决定一致接受。

△ 薛岳命令所部严守沙溪，并调韩汉英师移驻沙溪北岸，防备红

军主力自南丰西进。

△ 国民党江苏省党部监察委员会决议，建议恢复总理制，推蒋介石为总理，并请提前召集全国代表大会。

△ 原福建人民政府文化委员会委员胡秋原及刘叔谟、梅翊强在港被港当局逮捕。刘、梅经陈友仁疏通，旋被释放。其后，胡被驱逐出港，去南洋。

△ 伪满协和会第一次全国联合协议会在长春召开。

△ 国民党中政会原则通过批准上年7月22日中国与印度、西班牙、美国等九国在伦敦签订之《白银协定》。3月9日，立法院审议通过，并附保留声明："如中国产业有危险时，中国得采必要之行动。"

△ 美国总统罗斯福电令美驻沪商务参赞及总领事调查中国金融状况、物价指数及商务情形等，以供施行白银政策之参考。

△ 上海国泰商业储蓄银行开业，资本额100万元，经营储蓄及信托等业务。董事长王伯元，常务董事徐可城、郑秉权。郑兼总经理。

△ 《中国经济评论》月刊在汉口创刊，中国经济评论社编辑。

是月 外交部根据驻苏大使颜惠庆的报告，拟定于月内开展对苏交涉：一、中苏新商约；二、取消金树仁与苏所订条约，另订通商新约；三、在苏增设领事馆等。

△ 伪满奉天省政府下令各地实行10家连保制度，并广泛地施行打手印的办法。

△ 上海大华火柴厂因火柴价格日趋低落，建议由华中地区的火柴同业共同组织售价维持会，大中华火柴厂总经理刘鸿生予以赞同，即授意由全国火柴业同业联合会出面，召集苏、浙、皖、赣、鄂等省火柴厂协商，计划于次年7月正式成立"国产火柴制造同业联合办事处"，参加者共15厂。

△ 上海《大陆》杂志停刊，出至第二卷八期。

3 月

3月1日 立法院公布《中华民国宪法草案》,凡10章160条。计:第一章总纲。第二章人民之权利义务。第三章国民经济。第四章国民教育。第五章国民大会。第六章中央与地方之权限。第七章中央政制,第一节国民政府;第二节总统;第三节行政院;第四节立法院;第五节司法院;第六节考试院;第七节监察院。第八章省。第九章地方政制,第一节县;第二节市。第十章附则。其总纲规定:"中华民国为三民主义共和国。"

△ 溥仪在日本导演下僭位称帝,改称"大满洲帝国",伪年号"康德"。公布伪《组织法》,规定即日改称总理各部职务为大臣,执政府改称宫内府,并新设国玺府。任命沈瑞麟为宫内府大臣,郭宝熙为国玺尚书,郑孝胥为总理大臣兼文教部大臣,臧式毅为民政部大臣,谢介石为外交部大臣,张景惠为军政部大臣,张燕卿为实业部大臣,丁鉴修为交通部大臣,冯涵清为司法部大臣,齐默特色木丕勒为兴安总署总长,罗振玉为监察院长,赵欣伯为立法院长,林棨为最高法院院长。日关东军司令官兼驻伪满全权大使菱刈隆及参谋长等200余人参加称帝仪式。午后菱刈隆与郑孝胥交换伪帝国成立之公文,表示承认。

△ 溥仪僭位,颁布《组织法》,规定:一、政府之政务与宫内府有别;二、"满洲帝国"由皇帝统治之;三、皇帝依立法院之翼赞而执行立法权;四、皇帝依法律命令法院执行司法权;五、国务总理大臣辅弼皇帝而任其责;六、皇帝统率海陆军;七、皇帝颁布"紧急训令"及大赦、特赦等等。

△ 行政院长兼外交部长汪精卫就溥仪称帝发表谈话,表示:"全国国民,对于此种叛国行为,不胜愤激。"

△ 张学良在汉口就任豫鄂皖三省"剿匪"副司令职。5日于武昌设立行营。

△ 南路军黄质文师第二十二团谢铮部进占赣南盘古隘，向筠门岭推进。6日，红军周昆第二十二师在叶剑英指挥下，由筠门岭经罗塘向盘古隘出击，在清溪、三标地区击溃谢团。

△ 蒋介石对中央社记者发表谈话，否认国民党将改行总理制。5日，中央党部秘书长叶楚伧再向中央社记者发表谈话，要求各报纠正。

△ 日军千余人由天津沿津浦路开至良王庄、唐官屯及静海一带，作大规模联合军事演习。次日，河北省政府婉拒无效，特电请南京军政当局对日严重交涉。3日，日军演习始结束。

△ 吉林省长白县24区伪满驻军30余人起义，击毙伪队长，捣毁日人采木公司，随即开入抚松地区参加抗日游击队。

△ 刘桂堂部在商震部第三十二军追堵下窜入河南嵩县段树坪、白土镇。7日与王有股合流，分扰南召、鲁山，高滋桂师追剿。8日刘部窜方城、舞阳。

△ 上月国民党中常会讨论关于统一电影业务指导权案，议决：一、修正《电影检查法》第三条为“电影检查委员会之组织另定之”；二、电影事业指导委员会以中宣会副主任为主任，内政部长、教育部长为当然委员，并另推委员及常务委员若干人；三、电影检查委员会须受电影事业指导委员会的指导，电影检查委员会设主任一人，副主任一人，委员若干人，由电影事业指导委员会推荐，由行政院派充之。是日，电影检查委员会遵令移交，由教育、内政两部合组之。6日，行政院派罗刚任中央电影检查委员会主任。

△ 前北京政府陆军总长、吉林省督军兼省长鲍贵卿在北平病逝。

△ 原福建《国民日报》改称《民报》，是日在福州市发刊。

△ 上海《春光月刊》创刊，编辑庄启东、陈君治（“左联”成员），春光书局发行。该刊为左翼文化刊物之一，5月下旬出至第三期遭公共租界巡捕房查封。

△ 《禹贡》半月刊在北平创刊。禹贡学会编辑，主编顾颉刚、谭其骧，主要内容为研究历史地理。

3月2日 立法院第四十九次会议，以溥仪僭号帝位，决定向国民党中政会建议，订定裁制汉奸办法，昭告中外一致否认傀儡组织。

△ 萧克部红十七师大部入赣西北古溪西梅岭山区，一部在七里山附近与朱耀华师相持。是日，刘膺古电请何键饬湘鄂边驻军于通城、通山间堵截。萧克部在来苏击破湘军防堵，3日由郭城、何家嘴进攻山口，在漫江击溃岳森师李邦藩、李炎林两团。5日抵幽居。高咏生部红十六师经渣津南入幽居会合。刘膺古命李觉、彭位仁、朱耀华、岳森及郭汝栋各部向幽居寻红军主力作战，并防堵红军北进。

△ 林彪、彭德怀、董振堂红一、三、五军团由南丰地区南进。薛岳为防红军西移袭击，本日起除抽调郭思演、韩汉英、欧震等部加紧建筑公路外，并饬所部赶运粮食弹药于藤田、古县两地备战。

△ 何应钦奉蒋介石"从速结集甘、青、宁三省驻军约期会剿孙(殿英)军"的电令，召集徐永昌、庞炳勋、蒋伯诚、万福麟等开会，决定按原定军事计划令晋绥军从速西进。同日，孙殿英亲率谢璟田等旅及特务营、炮兵营等，猛攻宁夏城之九里桥一带马军阵地，战四小时，死伤数百人。4日，青、宁军攻占李冈堡、唐家寨。7日，甘、青、宁联军发起总攻。

△ 国民政府任命李骏为驻秘鲁特命全权公使。8月2日到任，6日向秘鲁总统呈递国书。

3月3日 国民政府令免岳盛宣第四十六师师长职。

△ 川康军刘文辉部攻占邓柯属之观音寺，藏军与之在邓柯、德格一带展开激战。5日、8日，藏军两次抢渡金沙江失败，但仍声称必须收回民国二十年被川康军占去的甘孜、瞻化、德格、邓柯、石渠及白玉诸县方肯罢休。15日，再由德格渡江又被川康军击败。17日，川康军攻占德格，藏军集兵攻占观音寺。

△ 南美萨尔瓦多共和国表示承认伪满洲国。

△ 驻英公使郭泰祺奉外交部训令，就英侵云南班洪事向英国政府外交部提出口头抗议。英方答复谓"偶有此事，但言过其实"，不予正视。5日，外交部向驻南京英使馆提出书面正式抗议，并主张勘定边

界，以免益滋误会。

△　新任驻华英使贾德干由沪抵宁。6日在南京向国民政府主席林森呈递国书。

3月4日　红五军团董振堂部由德胜关西南部平寮、杭山圩等处反攻古城岗，与樊崧甫师激战。

△　蒋鼎文由粤返厦后，是日决定将东路军总部由厦门迁至漳州，指挥所部第九、十两纵队向闽北推进，计划第一步进占龙岩。翌日，蒋又召集卫立煌等讨论东南两路军之具体联络办法。

△　陈济棠在广州召集余汉谋等将领商讨与东路军之联络及接济、运输等事。同日，陈委派独立第一师师长黄任寰兼南路"剿共"第三纵队指挥官，辖独立第一、二两师及第五师、独立第二旅等部，免去前第三纵队指挥官区寿年职。

△　唐式遵赴双河场接任川军第五路军总指挥。唐鉴于许绍宗旅仍被围鸣鼓场，遂调第二师第四旅王泽浚部前往解围。10日、11日，王部与红军作战，伤亡千余人，徐向前红四方面军何畏第九军自动撤至沿山场之线，许旅解围。12日，范绍增督率所部占领迎凤场、八面山。

△　刘湘电汪精卫请行政院拨款建筑川汉铁路，并派代表朱懋昭前往南京接洽。嗣后，汪批交铁道、财政、交通三部审查，拟订方案。

△　殷汝耕偕古北口办事处主任霍实、佐治局主任刘友勋、密云县县长邱赫霆等与日方代表关东军参谋板垣、承德特务机关长松井等办理接收古北口手续。11时，驻石闸保安队30余名分两路抵古北口，分至曹子路附近各口值勤。接收后，日伪驻古北口等地之军、宪、警察依旧存在，伪税关照常收税。

△　CC外围组织"诚社"骨干董霖、胡梦华等在北平召开"文化团体代表"大会。决议：一、定期举行全国文化团体总调查；二、由市党部组织出版审查委员会；三、推举董霖等去南京报告工作；四、定期举行文化讲演。

△　"四海"轮由广东四会县开赴广州，下午6时在珠江大涌口因

超载沉没，死难者二三百人。

3月5日 蒋介石在南昌行营讲演《新生活运动的中心准则》。要求学习曾国藩、胡林翼，以礼、义、廉、耻为新生活运动准则。19日又讲演《新生活运动的意义和目的》，再次提倡“根据中国固有道德的习惯”——礼、义、廉、耻，“使全国国民的生活运动军事化”。

△ 湘军陈渠珍增调周燮卿旅等由凤凰出发，参加“围剿”贺龙红军。是日，周亲率第八团沿溪坡向教字垭进攻，贺部退至中湖附近与陈部发生激战。次日，贺部经大庸县康屯乡、施兰峪至走马坪，返回鄂西鹤峰根据地。

△ 薛岳部分三路进攻永丰县沙溪，彭德怀红三军团与之激战两日。翌日薛部占沙溪。

△ 日本外务大臣广田在东京接见苏联驻日大使尤列涅夫，密议中东路出售案。此后谈判进入秘密状态。

△ 天津北洋女子医院创办人、中国西医第一位女医师金亚梅在天津病逝。

△ 上海美亚织绸厂4000余工人为反对厂方减低工资举行罢工。9日，牵经部工人加入，斗争扩大。厂方勾结社会局强制工人复工，工人反抗，遭军警逮捕11人。11日，工人举代表40人向厂方交涉，千余工人随往，法捕房出动镇压，打伤工人多人。中共中央曾两次发表宣言，援助美亚罢工。全市40多工厂5000余工人罢工声援。

△ 南京《边铎半月刊》创刊，边铎月刊社编辑发行。

3月6日 孙元良、王仲廉、汤恩伯分由将乐附近黑山、蔗厂、水南、元坑、漠布进攻将乐，以孙元良部任主攻，由王仲廉师从高滩渡河协攻。王部在高滩遭寻淮洲红七军团伏击，被歼五六百人。同时，红七军团与孙师等激战两日，于黑夜由东门突围失败，转由西门冲出，向光明方向撤退。7日晚12时孙部占将乐。

△ 陈济棠颁布第二期“剿共”命令，以八师实力总攻雩都、兴国、会昌，限15日前调动完毕；先攻雩都，然后分别南攻筠门岭和会昌，西

攻瑞金。

△ 刘膺古令郭汝栋、朱耀华、彭位仁、李觉、岳森各师分三路向幽居、靖林围攻湘赣红军。

△ 安徽省政府主席刘镇华委派王锡钧(原任保安处副处长)为苏浙皖边区六县临时反共总指挥。16 日,王于安徽广德设指挥部,负责反共军事。6 月 15 日宣告结束。

△ 国民党西南执行部、西南政务委员会通电反对溥仪称帝,表示“东三省、热河为中华民国领土之一部,溥仪借外力称帝于东北,狐掘狐埋,中华民国国民必须坚决谋所以讨平而匡复之”,希望各国“贯彻其不承认之政策,并进而共起制裁”。8 日,汪精卫电陈济棠、林云陔,以“对外通牒,于统一有碍”相责。

△ 驻英公使郭泰祺就英国侵我云南边境事向英政府提出正式抗议。14 日,英方送达正式照会,声称英方并未越过“边界”。17 日,英驻滇领事哈定向我驻滇特派员王占祺面称,英人在 3 月 3 日与土人小有冲突,但系彼界内。一再予以抵赖。

△ 盛世才下令总攻马仲英部,以苏联红军和由苏联退入新疆之东北军组成追击队,用飞机 15 架助战,是日进占达坂城。马军一部退甘肃,大部败退托克逊。8 日,盛军占托克逊、吐鲁番、鄯善,马军分走焉耆、哈密,13 日,盛军进占焉耆,马军又沿库车、阿克苏、乌什等地西撤。28 日,马军在巴楚及喀什抗拒盛军追击。

△ 蒋介石德籍顾问德威,前往福建闽江口、长门、金牌等处视察军事防御工事,30 日结束。

△ 上海汇海银行开业,资本 100 万元,专营存款、放款、贴现、押款、押汇及国内汇兑等业务。董事长张芹伯,总经理洪苓西。

△ 陕西三原裕泰纱厂股份公司成立,资本额 100 万元,冯钦哉、贾汉三、宋之石等 15 人为常务董事。

3 月 7 日 蒋介石集中兵力于闽西,以东路军向闽西、闽北两路推进。由蒋鼎文任闽西指挥,卫立煌为闽北指挥,并调北路军陈诚部三个师向建宁、泰宁推进。是日，蒋部李玉堂师入驻龙岩，李延年师续向漳州跟进。次日，陈部李默庵师抵延平。分别向建宁推进。

△　国民党中政会第三九九次会议，决议设立蒙古地方自治政务委员会，特派何应钦、赵戴文为蒙古地方自治政务委员会正、副指导长官，任命云端旺楚克（简称云王）为委员长，索诺木喇布坦、沙克多尔札布为副委员长，任命德穆楚克栋鲁普、阿拉坦鄂齐尔、巴宝多尔济、那彦图、杨桑、恩克巴图、白云梯、克兴额、吴鹤龄、卓特巴札普、贡楚克拉什、达理札雅、图布升巴雅尔、荣祥、尼玛鄂特索尔、伊德钦、郭尔卓尔札布、托克托胡、潘第恭察布、那木洛勒色楞、阿育勒乌贵为委员。同日，国民政府公布《蒙古地方自治政务委员会暂行组织大纲》，凡 11 条，《蒙古地方自治指导长官公署暂行条例》，凡九条，13 日于北平设长官公署，29 日于百灵庙设自治委员会。

△　杨杰率中国军事考察团于 3 月 2 日由土耳其抵莫斯科。是日，苏联外交部设宴招待，苏外交人民委员李维诺夫谈及日苏冲突事，谓苏联“今日军事准备，不仅在击退敌人，且在追击敌人”，“非特须排除日本军队于苏联领土之外，且将驱逐其出东三省”。表示苏联“尺土不取，必将东三省奉还原主”。希望中国政府早日决定政策，急起准备，否则将“铸成大错”。愿中国政府与苏联政府合作，共同一致对日。同日，杨访苏联国防人民委员兼国防委员会主席伏罗希洛夫，伏同样希望中苏联合对日。

△　中央社西安电：陕北三边群众不堪忍受法国教堂的压迫，推派陈骏三等为代表至陕西省府请愿，要求收回清季因民众仇杀法国教士而被强占之土地主权。其后，经多次交涉，始于翌年 1 月 9 日在北平签约解决。

3 月 8 日　湘赣红军萧克、高咏生两部由幽居、靖林转入朱溪厂、塔台，与郭汝栋师激战后，是日，萧部突围北进，高部折回南返。何键电命陶广督率岳森、郭汝栋及李觉师四个团尾追萧克部；彭位仁师于修河沿岸筑堡布防；朱耀华师以一部接收修河以南防务，大部搜索高部红军。

△ 红新十军方志敏部由紫湖口进攻浙边大桥头，浙江保安团纵队总指挥蒋志英率部追至。红军绕攻常山，蒋部分三路夹击，红军撤退。10日，红军复攻玉山，仍以一部佯攻球川镇，蒋部追抵贲口北部，红军撤回葛源。

△ 西南各省国民对外协会总会，为英兵入侵班洪事电请国民政府、国民党中央党部及各省党政机关，向英严重抗议，据理力争，责令英兵先行撤退，并速与英政府勘明划界。

△ 中央研究院请求海军部于西沙群岛设立气象台。本月中旬，海军部转呈行政院，嗣由行政院饬财政部拨款兴建。

△ 上海日人所办《上海日日新闻》报，是日及23日连续刊载各种谣传消息挑拨中英、中法关系。外交部先后派情报司科长向日驻南京总领事提出口头抗议，嘱其严重警告该报，速予更正。日领事表示照办。

3月9日 蒋介石电令刘膺古“追剿”红军应改变以往“布置阵地，明张旗鼓”的堵截办法，而改用“扼要埋伏”的策略，出其不意予以突袭。

△ 日本关东军在吉林省伊兰、勃利、桦川等13县大规模抢占耕地。日军驻伊兰第六十三联队队长饭冢朝吾大佐限当地群众于3月初办理“移让”手续，并以高压手段捣毁民宅，抢走地契，逼得当地民众走投无路。5日，当地大地主、太平保卫团团总谢文东，联络井振清等几个甲长，组成一支拥有700人的骑兵队，并鼓动各区壮丁队暗中准备暴动反抗。是日，谢文东等提出“反对日军强迫收买土地”、“反对收缴枪支”等口号，率领武装700余人及徒手群众千余人，分向土龙山、太平镇、九里河、金东沟等地进攻。在袭击土龙山警察署战斗中，解除警察武装20多名。暴动群众当即组成武装，参加东北民众自卫军，举谢文东代李杜任总司令，周雅山任前敌总指挥，率领群众坚持战斗。

△ 上月26日，北平军分会派富占魁赴磴口，晤孙殿英商议和平解决办法。是日富抵达磴口，12日再赴平罗，对孙作最后劝告。14日，

孙到李岗堡向富占魁表示愿离军下野。但孙部仍在原地抵抗。

3 月 10 日　蒋介石分别电令蒋鼎文和陈济棠向福建红军发动进攻。以东路军进击闽西，限十日内夺取连城，月底攻占长汀；以南路军驻闽所部由龙岩出发侧击，由黄任寰、李振良两师出击武平、上杭，并以梅县航空队助战。

△　蒋介石制定处理原苏区之土地办法：一、对前分田之农民概不追究；二、旧赋旧租免交，新租酌减；三、旧债屡期减成；四、设农村复兴会清理田地业权；五、设利用社合伙均耕等。

△　刘桂堂部众窜往叶县、襄城、临颍，经许昌张藩镇越平汉路，连日分扰鄢陵、西华、太康。14 日，东北军骑兵第十师檀自新率部追剿。

△　青海省府主席马麟电全国经委会，要求开发青海，并拟定计划：一、设水利局；二、创办毛革厂；三、设农民银行；四、筹设省立医院；五、改良畜牧。

△　国民政府令派朱天森为海军学校校长。

3 月 11 日　国民政府为伪满溥仪改称帝制发布通告，称："政府始终认定此等傀儡，初无独立之人格，不成为讨伐之对象，而迹其卖国行为，自应与危害民国同科。"同日，训令直辖各机关严治汉奸。

△　彭德怀红三军团进攻江西广昌县白舍镇北部之东华山、五都寨，全歼第九十四师李树森部近两个团，击溃由三星、增田之援军，夺取东华山、五都寨阵地；罗炳辉红九军团一部进攻第十四师霍揆彰部石鼓山阵地；陈伯钧红十三师乘樊崧甫师主力转移之际进攻杨林渡。

△　侵滇英兵于 3 日起再攻澜沧江班老村寨。至是日止，数日间侵占下城、上城，猛攻猛角、猛董。18 日，班洪各土司派代表赴昆明谒龙云报告一切。

△　晋绥军下达攻击孙殿英部总攻令。同日，晋军王靖国、赵承绶由临河开始进攻。14 日，晋军步、骑、炮各部全线出动，与孙军卢丰年部接战，次日占三圣宫。17 日，晋绥军占磴口。孙军失去根据地，运输亦发生困难。孙军军心动摇。

△　戴季陶、褚民谊、居正、林翔、石青阳、赵丕廉及黄慕松等在上海发起组设"时轮金刚法会"，首开发起人会议，通过办事简章八条。推段祺瑞为理事长，戴季陶、褚民谊、许静仁、鲁咏庵、王晓籁、王一亭为副理事长，王揖唐、吴铁城、杜月笙、张啸林、闻兰亭、林康侯等30人为常务理事，请班禅往杭州建立"时轮金刚法会"。各地军政首要黄郛、张群、张学良、朱绍良、马鸿逵、刘镇华、商震、沈鸿烈、韩复榘、熊式辉等20余人响应。19日，该会开常务会议，推赵恒惕等九人赴杭州组织事务所。20日，函请杭州市长周象贤主持筹备一切。蒋介石亦电嘱浙江省及杭州市政府予以协助。

△　上海航业公会呈请交通部修订中英、中美商约，收回航权。18日，上海市商会亦电请交通部收回内河航行权。

3月12日　汤恩伯纵队电令第四师(汤兼师长)集中将乐、水南，李默庵师集结漠源，王仲廉师集驻高滩，以备由将乐进攻泰宁。18日，蒋介石电促汤恩伯速占建宁，并指示如不能直进则先占泰宁，或打通黎川县再占建宁。

△　陈济棠执行先攻雩都之作战计划，令第一师李振球部克日出发安远，第二师叶肇部进驻信丰，第四师张达部推进南康、赣州。翌日，陈再召余汉谋等详商"剿共"军事计划。

△　世界文化合作院派国际劳工局助理局长莫维德来华，帮助国民政府改革职工教育及中小学教育。

3月13日　林彪、彭德怀、罗炳辉红一、三、九各军团以主力进攻杨梅岭及其以北地区，并以一部向右迂回。陈诚急令所部主力全线出击，以李树森师进攻东华山；黄维师协攻王家山、五都寨；夏楚中师固守大排山、杨梅寨及光岭之线；傅仲芳一部攻瑶陂，并由陶峙岳、霍揆彰等师为策应。红军与之血战，牺牲甚大，遂向甘坊撤退，李师占五都寨。15日，傅师占瑶陂，李师再占白舍。

△　英国掌玺大臣艾登在下院宣称，英国永不承认伪满洲国。

△　法国武装156人无理侵占云南省建水县峨哈寨。22日，建水

县国民党县党部通电呼吁全国各界一致声援。

△ 西南人民外交委员会为英兵侵入滇境事件致电国民党中央，要求立即增强川、康边防。并谓：如不及时准备，则此数边省恐为东三省之续。该会同时电请四川各军领袖团结一致，停止内战，共御外侮。

△ 行政院通过改组北平故宫博物院，聘王正廷、史量才、朱启钤、李元鼎、李书华、李石曾、李济、吴敬恒、吴鼎昌、周作民、周贻春、陈立夫、陈垣、翁文灏、张静江、蒋梦麟、张伯苓、张嘉璈、张继、黄郛、傅斯年、褚民谊、黄节、叶楚伧、蔡元培、罗家伦、王世杰、黄绍竑、顾颉刚等为理事，并建议增设监事会。

△ 新疆建设计划委员会在南京举行首次会议，主任委员褚民谊，委员丁心普、艾沙、唐柯三、张西曼、安石如、孙绳武、刘抡英、陈曾亮等53人出席，由刘抡英、陈曾亮起草《新疆建设计划大纲》。15、17日续开第二三次会议，推定委员会政治、经济、文化、交通各组人选。

△ 日本满铁公司建筑"间岛"（延吉）地区天图铁路竣工，是日在龙井村举行竣工典礼。4月1日正式通车。该路由上三峰起，经龙井村至朝阳川接吉会路，系日准备对苏作战之军用铁路，且为对北满进行经济掠夺的重要交通线。

3月14日 福建省政府划分防区：福州至仙游，以王敬久为福州警备司令；惠安至长泰，以宋希濂为泉州警备司令兼闽南区保安处处长。

△ 吉林伊兰县伪军响应土龙山农民反日大暴动，打死日军守备队长，投入东北民众自卫军。

△ 外交部次长唐有壬视察华北外交到平，16日访黄郛传达蒋、汪对日妥协外交之指示，23日返回南京。

△ 浙赣铁路联合公司在南京开第一次会议，以浙江省建设厅长曾养甫任理事长。4月20日在杭州开第二次会议，通过理事会章程，资本额6000万元，正式成立理事会，设理事11人，下设浙赣铁路管理局，以杜镇远为局长，侯家源为副局长。

△　李宗仁等召开广西党政军联席会议。27日通过广西经济建设纲要16则，并制定政治、经济、军事、文化建设计划及政策。

△　上海等地华商纱厂50余家，因纱销呆滞、营业危困，特在上海召开谈话会，议定治标、治本办法：一、各厂自本月起所出棉纱，如有该厂直接或间接交入交易所时，由该厂于交货之下一月负责收回；二、定6月1日起实行减工，具体办法另订。

3月15日　第八纵队指挥官周浑元，率领第五师谢溥福、第四十三师邹洪、第九十六师萧致平、第九十七师孔令恂等部向甘坊进攻。以孔师、邹师由寺前经村头向甘坊西北攻击；周亲率萧师由三溪圩向甘坊西南攻击；谢师由南丰向井源前进作策应。彭德怀红三军团洪超、黄克诚第四师据守甘坊西部元头寨、石下寨、金家寨、里乐寨一带高地。周部作战竟日无进展，被红军歼灭四个连。次日，周部以步、炮、空联合猛烈进攻，孔师攻占朱家岭，邹、萧两师攻占元头寨、金家寨、里乐寨等据点。红军退向广昌，周部占甘坊。

△　红军罗炳辉第三师进袭赣北瑞昌县双下桥，以备攻取瑞昌，与张瑞三旅激战昼夜，损失甚大。次日，红军撤至何家祠，大部至范家铺，一部入乌石街。进取瑞昌计划受挫。

△　第五十二师卢兴邦部以两团兵力由沙县胡坊向归化(今明溪)进攻，归化红军分兵一部迂回，在大围头击溃卢部。17日卢部溃退永安，红军乘胜追击。18日，蒋介石电令李默庵师由将乐或漠布策应卢兴邦，协同进攻归化。

△　南京《农报》半月刊创刊，主编者实业部中央农业实验所农报社，至第三期起改出旬刊。

3月16日　川军唐式遵部右翼警备第四路司令陈国枢进踞万源县固军坝，第一师廖震由黄金口进犯通江、万源之重要屏障白合寨；第四师范绍增再攻金华寺、袁家坪。18日，独立第二旅杨国桢部两团进占刘家坪、马家坪之线。19日，范绍增、廖震两部取重点进攻战术，分别进攻红灵台、毛坪。经多次反复激战，被红四方面军击败，范部等死伤3000余人。

△ 湘鄂赣红军徐彦刚部在永新北部高石岭附近与张彀中旅接战。19日进攻潞江附近五马山，全歼袁建谋团，夺得战略上的主动之后退入禾山。

△ 红军警卫师、模范师活动于善和、招携一带。是日，薛岳率韩汉英、欧震及郭恩演等部由沙溪向藤田——善和——招携方向转进。次日起，分别赶筑万寿宫、上水口线及小王家一带碉楼。同时，以梁华盛师置于藤田为预备队，以唐云山师驻守沙溪，策应藤、沙防线。

△ 刘文辉向蒙藏委员会条陈治理康、藏办法：一、划定西康区域界限，以消除康、藏龃龉的重大原因；二、运用政治手腕，决定达赖摄位人选，以收其亲汉之效；三、若使班禅回藏，必先调停达赖党，如班禅仍留内地传法，则明白宣告，务使藏人释杯弓之疑；四、须由内地酌予协济西康军政费用，稍举国防之责。

△ 国民政府任命夏楚中为陆军第九十八师师长，韩汉英为第五十九师师长，派马步芳为新编第二军军长(仍兼第一百师师长)。

△ 刘桂堂部众经柘城北入归德(今商丘)。次日晨由小坝车站越陇海路，18日窜曹县、城武、定陶等地。20、21日，分扰金乡、巨野、郓城，鲁军谷良民师和李德宣骑兵团予以围剿。

△ 江苏高等法院假江宁地方法院公开审判前新疆督办金树仁案，就金于1931年与苏联擅订《新苏通商协定》，1933年“新变”携公款出走以及强夺人民垦地、及其部属杀人放火等罪提起诉讼。同日，马麟、马鸿宾、邓宝珊等再次联名致电蒋介石、汪精卫及江苏高等法院，要求保释金出狱就医。5月13日，金获准具保出狱就医。

△ 南京新生活运动促进会成立，汪精卫、陈立夫、叶楚伧等为发起人。翌日，中央民众运动指导委员会通电全国各地提倡“新生活运动”。

△ 天津市航业公会成立。由天津航业公司、北方航业公司、直东轮船公司、三北轮埠公司、通顺轮船公司、益记轮驳公司和振纪公司等组成。

3月18日　蒋介石在南昌召开川、陕、甘、豫、湘、鄂、闽、赣、苏、浙、皖11省行政长官会议。各省民、教两厅厅长、省府秘书长、行政督察专员66人出席。蒋介石致开幕词，指出：就我们国家的情势而言，就世界的大势来看，现在已到了最严重的时期。“第二次世界大战，是我们亡国的时候，也就是我们民族复兴的机会！”并谓：“现在我们国家已到了危急存亡的时候，要想国家能够保存，民族能够复兴，全靠我们几个革命的基本省，能够深明大义，拥护中央……由此奠定革命的基础……做出真正统一的模范，给其他各省来看，感化他们，以完成整个国家的统一基础。”行营秘书长杨永泰在会上演说，鼓吹蒋介石的“攘外必先安内”方针。会议通过权力集中省府、统一财政收支、划定地方保卫区域、提高警察权等议案。制定《各省行政督察专员职责系统办法》、《剿匪军救济民众办法大纲》。规定由行政督察专员兼任县长及保安司令，以统一指挥，强化其反动机构。20日，蒋宴请与会人员，宣称：“中央预定明年4月召开全国国民大会，就要结束训政，开始宪政。”21日会议结束。

△　川军李其相部于月初由巴中西南之兴隆场、猫儿铺及恩阳河向巴中推进。14日由范绍增派敢死队进攻巴中，是日红军自动撤出巴中、木门等地，罗泽洲师进占巴中。随又以一部占领巴中前方白庙场、土林场之间的方头寨、鼓楼山。同日，李部与第二路田颂尧部配合向通江推进；邓锡侯部右翼陶凯旅两个团由大南山进占木门；杨森部强渡巴河。

△　湘赣红军萧克部由达浒、官渡间渡浏河，急走蒋埠江，东入湘赣边区东门市、张家坊一带；高咏生部转入黄金洞。刘膺古当即电令钟光仁旅南移小源、株木桥；欧阳烈团南移白水、黄茅，分别截击；命易振湘支队西移三百兴、白良；岳森师接防铜鼓、郭城、山口、大瑕、黄岗口、芳塘等地防务；彭位仁师南移万载附近；仍令陶柳支队尾追。

△　唐山华新纱厂因纱业疲敝停工，裁减工人400余人。20日复工。

3月19日　汤恩伯部孙元良师、王仲廉师于17日分别占领泰宁东部曹地、马岭;李默庵师抵漠布。汤在万安镇部署进攻泰宁战斗:以王师任主攻,孙师推进黄瓜地,以冷欣师为掩护队。是日,王师由八里桥进攻泰宁左翼高地毫无进展,又以一部从正面袭击亦无效,于是以空、炮军协助强攻红军主阵。董振堂红五军团、陈树香第三十四师等部阵地损毁甚大,乃撤往油胆、梅口,踞守新桥、建宁。王部占泰宁。

△ 国民党中央宣传委员会主任委员邵元冲主持,在南京召开国民党中央"新闻宣传会议"。会议通过:一、修正《出版法》;二、培植新闻人才;三、全国报界新闻记者之组织办法;四、制定保障新闻人员条例;五、筹办边疆省份党报及通讯社;六、注意国际宣传;七、创办大规模造纸厂;八、直属国民党党报与国民党中央社合组视察团,按省分赴各地视察采访;九、修正国民党中央所设各级党部所辖报社管理规则。21日会议闭幕。

△ 伪满派郑孝胥为赴日修聘特使,伪财政部大臣熙洽为副使,由长春出发前往日本访问。同日,郑发表"日满亲善关系"声明。26日,郑至东京向日政府表示申谢。27日向日皇递交溥仪手书,表示效忠天皇,甘为傀儡。

△ 日军平冈部至吉林伊兰县土龙山镇压东北民众自卫军,中途遭到民众自卫军的伏击,死伤甚重。自卫军获胜后,破坏日伪交通线及联络设施,断绝伊兰的对外联系。

△ 甘青宁联军分路反攻平罗、李冈堡,并以骑兵一部迂回石嘴子,俘孙殿英军2000余人。翌日,孙军卢丰年及其旅长彭振国、窦连玺、孙子瑜等联名致电北平军分会,表示愿脱离孙军,丁綍庭亦向宁夏马军投降。

△ 侵察东之日军积极布置军事,是日上午新源日军百余人开抵黑达营子,并随运到军用品甚多,同时还强迫当地群众悬挂日伪旗欢迎。下午,日人所编之民团四五百人开至中流,并雇有鲜人前来建筑黑达营机场及黑达营至丰宁之公路。

△ 英使贾德干在南京访汪精卫,就云南班洪事表示愿由双方派

员实地调查。23日,贾德干将英政府指示转告中国政府,谓此事并不如外传之甚。极力大事化小。

△ 新任天津日驻屯军司令官梅津美治郎抵津,次日就职。原任司令官中村孝太郎22日离津回国。

△ 国联事务局次长孟禄根据国联与中国技术合作的决定制定"孟禄计划",日本进行干预。是日,广田外相将其《有关对华国际合作等问题》的照会发交有关各国使节。照会称:"位于东亚的日本的权威和实力,乃是维持东亚和平的唯一基础,因此对中国有关的国际问题,当然应以日本为主。"同时指示驻华公使:"关于指导'孟禄计划'等,没有日本参加的国际协力,一律是徒劳的。"

△ 外交部致函日本驻华公使馆,请其转饬北平日本国际观光局,不得递寄东三省之邮件入关。

3月20日 南路"剿共"军执行其第二期军事计划,分两路总攻筠门岭、会昌。第一纵队由安远、寻邬等地出发,以第一师李振球部任前锋,第二师叶肇部为第二路,第四师张达部任后卫;第二纵队由武平、平远、大柘等地出发,以第七师黄延桢任中路,第八师黄质文为左翼,第一独立师黄任寰任右翼,第五师李振良为预备队。是日,第一纵队前锋李振球师一部进占马岭,第二纵队右翼队黄任寰部第二旅进占永平寨、帽村。红军集主力于盘古隘、筠门岭抵御。

△ 孙殿英部在晋绥、甘青宁等军东西夹击下陷于瓦解。是日,孙殿英被迫通电下野,离开部队。22日,孙由李岗堡去磴口,26日偕同富占魁至包头,28日入太原。孙部于世铭、刘月亭等部三万余人集结平罗、石嘴子及贺兰山地区听候改编。孙、马之战结束。

△ 交通部在南京召开全国促进航业讨论会,交通部长朱家骅及各省代表60余人与会。会议讨论了航政机关、航政法令、人才训练及收回航权、开辟远洋航线、航业统制及减免捐税等提案100件。为了增进航商的团结,减除过度竞争,议定设立航业合作设计委员会,进行详细调查,计划于9月间完成合作方案。22日会议闭幕,择提案13件提

交交通部参考。

△ 中国妇女运动同盟会在上海召开临时大会，推定何香凝、王孝英、刘王立明等15人为改组委员，指定刘王立明起草改组宣言。29日改组委员会开第一次会议，讨论改组方案，通过宣言。

△ 日伪将东北划成七个军管区：长春区、哈尔滨区、奉天区、吉林区、黑龙江区、热河区、兴安区。

3月中旬 交通部制定有线电报与无线电报局、台合并办法，将一地方之有线无线电讯事宜，由一机关统筹办理。5月试行上海，11月后推行于北平、天津、南京、汉口四处。

3月21日 湘赣红军萧克部欲南入万载县桐木，与湘军何平部激战三小时后越黄茅、兹化转入小洞。钟光仁旅抵黄茅，向桐木前进，协同欧团向小洞追击。朱耀华师向坑西山口急进堵击。王育三旅向萍乡、宜春间之芦溪、宣风推进，并以一营埋伏株亭山。次日，红军在宣风、芦溪间的株亭山附近以散兵线突击渡越袁水。大部南进沂源，欲回永新；一部折回竹坪、观前。

△ 国民政府批准《白银协定》，但附保留声明。其保留声明称："中国政府批准此约事，声明因银币现为中国本位币，倘遇金银比价发生变动，至中国认为足以妨害中国国民经济，而与本协定安定银价之精神不合时，得自由采取适当之行动。"

3月22日 李默庵师由白莲、盖竹桥袭击铁岭、龙湖，进攻归化城，卢兴邦师由归化南面配合。寻淮洲红七军团第十九师在铜岭、铁岭与李师作战失利撤向沙洲、葛岭，李师占铜岭、铁岭。次日，李、卢两师攻占归化。

△ 蒋介石电令蒋鼎文："着东路军准备全线向赣东、赣南推进，克期到达闽赣边境。"

△ 红新十军方志敏部再次攻占常山球川镇。次日，浙江保安团队由紫湖口进攻葛源根据地。红军撤出球川镇回援葛源。

△ 刘桂堂部由汶上沿津浦路窜泰安，遭孙桐萱部迎堵，乃西进分

股扰肥城、平阴、东平。翌日继续东窜，在界首以北、万德车站南之胡家岩图越津浦路东去，韩复榘亲临界首指挥堵击。

3月23日　蒋介石在南昌分电苏、浙、豫、鄂、湘、皖、闽、陕、甘、赣10省主席，限4月3日以前，分别草拟清丈坻田、清查户口、办理警卫保甲及修筑道路交通等四大要政计划及实施步骤呈报，并限明年3月底完成初步工作。5月中旬，蒋重申此令，限5月底完成计划草案。各省接令后，未能如期呈报。

△　张学良命令东北军南下参加"剿共"。王以哲军移驻河南、安徽，司令部设信阳；何柱国军移驻豫、鄂境武胜关、麻城地带，司令部设麻城；刘多荃师移驻武胜关、信阳地带，司令部设信阳。张在信阳设行营指挥。其后，东北军所部共九个师先后南下参加"剿共"。

△　红军林彪、彭德怀一、三军团各一部，本日到次日在泰宁西北太阳山及东太阳圩一带，全歼王仲廉师一个团，击溃其一个旅，缴获迫击炮四门，轻重机枪数十挺。

△　红军寻淮洲第七军攻占宁洋，林维邦民团溃逃，红军乘胜南进漳平。东路军蒋鼎文部以各段公路未通，后勤供应困难，暂停进攻，李延年、李玉堂及刘戡各师止于龙岩、龙门、大池、小池、古田、新泉地带。

△　教育部为压制学生运动，通令各省、市教育厅、局，饬各教育机关、各学校，对于学生"务必力予矫正，敦品励行，注重训导，俾趋求学正轨。如有破坏纪律，鼓动风潮，应严格取缔"。

△　南京《朝报》创刊，社长兼总编辑王公韬，副刊编辑张慧剑。

3月24日　陈济棠在广州召开军事会议，决定：一、施行集团围剿办法"剿共"；二、速布置赣南、赣东防务；三、以两纵队攻筠门岭，克筠门岭、会昌后以一纵队向雩都、兴国推进；四、限期完成各地防御工事；五、令各部速将所在地之公路建成。

△　湘赣红十七师萧克部入钱山，次日在官渡市南部洋溪再与红十八师徐彦刚部会合，共同南进花溪，转回永新北部禾山、黄江、蔡家坪等山区根据地。陶广、岳森等部在蒋埠江、孙家塅、牌楼前、桐木、朱亭

等地分途堵截。

△ 刘桂堂以王有为为前锋，刘怀志任南路，自率北路，武子英充后卫，窜入莱芜、新泰一带山区。韩复榘分组六个纵队包剿。韩自兼第一纵队指挥，以孙桐萱、曹福林、展书堂、李汉章、谷良民分任第二、三、四、五、六队指挥。

3月25日 陈果夫、邵元冲、吴铁城、叶楚伧、潘公展等发起“中国文化建设协会”，是日在上海成立。该会宣称以反对阶级斗争，反对无产阶级文化，反对共产主义为宗旨。要求“发扬固有文化”，提倡孔孟之道。选举理事61人，候补理事20人，以陈立夫、邵元冲、吴铁城、朱家骅、陈布雷、张道藩、潘公展、吴醒亚、李登辉、欧元怀、沈鹏飞、叶秀峰、张寿镛、斐复恒、黎照寰、翁文灏、刘湛恩等为常务理事。29日举陈立夫为理事长，邵元冲、吴铁城为副理事长。

△ 新疆省代理主席朱瑞墀病逝。27日，该省委员会决议推李溶暂代。

3月26日 蒋介石在南昌行营扩大经念周讲《新生活运动之真义》，要旨为：一、新生活运动之准则——由“整齐”、“清洁”、“简单”、“朴素”、“迅速”、“确实”六项，做到一切合乎“礼义廉耻”；二、新生活运动之性质——乃一种极平实、简明、普遍而久远之救国救民之运动；三、新生活运动之方法——先从自己身体力行，然后以身作则来劝导感化社会上一般人。

△ 汤恩伯师进攻德胜关至泰宁要道新桥。林彪、彭德怀、董振堂红一、三、五军团在窑排岭与汤部发生激战。次日，樊崧甫师一部由水湖进攻新桥，向窑排岭西部夹击，红军撤向鹅眉峰、水元方向。汤、樊两部占新桥。28日，红军反攻新桥未成，退守梅口、弋口。

△ 全国经济委员会在南京召开第一次全体会议，到会委员及列席代表共30余人。宋子文作中美棉麦借款经过及借款支配情况的报告，提出美麦、美棉销售的困难。大会通过宋的棉麦借款用途支配案，决定修改合同，美棉由原订5000万美元减为1000万美元，麦及粉仍为

1000 万美元，共 2000 万美元。大会还通过提高糖米价格、火柴统制及修治冀省各河计划等案。

△ 广东惠阳海岸夜间飓风，刮走帆船及舢舨 300 余艘，死亡渔民 800 余人。

△ 上海教授作家协会成立，举韩觉民、黄宪章等九人为执行委员。8 月发刊《教授与作家》杂志。

3 月 27 日 陈济棠在广州召开西南执行部、西南政务会联席会议，讨论执行部与政务会两机关存废问题，决定暂时维持原状。同时，同意改革省制，拟推陈济棠为首任省长，推邹鲁、林云陔等七人为宪草研究委员。李宗仁表示悉听陈济棠指挥反共。胡汉民代表李晓生表示，对设军分会不加反对。

△ 湘赣红军萧克、高咏生分别返回永新、黄金洞后，是日，刘膺古重新部署“清剿”区域：一、划萍乡为江西第二区保安团“清剿”区；二、宜春、分宜、新喻、清江、上高、宜丰等县为第十八师“清剿”区；三、修水、奉新、高安为第五十师“清剿”区；四、万载为第四路军补充总队“清剿”区；五、平江、浏阳、铜鼓为第十九师“清剿”区；分别赶筑碉堡、公路，加紧围攻红军。

△ 川军第五路军城口、万源警备司令陈国枢之第一、第三两纵队由白沙河进袭万源。红四方面军少数留守部队自动撤至万源县筝墩、官渡等地，陈部第三纵队进占万源城。刘湘宣告第二期总攻结束，准备第三期总攻。

△ 刘桂堂部众被围于彭山，次日在彭山突围入蒙阳县北鲁村镇。29 日，被鲁军包围于沂水。30 日分股入莒县南窜。

△ 西康凉山越隽地区彝、汉两族群众三四千人，为反抗第二十四军刘文辉部及地方当局的残酷压榨举行武装暴动，歼灭驻在越隽附近之刘部驻军。围攻县城三昼夜。刘文辉由西昌急调部队前往镇压，暴动群众被迫撤退，隐入森林。领导人王义芳、蒋维洲等牺牲。

△ 国民政府训令行政院，以安辅仁为出席第十八届国际劳工大

会劳方代表，程海峰为顾问。

3月28日 国民党中政会第四〇一次会议，决议修正《赣粤闽湘鄂“剿匪”军各路总司令部组织大纲》，第一条内“南西北三路”改为“东南西北四路”。4月3日，国民政府训令行政院，准予增设赣粤闽湘鄂东路军总司令部及修正《各路总司令部组织大纲》第一条，予以明令公布。

△ 刘建绪电令彭位仁师开赴宁冈、永新，切实封锁澧田、永城、夏阳沿河之线；命王东原、陶广两师以主力专觅红军第十七、十八师穷追；着陈光中、成铁侠等部切实封锁蔡家坪、铜坑、夏阳河东及潞江至砻山口各线。决定于永新以北、袁水以南地区（禾山、黄江、花溪）攻击红军。

△ 国民政府电令刘文辉，着将西康达结、打金二寺喇嘛寺产发还藏方。

△ 考试院长戴季陶偕焦易堂、许崇灏及水利专家王应榆、班克耳等30余人由南京启程前往西北考察水利及交通。

△ 天津永利、久大、黄海和永裕等企业合组成立永利化学工业公司，添招股本200万元，合计资本总额1100万元，于上海设总管理处，由范旭东任总经理。

3月29日 薛岳率第四军，由水口附近进占善和，红军警卫师和模范师在善和东南孤山、蟠龙山等高地阻击。次日薛部赶筑善和至水口间碉楼封锁线。步步为营，向招携推进。

△ 孙殿英在太原会晤阎锡山，经商谈决定孙留居太原。同时由阎向北平军分会提出：一、请保留其军分会委员之职；二、孙不再过问部下之事；三、孙暂居山西。30日，何应钦致函孙殿英，略谓：“此次毅然解除兵符，具见为国忠，对友诚，极佩。吾人对国家只要抱定忠诚，不患无报国机会。”4月初，孙军残部在磴口、石嘴子附近者由傅作义收编成三旅；其在宁夏、平罗者由朱绍良收编。

3月30日 行政院在南京召开第二次庚款机关联席会议，就教育文化事业之分工合作原则作出决定：一、美庚款注重自然科学；二、英庚款注重农、工、医等应用科学；三、法庚款注重医药、生物及艺术；四、各庚款机关对社会科学与文艺，每年酌定部分款项以资奖进；五、各庚款机关对于文化事业之补助，宜注意乡村文化事业之发展。并决定英庚款机关拨款设农工职业学校各一所；美庚款机关增设一高等女子教育机构于南京；择定若干国立大学设立研究所。

△　第九师李延年部由龙岩分向连城、长汀推进，准备新的进攻。

△　唐山华新纱厂工人反对厂方减低工资举行怠工，警察局赶派干警队到场镇压。4月1日，工人向厂方提出：一、增加工资；二、恢复原有状况。并宣言与开滦工人一致行动，立即罢工。4月2日，厂方在陶尚铭等调停下接受工人所提六条件，下午4时复工。

△　国际政治学会在南京成立。通过会章，选举吴颂臬、袁道丰等七人为理事，谢冠生等五人为监事。

3月31日　马仲英余部窜入甘肃安西、敦煌等县。4月16日，该部100余人进入嘉峪关，在肃州附近被马步康旅包围缴械。

△　上海美亚织绸厂厂方制造“三一一”惨案后，是日又限令工人全部离厂，停止供应膳宿及薪金，以停业相威胁。4月1日，更宣告停业，各厂职员300余人全部离厂。工人斗争处境不利，至4月22日被迫复工。延至5月5日签订劳资和约七条，厂方允许略加津贴，被厂方停止工作的工人复工，罢工了结。

是月　中共东满特委军事部负责人王德泰联合反日游击队、抗日军首领约15人在吉林延吉县三道威能芝营山顶举行会议，决定将“间岛”地区的“中韩游击队”改组成立东北人民革命军第二军第一独立师，以前任游击队总队长朱镇（朝鲜人）为师长，王德泰为政委，下辖四个团，六个游击大队，师部暂设延吉县三道威东沟。会议并通过人民革命军斗争纲领：反对日本屠杀东北民众，破坏日军军用设施与工厂，并将其驱逐出满洲。下旬，朱镇联络山林队头目九胜共同合作抗日。

△　蒋介石设立侍从室，派晏道刚为主任。是月，蒋派晏赴长沙，与何键会同调整西路军战斗序列，并允何在湖南发行公债充作反共军费。

△　山西省政府、太原绥靖公署和绥远省政府共同组织的太原经济建设委员会，决定组设晋绥铁路银行，作为两省地方铁路之金库，并发行多额兑换券。

△　中国地理学会在南京成立，举竺可桢任理事长，以张星烺、董绍良、翁文灏等为理事。

△　南京《文史季刊》创刊，中正大学编辑出版。

△　《物理学报》第一期出版，编辑丁燮林、严济慈。

△　北平《图书季刊》创刊，由国联世界文化合作中国协会与北平国立图书馆合办，主编袁同礼（守和），编辑谢礼士、向达等。世界文化合作中国协会发行。出中、英文各一种。

△　武昌《华中小说》月刊创刊。

△　日本内阁制定《日满经济统制方策要纲》。

△　日在华设立“北支那协会”，是月举行成立大会，由会长芳泽谦吉主持。大会决定以华北方面为中心，强化“日华经济提携”。

4　月

4 月 1 日　南昌行营在南昌再次召开“剿共”军事会议，就东、北两路军协同进攻，会师赣南之计划，颁发该两路军推进方法及具体部署，规定：一、北路军以第三、五两纵队 4 月取广昌，5 月 10 日间向宁都推进，6 月 10 日前占宁都；二、北路军第六、七两纵队 4 月底进占龙岗墟，5 月底占古龙岗；三、第一路、第二十路、第二十六路及总预备队第五十三师等部，分别于 5 月中、下旬完成招携至新丰市之横缀碉堡线，并分期与南城、广昌纵缀碉堡线、富田沙溪碉堡线衔接；四、东路军第四纵队 5 月 20 日占连城，6 月进取长汀；五、东路军第十纵队与第八纵队 5 月初占建宁，5 月 20 日前抵宁化，6 月中旬向石城进攻；六、东路军第八纵队协同第十纵队进攻宁化，5 月中旬达建宁，下旬进攻宁化；七、东路军第九纵队以第八十、五十二两师攻占永安，第八十五师在 5 月 5 日以前接替泰宁以东防务。

△　南路"剿共"军开始进攻中央苏区南大门筠门岭，以黄延桢、黄质文两师任中路，由澄江主攻盘古隘，黄任寰任右路及时推进，齐指筠门岭；以李振球任左路作策应，余汉谋坐镇信丰任总指挥，总计兵力达十余团。是日，黄部邓辉团攻占盘古隘。

△　湘赣红军第十八师徐彦刚部进攻文家市，3 日在永和寺与湘军成铁侠部接战，5 日转战东门市，7 日在浏阳大幅溪破坏马坳大道，开展游击战。

△　陈调元在南昌正式就任赣粤闽湘鄂五省"剿匪"军预备军总司令。

△　南满抗日游击队政治委员、共产党人杨靖宇联络田麟、老长青、林青、六虎等 18 支抗日武装，于濛江县陈家砬子开会，决定联合组成"抗日联合军总指挥部"共同抗日。一致拥戴杨靖宇为总指挥，在南满东边道的清原、柳河、金川等县广泛开展抗日游击活动。

△　日军是日起在唐山沿线举行野战演习三日，19 日再次于唐山进行攻守演习，并擅架军用电话线。当地政府畏势，任其横行。

△　日本对华北劳力流入东北采取管理措施，决定设一专门机构执行。是日在天津日租界浪速街设立大东公司，以日人三野友吉等为创办人，由日天津特务机关长大迫中佐指导，资金一部由特务机关提供，一部取之劳工发证手续费收入。大东公司以对进入东北的劳工实行调查、审批、发证为其任务。11 日，青岛大东公司亦成立。

△　刘桂堂在山东莒县遭鲁军谷良民师进剿，次日经海州、日照窜入江苏赣榆县境，3 日分扰赣榆县曹城及石桥西南之吴山、庐山一带，苏、鲁省军在赣榆欢敦埠地区堵截。5 日，刘部复返山东临沂、莒县，为鲁军孙桐萱、李宣德、许文耀等部追堵。

△　国联行政院中国技术合作委员会上年派遣来华之联络员拉西曼，是日完成其报告书共 11 章，论述中国与国联技术合作之经过及其成绩，建议今后更密切合作之方法。10 日，拉西曼离华返欧。

△　内外债整理委员会与各债权国协议，议定整理外债办法，其类别计 49 项。29 日，财政部组设整理外债委员会以备进行。

△　日本与伪满联合在承德组设之大满公司成立。该公司专门收买热河地区之鸦片烟，于承德、平泉、凌源、朝阳、赤峰、围场等地设分公司，资本额伪币 100 万元，总经理张玉轩、副经理胡莫阶。

△　上海《民族文艺月刊》创刊，民族文艺月刊社编辑兼发行，主编刘百川。该刊以“民族”为幌子，攻击革命的左翼文化，与《血汗月刊》为伍，出至第六期止。同年 10 月 15 日起改名《国民文学》出版，主编张资平。

△　北平《西北春秋》半月刊创刊，西北春秋社编辑，内容为介绍与研究西北问题。

4 月 2 日　川军邓锡侯部右翼陶凯旅由木门进攻南江门户长池；中路裘渭清旅由旺苍坝、普子岭南下配合；左翼卢济清旅沿大巴山麓掩护南江左侧，是日进占长池。徐向前红四方面军自本日起在西线继续主动撤退，先后退出江口（平昌）、南江，逐步撤至贵民关、观关山、得胜山一线，集主力于镇龙关、石窝场、高白寨一线。7 日，邓部陶旅占领南江及南江河。

△　张学良在汉口召见刘镇华、何成濬、徐源泉、萧之楚、张钫、庞炳勋、郝梦龄、罗启疆、潘善斋等九将领，商定反共军事。次日张由汉口出发巡视鄂东。

△　日南满铁路局长宇佐美在北平会晤黄郛，提出日方要求：一、扩大北平政整会权限；二、取缔抗日之党部人员；三、刷新华北人事；四、解决通车、通邮、设关等问题；五、与日本实业团提携等等，嘱黄往庐山面谒蒋介石时转达。翌日，黄郛离平赴赣，向蒋报告华北政况，请示华北外交方针。

△　张继由华北返南京，向记者发表谈话谓：目前山海关、古北口等各县行政权仍操之于日本之手。“值此暴日野心未泯，企图进犯察省之秋，战争恐将难免”。又谓，“华北危机四伏，北平大有朝不保夕之虞，

与东北‘九一八’前夜形势相似，诚恐吾人作亡国奴之日已在眼前”。

△ 开滦唐山矿工人千余人包围滦榆区行政专员公署。翌日，启新洋灰厂工人继起罢工。4日，开滦矿工再次包围滦榆区公署，要求立即答应所提要求。6日，实业部长陈公博请汪精卫电饬于学忠加派保安队至矿镇压。7日，保安队至矿限令工人复工，一面由陶尚铭向启新厂方交涉，要求其接受工人条件。8日，启新罢工解决，唐山矿罢工势孤。10日、11日唐山矿工相继全部复工，斗争失败。

△ 浙江湖州机织工人上月13日因反对减低工资举行罢工，30日千余工人赴省府请愿，由省方派员召集双方调解未成。是日，罢工工人与零机户冲突，县署基干队开枪镇压，打死工人二人、伤一人，3000工人遂捣毁县署，保卫团又枪杀工人两人，全市商店罢市一日支援。次日，在省府派兵压制及派员调解下始息，8日起各厂陆续复工。

△ 天津裕元纱厂倒闭，1600余工人失业。

4月3日 蒋介石令樊崧甫纵队接替汤恩伯纵队守备新桥、泰宁间碉堡线任务，派汤纵队向东搜索，并于4月10日以前完成将乐、泰宁间碉堡线，以巩固闽北防线。

△ 刘湘下达第三次总攻令，限期会师通江、南江，完成其第三期军事计划，并于南充设四川“剿匪”总部前线军事委员会，由刘从云任总指挥。同日，第五路军范绍增师全线出犯通江县岩口场、杀牛坪、毛坝场、红灵台等地，4日次第占领土地堡、鹿鸣场至长滩河一线，徐向前红四方面军撤至复兴场、刘坪、曲溪口之线。6日，范部廖旅等进占泥龙场、石龙场、红灵台，续向长滩河前进。

△ 自2月贵州反王家烈之东路联军车鸣翼失败后，西路联军犹国才之势亦孤，遂被迫与王家烈言和。是日，王家烈主持贵州省府会议，委犹为贵州全省清乡司令。

△ 胡汉民就立法院公布宪法草案初稿，在《三民主义月刊》第三卷四期上发表《论所谓立宪》一文。称所谓“宪法初稿”与“民元约法”、“天坛草案”、“曹锟宪法”及所谓“训政时期约法”一样，是一种废纸。14

日，又在香港对记者发表谈话，指出："军权统治不消灭，宪法等于废纸"，"徒然一张白纸黑字宪法，断不能臻于宪法之治。"

4 月 4 日 财政部盐务署在南京召开整理盐务会议，6 日结束。通过：一、取消引票；二、筹备两淮借款 800 万元；三、实行新盐法。

△ 驻瑞士公使胡世泽在土耳其首都安卡拉代表中国与土耳其政府外长拉斯托签订《中土友好条约》，双方决定互派大使，对设领及商务日后另约规定。5 月 26 日，立法院通过该约，5 月 30 日国民政府正式批准。6 月 4 日，土耳其国会批准。8 月 17 日，中土双方在日内瓦互换签字条约，定于 8 月 31 日起生效。

△ 盛世才军越阿克苏追击马仲英残部。盛以其所部长途追击疲惫，是日改派伊犁东北军刘斌部开赴南疆继续追击，并令南疆保卫司令和加尼牙孜阻截马部外逃之路。

△ 国民政府任命戴嗣夏为陆军第四十六师师长。

△ 北平故宫博物院举行第一次理事会，举蔡元培为理事长，叶楚伧为秘书长，陈立夫、蒋梦麟、罗家伦、王世杰、黄绍竑、李书华为常务理事。

△ 天津县淀北海河放淤区农民千余人包围县府请愿，要求停止官方占用民田，无结果而散。翌日及 6 日，农民结队续往县府再次请愿，持续三日。

4 月 5 日 刘戡师进攻闽西白沙、邹坑，被红军寻淮洲第七军团刘畴西第二十师和周昆第二十二师、周建屏第二十四师击退。翌日，刘部从正面进攻，李玉堂师由石铭策应，又遭失败。7 日，刘部等以补充团主攻红军左翼，以第二四七旅由邹坑附近迂回新坊左右夹攻。经激战红军退旧县，刘部占白沙。

△ 湘赣红军第十六、十七师萧克、高咏生两部在永新西部三王庙伏击王东原师侯旅，活捉旅长侯鹏飞、团长徐本桢等，全歼该旅。彭位仁师杜道周旅赶往增援，以六团兵力反攻，红军再次获胜，又歼六七百人，缴获甚巨，胜利撤回永新县禾山。

△ 红军警卫师和模范师撤出江西招携，转入东南部大山中。是日，薛岳部郭恩演师进占招携。继后，赶筑金竹、招携间横缀碉堡封锁线。

△ 黄郛在汉口对记者发表谈话，称“此次南下，因华北最近各项外交问题，有向中央商办及请示必要”。“通车则纯为技术问题”。“此次谒晤蒋、汪时，将请示一磋商办法，希望在不承认伪国、不割裂四省之原则下交涉”。“至华工出关问题，多由汉奸招致”，“取缔亦极困难”。当晚，黄乘“德和”轮赴赣。

△ 北平市公安局召集全市各报社负责人，宣布检查报纸、小说及其办法。到会各报请允由各报社负责人自行分别检查，免于送检。次日，北平29家报社又正式书面呈述理由。

△ 《人间世》半月刊在上海创刊，林语堂编，上海良友图书印刷公司出版，提倡所谓“闲适”格调小品文。

4月6日 黄郛抵南昌面谒蒋介石，报告华北情形及日方侵夺华北所提之各项要求，与蒋讨论通车、通邮谈判方针。

△ 蒋介石电令各省严禁汉奸招募华工出关。9日，北平军分会密令各地严禁华工流往伪满。

△ 蒋介石通令各省、市政府严禁工人罢工。电称：“嗣后各处工厂，倘有擅自罢工、怠工情事，应由当地主管官署严加制止。若发生上项风潮之工人组有工会者，并得由该管官署查照工会法……先将该工会勒令解散，使风潮得以迅速解决。”

△ 红新十军方志敏部进至光泽县陈坊、杉田游击。北路第三路军第二十四师师长黄子咸电请陈诚派队堵截。陈复电无兵可派，只令由地方团队协助扼守。

△ 伪满财政大臣熙洽在东京与日本拓相永井决定以“满铁”为基干之伪满经济建设方针，并与日本银行界接洽大借款。

△ 法国巴黎华侨召开大会，对法国放映侮华影片《黄人巡察记》表示愤慨，决定推举代表向法国政府交涉取缔影片及同名小说，并呈请

南京国民政府撤惩参与者褚民谊,饬外交部向法国提出抗议。10 日又发表宣言,详述事实经过,再请当局严厉交涉。17 日,旅法华侨刘振武等再次抗议法国继续放映该片。

4 月 8 日　德国前陆军总司令赛克特第二次来华抵达上海,20 日前往南京担任国民政府军事委员会总顾问。赛在南京稍事停留即乘炮舰前往庐山,蒋介石由南昌赶至与之商谈。5 月 1 日,赛向蒋提出,要求以蒋之委托人名义出面任总顾问,其权限除指挥所属德国军事顾问外,并规定每星期二、五上午在南京蒋介石官邸分别召见有关军事人员商谈军事,处理军事方面的重大问题。之后,赛在南京富桂山召集德军顾问人员讲话,谓其被授与有绝对指挥之权;并对顾问团进行整顿,将原有三个组扩大为部队组、装备组、军事教育组、人事组及编译组等。又决定先编练六到八个现代化师,配以德式装备与重炮(蒋提出装备 60 到 80 个师的计划),蒋介石令孔祥熙筹拨 5000 万元作该项建军的额外经费;另一任务为长江下游及沿海之布防。

△　日本驻华武官柴山在北平发表声明,对中国政府施加压力,以图尽快达到通车、通邮目的。内称:“中国方面曾于过去十个月间,凡属根据协定之各种问题从未进展,如通邮、通车等问题。”并以威胁口吻宣称:日方“持隐忍自重之态度有一定限度”。

△　伪满民政部命令各省公署及“新京”、哈尔滨两特别市,北满特别区公署,应于 7 月 1 日一律使用伪满“国币”,禁止旧币流通。

△　上海小报及电影界亲日分子冯梦云(《大晶报》主人)、施济群、来岚声等 20 余人离沪,前往日本参加长崎国际生产博览会,自称“中华报界同志东游队”。日本外务省文化局利用此会招待亚洲各国亲日分子,以便开展其所谓“亚细亚运动”。冯等不顾上海铁血救国团的警告,仍然前往。

4 月 9 日　第三路军总指挥陈诚根据南昌行营的推进方法及部署计划,决定分三个阶段向广昌推进:第一段攻占甘竹及其附近地区,第二段攻占长生桥、饶家堡、高洲瑕一带,第三段攻占广昌城及其附近。

并命罗卓英指挥第五纵队为河西纵队，樊崧甫指挥第三纵队为河东纵队，分别沿盱江两岸并肩南下。同日，陈令第三纵队(欠第六师主力)集结河东罗家堡一带，第五纵队及第九十八师集结河西枫林圩、白舍一带:并令第八纵队及第六师主力由黎川方面逐次向南丰前进，以便执行第一期进攻甘竹之作战计划。

△ 薛岳部完成招携——善和——藤田间横缀碉堡封锁线，共筑成碉楼94座。翌日，由招携、善和转进，13日集中沙溪附近，筑堡向龙冈推进。

△ 英国政府为中缅南段边界问题照会国民政府，提出应由双方以妥协互让精神磋商，其谈判必要时可在南京，双方代表应包括缅甸代表在内。翌日，外交部复照，表示决定和参谋本部派定杨光灿前往云南，会同在滇勘察江心坡地界的尹德明，与英方人员实地勘察中缅段界务。

△ 上海113家缫丝厂因丝价惨跌，先后停工者达百家以上，勉力开工者仅宝泰、永亨等五六家，失业工人约达五六万人，各丝业工会联合组成失业救济委员会。是日中午，该会率各区工人代表500余人向市政府请愿，要求迅速照实业部所议救济办法予以救济。当局表示将积极筹划尽力设法解决。

4月10日 中共中央发表《为日本帝国主义占领华北并吞中国告全国民众书》，向全国人民提出反帝统一战线斗争纲领七项，号召“一切真正愿意反对帝国主义的不甘做亡国奴的中国人，不分政治倾向，不分职业与性别都联合起来，在反帝统一战线之下一致与日本和其他帝国主义作战”。

△ 广昌战役开始。是日，陈诚部河东、河西两纵队沿盱江两岸南进甘竹。河西纵队夏楚中师进占罗坊圩，霍揆彰、李树森两师派队向牛鼻寨出击;河东纵队周碞师第十七旅向盱江东岸制高点延福嶂、白叶堡一带推进。翌日，第十七旅旅长丁友松以一部进攻白叶堡，彭德怀红三军团李天佑、钟赤兵第五师以一部进行反击，一部由延福嶂出击，歼其

两个团,活捉团、营长各一人。

△ 南路军第二纵队司令官李扬敬在平远召开军事会议,余汉谋及东路军第四纵队指挥官李延年亦参加,共同商议总攻中央苏区筠门岭之计划。

△ 汪精卫偕孔祥熙、顾孟馀、陈绍宽、陈公博、唐有壬、曾仲鸣等离京赴赣,前往参加蒋介石召集的解决华北问题会议。翌日,汪等抵达南昌。

△ 美国白银问题专家罗杰斯抵沪,前来调查中国白银。12日至南京与财政部长孔祥熙交换意见后,当晚由孔陪同返沪。13日,孔在上海举行茶会,介绍罗与上海银行界见面,之后在沪商定调查白银之步骤。

△ 日军在北平东郊举行实弹野战示威演习。12日,又在西郊白石桥紫竹院附近演习。

4月上旬 日军蒲本(第十六师团)、若山(第三师团)两部于本旬陆续由日本京都等地出发开往东北,兵力三万余人,接防日军第八师团西义一等部。中旬,蒲本、若山两部先后开抵长春。月末,日军西义一、广濑寿助及畑俊六等师团由长春等地陆续回国。

4月11日 蒋介石、汪精卫和黄郛等在南昌商议华北问题及对日外交方针,汪主张通车问题"拟从速进行,恐愈久愈糟";黄郛要求扩大平政整会权限,以顺应日方强求解决华北问题,首先以地方事件着手解决通车,然后再解决通邮、关税等问题,借以维持华北现状,并表示此为挽救华北危局惟一之出路。

△ 蒋介石令第九十八师夏楚中由赣南开赴宜春,进攻湘赣红军。

△ 刘桂堂部众窜入诸城、日照。12日,在诸城、日照间桃花山被鲁军包围。15日,经高密北往安丘、潍县扰昌乐。18日,南入莒城。19日,在莒城东南杨家官庄被展书堂师唐邦植旅截击,当晚返入江苏赣榆县。

△ 考试院长戴季陶在西安致电蔡元培、汪精卫、王世杰、蒋介石

等，请通令全国严禁发掘古墓，谓“纵寻取学术材料，亦一律依刑律专条严办”。

△ 前清政府陆军部尚书、军咨大臣、袁世凯大总统府侍从武官长荫昌病死于北平。

4月12日 交通部长朱家骅对记者表示，行政院对通车、通邮未加考虑，交通部仍一秉过去封锁政策办理，并无变更方式之动机。至查获日人私运东北邮件，除令各地严密防范取缔外，并请海关协助，一面由外交部提出交涉。

△ 南路“剿匪”军黄延桢部三路进攻筠门岭门户罗塘，先占黑风岭，次日在空军协助下占领罗塘。

△ 贺龙部红军进攻黔江未成，14日占酉阳濯河坝、冯家梁，一部入黔江北部新场等地，并向酉阳进攻。

△ 中英庚款财政委员会通过导淮借款210万元案，用以建筑淮阴、邵伯、刘老涧等闸。

△ 财政部公布《币制研究委员会章程》九条。嗣后陆续聘请张嘉璈、吴鼎昌、钱新之、周作民、陈光甫、贝祖诒、胡筠、唐寿民、宋子良、胡祖同、沈元鼎、瞿祖辉、徐新六、秦祖泽、耿爱德、陈锦涛、孙衡甫、傅宗耀、齐致、卞白眉、吴震修、叶薰、吴蕴斋、顾季高、俞寰澄、刘大钧等为委员，令派曾镕浦、陈行、李觉、席德懋、陈端、沈叔玉、卢学溥、陶德琨、徐堪、戴铭礼、吴曾愈、杨其观等兼任委员，指定陈锦涛为委员长，令派戴铭礼为秘书长。5月开始筹组该会，聘任专家从事研究整理，拟订具体方案。11月10日在南京正式成立，开始办公。

△ 北平燕京大学抗日会召开扩大会议，决定致电南京国民政府，誓死反对通车、通邮；并派十余代表分赴本市各大、中学校联络，请速一致反对。

△ 蔡廷锴偕谭启秀、邱兆琛等由香港启程赴欧。临行前发表谈话称：“对时局无意见，惟望一致对外，收复失地，虽在野亦不放弃国民责任。”“谁有救亡办法，即与谁合作。”

4 月 13 日　陈诚命河西纵队黄维、傅仲芳由瑶陂、白舍向甘竹右翼咸水岩及紫灵山以西刘家堡等地进攻，以夏楚中师置罗坊圩、紫灵山进行掩护。董振堂红五军团第十三、十四师分别扼守咸水岩、刘家堡一带。是日，右翼黄维师第六十一团在坊坑北端遭红军伏击，损失甚重。下午 1 时，傅师攻占刘家堡以北高地后以一部协同攻占咸水岩。红军右翼暴露，遂退据罗家寨一带。翌日，黄、傅两师集中兵力进攻仙人嵊，红军被迫南撤，黄、傅两师占仙人嵊、甘竹市及其西部百子岭等地要。

△　立法院举行秘密会议讨论华北外交。发言人对蒋介石所持方针不予赞同，对黄郛尤肆抨击。经决定原则三项："(一)华北外交不必由黄郛办理；(二)通邮问题，应照欧战时比利时大部国土为德国军事占领后，邮政改用德国邮票，仍照常通行，如关外贴用日本邮票，亦可许其通邮；(三)通车问题决不可商，日如提议，只有拒绝，庶免有承认伪组织之嫌。以上原则由外交委员会整理及通过大会后，即送呈中政会，作为向中央之建议。"并一致通过请行政院长汪精卫于 20 日到立法院报告通邮、通车问题。

△　汪精卫训令北宁铁路管理局，准备与日本进行通车交涉，俟黄郛回平后即正式开始。

△　日本外务大臣广田密电驻华公使有吉明，要求按照国联对华技术合作之日方态度，"对目前外国对华的策动"，首先予以破坏。

△　日军增兵北宁路沿线各站，扬言将强行通车、通邮，制造华北紧张局势。

4 月 14 日　蒋介石电令刘湘肃清南江、巴江两岸红军，"包围通江"，"早奠川局"。同日，川军第五路军唐式遵部杨旅由通江县三教寺进攻黄泥堡，刘旅由清花溪出击丝罗坝，廖师由双龙场进袭一家坪，欲夺镇龙关，直逼通江城。徐向前红四方面军集结主力御敌。至 16 日，红军在长滩河、曲口河、苔竹滩之线歼川军千余人。

△　中共川陕省委制定《红五月工作计划》。提出"全党集中力量领导整个红军和赤区千百万群众起来彻底消灭刘湘，保卫赤区"，是"川

陕党的一等重要的任务”。要求加紧扩大红军,武装群众扩大游击战争,动员运输队、担架队,集中粮食,节省物资,加紧三次省苏维埃代表大会的选举运动,以及建立对白区士兵中的工作和深入进行宣传工作等等。

△ 汪精卫由南昌回到南京,向中政会临时会议作报告,讲述在南昌所决定的华北对日外交方策。会后,汪接见记者发表书面谈话:“……此次在南昌讨论范围甚广,如年来华北办事经过及目前情形,以及世界大势、东亚时局,均在讨论之列,但尚无任何具体决定。”继又称:“外传通车、通邮问题,实则日本在去年即已提出……惟黄(郛)委员长至今未与日方谈判。”又称:“东北失陷未复,华北问题当然严重,惟不能谓绝对无望。”

△ 国民党西南执行部通电,希望国民政府“一反过去屈辱投降之政策,毅然以维护国权,恢复失地为己任”,而对于“卖国之徒,尤当绳以法纪”;对日伪速定国策、方针,予以宣示;反对日本对华北通车、通邮之要求。

△ 国民政府派曾养甫、颜德庆、卜隆荆恩、朱家骅等为管理中英庚款董事会董事,指定朱家骅为董事长。

△ 中央研究院院长蔡元培就戴季陶在西安通电请一致禁止学术团体随处发掘古墓事复电,谓学术发掘不仅未破坏民族历史,且足以向上恢复千余年之信史,故对于学术研究,不宜泛加禁止,发掘古墓对“恢复千年古史其用大矣”。

△ 全国火柴同业联合会在上海召开临时会员代表大会,苏、浙、皖、赣、鄂、鲁、冀等省38家工厂派代表参加。会上讨论实行火柴业统制问题,并选出统制委员七人进行筹备,以期共同应付外商火柴的倾销及国内火柴业生产过剩造成的经济危机。

4月15日 薛岳部开始构筑沙溪——韶源间纵缀封锁线之碉楼及公路,逐段向南推进。是日,郭思演师由沙溪向韶源推进,与红军独立二、三团发生遭遇战。红军激战三小时,被迫向上固、含下方撤退。

越三日，薛部筑成韶沙段碉楼 37 座。

△　3 月初，第二十一师梁立柱部两个团由江西铅山县河口镇，分路进攻横峰，遭到红新十军方志敏部的英勇抵抗。是日，红军在横峰县漆家坊反击获胜。

△　汪精卫在南京会晤孙科，向孙详述南昌蒋、汪、黄会商华北对日外交之经过，孙以立法院长身份表示“深予谅解”。

△　日本政府召开驻华沿海地区各领事及海军省、陆军省特派员会议，决定华南诸问题：一、开放台湾人移居闽省，由厦门向内地伸展；二、改组“台湾公会”及“青年团”，派退伍军人进行训练，给予充分的经济和枪械之接济，使之成为有力的军事组织。以日人桑源为总指挥，于厦门、福州均各扩充至 2000 人；三、对知识分子及“上流社会”宣传“中日亲善”，组织“亚洲同志会”及“亚细亚协会”加以收纳。对其中具有地位及活动力较强者由总督署给以充分接济；四、由日人岩奇在厦门设总机关竭力收买分化民军；五、对下层社会之贫民，鼓励其加入台湾籍。如遇中国方面进行干涉，即由日方出面保护。

△　罗马教皇决定在伪满设布教区。

△　周启刚、刘土木、王培孙等在上海成立中南文化协会，以“宣扬中南文化及促进侨胞在南洋之地位为宗旨”。同年 12 月 1 日出版《中南文化》为会刊。

△　《中南情报》半月刊在沪创刊，暨南大学南洋美洲文化事业部主办，俞君适编辑，以研究和解决华侨问题为主旨。原名《南洋情报》，经改组后更今名。

4 月 16 日　北路军总司令顾祝同命第九十七师孔令恂部由南丰双田圩集结里程、凤冈一带，暂归河东纵队樊崧甫指挥，准备向广昌方面进展。

△　湘赣红军第十七、十六师萧克、高咏生部以赣西永新县之禾山、秋山、公公山为基地，分入永(新)莲(花)、永(新)安(福)、安(福)莲(花)各大道出击，在安福、莲花间的利田击溃陶广师王育瑛旅，湘赣苏

区根据地暂获稳定。是日，刘建绪下令彭位仁、王东原、陶广、陈光中各师，分别在永新、宁冈、黄江、花溪、安福、田里、莲花及横界岭等地，赶筑碉堡线，封锁、围困禾山红军。

△ 川军第四路军杨森，悍然撕毁1月份与徐向前红四方面军所订“互不进攻”的协议，增调第四混成旅高德周等部分别进攻通江、巴中之南的澜草渡。是日夜，高旅渡江口河进占玉皇场、罗丝顶，翌日攻占高庙子、小鹿山，向澜草渡推进。红四方面军一部击溃高旅乘胜反攻，共歼杨森部官兵千余人。杨森遭此巨败，利用山险设防江口河，改取守势。其后，杨森再次与红军联系，重申“互不进攻”前约。

△ 黄郛由赣抵沪，下午在寓所举行中外记者招待会，回答此行任务及通车、通邮等问题。宣称：“通车、通邮及各口设关卡问题，未曾单独提出讨论”；“鄙人对于外交问题，无一不承中央意旨以行，实无所谓华北外交。”为躲避舆论的指责，黄表示“留沪三四日即赴浙休养”。黄旋接受日本记者的访问，表示北上以后，决心“以快刀斩乱麻方式解决一切悬案”。

△ 国民政府令派胡世泽为签订中土条约及商订中土居留、通商、航海条约全权代表。

△ 豫鄂皖三省“剿匪”总司令部总部在武昌扩大组织，设参谋、经理、总务、政务、机要等五处，钱大钧任参谋长，杨永泰兼秘书长。

4月17日 日本外务省情报部长天羽英二发表妄图独占中国的狂悖声明(简称“四一七”声明或天羽声明)。内容要点是：一、“维持东亚和平乃日本之根本政策”。若中国“利用他国以谋排日”，日本“断然反对”；二、日本反对“列国以共同之形式援助中国”，如投资、军事顾问、教育和出售武器；三、日本反对列国与中国进行“具有紊乱东亚和平秩序性质”的经济交涉；四、日本反对列国“以财政援助”为名“暗助中国抗击日本”；五、“维持东亚和平与秩序”，必须由日本“单独为之”。此声明经外务次官重光葵认可后发表。

△ 黄郛在上海与日使有吉明会晤，表示通车、通邮等已得蒋、汪

充分谅解，当于返回北平后急速解决；关于日资投资问题，亦将实行交涉。有吉告以 21 日离沪回国，将向日本政府报告一切。

△ 国民政府派张钫为赣粤闽湘鄂“剿匪”军预备军副司令；任命萧致平为陆军第九十六师师长，谢溥福为陆军第五师师长。

△ 伪满在朝鲜族集居的延吉、汪清等县召开联席会议，决定在延边设置集团部落 25 处。

△ 盛世才在迪化召开新疆全省民族代表大会，提出“一切民族权平等和宗教自由”等口号。大会讨论“民族关系、土地纠纷及经济、文教、医疗”等问题，并表示与苏联合作，在新疆实行联苏反帝政策，宣布反帝、亲苏、民生、清廉、和平、建设等六大政策。打着革命的旗帜以扩张其实力。

4 月 18 日 寻淮洲红七军团于 9 日起进攻永安，连日攻占南门、北门各高地。是日，第五十二师副师长卢兴荣率部至上坪增援，被红军击溃，损失机枪 10 挺。次日，卢部退杉口，红军攻占永安城。

△ 南路军李扬敬督率粤军第七、八两师向筠门岭攻击前进。是日由平远进抵黄沙附近，首先进攻澄江桥阵地，遭红军第九军团第二十二师及警卫师彭雄等部炽烈火力还击，伤亡甚重，毫无进展。陈济棠立令左右地区第一师驰赴平远以北增援，并派飞机五架助战。次日，李扬敬指挥三师之众在飞机助战下，将红军堡垒大部摧毁。红军第二十二师等部撤向盘古隘，下午 4 时许，黄部等占澄江。

△ 赣粤闽湘鄂五省“剿匪”军预备军总司令陈调元奉蒋介石之命，于本月 2 日率部由九江出发前往婺源，17 日移其总部于婺源。是日，该部第三十三旅进驻婺源，协助赵观涛等部“围剿”赣东北红军，并防堵红军入安徽，分兵于景德、太白等地待机行动。

△ 鄂豫皖徐海东、郭达申红二十八军在鄂东北与光山间之白鹤围、沙窝集与东北军某部接战，红军打死打伤东北军数百、俘 50 余人，缴获轻重机枪 10 挺，长枪百余支。

△ 日使有吉偕参赞有野由沪到京，与汪精卫晤谈。汪发表书面

谈话称:“有吉公使之来,全系为辞行,无具体商谈。彼表示欲谋中日两国之和平亲善,回国向外务省报告。”汪又谓:“现在东北问题尚未解决,实为两国和平亲善的暗礁。”同日,有野答记者问称:“中日华北问题为地方事件,将来即由地方当局处理之。通车、通邮系事实上之要求,且中日在签订《塘沽协定》时已有谅解……此事正期待中国当局之表示。日方应付办法将视中国态度为转移。”

△ 欧美报刊纷纷发表评论,反对日本“四一七”之对华声明。是日,美国纽约《论坛报》社评谓:日本之野心“将使中国仅有空名之独立与主权,而成为日本之保护国”。英国自由党之《纪事报》表示:“西方各国决不承认日本之亚洲门罗主义。”20日,意大利《使者报》斥日本的声明“荒谬滑稽,毫无价值”。苏联《真理报》指出“日本帝国侵略程序尽行暴露,中国全部将为日本殖民地”。23日,德国社会党《攻击报》“希望英美共同行动对付日本”。

△ 日本关东军驻沈阳特务机关长土肥原贤二,假“华北人民爱国协会”名义,向东京参谋本部提出一项极机密的《挽救华北的政策》文件,主张由李际春、石友三、白坚武等汉奸宣布建立所谓“新华北政权”,疆域包括长江以北各省及山西、陕西、甘肃、青海、新疆、察哈尔、绥远与宁夏等地。其军队称为“定国军”,计划推举吴佩孚任总司令。东京参谋本部虽未正式批准,但此后土肥原却成了策划华北伪自治运动的主要人物。

△ 国民政府任命欧震为陆军第九十师师长,免去吴奇伟第九十师师长职。

△ 行政院驻平政务整理委员会委员王揖唐应日人吉井芳纯邀请,以组织“中日真言密教会”为名由塘沽启程赴日。22日抵神户,28日达东京,先后与清浦公爵、近卫公爵、高桥藏相、平沼男爵、若槻男爵、大角海相、小幡酉吉及芳泽谦吉等会晤,大谈所谓“中日亲善”。王在东京恳亲会上说:“中日两国之亲善徒非以口述为倡导,应以文化事业为基础”,“余归国后决计努力从事此项工作。”5月11日至门司,又谓“中

日关系应在精神上谋合作”,“以佛教为中心而图大团结”,如能将“黄郛政权扩大”,华北局势“更当安稳”。以后又至大阪等地活动。

△　杭州中国国强新闻社开办,主办人王乐水。

4 月 19 日　外交部就日本“天羽声明”发表声明。表示:“中国深信国际和平之维持,端赖世界各国之群策群力。”“世界无一国家,得在任何地方,主张有独负维持国际和平之责任。”中国有提倡国际合作之义务,“从无欲中伤任何他国之意,更无扰乱东亚和平之念”。“中国与他国之合作,不论其为借款或技术协助,常限于不属政治之事项,至购买军用品,如军用飞机等及雇用军事教练官、或专家,亦仅为国防上之必要,大都为维持本国之秩序与安宁。他国对中国苟无野心,则对于中国力谋建设及安全之政策,殊不必有所过虑也”。

△　顾祝同电令陈诚部速由盱江两岸向长生桥、高洲塅及广昌方面推进,并令河西纵队之第三、第八纵队改归周浑元指挥,第九十七师仍归还第八纵队序列;同时电令南城航空第一队沿盱江两岸甘竹、广昌间红军阵地及碉堡侦察轰炸。是日,陈诚根据电令部署进攻广昌第二期作战,命第三纵队主力进占饶家堡附近地区,增筑大罗山、如意亭、树德亭之线碉楼,再与第八纵队协同进攻沙坪上、樟树下之线;第八纵队于 20 日先以孔令恂师随樊崧甫师进至饶家堡、沙渡堡附近,策应樊师主力推进至石浒、河东间地区,逐次进占狗头坳、官府岭等地筑堡,向高洲塅推进;第五纵队构筑白舍、甘竹间公路,第九十八师沿朱华山、伞盖尖筑碉前进,并占长生桥与第三纵队取连络;以上任务统限 24 日前完成。

△　樊崧甫纵队第六师周碞部在第九十八、六十七两师炮兵配合下,由杨林渡一带经白舍向甘竹东部大罗山要地进攻,以猛烈炮火摧毁红军阵地,攻占大罗山。是日,林彪、彭德怀红一、三军团各一部猛烈反击夺回。嗣经三日战斗,得而复失五次。22 日,大罗山终为周部占领。

△　东路军前敌总指挥卫立煌由沪返闽,26 日前往延平主持反共军事。

△　川军第五路军范绍增部进占通江南部长滩河之线，以一部进攻巴陵寨、元山场，徐向前红四方面军一部据险防守，范部无懈可击，进入相持状态。

△　黄郛为通车问题致电汪精卫，谓："通车问题，尊意拟从速进行，恐愈久愈糟，惟照在南昌所商定之程序办理，最早恐须在五月下旬，不知先生在京应付上有困难否？在余等三人赣中叙谈后，惹起内外双方之注意，此为当然之事，故一时必有种种揣测。但按沪情观察，逆料一二星期后，或可复趋沉寂也。"

△　立法院外交委员会举行外交审查会。决定：一、大会交付研究华北问题向外交当局质询各点，经汪精卫详细说明后不再提出；二、通邮、通车以外交当局最近确未考虑，故无表示意见的必要；三、目前外交不仅对华北应切实注意，尤应注意国际间相互之趋势及东亚时局之前途。13日该院秘密会议之三原则即完全取消。

△　伪满赴日特使熙洽返回长春向溥仪复旨。

△　日本就所谓"华北中日经济提携"提出具体计划。计划在汽车公路交通网及非武装区的棉花栽培方面，由日投资。待黄郛返平后，即着手具体确定。

△　交通部复电上海市商会及旅沪宁波同乡会，谓为统一邮政起见，特令全国民信局逐渐停止营业，限年底结束。

4月20日　中华苏维埃共和国临时中央政府主席毛泽东对日本"天羽声明"发表谈话，指出"天羽声明"是日本帝国主义企图强占中国的最明显的表示，它"直接的提出了日本将以武力保持日本对于中国一切军事、政治和经济的垄断。日本帝国主义的这一企图，就是要在日本将以武力单独把中国完全殖民地化的过程中，用日本帝国主义自己的力量，直接镇压中国的革命，并且造成更巩固的后方，来进行反苏联的战争"。声明表示苏维埃中央政府"坚决地反对日本帝国主义独占中国的企图"。号召全国人民"在苏维埃政府领导之下，粉碎帝国主义国民党对苏维埃红军的五次'围剿'，才能阻止中国完全殖民地化的道路，争取苏维埃新中国的胜利”。

△　在中国共产党的组织和领导下，以上海反帝大同盟、中华全国总工会、上海工会联合会等为组织基础，经宋庆龄、何香凝等联名发起，在上海组设中国民族武装自卫委员会筹备会，由宋庆龄任主席，何香凝、马相伯、李杜、胡汉民等为委员，李杜兼军事部部长。该会制定简章，拟于上海设总会，各地设分会，以自动武装民众进行抗日斗争。该会发起人及赞成人共 1779 人。是日，中共通过该会向全国人民提出《中国人民对日作战基本纲领》六条（亦称《抗日救国六大纲领》）：一、全体海、陆、空军总动员对日作战；二、全体人民总动员；三、全体人民总武装；四、立刻设法解决抗日经费（没收日本帝国主义的在华财产，没收一切卖国贼的财产，国库一切收入用作对日作战经费，实行财产累进所得税，在国内人民、国外华侨及一切同情中国的外国人士中进行募捐）；五、成立工、农、兵、学、商代表选出的全中国民族武装自卫委员会为抗日的总机关；六、联合日本帝国主义的一切敌人。《纲领》指出“中国人民只有自己起来救自己”，“中华民族武装自卫”，才是中国人民自救救国的惟一出路。

△　北路军顾祝同依据月初南昌行营的部署，制定北路军“围剿”红军之部署和兵力推进计划：第三路军陈诚、罗卓英部，以其第三纵队樊崧甫、第五纵队罗卓英和预备队万耀煌等八个师，用主力进取广昌，待巩固广昌堡垒后再逐步向宁都推进，而以预备队巩固其后方，与五路军取联络；以守备队毛秉文部两师一旅分驻新桥、泰宁之线和资溪、光泽、杉关之线。第六路军薛岳、吴奇伟部，以主力七个师照原计划由沙溪经龙岗圩向古龙岗推进，计划 5 月底占古龙岗。第一路军部子举纵队、税警总团和骑兵第一旅于 5 月初接防沙溪、富田之线。第二十六路军孙连仲部三师一旅任永丰、藤田以东，南丰、广昌以西地带封锁之构筑及守备。第二十路军张钫部两师于 5 月 5 日前接防第八十三师防务。总预备队第五十三师于 5 月中旬完成富田、沙溪间碉堡线。

△　国民党中央民众运动指导委员会电各党部，设法维护工商业。

略谓:“我国方在萌芽之工商业,尤应特别维护,使之努力生产,充裕民生。”并谓:“劳资双方,更须确认休戚相关之旨,与整个国家利害所系之重大,竭力避免虐待工人,蹙其生计,以及怠工罢工等事。”

△ 国民政府公布《工业奖励法》,凡 12 条,《特种工业奖励法》废止。

△ 日本政府为缓和“四一七”声明在国际上所引起的强烈反响发表声明。略谓:“日本不怀干涉中国独立之意。”“惟中国之统一与繁荣……不可由自私之列强越俎代庖。”“日本无意背离门户开放与机会均等政策,或侵犯现有诸条约。”

△ 伪满军政部划定各伪军区划:奉天伪警备军混成第一旅辖柳河、通化、金川;伪警备第二混成旅辖辉南;伪警备第七混成旅辖临江;伪吉林省警备军第三旅辖珲春、延吉、汪清,骑兵支队在盘石;伪黑龙江省警备军第一混成旅辖安达、青冈、肇东、兰西;伪混成第二旅辖铁骊、张城、礼屯;伪混成旅第三旅辖牌楼春;热河伪骑兵第三旅在石虎沟。责各伪军分别“扫荡”所辖地区的抗日义勇军。

△ 伪满委任满铁会社承办东北铁路七大线。计划兴建:一、牡丹江佳木斯线;二、凌源承德线;三、叶柏寿赤峰线;四、辰清(二站)黑河线;五、长春大赉线;六、大赉洮安线;七、怀远索伦线。

△ 驻英、驻法公使馆分别在伦敦、巴黎向新闻界发表声明,严词驳斥日本“四一七”声明,指出:“此次东京对华政策之声明,不外为日本侵占亚陆传统政策之再度申说,益足以暴露其对中国之野心。”

4月中旬 日关东军参谋长西尾寿造在哈尔滨得悉日军在土龙山遭受东北民众自卫军伏击,下令派出大部队,在飞机 30 架和战车掩护下,对土龙山地区进行报复性大讨伐。炸平土龙山地区村庄 17 个,炸死农民 5000 余人。

4月21日 樊崧甫指挥第七十九、九十七两师,在周浑元纵队第九十六、第五两师的策应下进攻甘竹东南高地云际峰。彭德怀、董振堂红三、五军团各一部在羊山嘴、云际峰将其三个团击溃。同日,罗卓英纵队第十一师攻占长生桥。翌日，第九十六师在第五师的协同下攻占云际峰、高洲垇。23日，第十一师再占伞盖尖，第八十九师攻占火神岩。陈诚宣布完成进攻广昌之第二期计划。

△ 南路军李扬敬继续督率黄延桢、黄质文、李振球各部向筠门岭西南之芙蓉堡及筠门岭进攻。是日上午，李振球、黄质文两师占芙蓉堡。午时，李部等侦探队进至筠门岭北端威胁红军退路，并以飞机五架猛炸筠门岭阵地。红军周昆第二十二师及警卫师撤出主阵地，下午3时许，李振球等部占领筠门岭。

△ 薛岳部郭思演师向上固推进，进至韶源南端。红军李于辉第二十三师及独立团等部据韶源东南及上固一带高地抵御，激战四小时后撤至含下方。郭师等进占韶源及缺家坪一带。

△ 日本驻美大使斋藤发表比“天羽声明”更加露骨的侵略言论，蛮横声称：“中国目前之纷乱状态，乃为一种对日本的直接威胁。”日本要求“中国政府与外国商订任何重要契约时，务必于事前商诸日本”。“任何对华援助，日本认为其适足以助长中国内乱，或对日本作战之准备，日本必须予以制止”。

△ 日本任意解释《塘沽协定》，不断扩大对华北的侵略，黄郛亦感苦恼。是日，黄致电在沪与日方接洽之殷同，嘱其与日方交涉取消《塘沽协定》问题。谓如不能取消，“最少亦应要求善意的互守，勿时时为扩大解释”。并对通航、通邮问题指示交涉办法。

△ 刘桂堂部众由江苏赣榆再窜山东临沂，分入莒县、日照。23日，刘率亲信数人于赣榆乘日轮潜逃天津。至24日止，刘桂堂残部在临沂、莒县、日照一带被展书堂师全部歼灭。25日，韩复榘电蒋介石、汪精卫、何应钦等，报告剿平刘桂堂部众经过，并令展书堂师取道回济南。

△ 国民政府令：派曹谟为出席第五届测量家国际会议代表。

4月22日 蒋介石电饬各省政府指导实行新生活运动。略谓：“新生活运动，乃为我全民族生死存亡之所系，惟其成败关键，端在我各地政府，以及宪警长官，与部队士兵，能否实施为断。”望各省政府，并由主管长官亲出督促，定时巡查监察，并特别注意于轮船码头及公共场所之实行情形，“乃不至虎头蛇尾，有始无终”。

△ 李延年纵队刘戡、李玉堂等师攻占闽西庙前、新泉。红军周建屏第二十四师退守旧县。

△ 薛岳部梁华盛师附炮兵一连再攻上固，红军第二十三师等部据守寿华山瞰制上固。梁师以猛烈炮火轰击，激战二时许夺取该山，红军遂撤退。翌日，薛部郭思演师进占上固东部之石头坑。

△ 李济深在广西苍梧分电胡汉民、陈济棠、李宗仁等，主张西南执行部、政务委员会两机关趁时改组，在粤组设国防政府号召抗日，联合各方势力实行大团结，并电请国民党各中委暨各省代表赴粤，召开非常会议。胡等未作表示。是日，陈济棠为了表态，以公电致蒋介石，表示“我辈相约以诚，绝非此种谣传可以离间，请钧座对此可一笑置之”。“有我在，西南绝不背离中央”。

△ 辽宁岫岩县及三角地带抗日义勇军邓铁梅等部，在明子谷与伪满警备军第二、三两旅激战。次日又于二道河发生遭遇战，日军小越大佐率队增援，义勇军遭到巨大损失。

4月23日 蒋介石在江西抚州纪念周上演说《日本之声明与吾人救国之要道》，略谓，日本“四一七”声明，“就是公开宣言要灭亡我们中华民国”，这是我们的奇耻大辱。并谓：“我们要如何才可以不做亡国奴，才可以挽救危亡、复兴民族，建立一个真正自由独立的国家呢?”“我近来所提倡的新生活运动，就是要我国全国国民，先从衣食住行四项日常实际生活起，恢复‘礼义廉耻’！只要大家立志救国，循此努力，加紧奋斗，我相信多则十年，少则五年，一定可以完成国民革命的使命。我们的国家，一定可以由我们手里复兴起来！”

△ 川军第五路军唐式遵与第六路军李邦俊，以一师三旅之众猛攻通江东南部之镇龙关、石窝场、高白寨、老鸦城一线红军阵地。唐于双河场坐镇指挥，并电请第三、四路协同进攻得胜山。徐向前红四方面

军集主力与之激战，至28日将其攻势挫败。在镇龙关一役即歼4000余人。刘湘第三期总攻被粉碎。

△ 日本外务大臣广田发表谈话，重申所谓日本在东亚的特殊地位、责任及利益。宣称：一、日本外交方针已于1月23日本人之演说充分表明，今后不变；二、对华政策在求列国共维和平；三、"四一七"声明与列国在华机会均等、门户开放无抵触；四、列国对华援助如不带政治色彩则欣然欢迎；五、列国最近对华财政援助带有政治倾向，日本有充分监视之必要。对于种种援助"不得不排击之"。

△ 英国政府训令驻日大使林德莱，向日本转告英对"四一七"声明之态度二点：一、遵守《九国公约》的条件；二、遵守1921年四国银行团对华投资办法的义务。如不违反此二原则，英国当不反对日本之对华政策。25日，林德莱访广田，探询日本对《九国公约》及门户开放、机会均等的态度，并声明英国必须继续享受各签字国所共有之在华权利。

△ 蒙古自治委员会在百灵庙正式成立。5月2日，全体委员24人通电就职。该组织分二厅、四处、一财务委员会，经费由国民政府每月拨给五万元，何应钦、赵戴文派参议常川驻百灵庙代理指导。

△ 蒋介石电国民政府训练总监部，决定全国高中以上毕业生，须受军训一月始发毕业证书。并规定以南京、武汉、洛阳为三大中心集训。

△ 福州全球通讯社开办，主办人全克谦。

4月24日 日本内阁决定坚持外务省"四一七"非正式声明，表示将坚持1月23日广田在国会演说所声明的政策。

△ 日本驻南京总领事须磨向外交部解释其"四一七"声明，谓日本不阻碍或加害中国之独立利益；外国与中国交易，日本表示欢迎，同时希望中国诚实实行机会均等、门户开放之主义；日本对外国在华利益毫无加害之意，但外国如以共同之力临诸东亚，且取有违背东亚之秩序及和平之行动时，日本惟有绝对反对。

△ 郑州豫丰纱厂上年7月停工，经整顿后于本年春复工。是日，

又以营业不振宣告歇业。嗣经当局出面调解，5 月 6 日由厂方发给工人解雇费每人 12 元。

△ 广东乐昌县鸡门山发生山崩，毁 12 村，死 200 余人。

4 月 25 日 陈诚颁布进攻广昌之第三期作战计划，决由高洲塅、长生桥、伞盖尖之线，沿盱江两岸筑堡诱使红军主力决战，并包围广昌而占之。

△ 第八十三师刘戡部以主力攻占上杭高峰扁山崠，并进攻旧县，红军周昆第二十二师、周建屏第二十四师撤至连水河右岸防御，次日晨刘部占旧县。26 日，东路军总部于龙岩设行营。月底，蒋鼎文赴龙岩指挥，以便突破红军汀州、连城防线。

△ 陈济棠令余汉谋、李扬敬两纵队准备续攻会昌、雩都；以第七、八两师直逼会昌，独一师由武北推进切断会昌、瑞金联络，第五师推进筠门岭策应；以第一、二两师分三路攻雩都。

△ 外交部发言人就日本"四一七"声明作第二次声明谓"中国之主权与其独立之国格，断不容任何国家以任何借口稍以损害"；"中国与他国或与国联之一切关系"，"断不容任何国家以任何借口稍加干预"；"日本过虑列国及国联以共管态度临于中国，无论现在国联方面或列国间，绝无如日本所虑之意思"；"中国不能容受列国间之共同束缚势力，犹如不能容受任何国家之单独束缚势力"；中国"对内工作之进行，不容他国干预，对外政策之实施，端赖有关系国之协作"。同日，外交部训令驻英、美、法、意、荷、比、葡各国使节，向《九国公约》签字之各国政府，要求"根据该公约第七条规定，讨论维持该公约之切实办法，以限制日本之企图"。

△ 宋子文由沪抵西安考察西北经济。翌日提出开发西北四项计划：一、兴修水利，先协助泾惠渠、洛惠渠完成，再进行导渭计划；二、建筑西(安)兰(州)公路；三、改良农业，发展棉产，改良兽种；四、兴办卫生事业。

△ 国民党广东省党部通电全国，反对日本"四一七"声明，指出该

声明“志在吞并中国”，全国当共起反对。

△　日使有吉离沪回国。28 日抵东京，下午 3 时访外相广田，报告华北停战后之对华外交经过，并建议对华应取之政策。29 至 30 日，有吉与广田、重光等商讨对华政策。有吉以国民政府对日态度已趋缓和，现时已达积极解决中日问题，决定东亚大势之重大时期，建议取积极对华外交，提出以经济关系之调整作先决条件，不必采取直接交涉及其他非正式会议形式，分别以中央、华北、西南为对象，将各项问题实行局部交涉。一切交涉须使中国放弃提携第三国之手段。

4 月 26 日　汤恩伯纵队以李默庵师为左翼，由泰宁出发南攻弋口，以孙元良师为右翼进攻弋口西北之梅口。寻淮洲红七军团第十九师等部与之激战，下午 6 时许，李师占弋口。次日，李师与孙师合攻梅口，孙师集主力于梅口以东吸引红军主力，李师乘势向梅口西端高地突击，于下午 4 时进占梅口，红军退守挽舟岭。

△　蒋介石以寝(26 日)电重定北、东两路军推进方法及部署要旨：一、北路第三、五两纵队，限本月底攻取广昌，5 月 10 日推进建宁，预定 6 月 10 日前以总预备军万耀煌、陶峙岳两师随第三、五纵左后方前进，与东路第五路卫立煌部联络；二、第六路薛岳部 4 月底进占龙冈墟，5 月 10 日向古龙冈推进，预定 5 月底占领。命周浑元纵队在攻占广昌后归入东路军序列，协同汤恩伯纵队进取建宁。

△　驻日公使蒋作宾在东京访日本外务大臣广田，解释 25 日外交部声明内容，并请广田说明“四一七”声明日政府之真意。广田声称：“日本因近来屡闻各国出售军火并供给军事顾问与中国之消息，颇为不安。”“外务省发言人有鉴于此，以为及时阐明前已发表而经众承认之日本态度，此项声明乃对报界而发”，“而竟引起海外许多误会。”“中国现呈现一种舆情，而为日本所甚不愉快。中国且发一种警告，令全国准备 1936 年之事变”以对付日本。广田续谓：“如国际对华之襄助，造成未预料之不良局势，则日本所感受之后果，最为痛切。日本处此情势，将反对不出于好意之任何对华襄助”，“故愿中国鉴于负有与日本并肩维

持远东和平责任之重要，而于事前商诸日本。”广田末告蒋，愿在中东路谈判结束后，开中日直接谈判以解决种种悬案。

△　日本政府陆军、拓务两省决定对我东北之所谓《建设施政方针》：一、以日“满”共同防卫为根本原则，以“满铁”为基干，确立“两国”共存共荣之根本方针；二、结成日“满”经济联盟，先促进“两国”国防有重要关系之产业；三、“满铁”实行旁系公司，整理其他关系之公司；四、维持拓务省监督权与关东军经营权之现状；五、将满铁附属地行政权移交关东军，由拓务省收回教育行政权。

△　豫鄂皖三省“剿匪”总部由潢川移设六安，刘镇华和刘茂恩坐镇指挥。潢川由王以哲部接防。

△　伪满总理大臣郑孝胥由日本返回大连，发表声明书，鼓吹日“满”友谊“更臻亲善”。

△　致祭达赖专使黄慕松离京赴拉萨。

△　苏日两国第二次中东路出售谈判是日由秘密转为公开进行，后在5月至7月的三个月中，双方讨价还价。7月23日，日本外务大臣广田表示不能接受苏联方案，必以日方所提为最后方案。苏联方面无法接受。

△　孔祥熙就订购大批军火事电告蒋介石，谓已向英、德、法、美、意等国商妥，订购中小型坦克24辆、装甲车八辆，轻机枪5000支、驳壳枪5000支，配子弹500万发，大小炸弹样本五种250颗、穿甲弹4000颗，另有七九步枪一万支。

△　国民党中常会通过《人民团体指导办法》，将一切群众团体统置于一党专政之下。

△　戴季陶考察西北后返抵南京。

△　教育部视察员调查湘、粤等省中小学语文教育，鉴于文言文和读经有压倒之趋势，特向教育部报告。是日，部长王世杰发出训令：全国各级学校务须遵照教育部的法令办理，并责成督学等对文言文和读经之风予以纠正。

△　伪满沈阳警察厅派员搜查各书店，焚毁抗日教科书二万余册。

4 月 27 日　陈诚执行其进攻广昌之第三期计划，以第五纵队罗卓英、第三纵队樊崧甫、第六纵队周浑元取扇形攻势向广昌进犯。是日，第五纵队黄维师分兵三路攻击广昌附近芭掌形山及新人坪，红军洪超、曹德清第四、六两师凭堡抵御，经过激战，黄师占芭掌形山及新人坪。同时，霍揆彰师在李树森及傅仲芳两师配合下，分别进占广昌西部长阴、下南、清水塘等地；第八纵队夏楚中师进攻雷公嵊、竹篙上、珠溪堡，在西华山、排山下与红军展开激战；谢溥福师由高洲塅进攻小坳溪、乌溪之线，红军罗炳辉部第三师、第十五师奋勇抵抗，谢师未得逞；第六纵队孔令恂师于苦竹坑、黄泥排附近，攻击藕塘下、桃花洲之线，红军陈光第二师及陈伯钧第十三师撤退长桥，孔部渡河向广昌追击。

△　红军警卫师等部由筠门岭北段夜袭南路军黄延桢部，黄急电李扬敬告急。李调黄质文部往援，并以黄任寰部严旅于盘古隘、罗塘策应。28 日，陈济棠再饬王赞斌师由安远增援。29 日至 30 日，红军反攻筠门岭更烈，李扬敬等被迫龟缩防守。

△　日本外务大臣广田在东京接见英、美大使，美国大使格鲁向广田索取外务省“四一七”声明之英译本。广田再次声称：“如第三国有扰乱东亚和平及秩序之行动，不问其形式或理由如何，将断然反对。”

△　立法院举行秘密会议，各委员对日本“四一七”声明表示愤慨。佥谓对日外交，“宜从死中求生”。“目前对日外交并非华北问题，实为整个中国民族存亡问题”。指出 25 日外交部以发言人名义驳斥日本“四一七”声明过于软弱，应请政府提请召开《九国公约》会员国会议，对日本在亚洲之强暴行为，予以具体制裁。

△　西南政务委员会常委唐绍仪、陈济棠、李宗仁等致函国联，痛斥日本“四一七”声明。指出该声明不仅威胁中国之独立，且破坏远东国际条约所保证的秩序，要求国联及《九国公约》签字国负起义务与职权，防止任何外国干涉和破坏中国内政与领土完整之行为。

△　胡汉民就日本“四一七”声明及广田外相声明在港发表《为远

东问题忠告友邦书》，促英、美、苏等国对日之声明予以注意。认为对“国际条约之尊严，与彼此间权利的维护，尤在一切利害相关者，始能为共同一致之奋斗”。

△ 日参谋本部派影佐祯昭至天津，召柴山、仪我及天津驻屯军军官会议。影佐声称：一、南京政府如只办通车，日方俟黄郛北返后再催其办理通邮等事；二、如黄不北返，则向华方中央当局或地方当局促其履行所约；三、如华方各当局均置之不理时，则日方自由设法实行所约。并称：从前因等待黄郛从容运用，所以没有急催，以后将不再延待。

△ 国民政府公布《户籍法》，定7月1日起施行。

4月28日 陈诚部继续全线进攻广昌，第十七师及第七十九师第二三七旅向广昌西北高地猛击，红军千余人在平面岭东西之线顽强抵御，9时半，第六十七师进占广昌城，彭德怀红三军团南撤头陂圩。与此同时，周浑元纵队第九十六师在盱江东岸攻占中坊，第九十七师进迫顺花渡。红军以广昌失守，遂撤离顺花渡退入白水方向，第九十七师占顺花渡，第九十六师占百花山。在广昌战役中红军伤亡4000余人。

△ 汤恩伯纵队李默庵、孙元良两师进攻建宁附近挽舟岭，董振堂红五军团陈树香第三十四师凭险抵御。李部等正面进攻进展困难，乃以一部迂回红军左侧，红军腹背受敌，与之多次肉搏，至7时半向建宁撤退，李部等占挽舟岭。

△ 日外务大臣广田修正“四一七”声明，正式送达英、美两国，声称：“四一七”声明并未正式发表，日本之远东政策以4月20日之声明为准；日本担负维持东亚和平之全责，不干涉其他各国在华之权益。然日政府如见第三国实行扰乱东亚和平及秩序之行动，则不问其形式或理由如何，仍断然反对之。

△ 戴季陶、褚民谊等发起的所谓“时轮金刚法会”正式开场，由班禅在杭州灵隐寺设置道场，以诵经宣扬“拔苦、祈福、消灾、超死”等迷信观念，诡称可以“祈世界和平，消除国内灾害”。同日，杭州市工会、农会、教育会、妇女会等九团体发表宣言，杭州《民国日报》发表社评，反对

“时轮金刚法会”。翌日,上海中华爱国协进会亦发宣言反对。随后,蒋介石为缓和舆论,乃出面向新闻界发表谈话,谓:“查此次时轮法会意在慰劳班禅,联络汉、藏感情。”时轮法会的活动至 5 月 15 日始结束。

△ 中国工程师学会四川考察团抵重庆。

4 月 29 日 蒋介石致电黄郛,指示对通车问题按本月 11 至 13 日在南昌所议办法,自动向日方作表示。电谓:“日军部对华政策,或采刚柔并用主义,应仍照面谈办法自动的表示,为釜底抽薪之计。”

△ 日军百余人由宝坻开至宁河,下午在该地测图并举行军事演习,5 时许又开往丰润县,恣意横行战区。

△ 美国总统罗斯福针对日本“四一七”声明,由美驻日大使格鲁向日政府提备忘录,谓:美对华关系,有条约规定,非经合法手续,不得修正或废止。任何一国未经关系国之同意,不得一意独断而涉及他国之正当权利。

4 月 30 日 薛岳部郭思演师以一部先攻大脑岭,以主力由石头坑侧击,利用沙溪、龙冈线,韶源、沙溪线及石头坑、韶源线公路堡垒进攻龙冈镇。周昆红第二十二师、李于辉第二十三师和独立第一、二团与之激战两日,5 月 1 日郭师占龙冈。

△ 云南省政府主席龙云派教育厅长龚仲钧至京报告英侵班洪经过。6 月 6 日,外交部、参谋本部派杨光灿、尹德明赴滇,与英方代表交涉勘界问题。其后,班洪事件进入外交途径解决。

△ 英外相西门在下院报告有关日本政府“四一七”对华声明之对日质询经过。谓英国政府认为日本“四一七”声明,并非侵犯他国在华之共同权利,或破坏日本自己的条约义务,宣布英国对日交涉至此结束。

△ 伦敦中国留学生开会,通过“主张国民政府对日挑衅应取坚决态度”之决议,电达南京国民政府。

是月 日伪在哈尔滨对中共满洲省委连续实行大搜查、大逮捕,中共满洲省委遭到破坏。同时,满洲省委领导下的吉东局亦遭搜捕。

△ 日伪军对吉林绥宁及饶河游击区的山林农工义勇军进行大“讨伐”，该游击队在平南洋率领下进行顽强抵抗，终以武器不足被迫放弃天桥岭根据地。同月，平南洋又在宁安县重新组成宁安抗日游击队，并于5月袭击第二区伪警察署，继续进行抗日武装斗争。

△ 日关东军为确保其侵占区的稳固和加强对义勇军的“讨伐”，并准备面向对苏作战，改变分散配置兵力为集中配置，力求加强教育训练，恢复原作战兵团。其兵力基干为第三、七、十六等师团及独立混成第一旅团、骑兵集团、第一、二、三独立守备队。

△ 日关东军司令部与朝鲜总督府协定，实行第二次集团部落计划。规定各部落设正部落长兼甲长，副部落长兼自卫团长。实行保甲联坐法，沿铁路线区以50家为一集团部落，僻远及林区以100户为一集团部落。其中东边道地区特定建立10户到50户之小部落。

△ 蒋介石改组湖北特税处，在汉口设立禁烟督察处，管理豫、鄂、皖三省禁烟事，隶属军事委员会直接领导，计划由长江流域推及全国。该督察处由复兴社特务处掌握，以贩卖鸦片烟筹措反共军事经费为业。

△ 西北公路管理局筹备处在西安成立。翌年1月1日正式成立西北国营公路管理局，主办西北各省公路事宜。

5 月

5月1日 蒋介石电汤恩伯，令其“在第八纵队未到邱家隘以前，切勿单独急进，总须稳扎稳打”。汤接电后，即命所部赶筑泰宁、挽舟岭之线封锁线，等待周浑元纵队到达后进攻建宁。

△ 湘鄂赣红军独立第三师趁湘军第十九师李觉部工兵营调往通城之际，是日向粤汉路羊楼司车站发动突袭，攻占羊楼司及尖山，击溃保安团队。4日，湖南第一区保安部司令兼第十九师副师长罗树甲督同义勇队往援，在尖山与红军激战数小时。红军主动撤出战斗，退回湖北蒲圻、通城边区沙坪根据地。

△ 日军藤原率伪警50人在临榆县九门口设置伪海关分所，搜查来往车辆。同日，又在该处设立伪警察所，强迫附近居民悬挂日伪国旗。虽经临榆县长及滦榆区行政督察专员陶尚铭交涉，日方仍置之不理。

△ 兴隆民众军根据中共京东特委决定，改为抗日救国军，孙永勤任军长，下设四个总队，每总队800至1200人，活跃在兴隆、承德、迁西、遵化等地山区，建立了以黄花川为中心的抗日根据地。

△ 美政府国务卿赫尔在华盛顿发表正式文告，针对日本"四一七"声明重申美国对华政策。声明美国对华关系，系受一般公认的国际公法原则及美国所签条约规定之支配，期望他国政府对于美国之权利与义务及合法利益予以适当之考虑。

△ 立法委员傅秉常等七人向国民政府提出外交方针建议：一、请政府根据《九国公约》严厉制裁日本暴行；二、训令驻外使领积极活动，勿为日本片面宣传蒙蔽；三、邀请各方要员来宁商讨边防和救国御侮大计。4日，立法院通过傅秉常等外交建议案。

△ 国民政府委派胡世泽为出席国际禁烟顾问委员会第十八届会议代表。

△ 国民政府任命陈明仁为陆军第八十师师长。

△ 欧亚航空公司新辟平粤航线是日通航。

△ 中国航空工程学会在杭州成立，举航空署技术处处长钱昌祚为会长，中国航空公司机航组副主任聂开一为副会长。

△ 话剧家熊佛西等发起北平剧人学会，是日在平成立。

△ 上海《大华晚报》创刊，主编殷再为。

△ 《学文月刊》在北平创刊，创办人叶公超、闻一多，由叶公超任编辑，发行人余上沅，为新月派中自命"自由人者"之刊物，后迁上海改名《新月月刊》。

△ 上海《小说月刊》创刊，主编梁得所，编辑仓可华、丽尼，发行人黄式匡，大众出版社出版。该刊自第三期起改为半月刊。

5 月 2 日 “剿共”南路军总司令部召开军事会议，声称以第二纵队为主力，由第一纵队协助，分两路总攻会昌。虚张其声势以应付蒋介石，议而未动。

△ 日驻南京总领事须磨奉日政府外务省训令，向汪精卫正式提出从速交涉解决中日两国悬案，并要求由中日直接交涉，“不许第三国参与”。

△ 美使詹森由赣至京面谒汪精卫商谈外交问题，提请修改中美商约。

△ 日军在战区迁安县之滦河桥增兵 150 名，9 日更在桥北设炮台三座，并强迫该镇公安分驻所及商民等一律改悬日旗，把持地方行政权。

△ 北平军分会任命汤玉麟、孙殿英为高等顾问。

△ 下午 4 时，绥远归化市雨雹成灾，历时六七分钟，冰雹如杏核大小，大者有如核桃，积有二寸厚，为 40 年所未见。

5 月 3 日 汪精卫为通车事致电黄郛称：国联咨询委员会将于 5 月 14 日讨论英国所提出之满洲通邮事件，“通车问题如能延长至咨询委员会对英国提议有所决议后，始着手进行，较为有利”。黄郛担心日方“久待无音而起怀疑”或“乘机要求通邮问题同时解决”，次日复电汪，提出：“在 14 日前，先密电饬殷局长与对方交换通车办法之大体意见，俟 14 日后再为最后之决定。”

△ 日本屡欲通过大仓组租用天津南开广仁堂稻田建筑飞机场未成。是日，日方突派日警四五人率领华捕多人看守该地。天津公安局派员与之交涉，日方诡称为大仓组行建立农场，继续派警守护开工。8 日，天津市政府向日领提出抗议，日方置之不理。

△ 刘湘在成都召开四川生产建设会议，各县建设科长、中国工程师学会四川考察团和四川省内专家共 400 余人参加。会议讨论建设与善后、税捐减免、生产教育及金融等问题，通过成立四川建设委员会等议案 200 多件。13 日会议闭幕。

△　伪满公布《采金会社法》,15 日与满铁公司合组满洲采金公司。

△　王正廷率中国体育代表团由沪启程,前往菲律宾马尼拉参加第十届远东运动会。

5 月 4 日　陈济棠在广州召开军事会议,讨论第二期总攻及东江防务之部署等问题。6 日与李扬敬等续商进攻会昌计划。

△　徐向前红四方面军一部于 2 日起反攻万源,击溃万源游击司令陈厚堃部,是日将万源夺回。

△　北平市公安局侦缉队逮捕东北抗日救国会政训班主任徐靖远等,并搜查该会机关。

5 月 5 日　蒋介石在南昌拟订《新生活运动纲要》,并改订《新生活运动须知》,详细规定新生活运动的内容、目的及组织等等,要求实现"国民生活艺术化、生产化、军事化"。又定全国的新生括运动由南昌新生活运动促进会主持。15 日,全国各报发表《纲要》全文。

△　宋子文在兰州各界欢迎会上讲演西北建设问题。谓:"西北的建设不是一个地方问题,是整个国家的问题。现在沿海各省已经在侵略者炮火之下,我们应当在中华民族发源地的西北,赶快注重建设。"提出西北建设的基本工作四项:一、先把公路修好,把东南的经济力量和欧西的科学灌输引进;二、进行引水开渠的水利工程;三、改良农产品;四、卫生实施及兽医的组织等。

△　司法院副院长覃振由沪启程前往暹罗、土耳其、美国考察"大陆派"与"欧美派"两种司法。

△　第二十六路军第二十七师冯安邦部由江西乐安县南部增田进攻望仙,是日占望仙。27 日进攻大湖坪及流坑。

△　教育、内政、司法三部就戴季陶提出禁止发掘古墓意见决定四项办法:一、中央研究院、地质调查所、北平研究院等学术团体,为科学工作起见整理先人遗物及已发现之坟墓物件,应照《古物整理办法》第八条办理;二、因自然损毁及因建设工程而发现之古物,应照《古物保存法》第七条办理;三、建议政府从速成立中央古物保管委员会;四、各地

古董商以及地痞私人假借名义盗掘坟墓，应通令各省、市依法惩办。

△ 河北省“新生活运动促进会”在天津成立，推定于学忠等11人为理事，张厉生等七人为监事，通过促进会章程草案及信条、戒条。同日，贵州省“新生活运动促进会”在贵阳成立，推定王家烈等21人为理事，何知重等15人为监事，通过章程及信条、戒约。

5月6日 卫立煌令第八、十两纵队进攻建宁。命周浑元部于8日由邱家隘、将军殿推进马源桥以东，与汤恩伯部取联络，随汤部之进展从西北方夹击红军；命汤纵队与周部取联络，保持重点于右翼方面，于9日起由现地进攻建宁；又命周部在红军攻击汤部时，应不失时机与汤部联络，共同攻占建宁。

△ 蒋介石决定在赣、闽两省组织地主还乡团“收复区地方善后讲习会”，施以反共的军事、政治训练。是日，南昌行营令饬福建、江西两省政府分别呈报，以备开办。

△ 伪满炭矿株式会社正式成立，资本1600万日元，伪满与“满铁”各半。日关东军司令官菱刈隆与伪满国务总理大臣郑孝胥协定：伪满政府或主管官厅在批准“满炭”负责人的任命、年度事业计划、股东大会讨论事项时，须事先征得关东军司令官的同意，并规定理事长为日人，其他负责人日本占半数。

5月7日 蒋介石在南昌行营纪念周上讲演，谓：“我国军队较任何国家为多”，但“属于‘国家’者少，现在我们要努力使全国的军队都成为真正的国家军队”。“我们相信失地必能在我们手上收回，中国必能在我们手上复兴，我们要建设中国成为一个健全、坚强的现代国家”。

△ 何键电陈济棠，谓中央红军万余由宁都、雩都向万安、永新推进，请派兵协助。陈即电余汉谋抽调部队往赣西配合。

△ 南京市政府举行扩大纪念周，市长石瑛报告肃清烟、赌、娼妓三害问题。

△ 波斯（今伊朗）首任驻沪总领事凯遥斯徒凡抵沪。凯氏为波斯自沙逊宁朝代至此400年来的第一任驻华代表。次日分别拜会上海市

长吴铁城及外交部处长余铭。8 日，凯氏向记者发表谈话，希望中波订定中波商约，发展两国通商。

5 月 8 日　北路军第八纵队遵照卫立煌 6 日令，以谢溥福师配合第五纵队夏楚中师由邱家隘向建宁推进，在飞机大炮配合下攻占将军殿、香炉峰。同日，第十纵队孙元良师攻占火炉山、象山。翌日，林彪、彭德怀红一、三军团由郎君桥、头陂街、新安、白水镇东移建宁及其东北，增援董振堂红五军团坚守建宁。建宁战役开始。

△　红三军贺龙部由川东濯河坝北进，消灭川军一个营，攻占彭水县城。次日，川军陈万仞部三路反攻。10 日红军主动撤出彭水，转赴酉阳、秀山及黔省后坪地带。

△　国民政府任命马步芳为陆军第一〇〇师师长。

△　日关东军司令官兼驻伪满大使菱刈隆在长春召开第三次“全满领事会议”，日外务省特派根道、法华津二人参加，12 日结束。会议决定：一、在日“满”合作有进展后撤废领事权；二、如客观条件为顺，可交还附属地行政权；三、在日人居留地区设置日警；四、课税应求合理化；五、与“满洲国”进行卫生合作；六、要求“满洲国”政府饬令人民遵行商租权；七、保护与鼓励鲜农来满，但严防鲜“满”农民纠纷；八、取缔不良日人，免贻国家百年大计之失败。

△　日军在河北蓟县散发传单，宣称日军 5 日由蓟县开往马兰峪途中，受到华方警察枪击，要求蓟县县长交出凶手，否则将断然处置。同时，日关东军亦向蓟密区行政督察专员殷汝耕抗议。10 日，日关东军发表非正式声明，强指中国方面不履行停战协定。

△　藏军由巴塘北部白玉偷渡金沙江进袭康军，双方激战竟日。次日，藏军又于西里、八宝两渡口渡江猛攻，被康军章镇中部击退。

△　交通部电政司与日本递信省电务局在南京签订中日无线电台报务合同。

△　美国驻京总领事裴克在南京访蔡元培，商谈“中美文化合作”问题。

5月9日 川军第五路军范绍增部第十旅进攻通江，是日占领巴陵寨、元山场，并以第十一、十二两旅各一团向刘坪钳形进犯，连续以车轮战术猛攻。翌日，徐向前红四方面军某部以主力反击，至夜将范部击溃，打死打伤500余人。

△ 吴铁城自沪密电蒋介石报告胡汉民在港进行五省联盟活动情形。

△ 全国经济委员会副委员长宋子文与甘肃省府主席朱绍良商定由全国经济委员会与甘肃省政府合作实行开发西北计划四项：一、赶修甘省内西安兰州汽车道；二、整理甘肃水渠；三、组设兽医讲习所及牧马场；四、垦殖西北荒地。旋宋氏电告汪精卫、行政院开发西北计划。是日，汪氏复电赞同。

△ 财政部长孔祥熙由赣抵汉。12日，张学良自豫专程返汉与孔会商，决定在豫鄂皖三省"剿匪"总部设立华中经济讨论处，以张学良顾问端纳主持。其任务为详查华中各地城市经济实况，对其商业不振和农村破产实况进行研究。

△ 国民党中政会批准补助山东曲阜孔庙及曾参、颜回、子思、孟轲等各庙修建费10万元。

△ 上海《申报》副刊《自由谈》主编黎烈文，因编辑期间多刊登鲁迅等左翼作家杂文，遭国民党当局的恐吓，是日被迫在该刊登载启事辞职。

5月10日 东路军第五十二、第八十师按照月初东路军在延平召开军事会议的决定，于9日起分由西北、东南两路夹攻永安，并以飞机配合轰炸。寻淮洲红七军团一部据城顽强抵抗后，于是日退守明溪、连城。第五十二师和第八十师先后进占永安。同日，东路军前敌总指挥卫立煌进驻沙县，下令第四纵队李延年部以一部守龙岩，主力经新泉进攻连城，并令第五十二师卢兴邦部由永安向西协助，限5月20日前占领该地。次日，李率第三、第九两师由龙岩向新泉；第五十二师由永安西进。13日，李部第三、九两师占领新泉。14日，第五十二师进抵小陶附近受到红军堵击。

△ 前达赖心腹、西藏亲英派首领隆夏尔，因阴谋组织亲英政府，反对汉人进入和班禅回藏，被热振摄政发觉。是日，热振摄政将隆夏尔逮捕，于30日处决。

△ 国联驻华技术合作联络员拉西曼制定的《国联与中国技术合作报告书》，分别在南京和日内瓦同时公布，提出扩大技术合作及具体联络方式。同日，日外务省即表示反对意见。翌日又授意日联社发表评论，谓日本"对此不能容忍"，要求欧洲各国"停止对华财政援助"。并谓"日政府遇必要时，将取认为适合之计划以应付之"。

△ 抚顺煤矿新屯矿因瓦斯爆炸，酿成矿工24人死亡，11人受重伤的惨剧。

△ 北平《民间》半月刊创刊，民间社编辑、出版、发行。主要撰稿人为李景汉、晏阳初、孙伏园等，内容主要为中国农村问题。为乡村建设派刊物之一。

5月上旬 中共中央召开紧急会议研讨广昌战役后的战局及今后作战方针。毛泽东提出将红军主力分向福建、浙江、江苏、湖南进军，突入后方广大无堡垒地区，用以吸引蒋军并使其兵力分散，然后回兵江西收复苏区。最后决定在石城以北加筑工事，构成防卫瑞金防线，并紧急开展扩大红军运动，以组织粉碎国民党军的第五次"围剿"的军事力量。

△ 何键电令划赣西万安、遂川及湘南酃县、桂东、汝城等23县为特别警戒区，命刘建绪负责构筑万、遂线外层封锁线，湖南保安司令部赶筑酃、桂、汝线，并限6月3日前完成外层封锁线及南北封锁干线。21日，蒋介石电令南昌行营派员前往督构。

△ 第二十一师梁立柱部续分两路进攻赣东横峰，方志敏红新十军在文笔峰以北及横峰附近抵御。13日，梁师赵旅进至文笔峰，红军在连荷以北猪头山、孙家山进行顽强抵抗，与梁师血战到18日，在文笔峰地区相持。

5月11日 蒋介石派顾问韩英士至杭州访班禅，促其早日回藏主持政教，并希望汉、藏关系日趋密切。

△ 国民政府军事委员会和交通部合组军事交通考察团，以徐庭瑶、俞飞鹏为正、副团长，率团员22人由上海启程前往意、德、比、英、美等国考察。

5月12日 红军寻淮洲第七军团一部至建宁东北增援林彪、彭德怀、董振堂红一、三、五军团。同日，周浑元纵队先头部队进至将军殿南部马源桥，准备向建宁西北攻击前进；汤恩伯纵队向建宁东端武镇岭、廖家源攻击。13日，汤纵队第八十八师孙元良部攻占双峰山、武镇岭及廖家源等地。

△ 远东第十届运动会在马尼拉开幕，中华体育总会由王正廷率选手130余人参加。20日，远东体育协会开会，讨论修改章程，日本为扶植伪满参预国际活动拉拢菲律宾，由菲提出将会章第十条修改为：主办国经多数通过，有权邀请非会员国参加竞赛。中国代表反对，愤而退席。下午，日、菲继续开会，通过日本的提案。21日，日、菲两国共组所谓东亚业余体育协会。远东体协遂破裂。28日，王正廷等经香港回国抵沪。

△ 上海《大晶报》主持人冯大云上月受日方招引，冒用上海报界名义组织中华报界东游团赴日，归国后又在该报刊登媚日文字。是日晨，上海中华铁血救国团团员十余人前往，将该报社捣毁，并发传单。谓冯如不悛改，将有更进一步之办法严厉制裁。

5月13日 中国地方自治学会在南京成立，通过《中国地方自治学会简章》，凡六章34条，选举钮永建等15人为理事，李毓九等九人为监事。

△ 日军杉原旅团200余人于下午2时由兴隆开抵蓟县，将县城占领，大肆抢劫粮食、财物及武器。同日，日机两架飞马兰峪上空演习，投弹两枚。翌日，蓟县县长吴明浩与日军数度交涉，日军拒不撤走，城内半数居民外逃。17日，殷汝耕向日武官柴山交涉，柴山借口民团拥有重武器予以拖延，经殷汝耕派员偕同柴山之代表坂亭赴蓟县，与日军

队长村田商议，决定将民团重武器交蓟密区行政督察专员公署收存，日军始于 18 日、19 日撤走。

△ 罗马教皇第二任驻华代表蔡宁总主教，于 1 月 10 日由意大利启程来华，先后在华南各教区视察后，是日到南京向国民政府主席林森逞递就任国书。

△ 香港石嘴子华南煤气公司发生爆炸，死百余人，伤千余人，民房被毁数十家。

5 月 14 日 刘湘在成都召开川军第四次"剿共"军事会议，商定各路军进攻计划。确定"合围扫穴"，定期半月占领通江、总攻万源，兵力增至 140 余团。以刘从云任前方军事委员会委员长，进驻南充指挥，派潘文华为总预备队指挥，急率所部配合唐式遵等部发动新的进攻。次日午后闭幕。

△ 蒋介石电令各省、市政府严防鼓动罢课、反对会考，倘有故违，应断然处置，立即制止，一律拿办。

△ 黄郛密派殷同、殷汝耕、陶尚铭与日人柴山、仪我在榆关洽商平沈路通车具体办法，交换对所拟通车方案意见。次日，双方在榆关商议，并会商战区解决各事，对通车问题定 6 月 25 日至 7 月 1 日为第一次试车期。

△ 日本陆相林铣十郎在东京对王揖唐称："以夷制夷之方针在现今之中国不应为之，若不然，则中国之将来，将陷李顿报告书结论所书之事态。关于此点，希望中国上下之反省。"

△ 天津北洋纱厂因新旧股东之矛盾及债权问题，自上年停工开除工人 600 余人后，一直未能复工。本月 2 日厂方又向天津国民党市党部及社会局要求解雇全体工人，未获批准。是日，该厂临时股东大会决定将厂房、机器租与公记公司，改名公记北洋纱厂。20 日，该厂日班开工，夜班尚无定期，工人被裁 400 余人（占全厂工人三分之一）。

△ 上海美丰银行因金融恐慌停业。

5 月 15 日 蒋介石为规范新生活运动之进行，是日颁布《新生活运动纲要》附《新生活须知》。《纲要》指出，新生活运动的主旨，即是使国民生活艺术化、生产化、军事化。“三者实现，是谓生活合理化。合理化所赖以实现之规律，曰‘礼义廉耻’所赖以之事项，曰‘衣食住行’。使我全体国民以‘礼义廉耻’为规律，实现于‘衣食住行’之中……是谓生活革命化之完成。而我中华民族复兴之基础，亦即奠定于此”。

△ 川军第二路军田颂尧部左纵队集中兵力13个团，向南江县东北空山坝一线猛扑，徐向前部红四方面军以王树声第七十三、何畏第十一、余天云第十二等师各一部于大、小骡马、小坎子及鹰龙山、鸡子顶等地阻其前进。同时，川军刘存厚以八个团配合，抢占竹峪关、草坝场。是日，红十一师、十二师进行反击，攻占竹峪关西北部仓台山、佛爷山。翌日，刘部全线败溃，退出竹峪关。红军乘胜追击，歼刘部800余人。

△ 冯玉祥由山东泰山赴胶东潍县、黄县、烟台等地巡游。行前对上海《时事新报》记者发表谈话称：“世界大势一为帝国主义互战，一为帝国主义与社会主义战，社会主义必得最后成功。中国命运全视能否抗日，抗则存，否则不亡于日，必为各国瓜分。”冯先后在邹平、黄县、蓬莱、烟台、掖县、青州等地作抗日演说，于30日返回泰山。是年8月，由随行记者将冯此次巡游编成《胶东游记》一书出版。

△ 国民政府任命黄维为陆军第十一师师长、曾三省为安徽反省院院长。

△ 华北农产改进社在天津成立，由金城银行、南开大学、中华平民教育促进会联合组成，以周作民任理事长。该社以“改良农村生产，调剂农村金融”为主旨。首从运销及植棉入手，计划五年内植棉1000亩，推及晋、鲁、豫三省。

△ 北平《文史》双月刊创刊，中国学院文史社吴承仕编辑。

5月16日 东北人民革命军盘石游击队，联合国民党系统的马旅、赵旅等游击队在伊通县境召开抗日军人代表大会，决定组织江北抗日联合军总指挥部，由东北人民革命军第一军第一师师长、抗日联合军总指挥杨靖宇任命袁德胜为总指挥，李红光为参谋长。该部拥有武装约千余人，于盘石南部金川、柳河等地开展抗日游击战争。

△　东路军汤恩伯、周浑元两纵队以六个师的兵力，在航空第三队的配合下，从东、西、北三面围攻建宁城。上一日林彪、董振堂红一、五军团在城东北，彭德怀、寻淮洲红三、七军团在城东南分头御敌，经一天激战，红军虽奋勇抵抗，因伤亡甚众，是日下午9时许自动退却，撤入宁化大道。汤纵队第八十八师孙元良部由东门进占建宁城。

△　国联中国问题顾问委员会在日内瓦讨论邮运通过伪满境内之问题，决定三项原则：一、国联会员邮政机关与伪满邮政机关，因邮件而发生关系时只能视为机关与机关之关系，而不能视为国与国、政府与政府之关系；二、在不背离不承认伪国的范围内，容许通常的邮务关系之存在，且仅视为临时性的技术解决办法；三、伪满与各国间的邮政关系不能援用《世界邮政同盟公约》所定之各条款。

△　日本驻美大使斋藤和美国国务卿赫尔在华盛顿举行密谈，至19日止共进行三次。日本提议由美、日均分东、西太平洋的势力范围，作为废弃《九国公约》的交换条件。美国方面未允，日本联美制华阴谋失败。

5月17日　徐向前红四方面军在空山坝召开军事会议，决定集中优势兵力歼敌，以第十一师何畏部由空山坝以北向敌左侧迂回，断敌后路；第十二师余天云部主力由空山坝以东及长坪地区袭敌右翼；第七十三师王树声部扼守小骡马、小坎子等地，伺机转作正面进攻。21日，各部开始行动，将川军13个团包围在余家湾、柳林坝地区。经三昼夜激战，至24日全歼川军七个团，溃其六个团，毙、伤、俘敌近5000人。26日，红七十三师乘胜收复南江，红十一师经平溪坝、官路口抵达长池附近。29日，红十二师收复通江。

△　藏方代表觉吉向让与康方代表姜郁文在德格签定《康藏协定》，凡12条。主要内容是：一、自本日起至6月6日止，双方各派员监视撤兵；二、达结寺所委堪布，由达赖委任，康方加委任状，负责院内教务；三、达结寺由汉、藏双方修复；四、达结寺所有土地一律发还；五、西

康政府对达结寺与康定各寺同等管辖；六、达结寺僧民与康民一体待遇；七、准许达结寺留用枪支90支，但携出时需经地方官批准。

△ 日本外务、陆军、海军三省共同决定所谓“铁则化的对华根本方针”，力促中国政府及亲日派强化“中日经济提携”，反对国际对华合作。

△ 国联技术合作委员会在日内瓦开会研究拉西曼报告书及各项详细文件，通过拉西曼报告书。

5月18日 宋子文考察西北后返回上海。翌日向记者发表书面谈话，表示对“西北前途乐观”，“希望国内银行界竟往投资”。20日，宋在全国经济委员会提出“西北建设计划”，获得通过。

△ 国民政府令免周象贤扬子江水道整理委员会委员长职，遗缺由赵志游继任。

△ 立法院通过《民国二十三年玉萍铁路公债条例》，规定发行公债1200万元，用以修筑江西玉山至萍乡之铁路，定6月1日起九八发行，年利六厘，指定以赣省地方盐附捐税作还本付息基金，八年还清本息。25日，国民政府明令公布。

△ 《一周间》周刊在上海创刊，主编洪深、张常人，出版者洪雪帆，现代印刷公司印刷，评述一周间国内外大事，由上海现代书局杂志部总发行。

5月19日 蒋介石电令何键限期建成遂川、茨坪、汪洋界、七溪岭、寒江至潞江之封锁线，增筑莲花至吉安、砻市至吉安、陆公坡至梅花山等各纵横封锁线，用以防止湘赣红军南下泰和、遂川、鄗县。

△ 赣浙闽皖边区警备司令赵观涛令第二十一师梁立柱部续攻横峰。是日，梁亲率该师一部由上饶出发，另派赵旅由河口绕攻。次日，在文笔峰、龙山、台湖及郑家坊地带与新红十军方志敏部激战。23日，红军由横峰撤往东北方临江湖，梁师赵旅进占横峰。24日，梁部进逼葛源，又占葛源门户黄藤桥。

△ 蒋介石致电汪精卫，提出通车问题“以事先通过中政会为正

当”，但又担心是否确能通过，因而提出以他个人名义将提案直电中政会，再由汪精卫在会上说明，并要求中央授蒋、汪“考虑之全权”。翌日，汪复电主张由蒋、汪联名向中政会“临时提出，极力申说，使之通过”，并要求中政会“授权弟等在原则范围之内，督同主管机关相机进行”。“声明只求中政会秘密决定”，“不作为中政会议通过之议案”。

△ 日外务大臣广田与驻华公使有吉明等交换对华政策意见，决定：一、日本政府与中国共同担负维持东亚和平及增进繁荣之责，而排击第三国之干涉；二、解决中日悬案，为中日亲善、确定东亚和平之前提。中国如有诚意则日本当尽力提供援助，解决悬案；三、日本政府对于中国政府之要求时常予以指导，力求避免地方交涉。

△ 中美萨尔瓦多共和国驻东京总领事辛公佐在东京正式分别通知日本政府及驻日伪满代表，称该国已于“3 月 3 日承认新‘满洲’帝国”。次日，辛公佐访日外相广田，面交正式承认“满洲国”通告书。23 日，我外交部发言人对记者谈话，指出该国承认伪满，“触犯国联盟约”，要求国联予以制裁。

△ 江西南广公路（南丰至广昌）通车，在南丰车站举行通车典礼。

△ 国民政府令免郭聚奎新疆省政府委员兼民政厅长本兼各职；免马仲英新疆省政府委员兼职。任命陈立德、鲁效祖、彭昭贤、师世昌为新疆省政府委员，以彭昭贤兼民政厅长，陈立德兼财政厅长。

△ 交通部令上海电报局及国际电台，于次日收回清光绪年间由英商大东、丹麦大北两公司代办之沪、烟、沽三水线，一次付清所欠借款 2400 余英镑，规定自 20 日晨起，该公司一切国内往来电讯，除经沪港水线转递者外，统归交通部电报局收发。嗣因该公司多方推诿，延至 6 月 4 日始由交通部正式接收。

5 月 20 日 新疆省民族代表大会在迪化举行，省督办盛世才作治理新疆的演说。

△ 吉林国民救国军秦文元、吴义成等部 1500 人是日起围困安图县城，伪县长、日参事官及伪警察队 300 名弹尽粮绝。6 月 21 日，伪满

警务厅用飞机投放弹药粮食救援，围困达一月之久。

5月中旬 刘湘委陈万仞兼任川东13县民团总指挥。以团队为基干，于南川、彭水、石柱三县设立联团清乡分处，以防贺龙红三军再入四川。

△ 苏北淮阴之大丰机器面粉公司因产品滞销倒闭。该公司为江北面粉业之巨擘，日产面粉1.1万袋，有工人700人，成立已达30年。

5月21日 第二次全国财政会议在南京召开，到会代表114人，通过确定地方预算、废除邮包税、办理土地陈报纲要草案、举办外侨营业税、改革财税制度、举办地契过户税以及所谓“整理田赋附加”、“救济乡村”、“废除苛捐杂税”等百余件提案，27日闭幕。该会标榜以整理田赋，改进税政，废除苛捐杂税，编制地方预算四项为目的。实则为增加中央财税，削减地方收入。苛捐杂税未能废除一项，受到各方抨击。

△ 全国华商纱厂联合会在上海召集沪商40余厂代表开会，讨论纱厂本身改良问题，并对目前生产作具体补救。会议发表《全国纱厂联合会年会报告书》，谓上年纱业衰落，实行减工之后，本年纱价仍然暴跌，销路停滞。提出“以后欲复兴棉纱，须与金融界互相提携”。并希政府“提高关税，减低对内税则”，以及奖励植棉、办纺织教育等扶植，以求补救。

△ 何键、陈济棠共同决定在湘粤边境宜章召开粤湘“剿匪”会议。是日粤方代表陈伯英、湘方代表陈辉章出席，决定自7月1日起会同进攻红军李明瑞部。

△ 江苏仪征县十二圩民船航运代表杨云汉等100余人至南京向全国财政会议请愿，要求废止商轮运盐。24日，孔祥熙召见杨等，谓已饬两淮盐运使转饬运商，即将湘岸轮运200票，改配帆运100票，皖岸完全帆运。代表仍有意见。

△ 河南彰德豫新纱厂因营业亏损，难以继续经营。经15日股东会议决定，是日正式宣告停工，失业工人千余人。

5月22日 日外务大臣广田召见驻华公使有吉明指示对华政策：

一、促使中国政府放弃反日政策，实现以日本为主体的中、日、“满”财政经济建设之合作；二、阻止国际经济技术援华政策；三、于最短期内积极向中方交涉取缔排斥日货、改订关税、整理旧债及解决通车、通邮等悬案，务使中国确认日本有维持远东和平的地位。

5月23日 红三军贺龙部3000余人，由酉阳、秀山攻入黔东北之后坪。31日，红军攻占后坪、婺川，黔军蒋丕绪师败退湄潭。王家烈增派李成章旅等部六团前往遵义增援。

△ 实业、教育两部联合讨论筹设劳工教育案。决定组设劳工教育设计委员会，筹设劳工教育实验区。7月20日，实业部公布《劳工教育实验区组织章程》，指定上海、无锡、青岛、天津、汉口先行试办，并于其他工业区设立劳工教育实施委员会予以推行。

5月24日 第五十三师师长李韫珩，以六个团的兵力进攻富田、新安，被红军击溃。

△ 旅日华侨学生叶木花在长崎被杀害。上日叶赴华侨时中小学上学，途中被长崎贸易学校学生渡边信义等数人无故以恶语相辱，叶避走无事。是日，叶在上学途中竟遭渡边等用短刀刺死。6月1日，外交部训令驻日公使蒋作宾转请日政府严惩凶手，并注意审判情形。7月20日，日政府仅判渡边二年以上、七年以下徒刑，送少年刑务所了结。

△ 江浙丝业公会代表褚辅成，请求财政、实业两部救济丝业。次日，行政院核准实业部救济丝厂办法：一、豁免地方一切蚕及丝厂捐税；二、由铁、交两部减轻丝茧运费；三、函请经委会从速成立丝业统制委员会等。并拟由上海市政府筹款或先发公债救济。

△ 上海英美烟厂罢工委员会向厂方交涉老厂复工无效，是日全体工人举行总罢工，并向上海市当局交涉。厂方态度强硬，采取扣发工资及雇佣白俄工人顶替重要部门工作等办法。28日，工人代表向上海国民党市党部请愿，遂由社会局于29日召集劳资双方调解。资方拒绝出席，斗争陷入僵局。

5月25日 蒋介石在武昌召开豫、鄂、皖三省边防“剿匪”会议。

张学良、何成濬、刘镇华、梁冠英、郝梦龄、何柱国等十余人参加，会议议定对鄂东苏区“清剿”办法及善后，以进一步发动对豫鄂皖等苏区军事“围剿”。次日闭幕。

△ 吴焕先红二十五军进入商城东雕翎集，与王以哲军所部作战。27日，红军伺机由曹家集西进梨树棚、宏家寨、崇山寨一带，与光山红军独立团会师。何柱国军和梁冠英部来攻，红军在凉亭东部北入砖桥，梁部时旅尾追。28日，红军进至泼皮河、谅树集、阚家棚附近，与梁部作战，30日起，在宣化店、陡沙河血战三昼夜。

5月26日 陕军王三春和川军陈厚堃两部会同攻占川陕鄂边区要道大竹河。

△ 中东路东段吉林省穆陵县马桥河站附近铁轨被义勇军拆毁，是日下午日军兵车至该处颠覆。日军若山师团森田支队遭义勇军伏击，死12人，伤25人。

△ 西南彝族文化促进会在南京成立。该会由旅京、沪的彝族人曲木藏尧、阿弼鲁德等发起组织。

△ 南京《民生报》24日发表社评，谓行政院政务处长彭学沛有贪污嫌疑。是日，行政院指为“恶意造谣”，令该报停刊三日。29日，该报复刊，又发表《停刊经过如此，敬请全国公民公判》，表示依法与之抗争。彭学沛为此向江宁地方法院起诉，指控《民生报》经理成舍我“恶意造谣”，“妨碍公务和名誉”。6月，法院几次开庭审理，双方激烈争辩。后经端木恺、程沧波等调解，双方表示谅解始暂息。

5月27日 第八十师陈明仁部两个营由沙县进攻梅列、徐坊，寻淮洲红七军团于碧湖附近将其全歼，获机枪五挺、俘300余人，占领梅列之三元。29日，红军又在湖源伏击陈明仁师第二三九旅，激战一日，击溃其两个团，俘1400余人，获炮数门、轻重机枪20挺。陈部残兵溃退沙县。

△ 蒋鼎文下令进攻连城中央红军。次日李玉堂师进占杨屋坊、黄石潭；刘戡师占上装店、梁福山；李延年师占庙前。30日、31日，红七

军团及第三十四师在莒溪、席湖营与之激战。

△ 日军增兵榆关，并先后派兵在战区驻扎、演习，用武力要挟早日通车。

△ 南京《新中华报》和《大风报》因刊载当局未经公布之公文，被警厅处罚停刊三天。

5月28日 北宁铁路局长殷同派其副局长许文国等，往北戴河与“满铁”技术人员商订平、沈通车细则。6月6日，日南满铁道株式会社派员至山海关筹备通车事。

△ 日本贵族院议员坂西中将到北平，为中华汇业银行复业进行活动。次日晨访王克敏、曾毓隽等，商讨汇业银行复业及其他经济合作问题，下午离平赴京、沪游说。31日抵达南京。

△ 国民政府公布《民国二十三年六厘英金庚款公债条例》。该公债由财政、铁道两部联合发行，金额150万英镑，作为完成粤汉铁路补充建筑基金之用，6月1日起九六发行，年息六厘，至民国三十六年(1947)1月1日还清本息，指定铁道部借得英国退还庚款为基金。

5月29日 国民政府通令各机关禁借外债。6月12日，外交部照会苏联驻华大使，声称“嗣后各机关无论以何项名义所缔结之货款契约，凡未经国民政府核准者，一概无效”(按:此系针对盛世才与苏联的借款而发)。

△ 国民政府令派陈体诚、沈怡为出席第七次国际道路会议代表。

△ 行政院会议决定设立海事法庭。

△ 徐州《公言报》因日前评论县政，被铜山县政府封闭，社长秦子云以“妨害名誉罪”被捕。是日，该报编辑部主任龚晨声举行记者招待会，呼吁同业主持正义，力争言论自由和保障记者自由。6月10日、11日，上海新闻记者公会及徐州新闻界相继通电声援。14日，经第三军军长王均出面调解，秦被释放，该报复刊。

5月30日 汪精卫主持国民党中央政治会议，讨论由蒋介石提议，汪精卫、顾孟馀、叶楚伧附议的通车案，除张继、焦易堂二人持异议外，获原案通过，作出“在不承认伪组织及否认伪政权存在的原则之下，可与日本交涉关内外通行客车问题，密交行政院长、军事委员会委员长，依此原则，负责考虑，妥善进行”的决议。其通车大纲九条，内容为：一、通车用南满路机车；二、北平及沈阳车站仅售票至山海关；三、组国际旅行社办理客票、货运行李等事；四、通车次数由技术委员会议定；五、北宁路与奉山路车辆用交换方式；六、通车帐目分别记有售票数目，双方清算；七、通车不挂旗，亦不得张贴布告；八、北平至山海关段，及沈阳至山海关段，分组铁路警备队；九、国际旅行社派中日铁道专门人员共同办事，总社设山海关，于北平、天津、沈阳设分社。同日，汪精卫以特急电致黄郛，告知通车案已照原案通过，并促其从速北返经办。

△ 日本驻华公使有吉明及秘书横川等由日返任，有吉在上海发表谈话：“此次归国感到外务当局及一般国民就日本对华问题甚具热心，本人以为观中国之诚意如何，诸悬案将能次第解决。至通车、通邮宜由关东军与华北当局接洽办理，本人并未奉外务省之特别训令。”

△ 第三师李玉堂部分兵进攻朋口，以一部强渡小渡；一部攻击羊城。红军周昆第二十二、周建屏第二十四师驻守南岭、涂坊、朋口、羊城，在朋口河西与李部发生激战。其后红军北撤，李师进占朋口，赶筑朋口至莒溪之封锁线。

△ 吴焕先红二十五军进据鄂豫边陡沙河、宣化店间的刘家桥、凌云寺、打人尖、黄土老一带高地，与梁冠英师一部发生激战。经三日战斗，将梁部时旅击败。

△ 东北人民革命军王德泰第二军第二独立师在吉林延吉县大荒威成立，下辖三个团。以汪清县大汪清为中心，在汪清、珲春两县开展游击战。

△ 南昌行营特派陈嵩岩等赴闽，在福州增设封锁事务股办事处，以为全省主持封锁之总机关，由福建省保安队管辖。该机关拟具对苏区之封锁法规及步骤，决定于闽江、汀江、漳江三要地设置封锁督察处，每县设一管理所，下设各区分会及小组。

△　东北民众抗日铁血军总司令邓铁梅在辽宁凤城县岫岩小张家堡子村被伪满靖安军郑希贤部密探逮捕。6 月 3 日，邓被解送凤城，越日押至沈阳关进陆军监狱。邓口供反满抗日始终不渝，谓“国家大事，匹夫有责”，“七尺身躯何足惜，四省失地几时收”，在敌人面前威武不屈。日军对邓软硬兼施之手段失败后将其杀害，诡称邓于 9 月 28 日在军法处患急性肺炎死去。

△　国民党中央常务委员会决议：一、定 8 月 27 日为孔子诞辰纪念日（6 月 16 日，国民政府明令公布）；二、通过《妇女运动指导纲要》。

△　天津火柴厂工人反对国民党官办工会，举行罢工。是日，市社会局召集工人代表与工会双方调解。其后，因厂方诬指工人王宝昌等三人“威胁煽动”，“妨碍营业”，由社会局将王等交警所拘留，工人 20 人被开除。斗争失败。

△　上海《国货周报》创刊，编辑杨重远，中华国货周刊社出版。

5 月 31 日　宋子文、孔祥熙发起组织之中国建设银公司在上海开成立大会。资本定额 1000 万元。由宋子文、孔祥熙、李石曾、张静江、宋子良、陈光甫等及中央、中国、交通、金城等 10 家大银行共同认股。6 月 2 日，宋子文主持召开全体股东大会，选出宋子文、孔祥熙、李石曾等 21 人为董事，张静江等七人为监事。3 日召开首届董事会议，选出常务董事 11 人，孔祥熙任董事长。执行董事宋子文、贝祖贻。宋子良任总经理。定 7 月 1 日正式营业。

△　蒋介石电促孔祥熙与德国商订合办飞机制造厂合同。

5 月下旬　南昌行营决定对已占苏区实行“集权政治”、“经济统治”及“以经济为中心的施政方针”，并派杨永泰、王又庸前往“视察”。

△　北平师大、北大两校教授钱玄同、胡适、黎锦熙与吴敬恒、于右任、陈光垚等发起汉字改革研究会，计划开办简字印刷所，制造简字铜模，出版简字书籍和文字宣传，以期普及教育。

是月　何应钦分遣密使往太原、归绥等处晤徐永昌、阎锡山、傅作义，以秘密拨给军费及将改编孙殿英部所得武器无条件供给为诱饵，使之勿与冯玉祥、韩复榘及胡汉民等西南派结盟反蒋。

△ 法国派兵侵入广东防城县敲梆岭及黑犬村勘界，又于白龙尾测量海岸线，并派飞机侵入平江、白龙尾。外交部视察专员甘介侯呈请应付办法。外交部训令甘交涉制止。

△ 据南京《中央日报》载，至本月底止，蒋介石在江西修建公路6000千余里、碉堡3000余座。

△ 济南仁丰纱厂建成投产，发起人穆伯仁等，资本150万元，有工人700余人。

△ 教育部颁布《研究所规程》。除北京大学、清华大学、中山大学等校已设研究所，饬照新章程积极整理外，并由部令饬中央大学、武汉大学两校筹设研究所。

6 月

6月1日 李延年纵队及第五十二师于31日晚秘密向连城推进，是日由东、南两方同时向连城发动总攻，寻淮洲红七军团踞守阵地顽强御敌。10时许，李部在飞机轰炸助战下，以一部经三水塘迂回红军右侧。红军腹背受敌，牺牲甚大，乃以一部于连城东南阻敌，主力由西北撤出，退集清流、宁洋、大田。午时李部占连城。

△ 蒋介石在南昌主持召开苏、浙、闽、鄂、豫、皖、赣、湘等省保安会议，讨论保安团队组织、军事训练及保甲组织等事项，会议决定训令各省切实训练保甲团警、统一名称、划定管辖区、统一经费、整顿训练，并制定《各省保安制度改进大纲》。次日闭幕。

△ 殷汝耕与日武官柴山上月曾就战区特警问题交涉无结果，是日，河北省政府主席于学忠亲访驻津日军司令官梅津美治郎，就该项问题直接交换意见。日方表示人数至多不得超过5000，且重武器之类须置战区外。

△ 陈济棠在赣州行政专员公署内设立赣南保安司令部，以统一

指挥训练赣南各属团警，由该区行政专员张弛兼任司令。

△　犹国才在贵州黄洲坝通电就任贵州全省“剿匪”总指挥职。

△　中日无线电路分别在上海、东京正式开放，由两地电台用高速自动收发机直接通报。

△　中国第一水工试验所在天津举行奠基典礼。该工程由华北水利委员会发起，基建费共 30 余万元，为国内第一个水利研究机构。

6 月 2 日　吴焕先红二十五军进入鄂东席家冲、老君山、李家湾、大竹园、胡家河一带，国民党军第二十六军萧之楚部于兆龙旅由宣化店追击，红军乘夜进至宣化店北部潘新店、杨家店。5 日，红军继续北入青山店、丰店，一部至河南信阳、罗山间之五里店、栏杆铺。

△　蒋介石核定处理关内外通车问题四项办法：一、直接通车限于客车，并以每日对开一列为限；二、通车事务应交由商业机关承办，车票即由该商业机关发行；三、一切清算帐目及行车业务，应由该商业机关与路局接洽办理；四、该商业机关应遵照中国法律组织之。是日，汪精卫电告黄郛，要求黄“查照督饬办理”。

△　日本天皇派遣秩父宫为皇室特使，由东京启程前往伪满活动。4 日乘轮抵达大连。6 日至长春谒溥仪，向溥仪致日皇亲书及赠送勋章。13 日至沈阳。15 日由大连回国。

△　实业部派员至上海调查英美烟厂罢工后返回南京，是日同中央民运部、财政部会商解决办法。4 日，厂方新雇工人六七百人进厂，罢工委员会派人劝阻，被厂方打伤十余人，英美烟厂第三厂决定举行怠工支援。6 日，工人代表再向社会局等机关请愿。15 日，代表又前往南京向国民党中央党部、行政院等机关请愿。27 日，罢工委员会宴请各界，由上海市商会等团体组设上海市各界援助英美烟厂工友委员会予以声援。其后双方僵持至 7 月下旬，始于 26 日由上海市党部会同劳资双方决定五项解决办法：罢工期内之救济由市政府办理；解散工人纠察队或维持队；厂方愿给老厂工人一个月工资并储蓄及年赏，外再加工资二月；将来老厂复工被解雇之工人得优先录用；新厂工人复工后，厂方

不得无故开除。当日，新厂工人复工，罢工结束。

△　《民鸣周刊》在南京创刊，南京学术研究会编辑。原出《民鸣月刊》停刊。

6月3日　湘军彭位仁率部攻占湘赣红军萧克部所在地茶子山、马岭、金华山。次日，红军乘大雨反攻，利用铜锣坪、五马同槽等山险，击溃彭部两个团，夺回金华山。5日，红军乘胜由石灰桥进攻永新，彭师以一个团在东华岭阻击，红军撤退。

△　薛岳部韩汉英、欧震两师由上固、龙岗、西水进攻表湖、大坪之线红军李于辉第二十三师等部阵地。是日韩部进占笔架山和表湖，欧部进驻伯公脑附近，红军退入兴国县边境。

△　北平国民党机关报《华北日报》因上月31日刊登通车、通邮消息，是日被行政院下令停刊。社长刘真如免职，总经理陈国梁调南京受训，社务由安怀音暂负。嗣由国民党中宣会派科长胡天册前往主持，7月3日复刊。

6月4日　红三军贺龙部由黔东红县塘至乾河坝佯攻婺川，截断正安、婺川至沿河交通。王家烈立调李成章旅由安顺驰援后坪、婺川，命蒋丕绪部固守正安，并电令驻铜仁柏辉章师和驻思南之廖怀忠部协助，派大队救援婺川，仅派一营戍守河沿。翌日，红军主力转至泉口、思渠，连日夜行小径，7日折回，以三路猛攻沿河。

△　何键为在湘南实施整理团防与义勇队，是日特在衡州增设西路军"剿共"总司令部行营。

△　第十八届国际劳工大会在日内瓦召开。国民政府派李平衡、谢东发、王志圣、安辅廷等代表出席。23日，中国当选为国际劳工局非常任理事。9月1日，国民政府派李平衡出任理事。

△　浙、赣、皖三省边区公路完成，在婺源城西站举行婺（源）白（沙）段通车典礼。至此浙、赣、皖三省公路接通。

6月5日　实业部在南京召开苏、浙、鲁、皖、冀、湘、豫七省治蝗会议，到实业部代表及各省代表20余人。会议收到实业部及各省提案

21 项，通过省县治蝗办法等 18 项提案，于 7 日闭幕。

△　伪满军张海鹏部 3000 人，在承德被日方解散，分遣送回原籍。

△　黄郛在沪寓所被人投掷炸弹，并附有匿名恐吓信一封。蒋介石闻讯电慰，黄复电要求蒋对通车事尽快表明公开态度，“同时将事实量为公布，使奉命承办之人，对报界不必规避，则疑虑自消”。

△　国民政府任命徐培根为参谋本部厅长，免其原任航空署长职。

△　山西太原山西省银行及垦业银行因谣传阎锡山病重发生挤兑。6 日风潮始息。

△　成都《社会日报》因刊登某项军事消息，被当地警厅罚以停刊七日。

6 月 6 日　西路军李韫珩部以四个团向红军徐彦刚第十八师松山一带阵地进攻。红军与之接战后，由牛田撤退，李部占松山。

△　国民党中央宣传委员会在上海设立中央图书杂志审查委员会。由吴开先、潘公展、吴醒亚等任委员，潘公展任主任委员，内设总务、文艺、社会科学三组，是日起开始办公。9 日，公布《图书杂志审查办法》，凡 10 条，通函各省、市党部切实执行事前审查原稿之规定。7 月，该会修订《图书审查办法》，凡 14 条，规定书刊付印前必须送党政机关审核；如以为内容有不妥处得勒令删改，违者扣留核办；如出版后与原稿不符，得予以处分。

△　航空委员会电财政部，谓向美订购飞机机件七箱到沪，请饬江海关免税放行。

6 月 7 日　北路军总司令顾祝同制定进攻红军计划：第三路军陈诚部以第三纵队樊崧甫部 10 个团协同汤恩伯纵队完成南丰、建宁公路，6 月中旬由建宁前进，进占安远、宁化，再会同罗卓英纵队取宁都；以第五纵队罗卓英部先占头陂，然后会同樊纵队取宁都；以预备队两师协同第三十一师构筑新丰市、黄陂间堡垒；第六路薛岳部 20 个团，先派一部“围剿”吉水、富田间红军，然后策应周浑元纵队取兴国，逐步向古龙岗前进。第八纵队周浑元部 20 个团，6 月 10 日向太和移动，集中太和,7 月 20 日占兴国。

△ 东路军总司令蒋鼎文部署进攻红军计划:以第二路军第四纵队李延年部及预备队第三十六师共 19 个团,由连城向清流推进,命于 7 月 10 日占清流,以第三十六师担任连城及其后方守备;以第五路军第九纵队刘和鼎部四个师一个旅约共 20 个团,巩固沙(县)、永(安)连络线交通;以第十纵队汤恩伯部四个师,兵力 20 个团,会同北路军第三纵队樊崧甫部进占安远,然后会合李延年部夺取清流,并以预备队第八十师加入闽南守备。

△ 薛岳部第九十二师梁华盛部由江西龙冈县樊埠王家城进占中塘陂及杨家坊一带。次日,第九十九师郭思演部由龙岗攻占银龙下,并续以一部进占杨公山。9 日,彭德怀红三军团及李于辉红二十三师反攻,击毙郭部数百人,俘 400 人,夺回银龙下、杨公山。

△ 蒋介石派蒋伯诚至广州,与陈济棠、李宗仁、缪培南等会商"剿共"军事。8 日至 9 日,蒋与陈济棠商定东、南两路军联合进攻闽西清流、宁化、长汀等地红军事。

△ 张学良在武昌对汉口英文《民声报》记者发表谈话称:"凡属中国人民,无论其为共产党、国民党、第三党,或其他任何党派,果系自命为拯救中国者,均应在拯救中国之唯一动机中摈除一切歧见,联合一致,此乃救国之唯一途径。否则,如今日萎靡不振,自相残杀之趋势任其发展,中国真无希望可言矣。"次日,该报全文刊登张之谈话,12 日又撰文予以评述。

△ 第五十师杨鍊煊团、第二十六师王团与第十九师傅团以及修水地方团队,分别进攻修水塘城坳和全丰桃树港湘赣红军第十六师高咏生部。是日,红军高咏生部在金台山与之战斗后,率部突围,由划坪、铜盆岭经南源向黄茅山撤退。9 日,高咏生在全丰被俘,在解往修水途中趁机逃脱,在遭受追捕中跳崖壮烈牺牲。

△ 日使有吉自沪抵京谒汪精卫,以所谓"中日经济提携"要求解决中日一切悬案及华北各问题,整理旧债,缔结中日商约。汪精卫同意

解决一切悬案，并提出先由经济方面实行局部整理。9 日，有吉返沪向日本记者发表谈话，称汪"对中日共存共荣一点表示同意。通车问题现已大致决定，所余者仅少数技术问题，一俟此技术问题商妥后，即可完全解决"。"至于各项悬案，在最近时期似有解决可能"。"关于中日债务之整理，现在华方正在研究"。

△ 航空署在河南彰德县动工扩建飞机场。次日当地群众数百人向专署请愿，陈述被占地后生活无着，要求给与妥善安排。

6 月 8 日 国民政府通令各省、市政府"对于田赋永远不准再加附加，并永远不准再立不合法之税捐名目，以副中央兴复农村，培养国脉之至意"。

△ 日本制造藏本失踪事件，以为侵华借口。是日晚，日驻南京总领事馆副领事藏本英明只身外出，至次日晨尚未回馆。9 日下午，日驻京总领事须磨以藏本"失踪"通知外交部，要求于 48 小时内查出其下落。南京军警机关发动搜查。

△ 第二十一师梁立柱由横峰进攻黄胆石、吴山，向葛源进逼。方志敏红新十军一部进行抵抗后于是晚撤退，集主力于黄藤桥保卫葛源。

△ 日关东军参谋副长冈村宁次、师团长杉原谷实夫、承德特务机关长仪我诚也及日驻热河第六师团官佐在承德召开军事会议，讨论战区善后及察边军事等事项。

△ 陈立夫在北平电黄郛，促其北返继续负责与日交涉。同日，黄在沪向记者发表谈话，谓"求去不能，惟有继续负责，但愿国人明了国难，望舆论界发表正当言论，以共渡难关"。

△ 财政部修正出口税则，规定杂粮、酒、糖、竹木器等免税；蛋制品、毛类、油脂等减税；烟叶等增税。经财部呈行政院，送请中政会转立法院通过，是日，国民政府明令公布。同日，财部饬令各海关于 6 月 21 日起施行。

△ 《农行月刊》在镇江创刊，江苏省农民银行月刊社编辑出版，主编刘存良。

6月9日 徐向前红四方面军王维周第三十三军由万源至大竹河进攻城口，攻占城口县城。

△ 何键令准刘膺古辞第四路军总指挥部参谋长兼职，任命刘建绪为第四路军总指挥部参谋长。

△ 吉鸿昌上年与冯玉祥、方振武等组织察哈尔民众抗日盟军失败后，避居天津继续从事抗日活动。是日，吉致函冯玉祥，要求“本生平之大勇，号召民族，为民众而奋斗，组织同志，誓死抗日，誓死反帝”。并表示“锋镝余生尚何所惧耶”的抗日决心。

△ 福州《新福建日报》因刊登日欲租三都澳为飞机场消息，编辑冠望微（兼上海《大晚报》通讯员）被省公安局传讯扣留。11日，福州报界同人要求省政府及公安局依保障新闻记者条例予以释放。

6月10日 新编第三十六师师长马仲英在喀什常遭莎车和英吉沙等地方民族武装的袭击，同时盛世才亦派刘斌率队由巴楚分道进袭。是日，马在四面楚歌声中率幕僚三人、卫队70余人越界逃赴苏联。余部交马虎山统率，盘踞和阗，固守皮山。不久，盛世才宣告全疆军事结束，新疆全部受盛世才统治。

△ 全国佛教会上日在上海召开第六届代表大会预备会，决议通告全国佛教徒概不参加日本举行的第三次泛太平洋佛教青年大会。是日大会正式开幕，到会九省三市代表共70余人，选出圆英等36人任执委，印光等12人为监委。翌日会议讨论速定教规、保护寺庙僧徒教育事业等提案。下午开首次执委联席会推举常委，处理大会各案后闭幕。

△ 行政院核准财政部在长城线各口设税务分卡20处。

△ 旅日华侨陈崇喜等16人，在日本山形县米泽市开设缝纫店多年，向例每年4月间照章换领许可证。本月上旬，该地警察所在陈等已更换许可证后突然借口更换许可证，派警察数人将十余家店铺封闭，并将陈等拘禁。我驻横滨领事向日外署交涉无效。是日，日警将陈等押往大阪，12日押往横滨驱逐回国，财产悉遭没收。18日陈等抵达上海，次日至南京向国民党中央党部请愿，要求严重交涉。

△ 广东省政府下令通缉“福建事变”参与人员黄强、胡秋原等 103 人。

6 月上旬 豫鄂皖“剿匪”总部为加紧“追剿”红军，从“剿共”各部中抽调兵力组成四个追击队。第一追击队由第六十四师第一九二旅旅长杨天民任指挥，第二追击队指挥由第九军军长郝梦龄兼，第三追击队指挥由第六十七军第一一七师师长吴克仁兼，第四追击队指挥由第五十七军第一一五师师长姚东藩兼。

6 月 11 日 国民党中央民众运动指导委员会在南京召开全国民众运动工作讨论会。孙科在会上提出：“自治、自卫、自足为民运工作三大目标。”连日会议讨论提案 90 余件、决议案 21 起，15 日闭幕。

△ 国民政府特派航空学校校长毛邦初为考察欧美各国航空特派员。7 月 13 日，毛等一行五人由上海启程，前往意、德、法、英、美及瑞士考察。

△ 红三军贺龙部击败黔军蒋丕绪部占领沿河。14 日，红军一部由婺川攻入正安、安顺场再败蒋部，占领川黔边之新州。是月在枫香溪召开中共湘鄂西中央分局会议，决定在红军中恢复党的组织和政治机关，建立黔东革命根据地。之后，红军分入沿河、酉阳、印江、德江等地开展群众工作，开辟革命根据地。

△ 薛岳奉陈诚之命至广州谒陈济棠，会商北、东、南三路“会剿”中央苏区计划。

△ 日外务大臣广田训令日驻南京总领事须磨，如南京政府无调查藏本事件真相之能力，日本政府不得不为保护公使馆员生命之安全作重大考虑。命即迅速解决该案，倘有怠忽，则将提重大抗议。首都警察厅、宪兵司令部为此实行户口总抽查，分派便衣队四处查访。并悬赏万元。外交部亚洲司长沈觐鼎午后特访须磨，谓现正督饬宪警尽力彻查，劝日方持镇静态度，勿过于张皇。同日，日驻沪第三舰队派“苇”舰开往南京，停泊下关之日舰已作战时准备。南京人心不安。

△ 日驻滇领事前于九一八事变后撤退，是日，日领事根木长之助

抵昆明复职。7月4日昆明爱国群众对其重行来滇极为愤怒，各报亦主张对日绝交，并发生群众刺伤汉奸之事，对之进行警告。

△ 保定行营大举搜查当地书店，搜去进步书籍30余种，计万余册，并逮捕群玉山房、竞新书社等书店人员30余名。

6月12日 日外相广田训令须磨通知国民政府，如藏本案处理失当而发生不测事件时，其责任由中国负之。下午3时，须磨偕使馆参赞有野访汪精卫，谓日本政府对中国的警察职权难以信赖，处理此事件如有迟误，责任应由中国方面负之，要求严厉彻查。同日，日第十一舰队司令杉坂乘巡洋舰“对马号”开往南京。南京日本侨民召开大会，对我施加压力。行政院再饬各军警机关加紧侦察，情况极度紧张。翌日，陵园工人魏宗青在明孝陵山上将藏本寻获。所谓“藏本失踪”事件乃真相大白。20日，藏本由沪乘轮回国。

△ 日本武官柴山及日驻承德特务机关长松井等在承德召集蒙古昭乌达盟、卓索图盟等王公聚会，以蒙古实行“自治”相诱。

6月13日 是日至16日，方志敏新红十军由安徽祁门程家山，分兵三路进攻历口、渚口、小口各地。该处团队、壮丁队被围，急电婺源陈调元调兵增援。

△ 实业部公布经行政院核准之《挽救江浙蚕丝根本办法》。主要内容是：奖励植桑；指导育蚕；改良蚕种；用烘茧机；改良缫丝；实行官商合作的生丝贸易；组设蚕丝合作社；试验研究蚕丝；培养人才；减免捐税以及蚕丝统制等11项。

△ 国民政府任命杨步飞为陆军第六十一师师长。

△ 国民政府通令行政院及直辖各机关，一致依照蒋介石所著《新生活运动纲要》切实推行新生活运动。

△ 瑞典著名探险家斯文赫定自上年底受国民政府委派，担任绥新公路勘察队队长，率中亚汽车路调查团前往新疆哈密、吐鲁番、迪化等地考察。是日止，已完成中亚汽车路建筑考察工作。

6月14日 蒋介石命何键限期建筑衡阳、郴州两飞机场。是日，湖南省府下令衡、郴等15县于次日起兴工，所需款项全由当地群众分摊。

△ 第五十九师韩汉英部分路进攻潭头、东固、龙岗间表湖、述坑洞一带，红军第二十三师及独立团与之接战。21日，韩部由表湖进占述坑洞。红军转至笆头，退集伯公脑、钱炉下一线阻韩师前进。韩师第五四七团进占坪头山。

△ 河北宛平土匪孙老四、侯文明、卢茂林等在北平西部抢劫美国医师宁亨利，并将其杀害。此案发生后，美驻津领事至北平坐候破案。河北省主席于学忠急令侦缉队限期破案。7月19日，主犯孙老四等在房山捕获，孙与侯文明等30日判处死刑，8月14日执行枪决。

△ 河北昌黎县长梁焴对贩买烟毒者迭收罚金。是日，因该县长捕去受日军宪兵队等庇护的烟贩李某，榆关日警长左薙、关东军平田大佐、守备队崛尾中尉及滦州日领阿布等率日兵30余人包围县署，强迫昌黎县长交出罚金和烟贩，限于16日答复，并以带该县长去日军部，将其枪毙相威胁。嗣由滦榆行政专员陶尚铭请日驻津副领事田中从中调解，由该县县长赔偿数百元，日方仅我允电昌黎日军停止行动，18日始得解决。

△ 财政部长孔祥熙在上海对记者谈话称："自九一八事变发生以来，大连关不复存在，大连遂成为无税口岸。进口货物咸由大连运入东北，转运华北各地倾销，或由大连用帆船运往山东、福建及广东等省。每年走私损失达二三千万元。"

6月15日 蒋介石由九江抵南京。当晚，黄郛亦由沪至京，与蒋、汪对通车问题作最后决定。黄表示此问题稍有眉目即可北返。

△ 川军第二十一军第二师第五旅旅长刘光瑜指挥第一、四、五旅及汪铸龙部之刘、周两旅在飞机助战下向万源进攻。第一、五两旅进攻万源南部清花溪右前方；第四旅进占石马河附近据点；汪铸龙部周旅等进占万源西南青龙关。川陕红军万源保卫战开始。是日晚，红四方面军一部在清溪右前方大举反攻，川军刘光瑜部第一旅叶、周两团伤亡

400余人。

△ 蒋介石再令赣、闽、皖等省各地军政机关严密封锁食盐、煤油等物资运往苏区。

△ 据《时事新报》报道：日本在热河奖励种植鸦片。规定各地须以农田的三分之一种鸦片，并由各县贷款处发给贷款，实行轻税法鼓励运销华北各地。

△ 鲁北滨县、蒲台、利津、霑化、无棣一带农民反抗该省建设厅整顿垦务，拒绝上缴地亩清册，与垦丈局办事人员发生冲突。18日，该局会同民团一排前往镇压，农民死伤十余人，酿成惨剧。

△ 上海《社会月报》创刊，发行人胡雄飞，编辑陈灵犀，理事编辑冯若梅，上海社会出版社出版。

6月16日 南京中央军校举行总理在广州蒙难纪念暨黄埔军官学校十周年纪念会。蒋介石主席，先举行阅兵典礼，继由汪精卫主席，蒋介石发表演说，宣称“国民革命第一期之工作已可完全告一段落”，提出所谓进行“第二期国民革命”的口号。

△ 川军范绍增师廖旅进攻刘坪，范旅进攻中岭梁及通江。徐向前红四方面军一部将其击退，范绍增令第十二旅黄、郑两团赶至巴陵寨协助周旅袭击得胜山，欲由此直达通江。次日，红军自动放弃刘坪，川军范旅、孟旅各一团占领麻石场及其前方要隘阻断红军交通。19日，红军再次撤出通江，集主力于通江北面之银鼎包、三花顶及乌烧背、关山梁、老鹰嘴一带据守。21日晚，范师周旅进占通江城。

△ 红二十五军徐海东、吴焕先部由商城转战至白业山区，庞炳勋、上官云相等率五个师分兵四路围攻。红军集中兵力于长岗岭地带，歼灭东北军姚东藩第一一五师团长以下3700余人，缴获机枪200余挺。

△ 山东威海卫、鹿道口等地发生群众抢盐风潮，至18日止已持续三天，人数由数百人增达数千人，共抢走盐三万余担，该处第三海军舰队陆战队派兵前往制止。

△ 杭州《民国日报》改组，实行官商合办，更名《东南日报》。该报自备新式卷筒印刷机，扩充篇幅，日出四大张，销二万余份。董事长陈果夫，社长胡健中，为浙省第一大报。

6月17日 第三师李玉堂攻占连城县属北围，第九师李延年攻占牛尾山，齐向长汀推进。

△ 卫立煌在延平电蒋鼎文，以红军主力由闽西、闽北集结，特请增援闽北兵力。

△ 国民党中政会决定，在省府所在地，或工商业异常发达，或居民复杂的特殊地区，因不适用一般县市组织法，特设地方行政局之组织。

△ 东北抗日联军杨靖宇部攻占吉林临江县第五区伪军炮台，并将伪警察全部缴械。次日又袭击第八区伪警将其全部缴械。

△ 日东亚兴业公司在热河开鲁、科尔沁旗一带开始实行大批武装移民，计划辟垦农场38万英亩。

△ 河北唐山华新纱厂于本日起，将厂内三班八小时工作改为两班12小时，全厂1700余人被裁500余。下午6时，工人齐集厂门请愿，厂方召集军警前来镇压。后经调解，厂方允给被解雇工人每人发12元遣散费，于20日了结。

6月18日 新红十军方志敏部一支，由赣东玉山至大留、紫湖口与浙江保安队发生遭遇战。红军击溃保安队两连，挺进浙西开化，又在梅川打败保安团两队。

△ 南路军黄质文师第二十三团经乌鸦桥攻占寻邬。次日红军周昆部第二十二师派兵两团反攻失利。

△ 张学良出巡豫鄂皖边区，是日抵潢川。21日在潢川召开军事会议，商定反共军事。之后再赴商城及皖西立煌、六安，27日，张回武汉。

△ 本月初旬，殷同自沪偕柴山去大连，与日国际观光局总裁铃木、大连经理齐斋等会商，决定由中日两国商务机关合组旅行社，日方

由沈阳日本观光局承司其事，华方委托中国旅行社负责办理，并决定于7月1日实行通车。平、沈通车办法商妥。是日，殷同由大连返天津，向于学忠报告大连商谈结果。次日，殷赴平向何应钦报告。

△ 太原市学生反对会考，自上月5日向教育厅请愿失败后，各校加紧联络工作，斗争扩大。是日，并州学院、国民师范、明原中学等校学生四五百人，集队游行反对会考，并往教育厅请愿。当局出动大批军、警、宪兵，备有绳索和卡车大肆逮捕，学生进行反抗与军警搏斗。结果学生被捕36人，并指为共产党。

△ 汪懋祖上月在南京《时代公论》第一一〇期上发表《禁习文言与强令读经》一文，提倡文化复古，引起上海、北平等地报刊的讨论。是日，陈子展在《申报》副刊“自由谈”发表《文言—白话—大众语》一文提倡大众语。接着有陈望道《关于大众语文学的建议》，胡愈之《关于大众语文》，叶圣陶《杂谈读书作文和大众语文学》，夏丏尊《先使白话文成话》等等发表。其后，《中华日报》之《动向》、《申报》之《本埠增刊》以及《新语林》、《太白》、《社会日报》、《社会月报》等刊物都卷入了论战，掀起关于推行大众语的讨论，反对文化复古。

△ 美国国际贸易协会函美国上海商会与中国全国商会联合会，以发展中美两国贸易，提议组织中美贸易协会。9月，该会在上海成立，张嘉璈任会长，美国上海商会会长佛兰西任副会长。

6月19日 蒋介石、汪精卫、孔祥熙在南京中央军官学校交换外交、内政、财政之意见。一致决定对日外交以安定为宗旨；对内不变动党部官吏而维现状；华北通车问题立即实行，委黄郛全权处理。

△ 日关东军以旅顺、大连为中心，举行防空大演习。由旅顺要港司令安藤中将任总指挥，旅、大日陆海军及防空团均参加，出动飞机80架，以袭击旅顺、大连军港为假想目标。21日结束。

△ 蒙政委员会委员郭尔扎布电南京蒙籍监委白瑞，谓“近来日本在东蒙强制收缴民间枪支，解散蒙兵，并连成林西至多伦公路，锡盟遭蹂躏”，要求转请南京国民政府支持其采取抗日措施，予以充分接济。

6 月 20 日 中国民族武装自卫委员会筹备委员会发表《对日作战宣言》，呼吁全国人民不分民族、宗教、党派，一致拥护《抗日作战基本纲领》，结成反日统一战线进行神圣的民族革命战争。要求各界积极行动起来，共同组成中国民族武装自卫委员会作为对日作战的总机关，决定抗日大计，管理抗日事项，并在所有地方、工厂、农村、学校、商店及机关设立基层委员会。预定本年 9 月 18 日在上海举行全国代表大会，正式成立全国武装自卫委员会。

△ 班禅派员到南京与安钦、兴额等商议回藏问题。23 日，安钦派秘书长王罗阶到沪，面谒班禅洽谈回藏事。

△ 山海关税关在榆关车站恢复，并在城内东街设置分关。税关长为英人巴达孙。该关派员分驻各邮局，课自东北入关之小包税。

△ 欧亚航空公司新辟兰（州）宁（夏）支线开航。11 月 1 日又由宁夏展至包头，更名为兰包航线。

△ 教育部令唐继尧在滇创办的大陆大学改名省立云南大学，校长华秀升。

△ 北平宪兵第三团逮捕共产党员张维连、史荆邱、胡成龙、高淑静、王益民、姚得生、王稺英、李锦生等 30 人，进步分子七人，是日押往南京宪兵司令部。

△ 台湾、日本间无线电通话。

6 月中旬 豫鄂皖边区"剿匪"总部改委第十一路军总指挥兼皖西第三区行政督察专员刘茂恩任总司令，将公署由六安移至立煌。

△ 陈济棠电令黄质文等赶筑由筠门岭、澄江达上杭、武平，由筠门岭北达寻邬，由筠门岭达平远三条军事公路，限一月筑成。

6 月 27 日 陈济棠、李宗仁、白崇禧、何键及薛岳等在广州召开三省军事会议，何键传达蒋介石关于湘、粤两省联合反共的旨意。24 日，商定：一、各路一致实行反共军事动员，发动进攻；二、遇红军集结突围，分别派兵堵截，各军不分畛域；三、互通军事情报。

6 月 22 日 川军范绍增师占领通江城后，是日进攻得胜山，与红军战半日，占领得胜山。翌日，范师廖、孟两旅推进至竹兴场、麻石场、过街楼之线，以图巩固通江防线。第四路军杨森部和第三路军李家钰部亦达通江，均向刘湘争功请赏。

△ 财政部长孔祥熙离京北上，前往华北各省视察财政及税收状况。24日，孔抵达北平，立派专家九人分赴晋、察、绥及平、津各地调查。26日后，接连在平召见华北各财政负责人询问财政状况。28日，孔召集税专学生讲话，希望学生能注意研究税务而谋改善，承认华北苛捐杂税严重，“少者十余种，多者四十余种”，应予改良。

△ 全国经济委员会召开第九次常务会议，讨论通过《西北建设计划》、《西北水利事业进行办法》及《兴建西北公路进行办法》等，决定变更原订西北事业建设计划。次日，宋子文发表《西北考察报告》，主要内容分为：一、水利；二、公路；三、卫生；四、农村建设。本年度西北建设费共计435万元。

△ 行政院准外交部将原驻美国火奴鲁鲁领事馆改升总领事馆，以原任领事梅景周升任总领事。

△ 伪满社会事业联合会在长春成立，以郑孝胥为名誉总裁，臧式毅为总裁，日关东军司令官菱刈隆为名誉顾问，会长为日人竹内。

6月23日 第九十七师孔令恂和第四十三师邹洪进攻广昌与藤田间大、小舍竹一带。林彪、彭德怀红一、三军团与之激战竟日。

△ 徐向前红四方面军集中兵力于城口、万源之线进行万源保卫战。是日，川军唐式遵部陈、汪、邓各部由双河口向万源进攻，与红军激战于曹家沟、青花溪地带。翌日，红军发动反击，在石马河又展开激战。

△ 西（安）兰（州）公路在西安举行开工典礼。

6月24日 殷同在北平与关东军代表后宫少将、南满铁路代表宇佐美、日使馆武官柴山等讨论通车手续及确定办理通车机关之名称。商定：通车由中国旅行社与日本观光局合组东方旅行社承办；车票由该社发行；通车车辆用该社特定之标志；每日由平、沈对开直达三等以上客车一列；入关车辆一律在山海关受我海关检查等。预定7月1日通车,6 月 28 日双方同时发表。

△　蒋介石以南昌行营名义通令各省禁烟,对吸食、种植、销售、运输等加以规定,以便由其禁烟督察处等机构统制鸦片烟的专利。

△　国民政府令免王世杰国立武汉大学校长职,任命王星拱为武汉大学校长。

6 月 25 日　国民政府通令各省、市,自本年 7 月 1 日起至 12 月底废除一切不合法捐税,并严饬所属不得借口地方需要,对物重征任何捐税。

△　察哈尔部各旗召开会议,决定依照蒙古自治原则第三项规定改部为盟,于旗总管之上增设盟长,选出卓特巴扎普为正盟长,富龄阿为副盟长,特木耳博罗特为帮办。

△　伪满吉林警备第二旅司令李文炳至宾县,指挥进攻东北抗日游击队哈东支队赵尚志部,并布告悬赏伪币万元捉拿赵尚志。

△　国民政府任命李锦纶为驻葡萄牙特命全权公使;免去李锦纶驻波兰兼驻捷克特命全权公使;任命张歆海为驻波兰兼驻捷克特命全权公使,免去张歆海驻葡萄牙特命全权公使。

6 月 26 日　徐向前红四方面军集中十余团兵力于西线南江北部贵民关、观光山间分水岭地区向川军第一路反击,次日突破川军第一线阵地。随后撤过小通江河与川军对峙。

△　蒋介石在江西彭泽、浮梁、鄱阳、湖口、平乐及安徽东流、秋甫、祁门、婺源等县组设赣皖边区"剿匪"军指挥部,任命江西省保安处长廖士翘为指挥官,军事委员会参议李磊夫为副指挥官,负责筑路修堡,组织民团及地方民政,"围剿"鄂豫皖和赣东北红军。是日,廖等由九江乘兵舰前往彭泽设立指挥部。

△　上海市公安局勾结公共租界捕房,于夜间搜查成都路、戈登路各处中共地下党组织。次日晨捕走共产党员周先成、金其全、林子明、吴炳生、刘月英、刘志刚、郑玉龙、李文碧、张文清等 16 人,搜去文件甚多。

6月27日 蒋介石在杭州与黄郛商谈对日问题，黄郛因对日妥协已招致国人的强烈反对，以“难胜艰巨”，力辞北行。翌日，蒋以华北无人坐镇，再次敦促，黄始应允。

△ 中国旅行社代表张水淇与日本观光局代表足立，在榆关签订合组东方旅行社合同，规定中日各出50万元存入银行作为车辆之损失担保，由该社承办平、沈通车客票事务。社址设榆关，中日分任正、副经理，下设总务、清算、营业、文书四科，人员中日参用。29日，东方旅行社在榆关正式成立，以张水淇任经理，日人平山贞斋为副经理。

△ 伪满发表分担日“满”共同国防费900万元。次日，伪满内阁会议决定实行减俸办法，向日献纳“国防金”。

△ 伪满实业部发表声明，宣布除通过特殊公司制度由伪满“国家”统制的重要产业，即国防、公共事业及一般产业之基础产业外，其他部门任民间“自由”经营。从此，日本产业界对“满”投资更加活跃。

△ 日军在上海虹口区无故殴辱市民，并非法拘捕。此后，接连发生凶殴事件。7月3日、4日，日军装甲车横行虹口示威。5日，日侨协会集会，决定向工部局提出改组虹口警察，增加日人探捕，任日人为虹口各署署长，控制警权等无理要求。

6月28日 北宁铁路管理局公布平沈路通车办法：一、自本年7月1日起，恢复由北平至辽宁直达客车，每日以平、沈对开一列为限；二、由中国方面责成中国旅行社，日本方面责成日本观光局于山海关组设东方旅行社，负责经理此项直达通车事宜；三、一切行车规章、时刻、车辆编成、车票发售等项办法，均由本局另行规定。同日，该局发出通告称：“此案为中外视线所集，关系异常重要，现距通车之期为日无多，合行令仰在事内外员工长警，妥慎从事，勿稍疏懈。”

△ 日“满”合组“日满共同土地开拓公司”，资本2000万日元。

6月29日 王家烈与廖怀忠、蒋在珍再次发生混战。黔军廖怀忠、蒋在珍两部发动进攻红军贺龙部时，王家烈即密令李成章率兵四团乘机袭击廖、蒋等部。是日，李成章部在湄潭将袁其冲部解决，逼迫史肇周部退出凤岗。同时令万奕桐(式炯)、张立功两团沿凤岗左侧袭击廖部。

△ 监察委员刘侯武等向监察院弹劾铁道部部长顾孟馀在大潼路购料订约中有违法舞弊情事,请求依法移付惩戒。是日,监察院经委员杨天骥等审查,认定顾孟馀实有舞弊情事,应依法惩戒,并具文呈请国民政府主席林森、监察院长于右任予以法办。同日,由监察院将刘侯武等的弹劾案全文、审查报告书及呈林森、于右任之文件予以公布。

△ 王揖唐在日活动后,于是日返抵天津,对记者谈话鼓吹"中日亲善",谓中日"无论何方面均有共通一贯之精神",即"由东方文化所培养之佛教儒教"。"今观中日两国虽有一时的误解纠纷",然依此精神"相互谅解","殊为痛快"。

△ 伪满民政部通令,禁止关内《大公报》、《申报》、《时报》、《庸报》、《北平晨报》、《华北日报》、《京报》、《平报》、《世界日报》、《社会日报》、《北京日报》、《上海民报》、《广东市民日报》、《豫北日报》、《徽州日报》和《良友》、《循环》杂志等18种报刊输入东北。此外还有苏联《真理报》、《消息报》等等,共计36种。

6月30日 国民政府修正公布《海关进口税则》,订7月1日起施行。新进口税则规定五金、机械、化学品等增税,棉纱、人造丝等16项减税,使外货在华倾销得利。各地工商界纷纷表示反对。7月1日至11日,上海市商会、华商纱厂联合会、华商纸厂联合会、中华工业总联合会及机器、染织、绸缎、印花、棉花号等业,及天津裕源、华新等纱厂均表示坚决反对。各地报纸也纷纷发表反对之评论。7月14日,财政部长孔祥熙谈话,谓"自信此新税则能顾到各方之利害",不顾各方反对强制施行。日本表示满意。

△ 行政院公布《办理土地陈报纲要》,凡35条。

△ 立法院院长孙科由京抵沪,向记者谈《宪法初稿》审查经过。谓此次修改,由原之十五章又增添军事、财政两章,该初稿经整理后即于一二日内发表。

△ 伪满通令，限自7月1日起，凡东北旧纸币一律禁止流通。

6月下旬 珠河游击队扩大至400人，改编成东北抗日游击队哈东支队，赵尚志任支队司令，李兆麟任政治部主任。后扩编为抗日联军第三军，赵任军长。

△ 据上海《时事新报》载，本年上半年日货倾销猛增，贸易额达1.1125亿日元，较去年同期增加2550万日元。

7 月

7月1日 陈诚部第三、五两纵队集中广昌附近，是日，陈令第五纵队全部南移郎君桥附近，准备进攻头陂，以第三纵队之第八师作策应。翌日，第五纵队指挥官罗卓英命霍揆彰师展开于郎君桥东南大坑一带；李树森师集结郎君桥、竹桥道路左侧；傅仲芳师于杨家湾附近警戒新安方面；黄维师置郎君桥附近为预备队。3日，各部分头向头陂进攻，林彪红一军团退守头陂南部高地御敌，李师进占头陂。

△ 伪满为加强军警统制，实施军管区新制，将原省警备司令部改称军管区。是日，规定奉天、吉林、齐齐哈尔、热河等军管区各设两个旅，哈尔滨军管区编组三个旅，伪兴安省称警备军，下分东、西、南、北四区。从本日起分别遵照办理。

△ 蒋介石在南昌成立新生活运动促进总会，自任总会长。邓文仪等22人为干事，熊式辉、杨永泰、何应钦等37人为指导员。制定各省市、各铁路、海外华侨及江西省各县新生活运动促进会组织大纲，通告各地改组及推行。

△ 铁道部长顾孟馀对刘侯武弹劾案发表申辩，详述潼西路购料合同经过，对刘等的弹劾文及审查报告逐条辩驳，并对提案之监察委员破口谩骂，引起各监委极为不满。6日，监察院长于右任表示，如监察权不能伸张即决定辞职。监委杨天骥向记者表示，顾谩骂刘侯武，实属侮辱整个监察院，监院决予制裁。7日，刘亦发表谈话，痛斥顾的申辩。

△　平沈路今晨 7 时许，由平开出首次列车，日宪兵若干在站台巡梭，乘客稀疏。该次列车行至塘沽东之茶淀被炸，死伤乘客 16 人。后经北平宪兵第三团破案，查明炸车者为北平正谊暗杀团首领史灿棠策划。即将史逮捕。10 月 6 日，史被宪兵团枪杀。

△　国民党中央候补监察委员、原福建省政府主席方声涛病逝于上海。

△　华北政记、肇兴、大通等 16 家航业公司与外商太古、怡和、日清等 26 家共同组成沪津航运联合会，公订运价。同年冬，因会内少数公司私行跌价不受联合会之惩罚，遂无形停顿。

△　太原西北毛纺织厂开工。该厂为西北实业公司所办。

△　曹禺撰《雷雨》（剧本）在《文学季刊》第三卷第一期发表。

△　《全国银行年鉴》（1934 年）出版，中国银行总管理处经济研究室编。

△　胡梦华、谭庶潜等在张厉生（国民党 CC 骨干）支持下策动北平各大专院校部分学生，成立“北平各大学民国二十三年毕业生职业运动大同盟”。是日下午，胡梦华在中山公园举行记者招待会，宣布该盟情形，报告组织宗旨。13 日，召开第二次干事会，决定推派谭庶潜等为代表赴京请愿。14 日，谭等离平前往，16 日抵京。至 21 日止，先后向国民党中政会、南京政府行政院及教育部请愿，要求设置青年职业介绍机构，解决毕业生就业问题。南京、上海部分学生起而响应。30 日，汪精卫答应设立“全国大学生工作咨询处”，进行调查、研究。

△　广州勷勤工学院创立，院长卢德工。

△　日本在兴安区郑家屯创设兴安军官学校，是日开学。

△　《当代文学》月刊在天津创刊，编辑王余杞，天津书局发行。该刊出至第五期被当局指为鲁迅所主持，下令停止邮寄，至第六期后被迫停刊。

7 月 2 日　蒋鼎文委派第九师师长李延年为进攻长汀前敌指挥。是日，李由龙岩前往连城督战，并电请南昌行营派空军协助。翌日，驻浔空军预备队飞赴漳州归其调遣。

△ 川军唐式遵、刘邦俊商定，决分六路进攻万源。11日，第四期第二步总攻开始。第一、四两路军攻德汉城、苦草坝，第五路军攻万源，第六路军任预备队。

△ 中山县李谦等于5月初联名电呈汪精卫，控告该县县长唐绍仪八大罪状，要求将其撤职查办。是日，该县郑鸿长等人组成请愿团至广州向西南政务委员会请愿，再列唐十大罪状，请求立即撤换。次日，又有杨子刚等七人请愿，广州《民国日报》公布唐罪状12条。一致要求唐绍仪辞中山县县长职。

△ 全国邮务总工会在济南召开执监委会议。是日通过决议，根本反对东北通邮原则。翌日闭幕。

△ 北宁铁路局长殷同因1日由平开沈之列车在茶淀被炸案，向铁道部提出辞呈。同日，日人仪我到平与殷同商议通车安全。4日，铁部对殷慰留。

7月3日 彭位仁、陶广两师进攻湘赣红军根据地永新县金华山、石灰桥、珊田及官山、松山。彭师由仰山、虚皇山夜渡高川占领吴郎附近高地。次日在石灰桥附近渡禾水，向金华山、铜锣坪发动猛攻。红军萧克等部主动撤出金华山，经三峙、鹿石角南进牛田、小湾。11日，红军主力攻入泰和县路店、港口，以一部入早禾市。陶广及李韫珩师分头尾追。

△ 大中华火柴公司所属镇江荧昌厂，借口“整顿”厂务任意迫害工人，于本月1日无故开除工人骆小连。骆与厂方论理反被殴伤。2日工人群情激愤，一面向法院控告，一面找厂长评理，在愤怒之下，将厂长击伤。是日起，厂方宣布停工，并以解雇工人相威胁。工人斗争愈烈，坚持半月，厂方又勾结镇江市政府开除工人18人。其后厂方被迫发给被开除工人解雇费，8月2日复工。

7月4日 国民党中政会第四一五次会议，通过《民国二十三年度国家总概算》，核算总计7.77亿元。其中岁出及军费为3.0775091亿元,约占总数的二分之一。

△ 国民政府公布《储蓄银行法》,凡 17 条。该法令由财政部草拟,于上月 22 日经立法院通过。其要点是:严格规定储款之会计;储金之运用;准备金之提存,取缔有奖储蓄等。

△ 伪满公布所谓“企业局官制”,实行“总务厅中心主义”,以实现其《经济产业政策大纲》的要求。

7 月 5 日 蒋介石改组军政部航空署为中央航空委员会,自兼委员长,由黄秉衡、张惠长任委员。

△ 南昌行营电令南路军总部酌抽所部出发闽西,协助东路军蒋鼎文部进攻长汀。陈济棠接电后,召集余汉谋、李扬敬等会商,决调第四独立师邓龙光部入闽,待东路军进兵后开拔。

△ 鄂豫皖红军徐海东、吴焕先第二十五军由湖北杨家店、万家店进入涩港店北部。12 日又由朱堂店南进,在吴家河、牛王庙一带与何柱国、王以哲两军激战两日。

△ 江西南丰至福建宁化的南宁公路通车。

△ 上海《新语林》半月刊创刊,主编徐懋庸,光华书局发行。内容有文艺评论、游记、短篇小说及诗歌等。该刊自第五期起,光华书局另组新语林社主办,改由庄启东编辑。

△ 南京《创作与批评》月刊创刊,南京虹社主办,吴漱予主编。属文艺评论性刊物。

7 月 6 日 中共中央为了宣传和推动抗日,调动和牵制敌人,于上月杪决定以红七军团组成中国工农红军抗日先遣队,以寻淮洲任军团长,乐少华任政治委员。是日,红军抗日先遣队从瑞金出发,经长汀、清流、永安,19 日以主力经宁洋、桃源墟攻占大田,取得第一仗的胜利。

△ 蒋介石、汪精卫联名电促黄郛返平。电云:“三人共挑一担,一人息肩,余人亦只能放下。”再次劝其担起华北责任。

△ 外交部设置察哈尔特派员办事处,任命岳开先为特派员。

△ 日本驻天津军司令官梅津美治郎至北平,向北平军分会代委

员长何应钦要求东北与北宁路及朝鲜实行货物联运，以利日货倾销华北。

△ 何键到南京，面谒蒋介石，向其报告在广州与陈济棠、李宗仁等商定湘、桂、粤三省军队共同反共之军事部署情形。

△ 西南政务委员会就唐绍仪问题开临时会议，决定：一、用政务会名义电慰唐绍仪；二、派员调查真相；三、电南京国民政府报告。次日，唐绍仪往广州呈请辞职，并请萧佛成出面疏通。

△ 河北省三河县郝家疃村农民为反对官方圈地举行暴动，将丈地人员扣留。并由该县人民派出代表四人前往北平，向何应钦请愿。

△ 国民政府公布《民国二十三年上海政府公债条例》，凡 15 条，债额 350 万元。年息七厘，至民国三十五年(1946)6 月底止偿清本息。此款充作上海市政建设之用。

7 月 7 日 蒋介石离南京前往庐山主持反共军事，翌日抵庐山。

△ 为了配合寻淮洲红军抗日先遣队绕道闽东、浙西，进入赣东北与方志敏部会合，中央红一、三、九军团各以一部，分兵攻入闽中、闽南牵制蒋鼎文部兵力。罗炳辉红九军团于是日集结连城东北，16 日攻入小陶，23 日攻尤溪，28 日集结云潭、九都板；彭德怀红三军团于中旬经连城县琴洋集结香寮，20 日以两路佯攻永安，中路主力入大田，30 日进占蒲田；林彪红一军团于 16 日由江西石城经长汀，27 日入大田。蒋鼎文穷于应付，处境困难。

7 月 8 日 军事委员会任命邹作华为炮兵学校校长。9 月 3 日，国民政府明令公布。

△ 全国矿冶地质展览会在天津开幕。28 日闭幕。

△ 玉萍路南昌到玉山段开工。浙赣路理事长曾养甫由杭州前往玉山，参加开工典礼。

△ 重庆《新蜀报》、《新民报》载文批评该市敷设裸体电线有碍市民安全。是日，该市市长石体元派军警将《新蜀报》记者张骏、唐纯青，《新民报》记者吴秋逮捕。12 日，重庆市报界协会、新闻记者协会共同

通电抗议，并请刘湘转饬释放，严惩凶手，保障记者安全。旋经刘湘电促石从速妥处，张等获释。

7 月 9 日　立法院发表《中华民国宪法初稿审查修正案》，凡 12 章，188 条。条文之前增列弁言，较之初稿增加 28 条；章节、名称、次第亦稍有增减变更。其修改要点，主要有：一、弁言："中华民国国民大会受全体国民之付托，遵照创立中华民国之孙中山先生遗教，制兹宪法公布全国，永矢咸遵。"二、国民政府已改称中央政府，行政院长对大总统负责，大总统平时统率陆海空军，战时任命总司令。三、关于行政机构：内阁制变总统制。四、立法院对行政院长投不信任案之权取消。五、增加军事及财政两章。六、各级政府均须有合法之预算及决算。

△　5 月中旬，蒋介石在庐山海会寺设立陆军军官训练团筹备处，派陈诚为主任，徐国镇、王天鸣等八人为筹备委员，计划抽调各省部队旅、团、营长及校官以上参谋人员分期前往受训，每期大半月，人数约二千五六百人，共办三期。是日，第一期军官训练团举行开学典礼，由蒋介石兼团长，陈诚兼副团长。蒋介石于典礼中演说《做人的根本大道》，指出，"做人的道理—立定志愿，团结精神，共同努力，来实现三民主义，创造新中华民国"。"国家民族和军队的灵魂——三民主义"。25 日结业。

△　第六路军薛岳部进占天府山，进迫驿前。

△　上海时事新报社记者随平沈列车出关视察后，是日在该报发表文章谓："榆关尽是日伪军警，盘查极严。失业之日浪人在榆关出售'入国证'，7 月 1 日晚已达 48.7 万余号。中国货已宣布死刑。中国商店改售日货，英美商行相继关门。"

7 月 10 日　第十纵队汤恩伯部由广昌向白水进攻，第五纵队霍揆彰师攻占天府山策应。是日，汤部在航空第三队助战下，以第八十九师王仲廉部进占驿前北部要地白水，彭绍辉、萧华红十五师退集大寨脑地带抵御。

△　烟台海关监察长高元济受财政部委派，至北平组设长城五口

设卡筹备处。14 日，高偕同财政部副税务司张勇年访殷汝耕商谈设卡问题。17 日，高等与古北口办事处主任霍实会商，决定于古北口起次第设立。19 日起，高、张二人先后视察古北口、喜峰口、界岭口等，之后返回北平继续筹办。

△　行政院第一六八次会议，决议任命黄镇球为防空学校校长。16 日，国民政府明令公布。

△　监察委员刘侯武因弹劾顾孟馀案，接到署名"人侠"之恐吓信并附毛瑟枪子弹一粒。次日，刘对记者表示："决不因一封恐吓信一粒子弹，停止弹劾职责"，并至警厅报案。

△　上年 4 月 26 日，江苏高等法院以所谓"危害民国"罪判处陈独秀、彭述之二人有期徒刑 13 年。嗣经陈独秀"辩诉"，在社会上引起很大反响。是日，江苏高等法院第二庭改判陈、彭二人各为有期徒刑八年，并予以公布。

△　行政院第一六八次会议通过设立中国驻埃及开罗领事馆。12 日指令外交部筹办。

△　南京《战士生活》半月刊创刊，南京中国青年军人社编辑、发行。

7 月 11 日　殷同至南京面谒汪精卫，报告通车经过。次日转赴莫干山与黄郛详谈对日外交方策。

△　日陆军省召开非正式军事参议官会议，讨论加强与充实其侵略我东北四省之政治、军事力量：一、强化三位一体制；二、将满铁附属地的行政权转移到日人手中；三、确定在"满"日侨之二重国籍问题；四、增加常备兵力，扩张后方部队及防空设备等等。

△　国民党中政会决议《补定弹劾案办法》，用以压制如刘侯武弹劾顾孟馀案件之再起。补定办法规定：一、监察院弹劾案原文与被弹劾人申辩书及一切有关该案之内容消息，非经受理本案之机关决定公布以前，概不得披露；二、凡经中央政治会议任命之政务官，经惩戒机关决定处分后，中央政治会议认为必要时，得重行核定；三、关于国策及有关

中国在国际地位之重要文件，非经中央政治会议之核定，不得披露。

△ 内蒙土默特总管兼蒙边司令满泰病逝于归化，由荣祥代理总管，陈玉甲代司令。

△ 唐山市人力车工人千余人反对市公安局征收新年牌捐，全体罢工并示威游行。

△ 据上海《时事新报》北平电，日伪在榆关至多伦线已设税关 19 处，被称"满洲国南疆关税线"。

7 月 12 日 梁华盛师进攻方志敏新红十军革命老根据地赣东北之富林、龙回港及下石一带。

△ 中英两国在香港召开广九路修约会议，中国代表张慰慈、英国代表布达自是日起举行谈判，双方就该路之收益、联运技术及互助等问题进行商讨。其中对收益之分配争执达十余日，23 日就新约达成协议。

△ 中央古物保管委员会在南京成立，由叶恭绰等 10 人任委员，傅汝霖任主席，制定《工作纲要》，凡 10 条。

7 月 13 日 外交部次长唐有壬衔汪精卫之命，由南京赴莫干山促黄郛早日北返复职，并与黄郛、殷同商谈华北外交问题。15 日，唐离莫干山返京复命。

△ 湘赣红军独一师转战修水蛇林坑，岳森师派队追击。是日，红军独一师师长喻行舟在黄沙岗岭与岳师进行血战，不幸与交通员等五人被俘。26 日被押赴萍乡，转至南昌。8 月 23 日，喻被赣省军法处枪杀。

△ 白崇禧到港，次日偕黄绍竑往晤胡汉民，共商时局问题。15 日，黄北返，白回广州。

△ 中国棉纺业巨擘、上海申新纺织公司资金枯竭，各银行不予续贷，茂新、福新、申新公司总经理荣宗敬向国民政府有关部门呼吁救济不应，上月底搁浅。是日，荣宗敬离职，由福新、茂新两面粉公司主持人王禹卿代理。国乒政府实业部企图趁机攫取申新厂，提出由该部整理。

△ 南京等江南地区酷热，上月江、浙地区平均气温达摄氏 40°左

右，为60年同月份最高温度。是月12时至下午1时，南京北极阁之水银柱上升到摄氏43°。长江下游七八月份雨量之少，破历年最低纪录。

7月14日　国民政府公布《统一水利行政事业办法纲要》及《统一水利行政事业进行办法》。17日，决定由经委会组设全国水利委员会，管辖长江、华北及各省水利。

△　国民政府任命周至柔为中央航空学校校长。

△　外交部咨各国驻华领事，通告将于本年9月1日收回领港权。

△　南京《朝报》因12日刊登《某院长昨狂怒》之新闻及社评《狗屁之中央日报》，被认未曾送新闻检察所检查。该报被国民党中央宣传委员会勒令停刊一日。

△　济南酷热达摄氏43.3°，中暑至死者众多，该地劳工法院检验官全体出动验尸亦应接不暇。

△　北京大学教授、研究部文史部主任、著名语音律学专家刘半农（复）病逝于北平。

△　日本外务省举行第二次预算审议会，决定增设"满蒙"局。

7月15日　中华苏维埃共和国临时中央政府和中国工农红军革命军事委员会为中国工农红军北上抗日发表宣言，表示："只要进攻苏区的武装队伍接受我们提出的三个条件，那我们工农红军的主力，即可在先遣队之后，全部出动，与全中国一切武装队伍联合起来共同抗日。""开展民众的民族革命战争，打倒日本帝国主义。"并提出五项主张。

△　川军第五路彭诚孚师奉命由通江县简家山右移，由第四路军派周绍轩旅接替。徐向前红四方面军一部乘机攻占简家山，向通江挺进。其后周绍轩旅在彭部等协同下夺回简家山。

△　据中央社天津电：伪满组设"大陆研究院"，研究物理、化学、地质、农林、水利。经费400万元，定期三年为一期。

△　北平《文学评论》月刊创刊，编辑人吴组缃、林庚、郑振铎等。

△　南京《中国社会》季刊创刊，中国社会问题研究会主编，编辑人罗敦伟。

7 月 16 日　行政院长汪精卫由京抵沪，就弹劾权问题发表书面讲话称："外间有人以此次决议为有妨碍于监察权之独立，这种批评是绝对错误的。照监察院弹劾法，一切弹劾案在未移付惩戒机关以前，不得宣示其内容。如将内容对外任意宣示，甚至将弹劾全文在报上公布，而被弹劾者未申述意见，这是不公平的。至于对政务官之被惩戒须经中政会复核，乃是中政会应有的权限。"

△　北平军分会顾问雷寿荣赴莫干山谒黄郛，向其报告华北政情，并共商接收战区问题，18 日返回北平。

△　日驻华武官柴山、山海关特务机关长仪我至北戴河与陶尚铭讨论：一、建昌营驻屯之日军撤退及非战区特别警察队之设置；二、山海关、古北口及长城其他各口设置税务分关；三、通邮问题等等。此次会谈无结果而散。

△　据《四川月报》载：四川新繁县预征田赋达 80 年。

7 月 17 日　汤恩伯纵队由白水继续南进，第四师攻占天子嵊。

△　监察委员曾道向报界发表谈话，反驳汪精卫 16 日在上海的书面谈话谓：顾孟馀为行政院属官，汪为行政院首领，本党领袖如所属官吏果有违法嫌疑，纵不能引咎自劾，亦当严饬所司密查，以其真相昭告国人，倘情属确，不妨径予罢免，以表示大政治家光明态度。汪之谈话有矛盾之点，而限制弹劾案办法又为汪所发动，足示其为之袒护。

△　盐业银行总行由天津迁至上海，原址改为天津分行。

7 月 18 日　日本外务省在台湾召开华南领事会议（又称台湾对岸会议）。参加者台督中川、福州总领事宇佐美、厦门领事塚本毅、汕头领事竹内、广州领事服部、香港代领事芦野，以及外务省书记官田尻等。会议以所谓"保护居住对岸之多数籍民以及文化设施之改善"，"谋华南经济之进入，以达中日亲善之目的"为主题。通过指导籍民殖产；奖励振兴台湾与华南贸易；扶助华南日台人金融机关；恢复台湾总督府外事课；确定"中日亲善"宣传纲要等提案 38 件。会议末日进入秘密状态，讨论军事事项，20 日结束。

△ 监察委员朱雷章等代表监察院批驳汪精卫关于修改弹劾案之谈话。朱等谓:监察院弹劾案既经审查通过,又经惩戒机关议处,似不应再经中政会之复议。监察委员有保障法,有权公布弹劾案。《补订弹劾案办法》有碍监察权之独立精神。

△ 福建省政府会议,决定在永安、云阳、漳浦三县及封锁区与毗连等区县份,制订发放通行路单办法,并通过请保安处设上、下游两食盐公卖总会以便封锁。

△ 伪满发行"新京"(长春)、哈尔滨建设公债1000万元,由日本银行团承受,规定年利四厘,限14年还清。同日,公布《投资事业公债法》。

△ 日本"满铁"理事长十河至北平与华北当局接洽北平、平绥路实行联运问题。

△ 上海《申报电讯社》举行十周年纪念,发行《十年》特刊。

7月19日 汪精卫在南京再次发表谈话压制监察院弹劾顾孟馀案。汪谓:"今日尚为训政时期,一切权力集中于党,无有一机关能独立于党外,不听从党之指挥监督者。监委虽有保障法,但若为党员,则党的纪律制裁固仍可加诸其身,尚望郑重发言为要。"20日,监察院长于右任致电全体监察委员,嘱对弹劾法案勿随意发言。

△ 上月南昌行营函行政院要求将福建光泽和安徽婺源两县划归江西管辖,以适应其反共军事之需要,行政院于17日通过。本月14日,国民政府训令行政院、军事委员会案准。是日,南昌行营公布正式将福建光泽、安徽婺源两县划归江西管辖。

△ 据上海《大美晚报》报道,日本近在热河增设新税,规定每只狗月捐三角,鸡每只月捐二分,牛、马每头月捐八角。对鸦片烟实行官卖,禁止私人贩卖。

△ 国民政府命令统一盐税,规定各省地方永远不得在盐斤项下设立任何名目,抽收附加税捐。

7月20日 外交部次长唐有壬在沪与日使馆参赞有野商谈取消

《塘沽协定》事。会后，有野宣称："此次会见仅系友谊性质，关于撤废《塘沽协定》问题，应由关东军负责，日本政府与此无直接关系。"与此同时，殷同到沪与唐有壬商讨华北中日交涉问题，为大连会议进行准备。

△ 日关东军驻榆关特务机关长仪我，近通知天津各国驻屯军，要求各国驻军今后如在"中满国境演习，应先行通知"。是日，英驻华司令官表示拒绝，略谓："英军根据义和团事件之协定举行演习，'满洲国'为中国之一部分，英国有自行操演之权。"

△ 本月初，太虚法师在奉化县雪窦寺为蒋介石讲佛法。太虚向蒋谈及日本将举行之泛太平洋佛教青年会，蒋表示理应参加，无反对理由。是日，太虚派其弟子哲音由上海前往东京，出席 22 日至 23 日大会。

△ 申新第三厂股东反对由实业部整理申新纱厂，代总经理王禹卿难以应付，是日函公司股东表示辞职，请荣宗敬复任总经理。是月下旬，实业部长陈公博拟具"救济"申新纺织公司办法，提请行政院讨论。荣宗敬探知其吞噬阴谋，向蒋介石、孔祥熙表示反对。27 日，吴敬恒出面函汪精卫、孔祥熙，主张维持申新。30 日，无锡纺织厂联合会通电反对整理申新。嗣因财政部与实业部间派系矛盾，实业部阴谋未逞。

7 月 21 日 红军董振堂第五军团及林彪一军团之一部据守白水南部大寨脑。是日，汤恩伯纵队第四师向大寨脑右侧翼首先发动进攻，第八十九师乘势由正面进迫大寨脑阵地。红军凭险固守，战至午时许退至王家山，汤部占大寨脑。次日，汤部向驿前推进，分别攻占斧头山、下子岭等地。

△ 日本外务省发表声明，拒绝废除《塘沽协定》。声称：倘若要求废止，必须以终止战区排日、抗日运动，保持中、日、"满"关系为条件。23 日，天津《大公报》就此发表题为《塘沽协定与战区善洽》的社评，指出日方所列废弃《塘沽协定》之条件，实属强词夺理，"日本帝国主义的欲望希图显然无界限，无止境"。

△ 日驻承德特务机关召开东蒙旗王公联合会，并在日军操纵下

成立“蒙古王公联合办事处”，地址设承德。

7月22日　中央民众运动委员会电令各省、市政府，饬其严禁中国佛教徒前往日本参加所谓“泛太平洋佛教青年会”。并谓“嗣后凡与日伪有关之行为，非经中央及当地高级党政机关认可，概须禁止。否则除解散其团体外，并依法予以严惩”。

△　江苏嘉兴县王镇店千余饥民发动抢米运动，当局派保卫团前往镇压，将其驱散。

7月23日　中共中央军委命令萧克、王震红六军团由遂川菱塘坳、上下七及其附近地域蒋军薄弱部，自行选择突破地段突围。第一步到达湘南桂东地区，发展游击战争，推广游击区域；第二步，到达新田、祁阳、零陵地区，发展游击战争，创立新的根据地；第三，横渡湘江，向新化、溆浦广大地域发展，并向北与贺龙、关向应红三军取联络……探索红军主力战略转移路线，作为中央红军长征先遣队。

△　寻淮洲红军抗日先遣队进攻福建尤溪县万溪口，击败卢兴邦部。29日，红军袭击樟湖坂，击溃保卫团两连，获机枪二挺，枪100余支。

△　原湘赣红十六军军长孔荷宠借巡视为名由兴国逃往泰和叛变。是日，孔在泰和向周浑元部投降，随被蒋介石委为南昌行营参议。8月20日，孔在南昌公开发表反共言论，表示在蒋介石领导下“决心消灭土匪，复兴中国”。9月下旬，又被蒋任命为湘鄂赣边区招抚特派员，在修水设立办事处专门从事反共。

△　殷同抵大连，与日关东军参谋副长冈村宁次、参谋喜多诚一及日使馆武官柴山等就战区未了问题交换意见，至深夜始散。

△　国民政府任命傅铜为安徽大学校长。

△　华北农村合作事业委员会成立，推张伯苓为第一届主席。该会承受前华北战区救济委员会之农赈基金及赈余款，依法推办合作事业。

△　日军在天津南开八里台强筑飞机场，是日正式开工。天津市

政府派外交顾问孙润宇访日驻津副领事，要求日方停工，日领不允，诡称该工程系筑运动场之用。

△ 伪满奉天警务厅为防止抗日义勇军袭击，规定在全省4700余村遍设非常报警钟，以备青纱帐时迅速报警。

7月24日 蒋介石手订《庐山军官团团员首要之任务》，提出："恢复我军人自强、自立、自重、自尊之人格……奠定我军人救国保全千古不磨之基业……期不愧为总理之信徒与本团之同学也。"并演说《抵御外侮与复兴民族》及《御侮图存之要诀》。

△ 殷同与冈村宁次在大连举行非正式会谈，讨论通邮技术等问题，殷同提议废弃《塘沽协定》，当日结束。会后冈村对记者谈话，谓通邮业经成立大纲，设关亦已协商，华北航空联络亦属重要问题，《塘沽协定》现下不能废弃。

△ 徐向前红四方面军一部猛攻陕南镇巴，陕西绥靖主任杨虎城下令所部严密防范。

△ 国民党中央宣传委员会发出第三号通告，对图书杂志审查委员会决议及《出版法施行细则》作补充规定："凡出版之图书杂志应于付印前送图书杂志审查委员会申请审查；凡经中宣会批准，可发给免审证；图书杂志如出版后发现与审查稿本不符者，得转内政部予以处分。"

△ 日本与伪满共同组织日"满"面粉会社，资本伪币200万元，以三菱、三井为投资中心，社长日人松平其平，于是日开工投产。

△ 西南政务委员会决议，派谢瀛洲为微风文艺社社长。翌日，该社召开第一次社务委员会，决定发表通电"反对普罗文艺"，对鲁迅进行攻击，并呈请当局严禁出版其著作。

7月25日 川军唐式遵、刘邦俊自22日起，集中七个步兵旅进攻清花溪，经连日激战进占南池坪、袁家山及瓜贝溪等地，向万源发动进攻。是日，复以第一、四、五、九各旅及第六路军刘育英旅一致行动，向大面山、孔家山、大山坡等徐向前部红军阵地强攻。攻至大面山山顶时大雨如注，红四方面军一部由正面及两翼猛烈反攻，川军各部伤亡逃散达万人左右，败退原阵。

△ 红军周昆第二十二师乘粤军黄质文部与张瑞贵部换防之际，向筠门岭举行反攻，与粤军第八师叶寿尧团激战数小时。欧阳新团从清溪增援，红军始退。

△ 殷同电南京汪精卫，报告大连会谈情形，谓日方对我保安队开入战区、日伪军撤退马兰峪各口及废《塘沽协定》等，因日方坚持恢复华北经济“合作”、中日全国铁路联运等强硬条件，无法解决，特电请示。同日，“满铁”理事宇佐美访殷同，商谈华北经济问题。当日殷同乘轮返沪。

△ 贵州省政府主席王家烈与黔省“剿匪”总司令犹国才，经陈济棠、李宗仁等调停，是日，王、犹两人在盘江之关岭会晤，双方商定反共军事及黔省善后事宜，互相表示谅解。29日，王、犹联名通电表示，“互竭赤诚、共同努力”反共。

△ 日驻山海关特务机关长仪我再次发表强硬谈话。谓“此后若各国驻军对通告轻视，竟敢在‘国境’演习时，我方决以既定方针，取断然态度而处置之”。同日，日军在天津市街举行演习。当天，法驻华司令官访仪我，表示拒绝日本的通告。

△ 辽、吉两省西安、伊通、丰县日伪军分别派出骑兵、炮队进攻辽吉边区老西沟、横岭子、佟家沟等地，围攻天虎、仁义等义勇军。

△ 日本制定所谓“促进中日经济合作原则”：“一、网罗中日财界代表组织调查会，调查华北足资开发之富源；二、使东亚、中日兴业、实业、中华汇业等银行及东拓特种银行团等的对华投资，结成统一活动；三、整理旧债，收回现金；四、开发新经济，获得利用方法，投资于实业方面。”

△ 北平《世界日报》因本月22日社论《黄郛、于学忠进退问题》一文，被行政院驻平政务整理委员会以该社论“措词失当”为词，令罚该报是日起停刊三日，28日起复刊。

7月26日 监察院全体监察委员电请该院院长于右任返京，力争监察权。电文略谓:“委员等对于《补订弹劾案件办法》,一致主张上呈中政会,请求维护遗教与训政约法。”“五权制度为先总理所手创,果坐视破坏而不一言,将何以对先总理在天之灵。务恳即日返京,将委员等意见转呈中央。”

△ 国民党中央第一三一次常务委员会决议,以罗家伦专任中央大学校长,免去其中央政治学校教务主任兼职,遗缺由程天放继任。

△ 云南屏边县苗族民众不堪捐税盘剥及地主豪绅压迫剥削举行暴动,当地县署派兵前往镇压。是日,县预备团队将阿打破苗族房屋纵火焚毁,30日又搜山掳走牛羊等牲畜,苗族人民坚持反抗。10月1日,由当地驻军会同县府派员安抚,酌予赔偿损失始息。

7月27日 殷同由大连抵沪,就大连会议经过向记者发表书面谈话。谓此次会议“系由我方所邀请”,所谈事项为我方所提出,内容为清理战区种种麻烦问题。项目为:一、日、鲜不良浪人之取缔;二、李际春、石友三等部保安队之整理;三、新编保安队之开入;四、马兰峪、东陵之接收;五、日伪军之撤退;六、察东区域之整理;七、大东公司之取缔等等。此次谈判虽未能如我方期望,但确有进步,只需黄郛北归,归战区纠纷必可一扫而空。

7月28日 湘赣红军萧克等部于23日由江西拿山南部坳头、大旺、新江口围攻赣西遂川之衙前,一部由五斗江至长隆向湘东南。是日,刘建绪为阻止红军进入湖南,命令驻永新之彭位仁师驰赴宁冈(砻市)接替王东原师防务,王师集结黄坳、息锣附近,堵截红军跨越黄洋界、遂川线西进。并令驻莲花之陈光中师接防禾山防务,以陶广师火速完成天河至永西碉堡线。

△ 殷同至莫干山向黄郛报告大连会议经过。当晚又向记者表示,大连两日会议,对战区困难已局部解决,废除《塘沽协定》我方并未正式提出。日方不但盼望华北经济合作,且进一步想作中日整个经济合作之欲望。东陵、马兰峪之接收,伪军允撤退长城各口、建昌营、潵河桥等处,日军撤退尚无期,我新编保安队9000名即可开入战区。现黄

氏正计划接收马兰峪、东陵事，并电令于学忠、殷汝耕、陶尚铭办理。

△　中英双方修订广九路协约问题经过香港谈判后，是日在广州正式签订新约，凡48条，附件三条。规定盈利分配，中方占七成二，英方占二成八，以五年为期。9月15日，铁道部与驻英香港总督正式签订广九铁路联运合同，10月1日起生效。

△　实业部与全国经济委员会农业处、安徽省政府，共同组设祁门茶叶改良委员会，创办祁门茶叶改良场。

7月29日　蒋介石制定《改善保安团队大纲》，函送中政会、行政院备案。大纲凡七章31条，要旨为统一名称；训练划一；统一经费等。令苏、浙、闽、豫、鄂、皖、湘、赣、陕、甘等省切实遵行。

7月30日　寻淮洲红军抗日先遣队经樟湖坂入闽清县，进抵大田、黄田、谷口等地。在黄田、谷口两地击退第八十七师江防部队一个营。东路军闽江守备司令王劲修于湾口防堵，福州警备司令王敬久率部赴水口堵击。

△　汪精卫对中央社记者发表书面谈话谓：殷同此次去东北，其目的在谋解决战区内各种纠纷，现已得相当之解决，至于其他问题如经济合作等并未提及；近派唐有壬催黄郛北返，就近处理一切已发生或可能发生之纠纷，有赖黄郛的坐镇。

△　日本东京《朝日新闻》就大连会议发表社评。称该会议仅获通车问题的解决，诚属可喜，惟日本的希望是由停战协定之军事协定，更进而作政治协定。表示未能使华北特殊化，成为伪满第二而遗憾。

7月31日　唐有壬返回南京，向中政会报告大连会议经过。会后对记者表示：外传日方提议中日经济合作完全不确。并称黄郛自聆殷同报告后，已打消辞意，不久当可下山返任。

△　是日起至8月4日止，英兵在山海关城外二郎庙一带举行军事演习，日本调兵于长城沿线各口监视。8月2日至4日，日军亦在四炮台一带作对抗演习。

7月下旬　吉林延寿县黑龙宫镇群众为反抗日军强收枪支举行暴

动，吉林伪军派队千人前往镇压。东北抗日游击队哈东支队司令赵尚志闻讯率部往援，与日伪作战四昼夜，击毙日伪军 200 余人。

是月 北路军总部在江西南城编组别动队约 3000 人，由黄埔军校毕业生等组成。其任务为在反共区进行反共之教育和情报间谍等工作。

△ 溥仪之父亲载沣到长春，由伪宫内府派出宝熙等官员及护军一队前往车站迎接。日关东军司令部派员向其提出抗议，认为溥仪派武装护军去车站，系违反“满洲帝国”已承担义务的前东北当局与日本签订的协定，要求保证今后不再发生同类事件。溥仪当即派人向日方道歉并提出保证。

△ 伪满奉天省情报处调查本月份该省义勇军活动情况，计 3.4343 万人次，共出动 759 次，较六月份增加 50 次。主要活动地区以岫岩为最多，次为安东、东边道、柳河及通化、金州、临江等地。

△ 北平《史学论丛》创刊，北京大学潜行社编辑、发行。

8 月

8 月 1 日 中国民族武装自卫委员会在上海正式成立，宋庆龄被推为主席。同日，宋庆龄等以中英文向各方发送中国民族武装自卫委员会筹备会公布之《中国人民对日作战基本的纲领》。

△ 寻淮洲、乐少华红军抗日先遣队渡越闽江，由黄田、谷口占领水口、古田，一部抵达离福州仅 20 里之白沙。福州驻军仅四个团及宪兵、保安队若干。3 日，蒋鼎文急由漳州飞福州与陈仪商定，调王敬久师于福州大头岭、小北岭筑堡；命泊马江军舰及陆战队开桥南；并命伍诚仁师由浙返闽；以王劲修师及保安队等会同王敬久部堵截红军。红军抗日先遣队在福州北部桃园坞击溃其一个团。当晚起，福州施行特别戒严。

△ 盛世才宣告新疆“和平统一”，规定每年是日为新疆和平统一纪念日。同时发表宣言，宣布八项政策：民族平等，保障宗教自由，

实行农村救济，整理财政，澄清吏治，扩充教育，实行地方自治，改良司法。

△ 盛世才派何语竹等发起，在迪化成立“新疆民族反帝联合会”。会长何语竹，秘书长郎道衡，组织部长王立士，宣传部长徐廉，青年部长程东白。嗣后并创办《反帝战线》为其机关刊物。该组织标榜反帝爱国，发展迅速。至次年，会员达2400余人，至抗战前发展到5200余人。

△ 伪满协和会改组，原任官员全部退职，以矢部迁吉任中央事务局事务长，伪满国务院总务厅次长阪谷希一兼事务局次长，其他主要人员几乎均为伪满政府的日人官吏兼任，下设人事、经理、庶务、组织等八系。各地事务长是：长春伊藤信夫，哈尔滨赤岭义臣，吉林高须裕三，热河佐田置澄，海拉尔铃木镰吉，依兰浅野十郎，间岛有马善夫。该会中央机构部分地开始实行“二位一体制”。伪满政府与协和会实行“一体化”。

△ 日本与伪满在东北实行所谓“安业法”。规定：一、凡能悔过归服者不咎既往，一概发给“安业证”；二、领有安业证者与其他民众享同等待遇，身家受法律保护；三、凡自愿悔过者，发还以前没收之财产；四、凡受兵灾区免缴赋税，重灾区予以补助；五、凡土地执照被征收者一律发还执照。以上各条于本日起实行，三个月满期后不悔过者，概以“匪”人论罪。

△ 伪满实业部召开第一次产业调查局筹备会议，讨论设置产业调查局及人选等具体事项，以期确定所谓“产业政策”。

△ 伪满与日本之无线电话开通，是日在长春举行通话典礼。翌日，正式营业通话。

△ 荣宗敬自行整理申新纺织总公司，特组改进委员会、监察委员会，并聘专家设计整理申新各厂。

△ 南京国货公司创立，南京市市长石瑛任董事长，邬志豪、葛亮畴等为董、监事。

△ 福州《南方日报》创刊，主办人吴玉衡，日出对开纸二张。

△ 北平《文学评论》双月刊创刊，文学评论社主编。编辑李长之、杨丙辰，发行人张道一。

8月2日 第三路军副总指挥罗卓英指挥该路军“剿共”，决定分期向石城推进：第一期进占驿前，第二期进占小松市，第三期进占石城。其第一期兵力部署：以第十纵队为左纵队，附山炮、迫击炮各一连，集中白水至大寨脑大道以东，经良田南进，第一步占贯桥，第二步经大岭格占南岭脑，第三步占驿前及其以南，逐步推进封锁线；以第三纵队为右纵队，附第八师、第六十七师及山炮、追击炮各一连，由广昌推进白水、大寨脑大道以西，与第十纵队联系，同时并进。

△ 全国经济委员会会同内政部、财政部合组之土地委员会在南京正式成立，由陈立夫担任主任委员，甘乃光、高秉坊等为常委。公布《全国土地委员会暂行组织条例》。8日通过土地调查纲要六项。10月起开始进行土地调查工作。

△ 中英庚款董事会决议，每月拨款40万元给蒋介石充作“特种教育”经费。

8月3日 第三师李玉堂进占南科、龙钧岭、曹坊等地，进攻猪鬃岭。林彪红一军团第一、第二两师及第二十四师大部踞守罗坊、猪鬃岭，以一部分途袭击李部掩护队，固守中屋村等阵地。

△ 上海日文《日日新闻报》就宋庆龄、李杜发表《中国人民对日作战的基本纲领》、组成中国民族武装自卫委员会筹委会之事予以报道。谓宋等“鼓吹对日战争”，是为“可惊的暴论”，“颇具浓厚的赤色思想”，其字句“冒渎我皇室”。对之进行无理攻击。

△ 据日人《盛京时报》报道，热河省平泉县穷苦人民粮食断绝，仅“食木皮草根等以充饥饿”，数日间被饿死者，约达300名。

8月4日 湘赣红军萧克部，由江西拿山南部坳头、大旺市、横石、新江口一带南移遂川，进入横石、上镜、南北坑地带。次日，红军于东沙塘等地分路围攻衙前。

△ 第八十七师王敬久部沿闽江北上，向白沙推进，翌日攻占水口。6日，寻淮洲红军抗日先遣队转入大湖，再经江洋进至福州北岭前阳山、白鹤亭。

△ 周作人至东京，在比谷山水楼受到日本名士佐藤春夫及外务省文化事业部第二课课长柳泽健等欢迎。周之此行，系替日本宣传所谓“中日亲善”。31日，周由日乘轮回国。

△ 财政部于北平设立津海关区长城各口分卡办事处，派津海关副税务司张勇年任主任。16日，津海关布告长城各口分卡征税办法12条，并派员往古北口、喜峰口、冷口、界岭口、义院口设卡。

8月5日 北路军第三纵队陈诚部由白水进占来禾嵊。第十纵队汤恩伯部进占王家山。是日起，第三纵队发动进攻高虎脑及贯桥。林彪、彭德怀、董振堂红一、三、五军团集中重兵进行阵地阻击，巧妙采取防御配备，顽强打退陈诚部多次进攻，在高虎脑一战歼陈诚部约3000人。7日，第三、第十两纵队同时由良田、中司之线向贯桥阵地猛攻，红军与之激战半日。在连日阵地拼杀下，红军受到巨大牺牲，向驿前方向退却，踞守第二阵线。

△ 湘鄂西红三军贺龙部攻占贵州沿河，南入德江、甘龙口、安南营。16日，红军分兵进占酉阳，王家烈派第四路指挥李成章率部取道乌江进驻湄潭，以柏辉章师开往甘龙口堵截。

△ 川军唐式遵下令第五、六两路军分五路总攻万源竹峪关。唐亲自至高家山督战，猛攻万源之清山、大面山、香炉山等地。7日，川军第四、五、七、八各旅全面出击。徐向前红四方面军经三天两夜激战，将川军26个团的兵力全线击退。之后收缩阵地，集中红军王宏坤第四、何畏第九、余天云第三十各军主力，作好先解决东线战场的准备。8日，唐部占万源。

△ 新任日军关东军宪兵司令岩佐绿郎少将由沈阳前往长春任职。

8月6日 红九军团罗炳辉部与彭德怀红三军团一部在水口击溃

王敬久、王劲修两部，随后乘胜撤返尤溪南部。8日经山兜西格入南涧桥，14日由三保至清水池，15日入西洋，转向洪田。24日返回清流，完成掩护红军抗日先遣队北上任务。

△ 胡汉民在香港向北平法文《政闻报》（周刊）记者发表谈话，指责蒋介石政府散布他将出洋之消息，正式加以否认，并声称将反对国民党第五次全国代表大会的召开。

△ 庐山军官训练团暑期第二期开学，2日上课，是日补行开学典礼，25日结业。

△ 长沙绅士迎神进城，禁五荤求雨，湖南省主席何键竟通电全省禁五荤祈雨。次日，何亲至南岳祭神求雨。

8月7日 蒋介石以际此新生活运动普及时期，特通令各省设立机关，收容乞丐，派作苦工，或教以手艺，俾资生产。并饬各省仿效江西，从速成立游民教养所。

△ 红军萧克、王震长征先遣队分由永新、遂川地区突围西征，拟沿罗霄山脉穿越万洋山进军湖南。是日围攻藻林，击溃遂川第一纵队鲍刚旅，突越遂（川）大（汾）封锁横线。10日，趁湖南驻军分散之际进至左安。红军化装夜行，由小路越过险峻的万洋山区，向湘军封锁线前进，何键西路军第十六师狼狈溃散（师长彭位仁因此被撤职处分，10月9日，国民政府明令公布）。11日进至湖南桂东寨前圩及增田、沙田，在沙田与湖南保安团徐石淑部接战。

△ 殷同在南京谒见汪精卫，面呈黄郛致汪亲笔信，并陈明黄在蒋、汪督促下，决定向蒋请示后即返平任事。

△ 伪满在敦化、蛟河、五常、延吉、安图等五处分别设立森林事务所，在海伦设立办事处，并计划于年底在东北各地增设森林事务所14处，大规模替日人抢占东北森林。

8月8日 寻淮洲、乐少华红军抗日先遣队威胁福州，进至镇海楼、北门楼及笔架、莲花、五凤等各山头，第八十七师王敬久部仓皇回师福州。

△ 全国经济委员会西北办事处与陕西省政府合组西京市建设委员会,以张继任委员长。

△ 教育部通令各大学设立职业介绍机关,助导大学毕业生解决职业。

△ 南京市《远东报》和《宁报》,从 4 日起因刊载军事消息,被警备司令部勒令次日起停刊三天。

8 月 9 日 徐向前红四方面军在东线开始反攻。翌日晚 10 时,以王宏坤第四、何畏第九、余天云第三十军三大主力,突袭川军第五、六两路军结合部南天门(位于万源与通江间),攻占罐坝场正南青龙观、黑龙岩,歼灭汪铸龙部两个旅,打开敌阵缺口。11 日晨 3 时,红军分兵两路楔入敌阵缺口,红九军挺进青龙观左翼黄中堡,抄至川军后方;红四军直攻南天门、赵家坝独二旅杨国桢部,横扫第五旅刘光瑜部,攻占玄祖殿、后坪等阵地,全歼杨、刘两旅。川军边防第一路副司令吴锦堂部在五龙台、五龙岗一带闻风向河口场、秦家河溃逃。川军全线崩溃,星夜南撤百余里,退至渠河三汇始止。是为竹浴关反击战(川军称"中河之役"),歼川军 1.5 万人,活捉旅长一人,毙团长七人。

△ 行政院驻平政务整理委员会委员长黄郛由莫干山赴赣,途经南京时向记者发表书面谈话。谓华北如将战区种种纠纷解决,即可稳定,望新闻界"起而纠正国人的悲观想象"。翌日经九江抵牯岭,11 日面谒蒋介石报告华北政情。

△ 国民政府派李石曾前往瑞士日内瓦出席国际图书馆大会。

△ 胡汉民在香港再次向北平法文《政闻报》记者发表谈话,谓远东问题的根本解决,只有英、美、法等国切实合作,才能使日本独霸东亚的野心自行消灭。

△ 日在辽北山城镇召开东边道 15 县治安维持会,伪奉天警务厅长日人三谷、总务厅长日人久米等参加,次日闭幕。会议决定强迫各县学生前往抗日游击队活动区进行"日满亲善"、"王道精神"等反动宣传。

△ 上海人力车工人 200 余人为反对公共租界工部局新章程包围

工部局，提出反对工部局新章程，要求减低车租等六项要求。工部局派出巡捕进行驱散或逮捕。翌日，连续逮捕100余人，并以强迫罢工及扰乱地方治安起诉，将罢工首领郑发珠逮捕。11日，工人被迫拉车，斗争失败。

8月10日 蒋鼎文调动第四十九师伍诚仁部堵击红军抗日先遣队。是日，伍师由海路抵琯头登陆，从东面堵截红军抗日先遣队。红军围福州数日后总退却，11日撤至连江县汤岭、潘渡一带，分入连江、丹阳。

△ 日本政府下令大规模驱逐横滨华侨，借故停发华侨营业执照，指为失业流民，将其驱赶回国，80余人被迫寄宿横滨中国领事馆。27日，华侨结队离开横滨回国。途经门司时，当地警署又以不许结队回国为由，毒打华侨多人，其中30余人被扣于门司。

△ 伪满第二军管区司令吉兴，调集吉海线驻军两个旅是日出动，进攻盘石抗日人民革命军。

△ 日本决定在承德设立领事馆，任命中根直介为领事(原赤峰副领事)；于图们设"间岛"总领事分馆，以松原久义为主任。翌日，承德领事馆设立。

△ 北平政整会总参议王克敏由沪至青岛，与宋子文商议华北财政。

8月上旬 蔡元培等42人联合太平洋国际学会及国际问题研究会发起组织英文中国年鉴会，聘翁文灏、丁文江、竺可桢、陶孟和等任年鉴撰述，由商务印书馆承印，用以取代由英人任德海主编而质量甚低的英文中国年鉴。

△ 吉林义勇军王德林、谢文东、孔宪荣、赵尚志等，于月初在东宁召开辽、吉、黑三省抗日义勇军代表会议，联合组成东北抗日联合军。在东边道和黑省分别成立联合军特别司令部，以孔宪荣任第二方面总指挥，王德林任第三方面军总指挥，赵尚志任第四方面军总指挥，谢文东为第一方面军总指挥。决议各军互相联络，协同抗日。

△ 杭州飞机场失火，数十架飞机被焚毁，蒋介石大为震怒，立命军政部航空处处长兼杭州航空学校校长徐培根前往庐山，将徐以“通匪”罪枪毙，并令逮捕有关事件之南昌行营航空司司长唐文仪等人。

8月11日 蒋介石电令赣粤闽湘鄂“剿匪”西路军总司令何键指挥西路军赶筑汝城、集陇经沙田、桥头、大汾、藻林、遂川、杨树村至英坑封锁堡垒线；令陈济棠南路军衔接集陇沿上犹、江下达赣城，折经五云桥、沙池至吴坑之封锁碉堡线，用以堵截红军长征先遣队红六军团红十七师、红十八师。

△ 国民政府特派郭泰祺、罗忠诒、金问泗为出席国联第十五届大会代表。

△ 天津《益世报》因上日社论《华北战区之整理》一文触犯当道，是日被天津新闻检查所处以停止邮递及收发电讯之处分，至9月16日始解禁。

8月12日 红六军团萧克、王震红军长征先遣队在湖南桂东县寨前圩进行战斗动员，中共湘赣省委书记任弼时宣布中共中央军委命令：任命萧克为军团长，王震为政治委员，任弼时随军行动，任中央代表，并组成以任为主席的军政委员会，作为红六军团的最高领导机关，决定由内线打到外线去开辟新的根据地。是日，红军由寨前圩出发，穿越郴宜公路西进。何键闻讯后，急调刘建绪率王东原、彭位仁两师追击，并令李觉、岳森两师及地方团队于湘南堵截。同时，粤军第四师张达部两团由营前赶往三家村、鹅形防堵。

△ 薛岳部韩汉英、欧震及唐云山、梁华盛等师及炮兵四个连，沿龙岗、中塘陂、银龙下之线，向杨公山、坪头坑一带推进。翌日，薛部以炮兵轰击杨公山—松山脑及下坑口两侧红军阵地，继以步兵冲锋攻占杨公山—松山脑之线。14日，又继续以主力攻击白毛山和走马岸以西地带。连日向古龙冈推进。

△ 伪满吉林省公署在吉林召开吉林、敦化、延吉、珲春四大区“东南防卫地区治安维持会”，讨论“治安工作”之实施及确定方针，16日结束。

△ 平、津国立校院教职员联合会为要求发给积欠教育费与薪金，推派代表杨立奎等四人离平南下，14 日至南京向教育部请愿，16 日又向行政院请愿。行政院秘书长褚民谊接见，答应转达汪精卫，并与财、教两部洽商解决。

△ 河北省长垣县石头庄九股路大堤黄河决口。至 15 日止，黄河之豫北滑县、鲁西濮阳县等处决口连续发生，滑县 60 余村被淹。15 日，黄河水利委员会委员长李仪祉令黄河水灾救济委员会查明经办人员从严惩处。

8 月 13 日 萧克、王震红军长征先遣队装扮成湘军，以主力进抵田庄圩、暖水圩，以一部进迫汝城，进攻万年桥，击溃湖南保安第十八团胡凤璋部，进入黄草坪。胡部及代理湖南全省保安司令兼第十九师师长李觉奉何键之命追击，次日入滁口，一部至青要圩。

△ 寻淮洲、乐少华红军抗日先遣队进入连江县白浪与中共闽东特委会合。其前锋于 14 日午夜攻占罗源后，在赤溪与闽东游击队会师，共同歼灭浙江保安团一营，民团百余人；15 日晚，以一部进攻宁德城。连日在罗源、连江建立了四个苏维埃政府。15 日，伍诚仁第四十九师由琯头向连江、罗源急进追击。16 日，红军撤出连江、罗源，进入宁德县梦龙。

△ 月初，传闻苏联将拒绝出售中东路与日本，伪满外交大臣谢介石于 3 日发表谈话，指责苏方无诚意，日苏形势又告紧张。是日深夜，哈尔滨伪方出动军警将中东路东段苏方人员 17 人逮捕，均指为间谍。日军并于该段实行戒严，以便占夺。

△ 财政部重申禁止外国银币如墨洋、日洋等入口，饬令各海关厉行监督。

△ 中央宪兵第四团在福州西门外枪杀共产党员陈祥容等九人。

△ 南昌 2000 余工人向国民党市党部及政府机关请愿，要求平抑米价。

8 月 14 日 北路军第三路军恐红军堡垒阵地日臻强固，为急速进攻驿前计，将其第三、第十两纵队改为梯次配备，取狭小正面交互前进。是日，以右翼纵队第七十九师向刘季尖佯攻，以第六十七师在炮、空掩护下由贯桥向大岭格，对驿前作试探性进攻。彭德怀红三军团等以猛烈火力歼其两个团，11时后，第六十七师败退原阵。

△ 萧克、王震红军长征先遣队进抵汝城后，何键急赴南岳与陈济棠商订共同防堵办法，之后急返衡州召开紧急会议。是日，决定派刘建绪为第四路军前敌总指挥，以第四路军第十五师师长王东原任追击先锋，由永新开赴汝城、郴州；第十六师师长彭位仁部由莲花随王部跟进，第六十二师师长陶广部由茶陵向汝城侧击，湖南保安第五区副司令欧冠率三个团另一个营赶赴汝城，湖南保安第五区司令段珩率一个旅扼守彭公庙、青圩、渡头司、滁口、文明司。

△ 刘湘应总预备军总指挥潘文华之请，下令前线各军暂取守势。翌日，令唐式遵将放弃青龙观阵地的第六路军前敌总指挥（兼旅长）汪铸龙撤职，解省究办。

△ 东北人民革命军周保中部在团子山伏击日伪军，击毁汽车三辆，毙敌近百人。

△ 伪满奉天教育厅没收各书店中小学教科书及月刊杂志等一万余册，在南关风雨台焚毁。

8月15日 国民党中政会发出召开国民党五全大会通知。规定大会议题为：召集国民大会，修改党纲总章，推进党务，确定施政方针等案。其代表仍以去岁临时全代会所选代表出席，不再另选。因通告发出前即遭到胡汉民等的反对，南京方面派王宠惠去粤、港访胡等，向其进行解释。

△ 萧克、王震红军长征先遣队进至资兴、汝城间之牛口垄一带，第四路军第十五、十六师两部尾追，红军经滁口北入东江掉头南进，寻小路越过湘军桂东、汝城间等二道防线。次日红军抵达郴州叉路口，17日入王仙岭、走马岭向桂阳前进。

△ 新红十军方志敏一部由广丰县洋口至上饶应家口，渡河向均

界岭推进，以策应红军抗日先遣队。

△ 宋庆龄在上海函复上海《日日新闻》报。谓“上海日日新闻狂悖煽动之函件本不足齿，惟为对于《中国人民对日作战的基本纲领》一文，是否本人列名一节，祛除疑惑计”，兹特声明：“余不但列名宣言”，“且对诸同志之观点亦予以完全赞同”。中国真正的爱国主义者是反对日本帝国主义的，因日本自九一八事变以来，在上海、热河、察哈尔等地接连的侵略我国。至于《日日新闻》所谓欲维持远东和平之虚伪宣言，“吾人绝不为所愚”。表示将联合朝鲜、台湾及日本的志士共同进行反对日本帝国主义者的斗争。

△ 广东省参议会成立，次日举林国伯任正议长，彭卓任、霍广河为副议长，议员38人。

△ 实业部农商银行复业，资本300万元，有发行钞票之权。总管理处设上海，以陈公博兼董事长，梅哲之任总经理。同日，上海、汉口分行同时开业。

△ 中国民族武装自卫委员会筹备会创办《武装自卫》期刊，为该会机关报。

8月16日 黄郛在牯岭与蒋介石商谈华北外交问题，随后对中央社记者发表谈话：“如何打开华北局面一层，以事殊为复杂，非三言两语可尽。”“国人如能认清国内状况，熟察国际形势，体谅当局困难，和衷共济，同心协力，或可奠国家于稳定局面。”

△ 行政院第一七三次会议决议，暂准设置新疆哈密区行政长，辖哈密、镇西两县。盛世才于是年夏派罗逸甫随同苏联顾问前往接防哈密，被原哈密首领尧乐博士拒绝。盛被迫改派尧乐为哈密警备司令，另派刘应麟（前孚远县县长）任哈密行政长，报请行政院批准。

△ 山东《鲁南日报》在临沂创刊，主办人陶国强。

8月17日 国民政府令免赵志游杭州市长职，遗缺由周象贤继任。

△ 伍诚仁师由罗源至宁德，寻淮洲抗日先遣队在梦龙截击其后

续部。激战后,红军北入霍童。

△ 蓟密区行政专员殷汝耕发表谈话,谓“现在浪人大概以蓟县、遵化为最多,日、鲜浪人在战区开烟馆,售海洛英白面者,约在3000处以上,因此,取缔浪人可视为肃清烟毒的初步工作”。

△ 日本陆军省发表声明,胪举中东路东段从4月到7月发生要件13起,均由苏联人员所策划,以证明其日前逮捕苏联人员之正当。翌日,苏联塔斯社就出售中东路交涉经过发表声明:谓自13日交涉破裂后,日本与伪满即开展反苏运动,将经过实情大加粉饰,从而用以打击苏联。同时,伪满在日方指使下连续逮捕苏联员工,故意制造严重局势,并向英、美示意日本将在远东抵制苏联,争取英、美共同反苏,以达到逼迫苏联交出中东路的目的。

8月18日 萧克、王震红军长征先遣队经保和圩、华塘铺西渡耒水至桂阳附近。南昌行营除令西路军派部追击外,并电两广部队于宜章、全州地带堵截。次日,红军绕桂阳入新田,在敖田圩分三路,一向土地塘,一进古楼市,一部入流渡峰与四洲寨之大富园一带。何键调集湘西及衡阳防军分头开赴常宁、祁阳、零陵等处防堵。南路军陈济棠决定派独立第三师师长李汉魂为指挥,前往仁化布防,以陈伯英团守乐昌,吴以起团驻仁化,何麟瑞团布南雄。并令余汉谋派独立第二旅陈章部至上犹、崇义,李振球和张达师防守信丰江、赣江。

△ 国民政府任命德穆楚克栋鲁普为蒙古地方自治政务委员会秘书长。

8月19日 黔军廖怀忠、蒋在珍与李成章发生内讧,廖部等由印江袭击江口,移驻松桃。是日,红三军贺龙部乘机分兵三路进占印江、思南。李成章率兵两团在印江县砂子坡、松树滩、郎溪沟进袭红军。21日,李部张立功团在板溪与红军作战。

△ 日本新任华北驻屯军参谋长酒井隆抵津上任,原任参谋长菊池门24日由塘沽乘轮回国。

8月20日 南满反日总会在盘石正式成立。盘东、盘西、盘北及伊通等地反日会、反日妇女会等代表十余人出席。总会选出杨靖宇等九人为委员，修订通过反日斗争纲领，其要旨为：联合一般反日民众，对日、“满”实行联盟抵抗，拒绝一切日、“满”法令；武装民众进行反日民族革命战争，收复东北失地；支援和领导工农兵及学生群众进行一切政治经济斗争。南满反日总会在共产党员杨靖宇领导下，统一开展南满各地抗日游击战争。

△　寻淮洲红军抗日先遣队攻占穆洋。23 日，伍诚仁师追至，红军凭河抵抗后撤往福安北部，进入南溪、查南溪，在穆墙镇歼敌一部。蒋鼎文令伍师及新十师陈齐煊部尾追，并电浙江保安团堵截。

△　阎锡山、于学忠和韩复榘等联名致电国民党中央委员会及粤、桂当局：“当此内外严重之秋，各方亟宜未雨绸缪，速图应付大计。但‘攘外必先安内’，安内必先扫除障碍，发挥团结精神。”呼吁粤、桂与蒋联合一致反共。

△　湖北各地灾民千余人至武昌向省府请愿，要求救济。

△　天津《中国新报》创刊，资本 10 万元，社长陈小龄，9 月 1 日起，在北平发行北平版。开办至 10 月即亏赔 2.5 万元，于 10 月 28 日自动宣告停业。

△　《新生活运动促进总会会刊》创刊，南昌新生活运动促进总会编辑、出版，每 10 日出版一期。

8 月中旬　内蒙锡林郭勒盟副盟长德穆楚克栋鲁普派陈绍武前往庐山会见蒋介石，要求拨发蒙政会经费、武器、电台等物资。陈绍武按德王之意向蒋报告，称：“伪满南警备军司令官巴达玛拉布坦、西警备军司令官乌古廷偕同日本高级军官一名，曾前来该盟王府，声言日军不久将西侵袭击察东，希德王即速表明态度，予以一切实力帮助”，问蒋如何对待。蒋要德王“以不亢不卑态度，相机办理”，并准拨给经费及枪械、电台等物。

8 月 21 日　萧克、王震红军长征先遣队进至零陵县白水岭、铲子坪、分水坳、白泥坳、菱角塘等地，准备渡越湘江。湘军王东原等部抵达新田附近紧追。

△　新红十军方志敏一部进入皖南歙县、休宁、祁门地区，浙江保安处派兵一营入歙县，由安徽保安大队驻防休宁，分别星夜开往屯溪等地进攻。

△　日外务省公布中东路交涉停顿经过，指责苏联"以随时发生之现状之纷议为理由，思欲迟延交涉，故交涉遂未见解决"。次日，日本驻苏大使向苏联外交部提出正式抗议，指责苏联违反国际信义。伪满亦就中东路交涉停顿事发表声明。翌日，伪满哈尔滨警察局出动军警，诬指中东路苏职员为间谍，又逮捕职员 15 人。23 日，苏联对日再次提出抗议。至 25 日止，苏联人员先后被捕者达 40 人。

8 月 22 日　桂军李宗仁委派陈恩元为入湘"剿匪"总指挥，率第十九师周祖晃和第二十四师覃联芳由兴安赶往黄沙河堵截萧克红军长征先遣队。

△　南路军余汉谋进攻信丰、会昌要地狮子寨。红军与之激战三小时，退守会昌。

8 月 23 日　第四路军第十五师师长王东原等部由新田向北追击红军。是日，萧克、王震红军长征先遣队由白水岭、铲子坪进入零陵东北。分兵三路：以一部北向耒阳抵御王东原、彭位仁及陶广等师的追击；以一部趋临武、蓝山阻击粤军；而以另一部佯攻零陵，集大队在蔡家埠、略江口抢渡湘江。蒋介石急令何键堵截。何键得令急命长沙警备司令胡达调部至宝庆，令王东原师由郴州赶往耒阳，命陈光中、彭位仁和李觉各师集结衡阳、郴州，围困红军于湘南；李宗仁电促周祖晃等两师向湘桂边移动。

△　刘湘以反共军事失败，通电辞四川"剿匪"总司令职，其所遗各职暂交参谋长郭昌明等代行，即日离蓉赴渝。同时，前方军事委员长刘从云亦辞职。

△　鄂豫皖徐海东红二十五军由安徽六安县南岳庙西进破塘埂、郝集一带。24 日，第十一路军刘茂恩部追至郝集，与红军激战六小时。

△　福建省政府根据南昌行营颁定之建造碉堡封锁苏区办法，由政府、绅商、军警合组“省会防务委员会”，加强其联甲巡防、清查户口、编查保甲、实行夜间戒严等措施。

8 月 24 日　江、浙、闽、皖、鄂、豫、赣等省党部联电中央，拥护召开第五次全国代表大会，并望如期举行。

△　湘、鄂、赣、皖各省灾民，成千至南京乞食。次日，南京市政府电请各省当局予以制止。

△　国民政府以今年各省水旱灾严重，通令各省、市赶办积谷。

8 月 25 日　何键集结兵力九个团设置重围，阻击萧克、王震红军长征先遣队渡越湘江。是日，红军由桐子坪、庙门口至黄柏洞，在冷水铺与王东原师张谷中旅遭遇。次日，红军突破第四路军重围至阳明山石家硐、白果市，第十六师副师长郭持平率部向白果市推进，王东原师以主力袭击石家硐，派其一部于新田、永安、平田之线防堵。何命段珩、晏国涛为湘江左岸守备司令，派钟光仁旅守耒阳，黄新团驻守冷水铺，唐肃团驻守高亭。

△　军事委员会资源委员会在牯岭开会。会议通过：一、关于巩固对外信用利用外资；二、利用贱价电气原动力；三、提倡化学工业；四、筹办汽车制造厂以便军用交通；五、推广边疆教育以巩固边疆等议案。北京大学校长蒋梦麟和胡适、吴俊陞、翁文灏、陶孟和等联名在会上提出以实验方法修正中小学教育制度之建议。该会原名国防设计委员会，隶属参谋本部，本年 4 月起改隶军事委员会，易名资源委员会。

△　北路军周浑元纵队向中央红军进攻，占兴国县老营盘。

△　致祭达赖专使黄慕松抵拉萨，受到西藏僧、俗官民的欢迎。翌日，黄入布达拉宫谒见热振呼图克图等，商议择日致祭达赖典礼，并商谈有关西藏建设问题。

8 月 26 日　东北反日游击队哈东支队赵尚志部击破吉林拉林县之背荫河，攻入傅家油坊、二道林子及大盘道等地。

△　奉天日人举行集会，反对撤销治外法权及转让满铁附属地行

政权，反对伪满在附属地内课税。

8月27日 国民党中央党部秘书长叶楚伧，率领南京政府各院、各部等机关代表，参加山东曲阜祭孔大典。行政院秘书长褚民谊和山东省主席韩复榘陪祭。同日，国民政府与国民党中央党部在南京联合举行“先师孔子诞辰纪念大会”，汪精卫、居正、戴季陶、朱培德、陈公博等各界千余人出席。汪精卫报告纪念孔子诞辰之意义，戴季陶演讲《国民文化复兴的开始》。北平、上海、广州、南昌、安庆等地亦举行孔子诞辰纪念大会。

△ 驻日公使蒋作宾会见日本外务大臣广田，就日本无理大批驱逐秋田县、山形县及广岛县等地华侨问题提出交涉。

8月28日 第三路军副总指挥罗卓英由广昌进驻良田，代理陈诚部署进攻驿前：以第十纵队（缺第八十九师）为左翼队，向洛寨、豹子山中间地区攻击，以洛寨为目标；以第五纵队之第十一、六十七两师为中央队，以豹子山为主攻目标；以第三纵队第七十九师附第六师之第十八旅为右翼队，主攻大岭格；以第五纵队第十四师置贯桥东南为总预备队，总计兵力六七个师。红军彭德怀、杨尚昆第三军团及彭绍辉、萧华少共国际师固守驿前北部豹子山、洛寨、南岭、大岭格及刘季尖等阵地。是日，罗卓英、樊崧甫、汤恩伯三个纵队在飞机20余架及卜福斯炮的配合下发动进攻，占领第一线阵地豹子山、洛寨及刘季尖东南牛屎台、南岭脑、金鸡寨。红军退守牛角山、大排岭、钟子寨、仙人嵊及驿前东北高地组织反击。

△ 萧克、王震红军长征先遣队于阳明山突围，东出祁阳县白果市，绕过王东原师跳出包围圈，击溃第十六师，折经新田南进。次日，红军化整为零走荒山小径，一部经宁远向嘉禾、蓝山、临武；一部往道县，直奔江华、永明。王东原师向嘉禾追击。第十六师经桃林铺向临武，唐季侯团守单位铺至道县之线，桂军周祖晃师两团前锋抵永州，推进道县。

△ 寻淮洲、乐少华红军抗日先遣队由闽东革命根据地入浙省，歼

灭浙江保安队两队，进占浙江庆元县，刘和鼎部于松溪、政和紧急设防。30 日，红军挺进竹口、小梅、源尾乡一带，在竹口与浙江保安队蒋志英部作战，溃其一团，蒋志英受伤。

△　徐向前红四方面军在东线击破唐式遵等部防线后，主力乘胜转战西线，以余天云、李先念红三十军直指巴中。是日，红军与川军第三路军李家钰、罗泽洲部大战巴中东部右垭口，歼李部四个团。李、罗部仓惶退向清江渡。同日，王宏坤、周纯全红四军猛攻通江县银顶包，川军第四路军杨森部一触即溃，红军进占银顶包及通江县城。

△　国民政府特派王世杰、李绵纶为海牙公断院公断员。

△　印尼各地中华商会在巴达维亚（今雅加达）召开代表大会，出席代表 40 人，25 个地区，30 日结束。大会通过成立中华商联会，决议重要提案数十件，力谋华侨经济力之发展。

8 月 29 日　北路军陈诚部续攻驿前。汤恩伯纵队攻驿前东北高地，罗卓英纵队从中路正面进攻驿前，樊松甫纵队由右向驿前西侧南岭脑阵地攻击。上午，樊部第六师翁旅攻占南岭脑西侧高地，下午 2 时，红军组织兵力反攻南岭脑，并坚守刘季尖阵地，奋力进行阵地拼杀，但在飞机的猛烈轰炸扫射下伤亡惨重，刘季尖、黄土门、沙湾等阵地又失，乃退守驿前及其南部高地。

△　陈济棠、李宗仁联名致电何键，要求严令所部衔尾追击红军，由粤、桂与湘增调空军联合进攻，并表示已令桂东边防军往全县、灌阳驻防。

△　南满盘石江北抗日联合军，联合东胜、海龙等义勇军，达成共同武装抗日协议，计划于 9 月 9 日进袭盘石县城。

△　黄河河套永济、丰济、长济三大干渠溃决。

8 月 30 日　萧克、王震红军长征先遣队由嘉禾城附近折而西进宁远下灌，进至水打铺，湘军继续尾追。次日，红军经四眼桥向道县城进军。

△　徐海东、吴焕先红二十五军经安徽六安之南岳庙进抵破塘埂、

郝集一带，与第十一路刘恩茂部发生激战。

△ 于学忠解散河北保安委员会，新组保安署，自任署长，管辖战区保安事务。

8月31日 北路军陈诚部第一、三、五各纵队续攻驿前，由中央纵队第十一、六十七两师和右翼队第六师翁旅等任主攻，以一部佯攻驿前东南古楼峰，在卜福斯山炮配合下，以其主力猛攻驿前圩、石子台。至午，陈部分别攻占驿前西南石马山、驿前市街及东南部古楼峰，其第六十七师占领驿前。红军退守小松市，在驿前南部钟子寨、中华台、罗家峰、分山坳一带加强防御工事，守卫石城。

△ 中东路南线在抗日义勇军频繁袭击下，是日被迫宣布停开夜车。

8月下旬 蒋介石委派郭持平为西路军总部参谋长，升章亮基为第十六师师长。

△ 中华基督教总会由沪迁平。

△ 伪满实业部调查东北各省工厂，计纺织业1035家，金属业104家，机械业16家，窑业105家，化工业417家，食品业311家，杂品234家，总计2222家。资本总额2317万余元。

△ 《东北消息汇刊》在上海出版，由上海东北通讯社主编，专门报道日本统治下东北状况，揭露日本帝国主义的侵略，每四个月出版一期。

△ 南京紫金山天文台本月建成，中央天文研究所由鼓楼迁入紫金山。

是月 据伪满黑龙江第三军管区司令部调查，8月份义勇军在齐齐哈尔、安达、泰来、克山、拜泉、黑河等区活跃异常，总数达3320人，较7月份增加2060人，约增三倍。

△ 上年11月，教育部决定影印《四库全书》，计划分四期出版。是月，在沪将第一期59种426册出版。

△ 广西《梧州日报》创刊，主办人任敏。

△ 上海《中山文化教育馆季刊》创刊，上海中山文化教育馆编辑、发行。

9 月

9 月 1 日 在朱德指挥下，林彪、聂荣臻红一军团及周建屏第二十四师等部夜袭温坊，罗炳辉红九军团与之配合。从钟屋村、曹坊迂回敌背攻占温坊，歼灭李玉堂师许旅近 2000 人。

△ 刘建绪命令王东原师跟踪红军长征先遣队；令章亮基师出道县往全州、兴安堵截；派段珩部及补充第一、二团进驻零陵、东安；以胡达旅布防新宁；令补充总队主任何平率两团赶至宝庆待命；以保安团分段负责祁阳至东安间湘江防务；派钟光仁旅于宜章、郴州“清剿”。

△ 萧克、王震红军长征先遣队于道县州背、九井渡、下茶园一带抢渡沱水，进至午田桥、新车渡、水堰头及达村地带，湘军第十五、十六两师分由蓝山及临(武)桂(阳)大道紧紧尾追。翌日，红军在永安关与桂军周祖晃、湘军章亮基两部激战，击溃章部，破坏了湘桂军三师(另一师为覃联芳)的堵截计划，经高明桥、沙田、庄村、寿佛圩分向广西全州、灌阳，一部向黄沙河。

△ 新红十军方志敏部以游击袭敌，支援红军抗日先遣队的军事行动。是日由祁门、浮梁边界攻入祁门县城，守军保安队溃逃。第一路军第四十三旅五营闻讯赶至，红军撤出祁门。4 日，红军一部攻入太湖县城，于次日退出。

△ 中国民族武装自卫委员会筹备会在上海召开代表大会，组设战时工作研究委员会积极进行抗日活动。此时各地参加人数达十万余人。其后因种种原因，使原订 9 月 18 日正式成立总会之计划未能实现。其后仍以筹备会名义活动。

△ 河北迁安县福山寺村民于上月 30 日捕获土匪多人，内有日本浪人两名，当即送往县府究办。是日，日浪人前往福山寺寻衅，与当地

村民发生冲突，村民被击毙一人，重伤四人，被焚毁房屋17间。迁安县长一面派员与日方交涉，一面呈报滦榆行政督察专员公署。陶尚铭派员于5日前往调查后，将该案移河北省府与日领交涉。日方反称此次有鲜人六人失踪，系被福山寺村民杀死。被称为“迁安事件”。

△ 是日至3日，全国邮政会议在南京召开，朱家骅部长主席，汪精卫与会演说，出席会议者56人。会议提案147件，议决要案132件。此次会议系小规模内部集会，议案仅作当局施政参考。

△ 全国邮务总工会、全国邮务职工总会执监委员朱学范、陆京士、史诒堂等，为反对邮政当局干涉该会会务，宣言全体总辞职。

△ 交通部以东北三省被日军侵占，行政主权即行停顿，是日令撤销东北邮务总局。

△ 日本驻朝鲜总督公布华人入朝法令，从严限制华侨入境。法令规定：凡入境华侨须纳保证金100日元；绝对禁止华工入境，自本日起实行，但由伪满地区入境者不在此例。事后，旅韩华侨总会等分别开会，商讨应付办法，向日本驻朝鲜总督府呈明反对理由，并提出抗议。

△ 北平考古学社成立，容庚、魏建功、徐中舒、刘节、唐曾等任理事。

△ 江苏省立医政学院在镇江成立，陈果夫兼院长。

△ 山西省实行统制贸易，是日起限制外省及国外货物入省。规定凡晋省商贾出省购货，外省商入省输入货物，均需省府核准。

△ 北平、太原、杭州、镇江、长沙、厦门等地新闻界分别举行首次“记者节”庆祝会。北平记者公会决议：一、电请南京当局保障记者安全，维护言论自由；二、通电全国同业一致于每年9月1日休假一日。

△ 南京《京声日报》创刊。

△ 上海《江南正报》复刊，该刊为日人所办之中文报。复刊词中鼓吹“中日同文同种”、“共存共荣”。高唱“大亚细亚主义”，要求共同对付欧美。

9月2日 红军彭德怀第三、董振堂第五两军团固守小松市护卫石城。陈诚部樊崧甫、罗卓英、汤恩伯三纵队齐攻小松市。红军主动出击古楼峰,樊部等被迫暂停进攻小松市,集结主力构筑碉堡与公路待机再攻。

△ 西路军刘建绪电令胡达率部开赴黄沙河,协同桂军截击红军长征先遣队;着胡建谋团开往东安归胡达指挥;命晏国涛以何、谭两团布防渌埠头(含)至石期站(含)沿河左岸之线,并分兵守备东安。

△ 伍诚仁师及浙江保安二支队,分由宁德、浦城攻击庆元。是日晚,寻淮洲红军抗日先遣队退出庆元,转入龙泉县八都、小梅镇及松溪县源尾乡,主力在闽北苏区古楼休整。翌日,伍师进占庆元。刘和鼎派兵两团前往松溪、政和。

△ 徐向前红四方面军第九军一部分兵追向清江渡,在铁匾山击破川军第三路军罗泽洲部。翌日,李家钰部经白杨河、杀牛坪、清江渡败退巴中,红军进逼仪陇城。

△ 蒋介石致电刘湘,盼即行照常视事。7日,刘湘复电表示愿以私人资格留川,将驰赴五路前线视察整理军事。10日,刘离渝前往川东部署军事,13日经万县至开江,轮流召五路军各将领训话,并部署军事。

△ 庐山军官训练团第三期开学上课,9日补行开学典礼,27日结业。

△ 日军在喜峰口外筑成飞机场,加强其长城线之军事设施。

9月3日 第八纵队第九十六师由黄土坳分向蓝田圩、墩丘进攻红军,并由第九十八师攻击墩丘西北高地作策应,续向兴国推进。当天,第九十六师攻占蓝田圩、墩丘西北高地,红军曹德清第六师及陈树香第三十四师以主力于午时反攻,另一部迂回敌阵之陈岭栋为策应,反攻未成。翌日,第九十六和第九十八师续向红军进攻,经六小时激战,红军退守蓝田圩。

△ 李延年纵队以第九师攻温坊,以李玉堂师任朋口至温坊侧面警戒,以刘戡师充预备队,共同向朋口及其东部推进。林彪、罗炳辉红

一、九军团潜伏温坊南北，以一部猛攻李部西北，溃李部七个团，全歼两个团。李延年部溃退洋屋尾。

△ 寻淮洲红军抗日先遣队由小梅、八都折往福建浦城忠信街；一部往政和、松溪附近，途经闽北苏区。主力于浦城北部二十都休整二日后入鱼梁。伍诚仁部由八都尾追。

△ 萧克、王震红军长征先遣队准备由全州、界首、兴安等地渡河西进，大队入羊角山、莲花塘一带。是日，白崇禧命令桂林区民团指挥陈恩元部驰赴兴安，派第七军廖磊率覃联芳师增援桂林，命周祖晃师尾追红军长征先遣队。

△ 徐向前红四方面军王宏坤第四军一部猛追川军第四路杨森部，占领澜草渡，进逼营山。杨部漏夜经元山场，溃往同观寨，沿途被红军歼灭约3000人。

△ 蒋介石训令豫鄂皖三省"剿匪"总部及赣、闽、鄂、豫、皖五省政府从速推行反共特种教育计划，成立"赣闽鄂豫皖五省特种教育委员会"及各级教育处，颁定《赣闽鄂豫皖五省推行特种教育计划》及《计划纲要》。该《计划纲要》规定，在各地遍设"中山民众学校"或识字班，贯彻蒋介石所谓"教养卫"为内容的反共教育。特种教育委员会由南昌行营代表二人，中英庚款理事会代表二人，五省教育厅长及其他反共教育分子组成。

△ 教育部通令各省市，凡宗教团体设立学校传习教义，概不得沿用学校名称，并不得仿照学校规则编制课程。

△ 辽宁东边道义勇军千余人袭击吉奉铁路烟筒山车站附近，砍断电杆，断绝交通及通讯。次日，义勇军围攻烟筒山镇，击败日伪警备队。日军由盘石赶派装甲车出援，义勇军始退。

△ 商务印书馆出版的《教育杂志》月刊复刊。该刊前在一二八事变后停刊。

9月4日 萧克、王震红军长征先遣队在兴安北部界首、咸水附近抢渡湘江，一举击溃湘军八个多团，顺利过江，进抵羊角山、莲花塘地区，当夜前锋入西延。随后，何键命令李觉率第十九师段旅二团、补充总队何平、成铁侠部四个团及胡达旅衔尾紧追，并督率新编第五十四师及湖南保安第二、三、四、六各团协同追击。李觉得令后，即率参谋长黄素符等驰赴宝庆督战。同时，刘建绪亦令第十五师暂驻道县防止红军倒回，又派第十六师协同桂军向全州推进；以晏国涛率兵两团赶赴新宁、城步，胡达旅及袁建谋团从黄沙河赶往新宁、梅溪口，阻红军入湘西。

△　蒋介石急电何键西路军，令其严守湘省防线，构筑赣西南及湘粤边各纵横碉堡封锁线，并令由西、南两路互组参谋团勘查督筑。又令各纵队暂勿急进，以谋巩固防地，严密封锁。

△　川军第二路军田颂尧得悉第五、六两路军大溃败，遂与邓锡侯约定共同转移阵地，退守巴河，巩固南江。是日，田部前敌指挥刘汉雄下达转移令。6 日，巴中告急，刘令所部全线退却，企图固守南江河。

△　苏联与伪满在黑河签订《满洲帝国航政局与苏联国立阿木尔船舶局间之航路状态改善协定》，凡 10 条。规定共同设立技术委员会处理双方共同事业，双方在边界河道共同设置并维护航行标志，双方共同遵守所定航务规定等。

△　杨杰考察欧洲英、法、德、意、比、苏等 20 国后回到上海。翌日，杨入京向汪精卫报告。

△　横滨华侨被日本政府驱逐后，是日第一批华侨 50 余人乘日轮“笠置丸”回国抵沪。翌日齐向国民党上海市党部及市政府请求救济，并陈述日本暴行。

△　河南农工银行因总经理李汉珍前往彰德等地视察行务，被人误传其辞职离去，遂发生挤兑风潮，波及洛阳、陕州、信阳等分行。嗣由洛阳中国银行、交通银行、金城银行等出面维持，风潮始息。

△　厦门《华侨日报》因揭露日本移民及浪人设置赌场、毒窟，危害社会的罪恶行径，是日被浪人投弹一枚，炸伤职员数人。

△　交通部派该部技正吴保丰为代表，第一次出席是日至 16 日在

匈牙利布达佩斯举行之国际电话技术咨询委员会第十次全体会议。按：今年7月，中国正式加入国际电话技术咨询委员会。

9月5日 日人宫越予三郎为日军采办军需，于当日晚途经河北玉田县范家坞，被民团疑为土匪开枪打死。翌日，唐山日军数十名前往范家坞示威，派兵一排进行搜索；驻津日领派山村、山原等向蓟密区行政督察专员公署交涉。事后，河北省政府及蓟密区公署共同派马兰峪办事处主任殷体新前往调查，并紧急下令严拿凶手。事称“宫越事件”。

△ 川军邓锡侯与田颂尧约定退守巴河后，是日下午，邓部卢济清、杨栖轩、龚渭清、黄绍猷、周世英、黄时英等旅及第七旅副旅长钟开泽指挥的后续部四个团纷纷退向南江。徐向前红四方面军王树声第三十一军兼程追击。

△ 据日人沈阳《盛京时报》刊载：本年义勇军活动异于往年，“多共产性质”，其特征为：一、出没于铁道沿路，多持优秀武器，共产党色彩浓厚；二、吉林省内地方，主要阻碍鸦片之收获；三、地域上以吉林国境方面为最。全“满”总数有4.5万人，较去年减少3.5万人。

△ 《新潮杂志》在上海创刊，主编季小波，新潮杂志社出版。

9月6日 寻淮洲、乐少华红军抗日先遣队破坏江浦公路，进入浦城、崇安地带，在浦城地区之党溪、忠信街与伍诚仁部激战后，北入浦属小富岭一带。8日，红军返回浙江，开往江山县南部。

△ 天津日领事馆声称迁安六名鲜人失踪，系被华人虐杀，乃派该馆书记生影内等由津前往滦州调查，8日返津，未能提出任何“被华人虐杀”的证据。

△ 日关东军特务机关胁迫群众在吉林延吉组成所谓“协助会”。该会以朝鲜族为主，在“间岛”一带活动，是一以打击共产党为目标的反共组织，在日本宪兵队和日本守备队指导下进行活动。该组织还组成有义勇军自卫团和协助义勇团等武装团体。

9月7日 萧克、王震红军长征先遣队进占西延（资源）县。次日，进入苗族山区车田、五排、蓬洞地带。中共中央军委训令萧克红六军团前进湘西，在城步、绥宁、武岗山地区打击钳制敌人。翌日，湘军胡达旅由湖南资水推进大埠头、舍铺坪防堵。9 日，红军一部在湖南城步县贺家寨、横水界、城江渡与湖南保安第二团谭有晋部作战，当晚经城步西之舟口西进。

△　陈济棠、李宗仁电请王家烈派队往黔东天柱一带堵截红军。次日，王家烈派黎平驻军开入三江、龙胜进行准备。

△　日武官柴山通知殷同，日方已派定伪满“邮务司长”藤原保明、“电政科长”代谷胜三、“奉天邮务管理局长”生岛俊天三人为通邮委员，以藤原为主席委员，与中方进行通邮谈判。并说明上述三日人虽在“满洲国”任有职务，均作为关东军嘱托代表出席，要求中方速定人选及初次会商日期。同日，黄郛接殷同电告，即电交通部长朱家骅，选派代表，并提出初步会谈原则四项：一、固持不承认伪国主义；二、参酌国联关于通邮之决议及各会员国对于此项决议之实施方法；三、不讨论通邮范围外之通讯事项；四、不用成文规定。

△　伪满协和会奉天事务局，由日人冈田任总指挥，组织“东边宣传班”，分三班由东丰、柳河、通化各地出发，前往东边各县宣传日本“王道”，指导调查户口、搜缴武器及镇压抗日武装组织。

9 月 8 日　北路军顾祝同部署进攻红军兵力及其推进计划：一、第三路军陈诚、罗卓英以樊崧甫、罗卓英（兼）、汤恩伯三个纵队，于 15 日完成白色、驿前间公路，16 日起占驿前石城大道两侧，交互筑堡推进，22 日前完成驿前、小松市间碉楼与公路，28 日前完成小松市、长乐间碉堡与公路，第一步占小松市，第二步占长乐，第三步占李塔石、西华山，于本月底占领石城；二、第六路军薛岳以吴奇伟纵队和第六纵队第九十二、九十三两师及惠支队等，于 9 日前完成渡溪、雄口间碉楼及公路，11 日起由雄口经雄下、胡家虾、牛婆虾筑堡推进，约 10 月初占古龙岗；以周浑元纵队辖六个师，限 9 日前完成七斗以西公路，15 日前完成七斗、老营盘、黄土坳公路，16 日起筑堡推进，20 日前占高兴圩，24 日前完成高兴圩、蒙山墩碉楼，进占蒙山墩，28 日前完成蒙山墩、文陂间碉楼，占文陂，30日前攻占兴国。

△ 胡汉民、陈济棠等21人自广州以齐电致国民党中央执行、监察两委员会，否定国民党中央颁布的“五全大会议案”。指出“这种议题，无一及于当前救亡之大针，故不适于救亡之需要”。胡等自提议案四项，要求列入大会议题，以决议实行：一、整饬政治风纪，惩戒丧权辱国之军政当局案；二、严惩一切淆乱社会，危害党国祸首案；三、确立外交方针并国防计划，以维护国家生存案；四、确立最低限度生产建设计划，取消破坏本国工商业及国民生计发展之媚外关税税则，并整理财政救济农村案。

△ 朱家骅复电黄郛，告知拟派邮政总局主任秘书高宗武、山西邮务长余翔麟、天津副邮务长曹鉴廷三人为通邮谈判代表，以高宗武为主席。说明“目前上海邮政员工纠纷”，要求会谈日期“能缓二三星期更佳”。

△ 国民政府令免王仲廉陆军第八十九师副师长，提升王任该师师长。

△ 国民政府军事委员会训练总监部为统一全国军事训练，并提高军事教官才干，特在冀、皖、湘、鄂等八省成立国民军事训练委员会。是日，派定第一批军训教官52人分赴各地。

△ 财政部训令上海银行公会限制标金外汇买卖，取缔投机，规定上海金业交易所以现金割交，不得再用外汇结帐，一律以现金结价。次日，上海银行界和金业经纪人极为恐慌。10日，金业交易所停市，召开理事会商议对策。同时银行界及经纪人亦开紧急会议，推中央银行副总裁陈行为代表，请求财政部展期至12月，财政部未准。

9月9日 周浑元纵队奉命续攻蓝田圩，以第九十八师由墩丘东南进攻蓝田圩东北高地。红军陈树香第三十四师抵御，至午后4时退入蓝田圩，第九十八师占蓝田圩东北高地。后于11日又复攻占吴背东南红军阵地，从东北、西北两方直指蓝田圩。

△ 徐向前红四方面军王树声第三十一军进攻川军田颂尧部南江

河后方，预备队李炜如部闻风由恩阳河撤逃仪陇，田部刘汉雄之十余团在南江河被红军包围。

△ 南京《商业日报》创刊。日出两大张，为市商界人士创办，内容注重金融与经济消息。

△ 重庆《商务日报》因刊载撤换刘湘部属李圭如、张华封、杨国桢三旅长之消息，刘湘以“捏造事实、动摇军心”为词，令警备司令部派手枪连前往查封，并逮捕总编辑尹静夫。翌日，刘湘训令各报于每日夜8时将有关军事新闻送审，否则严惩。

9月10日 粤汉路北、中、南三段局长殷德洋、凌鸿勋、李仙根及铁道部代表夏光宇等在武昌举行第一届联席会议，决定设立粤汉路总局等案，夏等并向湖北省政府主席张群重提建筑武汉长江铁桥事，要求协助。13日闭幕。

△ 国联第十五届大会在日内瓦召开，中国代表郭泰祺等三人出席。国联行政院主席、捷克外长贝奈斯致开会词称：中日间局势、“满洲国”问题、日苏之紧张，三者均属非常严重之事实，国联会议实不容坐视。

△ 日本陆军省召开首脑会议，关东军参谋长西尾寿造在会上主张增兵东北，并提出请商定对苏之对策。

△ 英、美、法、德、苏等国驻沈阳领事馆分别发出通告，以日伪无力维持地方治安，劝告欧美侨民切勿前往郊外闲游，以免绑架。

△ 马兰峪办事处主任殷体新与日人山村、山原等会同调查“宫越事件”，查明确系被误杀。但日方仍不甘休，12日又由驻津日领唐山分领馆书记生山本顺三郎率日巡捕多人，前往玉田会同河北省保安队十余名于范家坞、林头村再次调查。

9月上旬 伪满成立奉天“和亲会”，以伪奉天第一军管区司令于芷山为会长，日人满良等为干事，进行所谓“日满军官亲善”。

△ 月初，陈济棠担心蒋介石一旦攻占苏区，将同他争夺赣南，从而危及自身在广东的统治，曾秘密派人向红军递交一份停战声明。随

后进行了历时一个月的谈判，至红军长征突围前夕始止。

9月11日 萧克、王震红军长征先遣队至毛田、大圳岩。一部在军团参谋长李达率领下在城步县贺家寨观音阁与湘军补充总队成铁侠部谭团及何平部发生两次战斗。

△ 月初，蒋介石电令薛岳速向古龙岗推进，配合第三路向驿前，第八纵队向兴国。是日，薛岳以梁华盛、欧震和唐云山三师之众进攻雄岭下，上午8时攻占之。红军孙超群、李于辉第二十三师集中兵力在雄岭洞、小松凹与梁部发生激战，梁部被击溃。17日，梁、唐两师协同进攻雄岭下北部高地，攻占中洲，进展缓慢。

△ 徐向前红四方面军余天云、李先念第三十军占领巴中。川军田颂尧部曾起戎旅，奉命由巴中县草帽山、两河口之线前往接防巴中。进至阴灵山，得知巴中、恩阳河已为红军所占，乃取道长池、木门向旺苍坝撤退，途中又与胡开莹旅会合。翌日，曾、胡两部在黄木垭为红军第三十军及第九十三师大队包围，经一昼夜激战，被歼1.4万余人。

△ 日使有吉明偕参赞有野谒汪精卫，要求在修改引水问题时，需事前征询日方意见。

△ 财政部规定是日起，外汇行市及标金行市改以中央银行挂牌之英国伦敦金块价为新标准，国际汇兑标价由汇丰银行转为中央银行挂牌。

△ 蒋介石电令上海市党部及政府，严禁工人罢工、怠工。并规定各厂工人除童工外，每日工作以10小时为标准。

9月12日 南昌行营下令何键西路军和黔军分别追堵红军长征先遣队，令何键督饬李觉率其第十九师及保安团、补充团等由城步向绥宁推进；西路军第十五、十六两师协同桂军第十五军由榨油坪向西尾追；王家烈派黔军于通道、黎平一带防堵。同日午后，李觉部及湖南保安旅由城步入绥宁，黔军周芳仁旅进至靖县，桂军第十五军和西路军第十五、十六两师分路向大寨及孟公坳追击，计划对红军进行围攻。翌日，红军避其主力，绕道绥宁以北进入绥宁、靖县中间地带寨牙，伏主力于绥宁北部山区。三路围攻计划落空。

△ 日使馆武官柴山会见河北省主席于学忠，就“迁安事件”及“宫越事件”提出口头抗议。声称“若不迅速以诚意解决”，“则中日两国间恐又将惹起重大之纠纷”，“绝不可以调查名目，而迁延解决日期”。

△ 天津鲜侨召开“华北朝鲜人代表会议”，天津日领事馆派员参加，决定组织临时委员会，就迁安朝鲜人事件采取措施：一、组织华北鲜人联合会；二、对福山寺全村华人处刑；三、搜查“被杀者”六人尸体；四、追悼及慰问遗族；五、取缔“暴民”，保护鲜侨。14日，驻津日代总领事田中向河北省府提出交涉，要求赔偿每人抚恤费2000元并惩办凶手，担保以后不再发生同类事件。

△ 日本外务大臣广田在枢密院会议上主张实行日苏直接交涉，用以打开日苏中东路买卖谈判僵局。翌日，苏方派出塞列布利可夫任中东路要职以示响应。23日，伪满外交大臣大桥忠一（日人）应广田之召回国进行中东路第三次售路谈判的准备。

9月13日 国民党中常会通过《九一八国难三周年纪念办法》：9月18日全国停止宴会娱乐，各地分别集会纪念，上午11时停止工作五分钟，起立默念誓雪国耻，对抗日死难将士及殉难同胞致哀。是日，国民政府训令直属各机关并转饬所属遵照。

△ 沈阳、长春、吉林、哈尔滨等地在伪满“中央民政部”通令下，是日举行“秋丁祀孔”典礼。并召开尊孔讲演大会，宣传孔孟之道和日本“王道”。

9月14日 寻淮洲、乐少华红军抗日先遣队由浙、赣、闽交界地二十八都、仙霞岭、石人殿进至江山县清胡镇及贺村，与浙江保安团激战后，冲破浙赣铁路攻入常山城，浙江保安处长俞济时率保安二团尾追，红军急由东门出城。翌日，王耀武旅李团由广丰向常山堵截（是月王部由临川开赴上饶，受赵观涛指挥，任追击任务）。16日，红军越十里山绕常山城，在常山城郊与王部李团接战数小时，再次攻入常山城。

△ 郭泰祺在第十五届国联大会演说，强调今日中国东北局势已

成世界之危机，中国决不承认伪“满洲国”，并吁请国联制裁日本侵略，终止军事占领。

△ 外交部就日本8月10日在横滨无理驱逐华侨事件，于是日及24日两度提出正式抗议。29日，日外务省正式复文，完全饰词置辩，抹煞事实。

△ 日本政府冈田内阁会议决定，将日本驻满机构改为“二位一体制”，即废除关东长官，在关东州设置敕任级知事；关东军司令官兼任驻满大使；关于外交事务，在外务大臣的命令监督下，设事务机构参事官；赋予驻满大使以行政监督权，但需受内阁总理大臣监督。同时，在内阁设对满事务局，其总裁由陆军大臣兼任，由有关各省的局长参加事务局的会议。将原有之“四头政治”统一于关东军。

△ 日承德特务机关长松室孝良，公然派飞机在张家口上空散发所谓“警告”的传单。内称：一、中日协定所定昌平、延庆之延长线（即龙关、张北以东地区），如有中国军队进入，那是明犯协定的行为；二、近来宋哲元军擅入该线以东区域内，毫不顾到协定的精神，望该军速撤回昌平、延庆、龙关、张北以西之线；三、如不撤退，日满军必取断然措置，以维持协定，不但要攻击该军，且要炸毁张垣（张家口）；四、由此发生事端，全由宋军负责。16日，北平军分会代委员长何应钦派殷同向日武官柴山提出质问，柴山答允致电劝阻，松室孝良才未再采取进一步的行动。

△ 前北京政府两湖巡阅使兼湖北省长王占元病死于天津。

9月15日 萧克、王震红军长征先遣队前锋红军第四十九团和五十一团各一部，在红六军团参谋长李达率领下进至贵州沿河县，在铅厂坝与红三军贺龙部会合。翌日，贺龙率红三军主力由水田坝出发，前往迎接红军长征先遣队大队。

△ 徐向前红四方面军第三十军于木门一带山区，围攻川军曾南甫部。经过四小时激战，全歼该部两个旅，毙旅长二人，团长四人，获轻重机枪十余挺，步枪6000余支。

△　国民政府命令由豫鄂皖三省“剿匪”总司令部直接指挥豫鄂皖边区军事，撤销原豫鄂皖边区“剿匪”总司令部，准免刘镇华总司令兼职。

△　河北省政府就日本驻津领事田中对“迁安事件”所提条件，表示允予斟酌办理。但日军及日鲜浪人仍于 18 日至 19 日前往迁安示威。

△　日军在张家口设武官室，派松井中佐任武官。

△　上海《西北问题季刊》创刊，主编郭维屏，为西北问题研究会之会刊，上海杂志公司发行。

9 月 16 日　萧克、王震红军长征先遣队由通道绥冲附近转入湘黔边牙屯堡、双江口、独坳坡向贵州前进。何键电令李觉迅率全部或大部部队绕道瓮洞、怀沅、三流至黔边，觅红军主力截击，勿使之向西北；令胡达率所部并指挥谢明强团于 18 日入广平，由广平、运口至锦屏截击。翌日，何键派员赴黔与黔方接洽湘军入黔事宜。

△　徐向前红四方面军何畏、詹才芳第九军一部再进仪陇县兴隆场、观紫场、三教寺地带，川军罗泽洲部从仪陇溃退。是日午，红军进占仪陇城。

△　上海《译文》月刊创刊，主编人黄源，内容专刊翻译作品和论文，介绍外国文学与艺术，供稿人有黎烈文、茅盾等。生活书店出版、发行。

9 月 17 日　鄂豫皖徐海东红二十五军在安徽霍山西部青台关东南方纸棚池地区，与第十一路军裴昌会师激战三小时。之后，红军接中共中央指示，火速率部进入鄂东转向西北进军。

△　博古致电共产国际，汇报红军突围的部署：“中央和革命军事委员会根据我们的总计划决定 10 月初集中主要力量在江西的西南部对广东的力量实施攻击战役。最终目的是向湖南南部和湘桂两省的边境地区撤退。全部准备工作将于 10 月 1 日前完成，我们的力量将在这之前转移并部署在计划实施战役的地方。”9 月 30 日，共产国际复电中共中央，表示：“我们同意你们将主力调往湖南的计划”。

△　徐向前红四方面军王树声第三十一军(缺第九十三师)经贵民关攻占南江城。川军邓锡侯部经三江坝败退旺苍坝。

△　国联选举行政院非常任理事,中国落选,失去原任非常任理事席位。

9月18日　全国举行“九一八”国难三周年纪念。国民党中央党部纪念会,陈立夫演讲,勉国人万勿自弃。南京各界千余人纪念,大会通电全国抵制仇货,提倡国货,誓死复仇雪耻,收复失地。全国各地举行纪念,停止娱乐,同申哀悼。

△　萧克、王震红军长征先遣队渡渠水,在某山口全歼李觉部手枪营;一部至湘边新厂山歼灭何平部追兵,一部抵贵州老锦屏与黔军周芳仁旅接战,又一部进至平茶、潭溪。李觉和廖磊督率大队湘、桂军继续尾追。次日,红军大队入平茶,向黎平推进。黔军周芳仁旅以其主力向黎平集中,周芳仁于马场坪指挥。

△　寻淮洲、乐少华红军抗日先遣队由常山北入开化县东南部芳村,浙江省主席鲁涤平命俞济时调兵入皖,分派教导团等经富阳入遂安补充当地团警兵力。次日,红军至白马、衍昌地带,击溃遂安县保安队。其后绕道越过天官山,进至遂安大小坞,向安徽石门、屯溪,遭空军连日轰炸,陈调元部由屯溪派队赶往龙游、遂安布防。

△　东北人民革命军第一军在沈海路附近关门山成立,并组设南满抗日联合军临时总司令部。杨靖宇任军长兼总司令,直辖教导团,以李红光任第一师师长,曹国安任第二师师长。人民革命军分别活动于临江、金川、濛江、抚松等地带。

△　东北抗日同盟军第四军成立,李延禄任军长。该部包括依兰、密山、饶河、勃利等部反日游击队。主要活动于松花江沿岸及临江地区20余县。

△　国民政府任命陈琪为陆军第八十师师长。

△　朝鲜革命军总司令梁瑞凤,在桓仁县小荒沟被日军通化守备队诱杀。

△　天津日总领事馆领事田中接江田大尉赴迁安调查报告，是日在津与日军司令部参谋浅口、日使馆武官柴山商讨对此事件的交涉步骤。当晚，柴山返平访殷汝耕，表示愿以私人资格折衷解决。双方商定由中国方面赔偿朝鲜人每一家属慰藉费 2000 元。26 日，由河北省政府派秘书陈东升将全部赔偿费送交日方，事件遂告了结。

9 月 19 日　徐向前红四方面军王树声、张广才第三十一军（缺第九十三师）攻占三江坝、旺苍坝，歼灭川军第一路军邓锡侯部周世英、陈泽两旅各一部。邓部经元坝子败往广元、昭化县境。

△　黄郛由南京乘机返回北平，下午在外交大楼对记者发表谈话。谓对战区问题决本既定方针着手整理。

△　日军百余人会同伪军李守信等 5000 余，在飞机四架配合下进攻热河省大黑山。义勇军刘振东部奋勇抵御，击毙日伪军 40 余人。

△　江南通讯社在安庆创立，主办人王笑秋。

△　香港永安银行开幕，资本定港币 1000 万元，国内入股 500 万元。郭乐为总监督。

9 月 20 日　蒋介石电促川军刘湘等各路对红军组织反攻。电中申斥各路“望风奔逃”，“争相推诿卸责”，不战而败。“今事势至此，自不应再持怨天尤人之故态”。要求“即日督励所部，一致反攻”，“否则中央唯有一律依法相绳”。

△　萧克、王震红军长征先遣队由平茶入黎平，前锋在中土桥与黔军毕骏团接战，一部在潭溪同周芳仁旅战斗；湘军何平、成铁侠两部紧追。红军后卫撤出新厂，然后回师击溃何平部追兵两团，斩断了湘军的尾追。

△　是日夜，方志敏新红十军一部，在江西婺源县太白以东新村黄坑分渡婺河，与陈调元部发生战斗。

△　长江下游治江委员会在镇江成立，聘英人米禄司为名誉顾问，推周尚书、萧开瀛、陈保初为常务委员。讨论治江计划、经费等项问题。

9 月中旬　西南政务会议决议，准夏威升第十五军军长，夏奉命在桂林设军部，指挥所部阻截红军长征先遣队。

△ 伪满设立“南满工业会”，由奉天、安东、鞍山、抚顺、本溪湖、长春等地200余工业团体与日本工业俱乐部、朝鲜工业会等联合组成。

△ 上海《太白》半月刊创刊。主编陈望道，编辑艾寒松、郑振铎、朱自清、黎烈文、徐懋庸、郁达夫、叶绍钧、曹聚仁、傅东华、徐调孚等。该刊提倡小品文，称为专登简明文字的语言艺术杂志。生活书店发行。

△ 《漫画生活月刊》在上海创刊，上海美术生活杂志社出版，由丰子恺、徐悲鸿等作画，茅盾、巴金等撰文。

9月21日 中共中央革命军事委员会决定，将红军第二十一和二十三两师合编成第八军团，以周昆任军团长，黄甦任政治委员。

△ 土地委员会公告将实行二五减租，并函托地政学院进行调查，以推行其土地政策。是日，在南京举办土地委员会专区调查员讲习会，培训工作人员。

△ 国民政府任命马衡为北平故宫博物院院长。同日，立法院通过《修正国立北平故宫博物院暂行组织条例草案》，凡18条，10月2日公布，于理事会外，增设监事会。

△ 王揖唐秘密至沪，访晤日本朝鲜银行总裁加藤敬之郎，商谈复活汇业银行问题。

9月22日 周浑元纵队以萧致平师任主攻，万耀煌师为辅攻，进攻蓝田圩。红军陈树香第三十四师及陈光、刘亚楼第二师顽强抵抗。经过激战，周部萧师攻占蓝田圩、象形山、新田之线。次日，红军一部由长汀增援，反击未成。

△ 薛岳部进攻雄下岭红军，以韩汉英师为中央队攻占雄下岭东侧。翌日以右翼队唐云山师攻占雄下岭西南，左翼队欧震师攻占外寮，并筑堡续向古龙冈推进。

△ 萧克、王震红军长征先遣队一部，由平茶经新寨、鱼山西进；一部在锦屏以北于瑶光、南嘉堡之南加山渡清水河。王家烈率部四个团开往黔东，其王团由天柱开瓦寨；李觉督率胡达等部八个团抵锦屏，分

两路尾追；桂军廖部由湖南靖县入黔。分途堵截红军。

△ 赵观涛、蒋志英下令江山、常山、开化、衢县、遂安等地驻军于晨起对红军发起围攻。寻淮洲红军抗日先遣队是日夜由遂安地区西进，越黄坛岭、藩洪岭冲出铜山口。翌日进至茅坪、云林及鲁村休整。

△ 徐向前红四方面军乘胜向嘉陵江追击，川军田颂尧等弃守苍溪、阆中，余天云、李先念红三十军、九十三师等部占领苍溪，何畏、詹才芳红九军一部占领阆中。至此北起广元，南至阆中之嘉陵江东岸均为红军所占，取得了反川军六路围攻的胜利。

△ 刘湘离开江返回重庆，行前布置前方军事，将其所部基干编成三个纵队，以王缵绪为第一纵队司令兼第五路军副总指挥，巩固南江防线；许绍宗为第二纵队司令，反攻恩阳河；范绍增为第三纵队司令仍兼第三路军副总指挥；张本初为右翼指挥，负责驻守顶山场、坦溪。又调川南、川东 35 县民团集结下川东，由王缵绪负责指挥，并下令对徐向前红四方面军进行反击。又命唐式遵部越嘉陵江进驻二道河；以李家钰和杨森部向双龙场、天马场推进；派范绍增部分三路进攻凤凰山、东岳庙。计划于 24 日开始反攻。

△ 日本与法国共同组设对满事业公司正式成立。

9 月 23 日 外交部通过驻美公使施肇基就白银问题照会美国政府。指出因美国实施白银购买法，以致银价高涨，中国白银大量外流。若银价再行高涨，则中国将受极大之损害。希望美国政府不取可使中国白银再有流出之行动，并与中国合作，依照伦敦白银协议之原意，阻止银价高涨而维持平衡。

△ 东北反日游击队哈东支队，在赵尚志率领下一举攻克哈东重镇五常堡。

9 月 24 日 萧克、王震红军长征先遣队越过清水河，北入锦屏、剑河间孟有、王村、王桥及大小广地带；一部北攻瓦寨、三穗。湘军成铁侠、桂军覃联芳夹击红军，在大小广、孟有、王村展开激战。红军突围，转入王桥高山。次日，红军折向南入八卦河，至剑河元斗午。湘军第五十五旅与桂军周师追抵八卦河，与红军激战。

△ 寻淮洲、乐少华红军抗日先遣队在鲁村等地北入鲍家村一带。在鲍家村附近伏击王耀武部及浙江保安第三团，激战后对峙于宏山岗。翌日，红军越大连岭入安徽屯溪。安徽省主席刘镇华向蒋介石表示，决率所部第十一路军六个团堵击。蒋即分令驻皖赣浙边区各部统归刘指挥。刘奉命后在屯溪设行署指挥"围剿"。

△ 行政院指令外交部于2月下旬筹设中国驻苏新西北利亚总领事馆。7月11日，外交部令派李芳为总领事并负责筹办。是日该总领事馆正式成立。

△ 中国红十字会在上海召开首次全国代表大会，参加者159人，28日闭幕。10月1日，召开第一次监、理事会，举蒋介石为名誉会长，王正廷为会长，史量才、刘鸿生为副会长，王一亭、闻兰亭、林康侯、杜月笙、王晓籁为常务理事，钱新之、黄墨之、陆伯鸿为常务监事。

△ 安钦呼图克图册封典礼在南京举行，由林森授予安钦多杰"全将普静法师"名号。

△ 中国国语罗马字促进会在郑州召开第一次全国代表大会。该会为陇海路总务处副处长黄学周发起，各省出席会议代表70余人，大会主席黎锦熙。大会宣言主张实行罗马拼音字母，改革汉字，以普及文化教育，普及国语，统一国语，26日闭幕。

9月25日 第三路军副总指挥罗卓英下达进攻小松市红军之命令：于26日以主力向陈古岭以西发动攻击，尔后迂回陈古岭逐次攻占小松市；第三纵队于26日由钟子寨以北进攻钟子寨，占领后以主力左旋进入钟子寨东南，掩护第十纵队右侧并适时策应；第十纵队于26日分两路攻取中华山及其西侧，占领后以主力左旋，侧击并攻占黄泥寨；第六师以一部向陈古岭及其东部佯攻，集结主力于虎形山附近，配合第十纵队相机进占陈古岭；以第十四师于驿前、南岭脑一带为预备队；卜福斯山炮营进入陈古岭以北安子塘阵地，于26日向中华山、黄泥寨及钟子寨、陈古岭等地射击；航空从于26日飞临驿前上空助战，掩护各部攻击。

△ 蒋鼎文下令进攻长汀，命第四纵队攻占温坊以南红军主阵后攻长汀；令第三师李玉堂（欠第八旅）及第十师李默庵之一部完成温坊南北碉堡，交由李玉堂师守备；命第三十六师宋希濂部由新泉集结朋口；第九师李延年部和李默庵部，由洋屋推进至朋口附近；定26日拂晓以弧形阵式围攻，由李延年师攻温坊以西，并以李默庵和宋希濂两部集温坊附近与李延年部阵地衔接；27日主攻白衣洋岭；并以卜炮营和飞机协同作战。

△ 胡汉民、陈济棠等齐电发出后，国民党中央未予理睬。是日，胡等29人再发有（25日）电质问国民党中央，并提出二事要求采纳。即：一、履行本党"人民有言论、出版自由"之政纲；二、履行本党民主集权制度，"予中央委员及海内外各级党部党员对于党务、政治、军事、外交应有充分建议、讨论及批评之完全自由"。

9月26日 红军彭德怀、杨尚昆第三军团及彭绍辉、萧华第十五师踞守中华山、黄泥寨、钟子寨、陈古岭和仙人嵊，以保卫石城，罗卓英、汤恩伯、樊崧甫等三个纵队向小松市发动进攻。罗卓英进驻驿前指挥，由汤恩伯部分两路进攻中华山、小排岭，以樊崧甫纵队进攻钟子寨，并以周磊师协同孙元良师攻击黄泥寨、陈古岭。次日，汤、樊两纵队续攻大排岭、牛角山和源远寨。红军利用堡垒顽强反击，两天战斗歼其千人，但红军牺牲亦大。汤部占中华山、黄泥寨、大小排岭及牛角山。

△ 李延年师在炮空协助下向温坊西部红军发动进攻，进占大头坑岭、白石脑、龙胸岭等地。次日，改以宋希濂师为主力进攻白衣洋岭东南，李延年师一部于白石脑附近助攻，李默庵师一部佯攻金华山。红军罗炳辉、何长工第九军团周建屏第二十四师集中2000余人向宋部左翼猛烈出击，突破其阵线，宋希濂被击伤。28日，又改以李默庵师接替主攻。红军在李部猛烈炮火和飞机轰炸下，牺牲甚大，乃退至中屋村。李部等进占上古楼岭、白衣洋岭、猪鬃岭阵地。

△ 萧克、王震红军长征先遣队入剑河巴野、梁上、元斗五。湘、桂军由大小广围攻剑河窝之元斗五；桂军廖磊部王、张两团向八封河尾追。

△ 国民政府令准免卢兴邦陆军第五十二师师长；派郑天锡为“首都”承审员临时考试典试委员长。

△ 汪精卫（兼外长）与意大利驻华公使鲍斯卡里交换正式文件，确定中意两国公使馆互升为大使馆。28 日，中意双方分别在南京、罗马同时宣布：中方由原驻意公使刘文岛升任大使，意方由原驻华公使鲍斯卡里升任大使。

△ 全国经济委员会举行常会，讨论统一水利机关及开发西北等案。29 日，公布该组织条例，决定以孔祥熙任主任委员，孔祥榕、李仪祉为常委，陈果夫、黄绍竑、王正廷、朱家骅等十余人为委员。

△ 日建成奉天、长春间铁路复线，是日通车。

△ 上海《世界知识》半月刊创刊，主编毕云程，生活书店发行。为一国际政治、经济、文化的知识性刊物。聘请戈公振、艾寒松、胡愈之、沈志远、周宪文、金仲华等为特约撰稿人。

9 月 27 日 贵州犹国才通电，谓已电各军决与王家烈合作反共。10 月 1 日，犹由兴义县黄洲坝启程入省，与王面商防务。

△ 浙赣铁路联合公司与玉萍铁路借款银团商订借款合同签字，共借款 1600 万元。

9 月 28 日 薛岳部续分三路进攻红军，以唐云山师为中路攻禾岗嵊，以韩汉英师任左翼攻大排嶂，以梁华盛部任右翼攻大平山。是日，薛部分别攻占大湖、大排障、禾岗嵊、石井坑及大平山，红军周昆第二十二师、黄甦第二十一师、孙超群、李于辉第二十三师等退古龙岗以北天子嵊、镇寇塔及胡家虾以东，并扼守古龙岗门户天子嵊。

△ 第六十七师傅仲芳部在卜福斯山炮配合下向红军进攻，占领桐岗。翌日赶筑桐岗附近堡垒，向小松市推进。

△ 萧克、王震红军长征先遣队避湘桂军主力，潜入岭松、施洞口，向黄平推进。次日，李觉由达顺洞、塘洞之线调兵一部往三穗、镇远，谭联芳部尾追，廖磊部推进瓦寨，分路包围红军。

△ 红军贺龙部集全力由火烧场攻入木黄附近夕阳坝，欲与萧克

红军长征先遣队主力会合。黔军李成章率五个团堵截，在印江县木旺与红军发生战斗，至夜后红军撤入平洞口、红石板。

△ 川军各路军代表联袂抵渝，请求刘湘复职。是日，蒋介石再电刘湘，令即日遵命复职，刘湘暂时未允。

△ 日方谈判通邮首席委员藤原与华方首席委员高宗武在北平殷同寓所正式会晤，藤原提出所谓“关于满华间通信办法之暂行协定”案，范围包括航空、电话、电报等项，俨然以伪满为“独立国”，为高宗武拒绝。日方以中方态度坚定，始同意两项原则：一、根据过去的事例与精神，在不涉及承认“满洲国”的原则下，专谈通邮上的技术问题；二、双方完全以诚意为基础，不为成文之规定。

9 月 29 日 中共中央政治局委员、中华苏维埃政府主席张闻天为《红色中华》报撰写的社论《一切为了保卫苏维埃》于是日发表。该社论发出了中央苏区红一方面军突围西征实行战略大转移的动员令。社论指出：“为了保卫苏区，粉碎五次‘围剿’，我们有时在敌人优势兵力的压迫之下，不能不暂时的放弃某些苏区与城市，缩短战线，集结力量，求得战术上的优势，以争取决战的胜利。”

△ 寻淮洲红军抗日先遣队一部由安徽屯溪南部隆坳，经石门、接竹营返回浙江开化县马金岭、左溪、十九都、九埠、大龙山一带。赵观涛、俞济时派兵堵击，在马金岭与红军发生战斗。

△ 李延年、李默庵攻占中屋村西部高地。中央红军退集兴国。

△ 日关东军代表藤原保明与中国代表高宗武在北平正式举行通邮谈判，双方除正式谈判代表外，中方殷同、李择一，日方仪我、柴山均与会。就关于邮票、交换邮件、日戳、邮件种类等项进行激烈争论。日方要求使用伪满邮票，坚持由伪满直接交换邮件，中国方面表示反对意见。双方差距悬殊，谈判遂告暂停。

△ 据天津《大公报》济南电，黄河在山东刘家屋子泛滥，改道经东南 30 里治涸沟（小清河海口 20 里）入海（按：原由利津县潭家屋子东北 40 里入海）。次日，故道水势猛涨，入徐州之北关、东关及附郭，沿岸均

成泽国。

△ 前北京政府安徽督军马联甲病死于安徽东流四区马坊村。

9月30日 红军林彪、聂荣臻第一军团及董振堂、李卓然第五军团踞守高兴圩。陈诚部赶筑蓝田圩公路堡垒推进，派周浑元纵队万耀煌师任主攻，以郭思演和肖致平师任侧击，在炮空协助下攻占狮子坳、竹篙山等高地。红军撤往高兴圩南部，周部万师攻占高兴圩，进逼兴国。

△ 第六十七师傅仲芳部占领桐岗后，续向小松市推进，是日上午7时攻占小松市。红军彭德怀、杨尚昆第三军团及彭绍辉、萧华第十五师转入石城及其北部际脑、月光寨、鹅颈坳、石榴花寨、太平寨、丈夫嶂等阵地。第三路军宣告其第二期进攻石城之计划完成。

△ 萧克、王震红军长征先遣队分别进入剑河北部山区瓮溪陇、黄坳一带。桂军覃联芳、湘军成铁侠两部紧紧尾追，胡达部至镇远防堵。

△ 全国经济委员会公布《西北畜牧计划》。

9月下旬 中共南满特委派出巡视员前往盘石县委，传达组织东北抗日联军的指示：抗日联军由东北抗日救国人民革命政府领导；各军总司令、军长、政委由人民革命政府任命；坚持抗日反满，收复东北失地，拥护中华祖国，没收日寇及其走狗的财产，联合民众抗日救中国。

△ 李宗仁决定在桂湘边筑三条碉堡线：一、自黄沙河迄桂林之边界线；二、自黄沙河文市迄富贺重要市镇线；三、沿湘桂江西岸线。另于附近湘、黔各要点，筑设重层碉堡林，调第十五军夏威部于10月下旬进驻全州、灌阳、恭城之线。

是月 《申报月刊》第三卷第九号《一月来之中国》一栏指出：最近日本欲吞东蒙之野心勃勃，“派日本僧人四人由东京出发赴百灵庙，以研究黄教为名，拟晋谒德王作初步之联络工作，并向德王建议内蒙可派喇嘛四人至六人留学日本，所有学费川资概由日人担任，现内蒙在热河省辖之昭乌达盟八部十一旗，卓索图盟二部五旗已为日人所占领，察哈尔省辖之锡林郭勒盟五部十旗，察哈尔部八旗，达里冈崖牧场及绥远省辖之乌兰察布盟四部六旗，伊克昭盟一部四旗，土默特部一旗久为日人所垂涎”。近日人侧重经济政策，其初步之步骤，以宗教为联络工具，将来再以商业之联络，逐步西进。

△ 盛世才吸收各族首领组设“新疆民众联合会”，以协助省政府在各地推行其政策，调解民族纠纷，于各地区、县设分会。

△ 新疆省银行成立。资本官股 900 万元，商股 580 万元，以苏上达任行长(后为徐伯达)。于迪化设总行，伊犁、塔城、绥来、奇台、哈密、吐鲁蕃、乌苏、阿山、焉耆、库车、阿克苏、乌什、喀什等地设分行。

△ 拉萨电台建成，电力 100 瓦特，开始与康定、甘孜两台直接通报。

△ 广西《桂林日报》创刊，主办人李景周。

△ 《地理学报》季刊在南京创刊，中国地理学会编辑，南京钟山书局发行。创刊号首篇有竺可桢著《东南季风与中国之雨量》，对中国气候作出新解释。

10 月

10 月 1 日 中央红军李聚奎第一、陈光第二、陈伯钧第十三等师由石城县属竹篙山、殷富、松山圩反攻高兴圩谢溥福师，万耀煌和唐云山两师分由高兴圩、老圩附近增援。红军反攻未成，松山圩及其东部高地失守。

△ 李觉、廖磊在镇远开会，决定湘、桂两军直入石阡防堵红军萧克、王震长征先遣队返回，派胡达旅为前卫，李觉、廖磊率部相继跟进。同日，萧克、王震红军长征先遣队由雍谷陇、螃蟹、黄坳、施洞口向西北猛攻施秉、黄平大道。王家烈往黄平督战，急调龙质彬、江荣华两团迎击，并令王天锡率李维亚、刘鹤鸣两团从施秉配合。红军与黔军激战一昼夜后，攻占地主武装盘据的黄平城。次日，红军续进老黄平(旧州)。

△ 国民党中央宣传委员会宣布，决定从是日起实行所谓“统治言

论之合理化政策”。规定“凡在××(地名)印行之日报、晚报、小报、通讯社稿及增刊、特刊、号外等,均须于发行前将全部新闻,一次或分次送新闻检查所检查”。是日起,平、津及各地报刊遵令执行。国民党当局压制言论自由的行径,激起全国新闻界的强烈反对,平、津、沪等地各报,纷纷向国民党当局要求开放言论自由。

△ 盘石日本宪兵队与领事馆警察组成48人的敢死马队,由盘石出发前往东北人民革命军所在地三明砬、大安屯及草庙子地区“围剿”。

△ 黄慕松在拉萨举行达赖十三世致祭典礼,并代表国民政府追封达赖十三世为“护国弘化普慈圆觉大师”。

△ 江苏省政府为导淮入海及减轻江北水患,在淮阴设立导淮入海工程处。3日,通告泗阳、淮阴等12县予以协助。

△ 江苏崇明富安纱厂开幕,资本额50万元,拥有纱锭1.08万枚。

△ 上海《世界文学》月刊创刊,主编伍蠡甫、孙寒冰,上海黎明书局出版。

10月2日 第三路军电令各部于3日开始向石城推进,进行其第三期作战计划:以第十纵队附卜福斯山炮营集结桐岗、小松市间,向际脑、石榴花寨高地攻击前进,占领后三日内完成小松市、际脑地区碉堡封锁线;着第十四师推进江东坳一带准备策应;由第七十九师推进小松市附近接替汤纵队及霍师所守碉堡。翌日,第八十八师进攻石榴花寨,9时许攻占石榴花寨、升平寨及聂岗,续向鹅颈坳攻击。红军由石城增援固守石城北部门户,汤恩伯部集中火力猛袭鹅颈坳,红军阵地大部被夷为平地。11时前后,汤部占鹅颈坳、月光寨、火焰寨及际脑。石城北部门户洞开,红军曹德清第六师等部退石城。4日,第四师又占石城东北坝口,第八十八师占北部长乐。罗卓英令各师协力续攻石城。

△ 铁道部聘夏光宇筹建武汉长江大桥,并定12月中旬在广州会同粤汉铁路南段各管理局开联席会议,商定进行办法及经费筹措。

△ 伪满与日本议定邮政条约,内容规定:一、划一邮费;二、整顿

伪满邮局;三、废止二重设施(即邮件之转递);四、直接邮递包裹、小汇兑、普通汇兑及电信汇兑;五、废止“满铁”沿线与日“满”交换之邮局;六、邮票通用。

△ 日本外务省命在吉林绥芬河设立领事馆,任命前通化分馆副领事兴津良郎任领事。

10月3日 中华苏维埃共和国临时中央政府和中国共产党中央委员会发表《为发展群众性的游击战争告全苏区民众书》,号召全苏区人民联合起来,“最广泛的发展游击战争,以武装自卫扰乱和牵制敌人,以帮助和配合主力作战”。准备红军主力突围。

△ 李延年部进攻连城西南白衣洋岭,猛袭南山坝第四线,罗炳辉、何长工红九军团及周建屏第二十四师与之激战。翌日,李师由中屋村西部攻占南山坝,红军退守河田,顾祝同、蒋鼎文于龙岩督攻长汀。

△ 萧克、王震红军长征先遣队大部入瓮安县梭洞、猴场和老坟嘴,一部至余庆。黔军王天锡部追抵老黄平。次日,红军在孙家、袁家、箐口各渡口抢渡乌江未成。5日,红军沿乌江入龙溪、河坝场,折回余庆。

△ 寻淮洲、乐少华红军抗日先遣队进至开化之十九都、上桥庄,与浙江保安团队发生战斗。翌日,由左溪、枫岭过白沙关、石人殿,入德兴县重溪。新红十军方志敏等由德兴至重溪与寻淮洲等会晤,根据中共中革军委命令商议两军合组红十军团问题。会晤后,方率红二十、二十一两师,寻率红二十九师,先后分别由德兴、重溪向皖浙赣边区进发。

△ 司法行政部部长罗文幹呈请辞职。翌日,国民党中政会决议,将司法行政部改属司法院。4日,该部次长郑天锡、石志泉同时呈请辞职。17日,中政会决定以居正兼司法行政部部长,谢冠生任次长。20日,国民政府明令公布。

△ 第九届远东热带国际医学会在南京开幕,到会代表澳大利亚、印度、中国、越南、檀香山、香港、日本、澳门、马来亚、菲律宾、暹罗、海峡殖民地和美国等14个单位,共326人。孔祥熙、黄绍竑为大会正、副会

长，聘伍连德、牛惠生、褚民谊等任名誉顾问。会议由卫生署长刘瑞恒代会长，宣读论文203篇，并对防止远东霍乱、鼠疫、疟疾等流行病作了重要决议。

10月4日 蒋介石偕杨永泰、晏道刚等由庐山出发，前往武汉、北平、察哈尔、归绥、太原、西安等地视察。

△ 通邮会谈在北平继续进行，日方声称接到训令，必须承认伪满邮政厅，邮票须有“满洲邮政厅”字样，邮戳须用伪满现用者，入关普通邮件邮费只定三分等条件。中方表示另制表示邮资已付之印花，专为贴入关邮费之用；使用邮政封锁前所用之外文邮戳，并用公历，地名用长春，不得用“新京”；入关邮件照关内邮资；不直接交换邮件，而用第三者。彼此意见相距仍大，后决定中日各携对方条件请示后约期会商。高宗武向黄郛报告会谈经过，并电交通部请示行止。次日得朱家骅复电回京商酌。6日，高等返回南京。

△ 国民党中央常务委员会通过修理孔子陵庙办法，规定除由当局拨款外，另由全国各校毕业生之证书附收捐税，大学及相等之学校毕业证书征一元，高中及相等之学校征四角，初中及相等之学校征二角，高小征一角，初小征五分。

△ 国民党西南执行部通过撤销由军、政、党、警等机关所组织的新闻检查所，于次日另设一言论研究会。9日又通过设立出版物审查委员会。10日，西南政务委员会明令撤销新闻检查所。

△ 江苏连云港工程竣工，是日举行处女靠船典礼，开始停泊轮船。

10月5日 林彪、聂荣臻红一军团，彭德怀、杨尚昆红三军团开始撤出石城，集结平山、固原、长胜圩及黄石贯地区休整。

△ 蒋介石乘“永绥”舰抵汉，召见有关军事将领，询问豫、鄂、皖边区“剿共”军事情况。翌日召集张学良等会商豫、鄂、皖三省边区反共军事。8日，蒋在武昌总部扩大纪念周上训话，强调“欲强，教民死；欲富，教民劳，何事不成”，直视人民为强化其法西斯统治的工具。当晚又电

令鄂、豫、皖、湘、赣、苏、浙、闽、陕、甘10省实行《民众应服工役办法》。

△ 中山县警察以索饷为由发动兵变，围困县长唐绍仪和县卫兵处长林警魂，唐急电陈济棠派兵保护。翌日，陈济棠派罗策群团前往中山。中山县党部、县参议会推举朱卓文任临时县长。

△ 伪满举行祀孔大典，由孔学会筹备会会长郑孝胥主祭（周永谟代），并开讲演大会宣传孔孟之道。

10月6日 中共代表和陈济棠代表在江西寻邬会谈，数日后达成协议五项，即：就地停战、互通情报、解除封锁、互相通商、必要时可互相借道。其中借道一条规定，陈部后撤20公里让红军通过，红军得事先告知陈所经过要点，并保证不进入广东腹地。这一协议为红军顺利突围转移准备了有利条件。

△ 第十一师黄维部、第十四师霍揆彰部由李塔石进攻石城，林彪、彭德怀红一、三军团全部撤至长胜圩、瑞林寨和曲阳，黄、霍两部与第六师侦察队进占石城。翌日，第三路军副总指挥罗卓英进驻石城，派第六师师长周嵒为石城城防司令。

△ 东路军李延年纵队占领河田，进逼长汀。

△ 红三军贺龙、关向应部由秀山隘口再入黔东北之松桃。川军田冠五部往秀山，陈万仞师往龙潭分别防堵。

△ 行政院驻平政务整理委员会在北平举行第五次全体大会。到会委员17人，华北五省主席及平、津两市市长均出席，黄郛主席。会议讨论通过：一、设立战区整理委员会整理战区问题；二、设立地方行政人员训练所；三、召开华北建设讨论会，商议华北建设；四、设立农村指导员训练所等案。

△ 国民政府任命陈果夫兼江苏省保安司令，鲁涤平兼浙江省保安司令；刘峙兼河南省保安司令，张群兼湖北省保安司令，刘镇华兼安徽省保安司令，熊式辉兼江西省保安司令，陈仪兼福建省保安司令，何键兼湖南省保安司令。

10月7日 薛岳以欧震师为中路，以梁华盛师附炮兵三个连为右翼，以韩汉英师附卜福斯野炮四门为左翼，以唐云山为预备队，向红军周昆第二十二、黄甦第二十一、孙超群、李于辉第二十三等师阵地天子嵊、镇寇塔、胡家虾发动三路进攻。是日，薛部在空军大炮掩护下攻占天子嵊、镇寇塔和青山，红军分入青塘山、古龙冈。次日，薛部赶筑风车坳至禾岗嵊间碉堡封锁线，准备夺取古龙冈。

△ 中国工农红军中央革命军事委员会陆续命令周建屏红二十四师及地方部队接替红军主力防务。是日起，红军林彪、彭德怀、董振堂、周昆、罗炳辉第一、三、五、八、九各军团先后奉命向兴国、雩都、会昌地区集中，准备突围西征。

△ 蒋介石指示杨虎城等"川陕鄂会剿"，决定派陕军分三路入广元、南江、城口援川。并派上官云相由河南率兵两师进入川东奉节、万县等地带。

△ 日关东军广濑师团以大队飞机配合，向东满、南满、哈东、吉东地区东北人民革命军赵尚志、谢文东、吴义成等部发动第二期大"扫荡"。命斋藤部入安东，安井和三部迂回滨江，吉本部攻密山，田村部围依兰，在辑安、濛江、长白、临江等地区发动大规模进剿。下旬，人民革命军避开敌军，迂回转战，伺机游击日伪军。

△ 边事研究会在南京成立，举朱霁青、冷融、白云梯、赵正廉、唐柯三等为常务理事，诚允、周馥昌、彭丰根等15人为理事，周涂等七人为监事。并通过边事研究会总章，决定于12月1日创刊《边事研究》月刊。

10月8日 萧克、王震红军长征先遣队由乌溪返回走马坪等地，在甘溪大地方与桂军周祖晃部接战，李觉部追往走马坪、廖家屯，红军损失甚大。翌日，红军入营盘山，在路濑突破廖磊部重围，经白垛、大庆北进石阡。

△ 薛岳部各师在风车坳—天子嵊—卢坑—禾岗嵊之线筑成碉楼24座。次日，唐云山、梁华盛两师在欧震师及炮兵队掩护下，沿风车坳—古龙岗线逐步向南伸延筑堡。唐师在古龙岗附近与红军发生激战。

△　罗炳辉、何长工红九军团撤出长汀西移。次日长汀苏维埃各机关迁往瑞金。

△　蒋介石为通邮事致电黄郛称："邮票及邮戳均有争持之必要，否则不承认伪组织即等于空言，现正磋商者为交换局及邮资问题，似不妨稍示让步，以为票戳之交换。"11 日黄将此电内容转告汪精卫征询意见，要求汪与交通部长朱家骅详商后复。汪当日电复："弟等所见与蒋先生均同，邮票、邮戳实不能让步，已面告高宗武诸君。"

△　伪满与日本在热河省喀喇左、右沁旗等 14 蒙旗，发起成立"蒙旗产业会"。以吴恩和为理事长，以"日蒙实业公司"为代行实施机关，于奉天设本店，并于赤峰、北票设支店，喀喇沁、翁牛特、敖汉、祭曼等左右八旗设事务所。

△　河北大名长芦盐务税警前往该县赵古村强制平毁私盐田，当地盐民反对，遂起冲突，税警开枪击毙 18 人，伤 20 余人，酿成血案。中旬，当局出面"调查"，竟认定警方为"正当防御"，仅允对死伤者抚恤了事。下旬，大名各界表示不受调处，派代表前往天津请愿，要求惩凶抚恤。长芦盐运使答允惩办肇事的副区长，并给伤亡者抚恤 3000 元，此案始结。

10 月 9 日　蒋介石在张学良、刘峙等陪同下离开武汉北上，前往豫、陕、甘、宁各省视察。翌日，蒋等经郑州抵洛阳，主持洛阳军分校开学典礼。何应钦亦由平抵洛晤蒋。

△　寻淮洲、乐少华抗日先遣队由祁门查湾折回江西浮梁县流口、新桥，李松山第五十五师追至，与之发生战斗。翌日，红军一部至天目山东南鲍家村，在钩金山、送嫁岭与伍诚仁第四十九师发生激战。嗣后，红军转入储田桥。

△　川军陈万仞得悉红三军贺龙部将至印江、松桃间追击黔军，并已占领沿河，遂命达凤岗旅赶至沙子场。13 日，达旅在沙子场与红军冉少清等部接战，红军主动撤退。

△　伪满奉天公署通令各县筹办各村连庄会，严密各村伪政权组

织，以破坏抗日爱国组织及其活动。

△　英国“产业视察团”班毕一行至奉天。翌日抵长春，遍访伪满首脑，商洽向东北投资，公开发表对“满”经济投资声明。19日，转往日本。

△　国民政府任命陈公博兼实业部中央农业实验所所长，免去谭熙鸿兼所长职；准免彭位仁陆军第十六师师长职；派杨梦周为新疆省焉耆区行政长。

△　成都《明是日报》被警备司令部查封。

10月10日　晚，中共中央和中央革命军事委员会从江西瑞金出发，率红一、红三、红五、红八、红九军团及中央、军委机关和直属部队共8.6万人，撤离中央苏区，向雩都集中，实行战略转移，踏上向西突围的征途，这便是后来被称之为红军长征的开始。

△　中共中央决定成立党中央分局和苏维埃政府中央办事处，以项英为党中央分局书记，陈毅为中央办事处主任，坚持中央苏区斗争。22日，又宣布成立中央军区，由项英任司令员兼政治委员，划定瑞金、会昌、雩都、宁都之间的三角地带为基本游击区，率红军第二十四师、独立三团、第十一团、第七团及赣南军区杨（殷）、赣（州）军分区的红军，共兵力三四万人坚持游击战争，保卫苏区，保卫土地革命成果。

△　第六路军总指挥薛岳、副总指挥吴奇伟分别指挥所部第九十、九十二、九十三、五十九等师，在飞机、炮火配合下分左右两翼进攻古龙岗。红军周昆第八军团主力从古龙岗撤出，退往宁都准备突围西征。是日，薛岳部第五十九师进占古龙岗。

△　周浑元命令以第十三师万耀煌、第九十六师萧致平、九十九师郭思演等任第一线，以第九十八师夏楚中部一旅及第五师谢溥福为预备队，在炮、空掩护下进攻兴国。翌日，周浑元亲自指挥各师进攻，红军陈伯钧第十三师等部利用纵深堡垒及工事节节抵抗，周部进展困难，相持至14日，始进占兴国北部文陂、西部荷岭，12时许又占城北佛子山高地，继而跟踪追入兴国。红军由东南退出兴国，撤往龙岗头及宁都，

万耀煌等部14日进占兴国。

△ 中山模范县县长唐绍仪将中山县政务全部移交罗策群，由“执信”舰护送至广州。15日，唐由广州乘轮去香港。

△ 日关东军为配合对抗日义勇军的军事进攻，特派出第三次“宣抚班”前往东边道各地，以第一班往临江、辑安、长白；第二班往兴京、桓仁、通化；第三班往西安、清源、东丰。29日返奉。

△ 伪满于3日召开国务会议，通过将东北四省划成10省之决议。是日正式公布所谓《新省公署官制》，凡21条，规定除前旧兴安屯垦区改组为兴安省（分成东、西、南、北四分省）外，将东北划为奉天、安东、间岛、吉林、滨江、龙江、三江、黑河、锦州、热河10省，定12月1日起施行。

△ 湘赣公路长沙至南昌线公路通车。

△ 世界图书馆展览会在沪开幕，由中国国际图书馆主办，参加陈列者有英、美、法、德、意等16国、66个图书馆，16日闭幕。11月1日又在北平展出，7日结束。为国内图书界的创举。

△ 上海《申时电讯社》主编之《报学季刊》是日出版。内容包括专著、讨论、调查、统计、史料，以及对中外新闻理论和技术的介绍。是研究中国新闻报刊史的重要资料。

△ 北平文艺创作期刊《水星月刊》创刊，编辑人巴金、沈从文、郑振铎、李健吾、章靳以、卞之琳。

△ 《中国农村》月刊在上海创刊，中国农村经济研究会主编，宗旨是“为全民族独立、全世界和平，而从事中国农村经济的研究”。撰稿人有孙晓村、薛暮桥、钱俊瑞等。

△ 上海《文化建设》月刊创刊，中国文化建设协会主办。该刊为国民党CC派所创办，鼓吹封建复古文化，以反共为主要任务的反动刊物。陈立夫在创刊号发表《中国文化建设论》一文。

10月上旬 汉奸戚文平在热河凌源、青龙地带组织伪“东亚同盟军”，声称将入滦东活动。

10 月 11 日 萧克、王震红军长征先遣队潜入石阡、余庆间马溪深山，次日再至走马坪、马伏堰，一部入紫金关往老木山。湘、桂军追抵大塘，黔军王天锡率两团追向石阡青梅拱，陈世道率一团向走马坪堵击，王家烈亲率一团于余庆策应。

△ 第一次全国慈幼领袖会议在上海开幕，到会代表 170 余人，孔祥熙任大会主席，会议讨论通过请政府保障慈幼事业；重申严禁贩卖妇孺及蓄奴养婢；从速制定儿童法律；训练儿童卫生专门人才；拟请在上海设儿童医院；设立儿童感化所；健全组织育婴所；依法给童工以休息教养；救济灾区儿童及组织健全孤儿教养所等案。13 日闭幕。

△ 黄河又在河北长垣决口，鲁西寿张、范县等五县被淹。

△ 上海中国兴业银行总行因经理秦抱元卷款潜逃，资金周转不灵发生倒闭。其附设之中国群益银团及六处分行同时停业。

10 月 12 日 陈诚由庐山返回部队，判断红军主力潜伏石城、宁都间堵击北路军，一部在长汀方面堵击东路军，即以第十纵队接替广昌至石城封锁线守备，以第三路军主力移至头陂、新安一带准备进攻宁都，再与东路军配合进袭瑞金。

△ 蒋介石偕张学良抵达西安。15 日在西安各界扩大纪念周上发表《陕游之感想与对于陕西之希望》的演说。17 日飞兰州。

△ 美国政府就白银问题致中国政府复文，略称美国政府购买白银计划系执行国会法令，在执行中将竭力注意中国政府之意见，尽量避免对中国经济及公共财政发生扰乱，并在将来之金银买卖时尽可举行友好之讨论，以达共同之利益。

△ 立法院通过印花税法。15 日，上海市商会电国民党中政会，指出该印花税法之课税，较现行率加重至 50 倍，商民万难负担，请予纠正。

10 月 13 日 林彪、彭德怀红一、三军团开始由长胜圩、瑞林寨、曲阳地区分途向雩都转移。

△ 李宗鉴旅联络伍诚仁部，分入江西浮梁县新家源追击寻淮洲

红军抗日先遣队。红军在储田桥与第五十五师李松山部接战，随入浮梁、秋甫间的礌村、桃墅店、马郎口、观音阁和北坑一带，进至浮梁县北部鸦桥、源桥杓。翌日，李宗鉴部王团由新家源袭击鸦桥，红军伏于密林战斗数小时。随在源桥杓又发生激战。红军师长彭国魂在作战中英勇牺牲。

△ 伪满军在日人藤井等指挥下，集中步、骑兵77个团，在大屯至南岭地带举行三天秋季大演习。是日，溥仪在长春检阅。是为伪满军第一次陆军大演习。

△ 外交部于北平设立驻平特派员办事处，以程锡庚为特派员，负责视察华北冀、晋、热、绥四省对日交涉事务。

△ 上海五洲电讯社开始发稿，主办人魏青松。

10月14日 南昌行营电令南路军陈济棠部于赣州、大庾、南雄，西路军何键部于汝城、郴州，分别赶筑碉堡封锁线；命东、北两路军续攻瑞金、会昌及雩都。北路军接令后，当即部署其作战计划：以第三路军向长汀、瑞金推进，由樊崧甫、罗卓英、刘绍先各纵队分经宁都、石城等地向长汀或瑞金进展，限一月内攻取瑞金；第六路军向雩都推进，由吴奇伟、周浑元两纵队由兴国附近经松富圩、黄冈向雩都筑堡推进，限三星期内攻取雩都，以求截断中央红军西进路线。

△ 伪满奉天警务厅下令各县一律甄别警官，并一律于各县配置日人警官。经过所谓"整顿"，警政权完全落入日人之手。

△ 中国政府与美国政府关于白银问题的换文发表。国民政府表示不禁白银出口，改行征税。同日，财政部令关务署自是日起加征白银出口税，规定：一、银本位净征7.5%；二、大条银宝及其他银类加征7.75%，含原定2.25%，共10%。并规定如伦敦银价折合上海汇兑之比价，与中央银行当日核定之汇价相差数，除缴上述出口税仍有不足时，应按不足之数加征平衡税。同时并令关务署转总税务司及各关税务司一体遵照办理。

10月15日 萧克、王震红军长征先遣队再渡乌江未成，折回新厂、塘头、板桥。红军第四十九团和第五十团分别在云台山、王家屯与湘军成铁侠等部作战后进入大麻石。次日，红军欲北进印江，又在板桥附近和贯口两地分别与湘军刘建文团、桂军廖磊部遭遇。红军旋入龙塘、甘溪、晏家湾，一部入龙津洞与李觉部接战，一部至川岩坝与湘军唐伯寅团等接战。

△　蒋介石委上官云相为“豫鄂皖三省边区剿‘匪’军追剿队总指挥”，编为五个支队进攻鄂豫皖红军。

△　戴季陶在国民政府纪念周上报告教育问题，以所谓“发扬光大吾国之固有文化”为理由，反对中小学读白话文，主张读孔孟经书。声称“经书为我国一切文明之胚胎，其政治哲学较之现在一般新学说均为充实”。

10月16日　中央红军分别从瑞金、长汀、宁化向雩都集中完毕。编为五个军团两个纵队：即由林彪、聂荣臻率领代号为“南宁”的红一军团（下辖三个师九个团）；由彭德怀、杨向昆率领代号为“福州”的红三军团（下辖三个师九个团）；由董振堂、李卓然率领代号为“长安”的红五军团（下辖两个师六个团）；由周昆、黄甦率领代号为“济南”的红八军团（下辖两个师六个团）；由罗炳辉、蔡树藩率领代号为“汉口”的红九军团（下辖两个师六个团）；以及叶剑英、罗迈、邓发率领的中革军委第一和第二两个纵队，代号分别为“红安”、“红章”；军委的代号为“红星”。总计8.6859万人。当日黄昏，从十个渡口分别渡过雩都河，向赣县、信丰、安远边界的王母渡、塘村地域集结开进。

△　立法院三读通过《中华民国宪法草案》，凡12章178条。本年3月1日，公布《中华民国宪法草案》。9月21日至10月13日，经立法院第三届会议二读修正通过第一至一百七十八条。是日，立法院第三届第七十四次会议举行宪草三读会议，逐条宣读完毕，表决赞成。宪草会议结束。

△　王宠惠由港返抵广州会见陈济棠等。翌日，晤英国路透社访员，称此次与广州诸领袖会谈，觉得广州与“中央”有接近之希望，至可

满意。18 日，王返港，19 日北归。

10 月 17 日　冯玉祥由泰山至济南吊鲁西民团指挥谷良友之丧。事后冯发表谈话，表示不出席五全大会，无提案，最近决不离泰山。并谓“欲救济农村破产，非为贫苦大众设法不可”。

△　日军宣告对东北人民革命军的第二期“讨伐”结束。11 月 5 日，日军撤回哈尔滨等地，11 日在哈埠举行“阵亡将士追悼会”。“讨伐”以失败而告终。

△　江苏征仪县十二圩盐工要求保全帆运、废止私运及收回七公司北迁等成命，派代表到扬州向两淮盐运使请愿，被税警驱逐，是日即发动罢工。当晚两淮盐运使派税警前来镇压。17 日，盐工代表赴镇江向省政府请愿，要求达到所提要求。18 日，省府允再咨财政部就案核办，并集合各方研究善后救济，决定整个解决办法，代表始回。

10 月 18 日　通邮谈判代表高宗武、余翔麟由京返平，携带经核准之《通邮谈判大纲》七条及关于邮票办法六条作为谈判的依据。下午通邮会谈复会，高根据《通邮谈判大纲》说明中国政府对邮票、邮戳等问题的方针，系避免承认所谓“满洲国”之嫌疑，所以邮票问题应以第三者出面；邮戳不可有新京、奉天之地名，其他问题在邮票问题未决前不必再涉及。日方表示俟请示结果后另制邮票，但对“新京”之地名问题仍固执要求。会谈三小时，我方未予同意。

△　蒋介石训令各省军政机关，将各地反共军事史料汇编成册，上交南昌行营第一厅附设之“剿匪”战史编纂处，编写《剿匪战史》。

△　日在大连设置特务机关，派土肥原任特务机关长。翌日，土肥原由沈阳前往就任。12 月 1 日解散该机关，改设奉天特务机关大连出张所。

△　唐绍仪在香港发出通电，略述中山县事变经过，谓因用人不当，过信蔽明，授权太重于林树巍，使其身兼四要职，手握全县军警，所部官兵悉易亲故，致太阿倒持，发生肘腋，表示引咎自劾，请政府派员查办，切实维持中山模范县法案。22 日，唐正式辞去西南政务委员会委

员、广东省政府委员及中山模范县县长等职。

△ 上海各交易所市场发生巨变,标金、纱花均狂涨。其中标金较标准挂牌价抬高20余元,纱花远期花末盘一跳六角,涨风继续发展。

10月19日 蒋介石以皓电(19日)令东、北两路军,"着速抽队进取闽西、赣南未经收复各县,限于本月底一律占领"。

△ 蒋介石在兰州甘肃省政府对党、政、军首领训话,要求厉行新生活运动。中午11时许乘机飞宁夏,翌日返西安。

△ 国民政府任命李溶为新疆省政府主席,免去刘文龙新疆省政府主席职。

△ 林彪、聂荣臻红一军团渡贡水,经梅岭山脉向安远、信丰封锁线前进。次日在白石全歼信丰常备队两中队。

△ 萧克、王震红军长征先遣队进占石阡江口大道及公鹅坳,抵达平寨、石耶司,湘军第十九师谢明强团追至平寨;唐伯寅团范营及黔军柏辉章师两个营衔尾紧追。22日,红军经小鸡公、平寨,于石阡、江口大道之公鹅坳突越湘军防线前往印江。红军在连日战斗中牺牲甚巨,约在2000人以上。红十八师在四方炉被湘军冲散,师长龙云潜入岑巩县,27日夜为该县民团所搜捕,随被押至镇远,解往贵阳。

△ 刘湘于8日由渝至蓉,是日召集邓锡侯、田颂尧、李其相、杨森等20余人会议。会上刘湘说明辞职经过及今后办法,表示即发出复职通电,对军事方面重新规划,严申纪律,决心为"剿共"再次效力。次日复在总部续商军事。22日,电告蒋介石、汪精卫正式复任四川"剿匪"总司令职。30日,刘由蓉飞渝,准备去南京谒蒋。

△ 通邮会谈在北平续开。日方对邮票问题的态度转趋强硬,藤原谓彼方仅愿我方承认邮票上之邮政厅三字,否则何所谓通邮。用第三者出面在世界上并无先例,且难免周折。声言"似此情形,实不必再行继续谈判"。柴山、仪我均以强硬态度附和,谈判濒于破裂。

△ 伪满奉天省公署通令各县筹办连庄会,以清查各地义勇军。

△ 中央、中国、交通三银行组织的外汇平市委员会在上海成立,

由贝淞荪、张佩绅、席德懋等任委员，24 日正式办公。

△　苏州农民因愤恨当地乡镇保甲长在严重灾荒下谎报收成举行暴动。是日夜，首由苏州娄门外数百群众发动，拥至乡镇保甲长住处放火焚烧房屋。接着斜塘、郭巷、车场、湘城继起响应。数千群众在各地焚毁乡镇保甲长房屋 100 余间，历时达两天多。江苏省政府、吴江县、昆山县及苏州宪兵团共同出兵前往各处镇压，风潮始息。

△　日军天津驻屯军司令官梅津至北平检阅日军。

10 月 20 日　蒋介石在宁夏对各界演说《开发西北、建设宁夏》。指出今日的宁夏，非特是西北的重镇，而且是国家的屏藩，大家应同力合作，守成此重大的责任。要求各位同胞协助政府完成调查户口、清丈土地、开辟交通、振兴警卫四件事。末谓："当此我们民族复兴的关头，实行新生活，提倡'礼'、'义'、'廉'、'耻'，犹须在座的各位努力去做。"

△　蒋介石复电汪精卫，对"引用欧美资本，以开发新疆"，"原则上固极所赞同"。又以"恐遭苏俄之大忌"为由，指示须"尚祈审慎研究"。

△　陈济棠因中央红军进入广东仁化、乐昌，是日，急命第二纵队李扬敬部由东江入筠门、寻邬，派第一师黄任寰部驻梅县、蕉岭，以独立第二师张瑞贵部驻潮州，独立第四师邓龙光部驻惠州，巩固广东防务。翌日，余汉谋奉陈命赶至大庾指挥进攻红军。

△　日驻天津总领事川樾茂接任，午后前往河北省政府拜会省主席于学忠。

△　蒙藏委员会举行第一八七次常会，决议呈请行政院：一、速成立西康省政府；二、民众抗御藏兵损失予以抚恤；三、分派西康代表于各机关服务；四、达结寺勾结藏兵抢劫甘、宁，严令西藏如数赔偿；五、办理黄慕松专使条陈之西康教育、交通之意见。

△　青岛船坞建成，是日举行落成典礼。

10 月 21 日　中央红军各军团分别攻占赣州、信丰间之古陂、新田、韩坊、王母渡，进入第一道封锁线。粤军李振球师退集安息。

△　王家烈由余庆行营赴石阡，翌日与李觉、廖磊共同会商军事计

划。决定湘、桂两军回兵堵截中央红军长征大队，由王家烈单独负责追击萧克红军长征先遣队和红三军贺龙部。24日，湘军胡达等部由石阡开拔回湘。

△　红三军贺龙部由乔家铺、大田坝南进天中井，欲在印江与萧克红军长征先遣队会合。黔军李成章部与红军遭遇。次日，红军一部进入路板铺、木黄。

△　通邮会谈续开，双方各持己案无法谈判，即决定改由殷同、李择一与仪我、柴山四人会商，另辟新途径。当夜，日方提出一份意存恫吓的备忘录，次日晨又主动撤回，并致歉意。

△　新生活运动促进总会分别成立军事化研究组，成员蔡劲军、贺衷寒、黄光斗、萧赞育、袁守谦；生产化研究组，成员萧纯锦、龚学遂、文群、李毓九；艺术化研究组，成员程时煃、徐庆誉、张彝鼎、吕咸、罗君强、刘百川。

△　中山县训政实施委员会在南京开会，决议：推孙科委员为中山县训政实施委员会主席，并呈请国民政府明令指定；推举杨子毅为中山县县长，并提请广东省政府任命。

△　上海艺术、教育两界发起的中华艺术教育社开成立会。该会以普及艺术教育知识，发扬民族文化，提倡实用艺术，推广生产教育为主旨。推举马公愚、鄢克昌、傅伯良等11人为理事，丁念先、姜丹书等五人为监事，敦请蔡元培、李石曾、叶恭绰等为赞助人。

△　中国速记学会在上海成立，举许性初、薛光前、陈光东等九人为理事。会议通过会章，并讨论四项提案：一、举办中文速记讲习班；二、举办速记学术讲座；三、在经济的可能下出版刊物；四、汇集各式速记，编辑速记年鉴，交理事会讨论办理。

△　湖南长沙市《新闻夜报》创刊。

10月22日　林彪、彭德怀红一、三军团在古陂、安息与李振球部接战，嗣经小河口、大塘铺入新城、小溪、池江、青龙和黄龙，与董振堂、罗炳辉红五、九军团会合。

△ 国民政府任命沈觐鼎为驻巴拿马特令全权公使，免去张歆海驻捷克特命全权公使兼职。

10 月 23 日 中央红军以林彪、聂荣臻红一军团为右翼，彭德怀、杨尚昆红三军团任中路，董振堂、李卓然红五军团为左翼总攻安息。各部配合分别向信丰、安息、南康、新城及南雄进攻。全部突破第一道封锁线。25 日中央红军全部渡过信丰河。

△ 陈诚以第六纵队为右翼，令其向秀岭隘、马迹隘推进；以第二纵队为左翼，令其由岩子岭袭击秀岭隘、马迹隘侧背；以第六十七师到达锡坊为预备队，共同进攻宁都，次日行动。

△ 蒋介石偕杨永泰等自西安经洛阳抵开封，张学良已先一日由洛阳返汉。翌日，蒋等由开封经济南，下午飞抵北平。

△ 蒋介石电请国民党中央将五全大会展期召开。25 日，国民党中央召开第一四三次常会，决定：一、延期举行五全大会；二、定 12 月 10 日举行四届五中全会。

△ 行政院驻平政整会决定撤销战区整理委员会，将其改组更名为战区清理委员会，呈行政院鉴核。是日，行政院会议通过，令平政整会予以设立，指定殷同、李择一、朱式勤、陶尚铭、殷汝耕、许同莘、岳开仇为委员，王弼侯为秘书。30 日，平政整会公布《战区清理委员会组织大纲》，凡 12 条。

△ 国民政府任命唐俊德为陆军第九十五师师长。

10 月 24 日 何键电令所部主力协同粤军扼守赣江上游西岸及湘东南各碉堡线。以罗森（第七十七师）、李生达（第七十二师附一旅）两部为赣江守备队，李生达为指挥官；以朱耀华（第十八师）、陈耀汉（第五十八师）两师为永（新）、遂（川）、万（安）大队守备队，李韫珩为指挥官；以陶广、陈光中两师及胡凤璋部为莲（花）、汝（城）、桂（东）守备队，陶广为指挥官；以王东原师附湖南保安二团为耒（阳）、安（仁）、茶（陵）守备队，王东原为指挥官；以章亮基师附机枪第二十连为衡（阳）、零（陵）、东（安）守备队，章亮基为指挥官；以段珩为湖南各县守备队指挥官。以上统归刘建绪指挥，以刘任总指挥官。又以岳森师附袁水等各县保安团、义勇队为袁水守备队，岳森为指挥官；以独立第三十七旅刘培绪部及第二十六师一部为修（水）、铜（鼓）、武（宁）、奉（新）守备队，刘培绪为指挥官；以湖南保安团第一、三、六等团及第十九师工兵营为平（江）、浏（阳）守备队，罗树甲为指挥官；以李云杰为总预备队指挥官，辖第二十三师及第十九师（欠段旅）驻守长（沙）、醴（陵）铁路线。以上统归刘膺古指挥，刘为总指挥官。何键集中其主力分别驻守赣江西岸及湘粤边与茶陵地带，防止红军折入井冈山。

△　萧克、王震红军长征先遣队进入黔东后，是日贺龙、关向应红三军与红六军团主力在印江县木黄胜利会师。

△　通邮谈判在北平重开，日方再次提出备忘录，为高宗武等拒绝。高坚持邮票上除取消“满洲”字样外，尚须由第三者发行。几经交换意见，未得结果。

10 月 25 日　中央红军主力穿越大庾岭，董振堂、周昆红五、八军团由王有至龙回、黄泥排和南康，林彪、罗炳辉红一、九军团经固原寨、马圳、禾秋入广东南雄、新田、乌径、邓坊与中站，一部抵青峰。次日在新田、中站之乌径与粤军独立第三师李汉魂、第二师叶肇部接战。彭德怀红三军团由大塘铺北入新城之小溪、池江、青龙及黄龙。余汉谋令所部缩短防线，集结南雄、信丰间之新田、乌径地带。

△　南昌行营根据蒋介石 23 日电，电令何键加强第二线及万（安）遂（川）汾（大）横线，严密布防。由李云杰师集结遂川援助罗霖师，以巩固赣州以北防线；令周浑元纵队抽 16 个团集结泰和，薛岳部抽 12 个团集结龙冈，共同防堵红军西进或回返，仍命东路军及北路军第三路军加速向长汀、雩都分进。

△　薛鼎文将其东路军总司令部由漳州迁龙岩，以便指挥进攻长汀。同日，蒋电陈济棠请饬南路军各部协进。

10 月 26 日　红军萧克、王震第六军团与贺龙、关向应红三军在印江县南腰界猫洞举行会师联欢大会。会师后，红三军恢复红二军团番号，贺龙任军团长，任弼时任政治委员，并以红二军团总指挥部统一领导和指挥红二、六两军团。

△ 陈诚部进攻宁都。第六师周喦部入莲湖附近，以主力置莲湖、城头，一部在侦探队先导下向宁都搜索前进。下午 5 时许一部进至宁都北门外，主力由西门进占宁都，红军退至宁都北部黄陂、小布。翌日，陈诚进驻宁都，派傅仲芳任城防司令。

△ 西路军刘建绪命令第六十二师陶广部接守汝城、桂东南北封锁干线碉堡；以钟光仁旅防守查坪（不含）经汝城至新桥之碉线；补充第五团钟涤松部防守沙田（不含）经查坪至豪头圩之碉线；王育英旅防守沙田（含）经寨前至桂东城（不含）之碉线；第六十二师师部等进驻寨前，于寨前设指挥部。分别防堵中央红军。

△ 粤军余汉谋纵队在信丰、南雄间之乌径、新田与林彪、罗炳辉红一、九军团发生激战。红军大队集结安远、信丰、古陂地带。当晚，余汉谋下令紧追，27 日进至信丰、古陂。在此前后，陈济棠调独立第三师李汉魂、警卫旅陈汉光及教导师两个团由南雄西移，进驻仁化、乐昌防堵。

△ 寻淮洲红军抗日先遣队在浮梁之藏湾与浙江保安队何团作战。次日，红军东入大小花桥，28 日达董门、黄沙。29 日晨在杨树附近又与太白驻军李松山师张团发生战斗。之后主力渡昌江，一部向朱坑。

△ 通邮会谈续在北平举行，双方各提最后希望，其分歧最大者为日方坚持通邮事务由双方邮政机关直接处理，我方要求不直接交换，而以商营性质的第三者名义居间承转。最后决定双方各自请示后再行会谈。同日，中方代表高宗武、余翔麟将谈判经过向黄郛报告，并即电汪精卫、朱家骅、唐有壬请示。电中叙述高等坚持通邮事务由第三者出面一节，黄郛不甚赞同，要求汪等电示。朱家骅电复称："第三者一节当庐山会议时曾早有以不承认伪国邮票戳记及不直接交换邮件等等为原则"，要求代向黄郛解释。

△ 豫鄂皖三省边区追剿总指挥上官云相率所部兵力 16 个团开

始向鄂豫皖徐海东、吴焕先红二十五军发动进攻。翌日，红军进至河南英山县陶家河，随在塔儿岗与上官云相部接战。

△ 岫岩义勇军首领苗可秀率部50余在头道干沟，被日军未田部与哨子河伪军包围。苗可秀被俘。

△ 日驻承德部队用飞机在石城、独石口、沽源等地散发传单，威迫抗日义勇军撤退。

△ 中国实业银行因受上海中国兴业银行倒闭之影响，上海、天津、济南、青岛各行同时发生挤兑风潮。次日，芜湖、厦门两行亦发生挤兑。一二日后均告平息。

△ 北平《立言报》创刊，主办人金达志。

10月27日 中央红军经信丰、南康间之贤女埠、新城、新池口及青龙墟地区西渡章水，纷向义安、横江、扬眉寺等地急进。翌日，红军进占大庾、崇义、上犹、聂都，后卫仍在赣南八里镇、沙石坪。

△ 日本天津驻屯军参谋川口清健、外务书记官池田克已等八人，不遵事先报告中国官厅之约定，是日径行由张家口前往多伦旅行，途经张北南门时，宋哲元部赵登禹第一三二师卫兵要求检查护照，川口等无理拒绝，双方发生争执。日驻张家口领事桥本借口中国士兵侮辱日本外交官，向该军参谋长张维藩提出抗议。30日，日使馆武官高桥坦也在北平向宋哲元提抗议。宋为息事宁人，令该师师长赵登禹向日方道歉，并将守卫兵连长撤职。但日驻张家口特务机关长松井源太郎却要求在察东划界，要宋部退到长城线以西以南。宋答此问题应向外交部交涉，松井即单方宣称宋已允诺在12月31日以前撤兵，妄图借此划察东为“非武装区”。事称“第一次张北事件”。

△ 前四川都督、北京政府内务次长蒲殿俊病逝于北平。

10月28日 红军贺龙、萧克二、六军团撤出木黄、南腰界向湘西挺进，仅留一部于香枫溪组成黔东分区司令部，领导黔东斗争。翌日，川军田钟毅部由酉阳集兵秀山、龙潭，达凤冈部由甘龙口向酉阳推进堵击。红军迂回龙潭、龚滩间，于29日转入毛坝、兴隆坪、濯河坝，进入湘西策应中央红军长征。

△　周浑元纵队万耀煌师由兴国出发，经泰和向遂川集中西进，追击长征红军。

△　王家烈鉴于红军二、六军团已经会合，而湘、桂两军又调回堵截中央红军，即重新部署黔东军事。派刘民杰任前敌总指挥，令李成章旅两团及宋华轩团为第一路，经合水至红石板设防；令王天锡率三个团为第二路，经天堂哨驻守火烧桥；令柏辉章率杨昭焯、蒋德铭两旅为第三路，分别开赴寨英；以余部扼守苗旺、萝溪。

△　台湾青年郑清水前往基隆警署掷弹，刺杀日本伏见亲王和黎本亲王，被警署逮捕。数月后郑清水自杀于狱中。

△　全国华商纱厂联合会召开代表会议，决议反对增加棉纱统税二成，派代表郭顺等九人赴南京请愿，并发表宣言，请求各界援助。当晚郭等至南京向行政院请愿，行政院允转财政部考虑。

△　上海暨南大学教授、哲学家李石岑病逝于上海。

10 月 29 日　中央红军分三路西进：董振堂、周昆第五、八军团经丰州入汝城集龙圩；彭德怀第三军团经文英营、百担圩入汝城热水圩；林彪、罗炳辉第一、九军团经文英营南入梧桐，下经长江圩往城口。同日，湘军陶广部钟光仁旅开抵汝城，会同驻军胡凤璋部及湖南保安独立第四营急忙布防。翌日，粤军警卫旅莫福如团由韶关进驻长江圩。31 日，黄国梁部亦由南雄赶至。

△　南昌行营电告何键：已电令周浑元率部六个团与李韫珩、李云杰两师先行集中遂川、大汾机动“追剿”，令薛岳率部 16 个团，取道龙冈、泰和、遂川、桂东、资兴、郴州、桂阳、新田、永州之线堵击。31 日，薛岳部由古龙岗启程西进。

△　王家烈电令犹国才出兵三团驰赴黎平共同堵截红军，并指定其取道自关岭、镇远、广顺绕定番出都匀、八寨而下三合等县。犹因愤王为防其假道贵阳而令其绕道，乃按兵不动。

10 月 30 日　南昌行营为消灭红军主力，电令何键：“追剿方针偏重堵劓，截其西进”，希于遂川、万安、大汾以南，桂东、汝城、仁化、曲江以东地区及其西至湘、桂水间纵横碉堡线之中间地带阻击，限周浑元纵队于11月3日前，集中遂川、大汾线上，限薛岳部于11月24日前向永州附近集中；着何键部先巩固大（汾）、桂（东）、汝（城）纵线及遂（川）、万（安）、大（汾）横线，所余衡（州）、郴（州）、宜（章）及衡（州）、祁（阳）、永（州）、黄（沙河）与茶（陵）、安（仁）、耒（阳）各纵横线，暂以保安队守备。令南路军速于汝（城）、仁（化）曳线上截堵，并以大部队追击之；桂军应速置于全（州）、兴（安）间，并从速巩固黄（沙河）、全（州）、兴（安）、桂（林）线；命空军逐日派机轮番追击轰炸。空军归周纵队指挥，暂驻吉安，尔后相机推进。

△　蒋介石召见通邮谈判代表高宗武、余翔麟，询问通邮谈判情形并指示交涉要点。高说明争论点在邮票、邮戳及第三者出面三项后，蒋表示通邮与通车不同，邮政无第三者之办法。并谓庐山会谈时“未有用第三者之一点，朱部长或有误记”。“关于邮票可用两项办法，一由关内邮政机关致关外邮政机关一公函，委托关外邮政机关发一特种邮票，专贴入关邮件之用；一由关内邮政机关致公函认可此特种邮票，但声明此系不承认伪满邮票之意”。关于邮戳，可再力争以A、B符号代替新京之类。

△　国民政府特任刘文岛为首任驻意大利特命全权大使。

10月31日　蒋介石自北平致电南路军总司令陈济棠、西路军总司令何键、北路军总司令顾祝同等，告以赣南共军已由赣州与大庾之间向西逃窜，“望切告各将士努力截追”，“务将西窜匪部聚歼于湘江以东地区”。

△　通邮谈判代表高宗武、余翔麟致电交通部长朱家骅，报告与黄郛商谈蒋介石之通邮训示情形。同日，朱复电高等，谓“直接交换公函邮件，虽未有承认伪机关之事实，亦有间接承认伪组织之嫌疑”。“国外讥评，国内物议，均须考虑”。“对于全国人心趋向，不可不十分注意”。

△ 盘石江北抗日联合军与伊通、双阳、盘东、盘西、东丰等地游击队，共同约定于冬季实行全面游击战，并制定行动计划。

△ 中政会通过《补订弹劾案办法》，规定“弹劾案移付惩戒后，应由受理机关将弹劾文与被弹劾人之申辩书同时发表”；中央官吏之惩戒决定书，应呈报中央政治会议核定；凡关于国策及有关国际地位之文件，非经中央政治会议核定不得披露。

△ 伪满“满洲石油公司”成立，资本500万日元，日资占80%。社长日人桥本圭三郎，总经理佐藤谦三。该公司垄断伪满石油的开采与销售，是日军的石油生产供应部，在大连甘井子地方建设制油工场。

10月下旬 日军配合其第二期“大讨伐”，极力推行“集家法”，将村民集中交通沿线，并对告密者实行奖励。本月底辽宁东边道地区“集家法”完成。

△ 何键合并西路、四路两总部，任命刘建绪为追剿总司令部总参谋长，郭持平、陈浴新为参谋长，凌璋为办公厅主任。同时各部实行缩编，限11月10日前编竣。

△ 日军铃木中将由沪前往两广活动，连日在广州、香港、桂林等地先后会晤陈济棠、胡汉民、李宗仁、白崇禧等人，兜售其“中日亲善”、“经济提携”、实行“大亚细亚主义”等等诱降谬论，11月16日始返上海。

是月 军事委员会航空委员会与美国联邦航空公司在杭州合办中央飞机制造厂。

△ 盛世才派包国宁、曾秀夫与苏联顾问于7月开始筹备“全省政治总管理局”，用以从事侦察搜集情报。该局本月正式成立，由盛自任局长，包国宁等分任副局长，曾秀夫为秘书长，分设侦查、审讯、军事、国际、政治等科。是年冬在哈密、伊犁、塔城、喀什、吐鲁番、阿克苏、巴楚等地先后设立分局，于达坂城、额敏设派出所。

11 月

11月1日 中央红军彭德怀、董振堂、周昆第三、五、八军团分别进占汝城县连珠岩、羊山港、土桥、永安及八丘田等高地。翌日，红三军团由连珠岩、土桥进入东岗岭、苏仙岭，在新铺至官桥一带碉线与钟光仁旅一部作战。3日，红军第五、八军团由永安、八丘田进攻腊岭、大平、大来圩碉线与钟旅另一部作战。红军围攻汝城，并袭击其堡垒封锁线。

△ 中央红军林彪、罗炳辉第一、九军团由粤北仁化县初兴圩进攻长江圩，与粤军警卫旅莫福如团接战。同日，余汉谋在韶关召开军事会议，决定以粤北现有兵力严守长江圩、城口、九峰、坪石之线，并将驻赣南部队陆续调回粤北相机堵截。翌日，红一军团陈光、刘亚楼第二师夜袭仁化县五里山、羊牯岭等地，歼灭粤军彭智芳团。其后，攻占城口。

△ 上月29日，蒋鼎文由漳州至龙岩，下令进攻长汀，30日所部李延年等三师由蔡坊、河田全线向长汀推进。是日，李延年率李默庵、宋希濂等三师进占长汀。

△ 行政院驻平政务整理委员会所设临时战区清理委员会在北平正式成立，殷同、殷汝耕、李择一、朱式勤、陶尚铭、岳开先、许同莘七委员及黄郛出席。成立会后开首次委员会议，通过办事细则七项：一、办理未完事项；二、负责对外交涉事项；三、整理保安队及地方警察；四、改进各县行政；五、整理地方治安；六、联络交通事项；七、调查及处理特种事项。

△ 全国考铨会议在南京召开，出席者吴敬恒、邓家彦、汪精卫、戴季陶、孙科、居正、钮永建、叶楚伧及罗家伦、胡适等160人。会议议定关于公务员保障等95案，决定于各省设铨叙分机关，以考试办法录用各级行政人员，对公务人员实施补习教育。5日闭幕。6日发表宣言。

△ 国民政府政务官惩戒委员会发表“顾孟馀应不受惩戒”之决

议。6日,国民政府训令行政院、监察院正式公布。

△ 立法院三读通过《中华民国刑法》修正案。南京市妇女救济会要求本男女平等之原则,变议其中某些条文,被否决。2日公布《刑法》。

△ 国民政府任命孙科为中山县训政实施委员会主席,并公布《修正中山县训政实施委员会组织大纲》第六条条文。

△ 宋美龄在北平对欧美记者谈西北之行感想、新生活运动及赣南剿共近况。关于新生活运动,宋谓:"若言新生活运动之中心要点,一言以蔽之,则不外矫正官邪,恢复中国固有之美德而已,就中痛除贪污一事,尤为新生活运动之最大目标。"

△ 伪满公布《矿业监督署官制》,所有矿务全部移归该监督署,集中统制全东北矿产,于沈阳、长春、龙江(齐齐哈尔)、承德分设监督署。

△ 伪满与满铁公司共同创设电业股份公司,由日人吉丰彦(前日本关东军特务部顾问)任委员长,江正在郎和孙征任副委员长,资本额9000万伪币,总公司设长春,于沈阳、大连、营口、安东、吉林、哈尔滨、齐齐哈尔等地设分公司。

△ 江苏省导淮入海工程在淮阴县杨庄镇举行破土典礼。省府主席陈果夫破土,并报告筹备经过及导淮工作之重要。报告谓:"此次疏浚计划,完全依照李仪祉先生所订之方案进行,共招工十六万五千人,全段长一百六十公里,此项工程范围之大,工人之多,堪说系民国以来,水程工程中之最大者。"

△ 上海英商英美烟公司、大英烟公司、和泰烟公司联合改组,成立英商颐中烟草股份有限公司和英商颐中运销烟草股份有限公司。原有三公司之在华营业概由该二新公司接收。

△ 天津思庆永、思庆源及诚朋等三银号因做标金交易亏赔60余万元而自动宣告停业清理。该三银号已有30余年之开业历史。

△ 汉口商业银行开幕,资本额84.22万元。

△ 中英文化协会在南京成立,王世杰、张道藩、石瑛、杭立武及英

使贾德干等出席成立会。

△ 中国童子军总会于上月20日经教育部召开第一次全国理事会，推举蒋介石任会长，戴季陶任副会长，王世杰任理事长，陈立夫、刘咏尧、顾树森、陈剑修为常务理事。是日，该总会接收中国童子军总会筹备处及中国童子军司令部，正式宣告中国童子军总会成立。

△ 陇海铁路潼关至临潼段通车。

△ 欧亚航空公司兰州、包头线通航。全程400公里。

△ 中央古物保管委员会在南京正式成立。

11月2日 沪粤航空线经交通部组织委员会派专家至中国航空公司整理后，是日复航。

11月3日 鄂豫皖徐海东、吴焕先红二十五军由立煌县（今金寨县）西南红旗山西进，在水围子遭第二十五路军梁冠英和上官云相部夹击，红军突围进入南溪乱泥壶。次日，红军经河南商城向西北入光山，在云雾山与上官部邢、刘两支队发生战斗。

11月4日 蒋介石视察张家口，出席张北军民欢迎大会，演说《英雄之志业何在》，以张北地处国防前线，勉励长官在边疆创奇功伟业，做"成大功，立大业的英雄豪杰"，并以身作则，"推而至于所有的部下及一般国民，个个都要做一个'明礼义，知廉耻，负责任，守纪律'的现代国民"。

11月5日 国民党中央政治会议核定1934年度国家普通岁出、岁入概算。计岁入经常门7.73470091亿元，临时门1.44640943亿元，经临共计9.18111034亿元；岁出经常门7.51813298亿元，临时门1.66297736亿元，经临共计数目与岁入相同。

△ 中央红军自是日起开始突越汝城、城口间第二道封锁线。彭德怀红三军团以一部猛攻汝城濠头圩，另一部与董振堂、周昆第五、八军团大队经汝城南部天马山、大围山前往延寿、文明司、赤石司；林彪、罗炳辉第一、九军团由城口经东昌县杉木洞、茶料入大王山脚下，前往九峰。两部均沿湘粤边界西进宜章。

△ 日使有吉偕参赞有野、秘书横川由上海启程前往北平活动，拟与黄郛等商议通邮问题。

△ 东北人民革命军杨靖宇第一军第一师第一团粉碎了日伪对盘石地方秋季大讨伐后，是日在濛江县境召开南满第一次代表大会，组成中共南满临时特委。

△ 大潼路榆太段（榆次至太谷）改名正太支路，是日通车。

11月6日 中央红军彭德怀、董振堂、周昆第三、五、八军团进至宜章县曹田、里田圩。钟光仁旅赶至大来圩、五里墩尾追，并以飞机轰炸。翌日，红三、五军团一部在里田圩等地击溃宜章义勇队。林彪、罗炳辉第一、九军团由杉木洞、茶料经九峰、羊古田西进。翌日，一部至文明司，一部入上渡与第三、五、八军团会合，共同前进宜章。南昌行营判断红军必沿五岭山脉前往广西兴安、全州，即发布鱼（6日）电，命令何键、薛岳等：一、各方部队均须迅速出郴州、零陵以南，宜章、道县以北，分别堵剿与追击，堵截红军于湘江、漓水以东；二、薛岳部于7日由吉安出发，兼程经茶陵赴零陵，周浑元部本日过左安后，兼程直趋郴州迎堵，并电约陈济棠部速出宜章以北夹击；三、望何键部抽出湘中部队分别速出郴州、零陵以南堵截红军北进，俟薛岳部至湘后共同出击；四、桂军除巩固湘、漓二水及龙虎关一线外，望李宗仁、白崇禧以有力部队速出道县以北，与零陵部队共同堵截；五、各纵横碉线，每里以二个为宜。

△ 第四纵队李延年遵照蒋介石电令，命李默庵率第十、三十六两师于8日集结长汀，于9日晨向瑞金推进；派第五十二师进取宁化、清流。

△ 黄郛电外交部次长唐有壬，提出通邮谈判不能长久僵持，请其与汪精卫细商，谋一打开通邮谈判僵局之道，并邀唐赴平一行。

△ 蒋介石电令孔祥熙速向美国订购飞机用以反共。次日，航空委员会向孔报告，已向美订购道格拉斯和弗力提式飞机52架。

△ 伪满奉天军管区司令于芷山，率所部伪军前往东边道“讨伐”东北人民革命军。

△ 华侨联合研究会在上海创立华声通讯社，社长吴郁文。

11月7日 刘建绪电令王东原率部沿耒阳、郴州汽车道兼程前往郴县堵截中央红军。翌日，王师开往郴县，10日该师汪旅李团至郴州，张旅抵宜章县平和，于12日集中完毕。

△ 南昌行营电告顾祝同、何键，决定改定西、北两路任务、境界及指挥系统，西路军总部由萍乡移驻衡阳，注重"追剿"，北路军总部由临川移驻吉安，注重"清剿"。西、北两路改以湘、赣省界为限，但现在鄂、赣境内之西路军第三纵队及所属各部仍归西路军指挥。其区域仍旧。西路军第一、二两纵队之部队，其在赣境者，如第十八、五十、七十七各师均归北路军指挥。

△ 何键接南昌行营鱼（6日）电令后，是日下令重新部署：一、命第七十七师抽其一部督同地方团队，接替皂口至瀍阳（含）线江防；二、第七十二师派部接替遂川、万安间防务，兼顾遂城；三、第十八师以大部接替遂川、大分（含）线；四、第五十三师速开资兴附近，第二十三师速开郴县，向桂阳前进，第六十三师仍遵前令开赴耒阳、安仁之线，第十五师开赴郴县附近；五、第五十三、二十三、十五各师均限期速赴指定地点，由刘建绪统一指挥。各部协同固守湘江沿岸，并特别留意零陵上游与桂军联络。

△ 国民政府国防会议通过通邮谈判新方案，作为谈判的最后让步界限，其要点是：协商用仅有花纹无文字的特种邮票，由商办机关委托彼方印发，彼方所用邮务之一切单据，其入关者仅用某邮局名义，年月用公历；邮戳用西文及公历，长春等大地名用字母代之，由商办机关交换邮件；邮资双方自定。同日，汪精卫将此方案内容电黄郛，请其大力斡旋。翌日，黄电复汪，谓日方胶执所提最后方案，虽一字一句亦难变更，与我国防会议通过案两相对照，距离尚远。黄提议以我方在山海关设置邮务代办所，代替商营机关，或者比较能为对方接受。

△ 日公使有吉明在北平发表谈话，反对废除《塘沽协定》。谓"华北中日交涉事件，大部由于《塘沽协定》中所产生之根据，该项协定中所

规定之各项事件，双方如均做到，则中日外交局面自然趋于常态”。“该协定之废置，须在各项义务双方完全履行以后”。9日，有吉分别访晤黄郛和北平市长袁良，在与黄郛会见中私下催促解决通邮问题。15日，有吉离平南下。

△ 东北人民革命军第一军在吉林濛江县(今靖宇县)境成立，杨靖宇任政委兼军长，指挥所部在临江、金川、濛江、抚松等地进行抗日游击战争。

11月8日 中央红军全部由江西汝城南部天马山及城口间通过第二道封锁线。同日，粤军分兵三路追击：以李汉魂部任中路，分入乐昌县茶料、坪石；以叶肇部任右翼，由始兴经南雄、百顺开往城口；以陈章旅任左翼，命其取道长江圩开往九峰。

△ 贺龙、萧克红二、六军团一部进攻湘西永顺县贾家寨，以主力围攻永顺城，击溃罗文杰保安团，进占永顺城。

△ 江苏常熟县吴市镇农民，因灾荒严重，不堪大地主郑北琦催逼地租，聚众千余人拥至郑家义庄要求减租并发放麦种。翌日，张家市2000余人也拥入郑家义庄，声言无钱缴租，愿以身作抵。县公安局警察前往“维持秩序”。两日后经该区区长答应减租及发放麦种的要求，群众始散。

11月9日 中央红军大队集结赤石、平和，前锋推进白石渡、良田，后卫在茶料、文明司。湘军陶广师在文明司，粤军李汉魂师在茶料，分别尾追。翌日，红军一部攻占粤汉路要隘白石渡，以主力分攻宜章、良田，掩护大队冲越湘粤军第三道封锁线；一部于万会桥、保和圩及宜郴公路两侧警戒郴州。湘军王东原部张旅之一部在万会桥与红军接战。

△ 何键以佳(9日)电电令湘军各部：以刘建绪为“追剿军”总指挥；以第五十二、二十三两师编成第一支队，受李韫珩指挥，集结于郴州、桂阳一线；由第六十二、六十三、十五三个师编成第二支队，受陶广指挥，集结于郴州、资兴、宜章、汝城一带；由第十六、十九两师(欠两旅)

及补充总队和湘西南各保安队编成第三支队，受李觉指挥，联络桂军任湘江防务与机动，以堵击红军于湘南和粤汉路以东。

△ 通邮谈判代表高宗武、余翔麟电汪精卫并转朱家骅、唐有壬，申述国防会议通过之通邮谈判新方案实行极感困难：一、由商办机关书面委托彼方印发邮票难免激动对方情感，不易为对方所接受；二、承转机关用商办不易办；三、长春等大地名用符号代替，彼方反对。

△ 在日关东军向黄郛要求改组河北省政府，以亲日派人物充任要职的压力下，是日行政院临时会议决议：一、改组河北省政府；二、将省会由天津移治保定；三、任命张廷谔为天津市市长。

△ 国民政府任命刘维炽为实业部政务次长，免去郭春涛政务次长职务；派叶琢堂兼任全国经济委员会棉业统制委员会委员，并指定为常务委员。

△ 伪满国务院将兴安总署改称蒙政部，并设大臣，28 日公布《蒙政部官制》，任命齐默特色木丕勒任该部大臣。

△ 意大利政府宣布，任命原驻土耳其大使罗亚谷诺为驻华首任大使。

△ 吉鸿昌自上年与冯玉祥组织察哈尔抗日同盟军失败后避居天津，积极从事抗日救国活动，本年春加入中国共产党，同中共党员宣侠父、南汉宸等组织中国人民反法西斯大同盟。“力行社”特务处长戴笠遵蒋介石旨意，命北平站长陈恭澍指挥天津站特务对吉进行暗杀。是日吉和任应岐（原直鲁军军长，国民党军第四十九师师长）在天津法租界国民饭店与西南代表刘绍勋商议抗日问题时，行动组特务王文等闯入行刺，误将刘绍勋打死。吉、任受伤，被法租界工部局拘押。旋由北平军分会与法租界当局秘密交涉，于 14 日“引渡”天津市公安局，当日押解至第五十一军军部，被关进陆军监狱。

11 月 10 日 东路军李默庵率第十、三十六两师进占瑞金。南京国民政府宣布第五次“围剿”结束。

△ 通邮谈判续在北平举行，高宗武等提出南京国防会议通过的

新方案并加以说明，日方代表进行研究后由藤原答称：只能以日方提出的最后方案为准，不能有一字一句的更改，中方只能作可或否之答复，态度骄横，并以如不接受，日方人员即行归去相威胁。高等立向南京报告及请示，汪精卫指示，力争以民信局为通邮机关，避免直接之通邮名义。

△ 国民政府明令改组河北省政府。原省府委员于学忠、魏鉴、鲁穆庭、张厉生、周炳琳、林成秀、胡源汇、史靖寰、严智怡免本兼各职。任命于学忠、魏鉴、张厚琬、郑道儒、张厉生、鲁穆庭、张荫梧、胡源汇为河北省政府委员，以于学忠兼主席，张厚琬兼民政厅长，鲁穆庭兼财政厅长，郑道儒兼教育厅长，张厉生兼建设厅长。

△ 上海《沪江日报》创刊。

△ 上海《读书生活》半月刊创刊，主编李公朴，编辑柳湜、艾思奇、夏子美，发行人张静庐，上海图书公司发行。

11 月 11 日 中央红军红三军团击溃湘军欧冠部和宜章义勇队，攻占宜章县城，越过粤汉路进入浆水、麻田、梅田，次日，经香花岭向临武、嘉禾推进。中央红军大队开始冲越第三道封锁线。

△ 中共鄂豫皖省委在河南光山县花山寨举行会议，决定红二十五军主力转到外线，以桐柏山、伏牛山为初步目标，开辟新的根据地，由程子华任军长，吴焕先任政治委员，徐海东任副军长。高敬亭留在根据地领导红二十八军坚持斗争。

△ 上海酒精制造厂成立，官商合办，资本 150 万元。董事黄江泉、黄浴沂、刘鸿生、黄金琛、汤详贤，监事梅哲之、黄宝球、唐祥福，通过公司章程，定于 12 月 12 日投产。

△ 浙江省政府与铁道部成立钱塘江大桥工程处，以茅以升为处长，罗英为总工程师，本日在杭州闸口举行大桥工程开工典礼。该桥为当时国内自行设计建造的第一座大型桥梁。

△ 赣省泰和至兴国公路通车。

△ 上海《现代杂志》停刊。主编洪雪帆，出至六卷一期。

11 月 12 日　蒋介石由武汉赶回南昌，当晚以南昌行营发出文（12 日）酉电令，特派何键为“追剿”军总司令。规定北路军入湘之第六路军薛岳及第八纵队周浑元部统归其指挥，并统率在湘各部及团队共同“追剿”西窜之中央红军，务须歼灭于湘、漓等以东地区。

△　湘军陈渠珍急调龚仁杰、周燮卿及杨其昌、皮德沛等部共十个团围攻永顺城。翌日，贺龙、萧克红二、六军团主动撤出永顺城，在王家坡、大西门同龚、周等旅发生战斗，陈渠珍进入永顺城。14 日，红军撤至颗砂及皮匠坳、墨达湖一带，伺机再攻永顺城。

△　伪满决定增设工政部，以丁鉴修为大臣，日人直木伦太郎为次长，总揽伪满建设事项。

11 月 13 日　何键制定“追剿”计划，决定集主力于黄沙河、零陵、东安地区，期以桂、粤、湘三军包围红军于湘、漓二水以东，另以一部于桂阳、嘉禾、蓝山各县堵截。即日发出元（13 日）亥电令，命章亮基、陶广、李云杰等师分别于 16 日、20 日、21 日到达黄沙河以西；李觉师以主力控制零陵附近；陈光中师驻东安待命；王东原师由良田尾追红军；周浑元部由郴县、嘉禾、桂阳、宁远、道县之线向南侧击；限薛岳部于 24 日前抵达零陵附近，并以一部于桂阳、嘉禾、蓝山各县堵滞红军。

△　刘湘随带幕僚杨毓芳、张必果、唐华等人，由重庆乘轮东下，前往南京向蒋介石请示军政事宜。

△　行政院例会决议，任命贺耀组为第一任驻土耳其特命全权公使。16 日，国民政府明令公布。

△　上海《申报》自九一八事变后，对国民党的内外政策经常展开批评，甚至抨击蒋介石的不抵抗政策，反对国民党的一党专政及其军事“剿共”政策。该报总经理史量才加入宋庆龄等组织的民权保障同盟的活动。是日，史量才乘汽车由杭州返回上海，途经浙江海宁县翁家埠附近，突遭国民党特务行动组赵理君等阻击遇害。

11 月 14 日　何键在衡阳成立“追剿”军总司令部，宣布就任总司令职。蒋介石特派刘文岛至衡阳监誓。何键专负军事，湖南省主席由省政府委员曹典球代行，以副参谋长吴家骏为西路军及第四路军总部后方留守主任。

△ 何键将其所属“追剿”部队编组成五路军，命令刘建绪任第一路“追剿军”司令官，辖章亮基、陶广、陈光中、李觉（一部）各师及补充团四个、保安团三个，集结黄沙河附近，与桂军联络，并沿湘江堡垒至衡阳、东阳渡之线防堵；薛岳任第二路“追剿军”司令官，率吴奇伟纵队、梁华盛、甘丽初、韩汉英、欧震各师及惠济支队，由衡阳赶往零陵附近集结，与第一、三两路联络；周浑元任第三路“追剿军”司令官，率万耀煌、谢溥福、萧致平、郭思演各师，由郴州开往宁远、道县南部，尔后与第一、二两路及桂军取联络；李云杰任第四路“追剿军”司令官，率第二十三师（李兼师长）和王东原师，由嘉禾向宁远及其南部尾追，与周浑元部取联络；李韫珩任第五路“追剿军”司令官，率第五十三师（李兼师长）由临武、蓝山赶往江华、永明堵截，并与第四路军取联络；并决定派刘建绪前往全州与白崇禧商订“联剿”办法。

△ 红军留守赣南部队乘粤军黄任寰师调防平远、蕉岭之际，分路进攻筠门岭、武平，与陈惕生、黄世途等部激战至 16 日。

△ 王家烈由遵义至贵阳，召集犹国才、侯之担等贵州军阀商定：以侯部布防乌江以北，犹部开至乌江以南负责平越、瓮安战线，由王自任东路右翼相机推进，总计兵力 21 个团。

△ 蒋介石通令各省继续加紧封锁苏区，限制民众购买食盐及婚丧用盐，多购者以通“匪”论罪。

△ 国民党中政会讨论华北对日交涉要案，出席中委多数表示不再迁就日本，以交通部长朱家骅为首坚持反对通邮协定。

△ 通邮会谈在北平重开，中方代表高宗武等据理力争，驳回日方上次所提或可或否之要求。但日方则又提出所谓《关于通邮之申合事项案》七条，并表示对于第三者居间办理一节坚不赞成。声言该提案之第一条“通邮应由双方邮政机关间行之”非载入记录不可。中方认为无所谓提案，只能以双方同意之会谈记录为协议条文。因彼此意见相持，

仍无结果。

△ 伪满公布改订关税征税率,改订入口货 180 种,出口货 23 种,以便日货自由进入东北市场,使“日满经济一体化”。定于 22 日起施行。

△ 豫鄂皖赣四省农民银行正式改组,在汉口成立总管理处,并于汉口增设分行,由徐继庄、陈淮钟分任总、协理,尹志陶、朱仲宣分任汉口分行正、副经理。

△ 外交部组设之国民通讯社在上海发稿。

△ 外交部与德国海通社合组之国民海通社在南京发稿。

11 月 15 日 国民党中常会第一四七次会议,通过《尊崇孔子发扬文化案》。规定:一、将衍圣公改为大成至圣先师奉祀官,并给特任官待遇;二、四哲以旧赠名义,给以复圣奉祀官名义,并给荐任官待遇;三、至圣及四哲嫡裔,由国家资给培植至大学毕业;四、特设小学于曲阜,优待孔子、颜回、曾参、孟轲后裔,其优待办法由教育部定之。同日,国民政府训令教育部,“以《天下为公》歌为孔子纪念歌”。

△ 中央红军全部通过湖南良田、宜章间第三道封锁线,兵分两路:一经桂阳五里桥、拐子亭、中和圩、太平圩、燕塘向嘉禾;一经梅田、牛粪头、两路口、清和圩、华塘铺向临武。王东原师张旅在万会桥、良田与红军后卫部作战。翌日,王师进占宜章城,派队沿宜章、临武大道向梅田尾追。

△ 第二十一师梁立柱部赵旅再次进攻新红十军方志敏部根据地葛源,红军第八十三团及上饶独立营与之接战,赵旅之吕团进占李滩、廖村(距葛源仅 10 里),葛源处于危急之中。

△ 日本与伪满在兴隆北部地区强迫收缴民枪,是日至 22 日止共收缴 823 支。同时强制征兵,规定每家三丁抽二,两丁抽一。群众不堪其害,纷纷逃往迁安、遵化等地躲避。

△ 伪满齐(齐齐哈尔)黑(黑河)铁路通车,哈长 800 公里。

11 月 16 日 是日晨,中央红军一部占领临武城,一部向钟水进攻嘉禾。同日，何键为与粤、桂军联络，共同堵截红军于湘江、漓水之间，遂改定其部署，发出铣（16日）亥战令：命李云杰仍遵前令，率第二十三师置于蓝山、嘉禾、桂阳之线截击，并指挥王东原师在郴州以南，及蓝山、嘉禾、桂阳之线协同追击；令周浑元克日率部经桂阳向道县前进，限19日前到达，向嘉禾南部截击；命李韫珩克日率部进驻郴州、桂阳之线，与李云杰部取联络，阻截红军的回击或北进；薛岳部与陶广、章亮基、陈光中、李觉等各部均仍遵13日之电令。

△　刘建绪由衡阳飞至全州，白崇禧亦由桂林抵全州，共同面商联合堵截中央红军。湘、桂两方决定，利用湘江、漓水之天险阻击中央红军沿红军长征先遣队故道西进，双方配定相当兵力进行夹击。桂军担任兴安、全州、黄沙河之线，湘军担任衡阳、零陵、东安至黄沙河之线。翌日，刘、白二人各返原地。白在桂林与李宗仁商订，即调第七军廖磊部自桂林开赴全州、黄沙河之线；何键以刘建绪部布防于零陵、黄沙河之线。桂军第七军廖磊部即奉命开往兴安、全州布防。

△　贺龙、萧克红军第二、六军团以一部由皮匠坳、墨达湖佯袭永顺城，陈渠珍命杨其昌、周燮卿、皮德沛开往永顺，龚仁杰部驻守龙家寨。次日，红军主力开进龙家寨，在十万坪一战歼灭龚仁杰部大部，活捉龚部参谋长，龚率残部溃退石庙坝，红军占领龙家寨、杉木寨。18日，红军主力再攻永顺城，在皮匠坳地带消灭杨其昌等三部千余人，再占永顺城。红军两次战斗共歼湘军3000余人，威震湘西。陈渠珍急命顾家齐、雷世光两部集中保靖，朱树勋部退守大庸县溪口。

△　程子华、徐海东红二十五军以“中国工农红军北上抗日第二先遣队”名义，发布《中国工农红军北上抗日第二先遣队出发宣言》，由河南罗山何家冲出发，开始西进，红二十五军长征由此开始。

△　刘湘途经武汉，是日在汉口中央银行寓所晤中央社记者，谓川省军政需要统一，而后方可谈到整顿政治，进而运用政治力量安抚地方，从事“剿匪”善后。至财政一端，已将盐税交还中央，以发行公债7000万元为整理四川之用。此次东下，除向蒋委员长请示“剿匪”方略

外，对政治、财政亦欲作一度商请。

△ 战区清理委员会常委李择一访日使馆武官柴山，商谈接收东陵及马兰峪问题。

△ 上年外交部国际司司长朱鹤龄视察南洋各领事馆后，曾向外交部建议采取总领事中心制，外交部采纳后已令新加坡总领事馆实行。是日，外交部复令驻新加坡总领事于驻印度尼西亚首都巴达维亚（今雅加达）设置总领事馆，指挥及监督荷属南洋各埠领事馆事宜。

△ 上海华东商业储蓄银行以呆帐过多，自动宣告停业清算。该行为现任湖北省财政厅长贾士毅于四年前创办。

△ 上海《旁观者图书月刊》创刊，主编为漫画家胡考，撰稿人有田汉、阿英、叶浅予等。

11 月 17 日 南昌行营电发湘水以西地区“剿共”计划大纲：一、方针：防堵中央红军长驱入黔与红军二、六军团会合占据湘西，计划于黎平、锦屏、黔阳以东，黔阳、武冈、宝庆以南，永州、桂林以西，龙胜、洪州以北“围歼”之。二、纲领：于红军抵达湘江、漓水前，在永州、宝庆、武冈、洪州、锦屏、黎平、桂林之线赶筑工事，构成据点，加强增密，于上述地区作坚壁清野之准备，并严密组织民团武装，扼要控置有力部队守备，若红军渡越湘、漓二水，各军应速相机堵剿。三、指导要领：湘军守备区为黄沙河以北，沿湘江经永州至宝庆，溯资源上游至黔阳，沿清江河至雍洞；黔军守备区为雍洞口，沿清江河上游至黎平，经中湖至洪州；桂军守备区为黄沙河，由漓水上游至桂林，经义宁、龙胜、古宜至洪州。各部均须完善各据点工事。计划重点在防止红军北入四川。

△ 红二十五师于罗山朱堂店附近击退敌“豫鄂皖三省追剿纵队”第五支队的进攻，当晚，在信阳以南的东双河与柳林之间越过平汉铁路西进。19 日进入桐柏山地区，旋向伏牛山区前进。

△ 樊崧甫部进占雩都。

△ 蒋介石电令第三师李玉堂速急攻占会昌，定 18 日抵长汀，19 日抵瑞金，21、22 两日占领会昌。同时，以李默庵师一部相机跟进策应。

△ 日本铃木中将是日起在上海召集华南、华北各地驻华日陆军武官举行秘密会议，到会者有驻济南武官花谷、驻广州武官知智、驻汉口武官渡边、驻南京武官高桥、驻北平武官柴山、驻上海武官影佐，以及天津驻屯军参谋长酒井和驻伪满特务机关长大迫等。会议协议统一今后对华态度，并听取铃木中将视察两广经过等等。翌日结束。

△ 通邮谈判继续，高宗武等就所奉准核定之会谈记录初稿婉转向日方说明。内容要点是：一、在山海关和古北口设置东方民信局为通邮机关；二、由东方民信局书面委托制成特种邮票专供入关邮件纳资之用，票面花纹由双方商定，不用文字；三、邮戳用西文，年月用公历；四、邮资各自自定；五、邮务上之文件等仅用某地邮局名义，年月用公历；六、普通信、明信片、快信、挂号同时办理，包裹汇兑另议。日方反对第一、二两条，双方争议仍无结果。

△ 安徽各地及河南东部灾民数千人，连日纷纷前往陕西觅食。是日，在潼关乘火车十余列去渭北等地。21 日，陕省政府电请豫、皖两省府阻止难民入陕。

11 月 18 日 中央红军先头部队分兵三路进攻黄沙河、全州线，恭城、灌阳线及富川、贺县线；以一部由道县王母桥及西头、东仙瑶佯攻黄沙河；又以一部由江华、永明出大路铺直指富川、贺县间白芒营牵制桂军，而以主力由蒋家岭出桂边之龙虎关、永安关、雷口关和清水关等四关，将桂军调至恭城、灌阳之线，用以破坏桂军移兵全州、黄沙河与湘军联防湘江之计划。是日，红军分别在白芒营和龙虎关与桂军接战。

△ 薛岳部抵达衡阳，接任“追剿军”第二路军司令官。

△ 中共中央革命军事委员会和中央军区共同指示红十军团进至开化、遂安、衢县、常山地区活动，争取建立皖浙边新根据地，并成立以方志敏为主席的军政委员会，领导刘畴西红十军团的活动。同日，方志敏、刘畴西率王如痴第二十、胡天陶第二十一两师北上，觅寻淮洲红军抗日先遣队共同北上抗日，由赣东德兴县之石人殿、九郎庙至叶家桥。翌日，红军经苏村开赴玉山，与浙江保安队第二纵队杜部作战。20 日，

红军进入浙西常山县草萍，又与浙江保安团蒋志英部接战。

△　黄郛为通邮谈判事分电蒋介石、汪精卫及唐有壬，报告通邮谈判与高宗武等意见分歧，致使局势闹僵，现时机已迫，要求从速决定方针以便应付。同日，蒋介石转汪精卫电致黄，希“注意磋磨，一字亦不轻轻放过”，“磋磨而不决裂，或亦交涉之一法。盖彼方贪得无厌，一问题解决，他问题又来，故不如多磋磨，使知我方亦不易与”。

△　中国会计学社在南京成立，赵棣华、卫挺生、潘序伦等九人任理事。

11 月 19 日　何键以薛岳、周浑元两部行动迟缓，是日电令改变计划：命第一路军刘建绪指挥所部主力集结黄沙河附近，与第二、三两路军联络，堵截红军北进；限第三路军周浑元部于 22 日全部到达道县，尔后与第一、二两路及桂军联络共同阻击红军；第四路军李云杰部经嘉禾向宁远及南部尾追；第五路军李韫珩部与第四路军及粤军联络，经临武、江华、永明尾追，并与桂军联络。

△　中央红军林彪、聂荣臻一军团攻占蓝山县城，全歼保安团一个营，各军团之大队集结蓝山附近，一部向连山方向南移。

△　余汉谋在韶关召开团长以上军官会议，决定实行缩短防线，巩固粤边及暗防蒋军入粤之方针；东江防务暂不更动，积极增固所有要塞工事；命张达师留守赣县、大庾，将黄任寰师开回梅县，黄质文师调返兴宁、五华，令邓龙光师开驻寻邬、安远，并将第三军军部由兴宁移驻惠州。

△　南昌行营电令宣告赣南、闽西反共军事告一段落，所有从前赣、粤、闽、湘、鄂五省“剿匪”军东、西、南、北四路军及预备军等战斗序列，着于 11 月 20 日取消，改自 12 月 1 日起另行划域绥靖，限期肃清，完成公路、组织地方、训练民众，处理该区善后事宜。

△　陈济棠任命独三师师长李汉魂为南路“剿匪”前敌指挥。

△　蒋介石在南昌行营扩大纪念周上作报告，宣称对江西苏区红军的“围剿”军事告一段落。并说过去“曾提三分军事、七分政治之口

号，但事实上或者还是用了七分军事、三分政治的力量”。同日，蒋至九江乘轮往南京。

△ 江西省政府遵照南昌行营训令，颁定兴国、石城、宁都、瑞金、雩都、会昌六县特区施政纲要。先在各县乡镇设置学校，任命乡长组织保甲等项反动措施，采用分区清乡，“剿”、“抚”兼施手段对付坚持苏区斗争的红军。

△ 立法院与军事、法制两委员会举行联席会议，重新审查《戒严法》。29 日，国民政府明令颁布，授与各地驻军司令官以“非常事变”随时宣布戒严权。

△ 伪满发表新任伪省长名单：奉天省葆廉、吉林省李铭书、滨江省吕荣寰、龙江省孙其昌、锦州省徐绍卿、安东省王兹栋、三江省金昌世、黑河省钟毓、间岛省蔡运升、热河省刘梦唐。同日，发表伪总务厅长名单：奉天久米成男、吉林三浦禄郎、滨江金井章次、龙江永井四郎、锦州皆川丰治、安东别宫秀夫、三江樋口光雄、黑河成泽直亮、间岛松下芳三郎、热河中野虎逸。

△ 宁波正大、南通通遂、临淮淮上、汉口楚胜及上海中国、大华、华明、大明等八家火柴厂在上海合组大中国火柴股份有限公司，资本定额 100 万元。

△ 中国天文学会发起，联合中央天文、气象、物理三所及北平物理研究所、青岛观象台、中山大学天文台等共同组织日蚀观测委员会，是日在南京成立，举蔡元培为会长。成立该会系因 1936 年 6 月 19 日、1941 年 9 月 21 日将有日全食见于我国。

11 月 20 日 李宗仁鉴于中央红军进攻恭城、灌阳及富川、贺县之线，桂林吃紧，遂由邕宁(今南宁)至桂林与白崇禧等召开“防剿”军事会议，团长以上军官出席。决定集中兵力于富川、贺县、恭城、灌阳、平乐之线，在兴安、全州之线仅留第四十五师黄镇国团部及民团防守，于咸水、兴安之线监视湘江西岸；以第十九师周祖晃部接防龙虎关防务，并赶筑富川、贺县及龙虎关至全州、黄沙河沿线碉堡工事；调第四十四师王赞斌部由粤北连山开往富川，以黄镇国与王部两师联防钟山、贺县；令第四十五师由龙州开赴恭城；命驻龙州督办李品仙负责左右两江防务；加派桂林民团陈恩元率一个团附民团两联队守全州；以平乐民团蒋如荃部注视富川、贺县；命梧州民团指挥石化龙率部驻防苍梧、昭平；于桂林设置第四集团军总部行营，由白崇禧坐镇指挥。同时，电请蒋介石允许桂军南移恭城，并要求蒋转饬何键急调所部南驻全州、灌阳之线。

△ 刘湘抵南京，当晚接见各报记者，表示“四川为‘中央’之四川，本人负川省善后责任，一切惟‘中央’之命是从”。次日谒见林森、蒋介石等。旋与蒋等商订整顿四川军事、政治及财政办法。24 日议定：一、军事由刘湘负责，刘湘同意蒋介石派南昌行营参谋团入川，蒋答应给与军饷补助；二、改组四川省政府，确定其人选；三、整理财政，先由南京派员入川视察，之后再拟具体办法。

△ 伪满公布，免张海鹏第五军管区司令官职，遗缺由王静修继任。免去王静修原任军政部次长职。

△ 山东齐鲁大学学生要求正式产生校长，反对少数西籍校董操纵校务，是日向校方请愿无结果。26 日举行罢课，并要求撤换医学院院长史尔德（西人）。28 日，学生向省政府教育厅请愿。12 月 1 日，教育部电省教育厅改组该校。6 日，校董会决议暂由李植藩代校长，学生表示坚持反对。7 日，校董事会决议以孔祥熙任董事长，聘梅贻宝任校长，学生同意。翌年 1 月 4 日，齐鲁大学复课，风潮结束。

△ 江西省政府划瑞金、石城等六县为特别行政区，并拟具所谓《施政建设纲要》，从政治上加强其对该地区的反共措施。

11 月 21 日 中央红军彭德怀、杨尚昆第三军团一部于午夜攻占道县城。红军一、三、五等军团大队进入宁远南部之下灌、四眼桥等地，在宁远大道且战且走。翌日，周浑元纵队之萧致平、谢溥福、郭思演、万耀煌四师抵达宁远，向宁远大道及道县尾追。

△ 庞炳勋第四十军李运通旅开赴新野防堵程子华、徐海东红二十五军入川。红军进入湖北枣阳新街内、鹿头镇，李福和师开至祁仪镇

截击。翌日,红军由苍台进入双沟镇,被枣阳驻军第四十一师一部堵击。红军折向随县北部邢家川、四王山、响川、大张庆,在邢家川、四王山与上官云相部刘、邢两支队激战数小时,当夜转入石柱山、二郎冲。

△ 唐有壬奉蒋、汪之命由京抵平,与高宗武等商讨通邮谈判中的问题,重新修订通邮会谈纪录初稿,使之与日意见接近,以作最后之交涉。同意日方在“通邮由双方邮政机关间行之”句下,增加“在山海关、古北口二处分设转递机关处理一切事务”一句;邮戳同意大地名用西文,小地名得参用汉文等等。

△ 教育部派蒋梦麟、刘湛恩为出席菲律宾东亚高等教育会议代表。

11月22日 蒋介石电告何键,已准桂军南移恭城,策应富川、贺县、兴安、灌阳之线,饬何部向江华、贺县推进。白崇禧即由桂林至恭城督战。桂军在兴安、全州的主力南移恭城,所遗防务由湘军填补。兴安、全州防线一时空虚。同日,桂军韦云淞师在贺县白芒营与红军林彪、罗炳辉第一、九两军团接战。翌日,红军一部退返江华,大部入界牌、井塘。

△ 南昌行营以养(22日)酉电要求湘、粤、桂各部队共同注意:一、无论追、堵部队,应不分畛域,合心同力追堵;二、任堵剿之部队,务须切实严密防堵,以便追击队之夹击,其守城及封锁者不得擅离职守,否则以军法治罪;三、任追剿之部队宜与红军保持接近,以主力击破之;四、空军除侦察轰炸外,应多置通讯筒以取联络,并与各部协同作战。

△ 李玉堂师遵蒋介石令向会昌进犯,项英令红军第二十四师及独立第十六团等部潜伏湾塘岗,待李部第九旅行抵该处,突行出击予以包围。李玉堂赶率第八旅救援,红军主动撤入会昌西北大山。是日,李玉堂部进占会昌。

△ 新红十军方志敏部进至常山县芳村,浙江保安处派兵两营间道赶往堵截,并电令常山、开化两县驻军及保安队防范。翌日,红军经芙蓉镇向西北入皖。

△　伪满“国务会议”通过《蒙族行政改革案》，将原兴安总署扩充为蒙政部，于大臣之下置总务、民政、劝业三厅。以原兴安署长齐王继任大臣，分设兴安北分省，公署设海拉尔；兴安东分省，公署设扎兰屯；兴安南分省，公署设王爷庙(乌兰浩特)；兴安西分省，公署设大板上(林西)。

△　长芦盐署特务大队在河北平山、深泽两县间与当地农民冲突。特务队开枪杀害群众多人，激起万余农民公愤，群起包围。于学忠第五十一军骑兵第四师郭希鹏率兵赶往镇压。

△　财政部为防止奸商将现银由内地偷运出口，命令江海关凡国内运输现银须有财部护照方准起运，如无护照，概以私运论，其货物全数照章没收。同时饬关税署令各地海关严缉私运。

11月23日　拂晓，红一军团第二师第四团、第五团分别攻入道州城，潇水天堑被红军突破。当日，林彪、聂荣臻率红一军团直属部队进抵道州，组织工兵在潇江上多处架设浮桥，以保证中央红军顺利过潇水。与此同时，红二师第六团也在道州以南各渡口架设浮桥。红九军团也攻占了潇江上的另一渡口江华，为红军大部队迅速通过潇水造成了有利的态势。

△　何键接蒋介石22日命令南移江华、贺县电后，是日一面电复蒋，表示再无余力继续南移，一面以漾(23日)申电令命其所部接防桂军防线：命第三、四路军尾追中央红军；第二路军克日集结东安附近与第一路军联络，并派一部开赴城步赶筑工事；第一路军沿湘水上游伸展至全州线，与桂军联络；第五路军经临武、蓝山尾追，与第三、四路军之进展相策应，并与桂军联络。

△　红二十五军由鄂北迂回进至河南平氏东南之歇马岭、栗园，又与上官云相部裴昌会支队在歇马岭遭遇。当天，红军再东进张官带、石头坡，李福和师由湖阳镇开赴平氏防堵。次日，红军转入泌阳县东部之高邑、铜山沟。李师由平氏赶至竹园，与刘、邢、裴三支队共同开赴二郎庙，红军向马古田东部急进。26日晚，红二十五军在独树镇距许昌、南

阳公路20公里处与第四十军一部遭遇战，突破包围圈，进入伏牛山区。

△ 通邮会谈在平作最后之谈判。日方仍提出本月14日所提之七条“申合事项”案，声言除文字可稍作商定外，其精神绝不能丝毫变动，如不立时允诺，即作为谈判破裂。高宗武等俯首就日方所持七条作文字之讨论。至翌日晨，高宗武等完全屈从日方要求，接受日方所提七条大纲。详细办法由高宗武和邮务长余翔麟与伪满邮政督办日人藤原保明续洽。

△ 日本强迫东北20万青少年组织“爱路青少年队”，规定凡10岁至20岁居住铁路沿线者一律加入，在日伪军宪监督下“强化其铁路爱护村”。

11月24日 南昌行营以敬(24日)酉行战电规定闽、赣绥靖区部署如下：一、以顾祝同为驻赣绥靖主任，孙连仲、刘兴、毛炳文、陈继承、谭道源、余汉谋、张钫、赵观涛为第一至第八绥靖区司令官，李生达、郭汝栋为第二、第四绥靖区副司令官，均归顾祝同指挥。陈诚为驻赣预备军指挥官，罗卓英为副指挥官，辖四个纵队，以樊崧甫、罗卓英、汤恩伯、刘绍先为第一至第四纵队总指挥，均归陈诚指挥。二、以蒋鼎文为驻闽绥靖主任，刘和鼎、卫立煌(兼)、李延年、王敬久为第九至十二绥靖区司令官，李默庵为第十一绥靖区副司令官，卫立煌为驻闽预备军总指挥，均归蒋鼎文指挥。三、以上部署，着自12月1日起实行，但各部在未负绥靖任务，或未交接防务以前，仍旧完成各原来任务。

△ 中央红军各军团、纵队根据红军司令部的部署，从几个渡口陆续渡过潇水，已经渡过潇水的红一军团继续向蒋家岭、文市挺进。红一军团一师掩护中央红军渡过潇水。彭德怀、杨尚昆红三军团在龙虎关一带击溃桂军周祖晃师。红军大队二万余人突破龙虎关、永安关、雷口关、清水关等四关。红五军与李云杰第二十三师在红岭发生遭遇战。当夜，迅速脱离追敌，陆续西行准备渡潇水。

△ 贺龙、萧克红二、六军团由塔卧掉头北进攻占大庸，歼灭朱华生旅一部，以一部东进梧溪河，歼灭刘膺古部约二个团。至此，红二军

团、红六军团已占领永顺、桑植、大墉三个县城及广大地区，为红二、红六军团在湘、鄂、川、黔边创立根据地奠定了基础。

△ 寻淮洲红军抗日先遣队至遂安县白马、上坊等地，在白马市击溃俞济时部第二纵队两个团。翌日，由上坊渡新安江经安阳畈入淳安港口，26日夜抵淳安北乡桥西金贤渡一带。28日、29日入临歧山中。30日，红军北进分水，俞济时指挥浙江保安团队等部堵击。红军在百岁坊与王耀武部激战数日，击溃王部。

△ 吉鸿昌、任应岐于22日被押至北平，关禁在炮局胡同陆军监狱。23日受到审讯。是日，吉鸿昌在陆军监狱之刑场英勇就义，临刑前以手为笔在大地上疾书绝命诗一首："恨不抗日死，留作今日羞。国破尚如此，我何惜此头！"任应岐同被杀害。

11月25日 上午，中央红军全部渡过潇水。下行5时，中革军委主席朱德命令抢渡湘江，向全州、兴安西北前进。红一军团主力为第一纵队；红一军团第一师、中革军委第一纵队及红五军第十三师为第二纵队；红三军团、中革军委二纵队及红五军团第三十四师为第三纵队；红八、红九军团为第四纵队。同时，中共中央和红军总政治部下达"突破敌人第四道封锁线，并强行渡过湘江"的命令，要求野战军全部人员最英勇坚决而不顾一切地行动，进攻部队应最坚决果断地粉碎前进路上一切抵抗，并征服一切天然的和敌人设置的障碍。25日，何键以有(25日)戌电令，命刘建绪部担任黄沙河(不含)至全州之线防务，置重点于全县东北，与桂军及薛岳部夹击红军。湘江战役开始。

△ 唐有壬离平返京，携回通邮大纲全文，交汪精卫提出中央政治会议及国防会议报告，经两会讨论获准备案，准由高宗武在平就通邮事进行技术谈判。

△ 天津日驻屯军集结唐山、滦州地区大演习。26日起，1600名日军在梅津指挥下于开平、雷庄举行攻守军事演习三日。28、29两日又演习争夺战，出动坦克、装甲车、重炮、飞机，枪炮密如联珠，居民受惊，数百亩农田被毁，农民损失甚大，北宁路唐、滦段交通中断，30日结束。

△ 全国民信局各地代表 100 余人在上海召开紧急大会，决定于下月国民党五中全会召开时前往南京请愿，要求展期结束民信局，倘不展期，则请政府救济。29 日，12 省代表又续开紧急会议，决定要求民信局延期五年结束。

11 月 26 日 白崇禧至平乐指挥，调集桂军主力夏威、廖磊两军于兴安、灌县之线阻击中央红军，以黄镇国师由富川、贺县移至兴安协同民团控制湘江沿岸之咸水、伏华铺、深布坪之线；以王赞斌、韦云淞两师移至灌北新圩、苏江、咸水、界首之线；仍以覃联芳师在道县尾追。

△ 薛岳部奉何键命令推进零陵至黄沙河之线，集主力于东安附近，策应第一路军刘建绪部堵截中央红军。翌日，薛部第九十师经石期站开往东安，第五十九师亦经蔡家埠、井关墟开往东安，均于 28 日到达；其第九十三师除以一团守备零陵外，将主力开往渌埠，28 日向火烧桥、东湘桥方面警戒；第九十二师 28 日进抵黄沙河，向文村、清水关、东湘桥方面警戒。

△ 林彪、聂荣臻率红一军（缺红一师）为第一纵队，由文市向全州以南急进；红一师完成掩护后与第二纵队向文市、新圩前进；第三纵队向兴安前进；第四纵队向灌阳和兴安前进。

△ 卢兴荣第五十二师进占闽西清流。

△ 中共湘鄂川黔边省委在大庸县城宣告成立，任弼时任书记。同时成立湘鄂川黔革命委员会和军区，以贺龙兼革命委员会主席、军区司令员，开创湘鄂川黔革命根据地。12 月 10 日省委迁永顺县塔卧，提出打土豪、分田地等建设根据地的各项任务。

△ 余翔麟在北平续与日方商谈通邮技术事项，至 30 日，我方提出补救办法，如要求在山海关、古北口现有邮局之下，由商民与天津邮局订立合同，组设一“汇通转递局”作为居间之承转机关等。日方以通邮目的达到，对细节问题未再纠缠。

△ 国联发表关于满洲通邮问题文件一宗，略谓顾问委员会曾于 5 月 16 日决定，在不承认伪满洲国的原则下拟定建议办法若干条，于 6

月 4 日及 7 月 4 日分别通函各会员国及非会员国征求同意，各国复文均接受建议。是日，国联秘书处公布国联通函三类和各国政府复文三类，各国均表示接受国联之建议。

11 月 27 日 红一、红三军团先头部队在全州、兴安之间突破敌人的第四道封锁线，渡过湘江，并控制界首到脚山铺之渡河点。桂军廖磊率韦云淞、王赞斌两师展开于灌北新圩、苏江、石塘至咸水南部之线堵截红军渡江。红军彭德怀、董振堂、周昆第三、五、八军团在新圩等地连续四次突破桂军战线，双方死伤重大。红军第八军团在渡江中遭受严重损失。同日，刘建绪率湘军陶广、章亮基、陈光中等师由东安、黄沙河移驻全州，从全州向西南方与桂军配合堵截中央红军渡江。

△ 南昌行营以感（27 日）电颁发赣、闽两省"绥靖"计划：以占领赣南、闽西各县，同时以护路及封锁、构筑碉线和划区"清剿"、发展交通、组织地主武装为方针，以划分"绥靖区域"，搜索红军余部，完成各重要公路，完成地主武装之训练，处理原苏区善后为纲要，要求各绥靖区内部队应负守备"绥靖"等任务，各预备军应负"清剿"及构筑主要公路任务。其进行步骤：第一期以樊崧甫纵队及第四十三师自兴国进占雩都，并构筑兴（国）、雩（都）及雩（都）、会（昌）碉线；以汤恩伯纵队（欠第八十八师）由石城至宁都县长胜圩构筑宁（都）、瑞（金）碉线；以东路李延年纵队由瑞金进占会昌，并构筑瑞（金）、会（昌）碉线；另以卢兴荣师由永安进占清流、宁化，筑成碉线；并由卫立煌抽队筑建宁（都）、长（汀）碉线；由罗卓英纵队及第八、第二十四两师并第一一七旅构筑新安圩、宁都公路；赣、闽两省公路亦应派员参加，其余各队均需在其防区内加紧搜查红军。第二期从 12 月初至次年 5 月底，完成划区"绥靖"、交通、组训地主武装及处理该地善后等项。

△ 汪精卫、蒋介石在南京联名通电，建议五中全会厘定中央与地方职权，并列举五项标准，俾集思广义：一、关于法制，中央规定政治原则，地方制定实施办法；二、关于用人，地方可选择保荐，由中央任命；三、全国财政税收，由中央管理；四、军队由中央统一，地方可调遣警察

与保安队，若购买国外军火，统由中央代购；五、关于地方行政及经济设施，须呈请中央核定。通电并再次重申“救国之道，莫要于统一与和平，治标则反共，治本则生产建设”。

△ 蒋介石在南京接见日本大阪《每日新闻》记者，回答所提有关中日关系问题称：“中日两国惟有以道德与信义为基础，方得解决一切问题。”

△ 行政院第一八八次会议，决议任命杨震文为河南省立河南大学校长。

11 月 28 日 林彪、聂荣臻率红一军团红二师渡过湘江。红一师由寿佛坪、牛路口经高明桥、蒋家岭、永安关向文市前进，与红十五师在文市及其西北地区抗击敌人，掩护中央红军主力西进。同日，中革军委颁发关于各兵团行动部署之命令：“我军拟 29 日起至 30 日止，全部渡过湘江，并坚决击溃敌人各路的进攻。”桂军周祖晃师在文市、新圩、苏江与红军彭德怀、杨尚昆三军团展开激战，廖磊率一部由李家枧、石塘向红军包围，黄镇国师由伏华铺、深布坪之线夹击，红军退出新圩转入麻子渡；湘军陶广、章亮基两师在路板铺、沙子堡、高车等处与红军一部接战。红军大队续由咸水、界首间渡河。

△ 蒋介石电白崇禧等，责问“何以全州至咸水之线无守兵，任‘匪’从容渡河，殊为失策。窜渡以后，又不闻我追堵各队有何处置”。饬令湘、桂军一面对已渡河之红军，照白崇禧、刘建绪原商夹击办法，“痛予歼除”；一面严堵尚未渡河之红军。并照何键预定计划，速以大军紧追，迟滞红军之行动，使追军得以追击及“兜剿”。

△ 黄慕松离拉萨，12 月 5 日经江孜赴印度，于翌年春返抵南京。黄离藏时国民政府特派刘朴忱等常川驻藏，担任国民政府驻藏官员，随时接洽有关事项。

△ 清华大学教授冯友兰等 11 人在北平被捕，立即解往保定讯办，29 日释放。12 月 1 日，天津《大公报》对此发表短评，谓冯友兰教授事件“叫人感觉啼笑不得”，“实在予人以当局说话不应点之感”，“希望

类似事件以后不再发生”。

△　江西省试行征兵制，是日省府通告各县广为宣传。12 月 10 日，赣省政府设征兵委员会，令各县征兵，第一期定下年 1 月入伍。

11 月 29 日　林彪、聂荣臻指挥红一军团红二师在脚山铺、朱塘铺、咸水圩等地抗击“追剿”军第一路司令刘建绪部的攻击，掩护中央红军主力抢渡湘江；彭德怀指挥红三军团红四师在兴安县与界首渡河点之间的光华铺，阻击桂军第四师的猛烈进攻。红军大队续经麻子渡、界首等处渡河。

△　蒋介石密电孔祥熙，邀约法国航空制造五大厂代表来华，商订购买飞机事项。

△　英商青岛大英烟公司无故开除工人 73 人，工人全体罢工反抗。嗣经社会局调解，仅允少数女工复工。

11 月 30 日　中共中央第一纵队从界首渡过湘江，军委第二纵队从界首以东月亮山附近，红一军团第十五师、红五军团、红九军团各一师从凤凰咀一带涉水过湘江。红三军团第五师、第六师（缺第十八团）从界首抢渡湘江。红一方面军尚有四个师一个团未完成渡江。

△　何键致电南昌行营驻湘专员刘文岛，告知红军渡河及湘军战斗情形，指责桂军在“全（州）、兴（安）碉堡线无一守兵，兴安有桂军一团闭城固守”，借以推卸中央红军突破第四道封锁线的责任。电文并对蒋介石不肯增援湘西深表不满。略谓：大庸、常德、桃源、慈利、石门为红军攻占，“告急之电，雪片飞来，因迭电请求委座增调部队，迄未奉准”，“遂致无可置答”，“不解中枢对‘剿匪’大计何以忽尔淡视若此”。

△　白崇禧致电南京何应钦、黄绍竑及广州张任民等，以“我方兵力单薄，阵地太宽，无力将其击破”为辞，对中央红军突破第四道封锁线推卸责任。

△　卢兴荣第五十二师进占闽西宁化城。

△　陈济棠颁布新订封锁计划：电令余汉谋于连山、阳山、乐昌、仁化设封锁处，于长江圩各要口设分处，限本周内成立。

△　蒙政会为开发锡林郭勒盟和察哈尔部实业，在张家口组织蒙古实业公司，资本额 100 万元，专制罐头、毛呢等项。

11 月下旬　中共中央苏区分局在陈毅提议下召开分局会议。会上陈毅提出全面转入游击战争的建议，决定派邓子恢、谭震林、陈潭秋等到闽西与张鼎丞部会合，派毛泽覃到福建，派李才莲到闽、赣，分别领导各地游击战争。

是月　伪满吉林省公署令濛江县公署择地建筑飞机场，以便进攻东边道地区的抗日义勇军。

△　天津福星面粉公司以营业不振停工。

△　教育部拟订实施义务教育五年计划，以为将来全国推行义务教育的根本办法。

12　月

12 月 1 日　中央红军红五、红八、红九军团等后续部队尚未渡过湘江，敌人从四面压来，红军阻击线或被突破，退路或被阻断，形势岌岌可危。凌晨 1 时半，中革军委主席、红军总司令朱德急电红一、红三军团，继续阻击由兴安北上、全州南下之敌，并钳制周浑元追击军。3 时半，中共中央、中军革委、总政治部联名电令红一、红三军团，不顾一切牺牲，保证我野战军全部突过封锁线。凌晨，红五军团第十三师，中午，中央纵队及后卫相继渡过湘江。下午 5 时，除红五军团第三十四师、第三十八师和红三军团第六师第十八团外，红军主力全部渡过湘江。自上月 25 日以来，中央红军突破敌人六个军 16 个师合围的第四道封锁线，脚山铺阻击战五天五夜，敌众我寡，且受敌机轮番轰炸，红军官兵血染湘江，由出征时的 8.6 万余人，锐减至三万余人（包括湘江战役前，突破敌三道封锁线，红军因打仗、掉队、逃亡造成的减员 2.2 万人在内），湘江之役结束。

△　湘军追抵咸水后折回湘西防堵，何键遂改编“追剿”军所部为

第一、第二及后备兵团，以便指挥。是日，以刘建绪为第一兵团总指挥，辖第一路（司令陶广）、第四路（司令李云杰）、第五路（司令李韫珩）及李觉师（缺两旅）并补充各团；以薛岳为第二兵团总指挥，吴奇伟为副总指挥，辖第二路（司令吴奇伟兼）、第三路（司令周浑元）；以刘膺古为预备兵团总指挥。

△ 何键将其兵力集中于湘、桂、黔边，防止中央红军北入湘西与贺龙、萧克红二、六军团会合。是日以“追剿总部”名义下达电令：命其所部迅速向新宁、城步、绥宁、靖县方面转移；着刘建绪部除以一部尾追外，其第一路主力由现地经新宁、城步入第二封锁线截击；第四路着王东原出洪江，李云杰继后，置于海溪口、长铺子附近第三封锁线；第五路着置于武冈、花园、瓦屋塘第四封锁线；第二路薛岳部向武冈前进。

△ 中央红军大队全部渡过湘江、漓水。湘军章亮基、李云杰及何平各部追抵咸水、麻子渡、珠兰铺、觉山、全州。翌日，红军先头部队进至越城岭（老界山）入西延山脉。

△ 白崇禧电蒋介石、李宗仁、陈济棠、何键，对蒋电责各点，表示“读后不胜惶恐骇异”，除陈述桂军与红军作战经过外，并对蒋亲自指挥的闽、赣“剿共”军薛岳等部裹足不前，反唇相讥。

△ 驻闽绥靖公署在漳州成立，蒋鼎文就主任职。翌日，驻赣绥靖公署在吉安成立，顾祝同就主任职；刘峙在河南开封就任河南保安司令兼职。

△ 日关东军在锦州设立电台，专对关内广播。

△ 美国政府训令驻日大使格鲁，对伪满石油专卖问题勿与伪满直接交涉。美国务院并令格鲁向日本政府严重抗议，谓石油专卖系违反《九国公约》维持门户开放之精神，其责任在日本方面。

△ 外交部派童德乾为驻奥地利代办。10日，国民政府令免刘崇杰兼驻奥地利公使。

△ 孙科、王宠惠、傅秉常等衔蒋介石、汪精卫之命由沪赴港往晤胡汉民及西南中委，商议召开四届五中全会事项。同日，西南各中委集

议应付办法，并派萧佛成赴港与胡商榷。3日，孙等一行抵港访胡汉民，谋说服胡汉民等前往南京，结果失败。8日，孙等先行离港北返。王宠惠留港、粤再度与胡汉民、陈济棠等接洽。

△ 是日起，全国水利委员会接收导淮委员会、黄河水利委员会、广东治河委员会、太湖流域水利委员会、扬子江水道整理委员会、华北水利委员会、整理海河善后工程处、永定河河务局暨工款保管委员会及内政部湘鄂湖江水文总站等水利机关，统筹办理全国水利事业。

△ 伪满铁道部委托满铁会社添建林口至密山，索伦至温泉，四平街至西安三条重要铁路建成，是日通车。

△ 伪满铁路总局新建汽车公路七条开始营业。其七条路为：热河赤峰经乌丹城至林西；三角地带大孤山至凤城；珲春至东兴镇；绥芬河至东宁；扶余经大赉至洮南；洮南至突泉；索伦至五叉沟。

△ 绥远毛纺织厂正式开工，由绥远省政府与中国银行、海京毛织厂等合办。资本额30万元，为绥远第一家新式工厂。

△ 湖南长沙《大公报》发表短评，抨击何键扼杀新闻自由。略谓："今日大事不敢言，小事言也无用。不言又不足以尽言论之职责。""假使长沙各报均关门大吉，试问长沙成了一个什么世界？""今虽云是新闻的厄运，亦未始非社会的厄运。"

△ 上海《光华日报》创刊，由顾古香、季一株、杨曜三等发起。编辑及特约撰稿人王天恨、周一帆、冯葭初、王于一、袁流沙、龚乳凤、徐冰若、徐亮、谢静之等。

△ 上海《大众日报》创刊，由吴卓愚主办。

△ 上海《食货》半月刊创刊，主编陶希圣，上海新生命书局发行。该刊为中国社会经济史之学术刊物，内容有历代地租、赋税制度、农业、手工业、金融货币之沿革等等。出刊至1937年8月，共出63期。

12月2日 "追剿"总司令何键改编"追剿"军，重新部署：一、原"追剿"军所属第一至第五路番号一律取消；二、派刘建绪为第一兵团总指挥，辖第十五、第十六、第六十二、第六十三各师及第十九师一部，除第十九师主力由兵团直辖外，其余编为第一兵团，第一路军即日由全州移至新宁“堵剿”；三、派薛岳为第二兵团总指挥，除第七纵队吴奇伟部改为第二兵团，第二路军仍归指挥外，第八纵队周浑元部改为第二兵团第三路军，改归该兵团部指挥，并着该兵团即由黄沙河、全州一带移至城步“堵剿”；四、第二十三师李云杰、第五十三师李韫珩部，即由东方向武冈推进“堵剿”，归“追剿”军总部直接指挥。

△　白崇禧至兴安编组桂军，以第十五军为第一追击队，由夏威任指挥官，辖第四十三师（师长黄镇国）、第四十四师（师长王赞斌），入西延尾追；以第七军为第二追击队，由廖磊任指挥官，辖第十九师（师长周祖晃）、第二十四师（师长覃联芳），于兴全一带尾追，经龙胜、古宜抄袭红军侧面，并防护柳江上游，以湘黔边境为进军方向，共计兵力14个团。

△　红军抗日先遣队寻淮洲部经浙江昌化白果庄越天目山再入安徽，4日入绩溪，拟由大石门进占胡东司，截断芜屯路交通。浙江保安队赶至双河口堵截，红军全力攻击丛山关，又为宁国、宣城各保安队及浙江保安队在观音桥所阻。6日，红军攻占旌德县城，浙江保安处处长俞济时赴昌化，督率所部尾追。皖保安处长兼督办皖南防卫事宜特派员蔡丙炎抵宣城，电请蒋介石加派重兵。其后，红军改入休宁县，在兰渡击溃国民党军第二十一旅。

△　上海狮吼剧社成立，社长朱学范，副社长徐治国，导演欧阳予倩、应云卫、袁牧之。

12月3日　红五军团第三十四师接受担任中央红军殿后任务，同第三路周浑元部血战多日，被阻隔无法渡江。师政委程翠林、师政治部主任蔡中先后牺牲。师长陈正湘决定率部返湘打游击。是日晚，师长在道县突围中受重伤被俘牺牲，参谋长王光道率余部在敌重围下，大部光荣献身。

△　何键派李觉于兴安会晤白崇禧，商定联合进攻红军步骤。白崇禧决定派廖磊及桂军民团由龙胜出古宜，会同李觉部向湘黔边境堵

截，以夏威部担任追击。

△ 方志敏率红二十、二十一两师入婺源县境，6日至浙西开化县边界塘火村与开化驻军接战，随又返回婺源县江湾、龙湾，北入安徽祁门县上溪口附近，赵观涛部衔尾紧追。

△ 程子华、徐海东红二十五军入栾川、陶湾、伊河，第六十师陈沛部一营进驻戴沟口附近防堵，一连入卢氏县城协防。次日，红军入卢氏县叫河附近。5日，陈沛派侦察连协同团警向叫河方向作火力侦察，红军向东北入大石河、文峪，连夜经卢氏城南，沿洛平向西前进。上官云相部尾追，将其总部由许昌移设灵宝。

△ 徐向前红四方面军大部集结嘉陵江上游仪陇、南部、苍溪、阆中地区。是日，红军抢渡嘉陵江未成，将主力移向宣汉西北官渡场。

△ 高敬亭红二十八军一部在霍山、立煌南部长山冲附近与第十一路军刘茂恩部五团激战数小时。战后经前后坂北移。

△ 伪满民政部发布《集团部落建设》文告。在伪间岛省发展"集团部落"，全面推行归屯并户，以对抗日武装进行政治围困和经济封锁。

△ 全国华商纱厂联合会举行紧急会议。决议公举郭顺、聂潞生、刘靖基、张则民等人再度赴京请愿，要求免于加征统税，以维持营业。6日，行政院及财政部接见人表示对纱厂方面的困难十分理解，郭等当夜返沪。

12月4日 湘军王东原部抵全州，奉何键之命向湘西转进。翌日，王部由全州出发，经新宁、武冈、绥宁、靖州，于18日先后到达广平、会同之线。

△ 薛岳部主力抵新宁，当即策定推进武冈之计划，并电请周浑元于6日到达新宁跟进。6日薛部主力达武冈，7日起直趋洪江，以期赶至红军之前。

△ 贺龙、萧克红二、六军团一部由永顺南进王村，随掉头折入大庸。6日转往沅陵，进入四都坪，在湘西继续发动攻势。

△ 行政院决议：河北省省会由天津迁回保定。

12 月 5 日 国民党中央政治会议议决：特任朱培德代理参谋总长，唐生智为训练总监，陈调元为军事参议院院长；内政部长黄绍竑辞职照准，遗缺由黄郛兼任；追认国民政府明令特派顾祝同为驻赣绥靖主任，蒋鼎文为驻闽绥靖主任，并裁撤赣粤闽湘鄂"剿匪"军东、西、南、北各路总司令部及预备军总司令部；盗窃及偷运故宫古物案，交该管机关严厉究办。

△ 下行 4 时半，红军总司令部命令中央红军向通道以南地区前进。是日，林彪、聂荣臻率红一、红九军团为右翼，翻越湘桂边界之越城岭（老山界），进至车田以西地域；彭德怀、杨尚昆率红三军团为左翼，翻越老山界到达河口、八滩地区；董振堂、李卓然率领红五军团到达千家寺宿营；红三军团、红五军团在大榕江一带交接防务。

12 月 6 日 胡汉民就孙科、王宠惠在香港商谈所谓"和平统一"及邀其北上南京之经过，向北平法文报《政闻社》记者发表谈话。略谓："今日所争执者，为国家民族存亡之问题及主义政策之实行问题，决不能徒以情感两字掩盖一切。"指责蒋介石以"所谓均权政治，好名词欺饰外内，骨子里实行军制"。"蒋如果真正无意图南，应移兵入川'剿共'。王、孙确已南下，如宁方接受齐、有两电（齐电 9 月 8 日，有电 9 月 25 日，电文见是月该日条目），一切可迎刃而解"。要求："履行（民国）二十年和平会议及第四次全国代表大会决定之方案，以期达到真正之和平、统一、均权：一、须开放人民言论、集会、出版之自由；二、须确定入川'剿共'，对西南各省不作大兵压境威胁；三、对朋友、同志不得敌视暗杀，立即解散杀人之组织。"

△ 红二十五军经龙驹、黑沟西进，陈沛派队尾追。7 日，红军经官坡入兰草镇，陈部第二团及陕西雒南县保卫团开驻雒南县属景村、黄村、箭竿岭、鸡头关防堵。8 日，红军在箭竿岭击溃保卫团，经鸡头关入雒南县黄家村（三要司）。又于黄家村与陈团接战，歼其一营，缴获甚多，战后入古城。9 日，陈部向黄家村、古城尾追，红军转向西南，经雪家、泥岭、核桃坪入余家河。

△ 察绥统税局榆关分所在山海关设立，所长荣树杞等开始办公。

12 月 7 日 国民政府令免朱培德原兼代训练总监部训练总监职，特任朱为代理参谋本部参谋总长；免去唐生智原军事参议院院长职务，特任唐为训练总监部训练总监；特任陈调元为军事参议院院长；准免黄绍竑内政部部长职，特任黄郛兼内政部部长；准免贺耀组参谋本部参谋次长职，任命杨杰为参谋本部参谋次长。

△ 日本冈田内阁根据陆军、海军和外务三省的提案制定所谓《对支新政策》。主要内容是：南京政府的“指示原理与日本国策根本不能相容”，必须将南京政府在“华北的势力减到最小限度，最大限度的扶植山西、山东、西南反国民政府的势力”；“使中国成为以日本为中心”，扩张日本在中国的经济权益，以日本势力控制中国，“使该国只能接近我方”；“在一般官民之间，应创造对日依赖之气氛”，以便逐步使华北脱离南京政府的统治，建立亲日的汉奸政权，并创造便于使“日、满、支亲善”的环境和条件；诱导“中国政局有利于我的方向转化”，“利用其走投无路的内政，使之除接近我方之外，至别无他路可行之境地”。

△ 教育部在南京举行全国职业教育讨论会议，出席代表 50 余人。会议讨论职业教育指导、法令、经费、毕业生出路及各省、市应如何实现部定中等学校的设置与经费支配等 10 案，决议由教育部督促各地实行职教法令，于各厅、局设置专员办理职教。9 日结束。

△ 陈济棠通电全国，宣告已遵令将南路军总部结束。15 日，南路军总部交由第一集团军总部完全接收。

12 月 8 日 “追剿”军总司令何键奉蒋介石电令，命第一兵团总指挥刘建绪、第二兵团总指挥薛岳，“窜匪”“似有沿湘、桂边境西窜贵州企图”，“应以不使该匪漏窜入黔，令合川匪或蔓延湘西，与贺、萧合股之目的，将其围剿于湘、桂边境而歼灭之”。

△ 日本走私船偷载日货由大连驶抵秦皇岛，抗拒海关检查，枪击海关巡员，致使三人受伤（重伤者一人，医治无效死亡）。税务司阿克特电请财政部、总税务司及平政整会向日使馆提出严重抗议，并往北平访

仪我，未获结果。16 日，阿克特返回秦皇岛候复。

△ 中美银行在上海成立，美人赫克门任董事长，李鑫五等为理事，王治易等为监察。向美国政府注册。

12 月 9 日 东北人民革命军杨靖宇部进袭通化东北部满里。

△ 桂军桂林行营发出所谓“告捷电”，报告夏威部自 6 日以来在兴安地区司门前、千家寺、江底，廖磊部 8、9 日以来在龙胜县之河口、马蹄街等地与中央红军第八军团周昆部作战中，先后俘红军战士 5000 余人。

△ 财政部布告，凡运往国外之银器及外国银币，均应一律视同银类，照征出口税 10%，并加征平衡税。

△ 国民党湖北省党部为反对革命文艺之传播，特在武汉成立“轮底文艺社”，举徐子衡等九人为干事，以推行其封建法西斯的反动文艺。

12 月 10 日 国民党四届五中全会在南京开幕，14 日闭幕。出席中央委员 106 人，会议通过宪法草案原则、刷新政治与民共始案原则、划分中央与地方权责纲要及切实整理军队并保障官兵待遇等提案，并决定于下年 11 月 12 日召开第五次全国代表大会。会后发表宣言，重申坚持“攘外必先安内”的政策，声称“雪耻端在自强，救国图存之道当以充实国力、修明政治为先务”。

△ 中央红军先头部进入湘西，占领通道城，大队至临口、下乡，一部由长安营、岩寨、江口与大队会合。之后，仍分两路：一向黎平；一向锦屏，后卫仍在桂北河口、江底与黄镇国师作战。次日，红军一部取道向黎平推进。

△ 红军方志敏部抵达歙县汤口镇，寻淮洲部由休宁进至黄山麓汤口西部新村镇会合。两军按中共中央指示，正式组成红十军团，由方志敏、刘畴西、乐少华、聂洪钧、刘英等组成政治委员会，作为党、政、军最高领导机关，以方志敏为主席，由刘畴西任军团长，下辖第十九、二十、二十一师，原第七军团改为第十九师，共同向北挺进。蒋介石调集五个师、两个独立旅、四个保安团及地方武装，分路由北向南猛扑黄山红军。

△　刘湘离开南京，19 日经武汉返回重庆。

△　日本陆军省正式发布命令，任命前陆相南次郎就任关东军司令兼驻“满”大使及关东厅长官，以板垣任参谋副长。19 日南次郎由东京启程，25 日抵长春任职。

△　财政部于 8 日公布《粮食运销局暂行组织章程》，凡 21 条，是日正式设立粮食运销局。

△　天津《大公报》、北平《晨报》等 24 家报馆和通讯社电国民党四届五中全会提出保障新闻自由之要求：一、检查新闻应一律遵照中央颁布标准审慎执行；二、对于新闻机关纵有言论失检，请依出版法及普通刑法制裁，不必诉诸非常手段；三、凡前此新闻机关从事新闻事业者，无论在中央或地方，苟非以武力或暴动为背景，倘有遭受停闭、拘禁或其他处分者，均应请一律开复。12 日，上海日报公会、记者公会亦向五中全会提出同样要求，但全会未予正式讨论。

12 月上旬　日关东军下令搜缴热河省地区全部民间枪支，限本月 15 日前交完，逾期不交者以盗匪论。

12 月 11 日　薛岳部循光远寺、洞口、沙坪之线向洪江推进，次日所部韩汉英、欧震两师到达。薛随命吴奇伟纵队（欠唐、梁两师）于 13 日经禹新店、高竹溪赶至黔阳警戒；周浑元纵队惠支队继向洪江推进。16 日，薛部进抵黔阳城。

△　陈济棠、李宗仁、白崇禧电国民党中央、五中全会及蒋介石等，提出为阻红军转黔入川，“拟即抽调劲旅，先组编追剿部队，由宗仁统率，会同各路友军，继续穷追，以竟全功”。25 日，蒋复电李、白、陈等，望不分畛域，歼灭红军于黔境。

△　陈济棠呈请西南政务委员会委派李振球为第一军副军长，莫希德为第一师师长，张达为第二军军长，巫剑雄为第四师师长，黄延桢为第三军副军长。西南政务委员会随即照准。

△　福建第十一绥靖区司令李延年率其第九师由长汀出发，经漳州转往泉州设立司令部，是日至漳州。该绥靖区辖闽中、闽南之思明、

晋江、龙溪、永春、莆田、永泰、大田、尤溪、仙游、沙县、长乐、平潭、福清等27县。

△　行政院第一九〇次会议，决议设置蒙古各盟旗行政人员研究所。

12月12日　蒋介石为防止红军入黔，电令何键、李宗仁、王家烈，重申11月17日筱戌电令速建碉堡防守。并命黔军除巩固原防外，于玉屏、锦屏、黎平、永从、洪州线上赶筑工事，先择重镇构筑碉堡；桂军除巩固原防外，亦须以一部由古宜、长安堡至榕江协助黔军堵截；湘军亦以其尾追部队之一部赶至铜仁，巩固黔军左侧防线。

△　中共中央领导人在通道举行紧急会议（即"通道会议"），讨论中央红军战略转移的行动方向问题。会上，毛泽东根据事先同张闻天、王稼祥商量的意见，提出放弃原订去湘西同红二、六军团会合的计划，而转向国民党统治薄弱的川、黔边建立根据地。周恩来同意，李德、博古反对。决定继续西进，到贵州黎平、锦屏再行北上，同红二、六军团会合。

△　薛岳电呈蒋介石请允所部经晃县、玉屏直出镇远兜截，或与黔军在贵阳、镇远间夹击红军。14日，蒋复电仍令其迅以一部进驻铜仁，巩固黔军左侧防线，主力推进于晃县、玉屏、天柱等处堵截红军北进。

△　国民政府任命鲁涤平为军事参议院副议长，曾仲鸣为铁道部政务次长，准钱宗泽辞铁道部政务次长职。

△　国民政府明令改组浙江省政府，原省府委员鲁涤平、吕苾筹、王澂莹、叶溯中、曾养甫、葛敬恩、蒋伯诚、蒋锡侯、杨绵仲免本职，鲁涤平免省府主席兼职，吕、王、叶、曾分别免民政、财政、教育、建设厅长兼职。任命黄绍竑、徐青甫、许绍棣、曾养甫、黄华表、蒋锡侯、周象贤、朱孔阳为浙江省政府委员，以黄绍竑兼省政府主席及民政厅长，徐、许、曾分别兼任财政、教育、建设厅长。

△　外交部就日本政府8月10日在横滨无理驱逐我华侨事，提出第三次抗议。

△ 北京大学校长蒋梦麟、上海沪江大学校长刘湛恩出席东亚高等教育会议,是日由沪抵港,转乘轮船前往菲律宾马尼拉参加 18 日至 21 日召开的东亚高等教育会议。

12 月 13 日 王家烈由贵阳前往马场坪督战,并任命犹国才为贵州全省"剿匪"总指挥,仍令其率兵三个团增防黎平、永从;又命副军长侯之担为黔省"剿匪"后备军总指挥,令其在遵义、镇远分设行辕,并派兵三个团集结施秉、黄平。同日,任命第一师师长兼湘黔边区"剿匪"司令何知重为贵州全省"剿匪"副总指挥,饬其星夜兼程径赴施秉指挥。

△ 何键"追剿"总部电令第二兵团薛岳部速以一部进驻铜仁,巩固黔军左侧之防线,主力推进于晃县、玉屏、天柱等县。薛部奉令后行动,迟至半个月后始达施秉、黄平之线,徘徊于镇远、焦溪之东。

△ 白崇禧遵蒋介石关于以一部迅速绕至榕江协助黔军"堵剿"红军之电令,特变更桂军部署:第一追击队集于龙胜附近,第二追击队廖磊部之谭师由湘省长安堡向牙屯堡转进追击,周师由长安古宜经下江绕至榕江,助黔军防堵。

△ 红十军团由旌德县汤口、焦村,经黄山麓苦竹溪、白马岭转入太平县谭家桥。俞济时率王耀武等部紧追,以一部于谭家桥南部乌泥关堵截;伍诚仁师由休宁急进谭家桥,赣东"剿匪"军总指挥赵观涛分四路围攻红军。次日,赵观涛以王耀武占 515 高地任主攻,以一个团占乌泥关至谭家桥间高地,以两个营占谭家桥西南及正南高地,而以一团置黄石塘、乌泥关间任预备队,向红军发动总攻。红军向王耀武部冲锋反击八九次,并于 630 高地南部争夺乌泥关。经过多次争夺战,红军遭受重大伤亡,副军团长兼红十九师师长寻淮洲英勇牺牲。红军从谭家桥东部孙村、观音桥连夜撤出战斗。

△ 蒋介石电令撤销江西各地封锁区,并令江西各县停筑碉堡。

△ 全国民信局 12 省代表印源通等,为展期结束民信局事再次请愿。是日在上海向党、政、警各机关请愿后,当夜入京向蒋介石及国民党五中全会呼吁,再次要求取消本年 2 月所发关于年底结束民信局的

指令。翌日,代表向五中全会、行政院、交通部请求从缓结束民信局。当局表示将坚决执行,仅允设法解决善后。

12 月 14 日 蒋介石在南昌电令第一师胡宗南部派队接防川北之昭化、广元防线。次日,胡宗南派其独立旅丁德隆部驻广元、昭化,并派第一旅第一团及西北补充旅之第一团进驻三磊、羊模坝一带,以其第二旅之第六团进驻阳平关为策应。

△ 通邮谈判在北平北京饭店举行最后一次会议,中方出席者殷同、高宗武、余翔麟,日方为仪我、柴山、藤原等,双方将前通过的通邮大纲及谅解事项,各用本国文字缮写两份,当场宣读一遍后互换一份作为凭证。但在"不成文之规定"原则下,双方均不签字。双方决定于 12 月底公布通邮大纲及其谅解事项。

△ 日关东军司令兼驻伪满大使南次郎上日与广田外务大臣商议对伪满之政策。是日向日本内阁会议报告,提议今后日、'满'两国关系,当以经济提携为主眼,其具体工作则提倡"日满经济会议"。内阁一致赞同。

△ 日军驻沪海军陆战队 2500 人,由荒木少将指挥紧急出动,在虹口苏州河两岸举行大规模示威式实战演习。

△ 日本满铁会社建筑北安镇至黑河铁路竣工,是日在小兴安举行通车典礼。该路由黑河可直达大连,为一纵贯大干线。

12 月 15 日 林彪、聂荣臻电令红六团、红三团两路会攻黎平。黎平为敌于湘江战役后设置之第一道防线,黔军王家烈部第四旅周仁芳率第七团驻潭溪、十万坪、石单桥一线防守。红六团先下潭溪,驻守十万坪之黔军退五里桥,同红六团接战两小时即败退,红军下午占黎平。随后红三团亦进入黎平。

△ 红十军团北入泾县茂林镇。17 日,赵观涛率王耀武等部分两路向茂林追击,红军渡青弋江西进水东翟、新丰村一带。刘镇华再增调第十一路军两旅开往大通,推进青阳、太平交界处迎堵;俞济时亦奉命北进夹击。

△　福建绥靖公署通令将所有闽省封锁机关一律撤销，汀江、漳江两督察处 15 日前结束，余各限月底结束。翌日，省政府通令自即日起，全省一律停止封锁检查。

△　日军驻吉林省临江县八道江骑兵团与伪满军齐向临江石人沟地区，进攻东北人民革命军杨靖宇部。

△　中华妇女运动同盟会在南京成立，21 日举行第一次理事会，推陈令仪、刘王立明为正、副理事长，决议设立女子职业介绍所、女子法律讲习所。

△　桂军前钦廉镇守使、广西边防督办沈鸿英病死于香港寓所。

△　西藏奇林湖附近发生七级地震。

△　上海《七日谈周报》创刊，主编李焰生、金笑鹭，七日谈周报社出版。该刊出至第十四期停刊，并入《新垒月刊》。

12 月 16 日　中央红军主力集结南嘉堡、平兆、瑶光一带，陆续通过鳌鱼嘴向剑河前进；一部渡过青水河进至瓦寨、榕江。

△　程子华、徐海东红二十五军经由漫川关南入湖北郧西县竹林关、吴家川，第五十四师师长兼豫鄂皖三省边区“追剿”总指挥上官云相由洛阳至西安，与杨虎城商定共同追堵程子华、徐海东红二十五军办法。翌日，萧之楚部陈团等集中白河、镇安迎堵。

△　日军在天津八里台建筑之飞机场竣工，诡称举行“体育场”落成典礼。日军驻津司令官梅津、参谋长酒井等均参加。

△　中华民族学会在南京成立，以研究中国民族问题及文化为宗旨，举蔡元培、黄文山、何联奎、凌纯声、孙本文等 10 人为理、监事。

△　伪满在沈阳成立日满教育联合会。

12 月 17 日　贺龙、萧克红二、六军团一部经龙潭入余家坪、三阳港、梧溪河进攻桃源。罗启疆旅在三阳港、梧溪河被击溃，败退常德，红军进占桃源。同时，红军一部由大庸进攻老鸦口、溪口、岩口，与朱树勋团接战。

△　东北人民革命军赵尚志部在吉林省五常、榆树之边区向日伪

军发动进攻。

△ 河北蓟县穷人会发动抗税暴动。是日,穷人会派代表前往县府请愿,要求彻底免征各项捐税,县长王公宾竟将代表扣留。当晚,群众包围县府,要求释放代表。翌日,县长电请蓟密公署进行镇压,指请愿群众为共产党。当晚,蓟密公署派队前往镇压,驱散群众。22日晚,穷人会发动暴动,包围该县第四区区分所及公安分驻所,与民团和保安队展开斗争,穷人会被捕60余人,保安队前往穷人会根据地打渔庄搜捕。24—25日,穷人会用少数武器向民团展开斗争。

12月18日 中共中央在黎平召开政治局会议,正式决定中央红军改向以遵义为中心的川黔边地区进军,取消原定进兵湘西会合红二、六军团,建立湘西苏维埃根据地的计划,作出《关于在川黔边建立新根据地的决议》。

△ 薛岳部第五师谢溥福部组编一游击支队进驻天柱,其余各部先后由黔阳、芷江、晃县推进,于27日全部到达黔境。薛部入黔后,即贴出“进军贵阳”之标语。

△ 贺龙、萧克红二、六军团经杜家河、白洋河围攻常德。常德城防司令刘运乾与罗启疆固守待援。何键以常德吃紧,除电请蒋介石飞兵救援外,并再电徐源泉派其一部向醴陵、鳖山出击;令派李觉为第六路司令,率部分由郴州、醴陵集结益阳兼程往援;派郭汝栋为第七路司令,率所部两团由长沙集于益阳驰援;令刘建绪急率章亮基、陶广两师自绥宁、通道及衡阳往沅陵急进常德;命陈渠珍部速出大庸堵截。翌日,红军一部在常德西河洑、陬市与罗启疆、刘运乾两部作战,一部西进羊毛滩、溪口,以诱敌于常德城外歼之。红军围攻常德三日未下,退至漆家河,分往桃源、大庸。

△ 蒋介石电令萧之楚等对红二十五军严加防范,勿使之入川。翌日,红二十五军由竹林关返入陕边山阳县高霸庙店、洛浴街,陈沛师柳旅由山阳县迎堵。

△ 行政院第一九一次会议通过《森林法施行细则》。

12 月 19 日 南昌行营组成国民政府军事委员会委员长行营参谋团。任命贺国光、杨吉晖为正、副主任，令克日入川。该参谋团其他主要人员为第一处处长刘倚仁，第二处处长王又庸，政训处长康泽，总务处处长柏良，高级参谋李伯华等。29 日，贺等由九江乘轮西上。

△ 立法院通过《民事诉讼法》修正案。

△ 国民党中央监察委员兼国民政府委员邓泽如在广州病逝。

12 月 20 日 李宗仁、白崇禧遵照蒋介石电令，将在广西边境“追剿”中所俘之红军 6000 余人，于是日起由兴安、全州、灌阳分批押赴黄沙河交湘军接收。

△ 英国实业协会“满洲”调查团公布调查报告书，主张英日两国缔结经济条约。

△ 行政院召开第三次庚款机关联席会议。决议：一、由中美、中英、中法、中比各庚款机关各筹部分经费，作为推动与补助义务教育及职业教育之用；二、由上述庚款机关各拨部分经费协助各大学为设研究所之用。

12 月 21 日 侯之担由贵阳返遵义布防乌江；派教导师第一旅刘翰吾率两个团防守乌江江界河一带渡口及河岸沿线，以江界河作重点；由川南边防军第一旅易少荃率所属第六团防守袁家河对岸一带，并与湄潭之直属第八团万式炯部衔接；以教导师第三旅林秀生率所部第五团及机炮营防守孙家渡、荣山关一带，与第三团取联络；以邹瑾坐镇赤水；以第二旅侯子玺部防守川南各县；侯之担率特务第一营驻守遵义。各部于 12 月下旬纷至乌江设防。

△ 第八十四师师长高桂滋抵陕北绥德，指挥所部于绥德、吴堡及清涧、靖边、安边、定边等县向陕北红军刘志丹部发动进攻。25 日，高又接替三边及延川防务，随与井岳秀商订“围剿”办法。

△ 国民政府明令改组四川省政府，免去刘文辉、郭昌明、张铮、向传义、邓锡侯、田颂尧、杨森、嵇祖佑、林耀辉四川省政府委员，并免去刘文辉兼省主席及兼民政厅长，郭昌明兼财政厅长，张铮兼教育厅长，向

传义兼建设厅长职。任命刘湘、甘绩镛、刘航琛、杨全宇、郭昌明、邓汉祥、谢培筠为四川省政府委员，以刘湘兼省政府主席，甘绩镛兼民政厅长，刘航琛兼财政厅长，杨全宇兼教育厅长，郭昌明兼建设厅长。

△ 王宠惠离港北返抵沪，立晤汪精卫转达胡汉民所提合作条件：第一步应消除怀疑，其次是双方谅解。23 日，王由沪到宁波转赴奉化，向蒋介石报告南行经过。

△ 伪满在长春召开警务厅长联席会议，讨论充实警务机关、收回民间武器与整顿进攻抗日反满军之方法、确立与普及保甲制度、取缔各种民间团体、取缔民间言论机关等等事项。次日闭会。

△ 立法院通过《市自治法》及《市自治法施行法》。

12 月 22 日 何键以养电(22 日)命陶广、章亮基两师急进沅陵；陈光中、王东原两师分由新厂、藕团及广平、会同尾追入黔；以吴奇伟部由晃县、玉屏向镇远堵截；以周浑元部由天柱向瓦寨、三穗前进；以薛岳总指挥部向清溪、镇远跟进。

△ 中央红军一部攻占台拱县城，先头一部至施洞口向三穗、镇远推进，黔军集中主力于炉山防堵红军入贵阳。王家烈令何知重部扼守东坡、滥桥；第二师副师长张銮以二个团置黄平、重安江截击；李成章部于炉山、台拱、丹江之线；杜肇华部两团布于黄平、螃蟹、凯里；江荣华部两团于麻江、台拱线；龙质斌团置下司、施洞口线扼要堵击；侯之担三团达瓮安向乌江前进，于旧州策应施秉、黄平。

△ 何键令陈渠珍新编第三十四师以一部由沅陵向东，命郭汝栋第二十六师由常德向西，分向桃源追击红军二、六军团；并再电徐源泉所部请由澧县经临澧向桃源侧击。

△ 国民政府令准免居正兼司法行政部长职，任命王用宾为司法行政部长；准免王用宾考选委员会委员长职，任命陈大齐为考选委员会委员长；准免谢冠生辞司法行政部政务次长职。

12 月 23 日 赵观涛令伍诚仁师兼程进入安徽黟县渔亭，王耀武旅跟进黟县，李文斌旅经大坦急进柏溪。刘畴西、方志敏率红十军团连夜由黟县风口苦竹地带转至当金街一带，赵部一面紧追，一面迎堵。

△ 陈济棠设韶关行营，命余汉谋为行营主任。

△ 伪满决定采取银本位制。

△ 辛亥革命志士、香港《中国日报》创办人陈少白在北平病逝。

12 月 24 日 贺龙、萧克红二、六军团退出桃源县城，经漆家河、大浒、溪口入黄石一带，李觉、郭汝栋两部进驻桃源县城。次日，李觉部陈子贤旅及郭汝栋部、王振东旅追至溪口、黄石，分向漆家河、盘龙桥。26 日红军占领慈利县城，朱树勋团溃退五雷山、野关。

△ 罗卓英在宁都向记者发表谈话，谓自 1933 年 10 月开始第五次"围剿"起，至 1934 年 10 月进占宁都止，一年内该部作战 38 次，死亡 3000 余人，伤 7000 余人。

△ 殷同、殷汝耕与仪我、柴山等在北平商议：一、玉田保安队问题；二、长城各口税卡纠纷问题；三、马兰峪接收问题；四、东陵接收实行保管；五、滦东各地日、韩侨问题；六、新编特警队东开换防问题等等。其中长城沿线设关问题达成事务联络暂行协定。

△ 国民政府令聘陈庆云、沈德燮、厉汝燕、聂开一、李景枞、伍仁硕、曾绍经、姚锡九为中国航空协会理事，蒋介石任名誉理事。

12 月 25 日 林彪、聂荣臻率红一军团在红九军团协助下，向镇远、施秉攻击前进，是日攻占镇远，瓦解王家烈的第二道防线。

△ 刘湘委派独立第三旅旅长廖泽为援黔"剿匪"指挥官，率所部及川南边防第一路司令穆肃中部，前往贵州正安、绥阳、湄潭协助侯之担部布防；并委吴厚安为特派员，由綦江入黔与王家烈联络。

△ 上官云相由洛阳赴武汉，向张学良请示该部入川事。

△ 行政院第一九二次会议，决议设立西康建省委员会，简派刘文辉、诺那呼图克图、向传义、冷融、禄国藩为西康建省委员会委员，以刘文辉任委员长。29 日，国民政府明令公布。

△ 行政院通过《救济十二圩船户劳工生计办法大纲》，规定递减帆运，厉行原订取缔运盐帆船办法，凡船主自愿收业者酌给津贴，自

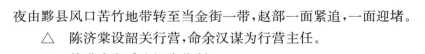

1936年起，于五年内分期吊销帆船运盐船执照，并拟办造纸厂及介绍职业等项办法以解决失业船工生活。

△ 北票煤矿发生瓦斯爆炸，工人52人惨死，37人受伤。该矿系由日人把持，事件前虽发现险情，但为了掠夺我国财富，未作防范。

△ 中华职业教育社沪郊农村改进区举行开幕典礼，到黄炎培、江问渔、杨卫玉等千余人。该区自7月开始筹办，划分上海县吴家港等三处为改进会。在教育方面设有鸿英小学、民众教育场及生产合作社等等。

12月26日 中央红军红一军团一师攻占施秉县城，以一部向黄平、旧州续进。翌日，红军与吴奇伟纵队游击支队相持于箱子崖附近；黔军何知重部退守旧州，布主力于黄平、炉山之线。吴纵队四个师与黔军蒋德铭旅追抵镇远附近，进入镇远城。

△ 胡宗南电约邓锡侯前往天水，共商对付川、陕徐向前红四方面军的办法。

△ 国民党中政会第四三八次会议通过第四届立法委员名单：焦易堂、陈璧君、梁寒操、马寅初、郑洪年、杨公达、程中行、陈顾远、楼桐荪、萧淑宇、林柏生等86人。

△ 日本政府根据关东军所提一元化机构建议设置对满事务局，以林铣十郎任总裁，是日开始办公。同时于驻伪满大使馆内设关东局，任命冈隆一郎为局长，日下辰太郎为施政部长，岩使六郎为警察部长，大场鉴次郎为关东州长官。规定由关东军司令官兼驻伪满全权大使，统一掌管关东州及满铁附属地行政。由关东军司令官对伪满政治、经济进行所谓内部指导。

12月27日 国民党中常会选任马超俊为国民政府委员，补邓泽如遗缺。

△ 红一军团进入余庆县境。

△ 日使馆武官柴山任满奉调回国，是日中止赴长春之行，返平办理交卸。遗缺由参谋本部部副高桥坦来华继任。

△ 刘桂堂率残部200余人，打着“天下第一团”旗号，窜入通县石门；一股入门头沟。30日，刘部入昌平恒岭口。31日，经三岔入延庆、永宁堡一带。万福麟、商震分别派队追击。

△ 陇海铁路潼关至西安临潼段修筑完成，于是日开始先行货运。陇海路连云港至西安段至此全线竣工。翌年1月1日正式通车。

12月28日 彭德怀、杨尚昆率红三军团攻占黄平城，大队由小路向罗朗。黔军李成章、杜肇华两旅由五里桥、十里桥败退江口、马场街、老木哨。黔军副总指挥何知重随令柏辉章师布防重安江、老君关、观音山各险要堵截。

△ 国民政府任命黄绍竑兼浙江省保安司令，免去鲁涤平浙江省保安司令职；任命陆洪东为司法行政部常务次长。

12月29日 林彪、聂荣臻率红一军团主力两路进逼乌江。红一师由余庆出发，向龙溪、袁家渡、回龙场方向前进；红二师由黄平旧州、梭桐出发，向猴场、江界河方向前进；红十五师由施秉进至余庆；红四十五团在沙坪地域和红九军团迟滞敌前进。

△ 何键以贺龙、萧克红军二、六军团在湘西一带活动于己不利，是日电国民政府军事委员会侍从室主任晏道刚，提出“欲靖川黔，先靖湘西，欲除朱、毛，先除萧、贺”的献策。

△ 文学家郁达夫、刘大杰、孟寿椿等百余人发起儿童文学社，在上海冠生园开筹备会，订翌年1月12日正式成立。该社计划出版刊物及儿童丛书。

12月30日 红一军团主力分别抵达乌江南岸龙溪、猴场、陈家寨。中革军委发来“红一师务必在1月3日前强渡乌江”的十万火急电报。林彪立即转发红一师。

△ 徐向前红四方面军主力由绥定、宣汉北入万源竹峪关，集兵力12团向陕南挺进。

△ 交通部邮政总局通告，自明年1月起实行东北通邮。邮件、包裹及汇兑业务，由山海关、古北口两邮局负责承转，所有寄往辽宁、吉

林、黑龙江、热河之邮件,如封面、书名、省名及地名无伪组织字样者,从明年1月10日起均予收寄转发,其包裹、汇兑自2月1日起照章办理。同日,外交部为通邮事电各驻外使署说明通邮经过,并向国联作解释。翌日,日驻平使馆武官室用日文公布通邮协定内容。

△ 财政部公布民国二十三年海关税收(进口税、出口税、转口税、船钞救灾附加税及海关附加税)状况,税收总合国币3.346亿元,二十二年海关税收总数则为国币3.395亿元。

△ 鄂陕湘联络公路正式通车,其路线一由湖北黄龙镇至陕西白河;一由湖北沙市至湖南东岳庙。

△ 中国法学会在上海成立,举郭卫等13人为理事。

12月31日 红三军团张宗逊、黄克诚率前卫四师同王家烈黔军第五、六团激战一小时,占领瓮安。红三军团主力由老黄平向瓮安前进。

△ 国民政府任命胡宗南为陆军第一师师长;准免潘恩培司法行政部常务次长职。

是月 台湾竹州人民策划反日暴动,事泄被捕30余人,各判有期徒刑八年。

是年 春,三星堆遗址首次考古发掘。四川广汉县三星堆遗址发现于1929年春,由当地农民燕道诚在安装水车掏沟时发现一坑玉石器开始,1933年秋,在获得四川省教育厅批准和发放执照后,由广汉县罗县长和华西大学林铭钧以及在该校执教的外籍教师葛维汉、戴谦和等人组成月亮湾考古发掘队,于是年春,进行了首次发掘。此系新石器晚期古蜀遗址,上限距今5000年,下限约2800年,延续时间达2000年之久。

△ 夏,黑龙江汤原游击队扩大达2000人,曾进攻鹤岗煤矿,声振北满。

△ 陈济棠聘德国军官赛如斯多尔夫等组设一军事顾问小组,由德国提供武器、飞机、机车等装备及训练粤军。

△　东北人民革命军第一军第一师李红光部以轻骑百余人冲破日伪军防线，渡过鸭绿江攻占朝鲜东兴城，夺获大批军用品，被日军称为“国境警备史上的空前事件”。

△　本年度国库收入总计为 12.2635446908 亿元，支出为 12.0358259136 亿元。

△　我国运美白银有增无减，几占美国白银总输入之半数。据民国二十五年《中国年鉴》统计，自 6 月起，至年底止，现银外流数计 2.6 亿元，输出者几全部为外商银行。

△　海关发表本年度全国对外贸易，计输入总值 9.47630961 亿元，较去年同期减少 2.96476076 亿元；输出共计 4.9163429 亿元，较去年同期减少 6953.0571 万元，入超额为 4.55996671 亿元。

△　中华棉业统计会公布《民国二十三年全国棉产第二次估计》：全国 11 省及沪、津两市郊棉产面积约 4480.7579 万亩，皮棉产量为 1117.2553 万担。

△　本年全国棉纺业总计增加纱锭 15.1683 万枚，其中华厂纱锭增 10.5341 万枚，线锭增 7182 枚，布机增 1845 台。日厂纱锭增 1.2736 万枚，线锭增 2.1992 万枚，布机增 1425 台。英厂纱锭增 1712 枚，线锭增 2720 枚。与去年相较，华厂纱锭增率大，外商线锭增率大。惟纱线产量反较去年减少 5.985 万包(年产额为 227.2834 万包)。

△　本年丝业自 1 月中旬起丝价逐步下跌，生丝每担亏本 350 元左右，12 月份估计江、浙丝厂亏损当在 2000 万元以上。江、浙缫丝厂在日丝倾销及人造丝竞争的影响下，二三月间开工者不过二家，六七月外丝市价上涨，开工厂家始增加。但 7 月后丝价又再下跌，10 月初，上海开工者又不及 20 家，无锡不过 25 家，浙江十余家。12 月初，上海开工者仅有六家。丝业陷于凋零状态。

△　是年全国出口生锑 1.8051 万公担，纯锑 13.4495 万公担，合计 15.2542 万公担，价银 393.99 万余元。

△　教育部根据本年度统计，编成《最近高等教育概况》，所有全国

专科以上学校总计 110 校(内有大学 40 所,独立学院 38 所,专科 31 所),教员 7200 余人,职员 5300 人,在校学生 4.17 万余人,毕业生 9600 余人。

△ 本年度留日学生约 2200 余人,较去年增加一倍。

△ 教育部统计,全国已办民众学校达 3.4 万余所。

△ 本年被称“文化史上杂志年”,新创定期文艺刊物盛行,尚有年鉴及文学专号等。据舒新城估计,全年出版杂志达 716 种,和上年相较,增加了 81 种。

△ 本年出版界出现翻印古籍之热潮。首由商务印书馆翻印《四库全书》为前导,继起者即有中华书局的《图书集成》、开明书店的《二十五史》、书报合作社的《二十六史》等等。

△ 本年音乐界产生了《渔光曲》、《大路歌》、《开路先锋》、《毕业歌》、《凤阳歌》等作品。

△ 本年自然灾害严重,被称为 60 年来所未有。从 6 月起,长江流域各省遭旱灾,江苏、安徽以及浙江灾情极重;接着东北的黑龙江、吉林、辽宁,华北的河南、河北、山东及绥远、四川、广东又遭水灾,黄河数处决口,嫩江、黑龙江、松花江皆暴涨;而河北、河南、湖北、湖南、山东、江西、福建、广东、甘肃等省水、旱并重。据《东方杂志》第三十一卷第二十一号达生的《灾荒打击下底中国农村》一文统计,全国旱灾 14 省 333 县,水灾 13 省 162 县,蝗灾八省 69 县,雹灾 12 省 89 县,全国受灾面积达三分之二。

1935年(民国二十四年)

1　月

1月1日　汪精卫在国民党中央党部庆祝中华民国成立二十四周年纪念会上致词,强调国内所需要的是"和平统一"。并称:欲达到国内和平统一,"中央政府与各省关系,除了实行总理的均权制度主张,没有第二条路"。

△　汪精卫在《东方杂志》第三十二卷第一号上发表《救亡图存之方针》一文,宣称要抵御日本侵略,必先"剿除"红军,"剿匪即是御侮","要达到御侮的目的,必须同心并力先去肃清匪患"。

△　国民政府公布《中华民国刑法》,凡357条;《中华民国刑事诉讼法》,凡516条。

△　蒋介石在杭州浙江省府主席黄绍竑及各委员、各厅长就职典礼上宣布今年为"新生活运动年"。下午,蒋自杭州返奉化。

△　中共中央于贵州瓮安县猴场召开政治局会议,决定强渡乌江。通过《中央政治局关于渡江后新的行动方针的决定》,重申野战军渡过乌江后的中心任务是:"建立川黔边新苏区根据地",有计划有步骤地开展赤化工作,武装群众,扩大红军,搜集资财,建立政权。

△　林彪率红一方面军红一军团及红十五师主力进抵余庆县回龙

场渡口，掩护中央红军在上游岩门渡过河。傍晚，红一军团红一团在团长杨得志指挥下，扎筏抢渡，第一批八名勇士偷渡，因风急浪高未成；又挑选36名勇士组成突击队，在火力掩护下，其中13名勇士游过乌江登上对岸。

△　红二十五军程子华、徐海东部上月自河南入陕，是日进至陕南蓝田东之黑龙口。2日，一部进抵蓝田，一部与国民党军汪醒吾旅激战于商县、蓝田交界之淤水河。

△　日本驻沪海陆军数千人在虹口公园举行元旦阅兵典礼，日侨万余人参加，新任第三舰队司令百武源吾为检阅官，驻沪特别陆战队司令荒木贞亮为指挥。

△　中英庚款董事会借款筹办之中央机器厂在上海行奠基礼。14日，庚款会决议续借开办费10万元。

1月2日　红一军团红一团在13名勇士配合下，抢渡乌江成功。当晚红一师主力全部过乌江。

△　国民党中央候补执委、山东省党部常委兼省府委员张苇村在济南遇刺毙命。

△　财政部以久大等精盐公司销量骤减，请求救济，特重订《精盐行销暂行办法》，凡八条。

1月3日　上午，红一军红一师及后续部队安全渡过乌江。红二师在瓮安县江界渡口与敌军激战后亦渡过乌江。

1月4日　晨，林彪率红一军团部由回龙场渡过乌江，进至余庆司、茅坪场、朱场地域。红十五师和红九军团随后也渡过乌江。

△　"追剿"军第二兵团总指挥薛岳到马场坪（今属贵州福泉市）与贵州"剿匪"军总指挥王家烈商定黔北部署：以黔军独立第二师侯之担部六个团固守遵义，以第一〇二师柏辉章部开赴遵义、刀靶水之间，并保持乌江渡渡河点。

△　日本关东军在大连星浦旅馆举行重要会议，讨论对华侵略方针，要求中国充分履行《塘沽协定》，调整华北中日关系，实行"中日提

携”。关东军副参谋长板垣、特务机关长土肥原、第二课长石本、第三课长原田、参谋河野、伪满军政部最高顾问佐佐木、驻山海关特务机关长仪我、驻济南武官花谷、驻上海武官影佐及驻平、津武官等均出席。晚，板垣之随员对记者发表谈话称，会议曾讨论通车、通邮及关税问题。5日，会议结束。

△ 法人于民国元年在我国设立万国储蓄会，借储蓄之名，以赌博方式骗取我劳苦民众血汗，20余年来获利已达7500万元。国民政府于上年7月公布《储蓄银行法》规定禁止有奖储蓄后，迭与该会谈判，令其设法结束，迄无结果。是日，驻华法使韦礼敦反向外交部抗议取缔万国储蓄会。

△ 美国提高银价收购白银，上年上海流出白银两亿元以上。沪市银根奇紧，上海外汇平市委员会抛出纯金20800余条，向港购进现洋2000万元济急，首批金条是日出口。香港银价高于上海，依汇率计算，损失达250万元以上。

1月5日 红一军团红十五师先头部队占领湄潭，红二师攻占珠藏、进抵固溪，先头部队正向遵义逼近。林彪、聂荣臻率红一军团直属队从余庆司抵达双香铺。当日，红一军团下达会攻遵义的作战命令，并制定了《关于进入城镇执行政策的规定》。

1月6日 彭德怀指挥红三军团渡乌江。红四师从桃子台渡江，经尚稽场向遵义前进；红六师随军团部由茶山关渡江，进驻尚稽场；红五师由马场、桃子台渡过乌江。

△ 贵州省府主席兼贵州“剿匪”军总指挥王家烈由马场坪回贵阳，与第二路“追剿”军副指挥吴奇伟、黔军独立第一师师长犹国才等会商追堵红军计划。

△ 张希哲在秦皇岛附近密组“东亚同盟军”500余人，自任总指挥，与悍匪刘桂堂勾结，窜扰冀东，是日占据蓟县北黄崖关。

△ 胡适在香港接受香港大学名誉博士学位，是日在港侨中学讲演《新文化运动与教育问题》，反对粤省当局提倡读经。9日抵广州，原

定在中山大学、岭南大学等校演讲，因两校布告反对而中止。

△　实业部中央农业实验所发表近60年来我国耕地面积增减数字：以清同治十二年(1873)为基年，截至民国二十三年(1934)，耕地面积增1%；荒地占土地总面积19.1%，可耕荒地占土地总面积6.36%。

△　河北长垣(今属河南省)、濮阳(今属河南省)、东明(今属山东省)三县因去夏黄河决口受灾，灾民多至27万余人，该省府黄灾救委会迭电请赈，迄无结果，是日再电中央请迅拨款救灾。

△　据海关报告：去年1至11月，全国对外贸易入超4.55996671亿元。另据国民社记者7日向海关探悉，去年全国海关税收为3.346亿元，因走私日多，较1933年减少490万元。

1月7日　红一军团红二师在刘伯承指挥下占领遵义城。中共中央机关进入遵义城。林彪率红一军团团部进入遵义城内。红一师、红十五师进抵遵义城东虾子场、老蒲场。

△　孙科由北平到济南，会晤鲁省府主席韩复榘。8日抵泰安，赴泰山五贤祠访冯玉祥，商谈“精诚团结，一致对外”问题，当日离泰南下。

△　广东绥靖主任陈济棠召开援黔会议，余汉谋、李扬敬、张达及各师长出席。同日，陈济棠在西南联合纪念周上报告“绥靖”概况，并称“决以第二军四、五、六师组织追剿部队援黔”。

△　中国工农红军第二、六军团贺龙、萧克部在湘西慈利江垭一带与张万信师等激战后，转移至大庸属后溪。桃源顽石、太平桥一带红军阵地亦遭陶柳、陈子贤两旅及郭汝栋师、罗启疆旅袭击。

△　河北省邮务局局长曹建亭与民营榆关汇通转递局经理黄子固签订承办东北通邮合同，有效期限一年。10日，榆关汇通转递局及古北口分局开始收发东北邮件及经过东北取道西伯利亚之国际邮件。据黄子固电津报告：本日寄往东北邮件达1.58万余件，入关邮件2.6万余件。

△　西藏庄策觉林呼图克图由印抵京，拟北上请班禅入藏。

1月8日　行政院第一九四次会议决议，以蒋介石兼任陆军大学校长，杨杰兼教育长。11日，国民政府明令公布。

△ “追剿”军第二兵团总指挥薛岳为保持渡河安全，便于尔后进出乌江截击红军，是日率郭思演第九十九师进驻贵阳。同日，吴奇伟二路纵队亦已抵达贵阳附近，周浑元三路纵队抵达马场坪、贵定、炉山地区。

△ 新任驻华日使馆武官高桥坦、关东军驻榆关特务机关长仪我先后到北平，同访北宁路局局长殷同及滦榆区专员陶尚铭等，续商战区保安队换防、接收马兰峪及取缔日鲜浪人等问题。

△ 驻津日军骑、炮、步兵 800 人举行大检阅，司令官梅津美治郎亲自参加。

△ 北平市人民献机救国，购军事练习机五架，是日在南苑机场举行命名礼。

△ 国联派遣水利专家聂育夫、顾德等抵开封视察黄河。

1 月 9 日 胡汉民派刘芦隐到沪，与王宠惠、孙科等会商宁粤合作办法。

△ 凌晨 5 时，红一军团红二师第四团耿飚、杨成武部进攻娄山关，击退守军黔军第二十五军侯之担部，占领娄山关。下午占领桐梓。

△ 陕西省府教育厅长周学昌、外交部条约委员会委员靳志代表陕西省府与法国驻宁夏主教石扬休在北平签订《整理陕西三边天主教产协定》，将法天主教堂所占土地收回。按：陕西省北部三边——定边、靖边、安边堡之捕兔儿滩、白泥井等处东西 200 余里、南北 70 余里之地，于清光绪末因教案被法国天主教堂侵占，定期 15 年。到期后边民纷起索地，几经交涉无效，至此方始收回。

△ 红二十五军攻克镇安县城，旋乘胜在鄂豫陕边区南部创建新根据地。

1 月 10 日 蒋介石企图在川黔边境消灭中央红军，是日电令各军作如下部署：四川刘湘推进川南，相机进出黔北堵截；湖南何键向黔东“追剿”；广东陈济棠、广西白崇禧向黔、桂边境推进；薛岳及王家烈向北“追剿”。

△　川军刘湘以14个旅兵力图阻红军入川。所部廖泽、穆肃中两旅开往川、黔边界；郭勋祺旅开往綦江、南川；陈鸣谦部由涪陵南开。11日，刘湘在重庆与川军将领会商。14日，组设川南“剿匪”总指挥部，任潘文华为总指挥，郭勋祺为总预备队指挥，范士杰为第一路指挥，陈鸣谦为第二路指挥，廖泽为第三路指挥，田钟毅为左翼指挥，徐国宣为特遣支队长。16日，刘湘飞泸州部署防务，下午原机返渝。

△　黔军尾追红军。王家烈部主力向黔北移动；新编第八师蒋在珍部经瓮安、余庆向湄潭、绥阳方面推进；第一〇二师柏辉章部及第一〇三师何知重部经息烽北渡乌江向遵义、桐梓方面进攻；侯之担部在仁怀、赤水一带戒备。

△　龙云派滇军第二、五、七等三旅至毕节“协剿”红军。是日滇省府决议组总指挥行营统一指挥，以孙渡为行营主任。

△　国民政府派毛维寿为“剿匪”军东路第二路总指挥。

△　福建绥靖主任蒋鼎文在漳州召开全省“绥靖”会议，到各区司令、师长、独立旅长以上30余人。讨论“绥靖、建设、保安团队、民众自卫”等问题。31日，蒋鼎文晋京向蒋介石面陈“绥靖”事宜。

△　热河省遵化县马兰峪日军宫间中队步、炮兵80人到河北省蓟县行军，沿途测绘地势、交通甚详。

△　青岛日侨组工商考察团，赴徐州、海州等地考察。

△　国民党CC系主办的《文化建设》月刊第一卷第四期发表王新命、何炳松、武堉幹、孙寒冰、黄文山、陶希圣等十教授《中国本位的文化建设宣言》，宣称：“这时的当前问题在建设国家。政治、经济等方面的建设既已开始，文化建设亦当着手，而且更为迫切。”在文化建设问题上，国内“一派主张模仿苏俄，一派主张模仿意、德，但其错误和主张模仿英、美的人完全相同，都是轻视了中国空间、时间的特殊性”，因此主张中国本位的文化建设，应“根据中国本位，采取批评态度，应用科学方法来检讨过去，把握现在，创造将来”。

△　《教育杂志》第二十五卷第一号辟《全国专家对于教育救国的

信念》专栏。周予同、周文宪等认为教育不能救国，“教育不是独轮车，能够载着社会的重担向前推进”，“欲以教育的力量去挽救中国的危亡，那简直是倒果为因，不明社会原理的议论”。周佛海、邵元冲、马宗荣认为教育可以救国，可用教育的方法和力量“以谋中华民族之复兴”。周鲠生、赵廷为、吴俊升等认为“救国的工作是个极巨大的设计”，“教育不过其中的一端”。

1 月 11 日 汪精卫、王宠惠、孙科、宋子文、孔祥熙等在沪孙宅商谈“宁粤团结”问题。会后，汪精卫发表书面谈话称：“中央同人对胡（汉民）态度，三年以来始终未变，即：一、盼望胡先生能来南京共同负责；二、胡先生在港批评可以接受，如有误会则予以解释，若激于意气，远于事实，亦不与较；三、如胡先生有出洋之意，中央同人必乐于赞助，但此属于胡先生之自动。”

△ 陈济棠通电出兵援黔，派第二军副军长张达率全军从广州出发，取道梧州、柳州，与桂军会合。桂军第十九、二十四、四十四等师已到黔省都匀、马场坪等地。

△ 北平故都文物整理委员会成立，预定建设工程包括古迹名胜之修葺、公路之修筑等，定两年内完成。该会当然委员有黄郛、于学忠、宋哲元、丁春膏、殷同、袁良、沈兼士、罗耀枢、马衡等人；聘任委员有翁文灏、袁同礼、朱启钤、朱深、程克、陈仲恕、周作民、方觉慧等人。

△ 重庆金融混乱，申汇汇水每千元涨至 600 余元。是日地方银行因挤兑践毙六人，伤 15 人。刘湘为整理川省财政，特组财政委员会，自兼主席，以郭昌明等为委员。

△ 全国商会联合会代蜀商电请中央废除川省苛杂。

△ 华北规模最大之纱厂天津裕元纱厂因产不抵债，宣告停工清理，工人 2300 余人失业。12 日，工人推派代表分向天津市党部、社会局请愿，提出停工期间发给生活维持费等项要求。28 日，经市党部、社会局调停，厂方同意发给解雇费每人数元，并出具证明，保证将来复工时，解雇工人有优先复工之权。

1月12日 国民政府任命焦易堂等86人为第四届立法委员。

△ 中华苏维埃共和国中央政府在遵义召开万人群众大会，毛泽东在会上发表《只有苏维埃才能救中国》的讲演，朱德向群众说明红军的三大纪律八项注意。会议选举成立了遵义县革命委员会，罗梓铭、邓云山等25人当选。

△ 军事委员会委员长南昌行营驻川参谋团主任贺国光等一行200余人抵渝。14日，令川省各军派一高级参谋到行营办公。

△ 四川"剿匪"总部决由蓉迁渝。25日在渝正式办公。

△ 蒋介石电令绥远省府主席傅作义协同晋、察、陕三省会剿土匪杨猴小。

△《新闻报》载，赈务委员会统计去年全国灾情，计旱灾有苏、浙、皖、赣、湘、鄂、豫、冀、甘、黔、晋11省，369县，被灾农田1.33803亿亩。水灾有鄂、湘、冀、豫、晋、川、皖、陕、赣、绥、闽、察、鲁、黔14省，283县，被灾农田3000余万亩。

△ 导淮委员会与上海英商沙逊洋行签订借款23.8万镑(约合华币400万元)合同，年息六厘，分10年偿还。

△ 日本千叶县警署无理拘捕华侨14名，诬有"密探"嫌疑，强迫归国。

1月13日 方志敏所率红军抗日先遣队(红军第十军团)在江西德兴县东十六都怀玉山一带，被国民党军以七倍以上之兵力包围。自13日至21日，迭与俞济时部浙江保安团及伍诚仁师等激战于港头、陆庄、分水关、金刚峰等地。一部于16日突围到达福建浦城、崇安。

△ "追剿"第一路军刘建绪部向黔东尾追红军。所部第二十三师向铜仁、江口前进，第五十三、六十三两师向镇远北进，刘建绪自率补充团经天柱、玉屏向铜仁推进。

1月14日 孙科、王宠惠自沪到京，是日两次晤汪精卫商"宁粤团结"问题。

△ 湘旱灾救委会代表刘策成、周安汉与湘旅京同乡百余人开会

商赈湘灾，决定请中央发行湘省赈灾公债 1000 万元，并推定仇鳌率全体同乡向中央请愿。15 日，湘旱灾救委会又派傅定祥等到京，向行政院请愿，要求铁道部发还该省粤汉路米盐附加捐款公股 740 万元。

△　教育部通令各省、市教育厅、局及国立专科以上学校，规定以《新生活运动纲要》为各大、中、小学补充教材。

1 月 15 日　中国共产党中央在遵义召开政治局扩大会议，毛泽东、朱德、周恩来、秦邦宪（博古）、张闻天、陈云、刘少奇、林彪、聂荣臻、彭德怀、杨尚昆、刘伯承、王稼祥、凯丰（何克全）、邓小平等 20 人参加，博古主持会议并做关于反对敌人第五次“围剿”的总结报告（主报告），周恩来作副报告，张闻天作反对“左”倾军事错误的“反报告”，毛泽东作了长篇发言，批评博古、李德军事指挥的错误。与会者批评了“总结报告”的主要错误观点及在第五次反“围剿”中军事路线和军事指挥的错误。16 日，会议审查了上年 12 月黎平政治局会议关于黔北建立苏区根据地的决定，议决红一方面军北渡长江，赤化四川，与红四方面军会合，在成都西南或西北建立根据地。

△　驻意首任大使刘文岛向意国王爱麦纽尔呈递国书。25 日，意大使罗亚谷诺向国民政府主席林森呈递国书。

△　胡汉民在《三民主义月刊》第五卷第一期上发表《和平协作的真伪》一文，指责南京政府对“宁粤合作”缺乏诚意，“团结既未见精诚，国难尤未见共赴”，要求“彻底改变其错误政策”。并举治标意见三项：第一，开放言论、集会、出版之自由；第二，确定入川“剿共”，对西南各省不作大兵压境之威胁；第三，对朋友、同志不得敌视、暗杀，猖獗杀人之组织须即解散。

△　新疆省府主席李溶、边防督办盛世才以各地报纸报道新疆当局卖国通外，特电汪精卫、蒋介石，声称：“无论任何国家，无一兵驻在新疆，无寸土为外人侵占，更无机关不遵照中央法令”；借用苏联款项，聘用苏联顾问，“既与主权无损，更为舆论所归”。24 日，汪、蒋电李溶、盛世才“抚慰”，要求将借款合同全文及聘用顾问名单报送中央，以完手续。

△ 第二十九军宋哲元部在察省沽源县(今属河北省)长梁、乌泥河等地与伪满自卫团冲突,伪军四十余名被缴械。关东军借口宋军侵犯"满洲国"境,命令第七师团谷寿夫旅团自承德开往热察边。

△ 国民党中政会北平分会代委员长何应钦代表蒋介石到山西唁阎锡山父丧,是日在五台县西会村与阎长谈"团结"。17 日抵平返任。

△ 《中国实业》月刊在南京创刊。

1 月 16 日 察东形势紧张。是日热境驻赤峰日军若松联队开始向多伦输送,驻多伦伪警备旅李守信部向沽源调动。日机两队共六架亦由承德飞抵多伦。日军主力集结于热境丰宁县,前哨部队则在大滩一带配置伪军张海鹏部约 3000 人,而以日军千余人殿其后。17 日,热河日军宣布,"决以相当计划对待宋哲元部"。

△ 抚顺煤矿工人 2300 人因工人被日人凶殴罢工。日矿师开枪击毙矿工一人。工人 800 余人拥入煤矿总理室交涉,日总理明古江召矿警包围开枪,死 86 人,伤 66 人,捕去 600 余人。其中 28 人被日方指为"祸首",惨遭杀害。

△ 国际记者访赣团一行 26 人自南京出发,赴江西临川、宁都、黎川、抚州、南城等原苏区视察。该团系应国民政府军事、外交当局邀请,由英、美、法、德、日等国驻华记者组成。

△ 蒋介石自奉化抵沪,是日在沪访晤段祺瑞。

△ 第六路"追剿"司令郭汝栋、暂编第十九旅旅长罗启疆到常德转慈利,第十九师师长李觉 18 日赴桃源,各督所部向大庸贺龙部红军阵地进攻。红军向永顺塔卧地区移动。

△ 南昌行营驻川参谋团电各路军总、副指挥严密防堵红军北上,并称"倘不努力,定照江西剿匪条例军法从事"。

△ 刘湘电令川省各县长严守境地,实行"政治剿匪",敢有溺职卸责,贻误军机者,当以军法绳其后。

△ 贵州赤水造枪厂工人 400 余人响应红军举行暴动,焚毁侯之担住宅,与侯部某营激战。

1 月 17 日 中共中央政治局扩大会议（“遵义会议”）闭幕，作出决定如下：一、毛泽东同志选为常委；二、指定洛甫（张闻天）同志起草决议，委托常委审查后，发到支部去讨论；三、常委再进行适当的分工；四、取消三人团，仍由最高军事首长朱、周为军事指挥者，而恩来同志是党内委托的对于指挥军事上下最后决心的负责者；五、会上推举张闻天接替博古担任总书记。

△ 黔军第二十五军副军长兼独立第二师师长侯之担因迭失要隘，畏罪潜赴重庆，是日被南昌行营驻川参谋团拘留法办，所部善后事宜由刘湘负责处理。19 日，贺国光在渝各界宴会上声称：侯之担一失乌江，再失遵义，三失桐梓，更复擅离职守，本团为执行职务，不得不予以扣留法办。

△ 晨 4 时，日驻沪陆战队 2500 余人在虹口、杨树浦一带演习巷战，荒木指挥，至 7 时始毕。

△ 上海金业、证券、面粉、纱布、杂粮五交易所理事会、经纪人公会联呈国民政府请免征交易所税。

1 月 18 日 蒋介石自沪入京。同日电令南昌行营 1 月底撤销，往来文件自本月 20 日起停止收发。

△ 中共中央政治局根据遵义会议决议，常委进行适当分工，确定毛泽东为周恩来军事指挥的帮助者。当晚，中革军委主席朱德下令中央红军撤离遵义，向先市、赤水、土城集中。

△ 行政院驻平政务整理委员会委员长黄郛离平南下，过济与韩复榘会晤。

△ 湘西红军第六军团萧克部击溃进犯慈利、大庸交界处溪口之朱际凯部后，向大庸金岩山、岩口转移。

△ 中国工农红军第四方面军徐向前部为策应中央红军作战，是日及次日向四川“剿匪”军第二路军田颂尧部苍溪、阆中、南部各防线突袭。第一路军邓锡侯部杨旅六个团到南部增防。

△ 国民政府任命孔丘第七十七代孙孔德成为“大成至圣先师奉

祀官”，以特任官待遇；并分别任命四配（颜、曾、思、孟）裔孙为“复圣奉祀官”、“宗圣奉祀官”、“述圣奉祀官”（后由孔德成兼）、“亚圣奉祀官”，均以简任官待遇。

△　日关东军司令部发表文告，妄称察哈尔省沽源县乌泥河一带为伪满领土，关东军将进击该地驻军宋哲元部。同日，日驻平武官高桥向宋哲元提出警告，声称独石口至沽源一带系属伪满热河省，要求宋军迅速撤退，否则即将采取断然态度。

△　日军擅在天津南开八里台建筑飞机场。是日，日航校高桥少佐、关东军航空队斋藏大尉偕天津日驻屯军参谋川口到机场视察。

1月19日　日伪军进犯察哈尔省沽源县境，主力部队由大滩向沽源移动，另部由大阁镇向独石口推进。

△　日使馆武官高桥向何应钦发出通知，略谓宋哲元不履行前约，于15日在乌泥河袭击“满洲国”自卫团，掳去40余人，“关东军不能坐视此种暴举，决定派兵彻底肃清属于满洲国的该地方”。何应钦令宋哲元“让步”：将长梁、乌泥河及其他处所民团机关等撤至后方，将驻守东栅子步兵连撤至独石口附近，改用保安队担任东栅子警戒任务。并令宋在长城以外竭力避免冲突，以免日军借口。

△　黄郛到京向蒋介石、汪精卫报告华北政情，蒋表示日军进攻察东系“地方事件”，应“就地解决”。20日，黄又见汪有所商谈。

△　“追剿”军总司令何键抵常德，指挥所部向大庸贺龙部红军总攻。22日，湘军陈渠珍部陷永顺。23日，第六十二师陶广部、第十六师章亮基部与红军激战于大庸黄庄坪等地。

△　刘湘派王蕴滋到西安，与杨虎城商川北“剿灭”红军军事。

△　中央红军撤离遵义。分三个纵队向赤水、土城攻击前进，拟从泸州上游渡长江。红一军团为右纵队，集中松坎，为红军向赤水转移作准备；红五、红九军团及军委纵队组成中央纵队；红三军团为左纵队，担任后卫，掩护红军撤离遵义。

△　悍匪刘桂堂抢劫燕山口、界岭口两税卡，缴去枪30支，税款

7000余元,已扩充至六七百人,声势甚大。

1月20日 察哈尔省民政厅长秦德纯、第二十九军参谋长张维藩与日关东军驻张家口特务机关长松井在张家口谈判察东事件,秦表示愿意让步。松井要求察省当局派员到大滩和日军旅团长谷寿夫商谈。25日,日军第二十五联队永见联队长又致函秦德纯,要求派代表往大滩会谈"和平"解决办法。

△ 何应钦致电汪精卫、蒋介石及黄郛,内称:"关于对日外交,应请中央从速决定根本政策,否则实属无法应付。"

△ 王宠惠分访汪精卫及蒋介石,商谈迎胡汉民合作问题。

△ 何键以陈渠珍拥兵割据湘西,为削除其势力,令陈将所辖七个旅及独立团缩编为一个乙种师,余均遣散,税卡及造械机关悉撤销,所遗防区由陶广师接充。28日,何又颁整理湘西军政办法八项。

1月21日 黄郛向林森报告华北政务。同日,汪精卫偕同黄郛到军校见蒋介石。24日,汪、黄复同赴军校见蒋,晤谈甚久。

△ 日驻南京总领事须磨与汪精卫、黄郛、唐有壬就察东事件举行预备会商。

△ 南昌行营驻川参谋团政训处长康泽进京,向蒋介石请示调特务入川事。康已调派特训班学员、别动队队员多人,准备月底赴川成立各军政训处。

△ 新十师师长萧乾由闽福鼎乘轮赴霞浦"督剿"红军,途中船舱汽锅爆裂着火,萧跃水溺毙。副师长黄懋如暂代该师师长职务。

△ 中、意两国无线电通讯开始正式通报。

△ 京芜铁路芜(湖)当(涂)段正式建成通车。

1月22日 下午6时许,热西日伪军千人,飞机四架,装甲车十余辆,大炮20余门,分两路向察东大举进犯:一路由大滩沿长梁、乌泥河向沽源县城方面攻击,一路由大阁镇向独石口方面攻击,战争甚烈。

△ 驻津日军为配合日伪军侵犯察东,擅入华界武装游行示威。25日,日军500余人复在日租界演习巷战,梅津亲自检阅。26日,日步

兵200余人续在津演习。又古北口日军自23日至27日,连日在白河流域演习野战。

△ 中共中央电示红四方面军协同中央红军作战,“以群众武装及独立师团向东线积极活动,钳制刘(湘)敌,而集中红军主力向西线进攻”。

△ 红三十一军王树声部为掩护红四方面军主力向西行动,攻占广元东北之转斗铺,歼守敌第一师胡宗南部第一、第二两游击支队。该军第二十五、第八十八两师自朝天驿渡过嘉陵江,包围羊模坝胡宗南部罗团。23日对羊模坝发起攻击。同时,红三十一军另部于广元、昭化间突破嘉陵江防线,占广元西之河湾场。24日围昭化。25日对守昭化之胡宗南部独立旅甘(竞生)团进击。27日占广元城郊飞机场。29日又占广元外围五龙堡。广、昭之胡军据城顽抗,攻城数日未下,红军乃主动撤广、昭之围,于月底将主力转至嘉陵江东岸。广、昭之役至此告一段落。

△ 日外务大臣广田弘毅在第六十七届议会上就“中日亲善”、“经济提携”问题发表演说,略称:“中国共产军虽西移,日本政府不得不继续予以关切;各地排日风潮仍时有所闻,日本政府甚引为遗憾。日本极重视东亚诸国之和睦,故期望其能共同负担东亚和平及秩序维持之重责。因此日本政府切望中国之安定及对东亚局势之觉悟,并望中国谅解日本在东亚之势力及地位与日本之真意。”又称:“中国倘能将排日及抵货运动完全停止,日本政府将予以精神上、人才、物质上之援助。”

△ 苏联与伪满、日本谈判出售中东路问题,历时一年半,会谈40次,是日达成协议:苏将中东路权作价1.4亿日元售予伪满;由伪满负担苏职员退职津贴。并确定由日本外务省欧亚局第一课长西春彦、苏联远东部长柯兹罗夫斯基、伪满外交部次长日人大桥忠一组成起草委员会,草拟中东路买卖协定。

△ 国民政府派李敬明为陆军第三十军副军长;任命池峰城为第三十一师师长。

△ 统一水利委员会在南京开会,到委员李仪祉、孔祥榕等20余

人，讨论统一水利工程计划，并通过修正各水利机关组织章程。

1 月 23 日 晨 10 时，日机在察东东栅子投弹七枚。11 时，日关东军第七师团谷寿夫旅团又在该处发 40 余炮，保卫团团员及居民死伤 40 余人，全镇成为瓦砾。12 时，日步兵向独石口东北方之长城线进犯。

△ 国民政府公布民国二十三年度国家普通岁入岁出总预算，经常、临时两门共计 9.18111034 亿元。岁入以关税为主，约 3.8 亿元；岁出以军费为主，约 2.9 亿元。

△ 湘、鄂“追剿”军为对湘鄂川黔根据地贺龙部红军进行“围剿”，是日将第一线部队编成六个纵队：郭汝栋纵队由慈利沿澧水北岸向鸡口、大庸进攻；李觉纵队由龙潭河沿澧水南岸向断架山、大庸进攻；陈耀汉纵队由新安、石门向江垭、桑植进攻；陶广纵队以第六十二师主力进攻大庸，第十六师进攻永顺，新编第三十四师主力在红军根据地西部筑碉推进；徐源泉纵队和张振汉纵队由来凤、龙山地区向塔卧推进。

△ 蒋介石令：“四川善后督办公署”划酉阳、秀山、黔江、彭水四县为特区，委王亦潜为该区督察专员兼保安司令，率兵驻扎，图阻湘西红军向川、黔推进；另委徐源泉为湘鄂川边区“剿匪”总司令，上官云相为该部第一路总指挥，图遏阻红军向鄂西发展。

1 月 24 日 红一军团主力通过习水境内东皇殿、图书坝，击溃黔军刘翰吾旅残部，占领土城。林彪率红一军团大部队开进土城。中央纵队后卫红五军团与川军模范师第三旅郭勋祺在吼滩遭遇。次日，彭德怀、杨尚昆率红三军团抵达土城。董振堂、李卓然率红五军团，罗炳辉、蔡树藩率红九军团分别开进东皇殿。至此，中央红军三万余人均集中在赤水以东、土城以北地带。川军刘湘派郭勋祺旅尾追红军，企图与中央军周浑元部、吴奇伟部夹击红军。

△ 上午 11 时，日机两架侵入察东独石口投弹八枚，下午 3 时投弹五枚，死伤军民 20 余人，毁民房 50 余间。又在东栅子投弹三枚，死伤警民 20 人。是日，日军永见部队侵占东栅子。沽源方面又增日伪军千余人。

△　国民党中常会决定检查新闻原则：各报得自由发表善意言论，但凡对于国民党党政之设施持反对言论或涉及军事、外交之秘密，以及宣传与国民党不相容之主义者，均不得刊布。2月11日，国民政府据此训令各机关遵照执行。

△　教育部通令各省、市，高中一年级学生自4月11日起集中军训三个月。

△　去夏长垣黄河决口，鲁西寿张、阳谷、濮县、范县等县今仍水深三四尺。刻黄水续涨，灾情惨重，是日，灾民代表10人向鲁省府请愿，要求免征丁银，并速堵口。

1月25日　立法院开秘密会议，由孙科报告察东情势。

△　沽源以东南北石柱一带，又增日军一联队约1600人，前线日军合计约3000人，由永见指挥。伪军约2000人，由王永清指挥。承德、大滩间后方日军增至5000余人，并有日机一队共九架，时出活动。

△　《东方杂志》刊载许达生著《中国金融恐慌之开展》一文，称："截至1934年12月28日，去年全年白银外流共3.56160958亿元，较1933年外流增加2.5亿余元。上海存银1933年底为4.9亿余元，占全国存银之半，一年之中竟流出大半。"

△　股匪杨猴小部经绥远窜入陕西榆林，被陕军井岳秀部击溃并收编。

1月26日　红一军团军团部移驻赤水河边的丙滩，红一师到达旺隆场、七星坎、小关地区，与川军章安平旅在黄陂洞地区遭遇，激战五小时，红三团损失严重。

△　日关东军驻张家口特务机关长松井自张家口到北平，会同日使馆武官高桥，与察省外交特派员岳开佚、战区整委会委员朱式勤会商察东事件解决办法。

△　宋哲元电中央报告察东情形。下午，中央复电称："察东事件系'地方事件'，由地方交涉解决。"

△　何应钦为察东问题致电蒋介石、汪精卫，内称："为谋一劳永逸

计，似不如于中日双方会谈之际，将察热边界即多伦方面纠纷情形，一并提出解决，已设法微露此意于高桥，谓如关东军愿将多伦方面纠纷情形一并提出解决，则此间可以请示中央办理等语。”

△ 国民政府令准免许心武省立河南大学校长职，以杨震文继任。

△ 教育部开会商讨编制简体字谱及注音符号推行问题，决定编简体字以力求易写、易识、笔简为原则；至开铸注音字模事，由汪怡、黎锦熙赴沪调查研究后再定。

△ 教育部令山东省教育厅调查孔丘及颜、曾、思、孟后裔，列名呈报，以凭发给公费，资助升学。

1月27日 土城之战。毛泽东令红一军团夺取赤水县，红三、红五军团在土城进入阵地，击败从习水尾追红军的川军郭勋祺旅。是日，郭旅抢占土城北面青岗坡和石羔嘴东南，向土城步步进逼，截断了红五军团与红三军团红四师的联络，红军形成背水作战。次日，敌我双方在石羔嘴、凤凰嘴、青岗城反复争夺。川军潘佐旅增援，打到白马山中革军委指挥所前沿，陈赓率中央纵队干部团拼死抵抗，红一军团红一团跑步前来救援，仍处于不利态势，红军撤退时，受敌人的突然袭击，朱德亲自带一个排的兵力掩护，安全撤出。此役系遵义会议后第一次大仗，红军损失巨大。

△ 红十军抗日先遣队在江西怀玉山被国民党军围困10余日，损失殆尽。是日，方志敏在德兴县陇首村突围时，被独立第四十三旅刘震清部所俘。方志敏坚贞不屈，在狱中著有《可爱的中国》、《清贫》、《狱中纪实》、《死》、《我从事革命斗争的略述》等。8月6日，在南昌百花洲从容就义。

△ 日军强占察东东栅子，越过长梁、乌泥河一线。28日复退出东栅子。日军300余人占据距沽源城东约15里之乔家围子及义合成两村。

△ 日军今起在天津南良王庄一带实弹演习三日。29日，驻平日军300余赴昌平县沙河、南口作耐寒演习。

△ 据中央社重庆电,川“剿匪”总部令该省沿江各县克期完成碉堡,以资防守。又电川南12县成立联团临时办事处,定公约12条,设四道防线抵御红军。

△ 蒋介石通令,凡红军“尚未肃清”地区,概禁外人或商旅往来。

△ 青海活佛兴萨班智达呼图克图由平赴京,参加普济法师受封礼。

1月28日 胡汉民所派代表李晓生抵沪,是日与孙科、王宠惠会谈。李称胡仍留香港,并无出洋及北来意。王宠惠于29日、30日分别见汪精卫、蒋介石,对宁粤团结问题有所商谈,并访林森、居正、于右任交换意见。

△ 国民政府派李骏为议订《中秘友好通商航海条约》全权代表。

△ 晨,日机三架在热河省丰宁县大滩西20公里断木梁投两弹,死伤村民30余人。

△ 桂军免黄镇国第四十三师师长职,以韦云淞继任;调第七军参谋长郭凤岗为第四十五师师长。

△ 财政部赋税司长高秉坊在该部纪念周上报告,废除苛捐杂税已达2600余种,计2800余万元。

△ 苏联人民委员会主席莫洛托夫在第七次全国苏维埃代表大会上演说,称:“苏联对于中国各部(包括新疆在内)之独立与不可侵犯,为无条件之拥护者。”“苏联反对瓜分中国与外国以武力占据中国之领土。”31日演说中又主张“日本撤退满洲之驻军,保证中国领土、主权之完整”。

1月29日 日使馆武官高桥在北平见何应钦,要求在大滩会谈。何应钦主张先在北平谈妥,再在大滩定议。上午11时许,岳开先晤高桥,商察东问题。

△ 驻华日公使有吉明来华,是日下午偕参赞有野访汪精卫,要求彻底取缔排日运动;并谓“察东问题不致扩大,可就地解决”。

△ 大滩日飞机场已竣工。是日有日机三架自承德飞来。长梁、

乌泥河已设伪警所，由日军指挥。

△　中央红军一渡赤水，准备北渡长江，与红四方面军会合。红一军团、红九军团、军委纵队由猿猴（今元厚）、丰溪口等处渡过赤水河，成为入川大军之右路，向古蔺、叙永方向前进；红三军团、红五军团由土城浑溪口渡过赤水河，翻越拖枪岭，成为入川之左路。是日中午，中央红军全部渡过赤水河。

△　南昌行营驻川参谋团通电在川各路将领："嗣后军事长官须常驻指定地点，倘仍玩忽，或因之失地丧师，以抗命辱职论罪。"

△　行政院决定，旧财政部核准之各银行发行纸币权，凡已停业及未开始发行者，概予取消。

△　刘湘以廖泽"剿匪"不力，撤去其第三路指挥及副师长职务，保留旅长，责令"戴罪图功"。

△　伪满外交部发表公报称，境内吸食鸦片者 90 万人，年消耗鸦片约达 1640 余吨。此外，千人中有七人吸食经制造过之毒物，共达 21 万人。

1 月 30 日　下午 1 时，殷同偕朱式勤与高桥在平谈判，日方提出三项要求：一、中国对察热边境不幸事件口头表示遗憾；二、察省如数交还所收热河民团的枪械；三、中国军队将来绝不"侵入"石头城子、南石柱子、东栅子之线以东地区，并不得有威胁行动。商定下月 1 日至 3 日在大滩开察事"和谈"会议。

△　日公使有吉偕日驻京总领事须磨等见蒋介石，谈"中日亲善"问题。蒋称："中日应该亲善，这是中山先生的遗策。"有吉对会见结果表示满意。

△　甘乃光向行政院请辞内政部政务次长及代部长职。

△　国联交通组长哈斯抵沪，继拉西曼任国联对华技术合作联络员。2 月 11 日抵京，旋赴各省视察交通水利建设工程。

1 月 31 日　国民党中央候补执委、军事参议院副院长鲁涤平病卒。2 月 2 日，国民政府追赠鲁为陆军上将，并明令褒恤。

△ 日关东军司令官南次郎在大连发表谈话称:“日本坚信设立满洲国为远东和平之初步,如有任何因素足以扰及该国时,日本将以其生存为赌注。”又称:“中日友谊之根据在中国驱除共党与取消反对日本之态度。”

△ 旅日被逐回国华侨至本日止已达30批,共239人。

是月 蒋介石以徐道邻名义在南京《外交评论》上发表《敌乎?友乎?——中日关系之检讨》一文,宣称:“一般有理解的中国人,都知道日本人终究不能作为我们的敌人,我们中国亦究竟须有与日本携手之必要。这是就世界大势和中日两国的过去、现在与将来(如果不是同归于尽的话)彻底打算的结论。我想日本人士中间怀抱同样的见解的,当亦不在少数。”并谓:中日两国“实在是生则俱生,死则同死,共存共亡的民族,究竟是相互为敌,以同归于绝灭呢?还是恢复友好,以共负时代的使命呢?这就要看两国,尤其是日本国民与当局有没有直认事实,悬崖勒马的勇气,与廓清障蔽,谋及久远的和平”。按:该文系蒋介石分章口述,陈布雷笔录,用徐名发表。发表后各报竞相转载。

△ 蒋介石命令驻河南第四十军第一一五旅两个团进入陕南,并自湖北调第四十四师第一三〇旅至上津、白河,统归杨虎城指挥,配合陕军第一二六旅、警二旅、警卫团对红二十五军进行第一次“围剿”。红军在镇安歼灭第一二六旅三个多营,开辟蓝田、商县、山阳、镇安、柞水五县边境工作。

△ 蒙古地方自治政务委员会秘书长德穆楚克栋鲁普派宝贵廷潜赴多伦,与伪满察东警备军司令官李守信及日驻多伦特务机关长植山联系,商定从内蒙东部各盟旗招兵,在李守信隶属下成立一个团,由宝贵廷任团长。

△ 去冬退入苏联国境之吉林抗日自卫军李杜部3000余人经西伯利亚到达新疆伊犁。

2 月

2 月 1 日 蒋介石就中日“亲善”问题答中央社记者问，略谓：“此次日本广田外相在议会所发表对我国之演说，吾人认为亦具诚意，吾国朝野对此当有深切之谅解。中国人民因迭受刺激，发生一部分反日运动，政府曾不断予以合理的弭止。……中国过去反日之感情，与日本对华激越之态度，皆应共同改正，方为敦友睦邻之道。我全国同胞亦当以堂堂正正之态度，与理智道义之指示，制裁一时冲动及反日行为，以示信谊。”

△ 国民政府公布《中华民国民事诉讼法》，凡 636 条。

△ 中日代表赴沽源转大滩会南察东事件。

△ 刘湘电告全省：自民国二十四年起，田赋一年一征；在军事未经整理就绪前，暂照一年田赋数目附征临时税一次；凡百货物，完税一次后，省内贩运概不重征。

△ 新任长江上游海军司令曾以鼎乘“民权”舰抵汉视事，川、湘、鄂舰队均归其指挥。

△ 红二十五军大部在陕南蔡玉窑，小部向柞水前进。国民党军张飞生旅向柞水尾追。红军阻敌第四十二师冯钦哉部于庙沟口，激战竟日。2 日向曹家坪方向前进。

△ 中共中央电报指示湘鄂西红二、六军团，要利用湘、鄂两省国民党军相互间的矛盾，“集中红军主力，选择敌人弱点，不失时机的，在运动中各个击破之”。总的作战方针是：“决战防御，而不是单纯防御；是运动战，而不是阵地战。辅助力量是游击队和群众武装活动。”并确定在湘鄂川黔边根据地组织革命军事委员会分会。随后，红二、六军团依据这个决定组织军委分会，以贺龙为主席，任弼时、关向应、萧克、王震、夏曦等为委员。

△ 关内开始收递东北包裹、邮件。

2月2日 蒋介石以红军已西入滇边，命令改编湘、黔、滇军为“剿匪”军第一、第二两路军，各辖四个纵队。何键为第一路军总司令，以主力“围剿”贺、萧红军，一部封锁黔东。龙云为第二路军总司令，薛岳为第二路军前敌总指挥，以主力集结滇、黔边境，“围剿”朱德红军主力。

△ 国民政府公布《西康建省委员会组织条例》。

△ 蒋介石为处理南昌行营结束事宜离京赴赣。

△ 军事委员会电各军悬赏“缉拿”中国工农红军领导人朱德、毛泽东等，凡“生擒朱德、毛泽东、徐向前之一者赏洋十万元；生擒彭德怀、林彪、董振堂、周恩来、张国焘之一者赏洋五万元”。

△ 川军第二十八军军长邓锡侯由绵阳赴梓潼指挥所部在川北广元、昭化前线对红四方面军作战。

△ 上海各业因年关结账，银根紧张，荣康、益康、德昶、顺记及宝大裕等钱庄相继停业。其他各业也停闭甚多。是日中央、中国、交通三银行开紧急会议，决拆放1500万元，以资救济。

△ 上午11时，中日代表在热河省丰宁县大滩举行察东事件“和平”解决会议。察省府代表为第二十九军第三十七师参谋长张樾亭、沽源县长郭堉恺；日方关东军代表为第七师团第十三旅团长谷寿夫、第二十五联队长永见、驻张家口特务机关长松井。伪满丰宁县长亦与会。会谈半小时即结束，订大滩口约，规定察东各地划为非武装区，中国不得驻兵。

2月3日 察东日军向热河撤退。长梁、乌泥河、南北石柱子及东栅子一带，由保安队及民团维持。

△ 中央红军因刘湘重兵阻截，放弃原定渡江计划，以一部佯攻川南叙永，牵制川军；大军则南向云南扎西进军。

△ 红四方面军向北发起陕南战役，进攻与红军订有互不侵犯协定的陕军第三十八军孙蔚如部。是日由广元黄坝驿一带向孙部宁羌外围贺家梁、七星池等阵地猛攻。4日占宁羌城。

△ 张樾亭返平，向宋哲元、何应钦报告大滩会议经过。

2月4日 国民政府特派徐源泉为鄂湘川边区“剿匪”总司令，免去其原鄂湘边区“剿匪”总司令兼职。

△ 北平军分会公布中日大滩会议口约解决察东事件办法如下：“日军即返回原防，二十九军亦不‘侵入’石头城子、南石柱子、东栅子（长城东侧之村落）之线及其以东之地域，所有前此二十九军所收热河民团之步枪，计37支，子弹1500粒，准于本月7日由沽源县长如数送到大滩，发还热河民团。”同日，日方公报则称：“日方提出要求：一、中国誓不以兵力侵入‘满洲国’境，或对‘满洲国’威胁。中国并立誓严禁刺激日本之行为，中止所有现在侦察关东军之行动。二、如中国违反此誓约，日本将采断然自主之行动，责任由中国负之。中国所有企图增强阵地、增加兵力之行为，日军将视为挑战之行动。三、中国所征收之‘满洲国’民团武器，应由沽源县长于2月7日以前全数送到南园子交日军。”并宣称以上各条均经宋哲元代表“承认”。

2月5日 晚，中共中央常委张闻天、周恩来、毛泽东、博古在川滇黔边界的云南扎西水田寨开会，根据遵义会议决议张闻天正式接替博古中共中央总书记职务。

△ 红二十五军在陕南蓝田县葛牌镇击溃陕军第四十二师冯钦哉部第二五一团，并在九间房歼灭第二四八团之大部。

△ 红四方面军第四、第九、第三十等军在陕南分三路从镇锁关、宁羌、阳平关向东北挺进。孙蔚如急调第四十九旅王毅武部经沔县向西驰援。

△ 行政院决议增加中央银行资本6000万元。

2月6日 日关东军驻沈阳特务机关长土肥原奉命侦察中国南北形势，是日偕北宁铁路局长殷同、蓟密区专员殷汝耕到北平。

△ 国民党中央政治会议决议：军委会所拟《剿匪省份县府裁局改科办法大纲》准予备案。

△ 第二路军前敌总指挥薛岳图歼灭中央红军于川南古蔺、叙永一带山地，令第二纵队周浑元率部第五、第十三、第九十六等三个师，向

土城、仁怀一带推进;第四纵队王家烈部第一〇三师主力向赤水、土城推进,独立第二旅杜肇华部向桐梓推进,新编第八师蒋在珍部扼守松坎;第一纵队吴奇伟部扼守黔西及乌江渡口沿岸一带,相机策应第二、四纵队。各部限于7日出发,到达目的地后再向古蔺进展。

△ 川北第二十八军邓锡侯部杨秀春师击退河湾坝抢渡嘉陵江之红四方面军后,是日占领羊模坝。

△ 江西“绥靖”公署在南昌召开全省“绥靖”会议,顾祝同主持,到各“绥靖”区司令、各纵队指挥官、各行政督察专员等40余人,通过军事、交通、党政等要案多件。7日闭会。

△ 财政部令海关免征土产出口税。

2月7日 土肥原在北平扶桑馆与殷同、殷汝耕等密谈后,与何应钦、汤尔和、王克敏等会晤,并相互宴请。8日,土肥原接见记者,略谓:“中日关系前途已露曙光,依余考察结果,相信政府方面确甚和蔼可亲;人民虽偶有冲动,亦不难改善。”又谓:“徐道邻所撰之《中日关系之检讨》,确为解决中日问题之一途径,希望双方根据此篇文章共同努力。”

△ 日陆相林铣十郎在众议院预算第四分科会议上谈对华关系,称:“日须充分援助‘满洲国’之发展,对华关系非圆滑进行不可。”

△ 中英庚款会议议自民国二十四年度起年拨款110万元作为补助文化教育基金,以三年为期;其中以80万元办义务教育,15万元办职业教育,15万元补助国立大学健全研究所。

△ 东方旅行社呈准铁道部,增办关内外货物联运。按:该社由中国旅行社和日本国际观光局共同投资设立。

2月8日 立法院修正通过《交易所交易税条例》,将原定税率酌予减低。12日,沪市纱布等五交易所经纪人公会仍感不胜负担,电请中央缓征。

△ 自美国实施“白银政策”,提高银价,收购白银后,我国现银陆续大量外流,沪市存银骤减,虽经港银运沪补充,现银仍极短缺。是日,华商银行存银2.99812亿元,洋商银行存银3510.1万元,共3.34913

亿元。与去年同日相较，计短银 2.06 亿余元，均系去年流出。

△ 班禅额尔德尼在宁夏阿拉善旗西陲宣化使公署就西陲宣化使职。

△ 红四方面军向陕南新铺陕军王毅武部发起攻击，激战一昼夜，歼敌一部。9 日溃敌一个骑兵团，占沔县。

△ 川军彭诚孚师陷川陕革命根据地巴中县。9 日陷通江。

2 月 9 日 蒋介石为探明日方对中日关系的真意，特自牯岭电汪精卫，提议由国际法庭法官王宠惠乘返海牙任所之便，取道日本东京，访日当局交换意见，“较之另派他人为最无痕迹”。11 日，汪电黄郛，嘱其与王商量此事。

△ 国民政府任命刘湘兼四川全省保安司令。

△ 沪交通、金城、浙江兴业、上海商业、四省农民五银行为避免互争农贷，特合组中华农业贷款银团，推李钟楚、邹秉文为常务理事。本年计划以棉麦贷款为主，总额 500 万元。

2 月 10 日 张学良、蒋鼎文、顾祝同、刘镇华、熊式辉、赵观涛、毛炳文、罗卓英等高级将领及江西各“绥靖”区司令应蒋介石电召到庐山听训。

△ 四川省府主席刘湘及各委员在重庆宣誓就职。贺国光在就职典礼上致词指出，四川积弊有六：一、私；二、贪；三、穷；四、毒；五、乱；六、伪。

△ 土肥原自平到津，由日驻军高参大木陪同访晤河北省府主席于学忠。11 日，访晤天津市长张廷谔。同日，于学忠招宴土肥原，并邀高桥、殷汝耕等作陪，席间对战区未了问题略有商讨。13 日，黄郛致电蒋介石报告土肥原在平、津活动情形，“要点仍在‘多方侦察究竟为敌为友’”。

△ 察省民政厅长秦德纯偕萧振瀛见何应钦，报告察东事件解决经过。

△ 《文化建设》第一卷第五期刊载郑振铎对《中国本位文化建设

宣言》的意见，称："文化问题固然重要，但中国民族本身如何能生存，却是更大的问题"，"如何组织民众，如何使民众都有自觉的为生存的斗争心，是今日的急务，而恢复旧文化却是死路一条。"

2月11日 内政部会同行政院、中宣会代表审议修订《出版法》，修正内容有：一、增加地方权限；二、登记办法改为县府转呈；三、禁载限制较严；四、登记须纳保证金等。

△ 中央红军占云南扎西，右路与主力大军会师。在扎西进行短期休整，扩军3000多人。13日乘敌后空虚，分两路由扎西、镇雄间回师川南，进入古蔺属营盘山。

△ 战区清理委员会殷同、殷汝耕、陶尚铭等与日使馆武官高桥、驻榆关特务机关长仪我在津会商战区有关事项：新保安队开战区换防办法，取缔滦东日韩浪人问题，马兰峪东陵接收事宜和玉田保安队、民团管理问题。

△ 秦德纯由平抵津，向察省府主席宋哲元报告察东问题解决经过及善后情形。

△ 刘湘第二十一军通令四川戍区各县县长，即日起将一切政务归还省府。15日，邓锡侯、罗泽洲电刘湘交出政权。20日，蒋介石电令刘湘、邓锡侯、田颂尧、李其相、罗泽洲、杨森等，"妥商接收各戍区办法，克日移交具报，无稍瞻顾"。

△ 辽宁省兴城县因日军收缴民枪，滥杀居民，壮丁百余人奋起反抗，被日军包围，枪杀过半。

△ 英李顿爵士在美国演讲，鼓吹英、美联合抵制日本独霸远东。

2月12日 黄郛访王宠惠谈访日事。王表示准于16日赴日，已直接向日使有吉说明顺道访日之意。黄认为："访日见人范围及谈话程度颇费斟酌，过露恐被利用扩大宣传；些微不露，又恐失访日意义，杳无所得。"

△ 外交部为明了各省交涉署裁撤后地方接收办理涉外情形，特设视察员视察一切。是日，行政院通过《外交部视察专员办事处规程》，

全国共分 11 个视察区，各设视察专员一人。

△　王晓籁当选为上海市参议会议长。

△　中央银行公告收兑杂色银料，并定 25 日起先在沪开始收兑。

2 月 13 日　殷同、殷汝耕、陶尚铭与日方代表高桥、仪我等在天津商定新编保安队开入战区原则：保安队 5000 名，警察 4000 名，共 9000 人；携带武器大枪数与兵数同，小枪数与官长数同，机枪每中队两挺；东开时，由日使馆武官高桥、天津日军参谋川口及战区清理委员朱式勤共同点验。14 日，战区清理委员会根据与日方所商原则，讨论实施步骤。

△　侨务委员会以暹罗政府宣布将于 4 月 1 日起封闭侨校，凡九岁至 14 岁华童均须转入暹校学习，特会同外交部、教育部讨论应付及救济办法。

△　汪精卫自京赴沪；次日与孔祥熙在沪商财政问题。

△　苏北贾汪华东煤矿公司有内工 500 名，外工 1700 名。外工以待遇不公，屡请加薪未遂，是日要求在煤井避寒，又遭矿警弹压，遂举行罢工，封闭煤井。18 日，经国民党铜山县党部、县政府派人调停，商定解决办法：一、酌加外工工资每人每日三至五分；二、在矿场修建外工休息房间；三、酌给殴伤工人恤金；四、调走监工。劳资双方同意，19 日全矿工人复工。

△　东北电信转报局成立，局址设榆关，由电信局退职人员负责，性质与汇通转递局同。

△　日第三舰队司令百武抵广州，访粤省当局。17 日去香港。

△　越南增收华茶税，每斤自 0.8 元增至 1.6 元。是日外交部照会法使请制止。

2 月 14 日　蒋介石在庐山答日本《朝日新闻》记者问，略称："中日两国不仅在东亚大局上看来有提携之必要，即为世界大局设想，亦非提携不可。""中国不但无排日之行动与思想，亦无排日之必要"，中日"经济提携""应先从改善两国间之现状，并恢复其正常关系做起"。

△　汪精卫在沪与王宠惠谈访日事。次日，黄郛与汪精卫、王宠惠

晤商对日问题后致电蒋介石报告,内称:“三人共同详密研究决定:(一)谈话程度,以京中所定四项原则为限度,而以探实彼方真态为主旨。(二)见人范围以外部为主体,旁及军事,以事敷衍,而免忌妒,但回避参部,以防利用。更与法界及国际法学协会等团体周旋,以资点缀。……”16 日晨,王宠惠乘比“亚士总统号”轮取道日、美转欧返任。

△ 国民政府公布《驻赣绥靖公署组织条例》、《驻闽绥靖公署条例》。

△ 国民政府令准免李元鼎审计部部长职;特任陈之硕代理审计部部长。

△ 红四方面军徐向前部三万余人进攻陕南南郑、褒城,自是日至 25 日,在褒河以西地区与陕军第四十九旅王毅武部、第五十一旅赵寿山部大小激战 10 余次后,向宁羌转移。26 日弃沔县城。

△ 日外务省听取驻沪商务官横竹对中国经济现状之报告后,协议“中日经济提携”意见三项:一、中国取缔排日运动为“中日经济提携”的前提。日本由中国购买棉花、农产品、铁、羊毛等原料,同时对中国输出工业品、机械类及杂货;二、为安定中国经济界,消除金融恐慌,促进中日贸易,在沪设立二亿元信用制度;三、研究白银流出所发生财政不安之对策。

△ 天津日驻屯军司令梅津偕日参谋本部第二部长矶谷到平,当晚何应钦招宴。16 日,矶谷偕高桥等访晤河北省府主席于学忠,对该省军政情况探询甚详,并称:“际此中日关系好转,两国实有联合必要,希本已往中日亲善之意,共同维持东亚和平。”

△ 中国旅行社声明承办平沈通车期满,于 1 月 1 日起依约停止参加与日方合组之东方旅行社。

2 月 15 日 蒋介石电令张学良暨豫鄂皖边区各总指挥、军长、师长,限本年 4 月前将该边区红军肃清,红军重要首领全部捕获或加斩杀,否则以“纵匪抗令论罪”。

△ 蒋介石分电鄂、豫、皖、赣、闽等省府主席,“确定建设及绥靖中

心工作，以三个月为一期，按计划办到。第一期中心工作，限 5 月底完成”。

△ 蒋介石令何键按计划“进剿”湘、川边境红军。何键 25 日赴常德，26 日电令李觉、陶广、陈渠珍等师以主力协同徐源泉部，将湘西红军“包围于大庸、沅陵、桑植、永顺地区聚歼之”。

△ 国民政府派俞家骥代何其巩为行政院驻平政务整理委员会秘书长。

△ 国民政府派李平衡、包华国为出席第十九次国际劳工大会中国政府代表，并指定李为第一代表。

△ 陕西“绥靖”公署电令第四十二师将该师驻防陕北部队悉数南调商雒“协剿”红二十五军。

△ 张学良在庐山曾数次与蒋介石商“剿”红军军事，是日下午飞返汉口。

△ 天津日驻屯军司令梅津偕参谋大木自北平赴张家口“考察”。

△ 日关东军驻榆关特务机关长仪我访冀省府主席于学忠商谈新保安队开入战区问题，人数仍维持 5000 名，除携步枪外，得携轻机枪 50 挺，会谈至此结束。下午仪我离平经津转长春向关东军司令官南次郎复命。

2 月 16 日 财政部金融顾问委员会在沪成立，委员 21 人，以孔祥熙为主席，张公权为副主席。该会为政府之财政顾问机关，亦为金融之辅助机关，其任务为听取银行界、商界建议，研究改进通货、安定汇兑行市、改善国际收付、调剂内地金融等问题。是日第一次会议，讨论奖励白银进口办法，通过复出口白银免纳出口税案。

△ 蒋介石由牯岭飞南昌。

△ 国民政府赴藏致祭达赖专使黄慕松取道印度返国，是日抵京，发表藏行观感称：“藏民坚心内向……藏局确极危险，驻大吉岭之英军只须六日即可到达拉萨。西藏当局处境困难，心存期望，意含责备，惟有大力助其建设，始不负彼团结之诚意。”18 日，黄向汪精卫报告藏行经过。

△ 土肥原由青岛抵沪。18日访晤吴铁城、黄郛及段祺瑞等;19日晚赴京。土肥原离沪前对记者谈:“中日两国有提携之必要。中日关系近渐好转。”又称:“中日争端可以终止,但边境冲突或属不免。”

△ 殷汝耕访日武官高桥,商谈接收马兰峪及东陵问题。日方意见先交还政权,待承德至古北口、承德至山海关两铁路筑成后再撤驻军。决定由高桥请示关东军后再作具体协商。

△ 新疆建设厅长高惜冰抵平见何应钦,何对外传新省与苏联关系问题有所询问。即晚,高对记者称:“新省俄籍顾问一部已回俄,现仅余六七人。外传向俄借款,系俄垫款,计500万卢布,分五年以土产还清。”

△ 日商在青岛沧口附近之沙岭庄设丰田、上海两大纱厂,资本均千万元。

2月17日 蒋介石在南昌接见赣省军政长官,指示“绥靖”工作方针。

△ 陕西“绥靖”公署悬赏一万元,“缉拿”红二十五军领导人徐海东、程子华、吴焕先、郑位三。

△ 财政部币制改革委员会合并于金融顾问委员会。

2月18日 中央红军于是日及次日分由川南古蔺县太平渡、二郎滩二渡赤水河,击溃黔军侯汉佑、犹国才部三个团及陆阁湘民团,至21日全部渡过赤水,再入黔北。23日至高桥。25日击溃黔军王家烈所属第四团蒋德铭部,克桐梓。黔军独立第二旅杜肇华部奉令向桐梓尾追,到达遵义北郊。

△ 上海市面萧条,地方协会、商会、银钱业公会负责人杜月笙、俞佐庭、陈光甫、秦润卿、中国银行总经理张公权以及银行界其他负责人林康侯、贝淞生、李馥荪等十余人,集议稳定市面、共渡难关办法。22日,杜月笙等六人晋见财政部长孔祥熙,请拨巨款稳定市面。孔应允由中央、中国、交通三行承办货物抵押放款;至地产押款,尚待研究。

△ 长沙各界举行提倡国货运动大会,到民众5000余人。

2月19日 蒋介石为"新生活运动"一周年发表《敬告全国同胞书》,宣称:"新生活运动目的在以吾民族固有美德之礼义廉耻为国民日常生活食衣住行之规律。"同日,在南昌讲话中妄称"新生活运动"可以"根本铲除""赤匪共逆"。

△ 国民政府训令行政院密饬各省、市切实劝告停止检查日货及抗日组织活动。

△ 财政部公布《奖励外银进口办法》,规定:凡由外国输入现银(每次至少不得在50万盎斯以下),得向海关登记,将来复出口时,准免正、附各税。

△ 王宠惠抵东京。20日访日外相广田,交换"亲善"意见。王称:"中国排日风潮渐次消灭,远东和平实赖中日合作亲善,中国愿促进中日经济提携,希望日本予以好意援助。"广田答称:"中国果真能严禁排日,披沥诚意,日本将予以一切援助。"

△ 国民政府以瑞典人斯文赫定勘察绥新公路有成绩,特颁给大绥采玉勋章。按:斯文赫定利用担任绥新公路勘察队队长职务,在我西北各省盗走大批文物。

△ 行政院电福建省府准厦门设市,以商埠范围为市区,取消思明县。

△ 河北滦县保安队长刘佐周擅将民团统治权收归其指挥,并令每五户月出一丁饷。民团愤与抗争,于15日被缴械,发生冲突。经该县县长等调解,是日冲突始停,双方死伤百余人。

△ 日军中尉队长三井率士兵40名,以护侨为名,从山海关开进河北省昌黎县城。次日,在昌黎筑兵营。

2月20日 汪精卫在中央政治会议报告外交方针,宣称:"中国愿意与任何友邦保持友谊与和平,中日两国所发生的纠纷,可用诚意来解决。广田外相的演说,与我们素来主张大致吻合。"

△ 蒋介石电知各军政机关:南昌行营已结束,武昌行营于3月1日开始办公,豫鄂皖三省"剿匪"司令部月底撤销。

△ 蒋介石电四川省府主席刘湘，及邓锡侯、田颂尧、杨森、罗泽洲、李家钰各将领，谓："今值该省府改组成立，各军将领已先后宣言打破防区，交还政权……殊堪嘉慰。"

△ 国民党中政会决议特许行政院各部、会长官列席中央政治会议。

△ 土肥原到京。次日访晤汪精卫、孙科等。汪设宴款待，陈立夫、朱家骅、唐有壬、曾仲鸣等作陪。22日，土肥原自京抵沪。

△ 日新闻记者冈本房男等在汉口访问张学良，提出中日"亲善"、中日"经济提携"、对"满洲国"的感想、取缔"排日"、讨共方针等九个问题，要求解答。张答称："余系军人，以个人立场关系，不便发言。"

△ 天津日军300余名在日租界演习巷战。21日，日军百余名又在日租界演习，机枪、坦克车、迫击炮及电信队均参加。街口遍设防御工事，交通断绝，至下午4时始毕。

△ 黑龙江省北安镇至黑河间铁路，由日、"满"修筑完工，是日开始搭载客货。

2月中旬 上海外汇平市委员会委托中国、交通两行自港购银运沪，先后已到七批共293.65万元。原计划购银2000万元，现因港市银价提高，故改向英国伦敦购买，首批300万元已装轮驶沪，另1000万元正在洽购。

2月21日 王宠惠在东京分访日首相冈田启介、外务次官重光葵、陆相林铣十郎、海相大角岑生，探询日方对"中日亲善"之真意。王对林铣言："中国当局并无依托欧美排斥日本，中日提携系属大道，希望两国努力扫除障碍。"下午，王发表声明，称此次"趁过日机会，以私人资格，将中国方面普遍心理传达于日本朝野人士；并愿将日本朝野之意见传达于本国，借以增进两国友谊，此外无他任务"。

△ 蒋介石自南昌抵汉口，接见张学良、何成濬、张群，询"剿"红军军务及政治设施。

△ 日外相广田在众议院赤字公债委员会席上阐述对华政策，略

谓:“余对蒋介石氏之态度,丝毫不怀疑义,若此信念推翻,不啻使东洋和平之方针为之瓦解。日本之永久安全市场在于中国,先成立经济联络,再谋民间提携。”

△ 国民政府任命薛岳为贵州“绥靖”主任。

△ 国民党军第十三师万耀煌部主力到达黔北仁怀,先头部队第三十八旅到达茅台。第三纵队孙渡部由滇北之威信、镇雄东进,所属第二旅安恩溥部已抵分水岭,第五旅鲁道源部、第七旅龚顺璧部进至双和场。第四纵队第一〇三师何知重部进抵赤水附近,主力向土城推进。时中央红军已回师贵州。

△ 何键任刘建绪为第一路军前敌总指挥,陶广、李云杰、李韫珩、李觉为第一、二、三、四纵队司令;原有“剿匪”军名义取消。

△ 驻苏大使颜惠庆、出席苏国际电影展览会代表周剑云、胡蝶及应苏文化协会邀请赴苏演出之梅兰芳等一行30余人,乘苏轮“北方号”离沪驶海参崴转莫斯科。5月1日返国。

△ 天津日驻屯军参谋长酒井隆由津到平检阅日军。22日,酒井及日军官14人到大、小汤山及昌平县一带窥察地形。

2月22日 王宠惠访日递信大臣床次、民政党前总裁若槻、外相广田、众议院议长滨田。晚,王在滨田举行的招待会上致词称:“广田恢复中日国交之演说,中国以诚意欢迎之,中国在事实上竭力消除对日不愉快之事,不愉快之原因。”

△ 何应钦派毛侃等赴陕、晋红军撤退地区,调查红军活动实况,研究消灭红军办法,是日由北平出发。

2月23日 王宠惠访晤日军事参议官荒木贞夫及海军省军令部次长加藤隆义,恳谈中日“亲善”。

△ 红二、六军团贺龙部在湘西永顺县石锢与湘军陈渠珍部激战,次日向塔卧北移。

2月24日 王宠惠访日牧野内府,恳谈中日“提携”。午后,王出席日众议院各派议员菅原传等75人招待会,交换意见。王表示“中日亲善应以道义为中心”。

△ 蒋介石特任兰州“绥靖”公署主任朱绍良为“剿匪”军第三路总司令，西安“绥靖”公署主任杨虎城为副总司令兼第一纵队司令；并规定总司令不在前敌时，副总司令得代行总司令职权。是日，朱、杨在西安就职。

△ 胡汉民之代表李晓生由港抵穗。25日，西南政务委员会执行部讨论时局，李报告在沪与孙科、王宠惠、汪精卫、孔祥熙接洽宁粤团结经过，各委详细交换意见。下午，李返港向胡汉民报告会议情形。

△ 中国劳动协会在沪成立，陶百川等19人当选为理事。该会工作纲领规定：“确认三民主义为中国劳动运动之最高原则，消极的消灭阶级斗争，积极的提倡劳资协调，以期努力于生产事业及劳动福利之建设，谋本党劳工政策之实施。”并称：“在文化方面，主张以三民主义为中心，指出共产主义及资本主义之谬误。”

△ 战区新保安队在河北沧州、静海、杨村编成。张庆余、张砚田分别统率第一、二总队，每总队辖四大队，每大队官兵640名。

2月25日 上海市商会、华商纱厂联合会等团体电行政院及中央有关各部，请迅速制止英商汇丰银行拍卖申新纱厂第七厂，并予救济。汪精卫电复：“申新事件，先由吴市长劝告汇丰暂缓拍卖，并由财、实两部会商救济办法。”26日、27日，上海市长吴铁城两次派人前往劝阻汇丰拍卖，均无结果。按：申新七厂系实业家荣宗敬经营，有纱锭56284枚，线锭13440枚，布机449台，工人4000余名，资产600万元以上。1927年曾向汇丰银行押款200万元。去年因花贵纱贱，外货倾销，周转不灵，到期未赎，汇丰遂委托英商鲁意斯摩洋行将该厂拍卖。

△ 东北军将领于学忠、王树常、万福麟到汉见蒋介石，请示整编事宜。

△ 留平内蒙王公要人索诺木拉布坦、包悦卿等见宋哲元、萧振瀛，详商内蒙地方征税区域划分问题。

△ 上午，王宠惠访晤日前驻美大使出渊胜次。下午访晤政友会

总裁铃木。日外务次官重光葵宴王饯别,芳泽谦吉、松冈洋右及东亚局长桑岛等作陪,席间就"中日提携"问题交换意见。

△ 何键赴常德"督剿"湘西红军。原南昌行营公路处长曾养甫同行,前往督修湘黔公路。

△ 伦敦中国艺展会委员达维德及拉斐尔来华选择运英展览古物,是日抵沪。

2 月 26 日 蒋介石电黔省各军严防红军进至遵义、桐梓以东地区。薛岳分令吴奇伟率第五十九、第九十三两师星夜驰赴遵义,周浑元部开往桐梓。时川军郭勋祺已率 10 个团向桐梓前进。

△ 中央红军击溃黔军独立第二旅杜肇华部,占领娄山关。中革军委下令乘胜夺取遵义城。决定红一、红三军团仍由彭德怀、杨尚昆指挥;红三军团为第一梯队,直攻遵义城,红一军团为第二梯队,由板桥继续追击。

△ 上海第一特区法院应申新纱厂七厂第二债权人中国、上海两银行之请,将该厂假扣押。英商鲁意斯摩洋行置法院判决于不顾,于是日下午以 225 万元之最低价拍卖给日商丰田纱厂。

△ 王宠惠向日外相广田辞行,并讨论促进"中日邦交"具体办法。王提三原则:一、中、日两国依照国际法互相尊重对方国家的完全独立;二、两国保持真正的友谊;三、遵循外交途径,用和平方法解决两国间一切事件。

△ 行政院驻平政务整理委员会委员李择一衔命赴日。

△ 日舰两艘窥察华北港口,是日抵塘沽。舰队司令滨田 27 日到天津会见梅津。28 日访天津市长张廷谔。当晚到平。

△ 新疆省建设厅长高惜冰到南京。28 日,汪精卫接见,详询新省情形。

△ 沪市商会具呈财政部,谓国债流通以交易所为媒介,请按美、日先例,免征公债交易税。

2 月 27 日 汪精卫、蒋介石联名向全国各机关、团体发布严禁排日运动命令。同日中政会通告各报纸、通讯社禁止刊载排日和抵制日货消息。

△ 日本外务省以英、美舆论纷起责难日本企图独占中国,是日发表声明称:“外传日本援助中国,意在劝中国退出国联,驱逐在华欧美顾问,使中国参加东亚联盟等说,并无根据。吾人衷心希望东亚和平与中日亲善,各国应谅解日本真意。”

△ 国民政府任命陶履谦为内政部政务次长,原任甘乃光免职;在内政部长黄郛未到任前,由陶履谦暂代部务。

△ 日外相广田在日众议院预算总会席上答复议员关于中日问题的质询,谓王宠惠在日谈话内容有三:一、中日关系应以和平方法使其密切;二、中日外交为和平对等外交;三、两国国民亦应互相融和。

△ 殷同等与日使馆武官高桥续商战区换防问题,意见不一致:一、华方主张一次换防完毕;日方则主张新编保安队先以一部开入滦榆区换防,经过相当时日,确证纪律佳,人数相符,再将另一部开入蓟密区。二、日方主张玉田保安补充队换防后开驻北宁线附近,驻扎一处;华方则主张调驻数地,分散其势力。

△ 申新七厂职工4600余人发表宣言,坚决反对汇丰拍卖该厂。28日,代表130余人开紧急会议,议决推举孙镇域等10人向上海市党部、社会局请愿。

△ 华商纱厂联合会为汇丰违法拍卖申新七厂事开紧急会议,决定次日见吴铁城请求救济,并电请中央制止。是日,中华厂商联合会、中华工业总联合会、国货工厂联合会等亦开会声援。

2月28日 中央红军再克遵义城。吴奇伟第一纵队集中第五十九、第九十三两个师从乌江南岸驰援,红三军团在南门外老鸭山之红花岗、碧云峰与敌激战数小时,将敌击溃;红一军团从左翼出击,直追至乌江北岸,歼灭第一纵队吴奇伟部韩汉英、唐云山两师及王家烈残部两个营的大部。是役,红军歼敌两个师又八个团,俘敌约3000人,缴获各种枪支1000余支,是长征以来的第一个大胜仗。

△ 日外务省决定对华根本方针:“根绝排日运动为中日经济提携之先决条件;中国政府应有禁止排日排货之具体事实。”

△ 国民党中常会准中央宣传委员会主任委员邵元冲辞职,指定叶楚伧继任。

△ 薛岳获悉遵义不守,即电令第二纵队周浑元率第五、第九十六、第十三三师向仁怀转进,构筑坚固工事防守;第一纵队吴奇伟部第五十九、第九十三两师至乌江南岸大渡口、六广口之线,第九十、第九十二两师在息烽以北乌江沿岸布防。

△ 行政院决议,定民国二十五年为儿童年。3月5日,行政院通过《儿童年实施办法大纲》,规定儿童年实施期间自本年8月1日至明年7月31日。

△ 财政部公布修正《中国银行条例》,规定股本总额为银币4000万元,官商各半。按:股本总额原为2500万元,官股占五分之一。

△ 上海金融界决定由中央、中国、交通三银行筹款225万元,向汇丰交涉赎回申新七厂。同日,沪市地方协会召集全市各团体讨论应付汇丰拍卖申新事件办法,佥认汇丰所为“不但侵害中国法权,亦且摧残中国实业”。

是月 英、美、日在华银行恢复发行钞票,吸收现银,外运牟利,汇丰首先实行。麦利加、横滨、花旗、正金等行亦在筹备发行。本月沪外钞流通额357.1万元,较上月增加59.5万元。

3 月

3月1日 军事委员会委员长武昌行营成立。原豫鄂皖三省“剿匪”总司令撤销,主任张学良,秘书长杨永泰,参谋长钱大钧。蒋介石在成立典礼上称:行营今后工作,为“剿匪”、“禁烟”、“推行新生活运动”。

△ 国民政府令在浙江之孔子嫡系南宗裔孙为大成至圣先师南宗奉祀官,并给以简任官待遇。

△ 立法院讨论《妨害银本位币处罚暂行条例草案》，认为“阻止现银出口，无异剥夺货币本位三要素之一，亦即无异取消银本位，事关国家大政”，决议并请中政会决定原则，再行审议。

△ 中国劳动协会开首次理事会议，推陆京士、程海峰、陶百川、张剑白、赵树声、朱学范、吴奂七人为常务理事，并通过扩大征求会员、举办劳动问题研究副刊、调查上海失业工人、拟订工作计划等案多件。

△ 英驻美大使林德赛访美副国务卿费列浦，会商应付“中日提携”对策。英恐日独占在华利益，建议由美、法、日诸国共同对华财政援助。美认为“中日经济提携，为两国新政治经济同盟，对国际政局影响甚大”，也赞成各国协力援助。

△ 日外务大臣广田在议会宣称：“日政府将改变以前与中国地方当局交涉之政策，而与中央进行外交谈判，以解决各悬案。如中国愿与日本共存共荣，则日本将对华予以一切可能的财政与经济上之协助。”次日，日《大阪每日新闻》载广田“新对华方针”称：如中国“取缔抵制日货并履行其他某种条件”，则日本将予中国一切必要的赞助；中国必须尊重日本之条约权利与让予权；日本无意参加第三者给予中国借款之活动，但发现足以影响远东之情势时，亦不能坐视。

△ 日本为垄断蒙盐，擅在多伦设盐务署，承德、赤峰设分署，收买蒙盐，征收盐税。按：察省年产蒙盐10余万担，东、西蒙民均赖此为食。

△ 军事交通考察团于去年5月出国，前往英、美、法、意、苏等10余国考察，历时九个月，是日该团交通组俞飞鹏等五人返国抵沪。9日，军事组徐庭瑶等14人亦到沪。

△ 刘湘电令川省各县，“田赋自本年起实行一年一征，比照赋额附征军费三倍”。

△ 江南铁路公司总经理张静江组设之南京商业储蓄银行开幕。

△ 南京市铁路由江南铁路公司承租，租期20年，月租3000元，承租合同已正式签字，是日由公司派员接收。

△ 鲁省建设厅决定成立采金局从事开采金矿。是日，省府通过

《山东省采金局试办简章》,资本暂定五万元,分1000股,官商各半。

3月2日 蒋介石电汪精卫,对汪2月20日在中政会所作关于对日关系的报告表示赞赏,称:"灼见宏猷,至深钦佩,与弟在京时对中央社记者所谈各节,实属同一见解。中央同人既有所决定,弟能力所及,自当本此方针,共策进行。"

△ 蒋介石为"督剿"红军,整理川政,由汉口飞重庆。3日通电川、黔各军,由其统一指挥,"无命令不得擅自进退"。

△ 孔祥熙、宋子文日前应蒋介石电邀赴鄂,商编军费预算、川、黔等用兵省份财政及川、鄂、陕、甘四省筑路等问题。是日,孔、宋离汉返京。

△ 土肥原自沪抵港访胡汉民,交换"中日合作"意见。胡语美联社记者:"苟以先总理联合世界上以平等待我之民族共同奋斗之原则为基础,则南方领袖并不反对中日复交。"

△ 日本北海道渔业组合近派渔船数十只,擅入我渤海湾渔区捕鱼,并以武力驱逐我渔船。沿海渔民特联合电请国民政府交涉制止。

3月3日 蒋介石为夺回遵义,电令川军郭勋祺率所部三个旅并指挥桐梓黔军于6日集中大渡里、排居场附近,向遵义城东北地区进攻;周浑元部6日集中枫香坝、鸭溪口一带,向遵义西北地区进攻;吴奇伟部主力集结茶山渡附近,在茶山渡至乌江取攻势防御,另派一部与周浑元部联络"堵剿"红军。

△ 中共中央分局、中央办事处和赣南省的机关、部队在赣南仁风地区被困多日,是日分两路向赣粤边突围。粤军余汉谋以五倍于红军的兵力在马岭、牛岭一带堵截。6日,赣南省委书记阮啸仙在突围战斗中牺牲。军区政治部主任刘伯坚负伤被俘,21日在大庾殉难。中旬,突围红军与赣粤边特委书记李乐天领导之游击队在油山会合。

△ 英政府为防止日本单独对华借款,正式邀请美、日、法三国会商共同以财政援华。

△ 上海市长吴铁城邀汇丰银行大班赫区门会商申新七厂欠债分

期拨还办法，积欠利息尾数25万元提前拨还，余款分四次全部偿清。赫允撤销拍卖。同日，财政部次长邹琳访银行界负责人张公权、钱新之、陈光甫、唐寿民等，商贷款救济申新七厂事。

△　冀东战区保安队开始换防。战区清委会和河北省府联合下令玉田保安队孙宇臣、冯寿彭两部，分别开赴通县、唐山整训，周毓英部开玉田接防。

△　日关东军司令部航空科长岛田抵平，与高桥、殷同商定，仿通电、通邮办法开辟平榆航空邮路，定下月开始通航，每周往返二次，与关外山海关锦州段衔接。天津、唐山各设航空站。

3月4日　蒋介石出席四川党务办事处扩大纪念周，发表题为《四川应作复兴民族之根据地》的讲话，要求四川党、政、军、学各界领袖认识自己所负的责任，建设新四川，担负起革命救国与复兴民族的整个责任。略谓："就四川地位而言，不仅是我们革命的一个重要地方，尤其是我们中华民族立国的根据地。无论从哪方面讲，条件都很完备；人口之众多，土地之广大，物产之丰富，文化之普及，可说为各省之冠，所以自古即称'天府之国'，处处得天独厚。我们既然有了这种优越的凭借，如果各界同志大家能够本着'亲爱精诚'的精神，共同一致的努力向上，不仅可以使四川建设成功为新的模范省，更可以使四川为新的基础来建设新中国。"

△　蒋介石电令在湘各军向湘西贺龙部红军根据地进攻。是日，徐源泉所属第五十八师、第三十四师由澧县向桑植方面前进，第二十六军郭汝栋之第二十六师及独立第三十五旅由慈利向大庸推进；何键部第十九师由桃源向大庸以南攻击，第十六、第六十二两师由永顺向桑植、龙山进攻。5日，何键至常德督师。

△　中革军委通令：特设前敌司令部，委任朱德为前敌司令员，毛泽东为前敌政委。

△　王宠惠离东京赴横滨，行前发表书面谈话称："余尝建议，中日之关系，仅能以和平之方法，藉外交之途径，依平等互敬之基础而改善

之。广田对于鄙见殊表同情。”5日下午,王离日赴美转返海牙任所。

△ 土肥原抵广州,分访林云陔、萧佛成、邹鲁、陈济棠等。西南当局禁止报纸刊载土肥原消息。而粤方各领袖本日发表谈话,对于中日谅解表示不接受态度。萧佛成表示不赞成任何协定,基于以中国为保护国,而以日本为统治者之观念。

△ 上海工商业因国民经济枯竭及外货倾销,日趋危殆,工商界为谋自救,特成立中国工商业救济协会。是日,该协会等160余同业公会及各产业职工会联名电请蒋介石、汪精卫给予救济。该会议定救济办法两项:一为信用小借款,总额500万元,由中国银行负责组织银团办理;一为物产公估抵押借款,总额一亿元。并致函市商会、地方协会及中国银行商具体办法。

△ 驻美公使施肇基访美副国务卿费列浦,商谈国际对华借款之可能性及美政府之白银政策。同日下午,驻美日使斋藤亦访费列浦,询问英、美对华财政援助方针。费详告讨论财政援华经过,并谓:“美如与他国作有关中国之外交谈判,必告日本政府。”

3月5日 国民政府训令直属机关,严格履行约法精神,“对于人民之生命财产及营业之自由切实加以保护,不得任意侵害”。

△ 红四方面军徐向前部八万人开始退出川陕根据地,向川西作战略转移。一路由南江进攻二龙场,歼罗泽洲部、田颂尧部各两个团,占仪陇。一路由宁羌进攻广元。9日,红三十一军一部击溃守敌田颂尧部,再克苍溪城。28日在苍溪与阆中两县间之石家坝、苍溪上游之鸳溪口及阆中上游等处渡过嘉陵江。31日克阆中、剑阁。

△ 驻华英使贾德干对合众社记者谈称:对华借款无碍中日谅解,关系各国均应参加。

△ 土肥原由广州飞南宁,访桂军总司令李宗仁、副总司令白崇禧,征询对“中日亲善”、“经济合作”等问题意见。李答:“中日亲善须以独立与平等为原则,经济合作须具互惠精神。”8日,土肥原由梧返粤。9日去港,再访胡汉民。

△ 逊清太傅陈宝琛病殁北平。

3月6日 国民党中政会为解救财政困难,决议成立审查二十四年度预算计划委员会,以蒋介石、汪精卫等18人为委员,决定审查原则为"从困难中求生",实行"苦干"方针,各就最低政务费之标准尽量节减。

△ 国民党中政会通过《中央地方划分权责纲领》,内容包括地方行政官吏之保荐与任命、地方行政官吏之任期与保障、地方行政及经济、中央与地方之财政、国防军及地方兵警和法制之制定等项。

△ 驻华英使馆发表声明称:"英政府并未建议对华借款,只是与中国政府就财政情势交换意见,已将讨论详情通知各关系国政府,协商后再行动。"同日,美国务院亦表示:"国际对华财政协助仅系一般考虑。"

△ 日拓务相儿玉在众议院称:"现拟积极树立大规模之鲜民移'满'计划,最近正在研究,不久当能实现。"11日,日在热河承德设立领事馆,积极向热河办理移民。

△ 日人在察东沽源测绘地形;并有伪满协和会人员将抄好的请求将平安堡改隶伪满之呈文,挨村劝村董签名。

3月7日 中央红军西进。主力自遵义向鸭溪、长干山一带移动。9日先头部队占长干山。12日撤出遵义。14日主力进至仁怀南鲁班场附近,寻求与周浑元部第五师、第九十六师作战。周浑元部第十三师由仁怀三元洞进至鲁班场西南。15日,中央红军在鲁班场与周浑元部三个师激战一昼夜后,向仁怀方向前进。旋克仁怀县城。

△ 驻华日使有吉偕参赞有野访晤汪精卫,对汪所持中日外交方针及蒋介石本月2日之赞汪电,表示满意。

△ 国民党中常会通过设立国立戏剧音乐院及美术陈列馆,推于右任、孔祥熙等19人为筹备委员。

△ 沪市米商订购洋米登记已达620余万包。是日,行政院召集内政部、财政部、实业部审议限制洋米入口办法,无结果。

3月8日 立法院通过《土地法施行法》。

△ 河北长垣县境黄河贯台口门自去年8月决口以来,用款40余万,迄未合龙。今春黄水续涨,流势转急,西坝边坝溃陷,长垣县城孤悬水中。是日,河北省府主席于学忠电中央请示防堵办法。至11日,全县被淹440余村,灾民14万多人。14日,河北省黄灾救委会商筹督工防堵及救济办法。

△ 孔祥熙与上海金融界商讨救济市面,并发表声明否认即将改革币制。

△ 何成濬应蒋介石电召,自汉飞渝。

△ 东北人民革命军赵尚志部袭击哈尔滨东之方正县。9日一度占领县城。

△ 影星阮玲玉在沪服毒自尽。

3月9日 外交部电令驻苏大使馆照会苏联政府,声明中东路非法买卖,“中国决不承认,中国保留对中东路之一切权利”。15日,驻苏大使颜惠庆将照会送交苏联外交人民委员会。

△ 鄂湘川边区“剿匪”总司令徐源泉饬部协同湘军向湘西贺龙部红军进攻。红军开始撤离大庸,向桑植、永顺、塔卧转移。10日,第十九师李觉部占大庸。22日,第五十八师陈耀汉部陷桑植。

△ 日关东军司令部颁布《外国劳动者入境取缔规则》,限制关内劳工出关就业。14日,日伪合组之大东公司停售“入国证”,致出关劳工被阻于榆关者2000余人。17日,北宁路局在沿线各站遍贴布告,劝告慎行。21日,伪满民政部公布《外国劳动者取缔规则》,规定“凡非关外土著而无财产职业在关外者,一律禁止入境”,并责令榆关和长城各口以及营口、安东、大连等海口伪警严厉执行。按:数十年来,冀、鲁、豫、察等省劳工出关就业者年300余万人,汇银入关年约3000万元,“九一八”后,年出关仍有三四十万人。日人认为此为使其移民计划失败原因之一,故加限制。

△ 军事委员会委刘和鼎、陈式正为浙闽赣边区“剿匪”正、副指

挥，划定松溪、政和、浦城、崇安、龙泉、庆元、泰顺、江山、常山九县为“清剿”区域。

△　蒙藏委员会通过《创设蒙藏实业股份有限公司计划大纲》，定资本百万元，董事12人。公司分设西宁、包头、张家口等处。

△　行政院驻平政务整理委员会总参议王克敏应黄郛电召，离平南下商华北政务。12日，到达浙江莫干山，向黄报告冀省政情及新编保安队开入战区各事。17日事毕返平。

△　孔祥熙在沪召集各界领袖20余人，会商救济沪市工商业问题，决定由各业商议自救办法。

△　沪总工会常委会决议挽救工商业办法三项：一、请中央速定救济方策；二、请中央转令各厂商顾全大局，勉维现状，不得轻率停业；三、劝导工人与厂商“本休戚相关之谊与共存共荣之念”，努力加紧生产，不得任意罢工、怠工。

3月10日　红二十五军在陕西洋县华阳镇石塔附近设伏，打垮敌军张飞生警备二旅五个营，消灭一个团，毙伤敌200余人，旅长张飞生身负重伤，俘第六团团长以下官兵400余人，缴获枪支500余支。

△　上午，日军以纪念日俄战争三十周年为名，在平、津及北宁铁路沿线榆关、秦皇岛、昌黎、滦县、唐山、塘沽等地先后演习巷战、野战。

△　日旅顺要塞司令滨田等一行29人率驱逐舰三艘到秦皇岛窥察，并绘摄海面。

△　国联对华技术合作联络员哈斯抵平。

3月上旬　日关东军在多伦设察东特别自治区行政长官公署，以伪察东警备司令李守信兼任行政长官，日人中岛荣大任自治指导官，擅将察北乌珠穆沁等旗划入特别区，并编察东警备军两支队，共4000余名。

3月11日　外交部对日苏中东路买卖发表声明，抗议苏联出售该路为非法，声明中国保留对中东路之一切权利。16日，又向《九国公约》各关系国政府致送同一内容之声明书，并致文驻华日使馆，指出日政府应负之责任，中国政府对此深表遗憾。

△　中东路买卖草约由日外务大臣广田、伪满驻日公使丁士源、苏驻日大使尤列尼夫在东京签字。20 日，经日本枢密院通过。23 日，苏、日、伪满代表在东京正式签订中东路买卖协定及附属文件共六种：苏伪基本协定、苏伪间最终议定书、日苏间声明日本保证支付之换文、日苏间关于解释支付保证之换文、日苏伪间关于物品代偿事之议定书、日伪间关于日本承认保证之换文。

△　行政院通过云南昆明设市，隶属省府。

△　北平市公安局及北郊区署警车队因清华大学学生组织“现代座谈会”，捕去学生赵文璧、柳无垢（柳亚子之女）等 10 人。至 14 日，被捕学生坚不承认有何嫌疑，全部释放。

3 月 12 日　国民党中央党部与国民政府合并举行孙中山逝世十周年纪念会，汪精卫报告，略称：“救亡图存的工作，治标莫急于‘剿除共匪’，治本莫急于生产建设。念导师之已逝，痛来日之大难，惟有本着‘和平’、‘奋斗’、‘救中国’的格言尽心尽力的去做。”同日，立法院院长孙科向日本作题为《总理逝世十周年纪念，敬告日本朝野人士》的演说，由日本广播电台播送。

△　中共中央政治局决定成立“三人团”（又称“三人军事指挥小组”），由周恩来、毛泽东、王稼祥组成，周为团长，全权负责处理红军的军事行动。

△　蒋介石电四川各路军指挥：“罗泽洲精神废弛，一再败退，着派大员查办；田颂尧督饬不严，致苍溪失陷，记大过一次；杨森谎报军情，加以申斥。”

△　蒋介石令武昌行营设立陆军整理处，派陈诚兼任处长，分期整理全国陆军，要求四年内整理好 60 个师。是日，陆军整理处成立，聘杨杰、周亚卫、俞大维、邹作华、卢致德、郑大章、冯庸等为研究委员。

△　蒋介石发布保护孔庙令，规定：所有各省、市之孔庙，一律严禁军队驻扎；如有损毁，尤应设法修葺，以“砥砺醇风，立国化民”。

△ 日本文化联盟会在东京青年会馆举行孙中山逝世十周年纪念会，由文化联盟会代表松本学主祭，头山满等朗读祭文。日外相广田亦前往参加。

△ 土肥原自港抵福州；次日访晤闽省府主席陈仪。

3月13日 全国经济委员会、农村复兴委员会、实业部联合召开全国合作事业讨论会，到会员陈果夫、彭学沛等百余人。汪精卫致开会词。会议讨论合作事业制度与法规、合作业务、合作资金及合作教育等问题。17日闭幕。

△ 日外务省决定《中日经济提携策大纲》：一、为中日经济团体之交欢起见，拟由民间组织中国实业视察团，派往中国；二、对中国农业方面，予以技术上之援助，奖励中国棉花大量生产，由日本大量购买；三、在贸易方面采用以货易货制，促中国商品输入之增加；四、对中国产业界之穷乏现状，由特殊银行在上海设二亿元程度之信用基金，以谋金融之圆满，而为应急援助之策。

3月14日 上海华俄道胜银行总清理处因中东路欠该行债款58万余元10年未还，请求上海法院将中东路浦东码头等在沪财产假扣押。旋法院以未缴讼费为理由，将请求驳回。

△ 驻华英使贾德干访汪精卫，询问中日“经济提携”具体内容，并表示：“中日两国关系好转，非仅中日两国之益，对于世界亦有利。以此为基础，西方各国也可与中国发生更密切之关系。”

3月15日 鲁班场战役。拂晓，毛泽东下令在鲁班场地区消灭周浑元部两个师。命红一、红三军团主力及干部团为右翼，由林彪、聂荣臻指挥，取道坛厂，由北向南突击鲁班场之敌，红五、红九军团和红三军团红十、红十三团为左翼，由董振堂、李卓然指挥，由西南协同红一军团突击鲁班场，从9时激战至20时，敌依托堡垒顽抗，战斗极为激烈。红一军团死亡489人，伤1000余人，这是中央红军继土城之役后的再次失利。当晚中央红军各部奉命撤出战斗，转兵西进。

△ 国民政府令准免蒙藏委员会委员长石青阳本职，遗缺由黄慕

松继任。

△ 财政部公布《省地方银行发行暂行办法》，规定各省银行或地方银行领用中央银行兑换券，其数额须与中央银行商定报财部备案，并应照领用数额缴存六成现金准备、四成保证准备于中央银行。

△ 蒋介石严禁川省军人干政，特颁川军厉禁五条：一、禁止以武力干涉行政诉讼；二、禁止现任官佐兼任县局；三、禁止地方团队人员由驻军指派；四、禁止军政长官与民争利；五、禁止征收员丁需索。

△ 河北黄灾救委会议定救灾方案："一、由贯台主管人员变更方策，速筑堵合龙；二、修培金堤，防黄水从故道北流；三、续发黄河奖券，并增加票额，以广救济；四、减低奖券办事职员奖金；五、移拨赈款，办理移民。"并临时动议举办春季赛马筹赈及续筹春赈，救济灾区。

△ 洋米倾销（去年进口 771.061 万公担），影响农村，芜湖米市停顿，各业相随凋敝。是日沪市农会、商会分别具呈财政部及实业部，请求增加洋米、洋麦进口税，以拯救农村。武汉、天津等市商会均有同样请求。财政部电复武汉商会略称："进口米麦以二十三年与二十二年比较，数量已锐减，益以上年水旱被灾区域渐广，国内粮食不无恐慌，就现时情形尚无增加关税必要。"

3 月 16 日 蒋介石策定计划，谋聚歼中央红军于古蔺地区：电令周浑元派兵两团协同郭思演师占仁怀，筑碉防守，主力向古蔺方面截击。吴奇伟属第五十九师韩汉英部、第九十师欧震部、第九十二师梁华盛部、第九十三师唐云山部，归周浑元指挥，"追剿"红军。川军郭勋祺师由两河口至仁怀、古蔺尾追。滇军孙渡部鲁道源、安恩溥、龚顺璧三个旅在大定赤水镇、毕节一带防堵，与川军取得联络。王家烈部固守原地，从黔西延伸至大定防守，并以一部出打鼓新场以北游击。川军则在古蔺、叙永一带防守，并与赤水镇滇军联络。旋又改令侯汉佑部在赤水、土城防守，蒋德铭旅守土城、茅台、小河。犹禹九旅在小河口、大河口至赤水镇防守，替出吴奇伟、周浑元、郭勋祺部到川南截堵。

△ 中央红军除第三军团外，从茅台三渡赤水河，重入川南古蔺地

区。是日晚先头部队已到古蔺境之卢家坪、水口寺一带。围鲁班场之红军在大军渡河后，即停止攻击。旋由观音寺经大古村到茅台过河，与大军会合。

△ 殷汝耕、仪我自津飞遵化马兰峪视察，并与伪方商洽接收东陵手续。双方约定，接收东陵俟清瑜、瑾两妃下葬后实行。

△ 河北贯台黄河决口后，大水顺流东泻，沿金堤入鲁境，鲁西濮、范、寿、阳等县，一片汪洋，被灾区域东西长达450余里，灾民不下百万人。是日，鲁西灾民推代表姜鸣谦等电汪精卫、孔祥熙“速拨巨款，饬冀、鲁、豫省府堵修口门”，并电鲁省主席韩复榘转中央请救灾黎。

3月17日 陈序经在《独立评论》第一百四十二期发表《关于全盘西化答吴景超先生》一文，认为：“中国文化根本上既不若西洋文化之优美，而又不合于现代的环境与趋势，故不得不彻底与全盘西化。”胡适在该刊《编辑后记》中对陈文表示支持，并说：“我是主张全盘西化的。”

△ 淮南盐务局徐州缉私队击毙苏北萧县盐贩四人，重伤二人，轻伤11人，并捕去一人，激起民愤。萧县各界联名呈请专署及财政部惩凶。

3月18日 蒋介石在渝各界扩大纪念周上讲话，以禁绝鸦片、取消防区、实行征工、推行“新运”为建设新四川之方针。

△ 四川省政府定21日开始对百货业实行一次征税办法。重庆商民认为“一次征税较前尤苛”，例如由沪运渝匹头一件，成本估值400元，沿途缴纳苛杂，仅18.6元多，若一次照15%缴纳，则非60元不可。是日，各帮代表在重庆集议，佥主暂缓实行，并于19日向省府请愿。

△ 刘湘聘胡庶华为重庆大学校长，兼川西实业调查团团长。是日胡抵渝。

3月19日 何应钦为统一陕北“剿匪”军事指挥，特设北平军分会驻陕参谋团，委前保定行营参谋处长毛侃为主任。是日，毛率随员20余人离平赴陕北绥德。

△ 国民政府公布《民国二十四年湖南省建设公债条例》，定额

1000 万元，10 年偿清，以三分之一用于清偿银行旧欠，三分之二作修筑公路等费用。

△ 日人在热河兴隆县组织兴隆采金株式会社，攫夺金矿七处，日是以机器开挖。

3 月 20 日 国民党中政会根据孔祥熙提议，通过发行金融公债一亿元。28 日，国民政府公布《民国二十四年金融公债条例》。4 月 1 日，金融公债开始发行。该项公债用于：一、收回上年抵付中央银行之国库券 3000 万元；二、拨还中央银行垫款 4000 万元；三、增加中国银行官股 2500 万元，交通银行官股 1000 万元（不敷之数，由财政部另筹拨足）。该项公债发行后，中央银行增强实力，国家控制中国、交通两行，三行形成一体，受制于中央，便于财政调度。

△ 日本朝日新闻社为中日“亲善”飞行之“朝日机”由东京飞抵南京。次日，该社东方部长神尾茂等分访国民政府各机关。22 日，离京飞沪。23 日，机师新野等访吴铁城，转交东京、大阪两市长致沪市民问候书，并设宴招待各界。吴亦设茶会招待新野等，并赠九层银塔。25 日，“朝日机”飞返东京。

△ 财政部为禁绝河北私盐，自江西调税警团 800 人到邯郸，平毁硝盐池，激起民众反抗。是日，冀南大名、鸡泽、曲周、平乡四县民众 3000 人，在曲周附近集合，组织“红枪会”，散发传单，反对平毁硝盐池。27 日，海州税警两团开大名弹压，“红枪会”遂与“黄沙会”赵德怀部 3000 余人联合行动，其势益众，于 29 日迫近南乐城郊，要求税警全部撤退。30 日，经大名县长与绅民调处，允暂不平毁盐池，税警由大名撤至邯郸，遂告平息。

3 月 21 日 国民党中常会推居正、戴季陶、叶楚伧、覃振、陈立夫、陈公博、钮永建、王用宾、陈大齐为中央及各省、市党部工作人员从事司法工作考试委员会委员，以居正为委员长，洪兰友为秘书长。

△ 陈济棠突将“海圻”、“海琛”两舰长更调，改委方念祖为“海圻”舰长，陈浩为“海琛”舰长。粤舰队司令姜西园被监视。是日，陈又派李

扬敬接收海军学校。

△ 土肥原由沪经青岛返长春复命。土肥原对记者谈:“中国政府及人民均变已往态度,趋亲善途径,将来外交进行定可顺利。”

3月22日 中央红军回师黔北,由太平渡、二郎滩四渡赤水河,至桐梓以西东皇殿一带。川军郭勋祺部向太平渡、二郎滩等地尾追。薛岳令吴奇伟、周浑元两纵队迅集主力于茅台、仁怀、坛厂一带堵截。

△ 粤省府增发二十四年金融库券200万元。连前共发600万元。

△ 沪中国、交通等10银行合组之中华农业合作贷款团由邹秉文率领抵津转平,旋赴冀南农村调查,准备发放棉麦贷款。

3月23日 冀省府召开黄河堵口会议,决拨3800元汇长垣抢险。

3月24日 蒋介石由重庆飞抵贵阳督师,指挥各军在遵义、鸭溪间,遵义、刀靶水间及茅台、仁怀、坛厂、长干山、枫香坝、白腊坎、鸭溪之线,构筑碉楼;并令王家烈率部在茅台、小河口布防;侯汉佑部在赤水、土城之线沿河筑碉,图困中央红军。

△ 冀东战区清理委员会殷汝耕因玉田民团团总王继宗抗令改组,拟用武力解决,特赴天津海光寺日本兵营访日驻屯军参谋长酒井,请准用机枪及重火器往剿,酒井同意。同日,玉山保安第三大队长周毓英、丰润县长张仁蠡等率部围歼王继宗部。25日,王在丰润县新军屯镇被当地团警擒获。4月5日,王在玉田被枪决。

3月25日 国民党中央监察委员、前第四军军长张发奎入京见汪精卫,报告赴欧考察经过;并表示拟赴西北考察农村经济、社会教育。

△ 前蒙藏委员会委员长石青阳于上海病卒。28日,国民党中常会决议追赠石为陆军上将,并给恤金二万元。

△ 日本关东军在长春开幕僚会议,司令官南次郎、参谋长西尾、副参谋长板垣均参加,听取土肥原关于视察中国的报告,审议“对支政策”,提出四项主张:“一、关东军严格伸张华北《塘沽停战协定》的既得权,导引华北当局服从;二、加紧开发华北棉、铁事业;三、秘密援助西

南，使它与南京政府相抗衡；四、掌握西南经济，使它不脱离日本帝国的掌握。”

△ 中央银行重庆分行正式成立。

△ 索王（索诺木拉布坦）在五台县河边村晤阎锡山，商蒙、绥税收问题。

3月26日 蒋介石通电，新行营名称为“国民政府军事委员会委员长行营。”

△ 豫鄂皖赣四省农民银行理监事联席会议决定，该行自4月1日起改称中国农民银行，以孔祥熙任理事长。

△ 中共中央、中革军委任命军委纵队第二梯队司令员兼政治委员何长工为红九军团政治委员，遗缺由原红九军团政委蔡树藩继任。

3月27日 中央红军以罗炳辉、何长工指挥红九军团向长干山、枫香坝一带，佯装中央红军主力，北渡长江，掩护红军主力从鸭溪、白腊坝地域突破国民党军三个师兵力的封锁线，到达大庙场，分两路前进，至翁黄水会合，直指乌江北岸。28日红军先头部队在手扒岩突破乌江天险。29日红军大部渡过乌江，进抵息烽附近。

△ 国民政府任命马超俊为南京市市长，原任石瑛辞职。

△ 英沙逊银行董事长沙逊爵士在上海发表《救济上海金融计划》，主张国民政府“觅取英镑借款，作为抵押，发行‘上海镑券’与银币共同流通”。沪银行界及宋子文均认为沙逊主张“必使中国金融益趋紊乱”，表示反对。

△ 福建“绥靖”公署主任蒋鼎文布告，限各地民军统于4月底以前自请收编，逾期不请求者“搜剿不赦”。

△ 上海商业经济协会决议发行流通券4.5亿元。

3月28日 徐向前指挥红军第四方面军开展强渡嘉陵江战役。是夜下达命令，从塔子山强渡嘉陵江。至次日强渡成功。31日占剑阁。4月2日攻占剑阁关、南部县。3日克昭化。11日向青州、平武推进。驻江油川军邓锡侯部及驻绵阳川军驰往堵截未逞。12日起开始进攻江油，14 日克平武，15 日在涪江东与川军第五路唐式遵部激战。18 日克桐梓，19 日克彰明，21 日克北川。历时 24 日之嘉陵江战役结束，攻克县城九座，歼敌 12 个团，共一万余人。

△ 国民政府特任孔祥熙为中央银行总裁，张嘉璈、陈行为副总裁；任命孔祥熙、宋子文、叶楚伧、张嘉璈、陈行、叶琢堂、王宝仑、唐寿民、钱永铭、陈光甫、荣宗敬、周宗良、唐有壬、徐堪、宋子良为中央银行理事，李铭、虞洽卿、林康侯为监事，并指定孔祥熙、宋子文、张嘉璈、陈行、叶琢堂、唐有民、徐堪为常务理事。

△ 冀东战区清委会议决新保安队开入战区日期与防地分配，蓟密区驻 2400 人，滦榆区驻 2600 人，俟于学忠返津即实行。

△ 江苏高等法院假江宁法院开审前新疆省政府主席金树仁案。金答辩被控各节，谓民国二十年所订《新苏临时通商协定》是为保全西北边疆之权宜之计，并非有损主权；侵贪公款、杀人放火均非事实。

△ 黄河水利委员会决定贯台堵口及培修金堤、太行堤计划。全国经委会允给工程费 100 万元，由黄河水利会领 30 万，冀河务局领 20 万，余给黄灾救委会。

3 月 29 日 蒋介石令周浑元部第九十九师由贵阳以北驰赴息烽“堵剿”中央红军；令周率所部由黄沙渡（金沙县东南）渡乌江截击。

△ 国民党党史陈列馆在南京明故宫行奠基礼。

△ 南京市商会以金融呆滞，工商凋敝，要求政府在金融公债项下拨款 500 万元维持市面。

3 月 30 日 中国银行召开第十八届股东会议，接受政府改组该行办法，增资 4000 万元，官商股各半。官股原为 500 万元，经拨付金融公债 1500 万元，增为 2000 万元。董事由 17 人增至 21 人，内官股九人，商股 12 人。

△ 日关东军制定对华政策：一、关于中国政府的亲日政策，我方仍然采取静观主义，不再特意对其采取促进态度，更不进行任何援助。对中国是否真正觉醒，实现禁止排日到什么程度等，要予以监视；二、对

华北要根据实际经济力量的扩张，逐步尽力加强不可分的关系；三、对西南派应视为亲日的地方实力政权，使其存在。

△ 晨，沈阳兵工厂一号汽锅爆炸，炸死工人64名。日军临时戒严，捕去副厂长袁希古及工人13名，指为受义勇军"嗾使"，逼供"主谋"。

△ 上海市教育局会同公安局派人搜查新中国书局及现代书局，销毁《羊棚外之奇想》及《新写实主义之论文集》两书，理由是两书鼓吹无产阶级革命，宣传普罗文艺。

△ 粤粮食统制会通过禁止暹米入口案，以对付暹当局压迫华侨。

3月31日 胡适在《大公报》上发表《试评所谓"中国本位的文化建设"》一文，认为王新命、何炳松等10教授的"中国本位的文化建设"，正是"中学为体，西学为用的最新式的化装出现"；主张"虚心接受这个科学工艺的世界文化和它背后的精神文明，让那个世界文化充分和我们的老文化自由接触，自由切磋琢磨，借它的朝气锐气来打掉一点我们的老文化的惰性和暮气"。

△ 美国洛杉矶总商会远东商业考察团一行23人自沪抵平，考察商情，研究发展中美商务问题。

△ 中国酒精厂在沪开幕，资本150万元，由实业部与华侨黄宗孝、黄江泉合办，官股占十分之一，日产酒精7000加仑。

是月 中共鄂豫皖省委改为中共鄂豫陕省委，在陕西蓝田县葛牌镇召开省委扩大会议，决定红二十五军今后任务是创立鄂豫陕革命根据地。

4 月

4月1日 国民政府特任蒋介石为特级上将。

△ 蒋介石在贵阳对记者宣称开展国民经济建设运动，谓："欲挽救今日民族之危急，与解除全国民众之痛苦，须有一个运动继新生活运

动而起，其名为'国民经济之建设运动'。此国民经济运动，乃以振兴农业、改良农产，保护矿业、开发矿产，扶助工商、调节劳资，开辟道路、发展交通，调整金融、流通资金，促进实业为宗旨，而以革除苛捐杂税，减免出口税，与要求新宪法之实施，禁止纸币之滥发，为建设国民经济之初步。今日政府增加中央、中国与交通三银行之资本，以谋社会经济之安定与农工商业之进步，亦即此国民经济建设运动中之一种。"

△　国民政府公布《中华民国刑法施行法》、《中华民国刑事诉讼法施行法》；并规定《刑法》及《刑事诉讼法》均自本年7月1日起施行。

△　财政部批准中国银行股东会议关于扩充资本总额为4000万元的决议，并派宋子文等九人为官股董事。是日，该行常务董事会推选官股董事宋子文、杜月笙、王定仑、钱新之四人为常务董事，宋子文并由财政部指派为董事长，宋汉章任总经理。原董事长李馥荪、总经理张公权均辞职。

△　日本在察、热间各旗组旗公署三处，旗长由蒙人充任，余均日人，隶属于伪多伦察东特区自治长官公署。

△　厦门市政府成立，王固磐任市长。

△　班禅设边陲宣化使署驻京办事处，以罗桑坚赞为处长。

△　《中国新论》杂志在南京创刊，由雷震、徐逸樵、罗鸿诏等主办。《发刊词》宣称该刊宗旨"以复兴民族为中心，广泛地研求政治、经济、教育、外交、财政、社会等所以复兴之途径"。

4月2日　中央红军南渡乌江后，一部在乌江右岸六广渡、黄沙渡地区。蒋介石为防红军西渡，电令吴奇伟、周浑元两纵队主力移至六广渡与黄沙渡间，并在六广渡、乌江渡间沿岸构筑工事，严密封锁。

△　蒋介石通令在川各军：第二路总指挥兼第二十九军军长田颂尧前在川北为红军所败，致使红军顺利渡过嘉陵江，继复作战不力，迭失巴中、仪陇、昭化、广元、阆中、苍溪等城，"实属玩忽命令，着即撤职查办"；其副军长孙震"辅助不力，记大过一次，着令孙震暂率二十九军，戴罪图功"。

△ 汪精卫对美联社记者毛利士谈称:“中日关系已趋好转,东四省问题中日双方仍各守向来之见解。”当毛利士问“如此则所谓好转并非具体化”时,汪答称:“欲谋中日问题之好转,应先从调整其他关系着手。”

△ 国民政府任阎锡山、冯玉祥、张学良、何应钦、李宗仁、朱培德、唐生智、陈济棠为一级陆军上将。

△ 驻日公使蒋作宾自东京抵基隆,访问台湾总督中川。

△ 伪满傀儡元首溥仪自长春访日;27 日返长春。

4 月 3 日 国民政府任陈调元、何成濬、朱绍良、韩复榘、宋哲元、刘湘、刘峙、万福麟、何键、白崇禧、刘镇华、顾祝同、商震、傅作义、徐永昌、于学忠、杨虎城、蒋鼎文、龙云、徐源泉为二级陆军上将。

△ 毛泽东指挥中央红军迅速通过息烽、扎佐马路线,以脱离敌人而向东南机动。是日,中央红军分为左右两个纵队兼程向东南方向进军。彭德怀、杨尚昆率红三军团为右纵队从宋家渡、苦行塘渡河,进至贵阳地区。林彪、聂荣臻指挥红一、红五军团为左纵队进至贵阳东北。次日,左纵队前锋在观音山一带与贵阳敌军交火,红军在贵阳城郊遍贴大标语:攻打贵阳城,活捉蒋介石!

△ 罗炳辉、何长工指挥红九军团掩护中央红军主力南渡乌江后,于打鼓新场老木孔地区击溃黔军犹国才部魏金镛的五个团,乘胜向西挺进。7 日进至大定县属长岩圩,将民团 100 余人全部缴械。次日进袭毕节县属瓢儿井,击溃民团约 500 人,没收盐仓济贫。旋在织金县属猫场击溃第二十五军刘鹤鸣团及汪家寨等地民团的袭击,向滇东急进。

△ 武昌行营公布《禁毒实施办法》和《禁烟实施办法》,规定:本年 4 月起,限各省、市、县三个月内成立戒烟所;1937 年起,凡有吸用烈性毒品及施打吗啡针者处死刑或无期徒刑,复吸犯处死刑;1937 年起查获制造、运输、贩毒人犯一律处死刑;限六个月内完成烟民登记,分六年戒绝。

△ 国民政府以范鸿仙讨袁之役被狙殒命,追赠陆军上将。

△　喜峰口外姥姥山民众不堪日伪压迫，聚众数百，反抗苛杂，捣毁警所，毙伪警所长。是日，日兵一队驰往弹压，并自马兰峪调飞机轰炸，双方发生激战。

△　沪商会以洋货倾销，国货岌岌可危，电请财政部迅裁国货转口税。

4月4日　国民政府任宋哲元兼察哈尔省保安司令。

△　国民政府任杨杰、贺耀组、黄慕松、曹浩森、周亚卫、张华辅、钱大钧、陈诚、卫立煌、张治中、夏斗寅、孙连仲、上官云相、梁冠英、陈继承为陆军中将。

△　河北省府主席于学忠在津接见殷同、殷汝耕、陶尚铭，商谈战区保安队换防问题。

△　全国邮电航政员工及吴兴绉业小学儿童响应"航空救国"，捐献飞机八架，是日在南京行命名礼。

△　上海《新闻报》载：据政府统计，全国现有人口4.36094953亿人；其中不识字者占80%，除50岁以上、六岁以下之儿童及少数盲哑聋、精神病患者外，计有2.02435277亿人。

△　无锡丝业因成本过高，难与日丝角逐，外销日趋衰落，年销量自24000余担减至五六千担，丝价由每担1300余元跌至四百四五十元，丝厂亏损倒闭者过半。是日，余记丝厂又停工。全市缫丝工人失业者达三万余人。

4月5日　国民政府任薛岳、刘建绪、刘兴、赵观涛、罗卓英、谷正伦、王树常、鲍文樾、贺国光、蒋伯诚、戢翼翘、荣臻、吴光新、魏宗瀚、高维岳为陆军中将。

△　国民政府公布《土地法施行法》，凡91条。

△　立法院讨论《修正交易所法》，对新增"取缔公务人员投机"等条文争论甚久，卒经多数通过。27日，国民政府明令公布。

△　前新疆省府主席兼边防督办金树仁因于1931年10月间擅与苏联订立《新苏通商协定》，是日经江苏高等法院判决，按"危害民国罪"

处有期徒刑三年六个月，褫夺公权五年。

4 月 6 日　蒋介石乘调大军入黔追堵红军之机，压迫贵州省府主席兼第二十五军军长王家烈交出军政权力。是日，王以“身兼纵队司令，不能兼顾省政”为辞电蒋介石请辞省主席职。继又被迫辞去军职，调任军事参议院参议。

△　国民政府任魏益三、门致中、王均、徐庭瑶、何柱国、王以哲、孙桐萱、郝梦龄、刘茂恩、谭道源、李云杰、李韫珩、毛秉文、萧之楚、周浑元为陆军中将。

△　国民政府发表各监察区监察使名单：江苏区丁超五，皖赣区苗培成，闽浙区陈肇英，湘鄂区高一涵，豫鲁区方觉慧，河北区周利生，甘宁青区戴愧生。

△　国民政府派郑天锡为伦敦中国艺术国际展览会中国特派员，督理中国展品出国返国事宜。

△　滇军第三纵队司令官孙渡奉蒋介石急电，是日率部开进贵阳。根据毛泽东部署：“只要能将滇军调出来，就是胜利。”7 日，中革军委决定：中央红军乘虚向云南进军。

△　第一师胡宗南部开广元、昭化，接第二路田颂尧部防。

△　杭州钱塘江大桥正式开工兴建。该桥系中国第一座自行设计和主持施工之较大近代化桥梁，由钱塘江桥工程处处长茅以升、总工程师罗英设计，并指挥施工。

4 月 7 日　蒋介石在贵阳召见“剿共”军第三纵队司令孙渡、第二纵队司令周浑元、第十三师师长万耀煌，指示“剿共”方针。称：“剿匪方法应多加研究……对匪行动处处加以妨害、阻扰、截击、侧击、夜袭，使匪战又不能、不战又不能，处处受制，时时不安。”又谓：“你们官兵都要信赖委员长一定打胜仗，一定消灭此匪，誓雪此次剿匪不力的耻辱。”

△　蒋介石自贵阳飞抵昆明。

△　陕西中部县桥陵（即黄帝陵）举行民族扫墓礼，国民政府派邵元冲、张继、邓家彦主祭。

△ 江苏扬州各业因省税局强迫查帐，捕店员入狱，实行罢市。经党政当局与各业代表协商将捕去店员释放后，次日复业。

4月8日 蒋介石电令刘湘严饬川省各县长督率团队抗击红军进攻，“城存与存，城亡与亡，不得轻率退避”，“倘有敢于闻警先逃或弃城不顾，即按临阵退却之律，悉以军法从事，严惩不贷”。

△ 国民政府任吴奇伟、汤恩伯、刘绍先、郭汝栋、孙楚、杨效欧、李服膺、王靖国、杨耀芳、李生达、庞炳勋、秦德纯、王俊、刘翼飞、胡毓坤为陆军中将。

△ 驻华日使有吉在沪召开驻华总领事会议，讨论中国各地民众反日情绪及抵制日货情形、日侨现状、中日经济关系现状及领事馆内情等。出席者除有吉及使馆参赞有野等，还有总领事须磨（南京）、石射（上海）、河相（广州）、川越（天津）、三浦（汉口）、坂根（青岛）、塚本（厦门）、西田（济南）、宇佐美（福州）。20日，有吉携驻华总领事会议报告书返国，呈广田外相。

△ 察哈尔12旗改盟问题，酝酿经年，是日各旗总管齐集张家口见宋哲元，要求察旗改盟及绥远四旗划归察哈尔。宋允据情转达中央。

△ 湘军钟光仁旅、章亮基师占永顺。同日，罗启疆旅进攻塔卧，郭汝栋部加入作战。红二、红六军团贺龙、萧克部反击后自动撤出塔卧。

△ 沪外汇平市委员会向伦敦购进之现银第一批300万元已抵沪。第二、三批共400万昨晨至今晨起岸分储中、中、交三行库中。

4月9日 中英关于滇缅未定界争端问题，经外交部和驻华英使多次交涉，是日两国政府互换照会，同意设立“中英会勘滇缅南段界务委员会”，委员五人，中英各派二人；委员长一席，由国联行政院主席推选、双方同意之人充任。委员会定于12月1日开始工作。6月11日，国联行政院主席鲁舒第指派瑞士伊舍林上校为中英勘界委员会主席。

△ 国民政府任胡宗南、周碞、曾万钟、陶峙岳、李延年、李默庵、万耀煌、王东原、朱耀华、李觉、冯安邦、曹福林、冯治安、张自忠、张振汉为

陆军中将。

△　宋哲元偕秦德纯、萧振瀛赴张北阅军。

△　中国银行董事长宋子文在汉口接见记者谈，中国银行今后营业方针注重于国际汇兑及进出口贸易方面。并称："外传政府增加三行资本后，将实行统制经济政策，绝对不确。"

△　红二十五军在蓝田葛牌镇以南之九间房歼灭尾追之敌陕军警备第三旅一个团另一个营，俘千余人。至此，红二十五军取得了第一次反"围剿"的胜利。

△　章太炎以国民政府馈赠之医药费，在苏州寓所举办国学讲习会，先举行读经讲演，正式讲习会待暑假后举行。是日，其门生金震等20余人通告各界要求赞助。章本人亦在《大公报》等多种报纸上刊登启事招人入会。

4 月 10 日　国民政府任岳森、阮肇昌、戴岳、陶广、宋天才、罗霖、樊崧甫、高桂滋、冯占海、沈克、李振唐、黄光华、郭希鹏、马法五为陆军中将。

△　蒋介石由昆明飞贵阳。

△　美国政府宣布提高新产白银收买价格，由每盎斯六角四分半升至七角一分。国民政府为防白银继续大量外流，除令驻美公使施肇基提出抗议外，由孔祥熙与京、沪当局及金融界商对付办法，并由宋子文迭与外商银行商合作办法。宋对外商银行声明，国民政府保证不禁银出口，不废除银本位，不减低银币成色，要求外商银行不再运银出口。16 日，外商国际银行公会开会，成立"绅士协定"："即日起会员银行自动停运白银出口；与各银行有关系之商行，如有运银出口者，由各关系银行劝告停止。"协定不采换文方式，仅以会议记录为凭。

△　蒋介石判断红军将渡司拉河（岔河），北上毕节、大定，决定将第二路军第一、二纵队配置在平坝、安顺、普定、镇宁等地带防堵，并在司拉河北岸各渡口筑碉守备，"限 12 日到达指定地区"。

△　9 日，中央红军挤在贵阳、龙里之间不足 40 公里的地带向西

南进军。是日，红一军占定番。11 日占长寨、紫云，红三军团攻占广顺之后，向北盘江进发。

4 月上旬 蒋介石限三个月内完成川黔公路工程。

△ 蒋介石令闽西各县“跟踪搜剿”红军，“不得偏重封锁”。

△ 伪满中央银行山海关支行大量收买现洋，以伪钞 130 余元换洋 100 元，每日运沈阳洋 10 余箱，约五万元以上。唐山以东伪币充斥，现洋已不多见。

△ 杭州拱宸桥日租地期满，有关当局准日本续租 30 年。

△ 财政部决定二十四年度开征所得税。赋税司长高秉坊宣称：财政当局开办所得税主旨，“在养成每人对国家应负义务，绝不在于开辟财源，增进收入”。

△ 粤东江、北江与西江同时泛滥。东江河源堤坝溃裂，淹没村庄无数；北江自韶关以下马坝、英德、清远一带尽成泽国；西江四会、高要、德庆等地亦有潦患。

4 月 11 日 殷汝耕、朱式勤、陶尚铭应高桥、仪我、大木、田中之邀，在津续商保安队换防问题。

△ 宋哲元抵滂江，晤德穆楚克栋鲁普商察旗改盟等问题。翌日，返张家口。

△ 国民政府授蒙古锡林郭勒盟盟长索诺木拉布坦都统衔。

△ 黄河贯台堵口工程因负责机关相互推诿，新旧工程人员主张不同，以致一再延误，费时半年，用款超过预算数倍。自 3 月 21 日由黄灾救委会工赈组负责后，于是日始抢堵合龙。

△ 太平洋科学协会海洋学组中国分会在南京成立，丁文江任主席。该会准备三年内完成自山东半岛以南至长江口一段测量工作，并决定在青岛、定海、厦门、威海或烟台四处设海滨生物研究所。

4 月 12 日 财政部修正公布《交通银行条例》，资本增至 2000 万元。

△ 国民政府任命许崇清为考选委员会副委员长；原任陈大齐免职。

△ 红二、六军团贺龙部在湘西桑植附近陈家河渡口消灭国军第五十八师陈耀汉部第一七二旅大部，击毙旅长李延龄。13 日，将该师师部、直属队及第三四七团围歼于桃子溪，师长陈耀汉仅以身免。红军乘胜收复桑植城。

△ 冀南盐潮未息，是日南乐县郊又起冲突，警民均有死伤。次日，赣税警一大队、邯郸税警二中队驰往增防。15 日，冀民厅令饬冀南各县：乡民刮土淋盐，阻碍官销，自应随时查禁，敢有聚众反抗，甚或伤人夺械者，格杀勿论。25 日，安新税警因搜查硝盐和村民千余冲突，警民均有死伤，经县长调解始息。

△ 冀蓟密区专员殷汝耕、滦榆区专员陶尚铭偕战区清委会常委朱式勤等赴沧县马厂检阅新编保安第二总队张砚田部，日使馆武官高桥、驻榆特务机关长仪我、华北驻屯军参谋大木等被邀同往。翌日，又赴蔡村检阅第一总队张庆余部。至是新编保安队 5000 人全部检阅竣事，候令开拔战区换防。

△ 据上海《新闻报》载，前第十七军军长徐庭瑶由川返京谈：川省钱粮已征至 46 年以后，有在一年中征 12 年钱粮者，民众不堪负担，多将田契贴于门上，声明本人无力偿欠，要求官厅没收田契，勿再追索。

4 月 13 日 蒋介石派李仲公为贵州临时行政特派员。李语记者，在新省府未成立前，所负任务为“拟定现政治之各项兴革计划，监察不肖官吏乘机营私舞弊”。

△ 国民政府批准《国际电信公约》。5 月 3 日，外交部备函将批准文件送驻西班牙使馆转送西班牙政府存案。

△ 武昌行营令鄂省府推行农村合作事业，对于阻挠推行人员，依惩治土劣条例从严惩处。

△ 中央红军分两个纵队西渡北盘江。彭德怀、杨尚昆指挥第三、五军团为右纵队，由百层附近渡江进占兴仁，红一军团和军委纵队组成左纵队在罗炎附近渡江占安龙。16 日，左、右两纵队分别走过彝族居住地区到达百层、罗炎。

△　上海市商会因我国茶叶国外市场为日本所夺，国内市场又受军事影响，茶业资金减少，周转失灵，特电请财政部豁免毛茶转口税。

△　赈灾委员会发表报告称：上年湘省 69 县因亢旱成灾，饿殍 110 余万人，长沙一处即死 2254 人；学校因灾停办者 19751 所。

4 月 14 日　武昌行营令豫、鄂、皖、赣四省筹设合作金库，并由省库收入总额中拨百分之三至百分之五充合作金库基金，以增厚合作资金运用之力量。

△　武昌行营主任张学良由渝飞黔见蒋介石，河南保安处长冯占飞及《大公报》总编辑张季鸾偕行。17 日，张回汉口。

△　中国哲学会成立。

△　粤日侨组“斯文会”，以“发展东方文化”为辞，诱惑青年。

4 月 15 日　驻华日使有吉回国述职，是日向汪精卫辞行，对中国政府禁止排日运动表示满意。汪设宴饯行。

△　冀省战区新保安队改编完竣，定名为冀省特种警察队。张庆余部为第一总队，张砚田部为第二总队，各编 2500 名。是日，张庆余等由津抵平见殷汝耕，请示开拔手续。

△　国民政府派胡世泽为出席第二十届国际联合会禁烟会议代表。

△　国民政府派宋子良、马锡尔、陈其采、刘瑞恒、戴乐仁为管理中英庚款董事会董事。

△　孔祥熙在沪谈，决以 2000 万元救济上海工商业，由中央、中国、交通三行会同银行业公会办理。

4 月 16 日　蒋介石令刘湘在成都设防。是日，蒋拨款六万元交成都卫戍部在成都附近构筑碉堡，限期完成。21 日，成都成立保安司令部，费东明任代司令，指挥川西各县筑碉。25 日，刘湘又自重庆调军官团及干校学员 700 余名协助。

△　江苏萧县（今属安徽）农民反抗土地陈报，持械聚众包围黄口区公所，捣毁利民乡公所。萧、铜（山）两县派警镇压，收缴民枪等自卫

武器五六百件。

4 月 17 日 国民政府明令改组贵州省政府,准免王家烈省府委员兼主席职,遗缺以吴忠信继任。24 日,国民政府令免该省省府委员犹国才(兼民政厅长)、郑先辛(兼财政厅长)、谭星阁(兼教育厅长)、刘民杰(兼代建设厅长)、黄道彬、窦觉苍、侯之担、李锡祺职;并任曹经沅、李仲公、叶元龙、谌湛溪、王澂莹、牟琳、周恭寿、朱庭祜为省府委员,以曹、李、叶、谌分别兼任民政、财政,教育、建设各厅厅长。30 日,国民政府又免万宗震省府秘书长职。

△ 国民政府令派马超俊为管理中荷庚款水利经费董事会董事,并指定为董事长;原任董事石瑛准予辞职。

△ 北平军分会驻陕北参谋团主任毛侃在绥德与陕军将领商进攻红军计划,决定将陕北分为若干区,由井岳秀、高桂滋两师及晋军方克猷旅全部负责。

△ 彭德怀、杨尚昆率红三军团渡过北盘江,向兴仁以北的安姑、排杉、马乃营地带前进,是日,进入云南。18 日,林彪、聂荣臻率红一军团渡过北盘江,进至贞丰以南大河地域,奉命向兴仁、父邦地区前进。

△ 财政部拟定救济工商业放款原则 10 项,令中央、中国、交通三行及上海银行业公会遵办。规定抵押放款 1500 万元,信用放款 500 万元,月息八厘,期限不得超过一年。并规定“银行应随时监督稽查其用途”;“对于工厂的技术改良及商号之营业方针,银行得随时派专家指导或矫正”。

4 月 18 日 立法院通过裁撤转口税,自本年 6 月 1 日起实行;因裁撤此项税收而短少一千六七百万元之岁收,由增加关税抵补。按:因抵补办法未筹妥,是年转口税未裁撤。

△ 薛岳将第二路军总部移至关岭场,并令所部尾追红军:第一纵队欧震、梁华盛两师由安南(今晴隆)向兴仁前进;第二纵队由花贡向普安以南地区急进;第三纵队由广顺、紫云间向关岭方向急进;第五十三师李韫珩部集结镇宁。

△ 西南政务委员陈中孚在东京访晤日本陆相林铣，交换“中日亲善”问题意见。

△ 广东“绥靖”主任陈济棠宣布自兼海军总司令，张之英、姜西园为副。

△ 上海市学生国货年推行联合会举行学生服用国货宣誓典礼，学生万余人参加宣誓。

△ 绥远乌拉特前旗民众因设卡收税问题围攻王府。傅作义令王靖国派部队前往弹压。

△ 伪满在山海关大量收购现洋，偷运出境者日达五万元以上。唐山运出已达70余万元，津东各县运出约200万元，银价暴涨，唐市每百元加水高达18.2元。是日，冀省府电令津东各县切实严防。

△ 厦门市连日出口现银，数达130余万元。是日，市商会开紧急会议，议决具呈市府并函海关即日起禁银出口，并由商会组纠察队，协同警察查禁。

4月19日 黄郛为关外、华北联航事致电汪精卫，内称：“近闻关东已于筱日(17日)起对华北自由飞航，定每周二次。果其事属实，放任之则空权被侵；而默不一言，将来群起效尤，国将不国。抗议之，则彼方既决心为此，空言可决其无补。若以实力扣押，或取妨碍手段，则事态必日益扩大，循至不可收拾，三者均非至计。”要求中央速作决策。

△ 中央红军克兴仁。同日，薛岳令第二纵队速向青山附近集结堵截红军，第三纵队占领太平街向兴仁尾追，第九十二师于20日向兴仁进攻。20日，薛岳判断红军主力将进占兴义，布置一、二、三纵队尾追堵截。龙云亦令独立第二团由宣威至滇、黔边境堵截。

△ 蒋介石电刘湘，升任孙震为第二十九军军长。

△ 中美庚款董事会改选，以蔡元培为董事长，周诒春、孟禄为副。

△ 蔡廷锴旅欧结束，自菲抵香港。

△ 据教育部发表，自1929年至1933年五年内，派至各国留学生人数为409人，其中文、史、政、经各科为206人，理、工、农、医各科为203人。

△ 据《大公报》载《安庆通讯》：客岁江淮大旱，皖省尤烈。据皖省灾区筹赈会统计，全省60县，被灾者达49县。灾民870余万，赤贫不能举火者占十分之一。稻米损失约5048.9356万石，损失总值约2.8亿元。秕糠、树皮、草根均已食尽，今值青黄不接，仅以观音土、野菜、青草充饥。

4月20日 蒋介石整饬川、黔财政。是日以黔省旧省府及文武各机关省会地方贱价出售预征通关税票，面谕黔特派员李仲公采取断然措施，着将预征通关税票一律作废(按："通关税票"即特税票，亦即鸦片烟出口税)。同日又以川省各县地方财政紊乱不堪，特将在豫、鄂、皖、赣督师时所订之《剿匪区内整理县地方财政章程暨各关系法规合订本》，令饬川省主席刘湘转令遵行。

△ 下午4时22分，台北发生强烈地震，震源在新竹州与台中州间大安溪流域，浅见山突然炸裂，喷出熔岩，乌烟冲天，入夜更甚。轻井泽降石甚多。小沼村森林因落下熔岩起火，势甚猛。21日晨6时2分及27分，新竹州与台中州又相继发生强烈地震两次，截至22日晚12时统计，新竹州死伤4299人，台中州死伤9265人；新竹州损毁房屋2.2234万所，台中州损毁房屋1.5245万所。

△ 交通银行增资改组。股东会议追认政府拨付金融公债1000万元作为官股，资本增为2000万元，分20万股，官股占十分之六，商股占十分之四；设常务董事七人，由财政部指派一人为董事长。22日，董事会增选官股董事宋子良、杨敦甫为常务董事。财政部指定胡笔江为董事长，唐寿民连任总经理。

△ 驻华日使有吉离沪返日。

4月中旬 日本对东北、华北经济侵略机构榆关大东公司改组竣事，由日伪合办，资本5000万元。总社长为日人五十岚房吉，总支配人为三野友吉。总社设长春；支社设大连、天津；出张所共13处：天津、榆关、喜峰口、古北口、塘沽、青岛、芝罘(烟台)、龙口、威海、沈阳、长春、安东、营口。

△ 日本在多伦设内蒙牧羊合作社一所，并在锡林郭勒盟各重要市镇设支社 20 余处，委附逆蒙人包尔达为总社长。大批日货由锦州经多伦输入内蒙各地。

△ 日关东军司令部确定以 1000 万日金为移民费，收买黑龙江省饶河、虎林、依兰、桦川等县腴地 140 万亩，五年内移民 300 万。

△ 沪工部局格致公学采用英版世界地图，内亚洲全图上有“满洲国”字样，并定我国边疆线为长城一带，西藏、蒙古亦非我有。全校学生集会抗议，要求改换课本，销毁地图版本。

△ 日关东军殖民部组织满蒙资源调查团，调查东北煤、铁、森林、金矿、水利、渔业等产量，并决定组织株式会社，进行开发。

4 月 21 日 财政部咨各省、市政府、各商会暨银钱业公会共同防白银外流。

△ 战区清理委员会在北平西山集会，交换战区各项问题意见。

△ 朝鲜浪人私运银元二万元，在秦皇岛车站被海关缉巡队发觉，竟开枪击伤海关人员李景先等二人。

△ 华北水利委员会为海河放淤问题，前议将武清县属龙凤河流域洼地辟作第三放淤区。是日，该地数十村民众推派代表王普安等向河北省府呼吁，要求收回成议。

△ 京芜路由江南铁路公司修筑完成，全长 93 公里。今起通车。

4 月 22 日 美国远东经济考察团一行 15 人抵沪。该团团长福勒斯发表书面谈话称：来华考察目的，“在研究中美两国过去、现在及将来之商务”。并称：“团内无政府代表，亦无政府财政帮助。”24 日考察团到南京，分谒实业、交通、外交、财政等部当局。25 日，谒林森后返沪。

△ 国民政府公布《学位授予法》，分博士、硕士及学士三级。5 月 20 日明令自 7 月 1 日起施行。

△ 吉林省日本宪兵队发表，自 3 月 5 日以来，在沈吉路吉林至海龙一段，以抗日反“满”罪逮捕共产党人 110 余名。

△ 上海钱业因市面不景气，资金周转不灵，续有倒闭。是日，同

泰钱庄又宣告清理。中国、中央、交通三行召开紧急会议，决定拆放1000 万元以资救济，由中央银行主持；借款户以公债库券、地契等作抵押。

△　蒋介石陆续往陕南调集重兵 30 多个团，对鄂豫陕根据地红二十五军发动第二次"围剿"。红二十五军连日在雒南（今洛南）与陕军激战，是日向城外古城、景村转移。

4 月 23 日　中央红军主力自贵州兴仁、兴义中间地区经睹彰、龙洞、古门坎西渡黄泥河入滇境。薛岳令第三纵队、第二纵队之第三十六军分路尾追，限 26 日到达平彝城（今富源县城）；第五十三师经盘县、龙洞，27 日到达宣威"截剿"；第一纵队 26 日到达亦资孔待命；第二路军总指挥部 24 日迁盘县，25 日至亦资孔。

△　第一路军前敌总指挥刘建绪以"湘西北紧急，而入黔之红军已北渡金沙，长追无济于事"，经何键批准于本日返湖南沅陵。

△　蒙古地方自治政务委员会在百灵庙召开第二次大会，到德穆楚克栋鲁普等委员及委员代表 26 人。决定筹设蒙古地方自治讲习所，成立保安教导队、卫生院、文化馆、实验村、师范学校、生产合作社、贸易合作社、信用合作社等，并建立电业、驿站、公路三管理局。5 月 21 日会议结束。

△　驻华日使有吉抵东京，向外相广田报告中国情势。翌日，有吉与广田协议"中日提携"具体方策，认为不仅限于经济，应推及文化与政治。

△　日关东军参谋河野由长春到北平。午，应何应钦招宴。

△　新任驻华日使馆武官矶谷廉介偕武官影佐祯昭到京访晤汪精卫。

△　伪热河鸦片专署强迫长城附近各村种植鸦片，每亩预缴税收八元。是日，遵化北撤河桥等 30 余村农民聚众千余人反抗苛杂，包围、捣毁伪鸦片专署。驻凌源伪骑兵一队驰往镇压。

4 月 24 日　外交部电令驻日公使蒋作宾与驻日暹使交涉中暹建交，并订中暹商约。

△ 行政院讨论民国二十四年度国家总预算案，因财政困难，决定比照上年度预算数核减十分之一，由各部会核减重编。

△ 美国政府再度提高银价，每盎斯增至七角七分五厘七。25日，美财长摩根韬声称："财部将续购矿银，直至银价达到每盎斯一元二角九分，或库存白银达到货币准备金四分之一时始止。"同日，中国驻美公使施肇基非正式向美国务卿赫尔说明中国对美白银政策之"不安"。

4月25日 中央红军主力经白水镇进入云南沾益县境内。是日，红一、红三军团在沾益、富源两县交界的糯冈、东新口、朝阳箐一带，围歼滇军李嵩独立团200余人。深夜，残敌逃至曲靖城内。同日，红三军团行至白水镇，遭敌空军轰炸，伤亡300余人。军团政委杨尚昆等不幸负伤。

△ 红九军团罗炳辉部经盘县过北盘江，进至土木卡、猪场一带。蒋介石电令第三十六军由羊肠营取捷径驰赴宣威"堵剿"。27日，红九军团攻克宣威城。

4月26日 立法院修正通过《简易人寿保险法》、《农仓业法》及《民事诉讼法施行法》。

△ 二十四年度国家总概算，由主计处按中政会所定紧缩原则编成，计岁入7.42643340亿元，岁出8.98423452亿元，不敷1.55780112亿元，另筹抵补办法。

△ 国民政府明令豁免贵州省本年田赋。

△ 薛岳令第五十三师27日向白水进攻，第十三师策应，第三十六军至鳌家屯，第一纵队至平彝城及其以西地区，总指挥部向亦资孔推进。28日，第五十三师、第十三师尾追红军至沾益、曲靖县城。

△ 红军师长毛泽覃率所部在江西瑞金东之黄鳝口，与毛炳文部许克祥第二十四师汤团遭遇。毛泽覃英勇牺牲。

△ 河北省府颁《查禁私运现银出口办法》，凡九条，限旅客凭照携现50元；私运银币或银类出口，一经缉获，全部充公，并照偷运数额加倍处罚。

△ 北宁铁路局长殷同赴日参加铁道省发起之东洋观光会议，是晚抵沈阳，出席土肥原举行之欢迎会。29 日抵日本。

△ 上海市商会等 16 团体欢宴美国远东经济考察团。27 日，上海各界领袖与考察团开专家会议，讨论中美商务问题。

4 月 27 日 国民政府任命张惠长为驻古巴特命全权公使；原任凌冰免职。

△ 林彪、聂荣臻率红一军团分两路经曲靖马龙开进，并占领马龙。同日，彭德怀、杨尚昆率红三军团占领沾益。

4 月 28 日 蒋介石急电龙云将金沙江巧家至元谋一段之船舶及一切可渡河材料全部毁灭，以防红军渡江。

△ 财政部拟定地方银行发钞限制办法，规定："地方银行除经财部核准发行之数额外，有因调整金融呈请续发者，经审核后准其领用中央银行钞票及发行若干辅币。"

△ 黄河水利委员会召集冀、鲁、豫三省河务局长会议，拟定修筑堤防计划。全国经济委员会电允协助培修金堤。

△ 日本最大孔庙东京"汤岛圣堂"落成。是日，日本"斯文会"在"汤岛圣堂"举行孔子祭典和儒道大会。孔、颜后裔孔昭润、颜振鸿和山东省府参议赵新儒、聂澄泽等均前往参加。伪满也指派伪文教次长和奉天、吉林两省伪教育厅长前往。

4 月 29 日 驻华苏大使鲍格莫洛夫拜会汪精卫，代表苏联政府声明"苏对新疆绝无领土野心"。

△ 国民政府派王锦霞为出席第十九届国际劳工大会中国劳工方面代表，吴闻天为顾问；王志圣为雇主方面代表，顾炳元为顾问。

△ 财政部训令上海钱业公会取缔钱庄借辞停业。

△ 中共中央革命军事委员会发出《关于我军速渡金沙江，在川西建立苏区的指示》。同日，中央红军一部占寻甸，另一部由马龙经杨林克嵩明，威胁昆明，滇全省震动。红九军团进抵会泽城东郊。

△ 薛岳令第十三师由牛街向寻甸尾追红军，第三十六军由沾益

向寻甸以东水圩子附近推进，第一纵队由曲靖向马龙前进。30 日，令第十三师、第三十六军在嵩明及其西北之武定、富民地区截击。时第三纵队主力由马龙进至易隆一带，第二、七两旅已到达昆明。

4 月 30 日 战区清理委员会结束，未了案件移交河北省政府办理。

△ 行政院通过圣裔奉祀官准照前清例世袭。

△ 驻华法公使韦礼敦访外交部政务次长徐谟，商谈中法越南商约问题。

△ 闽浙边境红军粟裕、刘英两部共 600 余人，在浙江庆元与国民党军接触后，经龙泉南庆元西北入闽北松溪境。

4 月下旬 冀东玉田城内日人广设押当，多至 30 余家。典押期分五日、十日两种。五日者值十押五，利息每元加一，到期不赎者变卖；十日者值十押三，息与五日者同，农民忍痛典当，受害者甚多。

△ 日本以朝鲜江原道饥馑，向我东北移民。已移吉林边珲春等县 382 户，2697 人。

是月 闽西红军张鼎丞部为恢复发展根据地，在永定溪南里召开西南军政委员会第一次会议。会议传达遵义会议精神，研究闽西游击战方针，确定开展广泛的、灵活的、群众性的、胜利的游击战争。

△ 中共中央江西分局书记项英、苏维埃政府中央办事处主任陈毅、赣粤边特区书记李乐天等带领红军一排，从赣粤边油山转移至北山。

△ 国防设计委员会由原属参谋本部改属军事委员会，易名“资源委员会”。

△ 日韩浪人在长城各口设转运机关，包运烟土，输入冀东战区，四个月内运入热河烟土达 1000 万两。

△ 1 至 4 月，沪市进口洋米 357 万公担，全国达 689 万公担，值 4810.6 万元，较去年同期增加一倍以上。

5 月

5月1日 国民政府任命徐庭瑶为训练总监部交通兵监，免去其第十七军军长职。

△ 张学良偕顾问端纳由汉口飞抵贵阳，向蒋介石报告在开封、西安检阅豫、陕驻军情况。

△ 中央红军分三路抢渡金沙江：军委干部团在皎平渡渡江；一军团经禄劝、武定、元谋至龙街渡；三军团抢洪门渡。五军团殿后掩护。洪门渡江流太急，龙街渡江面太宽，敌机低飞骚扰，均不便渡江。4日，军委干部团二营在总参谋长刘伯承率领下，在皎平渡渡口成功偷渡金沙江。

△ 日本东洋拓殖会社强攫吉林省间岛（延吉）金矿，定6月1日由该社经营。

△ 殷同在东京访问日外务省。

△ 西兰公路建成，历时一年余，耗资200余万元，今起正式通车，全长753公里，西安至兰州单程四日可达。

5月2日 北平市长袁良偕驻平政整会委员李泽一抵莫干山，晤黄郛，分别报告北平政务及访日情况。会后，李泽一谓：本人此次赴日会晤广田，但日本外交多受军人牵制。他人以武力为外交后盾；我欲外交有力量，亦必须有雄厚之实力。

△ 天津日租界国权报社社长胡恩溥被枪击重伤，次日毙命。振报社社长白逾桓亦于3日在日租界被击毙。胡、白两人均接受日军津贴，受命办报，传播所谓“泛亚细亚思想”。

△ 驻华法使韦礼敦访外次徐谟，续商中法越约，双方意见已趋一致。

△ 红九军团攻占会泽，扩军千余人。4日，进至会泽西白龙潭附近。继在巧家南百余里处因民、落雪之间渡过金沙江。旋经披沙（今宁

南)县境,到达西昌地区,与红三军团留守部队会合北上。

5月3日 贵州省主席吴忠信在省党部礼堂报告今后建设新贵州之步骤。省政府施政大纲计划分为三个时期办理:一是"剿匪"时期;二是善后时期;三是建设时期。其建设为:第一步完成湘黔、川黔两段公路;其次进行生产建设、开发矿产、修筑由重庆经贵阳到广州的钦渝铁路,由昆明经贵阳到长沙的滇湘铁路。

△ 立法院通过参加《国际邮政公约》及附属协定。

△ 湖南省税收短绌,入不敷出,是日省府决议发行短期库券,总额150万元,作搭发各机关经费之用。6月1日起发行。

△ 薛岳率部尾追中央红军,第三纵队安恩溥、刘正富旅向武定追击。4日趋元谋。空军三、四两队亦同时由贵阳移驻昆明。同日,薛岳抵昆明,会晤滇省主席兼第二路"追剿"军总司令龙云,报告"剿共"经过,并商机宜。

△ 日外相广田在东京全国地方长官会议上演说,以中日关系极度转好,为实行"中日经济提携",主张"由两国民间在上海、大阪设置中日经济委员会"。

5月4日 上海《新生》周刊第二卷第十五期刊登易水(艾寒松)之《闲话皇帝》一文。文中说:现在的皇帝"有名无实",是"古董"、"傀儡"。日本的统治者要保留天皇,"是企图用天皇来缓和一切内部各阶层的冲突和掩饰了一部分人的罪恶"。

△ 国民政府任陈立夫为军事委员会调查统计局局长,陈焯为副。

△ 孙永勤组义勇军1200人进攻承德,占下板城。驻承德日军第七师团长杉原急调古北口日军及察东伪军李守信部驰救。

△ 国民政府任翁文灏为军事委员会资源委员会秘书长,钱昌照为副。

△ 《中法规定越南及中国边省关系专约》正约于1930年5月16日由前外长王正廷与前驻华法公使玛太尔签字,其附件由于征收洋米税等问题未决,致久悬未定,后迭经洽商,是日始由兼外长汪精卫和驻

华法使韦礼敦在南京正式签字。其他附件同时换文。

△ 云南省政府机关报《云南日报》在昆明创刊。龙云为董事长，常董龚自知负实际领导责任。

△ 日伪军在察东擅行划界，设国境警察队，并将察省沽源县属小厂子、石头城子、乌泥河、北石柱子、长梁、断木梁等地地名，按日军官姓名改称，强指各该地为热河丰宁县第六区管辖地。16 日，宋哲元谈："日伪擅行划界问题，决依外交方式解决。"

△ 河北临榆商办柳江煤矿公司本年 3 月以来在黑石窝采矿，与该公司矿区毗连之中日合办泰记煤矿公司日经理指为侵犯矿权。是日，秦皇岛、山海关两地日警 30 余人，由署长佐藤率领，将柳江公司秦皇岛仓库、码头查封，并将柳江至秦皇岛间长 40 余里之轻便铁道拆毁，柳江公司被迫停产。15 日、17 日，双方推派代表会谈，泰记所持之民国六年矿图，注明该区让归柳江股东张德勋，泰记无法否认，表示愿和平解决。

△ 日政友会考察团藤沼庄平等一行六人抵沪。该团宣称，来华目的为实地考察"中日经济提携能否实现问题"。

△ 日韩侨民偷运现洋出口，天津、北平、塘沽、古冶、滦县、昌黎、秦皇岛等地日计十五六万元。是日，河北省府及天津市府特派员驻守中国、交通等银行监督兑现，截堵偷运。

5 月 5 日 英铁路专家哈孟德应国民政府聘为铁道顾问，是日抵沪。

△ 国民政府以陈嘉庚捐资助学，特授予二等采玉勋章。

△ 中革军委主席朱德电令红一军团于 7 日兼程赶到皎平渡，红三军团限 6 日上午赶到皎平渡渡金沙江。红五军团在皎西以南担任掩护，在石板河、皎西、沙老树一带阻击敌人。当晚，毛泽东、周恩来、朱德等中共中央、中革军委领导随同军委纵队渡过金沙江，驻扎在中屋山，指挥中央红军渡江。

△ 遵化马兰峪日军警备队为进攻义勇军孙永勤部，通知遵化保

安队撤退至长城南25里处。保安队以25里处已在遵化县城以南，只撤15里。

5月6日　薛岳判断中央红军主力将在永仁北之仁和渡渡江，一部将在元谋北之金沙江渡江，乃令欧震师限7日午后到达金沙江，梁华盛师由元谋至永仁，“歼灭”渡江红军，万耀煌师向元谋、金沙江急进。并令空军第三、四两队于7日破坏金沙江红军架设之浮桥；第五十三师李韫珩部在会泽、巧家间“速歼”红九军团。

△　四川“剿匪”军总部令邓锡侯派第一师师长陈鼎勋选精锐部队三团，由大石坝增防土门，以防红军西进。7日又电促于涪江、清溪河、岷江之间封锁红军，加厚土门兵力，并以有力部队向红军主力进攻。8日，再电严守土门。10日，蒋介石电令胡宗南师及许绍宗师14日开始封锁涪江沿线，王缵绪师向大垭口进攻，邓锡侯、孙震两部原线出击；邓锡侯部增援土门三团兵力限13日到达，原驻土门陶凯师由土门进攻。14日，邓锡侯复电称：“攻击准备尚未完成，不能如期开始，且无法抽兵兼顾土门。”

△　中日双方在天津续商战区保安队换防问题，日关东军驻榆特务机关长仪我、日使馆武官高桥、天津驻屯军司令梅津及参谋大木，北平军分会科长朱式勤、滦榆区专员陶尚铭、蓟密区专员殷汝耕均参加。7日，双方取得一致意见。8日，冀省府颁布战区特警队换防令。

△　中国律师协会冤狱赔偿运动委员会发表宣言，要求实现冤狱赔偿制度，以保障人民生存权利。

△　国际间谍韩人白秉素等两人在四川自流井借行商为名，暗绘地图，拍摄军事设施照片，是日被捕获。7日，又有韩人一名被捕。

△　广东明德社开办“学术研究班”，轮训第一集团军政训人员。研究科目为《孝经》、四书、《群经大义》、宋明理学。6月8日，陈济棠在该班讲《明德要义》，提倡读经、祀孔。

△　行政院决议，青海省增设同德县。

5月7日　国民政府任命柏辉章为第一〇二师师长，何知重为第一〇三师师长，吴剑平为第一二一师师长。

△　殷同在东京访晤日外相广田谈中日关系。广田称："余意双方应尽量助长民间经济以及文化合作事业之协调。""以后中国如在国际间有所企图，无妨与日本商量，日本必能力为斡旋。"

△　红二、六军团围攻塔卧。翌日开始包围陶广部朱再生团及钟涤松补充第五团，历时达七昼夜。迄 14 日，经陶部钟光仁旅驰救，塔卧之围始解。红军转进龙家寨一带。

△　老同盟会员广东中山县建设局长朱卓文、第一集团军总部咨议袁带、粤海军参议蔡腾辉等秘密组织"大同救国军"，图在中山县举事，夺取广东政权。是日，朱、袁两人在石岐为驻军查获。陈济棠以"谋乱"罪将朱就地枪决，袁解广州。蔡腾辉和同党二三十人亦先后被捕。

△　察哈尔省 12 旗请求改盟，行政院以旗隶属县治，行之已久，未予批准。是日，复派代表赵成义抵京请愿。

△　厦门钱业大量收买白银，市上现银交易几绝，钞票以现洋跌价一二角不等。是日，厦市府严令取缔。

5 月 8 日　红一军团从龙街赶到皎平渡渡口，开始渡江。红三军前卫已于昨日渡金沙江，向会理进军。红五军团为全军后卫部队，继续与追敌周旋于皎西、坎凳一带。9 日，红五军团完成掩护任务后，于洪门场渡口渡过金沙江。

△　日驻京总领事须磨向外交部转达日政府决将驻华公使升格为大使。同日，日外务省将驻华使节升格事分别通知英、意、法、美、德各国驻日使馆。12 日，日驻华公使升格咨文送达中国驻日使馆，并由须磨向外交部接洽。

△　蒋介石委李云杰为第二路军第五纵队司令官。

△　蒋介石准第九十三师师长唐云山辞职，遗缺派甘丽初代理。

△　据天津《大公报》载：江西省设立公民训练委员会，对全省公民实行训练。择南昌、九江、萍乡、吉安、赣县、临川、广丰、浮梁（今并入景德镇市）、南城、宜春 10 县先行试办，渐次推广，预定三年完成。内容有

军事训练、国民党党义及训政基础知识等。采强制办法，由联保主任、保甲长负责督率出席，不准请人代理；意图规避、抗不出席者，予以罚金或拘役处分。

△ 河北省府及天津市府召集市商会及钱业公会再商杜绝白银外流办法，规定暂禁钱商兑卖现银，“私售者与偷运同罪”。16日，津市府又令各商家每日售货所得现洋，悉送各银行号收存，不得私自与人贴换或转手私售。

5月9日 中央红军全部渡过金沙江。在一周时间内，中央红军靠着七只渡船将两万多红军全部送到金沙北岸，从此，中央红军跳出了数十万敌人围追堵截的圈子，取得了战略转移中具有决定意义的胜利。同日，蒋介石电薛岳，谓：“如匪已渡河，则吴（奇伟）、周（浑元）、李（韫珩）各部皆应迅速渡河，剿匪之成功，端在此举，务饬各部努力为要。”

△ 立法院通过《中央银行法》，规定中央银行为“国家银行”，有“发行本位币及辅币兑换券、经理国库、承募内外债”等特权。资本总额一亿元，招集商股总数不得超过40%。23日，国民政府明令公布施行。

△ 立法院长孙科等离京赴陕，考察西北经济及风俗民情。24日，考察完毕返京。

△ 美国经济考察团在天津出席南开大学座谈会，座谈中美经济、金融问题。中国专家认为中国金融及商业显受美国政府白银政策危害，要求考察团回国建议政府改善。考察团避不表示意见。

△ 广州商业萧条，今年以来，中等资本商店歇业者已达3000余家。是日，市商会电请财政部加重有国货可替用之舶来品进口税率，以维持本国商业。

5月10日 蒋介石由贵阳飞抵昆明“督剿”红军。

△ 国民政府公布《中华民国民事诉讼法施行法》；并规定《民事诉讼法》自本年7月1日起施行。

△ 王新命、何炳松、陶希圣等十教授在《文化建设》第一卷第八期上发表《我们的总答复——关于中国本位文化建设宣言》，称：“我们所

揭示的中国本位文化建设，在纵的方面不主张复古，在横的方面反对全盘西化，在时间上重视此时的动向，在空间上重视此地的环境，热切希望我们的文化建设能和此时此地的需要相吻合。”并称：“中国此时此地的需要就是：充实人民的生活；发展国民的生计；争取民族的生存。”同期《文化建设》刊载陈立夫在国民党中央党部纪念周上所作题为《文化与中国文化建设》的讲演辞，略谓：“以中国本位之文明，不断的贡献人类而不让，同时不断的受人类贡献而不拒，时时造成适合中华民族自身之生存，与全人类共生共存之结果，谓之中国本位之文化。”

△ 《教育杂志》第二十五卷第五期出《读经问题专号》，72 人就中小学应否读经问题发表意见，多数认为：“把读经当做一种专家的研究，都可赞成；若是把读经当做中小学校中必修的科目，则不必。”陈立夫、何键、江亢虎等人主张“学校读经，宜从小学开始”。广州中山大学教授古直强调：“舍经而言教育，吾惟亡国是惧。”柳亚子、周予同、林砺儒等人反对中小学读经。柳谓：“时代已是 1935 年，而中国人还在提倡读经，是不是神经病？”“倘然读经可以抵制日本人的飞机大炮，那么我将引吭高呼，恭祝东方文明万岁！”

△ 河北战区保安队开始换防。新编河北省特种警察队共分五总队，由滦、蓟两专署统辖。第一总队张庆余部自蔡村开通县，然后赴密云、顺义、怀柔、三河等县；第二总队张砚田部 11 日由沧县开唐山集中，分往滦县、昌黎、抚宁、迁安、丰润各县。第一、二总队部分别在蓟县、留守营成立。旧保安队周毓英、赵雷、刘佐周等部改编为第三、四、五总队；杨玉成、范景华等部调出训练。

5 月上旬 第六十七军九个团和第九十五师三个团从雒南县向南，第四十四师四个团从郧西县上津向北，同时进攻红二十五军。第四十军五个团、陕军第三十八军四个团、警二旅两个团、特一旅两个团，从南到北部署在安康、镇安、柞水、蓝田一条长线，在西面对红军进行阻击。

△ 禁烟会统计全国各省、市戒烟所及戒烟医院共 600 处，上年各

省、市对贩卖、制造及复吸之毒犯判处死刑者263人。

△ 全国经济委员会所办之陕西泾惠渠竣工，灌溉面积可增至50万亩以上。该工程历时一载，费工款20余万元。

5月11日 蒋介石企图将中央红军封锁于金沙江以北，大渡河以南，雅砻江以东地区，加以"围歼"，电令：第二十四军刘文辉部以一部固守会理、西昌待援，主力在大渡河上游富林以西，沿大渡河北岸赶筑碉堡封锁线；第二路军薛岳部以第一、二两纵队及第五十三师速渡金沙江，解会理之围，并以有力一部进至西昌筑碉，右与昭觉方面川军郭勋祺部，左与盐边、盐源之滇军第三纵队孙渡部相对筑成碉堡封锁；第三纵队孙渡部驰赴盐边、盐源，沿雅砻江西岸筑碉防守，并在永仁、元谋各县沿金沙江右岸筑碉防堵。

△ 察哈尔省府主席宋哲元下令辖区禁用"满洲国"货币，违者处死。

△ 日武官高桥会见何应钦，对白逾桓、胡恩溥被杀事提出抗议，声称此案"扰乱日租界治安"，"想系国家机构或有力的团体所为，省市政府或系知情不敢取缔，日方当彻底究明应负责任的人"。同日，又对外交部北平特派员程锡庚表示：此案"与中国的蓝衣社、宪兵特务队及青红帮都有秘密关系"。

△ 南京市商会、工会、农会以暹罗排华，特电政府速颁禁止暹米入口令，并吁请全国拒用暹米，以示抵制。同日，汕头华侨团体通电全国，请政府向暹提严重交涉，并停购暹米，作有效制裁。26日，沪各团体组援旅暹华侨联合会。

5月12日 蒋介石在云南省党部及各界民众欢宴席上发表题为《全滇民众应负起复兴民族之责》，希望"大家起来建设一个真正工业化的云南，来作复兴民族一个最重要的基础"。

△ 财政部长孔祥熙发表两年财政报告：支出以军务费最多，二十一年度为3.21亿，占总支出49.7%；二十二年度为3.73亿，占48.5%。因黄灾、"闽变"、"剿共"等原因，关税收入大减，以致二十一年

度赤字为 8600 万元，二十二年度赤字为 1.47 亿元。并发表今后财政要务九项：一、厉行更有效的预算制度；二、清理衍期债务；三、整理盐税；四、整理关税；五、调整地方税；六、奖励并统制实业；七、稳定货币，统一辅币；八、改进交通；九、救济农业。

△ 中共中央在会理城郊召开政治局扩大会议，毛泽东、周恩来、王稼祥、朱德、博古、陈云、林彪、聂荣臻、彭德怀、杨尚昆、董振堂、李卓然、刘伯承、何克全、邓发、邓小平等 18 人出席。张闻天主持，讨论今后行动，决定继续北上抗日，并绕道到川西同红四方面军会合。

△ 徐向前率红军第四方面军第九军、第三十军主力，击溃川军邓锡侯部 11 个团和各地民团之防堵，占领土门险关。15 日占领茂县。

△ 中德文化协会成立，朱家骅等为理事。

△ 殷同在东京访晤近卫公爵。近卫称：日本外务省、军部对华所采手段虽异，但其目的均希求“中日之提携亲善”。谈及中国排日教育问题时，殷同称：“敝国当局亦曾注意及之，期以今秋将全国教科书加以详密检阅校正，以期缓和国际感情。”

△ 财政部准川省发行地方公债 2400 万元，作整理该省金融之用，由中央银行承押，分四年还清。

△ 津海关是日起协同公安局于平沈车过境时检查可疑旅客，严缉私运现银。

5 月 13 日 山东省中日合办之鲁大公司淄川煤矿第二坑，因防护设备简陋，漠视工人安全，发生大水，是日井下工人 539 人被淹毙。死难家属愤而群起包围该矿事务所。济南日总领事西田电韩复榘派兵。韩由博山（今并入淄博市）派兵一连驰往镇慑。

△ 殷同与上海农商银行总裁蒋方震在东京会见朝鲜、兴银、三井、东亚、工业等银团，交换“中日经济提携”意见。

△ 美国经济考察团在北平与商会、银行公会等团体代表座谈，分物品、金融、海关、交通四组交换意见。14 日，该团团长福勃斯在燕京大学新闻学会讲演，略谓：“本团此次到东亚考察，目的在调查经济状

况，图谋发展美国与东亚之贸易，凡有足以为此项贸易之阻碍者，均将设法予以消除。”17 日，考察团赴汉口。

△ 中英庚款董事会决议拨粤汉路株韶段工款百万元，二十四年度教育文化事业补助费 133 万元。

△ 前第二十一师师长刘珍年在南昌被蒋介石枪决。

5 月 14 日 蒋介石电令何键保护国家主义分子，略谓：“湘省迩来仍有对该派分子因其既往关系故意压迫情事，宁乡一县滋扰尤甚，此实违中央电令之意。苟其现在言论行动并无违反三民主义，均应一律加以保护，不得横加压迫，动予搜捕，其已被羁押者，立即迅予查明，分别省释。”

△ 行政院决议任徐堪为财政部常务次长；原任秦汾准予辞职。

△ 英莱斯德女士在平招待中外记者，报告昌黎之行，称：“昌黎日韩侨民多借领事裁判权为护符，贩售鸦片、白面、吗啡等毒品，全县贩毒机关 163 处，其中日人经营者 116 处，韩人经营者 47 处。在战区中，昌黎之毒祸尚为甚轻者，唐山、山海关、滦县、开平、古冶及秦皇岛为祸更烈。”

△ 日人中岛由唐山赴丰润运送毒品，在唐山韩城镇被韩浪人暗杀，日领诬称系民团所为。19 日，驻津日军参谋长酒井借口白、胡及中岛两案，在津召集日“在乡军人”及“义勇队”等会商对策。24 日，唐山日警捕去常玉书等五人审讯。

△ 云南设昌宁县，由保山、顺宁两县析置。

5 月 15 日 蒋介石为阻红军徐向前部西进，解江油之围，电令孙震、邓锡侯等部向红军总攻。邓锡侯部杨晒轩旅被困江油达 40 日，21 日围始解。

△ 国民政府派孙震为第四十一军军长；犹国才为“剿匪”第二路军第四纵队司令官，何知重为副。

△ 国民政府任命柏天民为第五十一师师长。

△ 红四方面军第九军、第三十军击溃川军邓锡侯部陶凯师的堵

击，克土门。16日又败王缵绪师及邓锡侯、孙震等部，克茂县。21日，另一部渡岷江占理番（今理县）。

△ 荷属印度尼西亚政府自3月以来，对华侨迭颁苛例，取缔学校，限制居住、营业自由，近又勒令华侨离境。是日被逐难侨一批240人抵香港。

△ 武昌行营修正重颁《“剿匪”各省区行政督察专员及县长兼任行营军法官条例》。

5月16日 为阻红军渡大渡河北上，川军第二十军杨森部沿西昌、越嶲至大渡河渡口一线及昭觉、峨边一线布防。19日，蒋介石令刘文辉部于一个月内完成雅河、大渡河沿岸碉堡，任杨森为大渡河守备指挥，拨四个旅归其调遣。

△ 蒋介石以川军第二十八军邓锡侯部副师长陶凯“作战不力，迭失要地”，将其“撤职留任，戴罪图功”；邓锡侯“不遵令增防，致失土门、茂县，调度无方，实难辞咎，着加申斥，以观后效”。

△ 驻土耳其特命全权公使贺耀组向土总统凯末尔呈递国书。

5月17日 中、日两国政府同时公布中日互换大使，双方分别以现任公使蒋作宾、有吉升任。外交部发言人称：“中日两国国交的增进，以互相尊重为原则，此次升格，亦即互相尊重的最明确的表示。”

△ 中英、中美政府商定使节升格为大使。

△ 热河义勇军孙永勤部受日伪军压迫，撤入战区遵化县附近。

△ 国民政府令免陈绍宽兼海军江南造船所所长职，遗缺由马德骥继任。

△ 上海市临时参议会、上海市地方协会、新中国建设学会等团体公祭《申报》故总经理史量才。次日举殡。

5月18日 林彪、聂荣臻率红一、红五军团自德昌向西昌前进。次日占礼州（西昌城北数十里）。中共中央总书记张闻天在礼州主持召开中央会议，讨论行军路线。鉴于西昌敌军固守，决取道冕宁，通过彝族区域，到安顺场渡大渡河，进入川西北，同红四方面军会合。

△ 何应钦由平南下沿平汉路视察，20日抵太原晤阎锡山商陕北“剿灭”红军军事，并发表谈话称：“陕北‘匪’情非常严重，尤以刘志丹股最大，若不迅谋根本肃清，则滋蔓难图。”

△ 蒋介石和龙云乘飞机察看元谋、龙街、会理，沿安宁河至西昌一线，复沿金沙江经巧家折返昆明。

△ 张国焘在四川茂县一带成立“中共西北特区委员会”和“西北苏维埃联邦政府”。

△ 中、德两国政府商定使节升格为大使。

△ 中国博物馆协会在北平成立，选马衡等12人为执委。

△ 华洋义赈会在西安开年会，决定必要时将总会自北平南迁；选王正廷为会长，艾德敷(美国人，北平青年会总干事)为副，章元善为总干事。

5月19日 赣省主席熊式辉到汉谒张学良报告赣省军政情况，并与行营商洽庐山暑期训练县长事宜。

△ 日军200余名由撒河桥开抵遵化。

5月20日 热河义勇军孙永勤部近在遵化筹征粮秣，要求遵化县长供给弹药，被拒绝。是日，日军200余名向遵化城东15里小寨一带攻击孙部。日武官高桥致函何应钦，转达关东军意见，谓：“遵化县长等确有庇护孙永勤‘股匪’的事实，关东军不得已派兵进入遵化一带，希望彻底消灭孙部。”21日，殷汝耕往访高桥，担保中国当局竭力“剿匪”，关东军无需派兵入关。

△ 刘湘偕参谋长傅常等自重庆飞成都“督剿”红军。

△ 国民政府任命孙楚为第一〇一师师长。

△ 国联第二十届禁烟委员会在日内瓦开会。中国政府派驻瑞士公使胡世泽出席，并报告中国禁烟情形。

△ 北宁铁路军粮城站查获韩人张昌复等11人偷运现洋8250元。23日，日田中领事向北宁铁路局面提抗议。24日，驻津日总领事川越亦函路局，要求“此后不得再有类此事件发生”。

5月中旬 《世界文库》第一册由上海生活书店出版。该刊由郑振铎主编,蔡元培、鲁迅、茅盾、巴金、冰心、胡适、丰子恺等一百数十人负责注释、撰述。第一册刊有蔡元培的《序言》。郑振铎在《发刊缘起》中说:《世界文库》将以最便利的方法,呈献世界文学名著于一般读者之前。从埃及、希伯来、印度、中国、希腊、罗马到现代的欧美、日本,凡第一流作品,都将被包罗在内。

5月21日 行政院通过外交部呈报中美、中德公使馆升格为大使馆案。

△ 天津日驻屯军是日起骚扰河北省府、天津市府、市党部等机关。日军官池上向河北省府主席于学忠索白、胡事件凶手;并诬指天津市长张廷谔等为元凶,于学忠为纵使者。日武官影佐、关东军副参谋长板垣等主张逮捕于、张为质。张因此躲避,于亦戒备,天津市党部委员全部请假。

△ 蒋介石由昆明飞贵阳。次日由贵阳飞重庆。

△ 日人为统制蒙盐,由伪满财政部在多伦布告蒙盐收买办法。伪蒙政部亦声明,察省各盟旗所产蒙盐,每年12万匹库尔,均由伪满收买,不得外运。

△ 暹罗海关税务司长华斯蒂抵沪,声称系来考察海关事业,无接洽中暹订约使命,并否认暹罗排华。

△ 伪满国务总理郑孝胥被迫辞职,张景惠继任。

5月22日 国民政府公布以现任驻英公使郭泰祺升任中国驻英首任大使。英国政府同时公布以现任驻华公使贾德干升任驻华大使。

△ 国民党中政会通过决定,对偷运银币、银类出洋,或运往不行使银本位币地方之人犯,一律照《危害民国紧急治罪法》处以死刑、无期徒刑或五年以上有期徒刑,并科币额或价额五倍之罚金。

△ 刘伯承、聂荣臻率领中央红军先遣队由冕宁经过彝族区域,和沽基部落首领小叶丹歃血为盟,结为兄弟,在彝族同胞帮助下,红军部队通过彝族区域。

△ 日本陆军、拓务两省商定于15年内向我东北移民10万户50万人。是日，拓务省东亚课长森重携移民计划自东京出发，去东北与关东军首脑协商。

5月23日 蒋介石令陈继承任湘鄂赣军区"剿匪"总指挥，率部进"剿"湘东红军徐彦刚部。第二十八、第七十九、第四十三、第九十七、第九十八、第五十、第七十七、第十八、第三十三、第一〇五、第一一七等师，独立第三十五旅、第三十七旅、暂编第三旅、第十九师邓南骥旅及鄂、赣两省驻军等，统归其指挥。

△ 青岛明华银行因经营地产，损失甚巨，被迫停业。平、津明华银行因受青行影响同时停业。24日，沪明华银行总行因青、津分行停业影响，亦停业。

△ 青岛中鲁银行昨发生挤兑，50万存款扫数提净。青岛中国实业银行因受中鲁、明华影响，是日发生挤兑。市长沈鸿烈召集各银行经理及市商会商维持办法。次日，该行厦门分行亦发生挤兑。

5月24日 美国经济考察团团长福勒斯等一行到重庆见蒋介石。25日，蒋宴考察团。28日，考察团在川考察毕，乘蒋私人飞机回沪。

△ 立法院通过增加进口税案，规定海关除征原有附加税5%外，再增附加税10%。

△ 热河义勇军孙永勤部在遵化茅山沟遭日军川岸部队围攻。领导人孙永勤、宫有元等在激战中牺牲，余部入迁安。

△ 上海美商美丰银行以经营地产及外汇投机失败宣告停业清理；与其共资经营之普益地产公司、普益信托公司、美东银公司同时改组。天津美丰分行同日停业。美丰资产总额1900余万元，各项存款1000万元以上，发行钞票23.7万余元。

△ 沪电通影片公司拍摄《风云儿女》告竣，是日上映。片中插曲《义勇军进行曲》系田汉作词，聂耳谱曲。

5月25日 晨，红一军团第一师第一团第一营在团长杨得志率领下到达安顺场大渡河口，凭仅有的一只船，抢渡大渡河。9时，刘伯承下令渡河，由第一团第一营挑选连长熊尚林等17名勇士组成“奋勇队”，在轻重机枪掩护下，冒着敌军的炮火，乘船登上河对岸。

△　河北省府主席于学忠在日军威迫下，宣布省府自7月1日迁保定。30日，又决定提前在6月1日迁移。

△　国民政府任命朱鹤翔为驻比利时特命全权公使，原任张乃燕免职。

△　汪精卫自沪返京，接见张发奎及粤考察团。

△　日华北驻屯军参谋长酒井、山海关特务机关长仪我、驻平使馆武官高桥会商对华北问题处理方针，决定利用白、胡被杀事件，逐步彻底驱逐东北系及中央系势力出华北。是日，华北驻屯军将此方针电日陆军中枢报告。

△　闽省民军人枪在20万以上，是日点编截止，受编者仅四五千人。省政当局声称：逾期不受编者将予剿办。

△　王西徵在《大公报》上发表《中国本位文化要义》一文，略谓：“三民主义是中国现在一切设施的依据。十教授大都是曾致力于党务的人，所发宣言自然也不能根本上脱开这种立场”，“十教授所宣布的‘此时此地的需要’的三项，都可归入‘民生主义’与‘民族主义’，而没有‘民权主义’。”因此，“‘中国本位文化’之较为简单浅显的解释，为：不同于德、意的，中国的，‘独裁的’，‘国家社会主义’的文化”；“更较简单浅显的解释，为‘二民主义’的文化”。张奚若于6月17日出版的《国闻周报》第十二卷第二十三期上著《全盘西化与中国本位》一文指出，按照王西徵的解释，中国本位文化建设运动，“就是独裁政制建设运动”。

5月26日　蒋介石自重庆飞成都“督剿”红军，宋美龄、顾问端纳偕行。

△　进抵迁安追击孙永勤部之日军是日起分别向遵化马兰峪、撤河桥、古北口等地撤退。

△　明华、美丰两银行停业清理后，是日天津大中银行又发生挤兑。财政部为此对发行钞票各银行加强监督，除陆续派人驻守，监督其

发行额及准备金外，并促沪市各银行限文到三日内造具营业报告、资产负债数目送部备核。

5月27日 林彪率红一军团通过彝族地区到达安顺场渡口。毛泽东随红一军团行动。是日，毛泽东决定北上抢占泸定桥。红军总部电令：林彪率红一军团部、红二师和红五军团为左纵队沿大渡河西岸北上，已渡过大渡河的红一师和干部团在刘伯承和聂荣臻率领下，沿大渡河东岸北上，两路协同夺取泸定桥。

△ 国民政府公布《中央研究院评议会条例》，规定由国民政府聘专门学者30余人为评议员，院长及各研究所所长为当然评议员，以院长为议长。该会主要任务为决定该院研究学术方针，促进国内外学术研究之合作与互助。

△ 蒋介石令李韫珩师及川军刘元璋师编为第二路军第五纵队，以李韫珩为司令，刘元璋为副。

△ 汪精卫在上海曾仲鸣宅召见黄郛、唐有壬商华北要政，并促黄返平。

△ 广州中山大学发生驱逐古直教授风潮。按：古为该校文学院中文系主任，提倡读经最力，引起学生强烈反对。

△ 热河义勇军孙永勤余部在遵化、迁安交界地带，遭河北战区特警第二总队张砚田部围攻。

△ 第一集团军总司令陈济棠在广州召各将领会商"剿匪"、"绥靖"事宜，参谋长缪培南、第一军军长余汉谋等20余人参加。

△ 上海各私立大学法律系学生联合会通电全国，要求国民政府"下最大决心"收回领事裁判权。

5月28日 行政院决议成立中央信托局，办理储蓄、保险等业务，由中央银行拨款1000万元充作资本。

△ 行政院通过《实施义务教育暂行办法大纲》，规定于10年内使全国学龄儿童逐渐由受一年制达到四年制之义务教育。分三期进行：1935年8月至1940年7月推行一年义务教育；1940年8月至1944年

7 月推行两年义务教育；1944 年 8 月起推行四年义务教育。违者强迫入学。

△　薛岳令第五纵队刘元璋师除留一团守备西昌外，主力向泸沽、冕宁追击红军。

5 月 29 日　天津日本驻屯军司令梅津美治郎派参谋长酒井、驻华使馆武官高桥等，到平先后会见政整会秘书长俞家骥及军分会代委员长何应钦，抗议中国官宪援助孙永勤部是“破坏停战协定行为”；白（逾桓）、胡（恩溥）被杀是“中国排外行动”，“对日本的挑衅”。声称“发动此等行动的根据地是北平、天津，因此，日军不仅有必要再次越过长城线，而且实际上平、津两地，也有必要包括在停战地区内”。要求改变“对日两面政策”，罢免于学忠、张廷谔（天津市长）、蒋孝先（宪三团团长）、丁昌（宪三团团附）、曾扩情（军分会政训处长）、何一飞（蓝衣社天津办事处处长）；撤退宪兵第三团、国民党河北省、市党部、军分会政治训练处、蓝衣社、励志社北平支社；河北省府移保定；调走中央军；逮捕暗杀胡、白犯人，赔偿被害者损失；取缔排日书籍。30 日，何应钦两次电中央请示。31 日，国民政府电令何负责应付。

△　中央红军一军团第一师与干部团渡过大渡河后，组成右路，沿河东岸北上；主力（一军团缺一师，三、五、九军团和中央军委纵队）为左路，沿河西岸北上。是日下午，由一军团第二师第四团团长王开湘、政委杨成武指挥，由连长廖大珠率领 22 名突击队员抢占桥头堡，夺取泸定桥，后续部队乘胜击溃第二十四军刘文辉部两个团，进占泸定城。30 日，中央红军主力从泸定桥通过大渡河，两路大军会合。

△　日陆相林铣与关东军司令南次郎在长春商议驻东北日军改为常备军等问题。

△　下午 2 时，驻天津日军步兵百余人，全副武装，携钢炮三门，沿河北区各街游行。4 时，日兵数十人乘装甲车、汽车游行。30 日，复有日兵 200 余人在河北省府、省公安局附近游行，并在北洋大学附近鸣炮六响示威。

△ 国民党中政会通过废止《禁烟法》,裁撤禁烟委员会;设禁烟总监,办理全国禁烟、禁毒事宜。禁烟总监由蒋介石兼任。

△ 陆军第二十八军改称第四十五军,国民政府派邓锡侯为该军军长。

△ 越南排华,对华侨课重税,随意没收财产。是日侨胞代表何兴农到京吁请国民政府解决。

△ 沪四大钱庄之一鼎甡钱庄因受美丰、明华两行停业影响,兼以同业拆票明松暗紧,周转困难,是日宣告倒闭。与该庄有往来之协和钱庄亦同时改组。

5 月 30 日 中国通商、中国实业、四明三银行先后发生挤兑,国民政府指令中央、中国、交通三行拨款"支持"。是日,财政部接管实业银行;6 月 1 日、7 日又分别接管四明银行和通商银行,均改为官商合办。总经理易人,实业为胡孟嘉代理,四明为叶琢堂,通商为顾诒谷。

△ 天津日驻屯军参谋长酒井等 29 日向何应钦提出多项要求后,日方从各方面施加压力。是晚上海日武官矶谷及影佐访黄郛;31 日及 6 月 3 日,南京日武官雨宫又两次访唐有壬,迫中国政府承认日方要求。

△ 五卅惨案十周年纪念,沪各界公祭五卅烈士墓,公墓董事长虞洽卿主祭。

5 月 31 日 驻日大使蒋作宾奉令访日外相广田交涉河北问题,表示平、津不能划作停战区域,于学忠更调系中国内政,河北省府早已决定迁保定,即付实施,愿竭诚相商解决办法,力避事态扩大。6 月 1 日,广田答复蒋作宾,表示"河北事件涉及《塘沽停战协定》,应由双方军事当局就地商决"。

△ 天津日军续在河北省府门前示威,并有日军百余人闯入市公安局。日驻津总领事川越向于学忠提出与日军方所提同样内容之强硬抗议。

△ 蒋介石电令薛岳,以第一、第二两纵队之一部在西昌、泸沽之

线筑碉守备,巩固后方交通,主力速向汉源挺进,第五纵队向泸定、康定之线推进合围;同时令安县方面孙震部,汶川方面邓锡侯部,雅安、汉源一带刘文辉部,洪雅、荥经一带杨森部合围红军。

△ 蒙政会秘书长德穆楚克栋鲁普抵平,促何应钦就指导长官,并请示一切。

△ 法外长赖伐尔通知中国驻法代办萧继荣,法国驻华公使升格为大使。

△ 立法院修正通过减免出口税则,规定减免出口税率之货物百余种。

5月下旬 蒋介石以刘文辉未遵令限期筑成金沙江、大渡河沿岸碉堡封锁线,致令红军自由渡过,特通令将刘"记大过一次,戴罪图功"。

是月 抗日联军第二军第四师袭击京图路(长春至图们)之哈尔巴岭,拆毁铁轨,颠覆列车,歼灭日本军官200余名,并缴获大量武器、军用品等。

△ 《芒种》半月刊在上海创刊,徐懋庸主编。

△ 《新民月刊》在广州创刊,由陈济棠创办,陈玉昆、钟介民主编,明德社出版。该刊启事宣称宗旨在"阐扬固有道德,探讨中外文化,介绍西方学说,矫正唯物偏见"。

△ 国民政府为统制钨矿出口,在赣省设钨矿管理局,收赣南民营钨矿为省营,并划全省产钨区为四区,禁止商贩自由运销。

△ 上海日人所办同文书院本届毕业生62人,决定分赴中国各地"调查",一般为50天,云南、广西为75天,以"调查报告"作为毕业论文。

6 月

6月1日 河北省政府因日方逼迫,开始自天津迁往保定。4日省府各厅在保合署办公。

△ 北平军分会应日方要求，将政治训练处长曾扩情、宪兵第三团团长蒋孝先撤职。

△ 驻日大使蒋作宾电中央报告与日外相广田晤谈经过。同日，驻京日总领事须磨访外次唐有壬，表示外务省对华北问题不能斡旋，应向当地日军部交涉。

△ 红九军团罗炳辉部进至汉源以西富庄附近。蒋介石以汉源地势冲要，关系川西安危，除令第二十四军刘文辉部固守待援外，急调洪雅、荥经第二十军杨森部和薛岳部驰援汉源。

△ 武昌行营召开赣、闽、皖、豫、鄂五省特种教育委员会第一次会议。行营主任张学良代蒋介石致词，强调利用中山民校，采取"管、教、养、卫兼施"方法向所占红军根据地民众强迫进行反共教育。

△ 中国银行储蓄部在沪成立，资本500万元，广泛吸收储蓄存款。中、小私营银行因存户纷纷提取存款转存，储蓄业务大受打击。

△ 沪市华营工厂，因受美国白银政策及外货倾销影响，产品滞销，特组"中华工业国外贸易协会"，以图挽救危机。是日开成立大会，推亚浦耳电器厂等11单位任理事。

△ 中央银行经济研究处发表沪市华洋各银行库存数目，截至本日止，共计3.35081亿元，较上周减少65.3万元。

△ 沪市钱庄续有倒闭，行将停业者达20余家，形势危迫。钱业公会是日漏夜开紧急会议，筹商应付办法三项：一、只能同业汇划；二、存户支取生活费以500元为限；三、各庄所存准备库保证品，按六成支用。财政部长孔祥熙特于次日自杭赶沪，决定拨给二十四年度金融公债券2500万元，凭向银行押借现款。并由政府派员组织钱业监理委员会经管贷放事宜，各借款钱庄每七日将资产负债情形报监理会审核一次。钱业公会原议应急办法取消。

△ 广东明德社开办学海书院，以张东荪为院长，招考大学毕业生入院读经。

6月2日 蒋介石在成都发表《劝告四川绅耆书》，勉以回籍"服务”桑梓,“协剿”红军。

△ 中央红军分三路夺取天全、芦山,以实现同红四方面军会合。红一军团、红五军团为右纵队,向芦山前进;红三军团、军委纵队及第五团为中央纵队,向天全前进;红九军团为左纵队由泸定直取天全前进。同日,红四方面军张国焘电中共中央,称已派一小队向西南进占懋功,请指示行动方针。

△ 徐州律师公会电沪律师公会一致反对上海西侨倡设国际公断法庭,以保障国权。

△ 山东淄川鲁大公司煤矿自上月 13 日发生大水淹毙矿工 500 余人后,公司不采有效措施排水捞尸,亦未作善后处理,仅由淄博工会会员捐款救济被难家属,且由日工程师勘定新矿区,准备另开小矿。是日死难工人家属五六百人出而阻止,并组后援会,推代表刘守经等 24 人到县府请愿,要求速先排水捞尸。

6 月 3 日 红二、六军团决定利用湘、鄂两敌军间的矛盾,对湘敌取守势,对鄂敌取攻势。是日在贺龙、萧克率领下,自板寮一带向鄂西宣恩推进。12 日佯攻椒园,迫使敌军来援。13 日于咸丰、来凤间之中堡、三堡岭一带,截击援敌第四十一师,激战三昼夜,歼敌一个旅、一个特务营及师部,生俘敌师长张振汉。23 日进攻咸丰,与郭汝栋部激战后,向川东黔江进军。

△ 美国经济考察团到杭州。马寅初乘杭各界招待美国经济考察团之际,草就《我国银本位应放弃乎? 抑应维持乎?》一文,说明中国所受美国白银政策影响,并谓“美国政策损人未必利己”,“长此以往,恐中美贸易将全部停顿”。此文颇引起美方注意。5 日,美驻华商务参赞安立德及美经济考察团团长福勃斯俱向马索取该文英文稿本。

△ 国民党西南执行部电在暹之中委萧佛成就近向暹罗政府交涉取消虐待华侨苛例。

△ 据《大公报》讯:苏省江北流行黑热病,重者旬日即死。去春调查,患者约 11 万人,卫生署虽设黑热病研究院,但限于经费,不能普遍

治疗，去夏至今只医好3200人。此病传染极烈，现患者已达18万人。

6月4日 行政院决议改天津市为直辖市，以王克敏代张廷谔为天津市长，并任商震为天津警备司令。

△ 国民政府公布《中国农民银行条例》，资本总额1000万元，分10万股，财政部认2.5万股，余由各省、市政府认股，少量由个人承购。总行设汉口。该行为政府特许农业银行，有发行兑换券及农业债券特权。

△ 国民政府任命吴忠信兼贵州省保安司令。

△ 国民政府任命李树森为陆军第九十四师师长。

△ 行政院通过推行简体字办法三项：一、公布简体字表；二、酌定分期增订办法，采纳各方意见，逐渐扩充简字数量；三、强制适用范围，暂限民校课本、民众读物、小学课本。

△ 日华北驻屯军参谋长酒井、日使馆武官高桥到居仁堂访何应钦。何答复29日所提各项要求：一、胡、白被暗杀事件，发生在日租界，政府无从知其详情，但因租界毗连天津市，已严令市府协同缉凶；二、孙永勤部受遵化接济一层，已严令河北省府转饬严查；三、于学忠已经中央决定他调，宪兵三团团长蒋孝先、北平军分会政训处处长曾扩情已于6月1日免职；四、宪兵三团特务处已令其撤销；天津市党部将由中央令其停止工作；蓝衣社根本无此组织，如有妨害中日国交亲善之团体，即予取缔。酒井仍要求尽先办到以下各项：罢免于学忠，调走北平军分会政训处及宪三团，撤销抗日团体，调走第五十一军，撤退河北省、市党部。何答："中日亲善提携为中央既定方针，当本此方针努力进行。"

△ 蒙政会秘书长德穆楚克栋鲁普在平招待新闻记者，承认日人在内蒙设置电台，搜集情报。按：日关东军派宍浦至苏尼特右旗，化名石田三雄，以"善邻协会"理事名义，掩护其执行特务机关长任务。

△ 天津日军步兵200余在日租界宫岛街、芙蓉街等处演习巷战，下午4时始止。

△ 日华北驻屯军参谋长酒井向美联社记者谈称："如平、津亦变

为非战区时,在华北美国及外国侨商无须惧其利益蒙受损失。……扫除平、津之中国军队,商务定可增进。"

△ 晚,黄郛在沪私宅接见北宁铁路局局长殷同,听取报告赴日经过。

△ 因受美国白银政策及外货倾销影响,国内产品滞销,银根奇紧,民营工商业不断倒闭。是日沪江南银行、宁波实业银行相继停业,上海国货公司亦宣告清理。5日,武昌第一纱厂因亏本百万停工。6日,扬州怡生、汇川永、志余、达昶四家钱号停业。22日,汉口继华兴百货公司、中华铜品贸易公司等停业后,裕昌银号又倒闭。25日,汉口又有源裕、中源、新源、达源等多家银号停业,通商银行连日发生挤兑。

△ 第十九届国际劳工大会在日内瓦开幕。中国政府代表李平衡在讨论大会报告书时发言称:"上海工业灾害日增,自1932年7月至1934年6月,达165起,死亡194人,伤害141人,私人财产损失达230万元。"

6月5日 驻日大使蒋作宾再晤日外相广田商谈华北问题,陈述中国政府愿竭诚相商解决方法。广田告以应由中日军事当局就地解决。

△ 日关东军"旅行团"山本等四人(尉级军官二人,军曹二人)由多伦潜入察境偷绘地图,行至张北县北门,不服第二十九军第一三二师赵登禹部守卫官兵检查,被送师部军法处拘留八小时后始放行。

△ 全国律师协会为保障人民权利,促进政府对过误裁判实行赔偿制度,特发起冤狱赔偿运动。委员沈钧儒曾于3日假座沪市商会招待政法、农、工、商、学、自由职业各团体,报告冤狱赔偿运动的意义及经过。协会定本日为"冤狱赔偿运动日",发动全国各地律师界作扩大宣传。

△ 财政部以沪市近来银行、钱庄时有倒闭,停业后又复延不清理,影响市面,特训令沪银、钱业两公会,规定监督清理办法,以三个月为限;如有违法舞弊情事,予以看管惩办,逃亡者通缉。

△ 自北平市府通过市长袁良最近所提取缔私立中学男女同学案后，南京、镇江、北平、天津等地妇女界均发表宣言反对。是日，沪市中华妇女运动同盟会等四妇女团体亦发表联合宣言，指斥“这种反潮流反时代的举动”。

6月6日 国民政府调于学忠任“川陕甘边区剿匪总司令”，河北省府主席由民政厅长张厚琬代理。

△ 行政院令天津警备司令商震在王克敏未到任前兼代天津市长。

△ 红四方面军续向川西移动，进攻汶川县黄茅岗、观音山、锅石坊等地。8日，先头部队红三十军克懋功，歼邓锡侯部两个营，继占达维。

6月7日 国民党河北省党部奉中央电令即日自北平迁保定。同日，北平军分会政训处结束。

△ 日本陆军当局向驻中国外交机构和驻军发出《华北交涉问题处理纲要》，其中规定“要求事项”为：从平、津撤退宪兵第三团、军分会政训处、与此事件有关的国民党党部和排日团体，并罢免这些团体的负责人；罢免河北省府主席于学忠；同时，希望中央军、第五十一军移驻保定以南；禁绝平、津国民党党部、蓝衣社以及其他秘密团体的反“满”抗日活动；并希望外务省利用交涉机会，促使中国在全国取缔排日行为，解散各种排日团体。

△ 日华北驻屯军司令部举行扩大军事会议，讨论华北问题，梅津主席，永田（军务局长）、矶谷、酒井、高桥、堂胁（参谋）、仪我、石井（高级参谋）、青木（伪满总务厅驻津特务机关长）、池上（宪兵队长）等均参加。会上梅津宣读陆军省训令：“华北驻屯军应有采取断然手段之处置及必要之准备。”会议并作出对华交涉方式及占领平、津等军事准备之决议。

△ 日关东军派步兵一大队及骑兵旅团一部到山海关，独立混成旅第十一旅团主力到古北口，飞机两中队到锦州，结集待命，随时准备进入停战区。华北驻屯军亦命令津、唐驻军各抽一中队准备进入北平。

9 日，又有驱逐舰两艘自旅顺驶入大沽口。

△　班禅额尔德尼发布《告青康民众书》，号召青、康两省僧民“组织起来与本地驻军合作”，抵御“共祸”。

△　中国伦敦艺展古物 1022 件自沪由英舰“萨福克号”运英，艺展会秘书唐惜分、故宫博物院科长庄尚严随舰护送。

6 月 8 日　汪精卫电蒋介石、何应钦，谓：“日本军部意见，非中央军撤退，不能罢手。”提出“即日由军分会以寻常调动军队之形式，命令在平、津附近之军稍为南移，使彼无所借口。”何应钦接汪电后，电蒋、汪，建议将北平中央军调往保定或长辛店以南，“借以缓和形势”。蒋介石批复，表示：“部队南移此时切不可行，否则非特不能缓和形势，且适中其计，徒使党国之崩溃。”

△　国民党中央政治会议根据日本要求，决定将第五十一军于学忠部调离河北。

△　何应钦严令平、津军、政、宪、警机关取缔有害中日邦交之秘密结社及秘密团体。

△　下午 4 时，何应钦接见大阪《朝日新闻》驻平记者本乡，称：“鄙人所采处置，已如贵方希望，皆有事实证明。”并称蒋介石主张“凡于中日两国国交有碍之情事，必须加以改善，以谋中日亲善提携之实现”。

△　蒋介石召见西康活佛诺那呼图克图，委为西康宣慰使，命往西康协助“剿灭”红军。

△　国民政府派郑天锡为出席第十一届国际刑罚监狱会议代表及第六届国际统一刑法会议代表。

△　香港政府宣布 15 日夜半起禁中国银币出境，但运往中国者除外。

6 月 9 日　何应钦在北平居仁堂晤酒井、高桥，称：“日本希望各点已完全办到”，“中日必须亲善提携，才能维持东亚和平，这是中央既定方针。”酒井等又提要求四项：一、撤销河北省内一切党部（包括铁路党部）；二、撤走第五十一军（按：即于学忠部），并将该军离开河北日期告知日方；三、中央军第二师（按：即黄杰部）、第二十五师（按：即关麟徵部）必须调离河北省；四、禁止全国“排日行为”；并声称“绝无让步可言”，且要求必须在6月12日午前答夏。何允一二日内答复，并分电蒋介石、汪精卫请示。

△ 军委会北平分会下令，中央宪兵第三团离平南撤。

△ 胡汉民乘意轮“康特华第号”离香港赴意大利转瑞士养病，其女木兰及秘书程天固等随行。

△ 英外交部公布，英政府首席经济顾问李滋·罗斯爵士将于8月间启程赴华，与其他关系国专家共商“中国财政经济问题”。

6月10日 国民党中央政治会议主席兼行政院院长汪精卫电告何应钦对日方要求处理意见，谓：“今晨中央紧急会议，对于河北省内党部已有决议，由秘书处电达。对于全国排外排日之禁止，已由国府重申明令。对于五十一军及中央军之撤退，无异议。”

△ 下午5时30分，何应钦在北平居仁堂约见日驻华使馆武官高桥，面告国民政府全面承诺日军要求的决定，口头答复日方：一、河北省内党部之撤退，已于今日下令，即日开始结束；二、第五十一军已开始移动，预定自11日起，用火车向河南省输送，大约本月25日输送完毕。但如因车辆缺乏，或须延长数日；三、第二十五师、第二师已决定调赴陕西及豫皖边区剿共，预定一个月运毕；四、关于全国排外、排日之禁止，已由国民政府重申明令。

△ 国民党中央执委会秘书处电告何应钦，河北省内各党部即日起一律卸牌撤退。同日，国民党河北省党部、平、津两市党部奉命结束。

△ 国民政府发布《睦邻敦交令》，略称：“对于友邦，务敦睦谊，不得有排斥及挑拨恶感之言论行为，尤不得以此目的组织任何团体，以妨国交。……如有违背，定予严惩。”15日，又通令各省、市政府一体遵守。

△ 华北日驻屯军司令梅津命参谋堂胁指挥步兵出动杨村。

△ 日第三舰队司令百武对所属舰队下达战备令。

△　驻平中央军第二师黄杰部及第二十五师关麟徵部，分别调往豫、皖边及陕西进攻红军。日军派飞机监视该两师移动。

△　第五十一军第一一八师南撤。17 日，军部首批人员由保定赴郑州转陕西。20 日，该军留保人员及特务营全部南下。

△　上午，日关东军在长春举行幕僚会议，沈阳特务机关长土肥原、山海关特务机关长仪我均参加，讨论河北问题，至下午 6 时半始散。土肥原当即离长春赶赴天津，向日驻屯军司令梅津传达会议商定办法。

△　韩复榘应日驻济南总领事西田邀请，赴淄川与鲁大公司日人商难工善后，决给每人抚恤金 330 元。对失业采煤工人 4296 人，另开小矿安置。

△　荷属印尼排华有增无已，禁止华茶及果类入口，加征中国酒进口税，驱逐华侨。是日又有被逐华侨 116 人抵港。

△　美国经济考察团在沪与中国经济专家举行联席会议，讨论中美经济、贸易等问题。

△　沪铜铁厂商陆伯鸿等以金镑续跌，外货倾销，请政府迅增外国铜铁进口税，以维持本国铜铁业。11 日，沪华商纸厂联合会亦请政府增加洋纸进口税。

6 月上旬　胡愈之等为研究中国语言学术，促进中国语言发展，发起组织中国语言学会，胡愈之、叶圣陶、陈望道、夏丏尊、舒新城、曹聚仁、乐嗣炳七人为筹备委员。

△　浙丝织业衰落，市面大不景气，杭州机坊倒闭先后达数百家。丝织物自每尺三四角降至一角余，竞相甩卖。

6 月 11 日　驻张家口日本领事桥本和特务机关长松井就张北事件向第二十九军副军长秦德纯提出要求：惩办直接负责人；第二十九军军长亲自道歉；保证不再发生同类事件，并限五日内答复，否则日军自由行动。

△　日关东军对沈阳特务机关长土肥原下达指示："和中国驻屯军及驻北平武官辅佐官协商，要求宋哲元军撤退至黄河以南。"

△　日使馆武官高桥携自拟觉书文稿，交北平军分会办公厅副组长朱式勤转何应钦，要求照缮盖印送交日方。觉书中将国民政府承诺实行事项九条列出，即：一、于学忠、张廷谔一派之罢免。二、蒋孝先、丁昌、曾扩情、何一飞之罢免。三、宪兵第三团之撤去。四、军分会政治训练处及北平军事杂志社之解散。五、日本方面所谓蓝衣社、复兴社等有害于中日两国国交之秘密机关之取缔，并不容许其存在。六、河北省内一切党部之撤退、励志社北平支部之撤废。七、第五十一军撤退河北省外。八、第二师、第二十五师学生训练班之解散。九、中国内一切排外、排日之禁止。又提要求承诺附带事项如下：一、中国任命河北省、市职员时应"选择不致妨害中日关系之人物"；二、妨害中日关系之人员及机关不得重新进入河北；三、对约定事项之履行，日方得采取监视及纠察手段。是晚何应钦连拍数电向南京请示。

6月12日　中央红军红一军团红二师四团于汉源等地击溃川军杨森部后，旋经天全、芦山、宝兴，是日自硗碛村出发，翻越长征途中第一座大雪山——夹金山，在达维木城沟土桥上与红四方面军先头部队李先念所率第九军第二十七师第八十团会合。

△　红二十五军在陕南雒南、蓝田、柞水等县，创建鄂豫陕游击根据地，是日在山阳清油河一带与东北军王以哲部激战。

△　日方通知北平市政府称，将有飞机12架至17架飞平侦察中国军队移防情形。13日，日以军用飞机14架过平、津监视第五十一军于学忠部行动，平、津居民纷纷南迁。14日晨，日机一架由津飞平，在南苑盘旋数匝，旋向西北飞去。

△　日军800余名由武藤指挥官统率，由塘沽开抵天津换防。

△　日驻华首任大使有吉偕参赞有野到沪；14日在南京向国民政府主席林森呈递国书。

6月13日　晨3时，何应钦以去京向中央报告河北事件交涉经过为由离平南下，平军分会公务由办公厅主任鲍文樾代拆代行。同日，鲍告知高桥："何虽南下，但其面诺之事，同人仍均一一使其完成。"

△ 何应钦南行后，平市治安交由市长袁良负责维持。袁发表谈话称："日来市面有种种煽动人心之谣言……嗣后凡有足以危害公共安宁秩序者，必执法以绳，严予制裁。"晚8时，鲍文樾在居仁堂召集袁良、王树常、万福麟、邵文凯等，商维持平市地方治安办法。

△ 驻华英使贾德干访汪精卫，驻美公使施肇基访美副国务卿费列浦，均系讨论中日局势。

6月14日 蒋介石发表《劝告川康陕甘宁青民众协剿赤匪书》，提出办法六项：一、编组保甲，清查户口，实行联保切结，以清"潜匪"；二、整理地方保卫团队，编组壮丁队，成立"剿共"义勇队；三、组织侦察网、盘查哨、守望队等；四、建筑碉堡，兴修公路，厉行封锁，必要时坚壁清野；五、民众间互相宣传；六、厉行"新生活运动"。

△ 汪精卫电询陈济棠关于"港、沪、川、黔等地所传西南领袖乘华北多事宣布独立"实情。陈复电表示"矢忠中央"。桂省白崇禧、黄旭初及李宗仁亦先后以铣（16日）、巧（18日）两电致黔省当局辟谣，并请转达蒋介石。

△ 日关东军驻张家口特务机关长松井是夜抵津，与土肥原、梅津、酒井、大木等彻夜商议察事，迄次晨3时始毕。旋偕大木搭机去承德与第七师团长杉原商洽。

△ 日机飞沿津浦、平汉两线侦察。北平日军增至2400人。关东军一部抵山海关。

△ 薛岳令第五纵队李韫珩部务于15日速经泸定向康定前进，并派两团驰赴丹巴协防，限21日到达康定建碉守备。

△ 美经济考察团在华考察结束。晚，沪市商会等17团体设宴饯行。团长福勃斯称："愿将考察所得与各界意见携归，藉作发展中美贸易依据。"18日该团离沪返美。

6月15日 中华苏维埃共和国主席毛泽东、副主席项英、张国焘，中国工农革命军事委员会主席朱德、副主席周恩来、王稼祥等联名发布《为反对日本并吞华北和蒋介石卖国宣言》。《宣言》号召全国工人、农民、陆海空军以及一切爱国志士、革命民众起来，“反对日本帝国主义占领华北，反对蒋贼等卖国，坚决对日本作战，恢复一切失地，驱逐日本帝国主义出中国”。

△　何应钦抵京，向国防会议报告河北事件交涉经过。经讨论决议：“此事始终口头交涉，且酒井隆参谋长、高桥坦武官一再声明，由中国自动办理。现中国均已自动办理，且必能如期办妥，是日方意见已完全达到，实无文字规定之必要，我方难以照办，应请日方原谅。”经蒋介石批准，由何电告平军分会办公厅照此决议答复高桥。

△　何应钦电莫干山黄郛，促入京共商应付北方危局。

△　文学社、世界知识社、译文社、读书生活社等17个文化团体和王鲁彦、方光焘、艾思奇、老舍、周建人、柳亚子、郁达夫等148人发表《我们对于文化运动的意见》，反对复古读经可以救国的主张，指出：“民族的自救，除了向‘维新’的路上走去，再没有别的办法”；“救国不必读经，读经和救国没有关系”，提倡读经的人“虽然未必是‘王道’政治论者的同群，而其结果都是一致的”，所以“复古运动发展的结果，将是一服毒药，对于民族前途，绝对没有起死回生的功效”。

△　英驻华首任大使贾德干向国民政府主席林森呈递国书。

△　原东北舰队“海圻”、“海琛”、“肇和”三舰，于1933年4月间归陈济棠收编，改为粤海舰队。是晚，三舰官兵因不满陈撤换舰长及饷项纠纷，突相率离粤。“肇和”以轮机损毁，临时未行。“海圻”、“海琛”强驶出海，19日驶港；22日电请蒋介石准予驶往南京，听候海军部调遣。蒋复电照准。

6月16日　秦德纯连日在津与土肥原、松井商察北事件，是日双方达成谅解。日方对察事提四项要求：一、道歉；二、第一三二师参谋长撤职；三、惩处第一三二师军法处长；四、今后日人赴内蒙旅行予以便利。秦均应允。17日，松井由津飞长春向关东军请示。

△　中央红军与红四方面军在四川懋功地区两河口举行会师大会。同日，朱德、毛泽东、周恩来、张闻天致电张国焘、徐向前、陈昌浩，

提出:“今后我一、四两方面军总的方针应是占领川、陕、甘三省,建立三省苏维埃政权,并于适当时期以一部组织远征军占领新疆。”目前计划,两方面军宜“向着岷、嘉两江之间发展”。

△ 黄郛偕王克敏由沪至京,与汪精卫、何应钦共商河北事件。

6 月 17 日 日关东军司令官南次郎在长春召集日华北驻屯军参谋长酒井、山海关特务机关长仪我、张家口特务机关长松井等会商对付宋哲元方针,认为应使宋绝对无法阻碍日在察之行动。次日制订《对宋哲元交涉纲要》,交关东军特务机关长土肥原负责交涉,配合热河军事行动,限两星期内完成。

△ 日本通讯社发出消息称:“包括河北、察哈尔、山西、绥远四省,由阎锡山将军主持的华北独立政权,目前正在进行中。”

△ 北平军分会各委员联名电促何应钦北返主持会务。

△ 第五十一军于学忠部全部离保开陕。日机一架飞保侦察。

△ 暹罗考察团到南京,连日与国民党中央党部及侨务、外交等各方面接触。是日与外交部亚洲司长高宗武交换订约、护侨等问题意见。

6 月 18 日 国民政府特派王克敏代理行政院驻平政务整理委员会委员长。

△ 行政院决议,免宋哲元察哈尔省府主席职,遗缺由该省民政厅长秦德纯兼代。19 日,国民政府明令发表。

△ 驻日大使蒋作宾密电国民政府,报告日本企图拉拢阎锡山建立华北傀儡政权。谓:“据密报,若辈以中国将统一,认为不利,欲在北方组织一反中央势力,先以冀、晋、察、绥、鲁为范围,俾与中央脱离,以便为所欲为。现正积极进行,并欲利用阎主任(锡山)为傀儡。”旋阎锡山于报端发表公开信,揭穿日本人将于此后 20 年内征服全中国的阴谋。

△ 中共江西中央分局宣传部长瞿秋白于 2 月 24 日自中央苏区去沪就医途中,行至福建长汀县水口镇,被闽保安第十四团钟绍葵部所俘。后解至长汀宋希濂第三十六师师部关押。蒋介石以刑讯、劝降均

无效，于本月2日电令闽绥署主任蒋鼎文就地杀害。是日，瞿被害于长汀。就义时态度从容，高唱《国际歌》，呼革命口号。

△　廖仲恺灵柩自粤运京，其妻何香凝及许崇清护送。灵柩暂厝灵谷寺。

△　驻保定徐庭瑶第十七军军部结束，离保南迁。河北省府调特警队接防。

△　驻津日军本日起昼间演习巷战，夜间演习夜攻。是晚9时，日租界戒严，由宫岛街至花园街分左右翼演习。

6月19日　孙传芳在天津接受联合通讯社记者访问，斥责日本"华北自治"的阴谋。谓："我对这种提议不感到兴趣，如果他们要我做自治运动的领袖，我也不能接受。我认定这种自治运动是要失败的！利用我的名义来乱发传单，我想一定是日本人的阴谋。他们想藉此激起那些对南京政府不满意的人们发动暴动，并要我代替别人来做傀儡政权的首领。"按：6月14日，在北平使馆区内发现印有"打倒蒋介石，拥护孙传芳"的传单，故有此谈话。

△　日关东军外务课长石本发表声明，表示不使冀察事件扩大；关东军与华北日军当联成一体，严重监视华方态度，并与外务省协力，根本纠正中国之排日主义。

△　李庆麟在南开大学经济研究所所编《经济周刊》上发表《全国应速起预防灾荒》一文，说明去夏长江一带亢旱，为1858年以来所未有。全国受旱地区计有江苏、浙江、安徽、江西、湖南、湖北、河南、河北、山东、山西、陕西11省635县，受灾面积3.29513亿多市亩，约占11省耕地总面积47%，灾民约9200余万人。加上甘、川、黔、闽等省，去年旱灾损失至少在18亿元以上。去年水灾地区，有湖北、湖南、河北、河南、山西、四川、青海、陕西、江西、福建、贵州、察哈尔、绥远、甘肃14省约283县，被灾约4700万余亩，受灾损失仅就河南等九省不完全统计，即达4700余万元，若加房屋牲畜等冲毁损失，至少有一亿元之多。外加蝗、风、雹灾，全国受灾农民达一亿以上，损失20亿元以上。

6月20日 蒋介石令川军杨森率部第一三三、第一三四、第一三五各师向懋功尾追红军；并令第五纵队李韫珩部在泸定、康定一带构筑工事，防堵红军西进。同日，吴奇伟纵队全部集中雅安，周浑元纵队（欠第十三师）集中名山，构筑碉堡；第十三师万耀煌部向雅安前进。

△ 宋哲元自张家口抵天津，语记者称：对中央命令绝对遵从，第二十九军已交师长张自忠统率，外交由秦德纯秉承中央意见办理。察省过去向抱人不犯我、我不犯人宗旨，此后负责者将益本息事宁人方针而行。

△ 驻日大使蒋作宾向日皇呈递国书。

△ 天津警备司令部以日方对“警备”二字不满，改称津沽保安司令部，商震仍为津沽保安司令。

△ 行政院驻平政务整理委员会代委员长王克敏由沪北上。

△ 日关东军驻沈阳特务机关长土肥原由津抵平交涉张北事件。

6月21日 日驻华使馆武官高桥见鲍文樾，面交代拟文稿，要求何应钦签字。何未作答复。文稿原文为：“北平军分会何委员长送致梅津司令官之通告：6月9日由酒井隆参谋长所提出之约定事项，并关于实施此等事项之附带事项，均承诺之，并拟自动的使其实现。特此通告。”

△ 立法院通过民国二十四年度国家普通岁入岁出总预算。岁入岁出各为9.57154006亿元。岁出中军务费为3.21亿元，占支出总数33.5％。30日，国民政府明令公布。

△ 蒋介石为巩固川中，相机向陕、甘方面截击红军，电令薛岳第一、二纵队主力及第二路军前敌指挥部、第九十九师之第二九五旅、第五十九师之第三四九团，28日起移绵阳集结待命。

6月22日 蒋介石为巩固川、康边境，电令薛岳部吴奇伟纵队暂缓开拔，即日构筑雅安机场，限7月10日前完成。23日，令第十三师万耀煌部在未奉命开动以前，协筑荥经、汉源一带碉堡。24日，令周浑元纵队暂缓开拔，赶筑邛崃（不含）经名山至雅安沿公路两侧碉堡，限月底完成。30 日，电令薛岳赶修天全至泸定碉堡线，并令周浑元派一师驰赴雅安协修机场。

△　驻日大使蒋作宾访日外相广田，表示“愿与日协议中日两国恒久友好关系”。广田称：“彻底取缔排日，为中日提携之基本条件。”

△　国民党在粤中委联名通电反对中央对河北事件之处置。

△　北平市明华银行歇业后，聚盛源银号等又告倒闭，25 家银号危如累卵。是日，中国农工银行又发生挤兑，公安局逮去 14 人，至晚挤兑风潮始平息。

6 月 23 日　国民政府国防会议决议：察事由察省府与日方商议解决，惟须秉承平军分会与中央意旨；划定不驻兵区域问题，先交军委会详加研究后再行核办。

△　日关东军驻沈特务机关长土肥原、日使馆武官高桥、张家口特务机关长松井与察省代主席秦德纯、政整会顾问程克、陈觉生、张北警备司令张允荣，为张北事件在北平秦德纯私寓举行谈判。土肥原提出要求：一、昌平、延庆延长线之东，独石口之北，经龙门西北和张家口之北，至张北之南一线作为撤退区域，宋哲元军应撤至其西南，此后不得侵入；二、宋军向日军表示遗憾之意，并处罚肇事直接责任人；三、解散排日机关；四、本事件应自 6 月 23 日起两星期内办结；五、停止山东向察哈尔省移民。此外，还对上述要求事项作出解释：承认日、“满”对蒙工作，援助日本特务机关在内蒙之活动，中国停止压迫内蒙；协助日本在华北发展经济与发展交通；便利日本人在内蒙旅行并协助进行各种调查；招聘日人为军事、政治顾问；协助日本建立军事设备；用停战区办法来维持撤退区域的治安。秦德纯允向中央请示后答复。

△　秦德纯电行政院恳辞兼代察省主席职。24 日，汪精卫复电慰留。

△　王克敏在津访梅津，商谈察冀事件善后及战区悬案。

△　胡适在《大公报》上发表《充分世界化与全盘西化》一文，表示其所主张之“全盘西化”应改为“充分世界化”，“避免‘全盘’字样可以免

除争论,可以得到赞助”。并认为“充分世界化”与十教授主张的“充实人民生活,发展国民生计,争取民族生存”三个标准,其所用之最新工具和方法完全相同,因此,欢迎十教授做全盘西化论者的“同志”。

△ 南开大学校长张伯苓在该校第十三届学生毕业典礼上宣布将南大交国民政府办理。

6月24日 《新生》第二卷第十五期发表《闲话皇帝》一文后,日驻沪总领事石射以“侮辱天皇,妨害邦交”为借口,向上海市政府及国民政府提严重抗议,要求:国民党及国民政府向日谢罪;封闭《新生》周刊社,没收该期周刊;惩办《新生》主编杜重远及《闲话皇帝》作者易水;惩办上海中央图书杂志审查委员会有关人员等。国民政府一一允诺,即令上海市府向日道歉,并由国民党中央宣委会主任叶楚伧向日方道歉,取消图书审查委员会,撤换沪市公安局长。是日,沪市公安局以“触犯刑章”、“妨碍邦交”罪名,迫令《新生》停刊。

△ 国民政府电复秦德纯:“张北事件仍由察省当局负责交涉,并与军分会密切合作。”“凡在不妨碍我国领土、主权之范围内,皆可酌情办理。”25日,平军分会最后决定接受日方要求。

△ 立法院批准参加国联国际劳工大会通过之《船舶起卸工人灾害防护公约》。外交部于11月将批准文件送达国联。

△ 军事委员会委员长行营驻川参谋团自渝迁蓉,最后一批人员本日到达。

△ 察省独石口发现伪满便衣队百余名潜入活动。

△ 日关东军司令部发表春季讨伐抗日军报告称,最近六个月内,东北抗日联军估计有2.8万人,在东北北部活动区域有40余处。与抗日联军交战达195次,死日兵25人,伤75人。抗日军多住于密林中,渐次集体化。服装与旗帜渐次模仿“满”军,战术巧妙,以共产主义为中心思想,以北满东部边境为根据地,现正继续活动。

6月25日 国民政府任命商震为河北省政府委员兼主席;程克为天津市长。原天津市长王克敏免职。

△ 长城各口日军五六千人是日起陆续向热河境内撤退。

△ 国民政府修正公布《海关出口税则》，果类、火柴、棉织物、海产等88种免税，蛋类、油类等50种减税，共减免出口税年达300万元左右。财政部长孔祥熙谈，因抵补办法未筹妥，减免出口税尚难实行。

△ 据《大公报》讯：黔省自1915年以来，20年中前后自设苛杂税捐共有30余种，其名目计有：禁烟罚金、吸烟罚金、抬垫丁粮附加“剿匪”捐、征兵捐、筑路捐、军谷军米捐、金库券、善后借款、航空捐、“剿匪”捐、当押捐、房捐、地租捐、纳税流通券、执照捐、屠宰捐、斗息捐、油榨捐、碾捐、常练捐、区公所捐、查验捐、谷草捐、夫马捐及招待捐、督练官月薪捐、电话捐、购枪捐、草鞋捐、马刀捐、服装捐、煤炭捐。

6月26日 中共中央在一、四方面军会师地点两河口召开政治局会议，毛泽东、周恩来、朱德、博古、张国焘、王稼祥、刘少奇、林彪、彭德怀等出席，张闻天主持会议，周恩来作目前战略方针的报告。确定红军继续北上，创造川陕甘革命根据地。28日，会议作出《中央政治局关于一、四方面军会合后战略方针的决定》。指出：“在一、四方面军会合后，我们的战略方针是集中主力向北进攻，在运动战中大量消灭敌人，首先取得甘肃南部，以创造川陕甘苏区根据地，使中国苏维埃运动放在更巩固、更广大的基础上，以争取中国西北各省以至全中国的胜利。”中革军委作出攻打松潘的战役部署。

△ 晨，秦德纯访晤土肥原，再度商洽察事，获得谅解。中央二次复电亦到平。遂通知日方，定明日上午10时，双方在日使馆武官室，完成张北事件交涉之最后手续。

△ 蒋介石电令四川各部队筑碉防堵红军，谓：“此后军队不论大小行动，不拘前线后方，停止不问久暂，无论何时何地，一遇停止，应即赶筑碉堡，时间稍长，尤应逐渐加固，违者定将该地高级长官以纵匪论罪。”

△ 古北口日军川岸混成旅团步、骑、炮各队4000余名，在南天门小新开岭一带实弹演习。平市谣诼繁兴，形势顿呈紧张。

6月27日 上午，秦德纯、雷寿荣、陈觉生至日使馆访土肥原、高桥坦，以书面承诺土肥原23日所提要求及解释，并同意撤退察省境内国民党党部。这便是民国史上通称的《秦土协定》。

△ 下午1时，土肥原和高桥坦对新闻界宣布，张北事件已“完全而满意”的解决。

△ 中央红军越过第二座大雪山——梦笔山，到达马尔康的卓克基。

△ 日外务省次官重光葵奉广田命筹拟“改善”中日国交方案，东亚局第一课课长守岛伍郎、第二课课长谷正之等参加。重光归纳各人意见，作成指导原则三项：一、日本不拟提出“改善”中日国交的细目，要求中国先解决日本期望的事件，以表示中国有亲善的诚意；二、日本不拟提列举式的要求，致蹈“二十一条”事件刺激世界舆论的覆辙；三、日本应用责难方法逼使南京政府承认日本在东亚的优越地位。

△ 北平发生“丰台事件”。吴佩孚旧部白坚武受天津特务机关长大迫通贞和日浪人组织的“北支青年同盟会”会长志村正三收买，组织“正义自治军”，自称总司令，是晚率匪徒300余人袭击丰台车站，强登铁甲车，次晨1时许驶近北平永定门，向城内发炮多发，声言要组织“华北国”，经商震、万福麟等部迎击后溃散，逃往通县以南燕郊一带。

△ 日驻榆关特务机关长仪我与“满”电信电话会社、北宁铁路局、天津电报局、北平电话局代表，于北戴河商订中“满”电话联络协定，定7月1日开始正式通话。

6月28日 日华北驻屯军司令梅津为冀察事件发表声明，略称：“中国部分官民在华北及察省之非法行为，中国方面已允诺日军公明正大要求，行将实施。日军所要求者，责罚违约之责任，除搅乱之祸根，去‘满洲国’之威胁与中日‘亲善’之障碍”；“中国政府日前重发布告，禁止全国排日排外行为，殊可敬服，希望中国方面绝灭一切反日抗‘满’行为。”同日，日使有吉亦发表声明称：“（一）日本公正要求，中国已容纳，甚望更努力维持该处和平；（二）应将中国排日运动扫除绝迹，望中国当局进一步努力。”

△　行政院决议改组河北省府，除已任命商震为该省府委员兼主席外，所有省府委员张厚琬（兼民政厅长）、鲁穆庭（兼财政厅长）、郑道儒（兼教育厅长）、胡源汇（兼建设厅长）、魏鉴、张厉生、张荫梧、查耀免职；任命李培基、李竟容、吕咸、何基鸿、张荫梧、南桂馨、刘逸南、梁子青为该省省府委员，以李培基兼民政厅长，李竟容兼财政厅长，吕咸兼建设厅长，何基鸿兼教育厅长。同日，国民政府明令发表。

△　张群、黄绍竑、陈仪、熊式辉在京晤汪精卫，商对日外交及政局。30日，张、黄、陈、熊分别离京，推黄入川谒蒋介石报告。

△　国民政府任命施肇基为驻美国特命全权大使，程天放为驻德国特命全权大使；派颜惠庆、顾维钧、郭泰棋为出席国联第十六届大会代表。

△　国民政府令陕西省府主席邵力子暂兼代民政厅长；任命马步芳为青海省府委员。

△　国民政府特任刘瑞恒为行政院卫生署署长。

△　北平军分会办公厅主任鲍文樾调第二十九军第三十七师冯治安部拱卫北平。是日，冯部自张家口开拔，次日全部到平。

△　北宁铁路管理局正式公布平沈通车办法，由中国旅行社和日本国际观光局共同投资设立东方旅行社，总社设榆关，自7月1日开始，每日对开列车一次。

6月29日　国民政府公布《民国二十三年关税公债条例》，债额一亿元，本月30日开始发行，用于弥补二十三年（1934）度总预算收支不敷之数，至三十四年（1945）6月本息全部偿清。

△　国民政府任命卢兴荣为陆军第五十二师师长。

△　红军中央革命军事委员会拟定《松潘战役计划》，要求红军消灭松潘地区中央军胡宗南部，并控制松潘以北以及东北各道路，以利红军北向作战和发展。

△　财政部根据《储蓄银行法》及即将施行的新《刑法》，严令停办

有奖储蓄。是日,法商万国储蓄会宣布该会所有由华人代理之分支会、办事处 7 月 1 日起一律停办,但上海总会及广州、汉口、北平、天津、青岛等分会仍继续营业。

6 月 30 日 国民政府公布《民国二十四年四川善后公债条例》,债额 7000 万元,定 7 月 1 日发行,用于"剿匪"、"善后建设"、"整理债务",限九年还清本息。

△ 据华商纱厂联合会统计,截至 6 月,全国华商纱厂共有纺锭 278.2936 万枚,完全停工的 62.6132 万枚,占总数的 22.5%;减工的 24.4422 万枚,占总数的 8.7%。共有布机 2.1757 万台,完全停工的 5134 台,占总数的 23.6%,减工的 2189 台,占 10.1%。

是月 中央大学地理学系胡焕庸在《地理学报》民国二十四年(1935)第二卷第二期发表《中国人口之分布——附统计表与密度图》一文,划出自黑龙江瑷珲向西南作一直线至云南腾冲,为我国人口分布地区差异中一条最基本的分界线。该文指出:"今试自黑龙江之瑷珲,向西南作一直线,至云南之腾冲为止,分全国为东西与南北两部,则处东南部之面积,计四百万平方公里,约占全国总面积之三十六,西北部之面积,计七百万平方公里,约占全国总面积之六十四;惟人口之分布,则东南部计四万四千万,约占人口百分之九十六,西北部之人口,仅一千八百万,约占全国总人口之百分之四,其多寡之悬殊,有如此者。"胡氏所划之人口分界线,被称为"胡焕庸线"。

7 月

7 月 1 日 日武官高桥因何应钦未答复上月 21 日交鲍文樾代拟文稿,是日又提修正文稿,要何签字。全文为:"六月九日酒井参谋长提出之各事项,悉数承诺,期以自动的方式实施之。特此通知梅津司令官阁下。何应钦。"

△ 北平军分会委员再次联名电促何应钦返平主持会务,并推何

竞武赴京促归。

△ 《新生》周刊总编辑兼发行人杜重远因《闲话皇帝》一文被检举，是日到沪江苏高等法院第二分院受审。杜当庭申明《新生》周刊依法登记，每期稿件都经中央图书杂志审查委员会审查批准，编者不能负责。法官无词以对，令杜交保500元出院。

△ 上午，梅津、酒井、土肥原、仪我、高桥、大木等在天津海光寺兵营会商华北及战区未决各案。

△ 胡汉民抵意大利威尼斯。

△ 红四方面军徐向前部在北川千佛山、大垭口一带与川军第四十一军孙震部激战后北移，孙部占北川。

△ 三级三审法院组织法今起施行。首期实行者计有鲁、皖、苏、浙、闽、赣、湘、鄂、豫、冀、晋、陕、甘、宁、察15省；展缓一年实行者有粤、青、桂、绥、黔五省。其他省未定。首期实行各省增设高分院29所，合原有共59所；增设或改设地方法院117所，合原有共178所。

△ 香港当局改变歧视中国船只的做法，承认中国船员证书，华船过港，与欧美船只一律，可在港出售客票。按：过去中国船只须船长、大二副及轮机长等全系外籍，方能领到香港票牌。

△ 海关今起续征5％附加税一年，至次年6月30日止。

△ 青岛火柴业因外货倾销，各火柴厂除华北一家未停外，皆先后宣告停业，余皆日厂。上海火柴业亦滞销，价格低落，为求稳定市价，挽救危局，是日成立同业联合办事处，统一产销。

△ 邮政储金汇业总局并入邮政总局，改称邮政储金汇业局。

△ 浙东各县水灾甚重，是日纷电省府请求急赈。兰溪田禾淹没，街市可以行舟；萧山尖山堤倒，村民避居楼上；龙游、浦江、汤溪、缙云、建德、桐庐、寿昌、衢县等县农作物悉被冲毁。

7月2日 日关东军司令部、“满铁”、东拓、伪满财政部和实业部等在长春开联席会议，决定联合对华北实行经济侵略。内容包括：设立强大投资公司，发展华北工商业、开发矿业；设立中日合办之各事业公司，在华北首设矿产业、交通业、贸易、棉花栽培等公司；发展山东矿业公司，为煤矿公司之母体；全力发展察、晋及其他未开发地区之交通；以山东之棉花栽培为基础，将来发展至日本用棉自给。

△　红军一、四方面军越过第三座雪山——长板山（位于四川西北今阿坝藏族自治州）。3 日，红三军团越过长顿山。

△　红二十五军由陕南商县、雒南、镇安、柞水等县突围，在秦岭山区袁家沟与杨虎城部警备第一旅激战，歼灭两个团，俘敌旅长唐嗣桐，毙伤敌 1400 余名，缴获轻重机枪 40 挺、枪支 1600 余支。

△　殷汝耕自津返平，谈白坚武部已解决，捕获匪众百余名，余众溃窜，白本人逃逸。4 日，白坚武自天津逃大连，受日庇护。

△　汪精卫因肝病在上海入诺尔医院治疗，行政院务由副院长孔祥熙暂代。

△　关于《新生》周刊事件，日外务省回训到沪，下午 2 时，日使有吉邀外次唐有壬到其私宅晤谈。有吉称：事件直接责任者吴铁城对此事处置，予以谅解；对党部之处置，作严重之抗议。3 日，唐到京国民党中央党部与陈立夫、叶楚伧商《新生》事件。

7 月 3 日　行政院副院长孔祥熙会见苏联驻华大使鲍格莫洛夫，以介绍察哈尔局势为由，探询中苏签订“互助条约”之可能性问题。

△　为防堵红军向川东北挺进，薛岳部开始东移。总指挥部、第一纵队及第九十九师之第二九五旅决取道邛崃、新津、双流、成都、广汉、罗江到绵阳。6 日，因连日大雨，岷江暴涨，薛岳令总指挥部及第九十师在新津，第九十九师之第二九五旅在羊肠，第九十二师在邛崃停止，在新津、邛崃各筑碉 27 座，羊肠建封锁线连络碉 12 座，限 9 日完成。

△　黄郛致电武昌行营秘书长杨永泰论对日问题之困难，“万全之道，实不易求，盖不能防患于未然，必待事后而谋补救，实有来迟脚短之嫌”。

△　蒋介石召集四川各县逃亡绅耆六七十人在成都训话，令回乡协助“剿匪”、“清乡”。

△　长江水位猛涨，达46英尺，汉阳城南已进水。连亘鄂、赣、皖三省之马华堤危急。12日，赣、皖境马华堤溃决。

7月4日　立法院外交委员会招待驻华苏大使鲍格莫洛夫举行谈话会，由鲍格莫洛夫详述苏联经济、政治、教育、文化等各方面情况，并对中苏各问题详加探讨。

△　浙江余姚县六塘庵、东镇一带农民，因该县清理沙田办事处勒缴丈溢地价及测绘等费用，每至拘人，是日聚众500余人捣毁清理沙田办事处。县府派团队捕去农民王宗敖等14名。

△　汉口江水水位已达46.7英尺，较民国二十年同日水位(39.2英尺)超出7.5英尺，日租界东之分金炉一带已进水。武昌武泰等堤甚危急，白沙洲汪洋一片。湖北省防水会招募民工数百，以50名为一队，分发各堤抢护培修。

△　湘省岳阳等滨湖11县因连日大雨，西、南两水并涨，溃决堤防每县计10余处或20处不等，未溃之堤十分危险。是日湘省府特电请全国经委会速拨湘省防汛协助费，以资抢救。

△　安徽怀宁县广成圩溃决。灾区波及13县，灾民30余万。淹没农田41万亩，损失约600余万元。

△　国民政府派海军军令处长陈策赴港接收“海圻”、“海琛”两舰。9日晨，陈率两舰离港北驶。18日抵南京下关。

△　中法储蓄会结束，移交中央银行信托局接办，所有有奖储蓄储户，多数改为零存整取。各地分会同时停止收付。按：该会原为中法合办，于1918年在北平创立，1926年外股由华人收回，各省、市设有分会。

7月5日　国民党中央民众运动指导委员会密电各省、市党部严饬所属及民众团体切勿轻发救国言论，内称：“关于救亡图存之要政，自应悉听中央主持，以示一致。……切勿轻发言论，图快一时，致贻人以口实。”

△　驻京日总领事须磨访外次唐有壬，谈判《新生》事件。

△ 柳江煤矿公司秦皇岛码头及仓库被泰记煤矿日本人强行封闭后，泰记要求两矿合并，由日人经营，遭柳江拒绝。该矿已停产50天，根据股东会决定，除留电厂工人20名外，其余职工3000余人全部解雇。是日发工资一至二个月作为遣散费，职工纷纷离矿。

△ 国民政府公布《邮政法》、《保险业法》。

△ 铨叙部部长林翔在南京病卒。6日，国民政府令该部常务次长马洪焕暂代部长职务；27日，任命石瑛为铨叙部部长。

△ 湖南澧县城垣被洪水冲垮，淹毙居民2000余人。

7月6日 何应钦将高桥1日代拟文稿请示行政院同意后，是日电鲍文樾送交高桥转日华北驻屯军司令梅津。关于河北事件之书面公函，世称《何梅协定》。通知全文为："径启者：六月九日酒井参谋长所提各事项，均承诺之，并自主的期其遂行。特此通知。此致梅津司令官阁下。何应钦。民国二十四年七月六日"。

△ 红军一、四方面军越过第四座雪山——打鼓山（位于今阿坝藏族自治州）。

△ 日为实现"中日文化提携"，上月派外务省文化部长冈田来华，考察华北各大学教育实况。是日冈田离平去京考察，旋转道济、青回国。

△ 上海市商会以财政部迭次表示将于7月1日裁撤转口税，但至今仍无消息，是日电行政院要求即日实行，以救工商危局。

7月7日 国民党中央宣传委员会为《新生》周刊事件电令各省、市党部转饬当地出版界、报社、通讯社，"《新生》周刊刊载对日本皇室不敬文字，引起反感"，"嗣后对于此类记载或评论，务须严行防止"；并要求各地切实遵守国民政府6月10日命令，取缔反日运动。

△ 红军一、四方面军越过第五座雪山——仓德山（位于今阿坝藏族自治州）。

△ 以"满铁"为中心之华北经济调查团内海治等一行七人，自长春抵津，访日驻屯军司令梅津及参谋长酒井等，交换对华经济调查意

见。该团计划在平、津、晋、察、冀、鲁、绥等地，调查贸易、金融、纺织、农业、铁路、矿山、制铁等各业情况。

△　驻津美军因瓜代期届，日前返国。是日接防美军100余人由秦皇岛开抵天津。

△　长江、汉水继续上涨，武汉积水难泄，汉阳鹦鹉洲淹没。截至是晚，武昌被淹1120余户，水最深处八尺余；汉阳被淹3300余户，水最深处六尺余。灾民两万余人。

△　北平军分会以原驻平保线部队多已南调，特令东北军第五十三军万福麟部分驻平保沿线，以固防务。是日，该军接防完毕。

7月8日　国民党中央宣传委员会以上海图书杂志审查委员会对《闲话皇帝》一文未能检举，遵照日本要求，将该会审查人员项德言、朱子爽、张增益、戴鹏天、刘民皋、陈文煦、王修德七人撤职。同日，沪市公安局再发通告，此后各书店不准再代售《新生》周刊。

△　国民党中央宣传委员会主任委员叶楚伧对中央社记者郑重声明："国民党对中日关系所取之态度，与蒋、汪两先生之政策，完全一致，对于中日间任何问题，均愿以诚恳和平之态度，谋圆满之解决。"

△　孔、曾、颜、孟四奉祀官孔德成、曾繁山、颜世镛、孟庆棠在南京宣誓就职，国民政府派戴季陶监誓。

△　国民政府任命王懋德为陆军第二十八师师长。

△　蒙政会驻平办事处成立，包悦卿任处长。

△　第四集团军总司令部上将总参谋长叶琪在南宁坠马毙命。

△　豫西山洪暴发，洛、伊两河泛滥，水围偃师县城。入夜，县城陆沉，城内数千人被淹没，脱险者仅百余人。次日，巩县一、五、六、七等区及新、旧城亦被淹没，平地水深八九尺，人畜死亡甚多。

7月9日　江苏高等法院二分院再度开审《新生》周刊案。总编辑杜重远到庭申述刊载《闲话皇帝》一文经过，并声辩说："本人曾阅外国杂志，其中描写有甚于《新生》周刊之稿者，未闻因此获罪。我绝不会攻击日本某私人，我要反对的是侵略中国的帝国主义。"律师吴凯声为其辩护，并请缓刑或改科罚金。庭长答称“环境不许可”。遂以“诽谤罪”判处杜重远有期徒刑一年两个月，《新生》周刊第二卷第十五期没收，并不准上诉，当庭收押。引起人们的强烈不满。

△　中国首任驻英国大使郭泰祺向英皇呈递国书。

△　驻日大使蒋作宾由东京抵沪，次日到京向国民党中政会报告中日邦交近情。

△　四川省府由渝迁蓉。

7 月 10 日　外次唐有壬在京访何应钦，转达汪精卫自沪来电，促何返平。同日，平军分会各委亦再电促返。

△　红一、四方面军先头部队攻克松潘附近毛儿盖，守敌胡宗南部一个营被缴械。

△　黄河水涨，晚 8 时许，山东省鄄城县境临濮集、董庄间河堤漫决两口，一宽 40 余丈，一宽 50 余丈。

7 月上旬　日本为掠夺内蒙资源，倾销商品，由伊兰克商事公司以资金 60 万元设别动公司。本店设长春，支店及出张所设沈阳、赤峰、多伦及内蒙其他各地，一面收购内蒙特产羊毛、兽皮等原料，一面倾销日货。

△　皖省长江沿岸各县一片汪洋。芜湖沿江天成、欧阳、东湖滩、义兴、章秋等圩堤均溃决，淹没田禾数万亩。皖中、皖南遭水灾区域约计 30 余县，溃决大小圩堤不下 30 余处，损失不计其数。当涂江水猛涨不已，水位超过 1931 年最高水位三尺左右。

△　湖南沅、湘、资三水猛涨，滨湖堤垸溃决甚多，湘阴、沅江、常德、汉寿、南县、华容、安乡、临湘、益阳等县，俱已成灾。

△　湖北钟祥县第十一号堤溃决，汉水流域田地几全淹没。天门县淹毙数万人，沔阳、汉川两县被害甚大。

△　江西连日大雨，赣、修、信各江圩堤多处溃决，全省圩堤先后冲决百余处，灾区达 38 县，旱稻收成几全绝望，灾民生机断绝。

7 月 11 日　蒋介石在成都召集薛岳第二路军总指挥部、吴奇伟纵队部及欧震师三单位连长以上军官训话，声称："根绝赤祸，切勿功亏一篑，致贻隐患。"

△ "满铁"副总裁八田与日关东军司令南次郎等在长春会商开发华北经济问题，决定：一、由关东军积极调查华北经济情况；二、"满铁"对关东军计划之经济工作予以帮助；三、在天津设机关统制调查工作，根据调查结果速订具体方案。

△ 英下院辩论对华政策。外相贺尔宣称："英国对华政策广义的根据，即为维持门户开放以及充分承认中国有自己管理其命运之权。"

7月12日 立法院修正通过《出版法》，规定一切出版物须先经地方主管官署核准后始能出版，出版物审核权力在内政部。地方政府有监督、取缔新闻纸和杂志发行之权。全文七章49条，其中"登载事项之限制"、"行政处分"及"罚则"占28条。

△ 立法院通过《民国二十四年广东省建设公债条例》，总额500万元，分五年偿还。

△ 浙江省府主席黄绍竑偕驻日大使蒋作宾飞蓉见蒋介石，就汪拟辞职及缔结中日航空协定等问题有所请示。19日，黄自蓉返京。

△ 财政部长孔祥熙在沪中央银行谈，中央决定以200万元救灾，已由国库拨付，以备应用。

△ 鲁西鄄城临濮集黄河决口之洪水向东北一股，已到东平县境；向东南一股，冲陷引马集新筑民堤，直奔郓城；向南一股，已到菏泽附近。是日，鲁省决先拨款两万元办理急赈。但以为数甚微，无济于事，除请求中央拨款外，决定自下忙起，每丁银一两，加征水灾附捐三角，以筹足百万元为最小限度。

△ "满铁"东亚部社员森俊夫、大竹章等六人抵津，辅助华北经济调查团到平、绥、冀北、滦东调查华北经济；侧重港湾、水利、河道、交通。

7月13日 长江水位继续上涨，汉口张公堤裂口丈余，长丰、南垸、黄家湾堤及汉阳三眼桥堤均溃，浮尸满江。武昌各堤危在旦夕，万人出动防水。13日，汉口张公堤崩陷10余丈，灾民已达10万。湖北省当局征工抢救。

△ 自昨晚迄本日下午，鲁全省阴雨不绝，寿张南岸及范县北岸民埝，均先后溃决。鄄城董庄决口展宽200余丈。

△ 第一纵队吴奇伟部第九十师到达广汉，第九十二师到达成都。蒋介石电令吴奇伟纵队经绵阳向江油推进，接替江油以北至平武一带胡宗南部防务。

△ 天津市长程克接见日本记者团，表示真诚改进中日邦交。

△ 上海市长吴铁城发布敦睦邦交布告，略称："奉国民政府令，凡中国国民应睦守邦交，不得有仇外及挑拨国际恶感之言论行为，更不得以此目的组织任何团体，以致危害邦交。"

7月14日 蒋介石颁发《剿匪区内整理县地方财政章程》等饬川省通令各县遵行。

△ 天津纱业因日纱倾销，营业衰落，恒源、裕元两厂先后停业后，是日素称资本雄厚之宝成纱厂又宣告停工，1200余名工人失业。该厂资本300万元，纱锭2.7万枚，日产纱57包，年销售总值约240余万元。

7月15日 国民政府公布《妨害国币惩治暂行条例》，凡七条，规定意图营利，销毁银币或中央造币厂厂条者，处一年以上七年以下有期徒刑，得并科1000元以下罚金；意图营利，私运银币、中央造币厂厂条或银类出口者处死刑、无期徒刑或七年以上有期徒刑，得并科币额或价额五倍以下罚金。

△ 何应钦自京电莫干山黄郛，邀入京共商应付北方紧急局势。

△ 日关东军司令官南次郎与伪满外交部大臣张燕卿签订《关于设置日满经济联合委员会的协定》。该委员会设伪满新京（长春），得对日、"满"经济联系的重大事项向日、"满"政府提出建议并备咨询。

△ 第一纵队吴奇伟部奉命开赴平武、青川、江油一带接胡宗南部防务。是日，第九十师欧震部到达绵阳，第九十九师第二九五旅周化南部到达罗江，第九十二师梁华盛部到达广汉。

△ 汪精卫自上海飞青岛养病。

△ 张学良派工兵一团炸毁平汉路汉口谌家矶一段，宣泄汉水入江。

△ 上海国货工厂联合会前以沪市工商业受美国白银政策及外货倾销影响，相继倒闭，迭请政府救济。历时四月，财政部拨付作为救济工商业放款第二担保品之国库凭证2000万元，是日始交上海工商业贷款审查委员会具领。

7月16日 薛岳令第九十师20日到达旧州(镇名，位于四川省平武县东南70公里)，21日接旧州、平武防线；第二九五旅21日到达旧州，22日接青川、旧州、古城防线；第九十二师20日到达江油，以一部接守江油、旧州防线，主力控制江油。

△ 川陕甘边区"剿匪"总司令部组织就绪，总司令于学忠在西安旅次就职。第五十一军各师到达西安后，分驻四郊枣园、十里铺等处。

△ 日本国内及在东北之实业团体六会社合组之"华北经济视察团"一行20余人，是日自沈阳抵平。东北日商所组织之"奉天实业旅行团"24人亦于同日到平。

△ 美经济考察团团长福勒斯在美商界欢迎会上演说，承认"美国白银政策对中国商业与贸易损害甚大"，并建议美国对华投资，称："中国之复生正在进行途中，应得美国之积极合作，敝团团员皆有同感。中国之努力建设，可证明吾美对华作相当巨额投资为合理。"

△ 全国水利委员会讨论长江、黄河防汛办法及各项水利工程方案，并通过本年度水利事业费494.2828万元。

△ 鲁西黄河南堤溃决，大溜经郓城、巨野、嘉祥，是日入南阳湖，有夺流入运，改道徐淮入海之势。

△ 湖北公安、石首、孝感堤垸均溃。沙市城墙高于江水仅数寸。天门县水灾惨重，岳口附近张截港口连日捞尸达1.4万余具。

7月17日 日关东军司令部召集各特务机关长、武官、参谋会议，商华北经济问题，包括建立中日"满"经济合作机关、调查华北经济、开发矿业棉业等项，并定今后每月在长春、大连或东京开驻华武官会议一次，根据情势变化，研究对华方策。

△　零时20分，台湾发生地震，震源在台中新竹。至上午10时，统计新竹地震被害状况：死44人，重伤65人，轻伤92人，房屋全倒者153户，毁损未全倒者250户。

△　我国著名作曲家聂耳在日本鹄沼海滨游泳溺死。

△　鲁黄水续涨，洛口水位增至29.3公尺，决口水漫流，自决口处迄东平、汶上、济宁，长300余里，宽80余里，灾区10余县，约达2.4万平方里，灾民200万以上。是日，鲁省府主席韩复榘电中央吁请急赈。

7月18日　为巩固松潘、防堵红军北进甘肃，蒋介石令川军孙震派一部由北川至江油、平武（不含）接防；周浑元部7月底集中绵阳待命。19日，蒋令吴奇伟以五个团兵力星夜驰赴平武、青川一带接防，以其余四至五团速向甘肃文县前进，限本月杪集中文县后，以两团赶驻文县西之柴门关与会龙汛各隘路口筑碉固守。25日，又令孙震部接防江油后，即向川、甘边境文县、碧口一带推进。27日，薛岳为保证进出川、甘边区给养，决定屯粮半月于青川，并决定各师、旅分别于下月4、5、6日到达碧口，7、8、9日分别到达文县。

△　中共中央政治局常委扩大会在芦花召开，张闻天主持会议，讨论"组织问题"。周恩来辞去红军总政治委员职务，会议决定由张国焘任总政治委员，军委的总负责者。周恩来调中央常委工作，但在张国焘未熟悉工作前，暂由周恩来帮助。会后，中革军委通知："奉苏维埃中央政府命令：一、四方面军会合后，一切军队均由中国工农红军总司令、总政治委员直接统率指挥。仍以中革军委主席朱德同志兼总司令，并任张国焘同志为总政治委员。"

△　国民政府派许世英、王震、朱庆澜、叶楚伧、孔祥榕为中央救灾准备金保管委员会委员，并指定许世英为委员长，王震、朱庆澜为常委。

△　日本经济考察团一行10人到太原，19日晚乘正太路车赴冀南一带考察。自月初至今，日本国内及在东北之日人团体共五个先后

到达平、津，调查华北贸易、金融、纺织、农业、铁路、矿山、制铁等经济事业。

7月19日 日外务、陆军、海军、大藏四省商讨对华北具体方策，外务省东亚局长桑岛、陆军省军务局长永田、海军省军务局长吉田、大藏省理财局长青木等参加。26日，又续开会。会后由外务省将讨论结果草拟具体方案，派员携与驻华大使协议后，定为国策。

△ 国民政府派萧继荣为互换《中法规定越南及中国边省关系专约》全权代表。次日，萧赴法外交部签订越约换文记录，并收受原约正本。法方由兼外长赖伐尔签署。22日，中、法两国政府同时公布施行。

△ 江苏高等法院第二分院受理沪公共租界工部局法律部申请，裁定《新生》周刊应依照《出版法》第四十一条第一款禁止发行。

△ 沪公安局搜查抗日图书。文华美术书店前被查抄抗日图画《十九路军》等2840册，是日又抄去《日本侵略中国漫画鸟瞰图》、《日本侵略满蒙铁路网之计划图》26张。同日，北新书局《暴日侵略东北的研究》一书亦被查抄。

△ 新《出版法》公布后，新闻界纷纷要求复议。是日沪报界公会集会，要求国民政府另订原则，重行修改。24日，京、沪、平、津新闻界代表向国民党中政会请愿，要求暂缓公布施行。28日，南京新闻学会具文中政会，吁请交立法院复议。并通电全国同业一致主张。30日，该会又派代表陈铭德等五人至国民党中央党部，向叶楚伧面递呈文。

7月20日 行政院长汪精卫因病电京辞职，请以副院长孔祥熙代理院务。同日，国民党中政会决议，以孔祥熙代理行政院长。

△ 暹罗排华变本加厉，先后下令海关禁止中国《新闻报》、《晨报》、《时事新报》、《申报》、《民报》、《时报》、《中华日报》进口，并向侨胞征收居住执照税等，稍有反抗，即被驱逐出境。是日，暹侨代表两人返国，向政府请愿。

△ "满铁"开辟多伦至张家口汽车路线，日人络绎到张家口推销日货，并于是日在多伦举办日货展览。

△ 天津日军 170 名开榆关南大寺演习，北平日军 120 余名同往。

7 月 21 日 中共中央政治局在四川芦花召开会议，讨论红四方面军问题。决定以红四方面总部为红军前敌指挥部，徐向前兼总指挥，陈昌浩兼政治委员，叶剑英任参谋长，并将红一、三、五、九军团依次改为第一、三、五、三十二军，红四方面军第四、九、三十、三十一、三十三军番号不变。

△ 丁文江在《大公报》上发表《苏俄革命外交史的一页及其教训》一文。文中叙述 1918 年苏联同德国签订《布列斯特——立托夫斯克和约》史实后，认为当时苏联情形和中国今日处境相同，主张应付日本侵略方法，为让出华北、中南，退到云贵去"复兴"民族。文称："华北是我们的乌克兰，湖南、江西、四川是我们的乌拉尔——古士奈茨克，云贵是我们的堪察加。我愿我们的头等首领学列宁，看定了目前最重要的是那一件事，此外都可以退让。……我愿我们大家准备到堪察加去！"文章发表后，各方议论纷纭，马相伯、徐公达等均著文反对。

7 月 22 日 国民政府任命焦易堂为最高法院院长。

△ 西康建省委员会在雅安成立，刘文辉任委员长。

△ 黄郛电武昌行营秘书长杨永泰，论中日政情及结束政整会事，内称："政会令王（克敏）代理，原属不得已之举，可暂而不可久……此局过于持久，小则端拱无为，徒耗巨额之经费；大则为人挟持，酿成甚大之流弊……速电中央断然下令结束为宜。"

△ 武昌行营主任张学良衔蒋介石命由武昌飞西安视察陕省驻军。27 日，张在西安召集西北区各将领开会，商讨进攻红军计划，于学忠、杨虎城、王以哲、庞炳勋、孙楚、李生达、高桂滋、孙蔚如、冯钦哉、井岳秀（副师长李藩侯代）及军分会驻陕北参谋团主任毛侃、新编第一军军长邓宝珊等均参加，决实行碉堡政策和"稳扎稳攻"办法。31 日飞返武昌。

△ 日华北驻屯军司令官梅津调任第二师团长；遗职由前野战重炮兵第四旅团长陆军少将多田骏继任。

△ 第二十九军参谋长张允荣到津与日驻屯军参谋长酒井等会商察东保安队开拔日期、点验手续、驻防地点等。

7月23日 蒋介石在成都召集“追剿”军薛岳部队官佐训话，题为《中央军追剿赤匪之意义及其经过之成绩》。其要旨为：此次长征，为有史以来之第一次；追剿胜利，实总理主义之力量，吾人不畏艰险，奋发苦干，天下事无不成功；中央军入川任务，除剿共外，应作四川军民之模范，完成救亡复兴之使命。

△ 飓风袭击江西鄱阳湖，巨堤马王圩被冲决数十丈，纵横百里悉成泽国，损失数百万元，灾民数十万。

7月24日 国民政府任命陶广为陆军第二十八军军长；钟光仁继陶广升充第六十二师师长。

△ 国民政府公布《财政收支系统法》。

△ 中苏文化协会发起人在南京举行首次会议，到苏大使馆秘书沙拉托夫策夫及张西曼、徐悲鸿、王陆一等50余人。徐悲鸿主席。由张西曼报告发起经过。选张西曼、张冲西、门宗华、徐悲鸿、沙拉托夫策夫等九人为筹委，张西曼为召集人。

△ 阎锡山在太原对日电通社记者发表谈话，主张中日提携，共同防俄。

7月25日 国民党中常会决议，定9月下旬召开六中全会。

△ 国民政府修正公布《共产党人自首法》，凡10条，规定共产党人自首者可以免刑、减刑或缓刑；免刑、缓刑者，得保释或移交反省院；减刑者移反省院以代执行。

△ 川军第二十军军长杨森率部进攻懋功，红五军团据城抵抗。杨以第一三三师牵制正面红军，以第一三五师、第一三四师由左、右两翼包围，红军腹背受敌，激战至傍晚向抚边撤退。杨部占领懋功城。27日，第五十三师李韫珩部占靖化，红九军团向梭磨一带北撤。

△ 日关东军参谋部制定《对内蒙措施要领》，确定对内蒙方针是：“为了有利于对苏作战，以及为准备作战所需要的各种平时工作，也为

着巩固满洲国的国防以便于加强统治，关东军首先设法扩大和加强内蒙的亲日满区域，随着华北工作的进展，而使内蒙脱离中央而独立。”并从政治、经济、军事、文化、交通等方面规定具体措施。

△　据湖北水灾救济总会统计，截至是日止，全省被水灾区域，计有汉口市之一部及武昌等49县，受灾面积达4.4272万平方公里，直接被灾人口714.97万余人，比民国二十年（1931）大水灾民人数约多近一倍。

7月26日　国民政府公布《民国二十四年整理四川金融库券条例》，发行额3000万元，用以收回所有地方钞票。

△　国民政府公布《民国二十四年福建省地方建设公债条例》，定额300万元。

△　鄂财政厅以民国二十四年该省建设公债票面50万元及第一期善后公债票面八万元，向汉口各银行押借水灾赈款30万元，是日签订借款合同。

△　浙江省保安处副处长宣铁吾率参谋阮西震等至浙南遂昌县成立“浙南剿匪指挥部”，指挥进攻浙西南粟裕部红军。

△　日本中日实业会社副总裁高木在天津召开中日实业经济专家会议，商讨中日“经济提携”及日方投资开发华北资源等问题。中日实业会社、三菱银行、正金银行、朝鲜银行、大仓组等负责人及驻华使馆、天津驻屯军人员均出席。天津盐业、大陆、中南、中央、中国、交通等银行经理或行长及市府代表亦被邀参加。

7月27日　张学良在西安召集各军长开“剿匪会议”，决定积极完成碉堡政策，实行稳扎稳打之办法，由陕、甘、晋、绥、宁五省各部队出兵联合“围剿”共军。

△　国民政府令免陆军第九十六师师长萧致平职。

△　行政院驻平政务整理委员会调陶尚铭为该会参议，改以殷汝耕为滦榆区行政督察专员，苏玉琦为蓟密区行政督察专员。

△　微山湖水续涨，运河西堤倾塌，两水相接。是日，防黄会开会，

决修蔺家坝。

△　鲁省府主席韩复榘为苏北筑堤迎截黄水事致电中央表示反对，略谓：沫水、赵王各河连日水势高涨，先后决口，究其原因，实由苏省境内修筑堤闸，迎截黄水，使下游不能宣泄，南阳湖水倒漫所致。

7月28日　武汉江水剧退，午后水位已低于48英尺之危险记录，防水告一段落。鄂省请中央拨款1800万元赈灾，但截至是日止，所得各方赈款仅许世英视察时带去三万，省筹10万，各地捐寄四万余。

△　中央赈务委员会委员长许世英视察沿江水灾毕返京，谈鄂、湘、皖、赣灾民约逾千万，田地被淹达10万平方公里，公私损失不下五亿元，其中以鄂省最重，远过民国二十年。

△　意大利首相墨索里尼赠蒋介石巨型机一架，是日由意空军大队长史加伦率领飞抵香港。8月17日，由史加伦代表墨索里尼在浔向蒋行赠机仪式。

△　英国记者琼斯、德国记者穆勒去内蒙百灵庙等处侦查日人活动，在返张家口途中，被日人利用土匪于宝昌县东北50里官马沟处绑架。30日，穆勒被释。8月13日，琼斯被杀，移尸宝昌县附近。19日，驻华英使馆电外交部要求缉凶。21日，琼斯遗骸运抵北平火葬。

7月29日　山西“绥靖”公署主任阎锡山在省纪念周上宣布防共政策，宣称山西防共应有两途径：一、将全省“做共党目标”者共120万户人民自行武装起来，在“大空隙”中大奋斗，拼命自卫；二、实行“耕者有其田”，使佃农、雇农安定化，以消灭其“大空隙”，并使基干农民武装化，以保卫社会安宁。

△　西南政务会调边防督办兼龙州民团指挥官李品仙任第四集团军总参谋长。

△　美国政府宣布，任南京金陵大学教授、美财政部顾问卜凯为中国经济视察员。卜凯自今春返华后，曾去辽、吉、黑、冀、湘、鄂、川等省调查经济状况，现正准备去闽、粤、桂、滇、黔等省调查，搜集经济情报，随时报告美国政府。

7 月 30 日　国民政府任命汪惟仁为陆军第一〇八师师长；吕济为陆军第一四二师师长；李杏村为陆军第三十二军副军长。

△　鸭绿江泛滥，水位达 27.8 尺，为 60 年来所未有，安东灾情奇重，大小房屋浸水者 1.5 万余户。

△　行政院通过许世英所拟救灾办法：工赈以中央统筹办理为原则；农赈就中央救灾准备金项下动支；急赈以中央补助，地方办理为原则；防疫由中央指拨四万元，交卫生署办理；减免灾区田赋，由财政部核办。

△　开滦连日大雨，昨夜 10 时赵各庄矿第二矿井突坍陷，矿工 150 余名被埋井内。是日，矿工家属老幼哭向矿局索人。

7 月 31 日　国民党中政会以上海、南京、北平、天津、广州、济南等地新闻界纷纷要求修改新《出版法》，是日决定将新闻界所提意见交付审查。

△　国民政府任命豫省府主席刘峙兼该省民政厅厅长。

△　国民政府修正公布《考试法》，规定公职候选人、任命人员及依法应领证书之专门职业或技术人员，均应经考试定其资格。考试分普通考试、高等考试两种。同日，公布《典试法》、《特种考试边区行政人员考试条例》。

△　国民政府令：《合作社法》自 9 月 1 日起施行。

△　中央救灾准备金保管委员会成立。主席许世英报告称："本年度国库艰窘，救灾准备金如须全列七百余万，非财力所胜，现酌列二百万，系于无可设法中格外编列。"

△　江苏省府主席陈果夫电韩复榘解释苏北筑堤事，谓"目的纯为防止黄灾扩大，不致影响黄水宣泄，请派员详查"。同日，据滕县府派工程师查复，谓"该省阻水一部，即本县存水一部，势将蒙害"。

△　上海日文报《每日新闻》因载日人室伏高信发表的对于"新生事件"及日对华政策的谈话，受日总领处分，是日起停刊三日。室伏谈话称："对日不敬记事，不独中国一国，若以些微琐事，一一压迫中国，则

中日关系之调整永无希望”。“欲调整中日关系，应将驻华日本武官退出中国全境，同时减少关东军兵力十分之一。”

是月 红二十五军进至陕西西安附近，在子午镇召开紧急会议，决定除留一部坚持鄂豫陕游击根据地外，大部西进甘肃，牵制敌人，迎接中共中央和红一、四方面军。

△ 据7月30日《大公报》讯：湘省受水灾县达20余县，被灾面积约两万余平方公里，直接被灾人口约400余万。灾区主要农作物均淹没。滨湖各县堤垸崩溃，人畜死亡，房屋破坏，农具损失甚巨。全省损失约在两亿元以上。

△ 据侨务委员会统计，旅外华侨共783.7888万人。

8 月

8月1日 驻共产国际中国共产党代表团草拟了《为抗日救国告全体同胞书》(《八一宣言》)。10月1日，《八一宣言》以中国苏维埃中央政府和中国共产党中央委员会的名义在巴黎《救国时报》上正式发表。宣言呼吁停止内战，一致抗日。宣言指出：“我国家我民族已处在千钧一发的生死关头。抗日则生，不抗日则死，抗日救国，已成为每个同胞的神圣天职！”“苏维埃政府和共产党特再一次郑重宣言：只要国民党军队停止进攻苏区行动，只要任何部队实行对日抗战，不管过去和现在他们与红军之间有任何旧仇宿怨，不管他们与红军之间在对内问题上有何分歧，红军不仅立刻对之停止敌对行为，而且愿意与之亲密携手共同救国。”《宣言》号召一切爱国力量，“与苏维埃政府和东北各地抗日政府一起，组织全中国统一的国防政府；与红军和东北人民革命军及各种反日义勇军一块，组织全中国统一的抗日联军”，抗日救国。

△ 国民政府明令改组湖南省政府，任命何键、凌璋、何浩若、朱经农、余籍传、曹典球、黄士衡、黄家声、彭施涤为湖南省府委员，以何键兼主席，凌璋兼民政厅长，何浩若兼财政厅长，朱经农兼教育厅长，余籍传

兼建设厅长。原任省府委员何键(兼主席)、曹伯闻(兼民政厅长)、张开琏(兼财政厅长)、余籍传(兼建设厅长)、朱经农(兼教育厅长)、凌璋、黄士衡、宋鹤庚、彭施涤、黄家声、刘建绪、吴剑学、曹典球免职。

△　日阁议决议改组“满铁”,以松冈洋右继林博太郎任“满铁”总裁。

△　新加坡华侨汇款两万元,交侨委会赈济长江、黄河灾民。

△　全国儿童年开幕。

△　江苏省丰县东鱼台大堤受黄水冲击决口。3 日,苏北大堤溃决,宽达九里,水有入黄河故道势。晚,万福河又决口,鲁西南鱼台陆沉,单县危急。

8 月 2 日　蒋介石为使胡宗南纵队集中全力防守松潘,令薛岳第一纵队接替胡部自平武至高庄坝一线及水晶堡、施家堡一带防务。

△　陈济棠、李宗仁等在广州开会,讨论出席国民党四届六中全会问题。次日,派杨熙绩赴瑞士征询胡汉民对六中全会意见。

△　日武官高桥由平飞保,访晤冀省府主席商震。翌日赴太原,访晤晋“绥靖”主任阎锡山对中日经济等问题有所商谈。7 日返平,语记者称:“晋省工业将来之发展,与冀省农业改进之情形相同,与未来中日贸易有重大关系。”

△　宁波市信源等 11 家银号前已停业,景源、汇源、裕源、元亨、裕丰、瑞余六家银号是日又告清理。

△　沪中华国货同盟会代表大会讨论救济工商业办法,议决请政府改革币制,以货物为本位,发行流通券等案。5 日,派代表张子廉等赴京向行政院副院长孔祥熙面递呈文,孔表示兹事体大,允作参考。

8 月 3 日　红军总部拟定《夏洮战役计划》,提出攻占阿坝,北进夏河流域,“形成在甘南广大区域发展之局势”。

△　红二、六军团在湖北宣恩县板栗园附近阻击增援龙山之国民党军第八十五师,歼灭其大部,毙敌师长谢彬。中旬,再克桑植。26 日至 28 日,连克石门、澧县、临澧等县城,常德告警,鄂西震动。武昌行营

与何键急商"围剿"红军计划：以孙连仲部沿澧水北岸之线攻临澧；李觉部以一部守常德，一部推进澧水南岸，联络孙部夹击；刘建绪部扼守沅陵、桃源之线，相机行动；第七十八师开常德，参加澧水南北两岸之线作战。

△ 韩复榘电许世英陈述鲁省灾情，损失在1.5亿元以上，请速续拨巨款赈济。同日，又电孔祥熙，谓"鲁省灾民500万，各县积谷放赈，旬日即完；灾民纷请护照，欲就食他方，多以南京为目的，虽经劝止，仍恐铤而走险"，恳迅拨巨款救济。

△ 阎锡山派王靖国赴南京向中央请示进攻陕北红军事宜。

△ 旅日华侨先后被逐归国已达73批700余人，是日又有71名抵沪。

8月4日 冀东滦榆区保安总队长刘佐周（原为伪军改编），在滦县车站迎接梅津司令官时被刺毙命。日军守备队长温井险遭狙击，日宪兵北村为流弹所伤。5日，华北日驻屯军参谋长酒井、驻榆特务机关长仪我为刘佐周案向政整会代委员长王克敏及冀省府提出抗议。

△ 中共中央在川北毛儿盖附近的沙窝召开政治局会议，会议讨论当前形势与任务。5日，通过《中央关于一、四方面军会合后的政治形势与任务的决议》。提出集中红军主力北上，创建川陕甘革命根据地。会议还在组织上做了若干调整。8日，中革军委决定，一、四方面军混合编组，决定兵分两路经草地北上；右路军以毛儿盖为中心集中，由毛泽东、周恩来和徐向前等率领，包括一方面军的第一、第三军团，四方面军的第四军、第三十军，军委纵队一部与新成立的红军大学；左路军以卓克基为中心集中，由朱德、刘伯承和张国焘率领，包括四方面军的第九军、第三十一军、第三十三军，一方面军的第五、第九军团和军委纵队一部。左右两路分别从卓克基和毛儿盖两地出发，经过草地北上。

△ 何键向中央电陈湘省灾情称：益阳、常德等14县，共溃决1659垸，淹没垸田387.7946万亩，续溃283垸，淹垸田166.0858万亩，淹毙3.7508万人，稻谷损失2.846607亿担，房屋、家具、牲畜及其他损失1495万余元。其他湘乡、湘潭等22县被灾亦重，损失正调查中。

△ 据《大美晚报》载《今年纱厂停工之总清算》一文称：据华商纱厂联合会统计，今年年初全国华商纱厂共92家，七个月内倒闭及停业者18家；纺锭274.2754万枚，已停工者81.4076万枚；线锭14.3042万枚，已停工3.4476万枚；布机2.0926万台，已停工6817台；全国纺织工人15.6224万人，失业者达4.2948万人。

△ 欧亚航空公司陕蓉线试航成功。

8月5日 薛岳以川北地形复杂，决派少数部队先作实地侦察。令第五师、第九十六师各组一游击支队，分向陇南武都、文县前进。任务为：在碧口、乔庄各建碉六至九座，以为主力进出甘肃之据点；侦察红二十五军情况及天水以南，文县、碧口以北地区地形及给养情形。至11日已筑碉15座。13日，薛岳亲带特务营一部及第三四九团由江油出发，去文县了解甘肃边境地势。

△ 《秦土协定》订立后，宋哲元之第二十九军自察哈尔移驻河北，长城以北汉、蒙地区分别由张允荣（汉）、卓特巴扎普（蒙）维持治安。是日，松井与张允荣又在察签订《秦土协定》的细节协定，规定由蒙古保安队维持汉人居民区治安，蒙古保安队遂进入沽源、宝昌、张北。

△ 考试院公布修正高等考试普通行政人员、教育行政人员、警察行政人员、财务行政人员、卫生行政人员、外交官领事官、司法官、监狱官、建设人员、会计审计人员、统计人员11个考试条例。

△ 日方怀疑前滦榆区行政专员陶尚铭与刘佐周被刺案有关，是日将陶邀至北平日使馆武官室扣押。

△ 黄河在山东董庄决口后，鄄城、郓城等县均筑埝防护，黄水不能顺流入河，遂从鲁入苏，苏北亦筑堤阻水，致鲁西积水无法宣泄。是日，经济委员会治黄临时会议议决：一、分途泄水，将流入南阳湖、昭阳湖之水导入东平湖，挽归黄河；并将流入微山湖之水，由湖口闸蔺家坝导经中运河、六塘河、灌河出海；二、引大溜归入正河，速派员勘察、拟定引河地位及排溜挂淤办法。

8月6日 河北省府讨论刘佐周案，决派员调查，严缉凶犯，并电令滦榆区专员殷汝耕悬赏5000元缉凶。同日,殷汝耕访日华北驻屯军参谋长酒井,商刘佐周案。

△ 行政院通过救灾办法三项:一、已拟办各项工程,尽量容纳灾民以工代赈;二、由赈委会依法动支本年度救灾准备金100万元,照各省受灾情况支配拨发;三、通令被灾各省查明灾情,酌减田赋。

△ 沪法租界人力车工人四万余人,因反对登记总罢工。是晨,1000余人分向市党部及法界公董局请愿。9时行至斜桥,与法、越巡捕冲突,被枪杀两人,殴伤12人。工人旋派代表分向沪市党、政各机关及法界各社团请愿,要求取消登记、惩凶并赔偿损失。

8月7日 驻日大使蒋作宾自成都返京,携回蒋介石对日交涉提案:一、东北问题,中国暂置不问;二、中日关系应立于平等基础之上,废除一切不平等条约;三、以平等互惠为原则,促进中日经济提携;在经济提携之基础上,缔结军事协定。

△ 河北省府主席商震自保定至天津访梅津,对刘佐周案表示道歉,并声明省府决"严令缉凶,清除乱源"。12日,河北省府令饬滦榆区专员公署对刘佐周案限周内破案。

△ 河北省府公布刘佐周案善后处置办法两项:一、任战区保安队第三总队副队长李凤云为第三总队长;二、拨发刘佐周葬仪费2000元。

△ 红二十五军由陕西凤县进入甘肃两当县,向天水挺进。12日,进至天水以南马跑泉附近,与国军第三军第七师曾万钟部激战。旋涉渭河,克秦安。

△ 浙省府主席黄绍竑自沪赴粤,疏解京粤隔阂。

△ 北平市政府决组赴日考察团,考察日本工商业及金融业等。市府各局各派高级职员一人,商会三人,银行公会二人,其他团体亦派员参加。

△ 绍兴箔业工人反对专卖,捣毁专营公司、箔税局局长住宅及箔铺等,县城临时戒严。

△ 上海日文报《日日新闻》今起出华文版。

8月8日　汪精卫自青岛电国民党中常会、国民政府，请辞行政院院长及兼外交部长职。9日至13日，侨务委员会委员长陈树人、实业部长陈公博、铁道部长顾孟馀、教育部长王世杰、外交次长唐有壬、行政院秘书长褚民谊等亦先后请辞，与汪“同进退”。

△　蒋介石通电受灾各省办理水灾善后，并提出“国民经济建设初步要点”八项：提倡征工、振兴农业、鼓励垦牧、调节消费、振兴工业、开发矿产、流畅货运、调整金融。

△　江西庐山牯岭英租借地交还中国，庐山管理局长蒋志澄与英领默斯草签收回租借地协定。内容包括：一、将1905等年英人租地契约交还中国；二、原租地内公共事业交中国政府管理；三、住牯英侨得设咨询委员会，以供中国咨询，但中国有最后决定权。12月30日，蒋志澄与默斯签订《牯岭产业地交还江西省政府协定》。

△　为图封锁红军于松潘西南一隅，川军田颂尧部由北川方面开至岷江两岸黑龙池一带；李家钰、范绍增两部由茂县推进至黑水河南岸老君山一带；邓锡侯部推进至理番附近；杨森部驻扎在懋功一带。时第五纵队李韫珩部已完成崇化、靖化一带之大金川沿岸碉堡封锁线，以一部向梭磨、马塘方面“搜剿”。21日，范绍增师会同邓锡侯部占理番。

△　“满铁”决定投资1000万元，设立兴中公司，作为对华北经济侵略之辅助机关，以“满铁”前任理事十河信二为社长。17日，日本政府批准。

△　上海水灾义赈会成立，孔祥熙任会长。25日，第一次常务理事会议决定分配赈款：长江流域30万元，黄河流域20万元。

8月9日　国民政府修正公布《参谋本部组织法》，规定参谋本部直隶国民政府，“掌理国防及用兵事宜”。

△　国民党中常会派蔡元培、叶楚伧赴青岛慰留汪精卫。林森亦自庐山电汪慰留。

△　日本阁议决定所谓撤废在伪满洲国之治外法权，交还“满铁”附属地内行政权。

△ 沪市当局严令法租界人力车罢工工人先行复工,静候政府处置。是日,200余人在社会局监视下复工,但不入法界,要求人力车公会向法界交涉赔偿罢工期间损失。

△ 浙省府为弥补二十三年度亏欠并筹措二十四年度不敷经费,议决发行短期金库流通券600万元,流通市面,以中央拨补浙省之一部分盐税作为发行基金,六个月后偿还本息。

8月10日 蒋介石为控制川军,令军事委员会委员长行营驻川参谋团成立点验委员会,点验川军。定本日到达点验地点,15日开始,分九组进行。嗣后每三个月点验一次。

△ 英国政府首席经济顾问李滋·罗斯爵士偕财政部专员巴琦、伦敦银行专家罗杰斯首途来华,调查中国货币、经济情形及英国在华投资利益。

△ 日外务、陆军、海军三省多次审议《对支新政策草案》,是日一致同意。《草案》宣称:"以帝国为中心之日、'满'、支三国提携互助,确保东亚安宁并谋发展,是日本对外基本政策,也是日本对支政策的目的。"提出对华三基本原则,要求中国:一、彻底取缔排日,抛弃依赖欧美,采取亲日政策;二、正式承认"满洲国";三、共同防共。

△ 日华北驻屯军司令梅津奉调回国,政整会代委员长王克敏设宴饯别。

△ 中央银行经济研究处首次经济研究会议在沪召开,到孔祥熙、张公权、陈行及专门委员刘大钧、陶孟和、杨端六等40人,研究改革币制、统制贸易、平衡国际贸易及救济工商业等问题。

△ 教育部发表全国义务教育委员会委员名单,王世杰、段锡朋、钱昌照、陈石珍、顾树森、吴研因、顾兆麟为当然委员,杨振声、郑晓沧、俞子夷等七人为聘任委员。31日,该委员会在南京成立。

8月11日 蒋介石在峨嵋军官训练团对川、滇、黔三省各级干部演讲《川滇黔三省的革命历史与本团团员的责任》。略谓:"以川、滇、黔为中华民国复兴的根据地,大家一心一德,为国牺牲,使我们中华民国永远安固昌隆，巍然屹立于世界！我敢说：我们本部十八省，只要川、滇、黔能够巩固无恙，一定可能战胜任何强敌，恢复一切失地，复兴国家，完成革命。”

8月12日 国民政府任命宋天才为陆军第七十五师师长。

△ 外交部为北平日武官擅自扣留政整会参议陶尚铭事，照会日使馆提出抗议，日方不予答复。17日，日方将陶释放。

△ 日新任华北驻屯军司令多田骏离东京来华赴任。行前对记者谈，对华方针“仍循前司令官之方针进行”；华北方面，“今后以开发经济为主”。

△ 为策动自治运动，日关东军参谋石本等一行六人飞太原访晤阎锡山。13日晨，飞大同转张家口。15日，抵绥与傅作义晤谈。

△ 蒋介石驻粤代表蒋伯诚偕陈济棠代表孙家哲，于上月赴成都向蒋报告西南政情后，是日偕返广州。

△ 黄绍竑抵广州，访晤陈济棠谈宁粤合作，翌日赴桂，15日抵邕晤李宗仁、白崇禧。

8月13日 蒋介石委卫立煌为闽赣浙皖边区“清剿”总指挥，四省边区部队统归指挥节制。

△ 冀省府主席商震通电全国，请赈冀灾。略称：黄河漫溢，长垣被灾320余村，灾民12万余口；濮阳120余村，灾民五万余口；东明150余村，灾民三万余口。自黄灾奖券停办，赈款来源断绝，省库罗掘已穷，吁请迅予赈济。

△ 行政院决定分配赈款数目：鄂30万，鲁25万，湘10万，豫、赣各六万，皖三万，冀、闽各二万，陕、甘、黔、晋各1.5万，绥、察、宁各一万。另各省防疫经费六万，新疆防疫费一万，共100万元。25日，鄂、宁、甘诸省以赈款不敷，电请中央续拨。

8月14日 蒋介石由成都飞抵庐山，电汪精卫往晤，汪迟迟未应。

△ 国民政府公布《会计法》，凡10章127条。

△ 山西绥署、省府在太原开防共联席会议。民政厅长孙奂仑在

会上宣布划晋西河津等21县为防共区，归防共会议管辖。

△ 黄水由鱼台南灌，丰县萧堰大堤、沛县龙固集均溃，黄流直扑丰、沛。

8月15日 国民党中常会议决慰留汪精卫；通过“严惩共党反复”案，凡共党“自首”或“自新”而复参加共产党者，一律枪决，或酌处无期徒刑。

△ 朱德、张国焘率红军左路军从四川马尔康马塘、卓克基出发，向阿坝地区推进。

△ 红二十五军自秦安北分两路进军，一路越陇山向平凉，一路向隆德。17日，进至隆德县附近，击溃新编第十一旅刘宝堂部一个营，克隆德城。

△ 由沈阳开往北平客车过榆关后遭受匪劫，损失三万余元。行至石河，匪下车逃逸，并开枪击毙检票员、路警各一人、旅客三人，伤10余人。

8月16日 行政院代院长、财政部长孔祥熙与全国经济委员会副委员长宋子文到庐山谒蒋介石，谈建设西北事。蒋介石谓西南、西北均非立即建设不可，并劝告上海银行界迅速前往投资。

△ 美特派中国经济视察员卜凯赴华南调查经济、货币情况毕，是日到沪。18日，赴杭转宁波、绍兴等地调查。20日由沪去浔调查。

8月17日 蒋介石派张群携亲笔函飞青岛，促请汪精卫早日返京，主持政务。汪允即返。

△ 日关东军司令部召开关东军与华北驻屯军接洽会议，决定：一、华北治安之维持，以华北驻屯军为主，停战协定之贯彻，由关东军负责；二、由中、日、“满”三国共防苏联赤化东渐；三、开发华北经济以“满铁”资本为中心，动员中、日、“满”资本，从完成交通网及开发资源等着手。

8月18日 日驻华使馆武官高桥就外交部抗议日机近来不通知中国政府，在平、津一带飞行、降落一事，在平宣称，此种飞行“系塘沽协定所许可”，中国政府所提抗议“实无根据”。

△　立法院委员吴经熊就各地新闻界要求修改新《出版法》一事对记者表示：“统观《出版法》原文，不无束之过严，新闻界之请愿，自不能非之。”但又宣称：“吾国言论自由虽有明文，而自由二字，系相对的而非绝对的；在组织尚未健全之过渡时代，其自由之范围亦较缩小，未能尽量发展。”

△　韩复榘、李仪祉等在鲁西董庄开黄河防堵会议，共商防堵缺口办法，议决由韩、李会衔请财部速拨堵口费百万元，在江苏坝附近筑挑水坝，用以冲刷对面新淤沙地。

8 月 19 日　蒋介石自庐山飞京。张群往见，报告赴青岛挽汪经过。

△　中共中央政治局常委会在沙窝开会，张闻天主持会议。决定中央分工：张闻天兼管组织部，毛泽东负责军事，博古负责宣传部，王稼祥负责红军政治部，凯丰(何克全)负责少数民族委员会工作。

△　汪精卫自青岛飞沪。汪语记者称：“中央虽来电挽留，惟本人辞意坚决，刻已再电中央请辞，设若中央准予辞职，本人当立即入京服务于中常会。”同日，汪电蒋询会晤日期与地点。

△　黄郛应蒋介石邀自莫干山赴京。

△　国民党西南执行部开常会，到陈济棠、邹鲁、林云陔等讨论出席六中全会人选及提案问题，无具体决定。26 日例会，粤、桂中委交换对六中全会提案意见，决以个人名义向中央提出，并推桂黄旭初、李任仁，粤邓青阳、李绮庵、关素人、詹菊似、陈中孚、黄季陆、刘芦隐、崔广秀出席六中全会。

△　陈绍宽请辞海军部长职。20 日，行政院慰留。

△　新任华北日驻屯军司令官多田骏到津，与前任华北日驻屯军司令官梅津交接军务竣事。21 日，梅津离津回国。

△　微山湖水续涨，西大堤、蔺家坝均溃，徐北被淹 300 村，徐州危急，数万民工抢堵入城屏障车道口。

8月20日 中共中央政治局在毛儿盖召开政治局会议，张闻天主持会议。讨论红军的战略和夏洮战役的作战问题，通过《关于目前战略方针的补充决定》，提出夺取陕、甘地区，“为中国苏维埃运动继续发展之有力支柱与根据地”。

△ 驻华德国军事顾问团团长法肯豪森向蒋介石送交《关于应付时局对策之建议》，全面阐述其对中国国防及抗日战略构想。《建议》预计，一旦日本对华发动军事攻击，华北地区首当其冲，同时长江流域各海口也将受到侵犯。因此，中国军队必须在战略上确立一个“集结兵力区域”，以此为基地来部署对日国防。这个区域大概在徐州——郑州——南昌——南京一线。我军应在此区域向北推进，以“沧县——保定为绝对防御线”，“最后战线为黄河”。长江陆防须推进至上海附近，南京作为首都“宜固守”，华中则以南昌、武昌作为战略支撑点，全国以四川为“最后防地”。

△ 新任“满铁”总裁松冈洋右访日陆相林铣，恳谈对“满”政策及经营“满铁”方策。林铣指示：开发华北经济以“满铁”为中心机关，望密切与关东军联络，对日“满”共同经济委员会协力。

8月21日 汪精卫自沪到京，与蒋介石、黄郛会晤。蒋力劝复职，汪表同意。

△ 国民政府任命陈光中为陆军第六十三师师长。

△ 红军右路军由毛泽东、周恩来、徐向前等率领，自毛儿盖出发，进入草地。27日，走出草地，到达巴西、阿西。同时，红军左路军由朱德、张国焘率领，自卓克基到达阿坝地区。

△ 红二十五军转战六盘山，是日到达瓦亭。复从瓦亭出发，日夜行军，在平凉以东四十里铺、白水镇一带击溃马鸿宾师一个旅，歼灭一个营。旋在泾川歼灭该师一个团，毙团长马培基，俘敌400余人。红二十五军政委吴焕先在是役中牺牲。25日，进至陇东太白山一带。

△ 晚，刺杀刘佐周之李振华在滦县柏各庄被捕。据供系因被刘撤职，故怀恨行刺。25日，殷汝耕去天津向日华北驻屯军参谋长酒井

报告经过。

△ 日人强占柳江煤矿。泰记煤矿公司日人多名,以代采为名,强占柳江矿区,并于 24 日强行开采,日产煤八九百吨,悉被掠夺。

△ 新任驻美大使施肇基向美国总统罗斯福呈递国书。

△ 教育部公布首批 324 字简体字表及推行简化汉字办法。

△ 浙江兰溪纱厂女工千余人,因厂方擅用旧秤,侮辱女工,酿成罢工,引起冲突,女工多人受伤,纷往法院请验,城内秩序大乱。

△ 徐州为防御黄水,筑成琵琶山横堤,长 15 里,参加筑堤民众两万人。23 日,车道口口门抢堵竣工。

8 月 22 日 国民党中常会在京开会,汪精卫、蒋介石均出席,讨论汪辞行政院长及兼外交部长案,决议慰留。下午 1 时许,行政院秘书长褚民谊以汪允复任事通知各部、会。3 时,行政院补开例会,陈公博、陈绍宽、王世杰、何应钦、陈树人、黄慕松等亦均打消辞意,出席会议。

△ 蒋作宾在南京发表对日外交意见,略称:"此次返国,除向中央报告日本朝野对我意见外,并请示对日外交方针。中央对报告各点,业经缜密讨论。我对日外交政策,当本过去事实,继续促进两国邦交,中日有如唇齿,甚愿日政府以平等为原则,开诚相见。余返任后,当本此精神,与日政府切商,期打开中日外交一切难关。"

△ 吴经熊继焦易堂任立法院法制委员会委员长。

8 月 23 日 汪精卫通电复职,略称:卧病月余,一再具呈中央,恳请辞职,未蒙允准,兹遵照中常会决议,于本日销假回院视事。同日,蒋介石以汪已复职,离京飞成都。

△ 财政部在中国通商银行、中国实业银行及四明银行各增官股 500 万元,并规定增股后,四明与中央、通商与中国、实业与交通各银行分别相联,成为"姊妹"银行。

△ 日本东亚产业协会三村等五人到绥,"考察"产业状况。

△ 平、津银行公会、商会、市府等为实行中日"经济提携",共同投资开发华北,特组织华北经济协会,是日由王克敏召集在平开第一次筹

委会，公推周作民（平银行公会常委）、邹泉荪（平商会主席）、清水（日使馆参赞）为常委，负责起草协会组织条例。

△　中东路苏籍职员2.1176万人，分批撤退回国，是日全部撤完。

△　7月以来，豫省阴雨连绵，山洪暴发，全境河流漫溢，遭灾甚重。是日，豫省发表水灾统计，被灾51县，内重灾35县，灾区达62万余方里，农田被淹2400余万亩，灾民260余万，淹死4279人，塌房42.7374万间。

8月24日　行政院驻平政整会代委员长王克敏，奉汪精卫电召赴京。

△　驻日大使蒋作宾在沪会见日使有吉，商谈中日问题。会后有吉称："中国中央要人，全有非始终坚持中日亲善关系不可之一致意见，蒋介石对蒋大使言明，对此意见给以全部支持。"次日，蒋离沪赴日返任。

△　日华北驻屯军司令多田骏由津抵平，访王克敏、鲍文樾、袁良等。

△　胡宗南为堵击红军北上，电第四十九师伍诚仁部即日自四川漳腊经柏木桥、上下包座向阿西前进。

△　川省裁军竣事。蒋介石电刘湘暨川军各路总指挥，凡编余可用官兵，凭证明听候甄别改编；其余一律遣散，劝令归家生产，不准逗留麇集，以维治安。

△　中央赈务委员会委员长许世英对记者谈，鲁、豫、冀三省水灾面积共约四万平方公里，灾民约550万人，损失在三亿元以上。

8月25日　日地质调查团一行20余人，由团长木原率领，自东北抵察，开始调查烟筒山铁矿、辛窑子煤铁矿、石景山石灰矿、门头沟煤矿等，以作开发准备。

△　热河境内赤峰至叶柏寿铁路由"满铁"筑成。定9月1日通车。

8月26日　王克敏到京，与汪精卫、何应钦商华北问题。同日，王在京接见记者，答复日本在冀、晋、察、绥四省设立特务机关事，称："此项特务机关，即旧日所谓军事联络员，察哈尔系由松井担任，早已成立；余均系向当地军政长官接洽设立，未征得政整会同意。"28 日，王自京返平。

△ 外交部根据中法越南专约，设置河内、西贡两领事馆，是日以部令发表许念曾为驻河内总领事，沈觐扆为驻西贡领事。

8 月 27 日 国民党中央党部、国民政府在京联合举行孔子诞辰纪念大会。同日，曲阜隆重举行祀孔典礼，国民党中央派鲁省府主席韩复榘主祭。

△ 自财政部限令结束有奖储蓄后，法商万国储蓄会除设于内地者少数已结束外，津、汉等处迄延未遵行。是日财政部分咨各省、市政府迅饬所属查明情形，依照新刑法规定加以取缔，限令结束。

△ 驻日大使蒋作宾抵日本长崎，对记者谈称："举国一致向中日亲善迈进，系不变之事实……至于中日提携，余意应自民间之经济提携为始，对于'满国'之将来，似以不提及为妙。"复称："中日提携，非但系两国之问题，且为东洋和平之基础。"

△ 冯玉祥在泰安向灾民放赈，路警向其开枪行刺未中，死卫队 10 人。

△ 前北京政府司法总长姚震于天津病卒。

8 月 28 日 国民政府任命宋哲元为平津卫戍司令，秦德纯为察哈尔省政府主席兼民政厅长，调原平津卫戍司令王树常为军事参议院副院长。

△ 北平军分会全体委员再电何应钦，促返平主持会务。

△ 蒋介石为防红二、六军团进攻川、鄂边境，令第二路军薛岳部停止北开，以一部集中利川、万县待命。

△ 驻津日领以北宁路劫车案伤亡韩人旅客多人，向冀省府及北宁路局提出抗议，要求道歉、缉凶、抚恤、赔偿。

△ 滦榆区专员殷汝耕赴榆关，晤日关东军驻榆特务机关长竹下，

商长城各口夹击土匪事。

△ 美经济调查员卜凯在赣考察经济、货币情形毕，是日乘机飞沪，续至苏、浙各大县考察农村经济情况。

△ 洪范在《大公报》著《中日经济提携》一文，指出："日本对华经济提携的主旨非独在获取其必需的原料及军需品，并且还在霸占中国的商品市场"；"中日经济提携的基本理论就是以中国为日本经济集团的一分子，使中国完全地殖民地化，以供给其工业及军事所需的材料，并且推销其工业的生产品。"

△ 沪国际电台与伦敦、东京、马尼拉三处试通电话。

8月29日 国民政府明令撤销行政院驻平政务整理委员会。

△ 驻平政整会代委员长王克敏召集政整会全体职员讲话，政整会职员200余人出席，宣布中央已裁撤本会，自即日起赶办结束。今后各省、市政务、治安及地方外交事件，均为各省、市政府办理，其非地方性质之外交事件，则由中央处理。

△ 阎锡山在太原召集晋西沿河21县县长及文武官员开防共联席会议，研究"防共办法"。会议至9月10日结束，议决"防共根本办法"为："发行村公债，将土地收归村公有，实行耕者有其田，以补土地私有、共党造乱之隙。"并通过"现在防共办法"33案，令各县长携回遵行。阎锡山谈称："解决土地问题，为防共釜底抽薪之根本办法。若不急切解决，则所议之武力防共、政治防共、思想防共等之具体方案，亦将失其效力。"

△ 国民党中常会决议，丁惟汾为杨天骥案引咎自劾，请罢免其监察院副院长案，决议恳切慰留。按：杨系监委，今春因受托为交通银行支行经理江祖岱侵占行款经营公债案以巨款向江宁地方法院首席检察官行贿事被检举。

△ 国民党中常会讨论救灾办法，决议：一、发行救灾公债；二、公务员捐俸助赈。

△ 因受日方压迫，国民党绥远省各级党部奉命本日起停止工作，

赶办结束。10月2日,绥远省党部机关报《民国日报》停刊。

△ 柳江煤矿发表宣言,列举日人侵占事实五点,昭告中外。31日,河北省府派人协同滦榆专署处理柳江与泰记两矿“纠纷”。“调停”结果,由泰记煤矿出资65万元收买柳江矿产、发电厂、铁路、仓库、码头等。泰记只允付现款30万元,余款分期交付;柳江主一次交清,交涉陷于停顿。

△ 福建厦门海关税务司为解决台湾水客往来台、厦携货漏税问题,是日与日本驻厦门领事山田芳太郎签订《厦门台人输货协定》。

△ 粤省规定凡从东北、天津、烟台、上海及长江一带口岸运往该省油饼、麸类,一律征收附捐,每担二角五分,9月1日起实行。各地商会及油饼、杂粮等各公会一再反对,均无结果,是日起联合罢运。

8月30日 黄绍竑访粤、桂结束,是日抵沪,对新声社记者谈:“此行曾晤及陈济棠、李宗仁、白崇禧,西南对于时局无特殊意见,惟盼与中央共谋解决办法。”

△ “满铁”新任总裁松冈抵长春,访晤日关东军司令南次郎,商谈对“满”国策及“满铁”经营根本方针。确定二位一体,强化“满铁”机能,倾全力从事东北经济、文化侵略,并向华北发展。

8月31日 驻日大使蒋作宾抵横滨转赴东京。蒋对日记者谈:“本人回国后,迭次会见汪、蒋两氏,协议中日亲善政策……本人今次回任,对于中日亲善已有决意与诚意,凡两国有利益之事均可商量。”

△ 红四方面军徐向前部第三十军在川北上包座,消灭西北“剿匪”军第二纵队第四十九师大部,占领上包座。9月1日,该师师长伍诚仁向洋洞方向溃逃,后被蒋介石撤职。

△ 国民政府令免陆军第八军军长赵观涛职。

△ 铁道部指示北宁路劫车案善后处理办法五项:一、与各方协同搜索劫匪;二、受伤旅客医药费由路局全部负责;三、平沈车增设武装车,9月初实行;四、路警配轻机枪;五、车内设警报。

△ 闽泉州山洪暴发,城区及四郊塌屋2000余间,死伤百余人,灾

民数千，损失约300万元。是日泉州各界组救灾会筹赈。

是月 据湖南省赈会调查，今年该省水灾最重县份，计有益阳、常德、岳阳、汉寿、沅江、湘阴、安乡、华容、澧县、南县、临湘、平江、临澧、石门、慈利15县，被灾田亩总数923.4574万亩，溃决堤垸1659垸，被灾人口410.1870万口，淹毙3.7532万人，稻谷损失2919.4070万石，其他损失约计1582.6万元。

△ 在中共北平临时工作委员会领导下，“黄河水灾赈济会”在平正式成立。随后清华大学、东北大学、女一中、师范大学、燕京大学等大、中学校先后成立“黄河水灾赈济会分会”，开展救灾募捐活动。

△ 为救济煤矿业，实业部与英商麦边进口有限公司签订合同，借款2000万元，限30年偿还。

△ 满洲矿业开发会社委员会成立，资本500万元，由“满铁”、伪满洲国共同出资经营。

△ “满铁”在天津设立经济调查会，调查华北资源情况。

△ 沈同午、钮传善、陈定远等受日指使，在天津日租界组织东亚经济协会，介绍日人向平、津及华北各大城市实业界进行投资，并代日人购买中国原料。

△ 川善后督办公署特委会发表“清共”数字：六年来共捕1.7万余人，其中省委委员60余人。

9 月

9月1日 为打通北上通往甘南的道路，红四方面军徐向前率第三十军、第四军发起攻打包座（距巴西、班佑100余里）的战斗。8月29日，第三十军、第八十九师第二六四团向包座附近之大戒寺敌一营守军攻击，经一夜激战，歼敌两个连。30日夜，援敌胡宗南第四十九师进入大戒寺南，第三十军第八十八、第八十九师在第四军配合下，与敌激战，至是日凌晨，全歼胡宗南部第四十九师，毙伤敌师长伍诚仁以下4000

余人,俘800余人,缴获枪支1500余支,电台一部,粮食、马匹甚多。

△　内蒙西公旗札萨克石拉普多尔济被蒙政会免职。石不接受,称:"本人爵位世袭已数百年,非大逆不能革职;且任免权属中央,蒙政会无此权限。"蒙政会遂派兵130名进驻该旗。

△　天津一些商人、政客在日支持下,以"经济提携"为名,纷组公司、协会。是日,市商会决议组织东亚惠通贸易公司,推潘燕生等九人为筹备委员。前北京政府国务总理高凌霨等亦发起组织救济华北经济委员会,由东京国际银公司天津分公司出资,归中日实业公司、"满铁"、关东军司令部指挥。3日,龚心湛、钮传善等又组华北经济协会。

△　日本满洲采金会社在长春与伪满实业部签订专利开采权。该社已开采之金矿,计吉林20处,黑龙江80处,本年上半年共提炼赤金70余万两。

△　各地报界庆祝记者节。北平记者致电中央,请通饬全国各属认真保护新闻事业及记者安全,并请重新修正《出版法》。

△　廖仲恺国葬,上午在南京紫金山天堡城墓地行安葬礼,由国民党中央常委叶楚伧主祭。

△　财政部公布,自本日起减征洋米进口税,由每百公斤1.65关金元减至1.35关金元;附加税由0.165关金元,改征0.135关金元。

△　中华工业总联合会第八届会员大会通过争取面粉统税平等待遇等案;选郭顺、王云玉、胡西园等21人为执委。

△　淮南铁路田家庵至巢县段正式通车。

9月2日　中共中央在四川巴西召开政治局会议,决定红军继续北上。

△　驻日大使蒋作宾与日外相广田会谈中日关系问题。蒋表示航空联络、经济提携等问题可容纳日之要求,承认"满洲国"问题尚须考虑。广田称:"不承认满洲国,中日难真正亲善";并希望蒋就中日两国关系调整问题,从速作第三次会商。

△　外交部情报司长李迪俊衔命赴日,就调整中日关系问题探询

日方真意。是日抵神户，对记者谈称，中日间之关系，以蒋、汪两氏之努力，已渐次变好，两国如能立于平等地位，则一切问题均易解决。4 日，访日外务省情报部长天羽，商谈中日问题。27 日返沪。

△ 驻津日总领事川越以蓝衣社又潜入河北活动为借口，向河北省府主席商震提出书面抗议，要求速采有效措施解散一切秘密组织及恐怖团体。

△ 天津金城银行总经理周作民、盐业银行总经理吴鼎昌等 30 余人发起组织河北经济协会，是日在北平开发起人会议，推周作民、邹泉荪等起草会章。21 日，河北经济协会在北平成立，推周作民、邹泉荪、翁文灏、吴鼎昌等九人为委员。会章称该会宗旨为"调查研讨河北经济事业之发展，并应其必要，协助国内外资金之运用"。

△ 旅平东北难民千余人，因中央允拨救济费 10 万元迄未兑现，生活无着，向北平市府请愿，市长袁良允谋救济办法。

△ 行政院采纳黄河水利委员会委员长李仪祉所提决埝救灾建议，电山东省府主席韩复榘转饬鄄城一带，限五日内收讫高粱，掘埝放水归河。3 日，韩复榘电经委会称，鄄城民埝攸关鄄城、郓城、范县、寿张、阳谷多县民众生命财产，不能挖掘，若强制执行，恐激民变。

△ 山东峄县民众恐不老河、运河之水倒灌，是日掘毁江苏邳县新堤，致生激烈械斗，双方死伤均重。

9 月 3 日 行政院通过孔祥熙所提江河水患标本兼治方案：长江以疏导、废田还湖、废田还江治本；黄河以征工堵口治标，以放淤宣积、植树固堤治本。

△ 张国焘决定红军左路军退回阿坝"补粮改道灭敌"，并以红军总司令部的名义，电令右路军南下回击松潘。5 日，张国焘令左路军停止北上，就地筹粮待命。

△ 考试院修正公布普考教育行政人员、法院书记官、监狱官、警察行政人员、卫生行政人员、建设人员、普通行政人员、财务行政人员、会计审计人员、统计人员、外交行政人员及领事馆职员考试条例 11 种。

△ 国民政府任命何炳松试署国立暨南大学校长。

△ 何应钦电促宋哲元赴平就任平津卫戍司令。

△ 教育部制定促进注音汉字推行办法九项,通令各省遵行。

△ 孔祥熙偕经委会秘书长秦汾自京北上视察黄河水灾。

△ 日、"满"订立邮政协定。

9 月 4 日 蒋介石电令各省、市军政长官,规定本年 11 月 1 日起至明年 3 月 31 日止为国民劳动服务水利季节,除一般人民应遵照《人民服工役法》规定服役外,公务人员及军队官兵一律参加服役。中等以上学校教职员学生,在寒假内各服工役 10 日。

△ 国民党中政会通过中央公务员捐俸助赈办法,规定月支薪俸在 55 元以上者,9 月份扣捐半个月,54 元以下者酌量捐助。军事人员捐助办法由军委会另定。

△ 据《大美晚报》讯,日关东军在太原、归绥、多伦、张家口、山海关遍设特务机关,以土肥原为特务机关总长,搜集军事情报。

△ 红二、六军团进攻桃源,常德戒严,城门紧闭。是日,第四路总指挥刘建绪赴沅陵指挥防堵。

△ 第八十七师王敬玖部调闽浙边进攻红军,是日自延平(今南平)开拔。

△ 黄绍竑自沪赴蓉,向蒋介石报告西南之行经过。

△ 国民政府派蒙藏委员会委员诚允为护送班禅额尔德尼回藏专使。

△ 鄄城、范县、郓城、寿张等县灾民代表向鲁省府请愿,反对开掘鄄城民埝,并电国民政府要求收回成命。孔祥熙在济宁接见灾民代表,谓"两害相权,应避重就轻",仍主开掘鄄城民埝。6 日,鲁省建厅与黄河水利委员会磋商结果,决缓开掘,改采延长江苏坝,排溜使归正河。

△ 广东银行香港总行周转不灵宣告停业,并分电上海、暹罗、旧金山、台山、广州、汉口六分行照办。该行创立于民国元年,由陆蓬山会同香港殷商李煜堂等创办。民国十五年后资本增为港币 1100 万元,纯系华资。

9月5日 国民党中常会决议，四届六中全会展至11月1日开会，第五次全国代表大会仍照原议于11月12日举行。

△ 黄郛致电汪精卫请辞内政部长职。

△ 红军北上先遣支队到达川、甘边俄界。

△ 日使馆参赞崛内携"中日经济提携"方案自东京到沪，与日使有吉、驻京总领事须磨会后作为准备向中国外交当局交换之初步意见。方案包括四点：一、对中国之农业、工业，由日在技术上指导改进，中国农产品应以增进日本工业之利用价值为前提；二、由日本技术及资本开发中国煤、铁、锑、钨等矿；三、以日本技术及资本发展中国交通运输；四、组中日贸易协会负责推进以上工作。

△ 实业部为救济矿业，特成立矿业金融调剂委员会，以王正廷为主任委员。实业部长陈公博在该委员会成立会上称，决先着重救济煤业，向银界借款1000万元分贷各煤矿公司。

9月6日 国民政府任命陈绍宽为一级海军上将，陈季良、陈训泳为海军中将；特派胡世泽为出席国联第十六届大会代表。

△ 英国政府经济顾问李滋·罗斯及随员巴琦、罗杰斯抵日本横滨，对记者表示，此次赴华使命在调查中国财政经济，报告英国政府，因日对华有重要利益关系，又与英有共同利害关系，故先与日朝野交换意见。7日，孔祥熙派乔辅三、李荣廷赴日，欢迎李滋·罗斯来华。

△ 天津市政府解散潘燕生等组织之东亚惠通贸易公司。

△ 天津日兵百余名入华界武装游行。

△ 绥远省府主席傅作义为防陕北红军入绥，电召所部各团长即日到归绥会商防共方策。

△ 立法院劳工法委会召集人史维焕考察各地劳工毕返京，语记者称，华北工业虽有基础，但甚危险，尤以纺纱、面粉、火柴为最。原因在于外货倾销，外商在税制上较华商处境为优，难与竞争；农村经济衰落，购买力薄弱亦其一因。

△ 四川省府准拨15万元兴修灌县都江堰。

△　河北省滹沱河在安平县杨油子村一带溃堤后，是日又在南皮、任丘等处决口。

△　鲁省府决定于田赋正税外，每亩带征赈灾附加三角，全省可带征 70 万元。是日，韩复榘电国民政府备案。

9 月 7 日　驻日大使蒋作宾与日外相广田继续会谈。蒋重提 2 月 26 日王宠惠向广田表明之对日关系三原则，并说明：蒋介石认为倘能实现上述原则，对"满洲国"问题可置之不问；中国将比较容易地进行经济提携商谈，并将根据中日亲善工作进展情况，为"共同目的"进行军事商谈。广田要求中日两国"极力发扬东方文化，消灭共产思想"。蒋答："吾国政府早已具此决心。"

△　国民政府公布《全国县市预算执行办法》，规定县市地方预算核定后，应公布城乡，并在当地发行或销售之报纸上披露全文；地方所有收支，应绝对遵守预算范围，否则惩处；人民对预算或法案以外征收，不负输纳义务；预算公布后，非重大特殊情形不得呈请修改。

△　国民政府公布《县长考试条例》。

△　中央研究院评议会在南京举行成立会，蔡元培、王世杰、李书华等 35 人参加，蔡元培主持。汪精卫代表国民政府致词，表示"际此国家在风雨飘摇之中，救亡图存之道，最要在充实学术力量，行政机关决予充分扶植"。

△　驻京日领事须磨访外次唐有壬，以日人享有治外法权为理由，抗议中国印花税法用于日侨。

△　北宁路局局长殷同依照铁道部意旨，正式备文答复日领关于石河劫车案抗议：一、表示歉意；二、悬赏 5000 金缉凶；三、加挂武装车，确保客运安全；四、负担死伤旅客抚恤及医药费；五、旅客损失另议处理办法。

△　日第三、第五舰队军舰九艘抵厦门。

△　许世英在《大公报》发表《视察黄灾报告》，称鲁、豫、冀三省灾民约 550 万人，被灾面积四万平方公里弱，损失三亿元以上。与民二十

二年黄灾不相上下。若与本年沿江各省水灾综合论次，则鄂最重，鲁次之，再次为湘、赣、豫、皖、冀。七省灾民约 1950 万人，损失八亿元。

9 月 8 日 阎锡山在太原对政治工作员谈防共办法，略称：现在防共要“废除土地私有权，树立土地公有制，实现耕者有其田”；农民对于土地只有使用权，不准出租或私相买卖授受，地主、富农多余土地由地方政府发行无利公债收买，以“和平方法”达到“平均土地”目的。

△ 殷汝耕抵平晤日武官高桥，商长城“剿匪”及特警东开事。

△ “满铁”派出多起调查团调查华北资源，是日所派华北经济考察团中山重隆等 11 人抵津。14 日，经济调查部长野中时雄等七人抵津。15 日，经济考察团桑田等五人在平调查毕，赴察、绥调查。16 日，石井正泰等三人来津协助野中时雄调查，该团 21 人离津赴平转宣化调查煤铁。27 日，经济调查专员田边等四人抵津，次日赴石家庄入晋调查矿山、水利。

△ 日拓务省决定投资 3000 万元（后改为 1500 万元），设立东北移民会社。第四次移民 500 人，分两批出发，首批赴哈达河及城子河一带开垦。是日，拓务省又决定明年度先移民 2000 户至东北。截至目前，东北日侨人数为 24.3668 万人，比九一八事变前 11.2 万余人增加一倍多。

△ 柳江、泰记煤矿纠纷，河北省府派人调处迄无结果。是日柳江煤矿铁路公司在沪开股东会讨论应付办法，决议：一、进行司法解决，向河北省法院控告泰记公司注册人孙贤熙，向日本领事馆控告泰记日本股东高久馨；(二)让渡矿产，以不损害国家主权及股东利益为原则。

△ 天津律师公会为援助冤抑犯人，成立冤狱赔偿委员会，以苏明文等九人为委员，白鋆为委员长。

9 月 9 日 中共中央为贯彻战略方针，是日及 11 日连续致电红军总政委张国焘，重申只有北上才是出路，令其“立即命令左路军向班佑、巴西开进，不得违误”；并决定右路军统归中央军委副主席周恩来指挥。

△ 英铁道专家海孟德应聘来华考察，历时四个月，是日自沪乘轮返国。

△ 参加第一次世界大战后流落比利时的华工林迪甫等 31 人被比政府驱逐回国，是日抵沪。

△ 东北吉林、长春发现烈性鼠疫，传染甚速，是日起榆关检查旅客。

9 月 10 日 中共中央发布《为执行北上方针告同志书》。毛泽东率红三军离开阿西向俄界进发，到达拉界。

△ 应聘来华担任国民政府首席财经顾问之英人李滋·罗斯抵东京，偕英驻日大使克莱武访日外务大臣广田及外次重光，商讨有关中国币制与经济问题，并声明此次赴华仅在调查，英政府并未授予对华经济援助任何谈判之权，对复兴中国经济事宜，甚愿与日政府密切联系。广田答谓此次调查如能制成具体方案，商诸日本，当竭力合作。

△ 晋军三团渡河入陕，由总指挥孙楚指挥进攻陕北红军。

△ 行政院通过交通部发行民国二十四年电政公债 1000 万元，用作整理及扩充电报、电话及无线电，年息六厘，分七年半偿还。

△ 行政院通过孔、孟等奉祀官待遇案。孔子奉祀官支特任俸，其他奉祀官支简任俸。应承袭奉祀官之人一经达到学龄，即由鲁省府督促其入学，至大学毕业为止，奉祀官子女在公立各级学校就学者，享免费待遇。

△ 蒋介石为整理川省币制，布告将地钞全数收回销毁，并规定自 9 月 15 日起，川省一切公私交易均以中央钞为本位，地钞 10 元掉换中央钞八元，限 11 月 20 日前掉换完毕，逾期作废。

△ 黄郛向行政院再次呈辞内政部长职。

△ 皖省府主席刘镇华抵芜湖，与第四十六旅旅长鲍刚会商围攻皖南红军。皖省当局并令各县实行联防，协力“搜剿”。

△ 商震访天津日驻屯军司令多田及参谋长酒井，商战区治安及长城线“清剿”土匪事宜。

△ 冀省府公布《保甲制度计划大纲》，决定编组保甲。各县编组保甲完竣后，应抽调24岁以上45岁以下壮丁编为常在民警及预备民警，分期训练，以代公安局及保卫团组织，实行警卫合一制度。

△ 日本国际文化振兴会派山井格太郎到津调查华北文化事业。25日，早稻田大学校长田中穗积等组织的"鲜、满、支考察团"到津考察平、津文化教育。

9月上旬 陕北红军刘志丹部进攻绥德、吴堡。

△ 日关东军司令部在西蒙贝勒庙设特务机关。

△ 日本为统制我东北糖业，决定成立满洲制糖公司。资本1000万元，分10万股，台湾、明治、日糖、盐水港各糖业公司各认2.5万股，糖业联合会员认一万股，其余由商界招募。

△ 日本为倾销日货，在津设天津贸易馆，由领事馆直辖。

9月11日 粤揭阳县农税局扣留抗税日米船，是日汕头日领向揭阳县府提出赔偿、保护日商货运、保证以后不再发生类此事件等要求。同日，日舰七艘到汕。27日，驻粤日总领事河相又向粤省府抗议，并再派日舰三艘、陆战队120人登陆示威。10月1日，外交部电两广外交特派员甘介侯查明真相。

△ 经委会水利处向经委会常会报告本年江河水势及堵口复堤情形，略称：长江汉口水位以7月14日为最高，达51.35呎，较民国二十年最高水位低2.25呎，此后水位逐日下降，至9月10日已降至40.4呎。江汉泛滥区域，据8月16日、17日航勘结果，约计2.5万平方公里，(约合4000万亩)，计鄂省1.37万平方公里，湘省6500平方公里，赣省2900平方公里，皖省1900平方公里。扬子江、襄河干堤漫溃29处，现已堵筑合龙者八处。黄水泛滥面积达7500平方公里，山东鄄城、东平一带灾情最重。

△ 广东银行停业后，是日，上海英驻华最高法院派谭约翰会计师接管沪、汉两分行财产并收取一切人欠债务。港总行及旧金山、暹罗等分行财产已由港政府派人接管，广州分行由粤省派员监视。

△ 胡文虎在新加坡创办《星中日报》，是日出版。

9月12日 中共中央在川甘边俄界召开政治局扩大会议，毛泽东作关于与张国焘争论及今后战略方针的报告。会议讨论北上到达甘南后的方针，通过《关于张国焘同志的错误的决定》。会议决定红一、红三军编为中国工农红军陕甘支队，继续北上。陕甘支队司令员彭德怀、政治委员毛泽东。会议还决定成立毛泽东、周恩来、王稼祥、彭德怀、林彪五人团进行军事领导。

△ 经委会常会通过成立合作事业委员会。10月1日，合作事业委员会在南京成立。

△ 上海益利总公司（所属汽水厂、玻璃厂、轮船公司、地产公司、银号等）因美商美丰银行向其索取积欠透支40余万元，无法偿还，宣告停业清理。

△ 天津日商组织“日本人输出入贸易组合”，调查华北毛纺织业，为投资作准备。至是日，日商参加者已达73家。

9月13日 张学良由汉口飞西安，与杨虎城、邵力子等会商军事。

△ 红军北上陕甘支队一、三军团沿白龙江右岸前进，通过栈道，向岷山要隘腊子口进逼。14日到达麻牙寺。16日，红一军团第二师第四团进攻腊子口，击溃国军新编第十四师鲁大昌部三个团。17日，突破腊子口。18日，占领甘肃岷县、西固间之哈达铺。

△ 国联行政院开秘密会议，讨论中国理事席位问题，决定无限期搁置。

△ 黄绍竑、顾祝同由汉飞京。黄向汪精卫报告赴川见蒋介石经过。

△ 山西绥署、省府防共会议发表阎锡山所拟《好人团制裁坏人办法》及《消除民间不平办法》，宣称“共产党提倡阶级斗争，集合无产阶级向有产阶级进攻，吾人应不分阶级分好坏，集合好人制裁坏人”。并主张省、县政府考查、督促各级官吏主张公道，消除民间不平事项。

9月14日 德首任驻华大使陶德曼向国府主席林森呈递国书。

德使馆由平迁京。

△ 国民政府任命黄新为陆军第四十一师师长。

△ 日“满铁”总裁松冈访关东军司令南次郎，商开发华北。

△ 日关东军驻张家口特务机关长松井率20人至绥远黑沙陀“视察”。

△ 榆关海关负责人谈，今年上半年共扣留私运日货达百余万元。

9月15日 张国焘在川北阿坝召开“川康省委扩大会议”，对抗中共中央北上抗日战线。是日发布《大举南下政治保障计划》，17日又发布南下命令，声称：“大举向南进攻，消灭川军残部，在广大地区内建立根据地，首先赤化四川。”强令红四方面军、红一方面军五、九军团及中央军委纵队一部自阿坝出发，重过草地南下。

△ 中英会勘滇缅南界，中方委员尹明德由京赴沪，会同梁宇皋等前往滇边。

△ 日外务省草拟“中日文化提携”具体办法，对华文化事业经费从300万元增至400万元。

△ 榆关韩人聚众走私，秘密组织运输社，秦皇岛海关请日方取缔。

△ 沪五金铁业考察团章均堂等一行20人应日三井株式会社之邀，离沪赴日参观。

△ 据《农情报告》第三卷第九期载：实业部中央农业实验所估计本年农业受灾损失，20个受灾省份夏收小麦、大麦、豌豆、蚕豆、燕麦五种合计，因旱损失1.4281亿市担，因风损失2989万市担，因病害损失2989万市担，因虫害损失289万市担，其他灾害损失5655万市担，其中小麦损失约1.9272亿市担，大麦损失约4188万市担，豌豆损失约2159万市担，蚕豆损失约1039万市担，燕麦损失约194万市担。

9月16日 全国司法会议在南京举行，至20日闭幕。讨论议案446件，较重要者为：一、各省司法经费拟改由国库负担，以所得税、遗产税及其他确定税收为底款，细则由司法院与财政部商定。在未实行以前仍由各省负担；二、整顿县长兼理司法，逐步做到司法权完全独立；三、试行巡回审判制度。

△　两广国民党中委萧佛成、陈济棠、李宗仁、邹鲁、林云陔等联电国民党中央，请将去年9月8日西南执行部所提整饬政治风纪、严惩淆乱社会危害党国等四案，列入五全大会议题。嗣中央电复，请由西南中委以私人名义提出。

△　阎锡山发表《土地公有案办法大纲》，主张由村公所发行村公债收买全村土地为村公有，分给农民耕作，一人一份。《办法说明》称："土地私有实为共产党露下一个大空隙"，要消灭共产党，"舍从解决土地问题，根本消除大空隙入手，恐别无良法"。山东文化建设分会认为此项办法"与总理三民主义大相违反"，表示反对，并呈请五全大会、六中全会不予讨论。10月3日，"土地村公有实施办法讨论会"在太原成立。

△　"剿匪"军第一路总部移驻常德。23日，总司令何键赴常德指挥进攻贺龙红军，并巡视湘西北澧水流域各地。

△　渝各界代表胡文澜等12人向四川省府请愿，要求十足收回地钞，暂缓实行新税，并收回发行善后公债成命，以轻人民负担。

△　《译文》月刊被迫停刊，是日出终刊号(第三卷第一号)。该刊由黄源主编，译介外国进步文学作品。

△　《宇宙风》半月刊在沪创刊，林语堂、陶亢德主编。

△　苏州国学讲习会开学。18日正式上课。由章太炎主讲。该会并出版《制言》半月刊，以提倡国学为宗旨，由章主编。

△　上海房租高昂，平均占生活费用30%至50%。市民不堪负担，年前成立减低房租委员会。是日该会发表减租总动员宣言，要求政府早颁减低房租标准办法，并促地产业主自动减租。

△　前北京政府内务总长、交通总长张志潭在天津病卒。

△　香港国民商业储蓄银行总行因受广东银行停业影响发生挤提，周转不灵，宣告停业。沪、津、汉各分行同时清理。该行创立于民国

十年,资本500万元,由侨绅马应彪等所组织。

△ 苏北黄水夺运入六塘河。宿迁桃园忽溃40余丈,淹田千顷。横流与骆马湖九龙决口混流,宿迁、沭阳同被巨灾。

9月17日 国民政府派陈公博、秦汾、周作民、邹秉文、许仕廉、章元善、曾仲鸣、王世颖、高秉坊、寿勉成等17人为全国经委会合作事业委员会委员,指定陈公博为主任委员,秦汾、邹秉文、章元善、许仕廉为常委。

△ 美首任驻华大使詹森向国民政府主席林森呈递国书。美使馆自平迁京。

△ 日驻汉口领事三浦以汉口警备司令部兵营中发现抗日标语,向武汉警备司令部提严重抗议,要求处罚责任者。

△ 华北日驻屯军司令多田召集参谋长酒井、参谋石井、中井、驻榆特务机关长竹下及步兵队长萱岛、长谷川、温井等商"战区治安"问题。

△ 行政院决议慰留内政部长黄郛。24日,黄打消辞意,电行政院续假休养。

△ 河北省监察使周利生以该省前民政厅长兼代省主席张厚琬违令更换县长18人,特提出弹劾,要求一律宣布无效,并将张移付惩戒。

△ 闽省南平、松溪、政和、永春、诏安、龙岩等县鼠疫流行,龙岩尤烈,死亡甚多。是日省府分电行政院、蒋介石请拨防疫费五万元,并划龙岩县城为防疫实验区。

9月18日 "九一八"四周年,各地举行简单纪念式,平、津当局除下半旗志哀外,未举行仪式。为"防范扰乱",平军、宪、警一齐出动"警备"。津重要街巷亦戒严。上海"抗日救国大同盟"发表宣言,要求停止内战,一致抗日。

△ 红二十五军到达陕北延长县永平镇,同红二十六军、二十七军会师,合编为红十五军团,徐海东为军团长,刘志丹为副军团长,程子华为政委。原红二十五军、二十六军、二十七军分别编为第七十五师、第

七十八师、第八十一师，共 7000 余人。

△ 蒋作宾再晤广田。广田称，中国政府所提希望，日方总望做到，但如何实施，目前正与军方研究。

△ 秦皇岛海关巡船被日宪兵强迫解除武装。22 日，武器被扣，巡船释放。

△ 国民政府聘王正廷为中华民国红十字会总会会长，刘鸿生、杜月笙为副。

△ 内蒙西公旗纠纷，蒙藏委员会已派鄂奇光赴绥调处。是日，行政院令云王（云端旺楚克）、石王（石拉布尔济）静候解决。

9 月 19 日 蒋介石电邀退居泰山之冯玉祥赴京参加国民党六中全会。23 日，冯复蒋电，内称："国事至此，惨过于印度，耻甚于高丽，如不急谋补救，来日大难，实有不忍言及者。"并提建议数点，关于党务：一、开放党禁；二、开放言论；三、真正团结共决大计；四、大赦政治犯。关于政治：一、获得民心；二、严明赏罚；三、设立救灾部；四、奖励抗日精神；五、起用抗日将领。关于外交：一、确定国际敌友；二、速赴苏美切实联络合作。关于军事：一、立即准备发动抗日军事；二、急速充实陆空军备。30 日蒋再电冯表示"尊论诸端，皆先得我心"，并促如期赴京出席六中全会。

△ 王克敏以政整会结束，自平到津。次日分访日驻屯军参谋长酒井及司令官多田辞别。晚搭特快车赴京复命。22 日抵京，向汪精卫报告政整会结束经过。

△ 蒋作宾访日首相冈田，作归任后之拜会，并商"中日提携"问题。

△ 张学良飞天水视察。21 日飞返西安，与阎锡山代表张维清商围攻陕北红军。24 日又偕杨虎城、邓宝珊飞兰州与朱绍良分商防共。

△ 外交部发言人就中国要求参加国联行政院事发表谈话称："中国政府深信国联所有会员国对于中国要求行政院一席，完全承认其合理，且将采取步骤。"

△ 日国际银公司唐山支社成立，任务为推销东北大豆，收购滦东原料运日。

△ 财政部决定明年元旦开征所得税。

△ 广西省府为整理财政发行金融公债200万元。

△ 四川因收回地钞发生纠纷。蓉、渝代表向当局请愿，要求收回按八折兑换地钞成命。内江地方银行被群众捣毁。是日蒋介石通令川省各县严禁聚众请愿。

△ 经委会拟定江河堵口复堤办法大纲七项，分电有关各省府及黄河、扬子江两水利会切实办理。是日，许世英到苏北一带勘灾，称“枝节防治，绝非善策，应以十年功夫，千万财力，设专门机关统治江河”。

9月20日 国民政府令准河南省主席刘峙辞民政厅长兼职。

△ 中国法学会在南京成立。推蒋介石为名誉理事长，汪精卫等八人为名誉理事，居正为理事长，覃振、戴季陶为副理事长，叶楚伧、孙科等九人为常务理事，王宠惠等95人为理事，潘恩培等107人为候补理事。

△ 上海市总工会主席朱学范等电呈国民党中央党部，以参加第一次世界大战华工流落巴黎十有余载，生活极为艰苦，请发给川资，俾能早日返国。

△ 《立报》在沪出版。创办人萧同兹、程沧波、胡朴安等，严谔声任总经理，田丹佛任经理。

△ 许世英自苏北勘灾毕返京。据谈，苏北灾情不亚赣、豫，灾区计有丰、沛、铜、邳、宿、沭六县，受灾面积约2500平方公里，灾民约90万，其中以邳县为最重。

△ 黄河水经苏北六塘河入海。

9月中旬 陕西省府悬赏缉拿陕北红军首领刘志丹，献首级者赏洋一万元，生擒者赏二万元。

△ 日在多伦设蒙盐会社，资本百万元，设厂精制蒙盐，运销东北，抵制外盐。

9 月 21 日 宋哲元在平就平津卫戍司令职。宋在对司令部职员训话中称："哲元夙信中国道德能维人心，能救国家，所以对共党永久反对，主张提倡道德精神来救国家危亡，安社会秩序。""平津为华洋荟萃之区，尤当本中央意志，敦睦邻邦，促进和平。"

△ 李滋·罗斯及随员巴琦、罗杰斯抵沪，汪精卫代表余铭、孔祥熙代表徐堪及全国经委会代表唐海安等往迎。次日接见各报记者，谈来华目的在于"调查中国财政经济情况，希望中英两国能共同合作，使贸易能有更多发展"。

△ 中国国际贸易协会举行理事会议，推张公权为理事长，陈光甫、周作民、郭秉文、徐新六为常务理事，聘孔祥熙为名誉理事长。通过筹组中德贸易协会等案。

△ 沪信通银行因周转不灵停业。该行创立于民国十年，资本 50 万元，董事长谢伯殳。

△ 晨 5 时，日炮兵在天津日租界演习炮战并巷战。

△ 日产业协会理事山田武夫等 16 人在华北"考察"经济毕，是日赴鲁、豫调查煤、铁各矿。

9 月 22 日 中央红军陕甘支队在哈达铺召开团以上干部会，毛泽东作政治报告，宣布继续北上，到陕北去，那里有刘志丹的红军，还有徐海东的红军，还有根据地。"那里就是我们的目的地，就是我们的抗日前进阵地"。并宣布红一、三军改编为陕甘支队，下辖三个纵队：第一纵队林彪为司令，聂荣臻为政委；第二纵队彭德怀为司令（兼，后由彭雪枫接任），李富春为政委，第三纵队叶剑英为司令，邓发为政委。

△ 李滋·罗斯由驻华英使贾德干陪同在沪访宋子文，对中国经济、财政状况有所咨询。

△ 日东方文学院研究员稻叶诚一等四人由平到陕考察文化事业。

△ 日人持原武彦迭率宪兵到设在前清醇王府内的北平民国学院，声称代表醇王府收取欠租。是日又率宪兵及便衣数人入院占住。

该校函请外交部向日方抗议。

9月23日　蒋介石电令川军刘湘部以主力在北川、茂县一带防堵红军徐向前部南进，以一部向川西“追剿”；第一纵队吴奇伟部及第一九五旅在南充停止待命；第二纵队周浑元部由平武、旧州一带向甘边武都、文县一带推进，防止红军北进；第五纵队李韫珩部在康定、丹巴构筑工事，防红军西渡大金川。并令川陕甘边区“剿匪”总司令于学忠及青海马步芳所部，分别在陇南及青海南部黄河沿岸一带扼要防堵红军北进。

△　国民政府令派陆军中将罗卓英为陆军第十八军军长；任命任鸿隽试署国立四川大学校长。

△　绥远省府主席傅作义召集第七十师师长王靖国及伊盟副盟长阿拉坦鄂奇尔开蒙汉联络“防匪”会议，商定汉、蒙联防办法。同日，绥省各界防共会议决定绥、包两地各设防共会议，进行防共。当日绥远防共会议成立，以傅作义等11人为委员。

△　李滋·罗斯偕英使贾德干抵京，先后访孔祥熙、汪精卫、陈公博、顾孟馀、朱家骅等。

△　阎锡山在绥署、省府总理纪念周中令各政工人员研究“剿”共、防共办法。阎称：“凭借枪杆的共产党好剿，凭借民众的共产党难剿；以武力来赤化的共产党易防，以民力来赤化的共产党难防。”“驻上兵也堵不住赤化的发展，甚而至于他还要赤化我们的军队，这实在是不知道他赤化无办法，知道他赤化了也无办法；已经赤化了的村庄不派兵去无办法，即派兵去也无办法。”

△　晨零时许，吉林京图路二〇一号列车通过吉敦线额穆县境二道河子时脱轨倾覆，抗日军约200人发起攻击，与伪军守备队及路警激战一小时半后退入山林地带。

△　江苏睢宁县四区板桥乡王海庄乡民七八百名反对土地陈报，聚众暴动，杀死区长李闿卿，并扣押保安队员八名。省府令该县长率队镇压。

△ 驻土公使贺耀组赴柏林参观德国国社党会议后，是日途经日内瓦对中央社记者发表谈话，盛赞国社党组织完善，能推动整个民族向前迈进，中国国民党亦应依据中国国情，逐渐推行；并表示必要时当出席五全大会协赞此项建议之实现。

△ 豫省府令各县切实推行保甲制度：实行联保连坐；认真查报户口异动；讲解保甲意义；严格训练壮丁。

9 月 24 日 天津日驻屯军司令多田召日记者聚餐，即席散发《日本对华之基础观念》小册子，公开鼓吹侵略中国，实现"华北自治"，宣称日本应当"在两国之间建立一个共存共荣的乐园，以推行日本帝国的对华政策"，而"华北正是上述对华政策最易并最速实施的地区"。多田并对记者谈：为彻底扫清华北反满抗日分子，实现华北经济独立，防止赤化，必须脱离南京政府，确立华北政治新机构，实行华北五省联合自治。

△ 日本陆军部发言人于东京发表声明："日本陆军以武力驱逐国民党及蒋介石政权于华北之外是不可避免的。"并宣布其陆军的三点对华政策是：一、驱除华北的反日反满分子；二、华北在经济上脱离南京，自行独立；三、经由华北五省军事的合作，以阻止共产主义的蔓延。

△ 北平军分会训令宋哲元、商震共负津市治安责任。是日，宋在平召刘汝明、张自忠、赵登禹、冯治安会商维持察省及平、津治安办法。

△ 北平各界赴日考察团一行 15 人，由团长吴承湜率领离平赴日本考察市政及工商业。

△ 日东方协会会长河濑等七人抵津调查棉纺及水利。同日，大阪野田经济研究所所长野田等五人由沈到津，旋赴张北调查矿产。

△ 晨，美国亚细亚舰队军舰 10 艘离青岛开往秦皇岛。

△ 粤汉路乐昌至坪石段通车。

9 月 25 日 广州湾法人越界兴筑军路，是日两广外交特派员甘介侯向广州法领事提出抗议。27 日，法方允停筑路。

△ 日驻沈阳特务机关长土肥原偕驻承德特务机关长田中久飞抵张家口视察，并调查西公旗纠纷真相。日武官高桥亦飞张晤面。翌晨

土肥原飞承德，29日返沈，发表谈话称“日方有援助蒙古自治必要”，并称“组织一个包括华北五省在内的自治政府将可帮助恢复和平与秩序”。

△ 朝鲜《京城日报》、《每日申报》及英文《全罗日报》等三报馆派遣飞华访问机“萨尔逊号”抵沪。26日飞青岛。27日飞大连返朝。

△ “满铁”宣布凌源至平泉间铁路9月20日竣工，是日通车。

△ 伪满洲国取缔关外道胜、汇丰、麦加利、花旗等苏联、英、美等国银行。

9月26日 红军陕甘支队自陇南武山县西北之鸳鸯铺出发，以急行军通过渭水封锁线，占领榜罗镇。中共中央政治局常委在榜罗镇开会，确定把落脚点放在陕北的战略方针，迅速率陕甘支队北上，会合当地红军，保卫和扩大陕北根据地。

△ 内蒙云王电蒋介石报告西公旗纠纷经过，并请维持罢免石王札萨克原案。同日，乌、伊两盟各旗札萨克以蒙政会罢免西公旗石王，世袭制度将失保障，特联电中央，请重申明令，保障旧制。

△ 蒙藏委员会副委员长赵丕廉由平抵京，与黄慕松会商调解西公旗纠纷办法。

△ 抗日军百名攻击距敦化20公里大石头河子警察署，俘去伪署长等六名。

△ 日人向北平民国学院强索醇王府租金事，持原拒绝民国学院所提分期偿还欠租办法，并以醇王府代理人名义贴出公告，限学生10日内迁出，否则将房屋封闭。

△ 中、日合组之“中华全国火柴产销联营社”，是日由中国火柴同业公会主席刘鸿生等与日在华火柴业联合会代表植田贤次郎签订《中日双方同意书》；经理由两国分任。

9月27日 行政院令河北省府，该省外交事件均归省府核夺办理。

△ 日四相（首相冈田、外相广田、陆相川岛、海相大角）会议研究

日本对华新政策，决以中、日、“满”提携为中心，共同开发华北，共同防共，取缔排日，“确保远东和平”。

△ 新疆省督办盛世才就日本“新联社”24 日所发新省加入苏联消息一事特电该省平、津办事处辟谣。苏联塔斯社亦于 25 日声明辟谣。

△ 李滋·罗斯在沪开始搜集有关经济资料，尤注重中国债务实况及税收情形。

△ 晋军骑兵司令赵承绶向阎锡山建议防共办法，主张购地分给士兵，谓士兵于退役后若得赡养地，必能安心服役，则“共匪之煽惑不为动，盗匪之险路不肯走，御敌剿共，效死勿去矣”。

△ 欧亚航空公司西安至成都线正式开航。

9 月 28 日 孔祥熙在沪举行茶会欢迎李滋·罗斯，并介绍工商界领袖会晤。孔称：“我国经济不景气，不仅关系吾国，亦且影响各国在华投资和贸易”，“极盼其他友邦政府亦派专家早日来华。”李滋·罗斯答称：“英国政府对华经济颇为注意，盖中国经济繁荣、衰落，有关世界经济，而与英国尤为休戚相关，故此来拟对中国财政经济组织状况有所考察。”

△ 第七十师师长王靖国返回包头，即布置绥西防务，委所部旅长田树梅为五(原)临(河)安(北)保安司令，徐子珍为东胜保安司令，杜堃为包头城防司令，并在伊盟准格尔旗与托克托县境筑碉 200 处，复派骑兵一旅赴伊盟与井岳秀部切取联络，以防红军进绥。是日王又在包头召开包西防共会议。

△ 行政院组成赴暹考察团，是日召开筹备会。该团以凌冰为团长，林康侯为副，团员 13 人，分别由农村复兴会、侨委会、外交部、实业部、财政部及沪金融界派出。

△ 日外务省文化部第一课长林安抵平。翌日又派富田教授到沪，分别考察平、沪文化。2 日，林安自平到津，视察日侨文化事业状况。

△ 新任日陆相川岛义一向内阁提出《鼓励华北自主案》。10月4日，内阁通过。

△ 胡汉民离德赴美休养。

9月29日 “满铁”为对华北进行经济侵略，日前在津设立“天津事务所”，并决定在察、绥两省各设一调查机关，专司搜集产业情报及经济资料。察省调查机关设张家口，在多伦设分机关。是日渡边奉“满铁”命到达多伦。

△ 日海军第三舰队司令官百武偕日驻东北舰队司令津田到平访宋哲元。

△ 前北京政府外交总长蔡廷幹在平病卒。

△ 国际劳工局中国分局发表世界各国失业华工统计，总数共达2.9万余人。其中以在美者最多，达1.3万余人。

9月30日 国民政府派陆军中将汤恩伯为陆军第十三军军长。

△ 王克敏偕陶履谦、汤尔和、俞家骥赴莫干山访黄郛，报告华北情况。10月9日返平。

9月下旬 驻察第二十九军第一三二师赵登禹部奉调卫戍平、津。

△ 第十七军副军长邢震南继徐庭瑶任第十七军军长。

△ 蒋介石电令四川省府主席刘湘迅组农村合作委员会，并指派刘航琛等四人为委员，刘湘为委员长。

是月 日关东军副参谋长板垣征四郎偕渡边、田中隆吉到内蒙乌珠穆沁右旗索王府，与德穆楚克栋鲁普（德王）、索诺木拉布坦（索王）会谈“日蒙合作”，建立“蒙古国”问题。

△ 京沪实业界集资240万元在京筹设大江南水泥厂，推颜惠庆为董事长，陈果夫等为董事。

10 月

10月1日 朱德、周恩来、王稼祥等红军将领率全体指战员向全国党、政、军界发出快邮代电，呼吁为了抗日组织全国统一的国防政府和抗日联军，停止内战，共同御侮。

△　中美成立白银买卖秘密协定，美以白银一盎斯兑换美金6.5角之比值，向中国购进白银6500万盎斯。

△　红十五军团在甘泉大劳山伏击自延安撤出之东北军王以哲部第一一〇师，战斗历时六小时，全歼敌军两个团和师直属队，俘3700余人，师长何立中重伤毙命，参谋长范庆兆被击毙，团长杨德新自杀。

△　红二、六军团为了摆脱敌人重兵包围，准备撤出湘鄂川黔根据地，作战略转移。是日，一部由津市、澧县向桑植移动。

△　蒋介石以毛泽东率共军一、三军团入甘，是日电令张学良即令兰州绥靖公署主任张绍良第三路军，第五十一军于学忠部入甘积极进剿。同日，张学良飞抵成都谒蒋介石商谈要公。5日，飞返西安。

△　阎锡山确定晋西防共办法两项：一、各村均办“防共保卫团”；二、各村均办“主张公道团”。是日手谕各县长、公务员、村长等切实研究实行。

△　江西宁都县开始办理第一期公民训练，目的在养成忠于国民党之国民，攻破所谓“异端邪说”。凡年在21岁以上、45岁以下之男女公民，均须参加。每期三个月。

△　中央信托局开业。该局直隶中央银行，资本1000万元，办理信托、储蓄、保险、采购军火等项业务。总局设上海，理事长孔祥熙，常务理事张嘉璈、叶琢堂，理事宋子良、徐堪，监事陈行、李铭、陈光甫。局长由张嘉璈兼任。

10月2日　国民政府特派蒋介石兼西北“剿匪”总司令，张学良兼副司令；以朱绍良、于学忠、杨虎城分任第一、二、三路军司令。

△　红军陕甘支队分左、中、右三路纵队从通渭出发。3日，进入回民区，通过会宁、静宁间的封锁线，中路（第三纵队）到达界石铺，左路（第二纵队）到达界石铺以西的公益铺，右路（第一纵队）到达界石铺以东的西兰公路沿线，控制西兰公路东西数十里。

△　国民党中政会通过重订《漏纳国税处罚条例》原则六项及《全国稻麦改进办法大纲》。

△　国民政府令免管理中荷庚款水利经费董事会董事赫龙门本职，派鲍索文继任。

△　包头黄河水大涨，秋禾皆被淹没。绥省府派员调查灾情，计划修筑沿河防水长堤180丈。各县亦定灾民筑碉工赈计划。

△　赈务委员会分配各省赈款，计鄂、鲁各1.5万，苏一万，湘5000，赣、豫、闽、粤各4000，皖、冀各2000，共6.5万元。

10月3日　国民政府特派顾祝同为军事委员会委员长四川行营主任；并裁撤驻赣“绥靖”公署。

△　国民政府派唐式遵为陆军第二十一军军长，潘文华为第二十三军军长，王缵绪为第四十四军军长。

△　“满铁”新设中国部，以理事石本宪次郎为部长。是日石本离大连赴平、津调查华北经济状况。

△　驻华德使陶德曼出席立法院谈话会，报告希特勒秉政经过，并希望中德友谊日益敦睦，中国在复兴事业上获得巨大成功。

△　平津卫戍司令宋哲元偕萧振瀛、陈觉生等访晤多田、川越，作到任后之拜会。

△　云端旺楚克（云王）、德穆楚克栋鲁普电中央陈述西公旗纠纷近情，请中央主持解决。

10月4日　日阁议通过外、陆、海三相《关于对华政策方案》的决定。主要内容为：“通过以帝国为中心的日、‘满’、华三国的提携互助，确保东亚安定，并求其发展”；要求中国：一、取缔排日，摆脱依靠欧美，采用对日亲善政策；二、默认“满洲国”独立，最后必须正式承认“满洲国”；三、共同防共。在日本确认中国有诚意和日、“满”两国亲善合作时，首先签订“日、华亲善合作关系总协定”，其次签订“日、‘满’、华新关系协定”。

△　蒙古地方自治政务委员会驻平办事处成立，包悦卿任主任。

10月5日 张国焘在四川理番县卓木碉另立“中共中央”、“中央政府”和“中央军委”，宣布开除毛泽东、周恩来、博古、张闻天中央委员及党籍，并下令“通缉”。对杨尚昆、叶剑英“免职查办”。

△ 国民政府任命刘崇杰为驻奥地利特命全权公使。

△ 北平民国学院与醇王府租金纠纷解决，是日签订房租新约，欠租分四年清偿。次日住院两日人迁出。

△ 日关东军司令南次郎乘飞机视察长城各口。

△ 美商信济银行沪总行及哈尔滨、呼伦两分行同时停止清理。该行创立于1927年，总行于1934年由哈尔滨移设上海。

10月6日 中国赴日经济考察团一行34人，由盐业银行总经理吴鼎昌率领自上海启程赴日。该团由各地金融界和工商界组成，团员有宋汉章、陈光甫、唐寿民、周作民、钱新之、徐新六、刘鸿生、俞佐廷、黄文植等人。赴日使命为视察日本工商业，促进“中日经济提携”之实现。

△ 宋哲元、商震商定，平、津、沽治安由第二十九军及第三十二军联合维持，不分界域。第二十九军军部已由张家口移北平。是日，第一一六师缪澂流部与第二十九军冯治安师交接完毕，移防平汉路北段。

△ 白坚武在天津组“华北自治救国军”谋暴动。天津市戒严。

△ 黄河水利委员会委员长李仪祉因建议决开鄄城民埝放水归河以解苏北之危，为鲁省反对，特提辞呈。16日，经国民党中政会批准，其职务暂由副委员长孔祥榕兼代。

10月7日 驻日大使蒋作宾访广田外务大臣，广田根据日内阁通过的《关于对华政策方案》提出三原则：一、中国应放弃以夷制夷政策，不得依赖英、美牵制日本，所有排斥日货及排日教育，均须一律停止；二、中国应尊重“满洲国”之存在，并设法促进华北与“满洲”之文化、经济联络；三、中国应与日本合作“防俄”、“防共”。这便是“广田三原则”。广田称“中国如能完全同意以上三点，日本就可以逐步商议实行中国所提希望条件”。

△ 红军陕甘支队向六盘山挺进，在青石嘴消灭东北军骑第七师

第十九团二个连，越过平（凉）固（原）公路封锁线。8日抵白杨城。陶峙岳师尾追。

△　国民政府令免岳森陆军第五十师师长职，遗缺以成光耀继任；任命陈铁为陆军第八十五师师长。

△　蒋介石自成都飞西安视察。翌日接见邵力子、杨虎城，听取军政情形报告。10日抵洛阳，赴中央军校分校参加开学典礼。

△　张学良飞太原，访阎锡山商“剿共”办法。次日飞返西安。

△　日关东军代表竹下义明及关外电报电话股份有限公司董事前田直造在津与中方代表天津电报局长王若僖签订《关内外通电协定》。津电报局定11月1日开始收发关内外日文电报；平电局六个月后实行。

△　热河省朝阳伪军金鼎部五营联合民众独立，占开鲁，捕伪县长，释狱囚。

△　哈尔滨伪满当局“以危害满洲国幸福”为名，拘捕苏、中、韩人120人，住所悉被搜查。

△　英美商人与买办邬挺生，在许昌设立公司，收购烟叶。

10月8日　国民政府明令改组四川省政府，免甘绩镛省府民政厅长兼职；免省府委员郭昌明（兼建设厅长）、杨全宇（兼教育厅长）本兼各职；任命王又庸、卢作孚、李为纶为省府委员，并分别兼任民政、建设、教育各厅厅长。

10月9日　蒙古地方自治政务委员会第三届大会在百灵庙开幕。秘书长德穆楚克栋鲁普致开幕词，称：“蒙古自治，在外交上言为睦邻安邦，在财政上言为开发富源。”因到代表仅20余人，是日未正式开会；21日，到会委员已足法定人数，始正式开会，讨论防止陕北红军北进等案多件。至26日，大会闭幕。

△　中国赴日经济考察团自神户抵东京。上午访问冈田首相、广田外相、町田商相、高桥藏相、山崎农相；下午历访日华实业协会、商工会议所等。

△ 红四方面军第九、第三十一两军自马塘、梭磨、卓克基一带西移。10日，大部集中大金川东岸党坝以南地区。11日，在靖化(今金川)以北西渡大金川，与国军第五十三师激战，12日晚占靖化。13日占独松、崇化。15日占南街。16日克丹巴。

△ 日外务省文化事业部第一课长林安自津抵沪"视察"文化事业。

△ "满铁"理事石本到津调查华北经济情况。13日，偕驻津事务所所长太田赴平调查华北工商业。

10月10日 蒋介石为消灭湘鄂川黔边区红军，在宜昌设行辕。是日行辕成立，以陈诚为参谋长，代行蒋介石职务。下辖第一路军、第二路军、湘鄂川边区"剿匪"总部、第二十六路军等。

△ 武汉警备司令叶蓬为上月17日驻汉日领事抗议警备司令部兵营内有抗日标语一事，以"违反国府睦邻令"被免职。遗缺由第一军军长陈继承继任。

△ 红军北上先遣支队到达三岔。旋经环县、洪德于17日到达陕、甘交界之老爷山。18日到达陕西铁边城。东北军骑兵第六师白凤翔部尾追。

△ 中国赴日经济考察团在东京与日本经济界商谈金融、贸易等，日银行总裁深井等27人出席。晚，日本经济联盟及日华实业协会设宴招待考察团，席间商定由中日双方各推出三人筹备常设提携机关。次日筹备会议决定设立"中日实业协会"，为中日经济提携常设机关。

△ 国民政府颁给英、美、法、意、比、葡等国在华人士赫里欧等34人采玉勋章。

△ 国民政府以前新疆省府主席兼边防督办金树仁"因公获罪，情有可悯"，明令予以特赦。

△ 上海生活知识社出版《生活知识》半月刊，由沙千里、徐步编辑。

△ 第六届全国运动会在沪开幕，参加者38个单位，运动员共2700余人。

10月上旬 经委会拨款1000万元开办赣、皖、湘、鄂四省农村合作银行，并决定在四省各市、县重要市镇设立分行。

△ 中国文艺社成立，叶楚伧、陈立夫为正、副社长，张道藩、曾仲鸣、萧同兹等17人为理事。

10月11日 日本实业界经济考察团三岛云海等一行14人抵青岛。13日到济南考察经济。三岛称："日系工业国，华系原料国，盼华农业发达，始能供日工业之用，更望中国农村购买日货。"15日自济抵津。次日到平，旋赴察、晋等地考察。该团系由日本电报通讯社发起组织。

△ 东方旅行社总经理张水淇在北平与北宁路局局长殷同、"满铁"代表小池大津等会商关内外货物联运实行办法。

△ 沈阳伪警厅实行大检查，借口"思想不正"，逮捕严讯市民数十人。

10月12日 国民政府令免宋哲元兼察哈尔省保安司令职，遗缺由秦德纯兼任。

△ 蒋介石抵开封。次日飞太原，与阎锡山商陕、甘"剿共"军事。14日自太原飞返南京。

△ 军事委员会密函交通部称："所有全国邮电检查事宜，着归本会统计局管辖，并令先行接办南京、上海、武昌、汉口等市邮件电报检查所，以后陆续推进各地。"25日，军统局局长陈立夫密函交通部，京、沪、武、汉邮电检查所由军统局派员接收。

10月13日 日关东军及华北驻屯军参谋官会议在大连开幕。参谋本部第二课长冈村宁次传达日内阁通过的《关于对华政策方案》，该案要求中国政府将"北方一切有害于日、满、华亲善关系的因素必须铲除"，假如中国政府不能满足其要求，日本将坚决"使华北与南京分离"。14日会议结束。日军司令部中国课长本田忠雄亦于13日由东京抵旅顺口，向海军首脑及旅顺要塞部武官传达《关于对华政策方案》。16

日，冈村宁次在津召开华北日武官会议，就大连会议要项研究进行方法。

△　日外务省东亚局课长守岛抵沪。19日，在沪召集驻华总领事开会，传达《关于对华政策方案》。到日驻华大使有吉、京领须磨、沪领石射、汉领三浦及粤领河相。

△　北平军分会电促何应钦返平主持。14日，鲍文樾等又分电请蒋介石、汪精卫代为催促。

△　丁文江在《大公报》上发表《实行耕者有其地的方法》一文，主张“以土地公债收买土地，分给佃农。公债利息由佃农担负。五年以后以清理田赋所得收入用于还本”。

10月14日　驻汕日领为汕米案向粤省府致最后通牒，声称如不停征日、台米特税，日海军陆战队将于翌日登陆。同日，粤省当局被迫接受日领要求，允发还缉获私货，此后日货进口只纳关税，特税豁免。

△　驻日苏联大使尤列尼夫访日外相广田，对“满”军于6日、8日、12日在绥芬河北三次越境射击苏军事件提出抗议，要求由日、“满”、苏共同调查事件真相。广田诿称此系俄、“满”纠纷，允将此意传达“满”方后，再商调查问题。22日，关东军参谋部发表声明，谓“满”、苏边境频生纷争，根本解决之法，在于究明界线。

△　汪精卫偕唐有壬在沪访黄郛，对外交事宜有所咨询。

△　天津日驻军200余在郭黄庄等地实弹演习，击毙乡民阚双林，日方仅赔20元了事。同日，在津郊灰堆子演习，又以手榴弹炸毙农民一人。

△　李滋·罗斯偕随员巴琦、罗杰斯等由杭返沪。

△　苏省盐河决口，东海、沭阳两县百余村陆沉。宿迁骆马、黄墩两湖堤防全溃，窑湾被淹没。

10月15日　蒋介石与汪精卫在京晤谈中央最近政情。

△　国民政府任命李家钰为陆军第一〇四师师长。

△　长芦税警第八十一队与河北曲周、平乡硝民冲突，在张庄激战

一昼夜,双方均有死伤,硝民 17 人被捕。驻鸡泽、平乡税警第八十二队及特务营千余名赴援。

△ 国营招商局全体理事以该局负债太多,各项整理计划无法实现,呈请辞职。17 日汪精卫、朱家骅分电各理事挽留,并允欠债由交通部、财政部筹还。

△ 福建省银行开业,总行设福州,资本 100 万元,董事长徐桴,总经理寿昌田。

△ 河北、山东、河南、江苏四省黄河堵口会议在开封开幕,讨论董庄堵口及复堤事宜。

10 月 16 日 黄郛应蒋介石电召,离沪入京。

△ 日贵族院议员坂西中将至京访汪精卫。

△ 张学良由西安飞抵武昌,办理行营结束事宜。19 日飞返西安。20 日,武昌行营结束。

△ 汕头米案解决,驻汕日领至汕市府办理手续,领还前扣私米。翌日泊汕日舰六艘由下村率领离汕驶台。

10 月 17 日 国民党中常会通过宪法草案原则五项。立法院长孙科派吴经熊、马寅初等七人遵照中央所颁原则审查修正。

△ 红四方面军主力移至大金川两岸之丹巴、抚边、懋功一带。红四军、红三十军与防守抚、懋之川军第四路军杨森部激战。20 日,红三十军一部克懋功。

△ 日工业代表团一行 27 人,由团长工政会理事长井上匡四郎率领抵沪。

△ 塘沽日守备队在乡军人在大沽炮台演习野战。榆关日关东军开抵留守营,18 日沿北宁路演习野战、夜战。

△ 河南六河沟煤矿公布裁工减资办法,将矿工之星期日、纪念日双资及养老金、房租津贴等一概取消。19 日,工人 600 余人包围公司经理室,要求收回成议。公司被迫勉允工人要求,并请实业部调处。

△ 大达轮船公司总经理兼大生纱厂董事长张孝若在沪寓被其父

张謇生前之卫兵吴义高击毙。

10 月 18 日 蒋介石秘密会见苏联驻华大使鲍格莫洛夫，以中国军队总司令的身份建议中苏订立“秘密军事协定”，对付日本侵略，保证远东和平。

△ 宜昌行辕布置“进剿”湘西红军计划，指挥所部四面合围。除令湘军守保靖、永顺、大庸、石门碉堡线，鄂军守鹤峰、来凤、龙山至天皇庙碉堡线外，又增调第二十六路军孙连仲部和樊崧甫纵队在新安至磨冈隘一线筑碉设防。红二、六军团遂陆续从津市、澧县、临澧、石门撤回，集中在桑植、龙山东南。

△ “香河事件”爆发。日人指使汉奸武宜亭等借口反对田亩附加税，要求实行“自治”。是日，武与日本浪人胜见、福田霞等同谋发动，在河北省香河县安抚寨胡承武宅召开“国民自救会”阴谋暴动。20 日，武纠众到县政府请愿，并派代表及日本浪人三名向县长赵钟朴交涉，要求交出政权，同时散发《县民自治自决自救传单》及《对华之基础观念》等文件。赵县长将代表扣留，并派人到省府报告。22 日，日宪兵一队掩护变民入城内骚乱，释出被拘代表，赵县长逃走。县城被占，公推安厚斋为“民选县长”，实行“自治”。

△ 国民政府追赠前大元帅府陆军总长张开儒为陆军上将，并从优议恤。

△ 汕头农税局缉私稽查机构奉粤省府命于是日裁撤。汕头连日运到日米七八千包，须纳地方税之本国米商已告绝迹。

△ 冈村宁次自津至京分访汪精卫及外次唐有壬，商谈中日问题，旋偕武官雨宫夜车赴沪。

10 月 19 日 红军陕甘支队到达陕北革命根据地吴起镇。中央红军主力历时一年，经过闽、赣、粤、湘、桂、黔、滇、川、康、甘、陕 11 省，行程二万五千里，进行 300 多次战斗，击溃几十万敌军的围追堵截，此时只剩 7000 余人，胜利结束长征。

△ 国民政府派万耀煌为陆军第二十五军军长。

△　蒋介石再次电邀冯玉祥入京出席六中全会。23日，冯复电陈述关于党务、政治等方面意见多项，并表示本人行止“只求有利于国于民，任何牺牲皆无顾惜”。

△　汪精卫对中央社记者发表谈话，否认日本对华提新要求传说。

△　宋哲元在北平向各报记者就所传宋与日密订丧权辱国条约事辟谣，略称：“外交事件责属外交部，余亦无权过问。余就职后，即本中央睦邻令谋求中日互相亲善。与日交涉，决无文字或口头上之任何秘密约定，外传种种，均系谣言，而不足听。”

△　新疆和阗鼠疫流行，罹疫死亡者达数千人。是日汪精卫同意苏派防疫队前往施救，但一俟中央防疫队到达应立即撤回。

△　中华全国体育协进会新董事首次会议，推王正廷、褚民谊等为常务董事，以王正廷为主席；并决议组织华东、华南、华西、华北、华中体协分会。

10月20日　天津旧政客、军阀百余人在日指使下，组织“东亚经济协会”，是日在日租界开成立大会。天津日驻屯军参谋堂胁、宪兵队长池上、副领事西田等均出席。日大亚细亚协会理事长冈元、中日实业公司驻津代表小林亦到会。选高凌霨、钮传善等15人为理事。钮谈，该会将着重发展路、矿、棉等事业。

△　日驻华陆军武官会议在沪召开，由冈村宁次传达《关于对华政策方案》。下午，续开驻华海军武官会议，由海军省课长本田忠雄作同样内容之传达。

△　杨虎城赴三原指挥所部进攻陕北红军。第三十八军军长孙蔚如飞西安向张学良请示机宜。

△　下午，兰州下东门火药库爆炸，延烧至21日始熄。军民死伤数百，毁房数百间。

10月21日　驻日大使蒋作宾向日外相广田转达中国政府对其7日所提三原则的意见：一、中国无“以夷制夷”意；在与各国关系中决不排除或妨害日本；二、在“满洲国”问题上政府之间虽不能进行交涉，但对该地方的现状决不用和平以外的方法引起变端，对于关内外人民的经济联系，当设法保持；三、如日本能完全实行中国方面所提之三原则，则中国在不妨碍主权独立的原则下，拟就北方边境“防赤”问题与日方协议有效办法。

△ 伦敦英商中国协会总干事哥罗来华考察贸易，是日在京访外次徐谟商谈中英贸易。

△ “满铁”理事石本连日在平、津调查经济情况，是日赴察、绥。石称“此行系考察华北工商业及金融情况，以促进中日经济提携”。

△ 广西省农业视察团欧仰义等一行12人赴日视察农业试验所。同日，天津五金商人视察团俞效章等11人东渡日本参观重工业。

10月22日 香河事件发生后，河北省府主席商震对安次、永清、霸县、静海、武清、通县、昌平等县颁戒严令。是日安次县有自称民众代表多人欲进城请愿，因违反戒严令被捕。

△ 红十五军团夜袭榆林桥（位于陕西甘泉南），全歼东北军王以哲部第一〇七师四个营，生俘团长高福源。

△ 日本在华北投资总数已近三亿元，其中在天津纺织、烟草、火柴、屠宰、冷藏、骨粉、肥料、制革等业投资3600万元；在北平投资700万元；在青岛纺织业投资约5000万元，火柴、制粉、仓库、榨油、罐头等业及鲁大采煤业等约1.4亿元。是日，“满铁”理事会决议再增资二亿元“开发”华北经济。

△ 日人在台北举行博览会“庆祝”侵占台湾四十周年。福建省府主席陈仪、厦门市长王固磐等先后赴台参加“庆祝”。是日陈仪抵台北，与台湾日军司令官寺内、日总督中川会见，商谈“台湾、福建亲善提携”。

△ 赴日经济考察团与日本实业界领袖在东京商定设立“中日贸易协会”，以两国从事实业及有关人员为会员，以研究中日两国经济状况，促进两国贸易为宗旨。上海、东京两地设总会，各设会长一人，由中日双方分任。必要时得在中日两国各重要商埠设分会。按：日外相广田五月间有组织“中日通商评议会”之主张，久而无成，改倡此会。

△ 殷汝耕偕冀省建设厅、天津市府代表陈东升等访驻津日领西田商谈柳江矿事。日方仍主以30万元代价完全售与泰记。交涉无结果。

△ 中日无线电话通信达成协议，订于明年2月15日起在东京、上海间实行通话。

△ 华业银行沪分行停业。该行于1934年1月开业，资本100万元，总行设香港。

△ 名记者戈公振在沪病逝。

10月23日 河北省政府派参事郑文轩访日武官高桥，表示香河事件将以和平方法解决，并派参议刘耀东代理香河县长。同日，刘会同特警第一总队总务处长孟昭兴赴香河。

△ 赴日经济考察团考察结束，在东京正式解散，是日起团员开始自由行动。吴鼎昌在东京对记者盛赞日本工商业之发达，并称“中国原料与日本技术应提携之点甚多”。

△ 国民党中政会讨论阎锡山《关于土地公有案办法大纲》及《说明书》，决议交付审查。

△ 天津日商会通过要求中国减轻外货进口税案，声称此为减少大批私货之唯一办法，并请上海及各地日人商会提出同样要求。

△ 天津赵养三、张范九等11人组“中日经济提携促进会”，是日成立，宣称“依照国府睦邻命令，实行中日提携”。该会性质与东亚经济协会相同。

10月24日 安厚斋、武宜亭等凭借日本势力，拒绝交出香河县政权，并将新派县长刘耀东扣押。商震部第三十二军派兵二连开往香河，因日军警告，在距城10里处停驻。

△ 河北三河乱民200余，高呼“民众自治”、“要求减轻租税”等口号，拟突入县城。县长率团队紧闭城门扼守，乱民未逞退去。

△ 国民政府令免傅铜省立安徽大学校长职。

△ 晨6时，驻沪美陆军沿苏州河一带举行演习。

△ 上海标金猛涨，自 9 月冲破 900 元关后，逐日上涨，是日又破千元关，一日之间狂涨 70 余元，市价为 1062 元。26 日较 25 日再涨 49 元，高达 1174.8 元。总计 10 日之内，飞涨 200 余元。财政部长孔祥熙令中央银行负责平定金潮。

10 月 25 日 立法院通过《中华民国宪法》，计全文为八章 150 条，较之去年 10 月 16 日该院所通过之宪法草案全文 12 章 178 条删除甚多（原有之军事与财政两章全删）。

△ 河北省府主席商震到津访日驻屯军司令多田等交涉解决香河事件办法。

△ 天津日驻屯军司令多田对香河事件发表谈话，谬称：香河及其他地区农民要求减税发起“自治运动”，与暴动不同，乃为“善意之自治运动”，不可进行军事干涉。同日，日武官高桥亦称，“香河接近停战区，军队不能开入弹压；治安应抽保安队维持，免再肇其他事端”。

△ 天津地区连日发现《河北省自治宣言》传单，署名为“河北省各县代表联席会议”。津、沽戒备。是日，商震召津、沽保安部队各处长会商治安办法，决设军警稽查处，以补警力不足。晚，津公安局派出装甲车巡逻市区。

△ 绥省府召开县长会议，至 31 日闭幕。主要讨论防共，对保甲、筑堡、凿井、积谷、乡训、减轻田赋、整理财政、人民服役、推行义教、训练壮丁等均有详细规定，并决定各县成立防共会议。

△ 日华北总领事会议在天津举行，由外务省东亚局课长守岛传达《关于对华政策方案》，26 日结束。会议决定：一、各总领事对新的对华方针，一致支持遵行；二、各总领事对各地外交、政治、经济方针，相互联络，采适当方法进行；三、华北问题与驻屯军部取紧密联络；四、中日经济提携为时尚早，所有方策暂行保留，静待时机再定进行步骤。

△ 天津日人雇集流民五六百名，自称“民众自治请愿团”，借口要求自治，滋扰保安司令部、市府及公安局。市长程克、公安局长刘玉书预作防范，即派员分往劝告制止。

△　中苏文化协会在南京成立，孙科为会长，蔡元培、于右任、陈立夫、鲍格莫洛夫（苏联驻华大使）、颜惠庆、卡尔品斯基为名誉会长，梁寒操等15人为理事。11月3日，又推张西曼为常务理事。1936年1月以后，上海、湖南、湖北、贵州、广西、云南、四川、延安、晋东南、新疆、香港等地成立分会。

△　日工政会访华代表团一行20余人由团长井上匡四郎率领抵沪。26日起与沪学术界联合举行学术讲演会，日文学博士圆谷弘讲《日本之工业教育》，沪交大校长黎照寰书面发言，题为《工程学与实业》。该团28日由沪入京，旋赴青转平。

△　粤汉路与中英庚款会签订20万英镑借款合同，向英购料修筑湘鄂段。

△　苏北沛县微山湖大堤溃决，县城三面皆水，附近二三百村悉漂没。铜、沛、丰三县交通完全断绝。

10月26日　何应钦电呈蒋介石，告以日使馆武官高桥业已宣称，天津等地日本武官会议之决议为促成华北五省"联合自治"，"表面上仍属中央，实则为独立"。同日，商震电呈蒋介石，谓河北香河事件为日方多田骏与日驻津特务机关长大迫通贞所策划，其目的"即策预备迫使我方承认华北自治"。

△　商震与多田连日在津会商香河事件，尚无具体结果。是日武宜亭向刘耀东提解决条件三项：一、容纳"民众"要求；二、对事变责任者不加处分；三、死伤者给抚恤费。刘向商震请示后，允酌予接受。

△　中国驻国联代表办事处是日及29日先后函复国联秘书长，中国接纳国联对意大利制裁调整委员会通过之对意制裁方案，参加对意制裁。

△　刘湘奉蒋介石漾（23日）电，以第二十三师师长罗泽洲擅自枪杀旅长王芝槐，着即撤职查办。是日，刘电罗遵照，并委唐式遵暂代第二十三师师长。

△　驻日大使蒋作宾访日藏相高桥探询对中日"经济提携"及中国

财政问题意见。高桥称:“中国欲使经济发达,须先收回外国银行钞票发行权”;中国“为谋经济安定,首须政治安定与统一,始能促进中日提携,为维持东洋和平作出贡献”。

△ 澳门政府强迫华人学校增授葡文,并规定凡商店、学校印发之广告或宣传品,概须兼用中、葡两种文字,因而激起华人反对。是日澳门华商总会及各团体派代表三人向粤省府请愿,要求速向澳政府交涉取消此种无理规定。

△ 冈村宁次抵广州,分别访晤李宗仁、陈济棠,就中日邦交问题交换意见,并对航空、广东贸易、中日“经济提携”等问题作具体研究。27 日访萧佛成、刘纪文、邹鲁等。28 日飞南宁,晤白崇禧。31 日赴香港。

△ 阎锡山偕樊象离等自太原飞抵南京,出席六中全会。

△ 中华教育文化基金董事会在沪开常会。蔡元培、李石曾、周诒春、胡适、司徒雷登等出席,美大使詹森等列席。会议通过拨款 30 万元补助义教经费等案。

△ 赴日经济考察团团员陈光甫、徐新六等在沪访财政部长孔祥熙报告赴日考察经过,旋与孔商金融问题。

△ 绥西沿黄河五原、临河、包头、萨拉齐、托克托五县本年水灾灾情之重,为历年所未有。是日绥省府电中央请赈。28 日又通电全国请赈,内称五县被灾 1.51 万方里,灾民 6.24 万余口,被灾村庄 617 村,淹没田禾 3400 余顷,毁房 1094 间,财产损失共约 22.15 万元。

10 月 27 日 武宜亭在香河城内勒捐派款,散发《自救自决宣言》;乱民与民团合流,由高俊山指挥,在城外掘壕扼守。商震仍留津与多田商谈,要求制止日人参与香河事件。

△ 日实业界经济考察团视察武汉毕,离汉入京。11 月 7 日离华回国。

10 月 28 日 冀东战区特警队张庆余部奉令开香河维持治安,武宜亭逃天津。是日商震由津抵平,称香河事件已解决。

△　国民政府任命沈久成为陆军第一四〇师师长。

△　晚8时许，天津日驻屯军便衣队10余人突将天津新闻检查所主任王一凡等六人捕去，经省府、市府交涉，驻津日宪兵司令部始于29日下午6时释放。

△　天津日驻屯军司令部通知北平市政府，日军定11月上旬在平、津附近南苑、丰台、长辛店、良乡、黄村、军粮城一带演习。

△　北平赴日考察团一行在日考察毕返国，是日抵塘沽。

△　国联合作专家甘布尔赴河北定县、深泽、无极等县视察合作社发展情况。

△　海关发表全国1至9月金银输出入情形，白银入超近700万元，黄金出超1300万关金元。

10月29日　西南国民党中委刘芦隐、邓青阳、詹菊似、李任仁、崔广秀在沪发表书面谈话称："吾人此次北来，固然是为六中全会及五全大会问题而来，但是否出席，当视中央对西南各代表主张是否有容纳之诚意而定。"

△　"川越公函"。日驻津总领事川越茂以226至229号公函，分致平津卫戍司令宋哲元、河北省府主席商震、北平市长袁良及天津市长程克，要求"迅速彻底取缔关于妨碍贵我两国邦交之团体"，是谓"川越公函"。11月1日，宋、商、袁、程复函允严行取缔妨害中日邦交之分子。

△　"酒井通牒"。日本天津驻屯军司令部中井增太郎参谋以代表参谋长酒井隆身份，偕同日使馆武官高桥坦往访商震，提出《关于华北协定实施事项之通牒》，要求商转告国民政府办理三章：一、罢免北平市长袁良；二、撤销北平军分会及其附属机构；三、彻底实行华北停战协定及《何梅协定》。是谓"酒井通牒"。旋商震报请中央指示，"以撤袁及废军分会完全属我内政"为由，予以拒绝。

△　冀东战区特警队张庆余部第五中队开抵香河城外待命。第七中队开往香河接防，为城内附逆团警所拒。

△ 驻日大使蒋作宾访日陆相川岛，以中日关系诸悬案交换意见。

10 月 30 日 蒋介石就日人策动“华北自治”一事，复电平津卫戍司令宋哲元，谓：“此时兄处境只听命中央，诿责中央为惟一之法”，“幸勿为威胁所动。”

△ 香河城内仍由伪维持会长安厚斋、伪公安局长高俊山、伪县长张兴武把持。特警队留城外监视，刘耀东未释出。省府派参议王润身前往接洽，亦被拒入城。

△ 北平军分会讨论日方要求取缔“秘密民众团体”之抗议，决呈请中央答复。

△ 日宪兵队在天津金钢桥绑架市府社会局二股主任李铭。

△ 苏北灌、沭等河水均落。韩复榘电行政院请迅发公债赈济鲁灾，并电宋子文请 10 日前再汇堵口费 60 万元。

10 月 31 日 北平市长袁良函复驻津日总领事川越关于“排日问题”抗议，略称：“本市人民如有妨碍两国邦交者，当即尽力取缔。”“惟亲善之道须双方国民间有甚深之了解。平、津一带贵国官民中，亦不无妨碍亲善之前途者，尚希贵领事亦随时留意查察，同时加以取缔，则两国邦交之前途实利赖之。”

△ 冯玉祥因阎锡山敦促及蒋介石迭次电邀，于是日由泰安赴京出席六中全会。

是月 日关东军司令部与伪满民政部、实业部、财政部协议，创设满洲火药公司，资本 500 万元。

△ 蒋介石为追堵红军，前令曾养甫督修鄂、湘、黔、川等十余省公路。本月通车已达二万余里。

△ 四川省设八“绥靖”区，各区司令官为：第一区李家钰，第二区邓锡侯，第三区杨森，第四区刘文辉，第五区孙震，第六区唐式遵，第七区潘文华，第八区许绍宗。“绥靖”任务限六个月完成。

△ 冀省完县碱地试植美棉成功，省府令各县仿行。

△ 沪光华煤油公司董事长许世英以该公司受外商倾销影响，支

持不易,请实业部收归国有。

11 月

11 月 1 日 上午,国民党第四届中央执行委员会第六次全体会议在南京开幕,到中委百余人,各机关代表及党部职员共千余人。汪精卫主席。汪在开幕词中,承认“国难严重,比之四全代会时候有增无减”,强调以“精诚团结之精神”,谋国难之解除。开幕式后接开预备会,推蒋介石、汪精卫、于右任、孙科、戴季陶、丁惟汾、居正为全会主席团,叶楚伧为秘书长,并通过组织提案审查委员会等案。

△ 汪精卫致开幕词后,在会场外摄影时遇刺,枪伤左颊、左臂及背肋三处。刺客晨光通讯社记者孙凤鸣亦被卫士击中,当场被捕。次晨,孙伤重在南京中央医院毙命。

△ 国民政府公布《民国二十四年水灾工赈公债条例》,总额 2000 万元,即日发行,至民国三十六(1947)年 10 月 31 日本息偿清。

△ 西北“剿匪”总部在西安成立,负责指挥陕、甘、宁、青各省“剿共”军事。参谋长钱大钧,秘书长吴家象。

△ 军事委员会委员长四川行营在重庆成立,主任顾祝同,参谋长贺国光。贺对记者谈,参谋团奉命结束,川、滇、黔、陕、甘、宁、青各省军政均受行营指挥。

△ 四川“剿匪”总司令刘湘为确保川、康交通及名山等据点,防御红四方面军进攻,是日作如下部署:川军第一路邓锡侯部主力扼守灌县、大邑以西之线;郭勋祺部在名山、万古场一带构筑工事;第二路第四十一军孙震部集周公水一带,策应名山、雅安作战;第四路杨森部由抚边、懋功转至洪雅一带与第一路及郭勋祺师联络堵击;第六路王缵绪部守三角堰、朱家场一带;潘文华部扼守名山一带,一部守芦山附近;川康军第十二旅守备雅安、天全;第三路李家钰部由茂县向富林、西昌一带推进。

△ 北平军分会再申敦睦邦交令，通令各军政机关严加侦察、取缔一切抗日团体；并答复驻津日领上月29日之抗议，允彻查妨碍邦交分子。

△ 商震、宋哲元分别口头答复日领川越关于“排日问题”的抗议。商称：“据各县报告，决无排日机关之存在与活动。”宋称：“如在管辖范围内有此种团体存在，并获得确实证据时，自当严加取缔，以增进两国邦交。”

△ 日方策动北平市粪夫千余人，借口反对粪业改归官办，请愿改组市府。

△ 北平市长袁良电中央恳辞。3日，行政院批准袁良辞职，由宋哲元兼代北平市长。

△ 平、津清华大学等11校学生联呈国民党六中全会，要求政府尊重约法精神，开放言论，集会结社自由，禁止非法逮捕青年，并将呈文以快邮代电发全国各机关、法团、学校，内称：“奠都以来，青年之遭杀戮者，报纸记载至三十万人之多，而失踪监禁者更不可胜计，杀之不快，更施以活埋；禁之不足，复加以毒刑。地狱现形，人间何世！‘九一八’事变，三日失地万里，吾民岂不知尸责者谁，特以外患当前，不愿与政府歧趋。然政府则利用此种心理，借口划一国策，熬煎逼迫，无所不至。昔可以‘赤化’为口实，今复可以‘妨碍邦交’为罪名，而吾民则举动均有犯罪之机会矣。杀身之祸，人人不敢必免，吾民何辜，而至于斯！”“著作乃人民之自由，而北平一隅，民国二十三年焚毁书籍竟达千余种以上。……此外刊物之被禁，作家之被逮，更不可胜计。焚书坑儒之现象，不图复见于今日之中国，此诚吾民所百思莫解者矣。”

△ “满铁”派西村逸次郎等八人到天津筹备兴中公司，资本1000万元。津方股本由高凌霨、钮传善等募集。

△ 日本“满蒙毛织会社”在天津设立支社，资本200万元，年营业额以800万元为目标。15日该社派平野到津研究毛织品倾销华北办法。

△ 江苏启东县大生纱厂第二厂因产销困难，宣告停业。该厂有纱锭3.5万枚，布机240台。

11月2日 国民党四届六中全会第一次大会决议组织“宪草”审查委员会审查《中华民国宪法（草案）》，并电促两广中委到京出席。

△ 国民党中委冯玉祥、李烈钧等22人联名向四届六中全会提出《救亡大计案》，主要内容为：一、切实保障人民言论、出版、集会、结社、居住、信仰之完全自由；二、大赦政治犯；三、精诚团结；四、注意防灾救灾。

△ 国民政府令驻甘肃“绥靖”主任朱绍良专理军务，免去甘肃省政府委员暨主席职；任命于学忠为甘肃省政府委员兼主席。

△ 国民政府任命刘季洪试署省立河南大学校长。

△ 香河城门紧闭，不准出入。安厚斋避迹乡间，县城治安由伪公安局长高俊山负责。河北省府派参议王润生前往接洽交接，高因有伪“河北各县代表联合会”及“中华民主同盟会”支持，拒绝交出政权。

△ 天津日租界发现“华北农民自救团”散发谋乱传单。

△ 汪精卫被刺后，至是日南京市府警察厅已捕嫌疑犯20人，经严密审问，除留10人继续侦查外，余交保候传。

11月3日 财政部颁布《币制改革紧急令》，自4日起实行新货币政策。规定办法六条：一、以中央、中国、交通三银行所发钞票为法币，收付概以法币为限；二、其他银行钞票限期兑换法币；三、设发行准备管理委员会，办理法币发行收换及保管准备金等事宜；四、持有银本位币或其他银类者，交发行准备管委会或指定银行兑换法币；五、以银币单位订立之契约，到期以法币结算；六、由中央、中国、交通三银行无限制买卖外汇。

△ 财政部长孔祥熙在沪召集金融界领袖讨论改革币制问题，俞佐廷、钱新之、杜月笙等十余人出席。

△ 行政院复电北平市长袁良辞职照准，遗缺以平津卫戍司令宋哲元兼代。

△ 上海钱业公会以币制改革，投机活跃，各货狂涨，特召集紧急执委会议讨论补救办法，决定所有现银缴存中央银行，请发钞票救济。

△ 红四方面军中纵队（红三十、九、三十一军各一部）进攻芦山，与川军潘文华部激战。6日，进攻名山以北地区，突破川军第一路军木梯老、三角堰阵地，进至太平场、水口、马湖营一带。

△ 日驻榆关特务机关长竹下抵平晤商震洽谈香河事件，称特警队入城为不妥。特警总队长张庆余昨呈商震，亦主采取外交途径和平解决。

△ 天津市公安局长刘玉书偕保安司令部总务处长陈文洪访日驻屯军参谋中井，会商取缔天津市秘密社团活动事。

11月4日 财政部宣布实施币制改革，规定各银行所存现银应悉交向中央银行换取法币，所有完粮纳税及一切款项之收付，概以法币为限，并逐步取缔各地方银行发行的钞票。

△ 国民党中央执行委员会函国民政府严缉晨光通讯社负责人胡云卿、贺坡光等一切与刺汪精卫有关人犯归案讯办。7日，国民政府训令行政、司法两院遵办。

△ 戴季陶、马超俊衔命离京飞广州，敦促留粤各中委入京出席五全大会，共商国是。

△ 财政部分函中央银行、中国银行及交通银行负责稳定外汇价格。5日，三行实行外汇买卖，规定外汇折合标准价格为每法币一元合英汇一先令二便士半；100元合美汇29.75元；又法币2.275元，合海关金单位一元。

△ 财政部组织发行准备管理委员会，负责法币准备金保管及发行收换事宜。孔祥熙任主席，宋子文等18人为委员。是日该委员会举行第一次会议，推宋子文、胡笔江、陈光甫、钱新之、李觉（李稚莲）为常委。

△ 驻华英使贾德干通告英侨遵守中国新颁金融法令，“如以现银偿还全部或一部之债务者，应以违法论，得处以三个月以内监禁，或连

带苦工,或处以 50 镑以下之罚金,或处以监禁及罚金”。同日,英人在华银行遵令一致将银币缴存。

△ 汉口英国汇丰银行、美国花旗银行是日均按中国政府规定,以法币收付。

△ 英国经济顾问李滋·罗斯及孔祥熙在沪先后访驻华日使有吉,否认中英成立借款。有吉称,中英间实行经济提携而将日本除外,必然使日本国民对华对英感情恶化。

△ 平、津日驻军是日沿平津铁路开始大演习,华北驻屯军司令官多田为统监,驻平日军大佐长谷川为指挥,所有义勇队、国防妇女会及在乡军人、学生等均参加,约 1200 余名。7 日结束。

11 月 5 日 国民党四届六中全会第三次大会决议:一、追认《改革货币办法》,交国民政府通令施行;二、《宪法(草案)》提交第五次全国代表大会审查;三、通过冯玉祥等所提《救亡大计案》。

△ 财政部长孔祥熙在京对记者谈,新货币政策“既非停止兑现,亦非放弃银本位”。“发行法币,仍须缴足准备,并非无限制发行,故既非通货膨胀,亦非纸币政策,乃为实施通货管理”。

△ 日藏相高桥与首相冈田讨论中国“币改”问题后,语东京记者称:“日本并不反对英国对华借款,以安定中国外汇。”但又声称:“如对华借款有引起政治发展之威胁,使中国入于国际共管一途,则日本将予以反对。”

△ 日在华银行正金、三井、三菱、台湾、朝鲜、住友等行召开紧急会议,反对中国币制改革,决定:一、华方事先未征求日方谅解,而片面发布白银国有令,作成事实再求日方支持,实不能协力;二、银之交易价格固定为一先令 2.5 便士,与海外银价相差四成,无何补偿,则不能支持。如华方强制收回日本银行现银,则将以违反治外法权相对抗。

△ 军事委员会制订《邮电检查施行规则》及《邮件检查所组织规程》,密函交通部查照办理。《规则》规定邮电检查目的为:“镇压一切反动,监视敌方间谍并防止危害国家、扰乱治安、破坏国防、外交之一切阴谋。”

△ 经冀省府派蓟密专署日顾问金井偕日人小林德与香河高俊山等磋商后，高允将香河县政交还，并于是日释放香河代县长刘耀东。

△ 天津市府函复日领川越上月29日之抗议，允取缔“妨碍邦交”分子及秘密活动。

△ 日宪兵在平擅捕宋哲元第二十九军政训处处长宣介溪，解往天津。经萧振瀛交涉后，于10日释放。

△ 河北省永清县乱民数百，受日浪人煽惑，到县府请愿。县府派团警将其驱散，并捕获为首者刘慕周等六名。同日，宝坻亦发生类似事件。

11月6日 国民党四届六中全会闭幕。到中委85人。于右任致闭幕辞称：这次全会充分表现“精诚团结的历史精神”，经过情形“异常圆满”；要求“赤诚团结”，“集中国力，充实民力，以自身奋斗的力量”度过危难。

△ 国民政府依据四届六中全会追认实施新货币政策决议，通令各省市政府、军警机关一体遵行。

△ 日关东军特务机关长土肥原自沈抵津，谋策动宋哲元等联合华北五省脱离南京国民政府。

△ 行政院决议，以汪精卫因伤不能执行职务，由副院长孔祥熙依法代理行政院院长；外交部部务由政务次长徐谟代拆代行。

△ 粤省财政厅以币制改革令公布后，粤省银币纷纷外流，物价波动，是晚颁集中管理货币紧急令，规定办法六项：一、7日起以广东省银行之银毫券、大洋券及广州市立银行之凭票为“法币”，所有完粮纳税及公私收付概以“法币”为限，不得行使、私藏现金；二、“法币”准备金之保管及发行，由政府、人民共组发行准备管理委员会办理；三、银毫、大洋由政府全数收回，七日起向省、市银行兑换银毫券，银毫加二、大洋加四四给值；四、银类交省行按成色计值收买，不得私藏；五、六日以前所有以银币单位订立之契约，到期以“法币”结算收付；六、外币得自由买卖，不得直接行使。

△　香港汇丰银行停支硬币，发行新一元钞约 10 万元。港市投机活跃，纷纷收购银元，每千贴现 90 元。

△　杭市商会议定法币标准价格，法币一元换小洋 12 角，小洋一角换铜元 25 枚，每元法币换铜元 300 枚，兑换店兑换，不论出入每元取手续费一分，定 7 日实行。

△　戴季陶、马超俊连日访陈济棠、李宗仁、萧佛成、邹鲁等商团结。是日列席西南政务会议交换对时局意见，力请留粤全体中委出席五全大会。8 日自广州飞南昌，翌日飞京复命。

△　驻日英大使克莱武访日外相广田，否认英国对华借款 1000 万镑说，并称中国币制改革，李滋·罗斯事前未有所闻，亦未参与筹划。

11 月 7 日　蒋介石与驻日大使蒋作宾、内政部长黄郛商对日外交。决定责成宋哲元、商震维持平、津局面，一面由蒋作宾与东京开诚协商中日关系。

△　天津日驻屯军司令多田与土肥原、高桥等会商“华北自治”问题。

△　红四方面军左纵队（第九军之第二十七师）前锋进抵邛崃县境。

△　香河事件连日经各关系方面交涉，城中日浪人已全部离去。是日乱民又向冀省当局提出“抚恤死者、对贫民运动首领勿处罚、县长民选”等三项要求。

△　天津 6、7 两日续有法商学院卢郁文教授等多人被日人捕去，人心惶恐。

△　新货币政策实行后，全国各地物价波动。是日，南京市成立临时评价委员会，由宪、警、党政机关、商会及粮食、油、糖、南货、燃料、银钱等业派代表出席，决定评议米、面、煤、油、南货等物品价格。其他大城市亦相继仿行。

11 月 8 日　国民政府任命萧振瀛、张自忠为察哈尔省政府委员，萧兼主席，未到任前由张暂代；任命秦德纯为北平市市长。

△ 国民政府公布《技术人员任用条例》，凡七条。

△ 驻日代办丁绍伋访日外务省次官重光葵，说明币制改革系中国当局独自见解，目的纯在安定通货，并未向英借款。

△ 驻沪日领事馆武官矶谷廉介声明驻华日军部反对中国币制改革。认为中国事前既缺乏准备，复缺乏实行人才，又未得各国谅解，数月之内必发生破绽，其后决无收拾之道。“故余深信日本政府反对此次改革之理由，必将其态度明白宣示中外，以期改革案归于中止”。

△ 参谋次长熊斌自京抵平，向宋哲元、商震传达中央应付日本计划，劝宋等切勿自作主张。

△ 香河伪治安维持会长安厚斋僭称县长。

11 月 9 日 戴季陶、马超俊偕同黄旭初自粤抵京，向蒋介石报告南行经过，并对记者谈称：此次在粤与陈济棠、李宗仁等留粤各中委晤谈，结果甚圆满。留粤同志深以国事至此，实有精诚团结之必要，决来京出席五全大会。

△ 红四方面军右纵队（红三十二军及红四军）击溃川康军刘文辉部，占领天全城。

△ 蒋介石以天全不守，川西形势紧张，急令薛岳除以一部继续控制川、陕、甘边境外，主力集中成都待命堵截红军。12 日，薛岳除留第十三师及第一四〇师控制广元、昭化、绵阳一带外，亲率第一纵队吴奇伟部由南充西进，第二纵队周浑元部主力也由甘边之武都、文县一带南进。21 日第一、二纵队先头部队到达成都，24 日全部到达。

△ 东京日军部发表非正式宣言，反对中国“白银国有”政策，宣称“强制施行白银国有之结果，定将引起社会与政治之纷扰”，日本对此“自不能忽视”。

△ 日外务大臣广田电驻华大使有吉反对中国币制改革。略称：“按中国规定，白银比率为 1 先令 2.5 便士，则较时价 1 先令 11 便士约低 40%，因此日本在华银行团不得不持反对态度，政府亦然。日方亦反对中国将现银集中中央。”

△ 日武官高桥向宋哲元面提禁止现银南运要求。称:“白银国有与华北现银集中上海,皆危及华北经济,阻碍日本帝国利益,蹂躏日本近年对于华北之主张,如贵方不能自动作防止之彻底处置,日本方面将以实力期其实现。”同日,宋哲元被迫下令禁止白银南运。河北省府主席商震、山东省府主席韩复榘亦同时作此宣布。

△ 广田电有吉向李滋·罗斯转达日政府意向称,不问各国属于单独或共同对华借款,日本政府均绝对反对。

△ 参谋次长熊斌到津访土肥原,土肥原拒绝会见。旋往见日驻屯军司令多田。多田称“土肥原之要求(按:指要求设立华北自治政府)必须实现,无商讨余地”。

△ 日本海军陆战队一等水兵中山秀雄在上海窦乐安路被人枪击毙命。11 日,驻沪日总领事石射要求上海市长吴铁城缉凶。上海市府悬赏千元缉凶,并令公安局限期破案究办。

△ 香港政府改易币制,禁止各种白银出口。库务司授权银行发行一元纸币以为法币,发行镍币替代银辅币。

△ 皖省自实施新币制后,通货突感紧缩。省府为增加法币流通数量,决设地方银行,资本 200 万元,官商各半。是日,财政厅长杨绵仲等抵芜湖筹设总行。

△ 外交部为平、津日驻军自上月下旬以来擅捕中国官民 30 余人一事,照会日使有吉提严重抗议,要求保证嗣后不得再有类此举动发生。

11 月 10 日 前“中国国民党临时行动委员会”成员章伯钧、彭泽湘、郭冠杰、彭泽民等在香港开临时代表会议,成立“中华民族解放行动委员会”。是日,会议通过《临时行动纲领》,指出:“中国革命的性质,为民主主义革命的性质”;“中国当前的革命,其内容就是反帝国主义和土地革命。”主张同中国共产党合作,宣布联俄政策,没收大地主土地,武装工农大众,对日作战。并发表宣言,要求国内团结,实行民主,进行抗日,反对对日妥协政策和官僚政治,完成民族解放任务。会议推举黄琪翔为总书记。

△　冯玉祥、阎锡山、李烈钧联电李宗仁、陈济棠，敦促入京出席五全大会。

△　熊斌到保定、北平，分别会晤商震、宋哲元，告以中央通盘应付日人计划，戒其勿自作主张。

11 月 11 日　日关东军特务机关长土肥原自津到平，向宋哲元提出“华北高度自治方案”，内容计有 10 项：一、成立“华北共同防赤委员会”；二、领域为华北五省二市；三、首领宋哲元，总顾问土肥原；四、由最高委员会主持军事；五、财政截用中央在各该省、市之关税、盐税和统税；六、开发华北矿业、棉业，使与日、“满”结成一单位；七、另定五省通用货币，与日元发生联系；八、扑灭三民主义与共产主义，代以东洋主义；九、保留南京政府之宗主权；十、亲日反共。限宋 11 月 20 日前宣布自治，否则日军将取河北和山东。

△　平津卫戍司令宋哲元接到土肥原所提限 20 日前宣布自治之通牒后，一面向国民党中央请示应付方针，一面故意电国民党五全大会，要求南京开放政权，结束训政，实施宪政，还政于民，集中人才，努力复兴大业。多田骏认为宋电是“迈向建立华北自治政权的起点”，遂于次日飞济南，策动鲁省府主席韩复榘响应。于是，韩亦于 13 日向五全大会发出和宋同样主张之电报。

△　日关东军司令南次郎为强制推行华北自治作军事后盾，特发布作战命令：饬独立混成第一旅团调步兵一联队，轻战车、工兵各一中队，野战重炮兵一大队于 13 日集中山海关、古北口附近，作进出华北之准备。又令旅顺口、青岛巡洋舰、驱逐舰驶大沽。

△　上海时代日报社、文化建设社、沪农社、中华邮工社、中华青年社、市教育会、市妇女协进会、各大学教职员联合会、各大学学生联合会等 36 个文化、教育团体电国民党五全大会，建议树立自力更生外交政策；彻底改造中央、地方政制；从“民生国计上着想，为多数劳苦大众求生存”，而不“斤斤于训政、宪政之争论，为少数士大夫求出路”。

△ 上海南京路日商比节洋行被捣毁。次日驻沪日领石射访市府，声称比节洋行事件系排日团体之活动，要求取缔。

△ 日陆军大将、前军事参议官松井石根由沈到津，“视察”华北情势。程克邀宴，王揖唐、曹汝霖、孙润宇等作陪。

△ 粤实施管理货币法令仅四日，即收集白银800余万元。是日，粤省银行又发行百元“法币”一种，即日兑出40万元。

11月12日 国民党第五次全国代表大会在南京开幕，林森主席，到会中委103人，代表405人。林森致开幕词称：“四次代表大会举行于国难发生之始，到今天国难的严重，更十倍于当时。”要求大家充分表现孙中山“第一牺牲自由，第二要贡献能力”这两句遗训的精神，尽应有的使命。

△ 日外务省训令驻京总领事须磨，对近日上海日水兵被狙击及日商店被袭击事件，要求中国政府说明真相，严行取缔排日运动，并依其结果如何，采取有效的实力行动。14日，须磨访外次唐有壬，请严缉刺日水兵凶手，取缔“排日”行动。

△ 平、津日军发言人声称，因中国当局自捕嫌疑人物，日方接受中国请求，自本月5日起，日宪兵停止在平、津逮捕华人；并称所拘捕者不过10人，大半已解交中国当局处理。

△ 河北庆云县发生暴乱，汉奸、日浪人聚众数百占据县府。县长逃兴济。县中重要职员多人被扣，各机关悉被监视，并紧闭城门，检查邮电。

△ 中法在南京签订航空通航合约。广州至河内设置定期航线，由交通部航空公司经营，与法远东航空线衔接。三月后实行，有效期三年。

△ 币制改革后，外商银行中英商银行首先同意缴存现银，美商银行旋亦应允，惟日商银行力持反对。是日沪外商银行公会议决，各行须取一致态度。英商汇丰等行主张，“除日商银行外，其他外商银行意见一致时，将应诺中央银行要求，交出所有现银”。

△ 天津银行公会函市府，声明各行现银决不外运，盼对私运银洋出境者从严取缔。

11 月 13 日 中共中央发表《为日本帝国主义并吞华北及蒋介石出卖华北出卖中国宣言》，号召全国人民广泛联合起来，积极参加抗日反蒋斗争。

△ 留粤国民党中委邹鲁、刘芦隐、黄季陆、李任仁、崔广秀、邓青阳、柏文蔚到京参加国民党五全大会。陈济棠、李宗仁、白崇禧、唐绍仪等均托故请假。

△ 日关东军司令南次郎向外务相广田提出“关于促进华北分离工作”的建议，认为中国的币制改革，“有从根本上破坏”日本独占中国的危险，必须采取“彻底阻止的办法”。建议“利用这个机会一举”策动华北各省“完全脱离南京政权而自行独立”。并称关东军“已将一部分兵力集结于‘国境’”，以巩固“华北实力者”的决心。

△ 河北省府派滦榆区专员殷汝耕与日方交涉后，香河乱民代表允将政权交出，香河事件解决。武宜亭、安厚斋已逃逸。特警队张庆余部入城维持秩序。是日，省府派梁季述接任香河县长。

△ 夜 12 时许，锦州日松井旅团先头部队开抵山海关，大部队在开拔途中。截至 15 日，由锦州调山海关之日军约达 2500 人。

△ 行政院决定解决西公旗纠纷办法。是日，令西公旗札萨克石拉布多尔济停职八个月；在停职期内，所有札萨克职务由该旗记名协理萨克都尔札布代理。

△ 前浙闽苏皖赣五省联军总司令孙传芳在天津居士林诵经时被施剑翘（女）狙击毙命。施自首，声称系为父施从滨报仇（按：施从滨于 1925 年曾任山东军务帮办兼第一军军长，同年 1 月与孙传芳军在安徽交战时，被孙俘斩）。12 月 16 日，刺孙案宣判，施剑翘处有期徒刑 10 年。

△ 财政部决定在天津、汉口、广州分设法币发行准备管理委员会分会，分管黄河、长江、珠江三流域通货，并保管分存准备金。指定周作

民、王克敏等 19 人为天津分会委员；席德炳等 10 人为汉口分会委员。18 日，财政部指定邹敏初为广州分会主席，区芳浦等为委员。

△ 广东省府修正通过《广东法币发行准备管理委员会组织章程》，规定该会任务为：奉广东省府命令，保管准备金及办理法币发行额之审定事宜。

△ 华洋义赈会总干事章元善在北平谈中国合作事业情况，称以往合作事业全由华洋义赈会主持办理，民国二十二年受全国经委会之托在湘、鄂、赣、皖开始兴办，迄今全国共有合作社约四万个。

11 月 14 日 国民党五全大会举行第二次预备会，通过蒋介石等 23 人为大会主席团。并决议以大会名义电请胡汉民、王宠惠等返国参加。

△ 驻沪英总领事白利南召集在沪该国商界领袖会议，议决绝对遵守中国法令，行使法币，禁用现银。

△ 天津日驻屯军将校团佐佐木等一行 11 人由天津抵济南，视察 1928 年日军杀害中国军民之“五三惨案”遗迹，并参拜所谓日本“忠魂碑”。旋访韩复榘，应韩招宴。17 日返津。

△ 北平市府议决平抑钱价、物价办法三项：一、铜元价格规定每元折合 500 枚，不得任意高下；钱市出入补水，差数每元不得过三大枚；二、为防铜元流出，限定出境携带铜元，每人不得过 1000 大枚，逾限没收。铜元票不在此限；三、物价平抑，依米粮各公会所定办法，米面价格以上海市价作标准，增价至多五分至一毛，逾一毛者惩罚。杂粮价格劝令粮商尽量平抑。

11 月 15 日 国民党五全大会举行首次大会，主席林森。于右任代表主席团报告各项工作。孙科、张继分别代表中央执、监委员会作党务报告。通过提案审查委员会组织及该委员会各组名单。

△ 国民政府签发台湾日机访闽许可令。

△ 滦榆兼蓟密区专员殷汝耕与特警总队长暨两区各县、局长等，在日人策动下，联电北平卫戍司令宋哲元、鲁省府主席韩复榘，借响应

促成宪政为名要求华北自治，促宋、韩“领袖群伦，更为有效之主张”。

△ 日第十三驱逐舰队所属三舰由旅顺开抵青岛。榆关续到日兵车五列。

△ 财政部公布《兑换法币办法》及《银制品用银管理规则》。办法规定：银币、银类自 11 月 4 日起限三个月内换成法币；古币、装饰品、工业原料等不在此限。通用银币兑换法币不得有丝毫差价，违者没收。高价收换银币、银类意图偷漏者，依法惩治。

△ 桂省府颁布管理货币办法，以广西省银行、省金库所发之钞券为“法币”，严禁继续使用硬币生金银。

△ 福州金融恐慌，除中央、中国、交通三银行外，各银行、钱庄发生挤兑。省府公告：中国农民银行钞票一律通用，造谣破坏者严办。

△ 自中山秀雄事件发生后，沪市谣诼甚炽，虹口一带居民纷向租界迁移。是日，军政部长何应钦辟谣，声称中央对日亲善政策绝未变更，上海谣传全非事实。沪市府亦令公安局自 16 日起禁止居民无端迁徙。

11 月 16 日 国民党五全大会第二次大会，蒋介石、何应钦分别作政治、军事报告。

△ 蒋介石鉴于华北局势紧张，调兵备战。陇海路军队已西调河南，至是日，京沪路沿线屯集重兵达 11 个师。

△ 萧振瀛致电中央请辞察哈尔省府主席。

△ 日关东军借口中国中央军北上和保护山东日侨，是日命令空军六个中队限 11 月 20 日集结榆关、锦州地区待命。榆关已开到日军约 1.2 万余名。驻承德川岸旅团本日起分向长城线喜峰口、潘家口、冷口、义院口移动。

△ 平律卫戍司令宋哲元布告严禁任意捕人，“嗣后凡在平、津两市，无论何人查拿人犯，如果侦缉得实，或有重大嫌疑，必须通知管辖官署，会同军警依法办理，不得身穿便衣，滥行逮捕”。

△ 日关东军参谋花谷由长春到天津，向驻屯军司令多田传达关

东军对华北时局意见。17 日到济南。

△ 红四方面军中纵队(红三十军、九军、三十一军各一部)及红四军占四川名山东北要镇百丈。19 日,川军十几个旅向百丈红军阵地反攻,战斗七昼夜后,红军撤出百丈一带阵地,转进至九顶山迄莲花山一线防守。

△ 《大众生活》周刊在上海创刊,邹韬奋主编。邹在发刊词《我们的灯塔》中称:“力求民族解放的实现,封建残余的铲除,个人主义的克服……是当前全中国大众所要努力的重大使命;我们愿竭诚尽力,排除万难,从文化方面推动这个大运动的前进!”次年 2 月被查禁,仅出 16 期。

△ 财政部指定中央、中国、交通三银行接收各发行银行之发行准备。中央银行接收中国农工、中南、农商三银行;中国银行接收四明、中国农民(因该行反对,致未接收)、中国实业三银行;交通银行接收中国垦业、中国通商、浙江兴业三银行。发行准备之六成现金即就各该行之保管库暂时封存,四成保证准备则分别移送中、中、交三行保管。

△ 财政部准山东省府请求,济南存银不南运。

11 月 17 日 财政部函知中央银行,准各银钱业行庄按照原有领券办法,以现金六成,搭配政府债券四成,向中央、中国、交通三银行换取法币,或照章领用法币。

11 月 18 日 国民党五全大会举行总理纪念周,主席邹鲁讲话,略谓:“中央若无切实之救国办法,则各方同志不能不各本其热诚责任,以谋救国之途径,不特意见将益见分歧,恐人更将从而骗、而吓、而拆,党不堪问,国更不堪问矣。”要求“党人团结救国,感愧补过,挽此危局”。同日,五全大会第三次大会通过《国民党党员守则》12 条,内容包括忠勇、孝顺、仁爱、信义、和平、礼节、服从等方面。

△ 李宗仁电五全大会建议确定国策,略谓:“大会之无上任务即在确定举国一致之对外国策,如对外有最大决心之方案,则过去因对外政策之歧异而引起之内争矛盾,自可迎刃而解。”

△ 在中共北平临时工作委员会的领导下，各校“黄河水灾赈济会”转化为秘密的北平大中学校学生联合会。是日，北平大中学校学生联合会在中国大学开成立大会，主要成员有：主席郭桂英（郭明秋，女一中）、秘书长姚克广（姚依林，清华大学）、总交通孙敬文（镜湖中学）、总纠察邹素寒（邹鲁风，东北大学）、交际股长王其梅。学联机关设在女一中。会议指定陈絜（燕京大学）起草宣言。12月3日，北平学联在女一中秘密召开代表大会，通过《通电表示否认任何假借民意之“自治运动”》和《联络平市大中学校发起大规模请愿》两决议案。

△ 驻日代办丁绍伋访日外务省次官重光葵，询商中日亲善提携具体意见。重光提出华北事态应与日、“满”间作成圆满关系，禁止排日行为，共同防御赤化，并称日本政府已令有吉大使与中国外交部直接交涉。

△ 日本外务、陆军、海军三省大臣讨论对华政策，决定电有吉大使向蒋介石提出“准许华北某种自治”要求，并告蒋日方对中央军北上，“决不默视”。

△ 土肥原对宋哲元代表萧振瀛以口头作最后通牒：如果宋哲元不在20日前宣布自治，日本方面将自行宣布。19日，宋哲元秘密派人向中央报告请示，是日傍晚，宋接到蒋介石的电报，告以土肥原并无代表日本政府的资格，令宋立即停止与土肥原的谈判。宋即派萧振瀛将蒋的电令通知土肥原，声明不能于20日宣布自治。土肥原遂于20日晨愤然离平赴津。

11月19日 蒋介石在五全大会第四次大会上作对外关系讲演。声称外交方针为：“对本国求自存，对国际求共存。”“和平未到完全绝望时期，决不放弃和平；牺牲未到最后关头，亦不轻言牺牲。”

△ 红二、六军团主力两万人离开湘鄂川黔苏区开始长征。傍晚，自湖南桑植刘家坪出发。21日，集主力于大庸、慈利间之潭口、老鸦口一线；晚，先头部队第十七师第四十九团在潭口突破敌人第十九师李觉部封锁线强渡澧水，歼敌周昆源一部。22日晚，由洞庭溪渡过沅江，冲

破李觉、陶广等部阻截。一部向新化前进,另一部向黔东推进。

△ 红四方面军主力与川军第二十一、二十三、四十四等军在四川名山县百丈、鹤林场一带激战。

△ 宋哲元、秦德纯、萧振瀛宴请北平教育界,征询对时局意见。到各大学校长、院长、教务长等50余人。由萧说明华北自治运动情况,与会者一致表示反对,要求宋、秦本一贯之坚忍卓绝精神,竭力撑持危局,勿使国家领土主权招致分裂。

△ 在日人策动下,有自称所谓"河北各县代表联席会议"、"中华民主同盟会"、"国民自救总会"、"山东人民自治协会"、"绥远军政自治协会"、"河南全省人民自救会"、"察绥商民联合会"、"天津工商业联合会"等团体联名电北平宋哲元、保定商震、山东韩复榘、太原徐永昌、绥远傅作义、察哈尔张自忠、北平秦德纯、天津程克、青岛沈鸿烈等,响应宋哲元真(11日)电,请开放政权,并电五全大会主张自治。

△ 河北曲阳县日浪人纠众数百人,以要求废除苛杂为名,到县府请愿,乘机谋乱。县长督率团警驱散乱民,捕押为首者三人。21日,驻定县第五十三军万福麟部驰往弹压。

11月20日 驻华日大使有吉偕驻京总领事须磨等见蒋介石,提出"广田三原则"、调整中日关系及华北问题。有吉称:中国政府"如果不迅速采取适应华北形势的态度,事态有日益恶化的危险";华北自治"实基民意","勿对人民自治运动施用武力",否则"关东军不能默视"。蒋介石表示,要日方抑制华北自治运动,愿以实行"广田三原则"作为交换条件。翌日,有吉电广田,劝勿以武力逼取自治,否则三原则无由谈判。

△ 萧振瀛语平记者称:奉蒋介石电谕,华北事件停止谈判。

△ 晨,驻锦州关东军铃木旅团村上大队步兵400余名由山海关开抵天津,驻扎海光寺。午后,日驱逐舰二艘由旅顺驶抵塘沽。

△ 汪精卫自京赴沪疗伤。

△ 广东省银行已收兑银毫达1500万元。因"毫券法币"将罄,是

日又发出一元、10 元大洋券，戳签作“毫券法币”用。

△ 被逐旅日侨胞第 91 批项宗昌等三人抵沪。自去年以来，被逐旅日侨胞已达 700 余人。

△ 美远东经济考察团发表报告书，主张在华设立机关，与他国进行商务竞争，尤着重利用庚款资助对华输出。

11 月 21 日 国民党五全大会第五次大会决议，授权五届中央执行委员会决定宣布《宪法》(草案)及召集国民大会日期。

△ 直罗镇战役。毛泽东同周恩来、彭德怀指挥。拂晚，红一方面军红一、红十五军团对陕北直罗镇的东北军第一〇九师发起进攻，激战至下午 2 时，歼敌大部。23 日，红军在张家湾地区歼灭援敌第一〇六师的一个团。24 日，直罗镇之残敌在突围中被全歼。直罗镇战役结束。此役共歼灭东北军一个师又一个团，俘敌 5300 余人，缴枪 3500 余支。直罗镇战役的胜利，打破了蒋介石对陕甘宁苏区的第三次“围剿”。

△ 天津日驻屯军参谋中井到保定，与因病住院之河北省府主席商震会见，声称“华北自治，宋哲元、韩复榘已同意”，逼商三五日内速赴北平协商。商答“病愈后再谈”。

△ 日内瓦华侨抗日救国会电汪精卫、蒋介石反对日本强迫华北独立，要求即派大员北上誓死抵抗，否则“应引退以谢国人”。

△ 黄化南(前石友三部副官长)等四人自称“民众代表”，赴天津市府请愿“自治”。同时，有甚多来历不明之“便衣”陆续到市商会门前集合，均经警察劝回。

△ 发行准备管理委员会天津分会成立，推周作民、卞白眉等七人为常委；决定平、津各银钱行庄所存现银就地封存。

11 月 22 日 蒋介石再次会见驻华日使有吉，提议以取消华北自治运动，中止自治宣言为条件，全面承认广田对华三原则；并称最近将派人赴日，推诚交换意见。

△ 国民党五全大会第六次大会通过《切实推行地方自治以完成训政工作》案，及对政治、军事、党务各报告之决议案。下午第七次大会

选举五届中央执监委员。

△　日外务省东亚局讨论有吉大使与蒋介石20日在南京谈话，东亚局长桑岛、参谋本部冈村、军令部本田、海军省中村、大藏省青木均出席；议决：要求中国承认日本对华政策，并将以华北如何处理，为中国对日有无诚意之考验。同日，日外相广田训令有吉依据广田三原则解决华北问题，对华北自治运动无取消理由。

△　日阁议讨论对华方针，由陆相川岛报告华北情势，外相广田报告有吉与蒋介石在南京会谈经过。讨论结果，决定彻底坚持外、陆、海、大藏四省会议关于华北自治方针。

△　驻外各使馆电询华北真相，外交部复电称：中央对河北现状已定有适当办法，对类似独立之自治运动决不许可。

△　冀东停战区各县府均增聘日籍联络员一人，业经滦榆、蓟密专署发表。是日，抚宁等县日联络员田中二郎等到任。

△　李滋·罗斯偕助理罗杰斯由沪飞平，调查华北各省财政经济状况。

11月23日　国民党五全大会续开第七次大会，选出中央执行委员蒋介石、汪精卫、胡汉民、戴季陶、阎锡山、冯玉祥、于右任、孙科、吴铁城、叶楚伧、何应钦、邹鲁、居正、陈果夫、陈立夫、孔祥熙、张学良、宋子文、白崇禧、顾祝同、蒋鼎文、陈济棠、何键、陈诚、周佛海、陈公博、傅作义、于学忠等120人；候补执行委员俞飞鹏、李品仙、刘建绪、王正廷、黄季陆、唐生智、宋庆龄、罗家伦、杨永泰、程潜等60人；中央监察委员林森、张继、蔡元培、吴敬恒、邵力子、李宗仁、杨虎城、王宠惠、陈璧君、柳亚子、蒋作宾、褚民谊、胡宗南、黄绍竑、宋哲元、商震、薛岳、刘镇华、林云陔、萧佛成、盛世才等50人；候补监察委员雷震、王世杰、何思源、邓青阳、唐绍仪等30人。大会闭幕，发布宣言，列举“建设国家挽救国难要计”10条：一、崇道德以振人心；二、兴实学以奠国本；三、弘教育以培民力；四、裕经济以厚民生；五、慎考铨，严考绩，以立国家用人行政之本；六、尊司法，轻讼累，以重人民生命财产之权；七、重监察，励言官，以肃官方而伸民意；八、重边政，弘教化，以固国族而成统一；九、开宪治，修内政，以立民国确实巩固之基础；十、恪遵总理遗教，恢复民族自信，确立正当之对外关系，以保持国家独立平等之尊严，而达世界大同之目的。

△ 夜，滦榆、蓟密区行政专员殷汝耕取得宋哲元的谅解，在天津召集停战区各特警总队长讲话，宣布在停战地区实行自治。

△ 天津日驻屯军向津沽保安司令部要求租用津郊东局子机场迤西民地作飞机场用，保安司令部未予同意。次日，日军即径行动工修筑。

△ 驻锦县、绥中日军松井旅团 4000 余名到达山海关。川岸混成独立旅团步兵 200 余名由承德开抵古北口，古北口日军增至千名。

△ 红四方面军一部由天全南渡雅河（天全河），击破川康军刘文辉部抵抗，进占荥经。

△ 夜，沪公共租界调查户口，华、洋户口共 115.9775 万人。其中：华籍居民 112.0860 万人，外籍居民 3.8915 万人。外籍居民以日人最多，共 2.0242 万人（包括韩人 618 人）；英人次之，为 6595 人；俄、印、美人又次之。

△ 河南省设栾川县，由卢氏、嵩县、内乡三县各划一部分析置。

11 月 24 日 殷汝耕由天津抵通县，召集停战区特警队等开临时会议，宣示合并滦榆、蓟密两区为滦蓟区，划昌平、宝坻、香河、宁河四县归其管辖。是夜，发表脱离中央、组织伪“冀东防共自治委员会”宣言。25 日，伪“冀东防共自治委员会”在通县成立，以池宗墨、王厦材、张庆余、张砚田、赵雷、李海天、李元声、殷体新、殷汝耕九人为委员，殷汝耕自任委员长。“自治区域”除停战地区 22 县外，并包括延庆、龙门、赤城三县。委员会分设秘书、保安、外交三处，民政、财务、教育、建设四厅及税务管理处、唐山办事处等。《组织大纲》妄称：“本委员会根据《塘沽协定》特殊之区域为范围，脱离中央政权，完成人民自治，以防止赤化，刷新内政，敦睦邻邦，开发富源，尽力于确保东亚和平而增进人民福利为目的。”

△　日本女间谍川岛芳子(金壁辉)抵津,暗组"华北自治委员会",勾结前骑兵师长郭希鹏、丰台暴动祸首张权本等谋乱。

△　天津日人收买流民举行示威,乘汽车散发要求"自治"传单,车悬蓝卐字旗,并有所谓"普安协会"者张贴"日满支联合,实现大亚细亚主义"等亲日标语。为防"便衣"伪装警察暴乱,各区值勤警卫一律易戴夏季警帽,通宵警戒。

△　北平各大学校长、教授蒋梦麟、梅贻琦、李蒸、徐诵明、陆志韦、傅斯年、任鸿隽、胡适、顾毓琇、张奚若、蒋廷黻、查良钊等20余人发表郑重宣言,"坚决反对一切脱离中央和组织特殊机构的阴谋举动","要求政府用全国力量,维持国家领土及行政的完整"。

△　国民政府为前大总统黎元洪在武昌卓刀泉举行国葬。

△　财政部公布《运输银币银类请领护照及私运私带处罚办法》,规定运银应由中央、中国、交通三行负责,并应持有财部准运护照,关卡凭照验放,违者没收充公;如查有故存隐匿,意图偷漏出口者,送法院按《妨碍国币惩治暂行条例》惩处。

11月25日　外交部照会驻华日使有吉抗议日军催逼河北省当局参加自治运动。谓:"查所谓自治运动,乃出于少数不良分子勾结三数日本军人所为,其为促成内乱、破坏国交,彰彰明甚。兹特提出抗议,应请迅转贵国政府,力持正义,对于此等日本军人之非法行为,立予严切制止,并饬令土肥原等即日离境,以遏乱源。"

△　冀省府对殷汝耕之叛国活动,除电中央请示办法外,并电宋哲元就近制止。

△　伪"冀东防共自治委员会"外交处长霍实赴平向日武官高桥报告"自治委员会"成立经过,并说明:一、主张脱离党治而非离开中国;二、尽力维持地方治安;三、负责保侨。同日,伪唐山办事处处长殷体新赴津向日驻屯军司令部报告该会成立经过。

△　殷汝耕训令停战地区各县长,迅将征存应解省库之正、杂各捐税款于三日内悉数解缴"自治委员会"。

△ 唐山统税所被伪"冀东防共自治政府"唐山办事处处长殷体新派员接收。财政部通令各地国税机关拒绝承认伪税照。

△ 伪"冀东防共自治委员会"委派陆逑为北宁铁路新(河)榆(关)段监理处处长。是日陆在唐山就伪职。

△ 驻日代办丁绍伋访日外次重光葵,声称中国政府准备与日本讨论具体而有实效之计划,以促进中日两国间之"亲善提携"。重光表示希望对调整中日关系继续交换意见。

△ 驻滦县、唐山日军一部开北平。山海关日军专车一列同日开天津。

△ 天津日租界有自称"华北民众自卫团"者200余人,由日人前导,至天津市府门前游行示威,要求"自治","还政于民"。又至津沽保安司令部门前呼口号请愿。经天津市长程克等要求多田予以制止。宋哲元遂令天津宪警,宣布戒严。是晚,宋哲元在北平公开声称:一切均听命中央,在其辖境内如有扰乱治安之举动,不惜以武力解决。

11月26日 行政院对华北情势作出如下决议:一、撤销军事委员会北平分会;二、特派何应钦为行政院驻平办事长官;三、特派宋哲元为冀察"绥靖主任";四、令冀省府将滦榆区专员殷汝耕免职拿办;五、撤销滦榆、蓟密两区行政督察专员公署;六、电令宋哲元、商震等负责维持地方治安。同日,国民政府明令发表。

△ 国民政府明令通缉殷汝耕。文曰:"查有河北省滦榆区行政督察专员殷汝耕,于本月二十五日妄自宣言,组织冀东防共自治委员会,自为委员长,勾结奸徒,企图叛国,于国家危难之中,为乘机扰乱之举,丧心病狂,自绝人类,一至于此。该逆殷汝耕着由行政院迅饬河北省政府即予免职,严行缉拿,依法惩办。所有滦榆、蓟密两区行政督察专员,着即撤销,其一切职务,由河北省政府直接处理。"

△ 鄂省府主席张群、闽省府主席陈仪在沪访日使有吉及武官矶谷,希日谅解行政院对华北之措置。

△ 国民党中央电示冀、平、津军政当局应付殷汝耕叛变方针:一、

对冀东脱离中央行动，绝不承认；二、平、津当局注意不因此事引起战区纠纷；三、在可能范围内对殷汝耕行动加以注意。并令一切妥慎从事，随时请示，候令办理。

△　河北省各院校馆全体教职员发表紧急宣言，反对殷汝耕倡言叛乱，破坏国家领土完整。同日，沪商会、总工会、地方协会、中等学校协进会、中华妇女运动同盟会等团体分电中央请明令讨伐殷汝耕，维护国家领土主权完整。

△　日本军事当局训令关东军及天津驻屯军之参谋长与各地武官，指示继续推进自治运动之方针与要领。土肥原遂再度限令宋哲元于 11 月 30 日以前宣布自治。

△　伪"冀东防共自治委员会"税收委员会接收停战区各税收机关，并强行截留各县田赋。

△　平津卫戍司令宋哲元电请韩复榘、商震赴平会商华北时局。是日韩复电称中央已命何应钦北上，对华北时局当有办法，无须赴平。商亦称病未行。

△　北平各大学校长、院长、教授蒋梦麟、梅贻琦、胡适等 10 余人见宋哲元，表示强烈反对华北自治。宋表示一切按中央命令行事。

△　晨，日军尾田中士等率兵 20 名，全副武装，自津出发赴正定，转石家庄、元氏、定县。同日，榆关日军专车一列西开，载日军官兵 150 余名，携小钢炮、机枪等，下午抵北平。

△　冀东宁河县各机关被日兵 10 人及张庆余部特警一中队武力接收，驱逐县长，将该县划归伪"冀东防共自治委员会"管辖。

△　第一路军何键令所部尾追、堵截红二、六军团。李觉率第十五师、第十九师、第六十三师向沅陵、泸溪、辰溪尾追；陶广率第十六师、第六十二师向凤凰、麻阳急进；樊崧甫纵队第二十八、第七十九等师由慈利以南，经桃源过河，在新化堵截。

11 月 27 日　驻京日总领事须磨访行政院代院长孔祥熙，对行政院关于华北之措施表示不满，并谓：中国政府拿办殷汝耕，将使日本政府不得不采取措施,事态将"陷于恶化"。又谓:行政院之决定与蒋介石之提议"有相当距离",任命何应钦为驻平长官,亦不能帮助解决华北问题。

　　△　红二、六军团一部攻克湘西辰溪、浦市,主力向溆浦发展;另一部占新化、锡矿山。28 日克溆浦。

　　△　蒋介石令第二路军薛岳所部经洪雅取捷径向荥经、汉源一带"兜剿"堵截红四方面军。28 日拂晓,第二纵队之第三十六军及第一纵队总指挥部分别由新津、成都西进。30 日,第三十六军全部到达洪雅,第一纵队之第四军军部及第九十师到达丹稜,第九十二师到达母店。

　　△　日外相广田电促有吉大使再赴南京向蒋介石征询中国政府对日之具体方策。

　　△　宋哲元电何应钦辞冀察"绥靖"主任新职。次日何复电慰留。29 日,宋再电行政院坚辞新职。

　　△　日军 90 余名强占丰台车站,禁止放车南下。经交涉后,日方强行规定办法三项勒令遵守:一、不放空车南下;二、不载运军队;三、南下一列须同时北上一列。同日,天津日军进占总站及西站,并阻止津浦路二十一次快车及津济间七十五次车南下。其所强行规定之解决办法亦与丰台车站同,但南下车只许开至济南。28 日,丰台车站日军大部撤走,只留十余人监视。

　　△　伪"冀东防共自治委员会"外交处长霍实在平声明脱离殷汝耕伪组织。

　　△　冀东临榆、昌黎、乐亭、卢龙、迁安五县县长拒绝参加殷汝耕伪自治政府,是日先后离县赴省。

　　△　天津东局子机场被日军强占。是日日机三架由榆关飞东局子机场降落。日航空大队并在东局子赶筑机场,占地千亩。冀省府向日交涉无结果。12 月 5 日,外交部令津沽保安司令再交涉。

　　11 月 28 日　中华苏维埃共和国中央政府和中国工农红军革命军事委员会发表《抗日救国宣言》,提出愿意同任何政治派别、武装队伍、社会团体和国人联合抗日，再一次号召全国一切愿意抗日反蒋者团结起来，组织抗日联军与国防政府，并提出十大纲领：一、没收日本帝国主义的一切财产做抗日经费；二、没收一切卖国贼及汉奸的财产救济灾民及难民；三、救灾治水，安定民生；四、废除一切苛捐杂税，发展工商业；五、发薪、发饷，改良工人、士兵及教职员的生活；六、发展教育，救济失学的学生；七、实现民主权利，释放所有的政治犯；八、发展生产技术，救济失业的知识分子；九、联合朝鲜、台湾、日本国内的工农及一切反日本力量，结成巩固的联盟；十、对中国的抗日民族运动，表示同情、赞助或守善意中立的民族或国家，建立亲密友谊的关系。

△ 外交部就日军人策动华北自治运动及日军强占丰台车站两事，向驻华日使有吉分别提严重抗议，认此项行动足以妨碍两国邦交，应迅即予以有效制止。

△ 北平各大学学生发表与北平共存亡宣言，宣称"决不南迁，决不离校，决不停课，抱定以数千大学生之头颅，效法国'最后一课'之精神，作政府的后盾，与华北共存亡"。

△ 自殷汝耕成立伪"冀东防共自治委员会"后，各方纷电请讨伐叛逆。是日，南京中大、金大、金女大全体教职员致电宋哲元、商震，请讨逆靖难，捍卫国家领土主权。同日，武汉新闻界亦电请国民政府迅平乱逆。

△ 伦敦中国艺展会开幕。展品共3000余件，其中除由中国运往约1000余件外，余均自英、美、日及欧洲各国征集而来。展览会由英皇、英后及林森任名誉会长，汪精卫、包尔温、蒋介石、麦克唐纳任会长。

11月29日 外交部分别照会各国驻华使节，声明殷汝耕一切行为，均应视为无效；同时电令驻外各使节分别通知所在国政府知照。

△ 参加国民党五全大会之海外全体代表马立三等电冀察绥靖主任宋哲元，希本过去精神，卫国守土。

△ 行政院代院长孔祥熙访日使有吉，商谈广田三原则、华北自治、币制改革善后等问题。

△　驻美大使施肇基访美国务卿赫尔，说明“华北自治运动”情况。

△　山西省府主席徐永昌在平与宋哲元会商华北时局后，是日返回太原并向阎锡山报告。

△　北平日宪兵借口北大校长蒋梦麟有反日行动，传蒋至兵营问话。蒋不屈，遂释放。

11 月 30 日　蒋介石与行政院等五院院长商决“华北自治办法”六条：一、实行共同防共；二、关于币制改革，在华北方面可作适当修改；三、考虑关内外人民关系密切，对两地的经济关系予以方便；四、在财政方面给华北政权以相当支配权；五、给予就地合理解决对外悬案权；六、根据民意录用人才，实行理想的政治。并派何应钦、熊式辉、陈仪等北上，根据以上办法与宋哲元共商处理华北问题。何等一行，即于 30 日夜车北上。

△　平津卫戍司令宋哲元连日与中央往返电商安定华北办法。因日方限 30 日答复，昨宋特召集秦（德纯）、萧（振瀛）等彻夜会商后，是晨由宋电蒋报告称：华北形势危迫，有倡自治者，有主自决者，望中央速定有效办法，以慰民望。

△　行政院议定对意制裁实施办法八项，自 12 月 1 日起，各商人及商业团体不得再与意方任何团体、公司或私人订立任何商业契约；凡违令之货物，不论输入或输出，均以私货论，按海关缉私条例处理。

△　华南日领事会议在香港举行，到会者有福州中村、广州河相、香港水泽、厦门小田、汕头原田等。会上交换各地情报并讨论对付中国排日政策等。

△　西南国民党中委邹鲁、林云陔、黄旭初、刘纪文、刘芦隐、邓青阳等由沪入京，出席五届一中全会。

11 月下旬　中央农业实验所发表本年水旱灾损失统计。陕、晋、冀、鲁、豫、苏、皖、鄂、湘、赣、浙、闽、粤 13 省 730 县，有水灾报告者 216 县，有旱灾报告者 279 县。水灾受灾总面积为 3500.2 万市亩，损失粮食 5531.8 万市担；旱灾受灾总面积 5861.8 万市亩，损失粮食 7702.7

万市担。水旱两灾损失粮食总数为1.32345亿市担，约合四亿元。

△ 日关东军派遣小岛等七人往张家口，转赴各蒙旗调查地势、交通、人口、政治、兵力、特产等项，预期三个月完成。

△ 冀省停战区各县旅平同乡会及各县民众代表联合会联合发表宣言，反对殷汝耕组伪自治政府。冀东停战区昌平、香河、玉田、宁河、顺义、三河、平谷、乐亭、临榆、抚宁、卢龙11县县长亦先后声明绝不附逆。

是月 济南市自币制改革后，现银运往青岛外流者颇多，银价高于法币，百元现洋可易法币140元至150元。物价随之飞涨，面粉每包由2.8元涨至3.3元，小麦每担由4.5元涨至5元，新闻纸每领由3.5元涨至4.8元，煤油每桶涨1.5元，其他油、米、纱、布等必需品无不飞涨。

△ 日人在天津大王庄及小刘庄购地百数十亩，建立富士纺织业株式会社。

12 月

12月1日 汪精卫电国民政府辞行政院长及外交部长兼职。行政院副院长孔祥熙暨立法、司法、考试、监察各院院长相继呈辞。

△ 自称天津"自治界代表"刘孟扬等通电行政院、宋哲元、商震、韩复榘、萧振瀛、张自忠、秦德纯、程克暨各界各团体，要求"援照庚子东南自保之先例，速定保境安民之策"，实行"自治自救"。同日，津市商会亦通电称："目前似宜由负责当局速定保境安民之策，内修自治，外睦邻邦，用安民心，而弭祸变。"

△ 日本松井石根大将主持之大亚细亚协会天津支会在日租界成立，由在野军阀、政客组成，李盛铎为总裁，高凌霨、齐燮元为副，目的在散布"大亚细亚主义"，为日侵华张目。

△ 日关东军兵车八列，载士兵3000余，自关外前所站开入榆关。铃木旅团司令部随行。同日，川岸旅团长由承德飞抵古北口部署军事，

旋赴密云转怀柔视察。

△ 河北沧县潜伏分子拟假名“自治”实行暴动，第三十二军军长商震派兵一营驰往弹压。

△ 平津卫戍司令宋哲元及北平市公安局长张维藩以时局紧张，是日先后布告安民，禁造谣言。

△ 天津市长程克致电行政院报告华北危迫情形称：“默察天津附近，危机四伏，一触即发”，“窃观大势所趋，恐非俯顺舆情（按：指华北自治），无以挽狂澜于即倒。”

△ 北平市长秦德纯致电国民政府称：“自战区突变，津市惊扰，危疑震撼，民心动摇，自治自决，议论纷起，空言苦撑，难挽危局……切盼中央早定大计，因势利导，以奠北方。”

12月2日 国民党五届一中全会在南京开幕，出席执监委174人。推蒋介石、孙科、戴季陶、冯玉祥、于右任、居正、邹鲁、顾孟馀、丁惟汾、陈果夫为全会主席团，叶楚伧为秘书长。

△ 何应钦、熊式辉抵保定，与商震、万福麟、门致中、鲍文樾等协商华北问题。何对日记者发表声明，希望中日“和平亲善，共存共荣”。夜，何与北平土肥原互通电话多次。

△ 陈仪、殷同抵天津，先后访晤华北日驻屯军司令多田及下野军阀政客曹锟、曹汝霖、齐燮元、陆宗舆等。

△ 北平各大学校长、教授徐诵明、李蒸、蒋梦麟、梅贻琦、陆志韦、胡适、傅斯年等数十人电国民政府声述华北各界民众“毫无脱离中央，另图自治之意”，盼当局“消除乱源，用全力维持国家领土及行政之完整”。

△ 平、津国立院校教职员联合会发表宣言，坚决反对所谓华北自治运动，要求国民党中央及地方当局迅即制止，以保领土主权，并盼全国同胞“一致奋起，共救危亡”。

△ 河北省各界联合会致电河北旅京同乡张继、李煜瀛等，转恳政府速定解决冀省问题大计，并分电请阎锡山、宋哲元、韩复榘、商震“速

定大计，共赴国难”。

△ 南京中央大学全体学生电请国民党中央以实力制裁殷汝耕，并分电宋哲元、商震，要求“当机立断，戡乱除奸”。

△ 山海关日军约千名沿长城向古北口、密云、怀柔移动。日机十余架绕秦皇岛、榆关侦察。

△ 关东军司令部部附永见俊德大佐继酒井隆任华北日驻屯军参谋长。3日，日方以华北事急，特令永见暂缓到任，仍饬酒井襄助多田。

△ 王正廷访日外务大臣广田。12日由日返沪，语记者称：日本朝野对中日“经济提携”，态度良好。

12月3日 国民党五届中央监察委员会首次全会修正通过《中央监察委员会组织法》；推定林森、张继、萧佛成、吴敬恒、蔡元培为常务委员。

△ 黄郛电行政院请辞内政部长职。

△ 国民政府派黄显声为陆军骑兵军副军长。

△ 何应钦、江西省府主席熊式辉、福建省府主席陈仪抵北平，与平津卫戍司令宋哲元、察哈尔省府主席萧振瀛、北平市长秦德纯会商华北问题。宋表示三点：一、不屈服于外力压迫；二、绝对听命中央；三、对外无秘密协定。

△ 出席国民党五全大会海外代表陈志明、骆仇天等40余人致电北平教育界，响应反对华北自治通电，表示海外侨胞“誓为后盾”。

△ 天津《大公报》发表社论，劝宋哲元“勿自促国家分裂”。宋下令4日起停止该报邮递。

△ 清华大学全体学生通电否认假借民意之“自治运动”，坚决反对任何脱离中央或类似之华北自治组织。

△ 战区特警队张庆余部一大队武力接收河北宝坻县，由殷汝耕派日浪人一名充顾问，组治安维持会。

△ 中英滇缅勘界委员会在户算(位于云南双江县之西)开首次界务会议，核议任务大纲，国联指派之中立委员伊斯兰主席。

△ 驻英大使郭泰祺访英外相贺尔，促注意日本侵犯华北中国领土主权行动。同日，驻法代办萧继荣访法兼外长赖伐尔，提出同样要求。

△ 平、津铜元缺乏，交易不便，物价上涨，津商会等连电商震请饬省行先发旧存铜元券 30 万元，以资救济。是日，商复电照准。

12 月 4 日 国民党五届一中全会决议明年 5 月 5 日公布《宪法》（草案），11 月 12 日召开国民大会。

△ 何应钦与宋哲元商谈关于解决华北危机问题。秦德纯、萧振瀛、熊式辉、陈仪亦与会。会后，宋对记者谈称："华北时局于无办法之中已有一些办法……相信亡中国者中国人，救中国者亦中国人……本人甚愿在何部长领导之下努力一切，绥靖主任亦可就任。"又谓："日本人应对自治运动负主要责任"，表示"服从政府的命令，在必要时将奋起抗日"。

△ 日本不欢迎何应钦留平。是日，日使馆武官高桥托人转告何应钦说：在私交方面，他对何氏表示欢迎；在公事方面，如果何留驻北平，北方将会严重的困扰。是夜，日军方代表与宋哲元接触，并施加压力。

△ 山西防共会议决定组织 84 县"防共保卫团"，所需干部约 900 余人，从各师、旅及失业军官中选充。

△ 天津市长程克、秘书长孙润宇由津到平，访晤平津卫戍司令宋哲元，商津市治安问题。

△ 天津九区市民代表团发表对时局宣言，声明"汉奸勾结流氓地痞，假借市民公意、发出通电要求自治，绝非市民真意"。

△ 南京 91 个学术团体举行救国联席会议，决议两通电：一、电请商震等保持疆土完整；二、声援北平各大学教授努力奋斗，该会愿为后盾。

△ 沪全浙公会以会员殷汝耕假借自治，僭称独立，决议开除其会籍，并发电警告。

△ 日机三架自津东局子机场起飞，沿津浦铁路线侦察。

12月5日 何应钦在平与秦德纯、萧振瀛、熊式辉、陈仪等密商应付华北时局对策，决定为适应北方特殊环境之需要，仿照西南政务委员会往例，设立“冀察政务委员会”，以应付华北危机。并电呈蒋介石报告：“职与公洽、天翼两兄一再考虑，认为惟有遵照钧座指示之最后办法：(1)设立冀察政务委员会；(2)委员及组织由中央决定人选，以适宜于北方环境为标准，并任明轩为委员长；(3)一切军事、外交、政治、经济保持正常状态；(4)绝对避免自治名目及独立状态，如日人压迫，中央与地方一致行动。已托人示意明轩，大约能如此办理，则内外暂可相安。”

△ 国民党五届一中全会第三次大会通过周佛海、曾养甫、罗家伦、潘公展等56名中委所提议案：一、函国民政府通令全国切实保障正当舆论；二、饬邮局将《大公报》放行；三、切实改善新闻检查办法。

△ 宋哲元在平发表谈话称：华北大局自何应钦来平统筹大计，已有转危为安希望，“此后一切困难问题，当悉听命何部长负责处理”。

△ 日机15架在北平上空散掷传单，煽动“自治”。同日晚，北平有自称“各自治区民众代表”24人赴居仁堂向何应钦递送请愿书，要求自卫、自治、自决，并请何速就驻平长官职。

△ 第一路军总司令何键电令驻衡阳一带第六十三师陈光中部驰赴湘西尾追红军。8日，该部抵溆浦城郊，与贺龙、萧克部红军激战后占溆浦。红二、六军团北向观音阁、底庄、谭家湾、烟溪等地转移。

△ 北平社会局通令各大学将所用课本呈送检查，不许只字提及中国失地事实及外患情势。

△ 天津中等以上学校全体学生发表宣言，反对“自治运动”。

△ 江苏中等学校教职员联合会电请国民党中央明令讨伐殷汝耕，并致电警告伪“冀东防共自治委员会”委员王厦材，促其反悟。

△ 冀南肥乡县到日浪人及鲜人甚多，煽惑乡民谋乱。驻大名第五十三军孙多荃师派大部队驰往，捕获首犯七名，余众逃散。

△ 英国下院中国委员会讨论华北时局，主张政府不能放弃责任。

外相贺尔演说，表示“日本使用力量，支配中国内政发展及行政系统为不幸”。贺尔并答复议员史韬顿称：“对华北情势，自当由英国驻华大使密切注视。”

△ 河北省银行开始发行铜元票，分10枚、20枚、40枚、50枚、100枚五种，平、津两市及冀全省通用。每460枚兑换法币一元。发行总额20万元。

△ 香港政府禁止白银出口，收现银为国有，居民藏银不得超过10元，一切收付概用法币，违者拘罚。

12月6日 国民党五届一中全会第四次大会通过《中央执行委员会组织大纲》。中央政治会议改为中央政治委员会，为政治之最高指导机关。中执会除原设财务、抚恤、党史史料编纂各委员会外，增设海外党务、地方自治、国民经济、文化事业四计划委员会。组织、宣传、民训三委员会仍恢复为部。

△ 陈仪、萧振瀛携设置“冀察政务委员会”方案，赴津与日关东军特务机关长土肥原、日驻屯军司令多田、参谋长酒井交换意见。

△ 美国国务卿赫尔发表文告，声明美国对于华北自治运动不能熟视无睹，请各国尊重现有条约。

△ 北平燕京、清华、师大等11所大学及第一女中等四所中学学生自治会联名通电全国，“誓死反对断送领土及主权之自治行动以及任何变相之独立阴谋”，要求政府下令讨伐殷汝耕，宣布对敌外交政策，动员全国对敌抵抗，切实解放人民言论、结社、集会之自由。

△ 外交部次长唐有壬与驻京日总领事须磨、武官雨宫密谈华北问题。

△ 上午，日侦察机九架飞平，在东交民巷及何应钦官邸上空盘旋示威。

△ 晨，日“菊号”军舰官兵百余名在津登陆后，到日租界内游行。11时，河北密云到川岸旅团官兵50余名，旋赴怀柔南关。

△ 冀省邢台、高邑、尧山（今隆尧县一部）、南宫、隆平（今隆尧县

一部)、临城、任县、平乡等十余县近发现汉奸假借“防共自治”聚众倡乱。大兴、宛平、房山、涿县亦到日浪人煽动“自治”。是日,任丘刘万鹏、马德彪又聚众2000余,以要求“自治”为名,武力占据县城,扣留县长李天民。第三十二军唐国良团自霸、雄两县赶赴镇慑。

△ 北平市参议员吕钧等见何应钦,要求“依法办理地方自治”。

12月7日 国民党五届一中全会举行第五次大会,通过中央常务委员会委员、中央政治委员会委员、国民政府主席及五院正、副院长人选后宣布闭幕。名单如下:一、中央常务委员会委员:胡汉民、汪精卫、蒋介石、冯玉祥、丁惟汾、叶楚伧、孔祥熙、邹鲁、陈立夫。主席胡汉民,副主席蒋介石;二、中央政治委员会委员:张人杰、阎锡山、许崇智、李烈钧、王宠惠、李文范、张学良、唐生智、陈璧君、宋子文、朱培德、顾孟馀、朱家骅、马超俊、邵元冲、刘守中、陈公博、王伯群、程潜、陈果夫、梁寒操、张定璠、何应钦、黄绍竑、王陆一。主席汪精卫、副主席蒋介石;三、国民政府主席:林森;四、五院正、副院长:行政院蒋介石(兼)、孔祥熙;立法院孙科、叶楚伧;司法院居正、覃振;考试院戴季陶、钮永建;监察院于右任、许崇智。

△ 何应钦将成立“冀察政务委员会”方案电请南京批示,国民党中央复电照准。

△ 财政部准许外商银行以六成现银、四成保证,向中央、中国、交通三行兑换法币。沪市外商存银总数4088.4万元。

△ 山东全省中等以上学校联合会致电敦促宋哲元、秦德纯、张自忠支撑华北危局,本过去光荣历史,保国家行政统一及领土完整。

△ 日军唆使塘沽汉奸聚众数百人借口请求“自治”,占领公安局。9日,津沽保安司令部饬驻塘部队弹压,乱始平息。

△ 红二、六军团进入黔东一部,击溃第九十三师甘丽初部,克镇远。

12月8日 商震分电行政院、军委会请辞第三十二军军长、冀省府主席、津沽保安司令及冀全省保安司令本兼各职。10日,冀省府委员暨各厅长总辞职。

△ 日步兵百名由古北口开抵通县。

△ 红九军团罗炳辉部围攻四川汉源，与刘文辉部激战。

△ 日海军驻旅顺要塞部为便于指挥在津日海军，特设驻津事务所，以久保田大佐为所长。

△ 天津平民通讯社社长戴听潮被公安局特务偕日宪兵捕送日军部。

△ 中央银行公告，因法币不敷，以中国农工银行红色一圆券改印中央行名，由该行负责发行。

12月9日 北平学生在中国共产党领导下，爆发"一二九"抗日救亡运动。是日各大、中学学生二三千人为反对设立冀察政务委员会，反对华北自治运动，反对日本侵略华北，举行大规模示威游行。上午10时半，学生齐集天安门，被军队冲散，游行指挥部乃决定将集合地点改在新华门前，请愿求见军政部长何应钦，何避匿不见，由参议侯成代见。学生提六项要求：一、反对所谓自治运动；二、公布中日交涉经过；三、不得任意捕人；四、保障领土主权；五、停止一切内战；六、要求言论、集会、结社、出版自由。并要求开放西直门，让城外学生进城。侯未允许，激起众愤，学生遂结队游行，沿途高呼"反对华北防共自治运动"、"打倒日本帝国主义"、"打倒汉奸卖国贼"、"停止内战，一致抗日"等口号。游行队伍在西单及东长安街转向东交民巷，遭到军警木棍、鞭子、水龙、大刀的攻击，许多学生受伤。下午6时，北平市长秦德纯到景山，站在大殿前的高台上，向游行学生发表讲话，要求大家和政府协同一致，救亡图存。得到学生谅解，游行遂告结束。城外清华、燕京两校学生，因城门关闭未能入城，在朔风凛冽中坚持终日。当日，清华大学救国会发表《告全国民众书》，面对华北危机，惊呼："华北之大，已经安放不得一张平静的书桌了！"吁请全国同胞赶快联合起来，"要以血肉和头颅换取我们的自由！"是日学生被捕者20余人。

△ 北平市社会局长雷嗣尚发表书面谈话宣称：学生请愿事已由

军政负责当局面请各大学校院长自行开导制止；尊重政府睦邻令，清洗并防止教育措施中“妨碍邦交”之成份；共产主义与国情绝不相容，必断然加以取缔。

△ 实业部长陈公博呈请辞职，表示与汪精卫同进退。

△ 日关东军派田中隆吉指使伪多伦警备司令李守信进犯察东。是日上午11时，李部步、骑、炮兵900余名，在坦克车、飞机配合下，突袭沽源。察东保安队樊伦山部据城抵抗。

12月10日 国民政府训令直辖各机关晓谕人民，“政府此次整理币制，停用现银，纯为集中准备，安定金融”，“与所谓膨胀通货，性质迥不相侔”，“慎勿轻信澜言，妄生疑虑”。同日，又训令直辖各机关，“切实保障正当舆论”。

△ 国民政府任命杨爱源为陆军上将，叙第二级。

△ 李济深由港回桂。

△ 北平学生联合会决议全市学校自11日起开始罢课，并发出宣传大纲，要点为：反对危害民族生存的内战；反对一切出卖民族利益的政策与行动；要求武装全国民众，扩大民族解放斗争；打倒日本帝国主义；争取中华民族的自由解放。

△ 杭州浙江大学学生全体会议议决：一、响应北平学生示威运动；二、通电全国学校一致响应；三、组织宣传队向民众宣传反对“华北自治”。

△ 新加坡中华总商会电请国民政府保护学生爱国运动。

△ 北平各大学当局集议“劝诫”学生不得罢课。是日，北京大学布告：不听劝诫，鼓动罢课者，开除学籍。

△ 李滋·罗斯调查华北金融毕，是日离平赴沪。

△ 深夜，伪军李守信部突袭宝昌。该处保安队为避免冲突，向张北方向撤退。

△ 任丘乱事平定。驻沧县特警千余名协助第三十二军唐国良团开入县城，乱民逃散，县长李天民等恢复自由。

12月11日　国民政府特派宋哲元、万福麟、王揖唐、刘哲、李廷玉、贾德耀、胡毓坤、高凌霨、王克敏、萧振瀛、秦德纯、张自忠、程克、周作民、门致中、石敬亭、冷家骥为冀察政务委员会委员，指定宋哲元为委员长。

△　熊式辉由平抵京，向行政院报告解决华北问题商谈经过。

△　殷汝耕下令截留冀东关、盐两税。

△　宋哲元派秦德纯、萧振瀛与土肥原交涉察东问题。土肥原表示：李守信军退出，应准蒙古保安队进驻沽源、宝昌接防。

△　宋哲元为镇压学生运动，特派大刀队及手枪队分驻各大学门前，严禁学生出校游行示威。学生乃改取罢课手段。清华、燕京、北大、师大、平大均局部或全部罢课。东北大学被军警搜查，学生九名被捕。

△　杭州中等以上学校学生万余人示威游行，声援北平学生，反对"华北自治"。

△　上海各大学联合会致电平教育界，赞同其11月24日宣言，反对分割华北，力保主权，"虽流血牺牲，在所不惜"；并通电全国教育界一致努力。

△　国民政府令准免刘和鼎第五十六师师长兼职，遗缺由刘尚志继任。

△　青岛海关查获日轮"原田丸"偷运现银两万余元。缉私关员被殴，伤华员五人，俄员一人。

12月12日　国民党中央政治委员会通过行政院所属各部、会、署长官人选。同日，国民政府明令发表。各部长为：内政蒋作宾，外交张群，财政孔祥熙，军政何应钦，海军陈绍宽，教育王世杰，实业吴鼎昌，交通顾孟馀，铁道张嘉璈；各委员会委员长为：蒙藏黄慕松，侨务陈树人；卫生署署长刘瑞恒。

△　国民党中央政治委员会通过各专门委员会主任委员名单：法制李文范，内政陈公博，外交王正廷，财政徐堪，经济宋子文，教育经亨颐，土地陈果夫，交通朱家骅。

△ 国民政府任命宋哲元为河北省府委员兼主席；商震为河南省府委员兼主席；张自忠兼察哈尔省府主席；萧振瀛为天津市市长；并特派刘峙为豫皖“绥靖”主任。原任河北省府委员兼主席商震、河南省府委员兼主席刘峙、察哈尔省府委员兼主席萧振瀛、天津市市长程克均免职。

△ 商震电请蒋介石收回调豫省府主席成命。萧振瀛电辞天津市市长新职。蒋介石分别复电慰留。

△ 国民党中常会首次会议通过中执委会组织、宣传、民训三部及政治委员会、各计划委员会组织条例。

△ 王克敏电中央辞冀察政务委员新职。

△ 何应钦以冀察政委会业经组成，在平任务已毕，是日离平南下回京复命。

△ 晚，沽源方面战事已停。察警备司令张允荣偕日军事联络员松井赴前方制止冲突。李守信部伪军续自多伦方面向宝昌、康保、商都间增兵。

△ 古北口日兵 50 余名，由井信少佐率领开抵密云。

△ 上海文化界马相伯、沈钧儒、章乃器、邹韬奋、陶行知、王造时、李公朴、钱俊瑞等 283 人联合发表《上海文化界救国运动宣言》，指出：“国难日亟，东北四省沦亡之后，华北五省又在朝不保夕的危机之下了！”“尽量的组织民众，一心一德的拿铁和血与敌人作殊死战，是中国民族的唯一出路。”要求政府“即日出兵讨伐冀东及东北伪组织”；“用全国的兵力、财力反抗敌人的侵略”；“坚持领土和主权的完整”；“严惩一切卖国贼并抄没其财产”；“要求人民结社、集会、言论、出版之自由”；等等。并以上海文化界救国会名义，致电中央及北平学生会，表示同情、支持学生救国运动。

△ 南京各中等学校学生自治协会发表《告全国民众书》，响应北平学生抗日救国运动，反对“华北自治”。

△ 北平东北大学当局宣布“紧急戒严”，要求学生一律离开宿舍，

集中教室或图书馆；凡在校园内散步或停留聚谈者，以扰乱秩序论罪，宪兵可以随时逮捕。下午又公布紧急处罚法，规定至 14 日仍不上课者开除。翌日，学生在临时委员会领导下举行示威。学校当局被迫接受学生要求，撤退宪兵，释放被捕学生。

△　上海律师协会沈钧儒等电请政府及宋哲元释放北平被捕学生。

△　武汉中等以上 40 余校代表开联席会议，致电政府，要求以不丧权、不失地为外交原则，并保障正当爱国运动及言论自由。

△　广州中山大学学生决定罢课一星期，宣传救国。是日举行游行示威，沿途高呼“扑灭汉奸”、“打倒日本帝国主义”、“誓死反对华北自治运动”等口号。男生组义勇军，女生组救护队。

△　驻粤日领河相向广州市府抗议学生反日游行，要求严厉取缔。

12 月 13 日　国民政府准免褚民谊行政院秘书长职，由翁文灏继任。

△　日陆军参谋本部中国课长喜多大佐偕陆军省军事课员武藤中佐到达天津，晤多田司令报告来华任务后，即召开幕僚会议，传达参谋本部对华北方针。

△　陈仪偕殷同、李择一访多田、喜多、武藤交换华北时局意见。

△　北平六大学校长蒋梦麟（北大）、徐诵明（平大）、梅贻琦（清华）、李蒸（师大）、王卓然（东大）、陆志韦（燕京）联名向学生发表《告同学书》，略称：被捕学生已完全释放，请愿及罢课目的已经达到，望同学即日恢复学业。20 日，发表二次《告同学书》，再劝学生复课。

12 月 14 日　据巴黎《救国时报》载，第十九路军将领陈铭枢、李济深、蒋光鼐、蔡廷锴、翁照垣等组织“民族革命大同盟”，以“争取民族独立，树立人民政权”为基本政治主张。目前力主停止内战和“剿共”战争，全民一致对外，及联合世界上以平等待我之民族，誓死抗日。

△　上海各大学学生救国联合会成立，通电声援北平学生运动，并电请政府保障正当爱国运动与言论自由。

△ 上海市总工会主席朱学范等电中央请克日讨伐殷汝耕。

△ 上海各大学校长翁之龙(同济)、李登辉(复旦)、刘湛恩(沪江)、何炳松(暨南)等十余人面见沪市长吴铁城陈述爱国运动意见,要求:一、保持行政统一;二、领土完整;三、言论自由;四、外交公开。吴称学生爱国运动须不违“不罢课、不游行”原则。

△ 北平市长秦德纯邀集各校学生代表举行茶话会,力劝学生即日复课,勿作“轨外”行动,甚望同学“顾及华北现在环境,勿因言语引起对外纠纷”。

△ 何应钦抵京,向蒋介石报告处理华北时局经过。何语记者称:宋哲元等对中央始终忠诚拥护,中央为综理冀察政务便利起见,已明令设立冀察政务委员会,以宋为委员长。何否认 9 日北平学生与军警冲突死学生事。

△ 宋哲元邀冀察政务委员会在平委员讨论筹备冀察政务委员会事,除刘哲请辞,程克养病外,余均出席。

△ 日武官高桥访萧振瀛,商谈沽源问题。高桥允电关东军转令制止伪军行动。是日沽源、宝昌附近均有冲突,康保、商都间发现伪骑兵。

△ 喜多与多田等在津会商,决定增加华北日驻军一旅团。

12 月 15 日 上海中等学校教职员联合会暨 80 余中等学校对华北问题发表宣言,要求政府坚决消弭华北分离运动,反对无限度退让。

△ 上海各大学学生救国联合会干事会通过决议多项:一、电政府即恢复冀东原有行政组织;二、电请察省防军坚决保护疆土;三、筹备发起上海市各界救国联合会;四、筹办救国日报;等等。

△ 北平市府与各大学当局宣布自 16 日起学生一律上课,如有违反,严惩不贷。

△ 纽约中华公所召集之华侨欢迎方振武将军大会电请国民政府,“建立国防政府,全国动员抗日”。

△ 胡适在《大公报》上发表《为学生运动进一言》一文,指责学生

罢课“是最无益的举动”,“久已成了滥用的武器,不但不能引起同情,还可以招致社会的轻视与厌恶”;学生爱国行动是“浅薄的煽惑”,“被人糊里糊涂牵着鼻子走”。宣称学生运动只能有一个目标,“就是用抗议的喊声来监督或纠正政府的措施”,“一切超过这种抗议作用(舆论作用)的直接行动,都不是学生集团运动的目标”;学生救国“只有拼命培养个人的知识与能力”。

△ 伪冀东防共自治委员会保安队第四总队赵雷部开抵塘沽,逼第三十二军第一四二师吕济部让出营房,双方发生冲突。16日,第三十二军撤退至新河附近,赵雷部占领塘沽。殷汝耕将塘沽、大沽划入伪冀东防共自治委员会辖区范围。大沽造船厂、塘沽税局查验所皆被占领。

△ 红四军、红三十军与第二路军薛岳部激战八日后,是日撤离荥经城。

△ 河北房山县马宝荣等倡言“自治”,纠众600余侵入县城,拘县长、公安局长。平津卫戍司令部派第二十九军刘汝明师一部前往戡定。

△ 日军在密云修筑机场,即将竣工。是日,日军部开始架设密云至古北口军用长途电话。

12月16日 北平学生为反对华北自治运动,举行“一二一六”大示威游行。44所大、中学校,学生万余人参加,共组四个大队:第一大队由东北大学率领,包括师范大学等八校;第二大队由中国学院率领,包括法商学院等四校;第三大队由北京大学率领,包括中法大学等12校;第四大队由清华大学率领,包括燕京大学等五校。游行队伍在前往天桥集合途中,遭到军警大刀、皮鞭的袭击和水龙扫射,学生多人受伤。大队先后集合在天桥、正阳门前召开市民大会,市民两万余人参加,通过“反对日本帝国主义侵略中国”、“不承认冀察政务委员会”、“反对华北任何傀儡组织”、“收复东北失地”等决议案多件。晚,游行学生在宣武门外菜市口为军警所乘,不少学生在皮鞭、大刀下受伤、被捕,是日,北平被捕学生46人,受伤300人,重伤者75人(一说重伤者75人,轻伤者297人，被捕者八人，失踪者25人）。

△ 国民政府新任五院正、副院长及各部、会首长举行宣誓就职典礼。行政院长蒋介石本日就职后，对部、会首长谈施政方针，其要旨为：一、澄清吏治；二、努力经济建设；三、维护国家自由与平等。

△ 济南省立高中以上学校学生罢课，组织救国团，发表宣言及告全省同学书。各校一致响应。

△ 教育部电令北平清华、北京、北平、师大、燕京五大学校长及社会局长，“嗣后凡罢课游行或离校活动，必须由诸师长负责阻止”。17日，又电令北平各大学务须“切实劝导学生早复常态，万不可在此艰险之环境，造成意外事变”。

△ 察省府主席张自忠偕同张允荣与关东军驻张家口军事联络员松井在平协商沽源事件。同日，伪军李守信部包围沽源，保安队损折过半，死守危城待援。

12月17日 中共中央在陕北瓦窑堡召开政治局会议。张闻天主持会议，并作了政治形势与策略的报告。经过三天讨论，确定了抗日民族统一战线的策略方针，完满地解决了党的政治路线问题。23日，毛泽东作军事问题的报告，并通过了毛泽东起草的《中央关于军事战略问题的决议》。决定红军东征山西，打通苏联和巩固扩大苏区，准备对日直接作战。25日，会议闭幕，通过了张闻天起草的《中央关于目前政治形势与党的任务决议》（通称《瓦窑堡会议决议》）。27日，张闻天在瓦窑堡主持召开党的活动分子大会，毛泽东作《论反对日本帝国主义的策略》的报告。

△ 国民政府令免湖北省府委员兼主席张群职，遗缺由杨永泰继任。

△ 国民政府任命各部政务次长：内政陶履谦、外交徐谟、军政顾祝同、海军陈季良、财政邹琳、实业刘维炽、教育段锡朋、交通俞飞鹏、铁道曾养甫。

△ 行政院通过各部常务次长人选：内政张道藩、外交陈介、实业

周诒春、交通唐有壬、铁道曾镕甫。其余各部常次暨蒙藏、侨务两委员会副委员长仍照旧。

△ 国民政府任命李顺卿为省立安徽大学校长。

△ 驻华日使有吉衔日外务省命到京。

△ 伪军李守信部陷宝昌。22 日又占沽源。

△ 红军二、六军团主力由溆浦到达龙潭司，向邵阳、武冈一带前进。另一部在新化、邵阳间之罗洪、五峰、平山、隆回等处与湘军陈光中部激战。先头部队已到达巫水东岸，与湘军隔河对峙。何键调集 14 个师十万余人，图阻红军远征。

△ 第二十九军宋哲元部接防津东，赵登禹部 2000 余人开军粮城、新河、北塘一带。

△ 宋哲元发表《告北平学生书》，声称“有共党煽动利用学生爱国运动”，如仍有“轨外行动”，决予“适当制止”。

△ 武汉中等以上 53 所学校组成救国联合会。

△ 河南大学学生全体大会决议：一、成立救国会，慰问北平受伤同学；二、请政府公开外交；三、发起组织全省学生救国会。

△ 天津中等以上学校教职员分电蒋介石、宋哲元等，要求饬北平当局释放被捕学生。

△ 上海市纸业、米业、糖业等 93 个同业公会发表宣言，要求政府速下决心，维护国家领土主权完整。

12 月 18 日 冀察政务委员会在北平正式成立，委员长宋哲元暨在平各委员就职。推秦德纯、刘哲、王揖唐为常委。宋就职后发表书面谈话称：“中央为行政便利起见，特设冀察政务委员会，处理河北、察哈尔两省及北平、天津两市一切政务。”今后施政方针，“应本善邻原则，力谋邦交之亲睦”，“冀、察两省与日本有特殊关系，为两国利益计，为东亚和平计，尤应互维互助，实行真正亲善”。又称：“此外，尊重礼教，消弭共祸，发扬东方文化精神，促进人民自治能力，亦为哲元素所主张。”

△ 国民政府特任阎锡山、冯玉祥为军事委员会副委员长；免去蒋

介石参谋总长兼职，由程潜继任。

△　外交部长张群招待中外记者谈外交方针，称："在中国自身欲谋独立平等之地位，在国际间欲求永久之和平，此项政策始终不变"；中国对外政策"以不侵略主权为限度，谋友邦之政治协调；以互惠平等为原则，谋友邦之经济合作；以合法途径，解除不平等条约"。又称："吾人明知受有种种不平等义务之束缚，但所有合法之义务，纵不合理……基于信用，仍须忍耐遵守。"

△　中华全国总工会发表《为援助北平学生救国运动告工友书》，要求立即释放一切被捕爱国志士，取消冀察政委会，停止内战，武力讨伐叛逆；号召工人群众恢复"五卅"的英勇斗争精神，继续"省港大罢工"的光荣传统，学习"北伐"的经验和教训，一致团结，抗日救国。

△　北平晨2时起戒严。各通衢均增设岗警。各校门前派警探监视，电话线被切断。各校学生继续罢课，因无法出校集合，仅在校内活动。

△　南京各校学生5000余人请愿游行，反对华北自治组织，要求国民党当局释放北平被捕学生，保障爱国运动。宪警随行监视。三民中学等八校学生在中大集会倡议组织南京市学生联合救国会。同日，上海、天津、南宁均有示威游行活动。翌日，南京金陵大学等十余校学生8000余人再度游行，向行政院请愿。行政院秘书长翁文灏接见，表示所提请愿各点，政府当尽速处理。

△　日华北驻屯军参谋长永见由津抵平，与宋哲元、高凌霨、李廷玉商谈制止津市学生爱国活动及察东问题。

△　秦德纯、萧振瀛与土肥原会商冀东、察北问题。土肥原表示：冀察政务委员会如改为"冀察防共自治会"，彼愿与殷商榷取消冀东政府之事，否则不能考虑；察北六县须划归伪满管辖。

△　伪冀东防共自治委员会保安第四总队赵雷部两中队抵新河，占据第三十二军原防地，阻第二十九军宋哲元部接防塘沽。宋部第一三二师为避免与伪保安队冲突，19日撤至津郊曹家花园、杨柳青等地。

△ 四川省地震。下午 2 时至 7 时，马边等县共震十余次，雷鸣数次。各区乡墙屋倒塌，压毙人畜甚多。震源在会理一带。成都下午 3 时 13 分 50 秒震动一次，震级六级，自本日至 19 日共震动五次。

12 月 19 日 蒋介石派邓文仪赴莫斯科同中国共产党代表团团长陈绍禹(王明)就政治解决中共问题的可能性进行接触。是日，邓自上海启程。

△ 教育部长王世杰对记者发表谈话，禁止学生游行、请愿、罢课，并决督促各地教育行政机关执行。同日，宋哲元再致北平各校校长书，望对学生运动“取有效方法，作严厉制裁”。秦德纯再邀北平各大学校长交换制止学生集会、游行意见。

△ 天津各校学生开始总罢课，反对“华北自治”。同日，天津各大学校长、院长开会决定劝导学生复课，并规定指导学生运动三项原则：一、爱国运动须不带危险性；二、罢课期间应作研究工作；三、对当局要求条件不得太高。

△ 广州市学生救国会成立。同日，安庆各校成立救国会。

△ 上海复旦大学及附属高中全体学生向市长吴铁城请愿，提五项要求：一、取消华北自治组织；二、释放北平被捕学生；三、惩办压迫学生运动之官吏；四、保障学生爱国运动；五、讨伐殷汝耕。

△ 厦门大学学生通电反对华北自治组织，响应北平学生救国运动。同日，长沙各校学生集会，议决援助北平学生运动。

△ 驻华日使有吉晤蒋介石，询及行政院改组后之外交方针。蒋答：一本既定方针，决不变更。

△ 河北武安县郭天庆等在日人唆使下组东亚同盟军第九路军，勾结天门会匪数千，倡言自治，在桃源沟一带滋事，县城危急。20 日，第一一九师孙多荃部第六四三团自邯郸驰往协剿。

12 月 20 日 《中央日报》等 11 家报纸联合发表宣言，劝告学生“切勿罢课，切勿有妨碍秩序纪律的行动，勿做消极的破坏的爱国运动，与政府共同去做爱国运动，勿与政府对立起来去人自为战”。

△ 上海暨南大学等40余校学生6000余人于昨夜出发，是日晨抵市府请愿，要求国民党中央制止华北当局压迫学生爱国运动，出兵讨伐殷汝耕，维护国家领土、主权完整；要求市长立即释放交大本月9日被捕之学生李震声，保护上海爱国运动，保障言论、集会自由。同日，武汉、梧州、长沙学生均游行示威，声援北平学生爱国运动。

△ 中国共产主义青年团中央委员会发表《为抗日救国告全国各校学生和各界青年同胞宣言》，号召一切爱国青年同胞和青年组织，在抗日救国的义旗之下联合起来，到工人、农民、商民、军队中去，实行全民抗日救国大联合；并声明将共产主义青年团改为抗日救国青年团，欢迎一切赞成抗日救国的青年加入。

△ 南开大学学生300余人化装搭津浦路车赴京请愿，至沧县被路局阻止。学校派人苦劝无结果。22日，学生派代表五人赴京。教育部派员到沧劝学生返校。

△ 杭州浙江大学学生决议赴京请愿。深夜，军警包围学校，军训教官率便衣进入宿舍指捕学生代表20余人（一说11人）。学生冲出学校前往车站，路局方面复拒绝上车。后经教授苦劝，并由省府将被捕学生送至车站，始整队回校，校长郭任远辞职。

△ 红军二、六军团主力在武冈、绥宁边境，准备渡巫水。22日，在绥宁属瓦屋塘击退第六十二师钟光仁部进攻。26日，在武冈西北花园市一带与国民党军激战后，向黔阳一带前进。28日，主力一部渡巫水抵靖县。桂军第七、第十五两军集结绥宁、武冈边境，阻红军入桂。

△ 国民政府任命宋哲元兼河北全省保安司令，张自忠兼察哈尔全省保安司令。原任商震、秦德纯免职。

△ 冀察政务委员会派戈定远代理秘书长，聘吴佩孚为高等顾问。

△ 驻华日使有吉偕秘书有野访外交部长张群，转达日外务省对华意见。张群详释中国政府外交方针，并谈如何改善两国关系问题。

△ 国民政府中央及河北省派驻塘沽各机关悉被伪冀东防共自治委员会接收。

△ 中国政府为平衡中美汇兑，是晚自沪运美白银 4000 箱，计 2000 万元。

12 月 21 日 上海市中华妇女同盟会、妇女生活社、妇女大众社、妇女园地社等百余妇女团体代表千余人组织上海市妇女救国联合会，以史良、王孝英、罗琼等 11 人为理事。史良在会上发表了激昂慷慨的救国演讲。何香凝讲演，主张“全国妇女一致起来武装救国”。会议通过《要求政府取消冀察政委会》等决议案九件，并通电全国，发表宣言，支持北平学生爱国运动，反对秘密外交，否认一切破坏领土和主权完整的条约或协定，反对一切在中国境内由外人操纵的特殊组织。并在南京路、四川路一带游行示威。

△ 桂林学生 6000 余人、民众 2000 余人及开封中等以上 40 余校学生是日均举行大规模示威游行，声援北平学生，反对“华北自治”。

△ 汉口学生 4000 人举行示威游行，至法租界被军警阻拦，未能到达日租界。同日，汉阳学生 1000 多人示威游行。

△ 成都中学学生通电全国，反对伪自治组织，并电请政府准许学生从事救国运动，惩办北平加害学生之军警。

△ 章太炎电宋哲元，谓：“学生请愿，事出公诚，纵有加入共党者，但问今之主张何如，何论其平素！执事清名未替，人犹有望，对此务宜坦怀。”23 日，宋复电表示：“重以先生之嘱，自当遵办。”

△ 北平社会局为制止学生运动，勒令各中等学校提前放寒假。

△ 北平新增之日军 300 余开始撤往滦榆。津万国跑马场日关东军航空兵 100 余名亦开关外。22 日晨又有日军 180 名离津开榆关。

△ 日舰“出云号”自青岛驶往津、沽一带巡视。

12 月 22 日 河北省府主席宋哲元电令全省省立各校，诬称一二九运动“背景复杂，甚至共产党潜匿其间”，“遂至多数纯洁青年，均为少数不良分子所劫持”，令各校“即日提前放假”，以免学生“误入歧途”。

△ 太原、扬州、苏州、保定等地学生示威游行，声援北平学生运动。

△　北平学生联合会举行血衣展览大会，陈列“一二九”、“一二一六”爱国运动中受伤同学血衣数百件。会场张贴“血淋淋铁的事实”七字大横幅。各校学生代表及学生家长2000余人到场参观。

△　武昌学生2000余人渡江赴汉口，联合汉口学生游行示威，沿途高呼“誓死反对一切丧权辱国协定”、“请政府动员全国对敌抵抗”等口号。

△　徐州学生联合会致电北平市长秦德纯，请保护爱国运动，并释放被捕学生。

△　广西南宁学生会要求国民政府实行公开外交，从速讨伐殷汝耕，释放北平被捕学生。

△　沪各界基督教人士刘湛恩、颜福庆、李登辉、朱懋澄等28人发表宣言声援学生运动，称：“不惜为真理与正义而流血，尽我们的力量，去作伟大的反抗运动的后盾。”

12月23日　蒋介石令教育部召集交通较便省、市之专科以上学校及中学校长与学生代表，于明年1月15日到南京会见，“聆取政府方针”，并“贡献意见”。

△　国民政府派陆军中将樊崧甫为第四十六军军长；准免黄子咸第二十四师师长，遗缺由副师长李英升充。

△　南京中央大学全体教授166人发表告同学书，勉在不逾轨条件下从事救国运动。略谓：“同人等爱护同学，始终一致，心存救国，尤与同学不殊。集议佥同，以最忠实恳切之词，告我同学，自今以往，虽强敌凌迫至于最后一刻，犹必尽职指授，毋敢懈怠；此外在不旷课，不违校纪，不逾轨范之条件下，凡有救国应为之事，必与同学共赴之。”

△　武汉、开封、安庆、徐州、宁波、南通学生分别举行游行示威，声援北平学生运动。

△　经委会公路处长赵祖康谈称：全国公路九万公里可通车；广东省一万多公里，占全国第一。按：据赵氏称，我国公路民国十年仅一千余公里，民国二十年增至六万六千余公里。

12 月 24 日 国民政府明令改组河北省政府，任命张吉墉、贾玉璋、梁建章、郑道儒、谷钟秀、张允荣、王景儒、段宗林为省府委员，张（吉墉）、贾、梁、郑分别兼任民政、财政、建设、教育各厅厅长。原任该省省府委员李培基（兼民政厅长）、李竟容（兼财政厅长）、吕咸（兼建设厅长）、任基鸿（兼教育厅长）、张荫梧、南桂馨、刘逸南、梁子青免职。

△ 国民政府明令交通部长顾孟馀未到任前，部务由政务次长俞飞鹏代理。

△ 国民政府明令褒扬已故上将唐继尧。

△ 上海学生在南京路举行大规模游行示威，遭受英国巡捕攻击，学生五人受重伤，数人被捕。3000 学生乘火车赴南京请愿，抵青阳港站时被预伏军警所阻。上海市政府为制止学生运动扩大，宣布戒严，并令各校提前放假。

△ 上海律师公会、全国商会联合会、会计师公会、记者公会等 14 团体致电国民政府，请取消冀、察自治，讨伐叛逆，维护正当爱国运动。

△ 天津学生联合会发表宣言，反对成立冀察政务委员会，要求维护华北领土主权完整。

△ 开封大、中学 30 余校学生万余人举行游行示威，支援北平爱国学生运动，反对“华北自治”，提出严惩北平屠杀爱国学生凶手、保护学生爱国运动、抚恤死难同学等要求。

12 月 25 日 殷汝耕宣布改“冀东防共自治委员会”为“冀东防共自治政府”，自称政务长官，以池宗墨、王厦材、张庆余、张砚田、李海天、赵雷、李允声、殷体新为委员。辖区 25 县，人口 500 万。26 日，公布组织大纲，并发表四厅、三处人选：民政厅长张仁蠡，财政厅长赵从懿，建设兼教育厅长王厦材，保安处长董凤祥，秘书兼外交处长池宗墨。战区保安队张庆余、张砚田、李海天、赵雷、李允声等部，改编为“冀东防共自治政府”军第一、二、三、四、五师，张等分充师长。

△ 下午 5 时，交通部次长兼外交部顾问唐有壬在沪寓遇刺毙命。

△ 国民政府为制止学生运动，令军事委员会于必要地区宣布戒

严。蒋介石传谕，凡违反戒严令者，概以军法从事。翌日，南京、上海、武汉三市实行戒严。

△　国民党上海市党部召集全市各工会常务理事200余人谈话，指示“注意防范反动分子活动”。

△　湖北应城学生及民众千余人游行示威，并向县府请愿，声援北平学生爱国运动。县保安队殴伤学生40余人。

△　江苏江宁县全体小学生2.5万余人发表《致全国儿童书》，号召全国儿童参加救国运动。

△　上海基督教女青年会、中国妇女节制协会、中华妇女运动同盟会、中华妇女社、中国妇女会五妇女团体致电国民政府要求保护爱国运动，立即讨伐叛逆，收复失地。

△　被阻青阳港之上海赴京请愿学生分抵苏州、昆山。部分学生被劝回沪。

△　南京中央大学全体学生开会。决定26、27、28三日停课宣传学生爱国运动真相，并定26日联合全市中等以上学校学生游行示威。是晚被蒋介石严令禁止。

△　芜湖中等以上学校成立救国联合会，电请国民政府讨伐冀东伪组织，并电慰北平受伤同学。

△　外交部为日人佐藤在包头擅设电台事向驻华日大使馆抗议，要求制止。

△　天津市长萧振瀛借口“繁荣市面”弛禁烟赌，令公安局对鸦片案件不得滥捕吸户，将由市府公卖土膏，限制购用；对以娱乐为目的的赌博，不得罚办；对娱乐场所更不得任意弹压干涉。

12月26日　国民政府任命程远帆、伍廷飏为浙江省政府委员，并以程兼财政厅长，伍兼建设厅长；伍未到任前，建设厅长一职暂由省府主席黄绍竑兼代。

△　平津学生联合会正式成立，通过反对日本帝国主义进攻中国，反对冀察、冀东一切出卖民族利益的傀儡组织，收复东北失地，争取中

华民族的自由解放等 12 项纲领，并起草对时局宣言，制定宣传大纲。同时，决定组织扩大宣传团；发起组织全国学生联合会，首先组织华北学生联合会。

△ 各地赴京请愿学生中途受阻。南通大学学生被阻于天生港。开封学生索车无效，在车站露宿。河南焦作工学院学生被阻于徐州。

△ 南京《新民报》因登载学生运动消息，是日起被罚停刊三日。

△ 旧金山华侨总会馆及美洲华侨拒日总会电北平学生支持爱国运动。内称："华北自治，自促国亡。诸君首倡反对，正谊可风，请唤起全民，合力救国，全侨誓为后盾。"

△ 新编第一军参谋长续范亭，愤政府坚持内战，不抗日御侮，是日在南京中山陵剖腹明志，因剑不利未致死。

12 月 27 日 驻日大使馆代办丁绍伋衔命向日外务省提议在南京举行中日会议，调整中日关系。日方表示同意，并主张以广田三原则为重要议题。

△ 上海文化界救国会正式成立，选出马相伯、沈钧儒、章乃器、陶行知、王造时、沈兹九、江问渔、邹韬奋、周建人、李公朴等 35 人为执行委员。是日发表《上海文化界救国会第二次宣言》，提出下列救亡主张：一、根本改变目前外交政策，公布过去的外交经过；二、开放民众组织，保护爱国运动，迅速建立民族统一阵线；三、停止一切内战；四、武装全国民众；五、保障集会、结社、言论、出版的绝对自由；六、罢免并严惩一切卖国亲敌官吏；七、对敌经济绝交，全国恢复抵制仇货；八、释放一切政治犯，共赴国难。

△ 北平学生联合会召开大会慰问被捕、受伤同学，并向支持学生爱国运动的各报记者及各校教职员致谢，参加者 50 余校学生千余人。大会并决议反对社会局提前放假命令，要求当局惩凶、赔偿医药费及保证学生有从事爱国运动自由。

△ 上海赴京请愿学生在无锡被阻，宪兵并把前去交涉的上海学生扣押，无锡全市学生冒雨游行示威，冲破宪兵防线至车站与上海学生

会合。上海学生自无锡被宪兵“保护”回沪。

△　南昌中等以上学校学生数千人响应北平学生爱国运动举行示威游行，并向省府请愿。

△　蒋介石电令武汉戒严司令陈继承绝对禁止一切集会游行。

△　北平记者公会电请国民政府撤销新闻检查所。

△　沽源伪军李守信部向蒙绥边境进犯。伪热河省公署所委沽源、宝昌两县伪县长均到任，城门均改悬伪国旗。29 日李伪军攻陷察省张北县。

△　刘桂堂股匪千余人窜犯河北南口附近 40 里之横岭子。原驻保安队罗紫宸部向昌平撤退。

12 月 28 日　苏联政府对驻华大使鲍格莫洛夫发出外交指示，如果中国确实投入抗日战争，苏联准备给予力所能及的支援，为此“我们同意蒋介石关于合作互助反对日本侵略的建议”，愿就蒋“提出的以互助抗日条约的形式签署一个条约”。

△　开封大雪。赴京请愿学生露宿车站已二日夜，病者颇多。是日经政府会同学生代表商定解决办法如下：一、学生推派代表 200 人由政府妥送至京；二、代表启程后其余学生一律返校。

△　南通大学赴京请愿学生被阻天生港已三日，是日绝食抗议。

△　无锡全体印刷工人罢工，响应学生爱国运动，市各报为抗议警备司令部禁登学生运动消息，停刊一日。

△　苏州农民要求减租举行示威，警察开枪，农民死一人，伤数人。翌日，农民聚众千余捣毁警署，军队驰往镇压。

12 月 29 日　武汉学生救国联合会为应城学生被保安队殴伤事件召集各校代表开会，决议自 30 日起总罢课，并派代表赴应城慰问受伤同学。

△　宋哲元在天津私邸欢宴日驻屯军司令多田等陆海军将领 20 余人。

△　陆宗舆、高凌霨、劳之常、孙洪伊等组织“天津市公民协会”，宣

称以“发扬民气，敦睦邦交”为宗旨。

12 月 30 日 商震请辞河南省府主席未准，是日赴豫履任。所遗津沽保安司令一职，由平津卫戍司令部参谋长刘家鸾代理。

△ 武汉 40 余校总罢课。同日，武汉、太原当局为制止学生运动，令各校提前放假。

12 月 31 日 蒋介石为防阻红二、六军团与红四方面军会合，令薛岳第二路军即日攻取天全、芦山，并令刘湘饬部协攻。是日，薛岳策定先进攻红九军团在荥经西北之懒板凳、王家山、小河场一带阵地，然后歼灭红四方面军主力于天全、芦山地区。

△ 红四方面军分别驻守四川雅河以南、芦山附近及金汤、丹巴一带，与第二路军及川军对峙。红二、六军团一部自芷江进至贵州玉屏附近。

△ 国民政府明令改组河南省政府，任命李培基、尹任先、张静愚、陈访先、方策、齐真如、常志箴、吕咸为河南省府委员；李、尹、张、陈分别兼任民政、财政、建设、教育各厅厅长。原任省府委员方策（兼民政厅长）、尹任先（兼财政厅长）、张静愚（兼建设厅长）、李敬斋（兼教育厅长）、常志箴、齐真如、张广舆、方其道免职。

△ 国民政府特派李宗仁为湘桂黔边区“剿匪”总司令，白崇禧为副总司令。

△ 国民政府任命傅汝霖为扬子江水利委员会委员长。

△ 行政院通过发行铁路建设公债 2700 万元，专充浙赣铁路南萍段筑路资金。

△ 截至是日止，全国法币发行总额共 6.72983 亿元。其中中央银行发行 1.76065 亿元，中国银行发行 2.86245 亿元，交通银行发行 1.80826 亿元，中国农民银行发行 2984.7 万元。

12 月下旬 中法越约公布后，越南方面于进口税之外巧立税目，任意估征，反较无约时纳税为重，上海电机丝织厂业及绸缎业等呈请行政院及外交部向法政府严重交涉。

△　财政部令中国建设银公司克期筹设不动产抵押放款银行，以“救济”地产业。

是月　蒙政会秘书长德穆楚克栋鲁普偕迪力瓦、陶克陶以及日驻苏尼特右旗特务机关长宍浦等到伪满新京（长春），会见关东军司令官南次郎和参谋长西尾，并与副参谋长板垣、参谋田中隆吉等会谈。决定由日本帮助德穆楚克栋鲁普在内蒙古西部地区“独立”，然后再建“蒙古国”，由日方给予财政上援助。德穆楚克栋鲁普接受关东军50万日元和5000支步枪，准备扩充蒙军。

△　上海市新闻记者顾执中、萨空了、谢六逸等71人发表《为争取言论自由宣言》，要求国民政府根本撤废新闻检查，随时公开对日外交，坚决反对任何屈辱秘密协定，并实行言论、出版、集会、结社的自由，以集中全国的力量，收复失地，争取中华民族解放的胜利前途。

是年　国民政府本年度国家岁入岁出总预算及追加额，各为10.86049917亿元。国库收入总计13.513289902亿元，支出13.3692051051亿元。

△　国民政府本年对外贸易总额14.95120382亿元，不及1931年的40%，其中进口9.19211322亿元，出口5.7580906亿元，入超3.43402262亿元。

△　国民政府利用白银风潮，运用政权力量，以“金融公债”作股等方式，使官股资本在银行资本中占支配地位。全国164家银行中，中央、中国、交通三行资本额占总资本额43%，而74家商业银行之资本总额尚不及中央银行一家之数。中央、中国、交通三行存款额占115五家银行存款额60%以上。

△　国民政府全年发行公债达4.4亿元，其中：俄庚款凭证1.2亿元；二十四年金融公债一亿元；二十三年关税公债一亿元；二十四年四川善后公债7000万元；整理四川金融库券3000万元；二十四年水灾工赈公债2000万元。

△　据中央工厂检查处上半年调查，全国共有工厂6344家，工人

52.1215 万人。

△ 据在华日本纺织同业会调查：上海九家日本纺织公司共雇用中国职工 4.4863 万人，年用原棉 216 万担，出产棉纱 34.2982 万捆、棉布 1150.5176 万日匹。

△ 天厨味精厂经理吴蕴初在沪创立天利氮气厂，资本 150 万元左右，年产液体阿摩尼亚 1.98 万担，硝酸 3.22 万担，硝酸铔铁 1.86 万担，硝酸钙 3220 担，氯化铔 2720 担。

△ 山西阳曲县西北洋灰厂建成投产，资本 50 万元，日产水泥 300 桶(每桶约 280 斤)。

△ 广东纺织厂全部建成投产。该厂绢丝麻纱部 1 月开工，资本 53 万余元；毛纺织部 6 月开工，资本 94.8 万元；棉纺织部 9 月开工，资本 291 万余元。

△ 广东顺德糖厂、揭阳糖厂、东莞糖厂、惠阳平潭糖厂建成，资本各 300 万元(毫洋)，三厂日产糖 260 吨(缺东莞糖厂产量)。

△ 据实业部中央工厂检查处调查，由于工业设备简陋，不注意生产安全，是年全国各地工厂发生工伤事故 2655 次，死亡职工 1506 人，受伤 4123 人，工厂损失估计达 1013 万余元。

△ 据日本外务省调查，在华日侨共 5.5272 万人，以上海为最多，共 2.5 万人，青岛、天津次之，三城市共占日侨总数 87%，其余分散在济南、汉口和其他通商口岸。职业以从事商业为最多，共 1.4134 万人；公务员及自由职业者次之，共 4045 人；其余分布在工业、交通、水产等企业中。

△ 据国民政府赈务委员会调查，本年水灾最严重者，为扬子江、黄河两流域之鄂、赣、湘、皖、豫、鲁、苏、冀八省。被灾面积 6.490449 万方公里，占八省总面积 5%。灾民 2059.5826 万人，占八省总人口 10%。其中湖北灾情最重，被灾面积占 25%；灾民人数占 27%。山东次之，被灾面积占 4%；灾民人数占 14%。江西、湖南再次之，被灾面积各占 2%；灾民人数各占 16%与 13%。总计财产损失 4.15701905 亿元。

△　据中央农业实验所调查，全国22省1001县3960万农户中，全家离村农户192万余户，占总农产4.8%；有青年男女离家农户350余万户，占总农户8.9%。其中因水、旱、兵、匪灾荒离村者，占全部离村农民44%以上。

△　据中央农业实验所统计，全国农村合作社共2.6224万个，信用合作社最多，占58.8%，其余为运销、购买、利用、生产、兼营等合作社。社员100.4402万人，约占全国总人口2‰。

1936 年(民国二十五年)

1　月

1 月 1 日　国民政府主席林森在南京发表广播演讲,题为《民国二十五年政府与人民应尽之责任》。同日,行政院长蒋介石发表题为《国民自救救国之要道》的广播演讲,宣称以新生活运动奠定国家道德精神之基础,以国民经济建设运动促成物质文明进步;并称振兴农业、鼓励垦牧、开发矿产、提倡征工、促进工业、调节消费、流畅货运、调整金融八项为国民经济建设运动之主要工作。

△　国民政府授予蒋介石、何应钦、朱培德、唐生智、阎锡山、李宗仁、冯玉祥、陈济棠一等云麾勋章;授予熊式辉、何键一等宝鼎勋章。7 日,国民政府授予张学良一等云麾勋章。

△　国民政府按照 1935 年 12 月 30 日庐山管理局长蒋志澄与驻汉英总领事默思所订《牯岭产业地交还江西省政府协定》接收庐山牯岭英租界地,是日举行交接仪式。

△　中华苏维埃共和国闽西南军政委员会在上杭双髻山召开第二次全体会议,讨论中共中央关于建立抗日反蒋民族统一战线的指示。3 日,发布第一号布告,提出为在福建和闽西南区建立抗日反蒋民族统一战线而斗争,决定将闽西南军政委员会所辖的红军游击队改编为中国

工农红军闽西南抗日讨蒋军。

△ 上海民族救亡联合会致全世界各国友人书，要求立即解散卖国的冀察“自治”政府和“冀东自治政府”，停止与日本的秘密谈判，一切外交事务都要公开进行等。

△ 国民党中央执行委员会常务委员陈立夫偕张冲等自上海乘德国邮轮秘密赴欧，拟与苏联商谈对日军事同盟。

△ 伪冀东防共自治政府北宁路新榆段监理处是日起截扣唐山以东各火车站每日收入路款。3日，铁道部长张嘉璈抵北平与冀察政务委员会委员长宋哲元、北平市长秦德纯、北宁铁路局局长陈觉生商议解决办法。7日，张嘉璈与陈觉生抵天津与驻津日军司令多田骏交涉。12日，决定北宁路新榆段监理处即日撤销，停止扣款，由铁道部北宁路局每月拨款10万元给冀东伪政府。

△ 悍匪刘桂堂部数千人在日本扶持下在河北省延庆县永宁一带活动，与伪蒙军李守信部侵占察北六县相呼应。是日，刘匪一股在宛平、昌平交界处被第二十九军围击。5日，刘部千余人由平绥铁路西回窜永宁与石友禄等匪部汇合，向顺义县牛栏山、红螺山一带逃窜。7日，刘部攻入涞源县城。11日，大部集结南口附近，企图南窜冀、鲁、豫交界处盘踞。

△ 上海市市民国货年运动大会开幕，以朱学范等17人为主席团。4日，通电全国，主张一致服用国货，拒用洋货。

△ 上海天利氮气制品厂举行开幕典礼，实业部长吴鼎昌主持。该厂采用新式机器，制造硝酸等主要工业原料，日产硝酸1.3万磅，硝酸铔7500磅，液体氨8000磅，硝酸钙1300磅，氯化铔1100磅。该厂属天利氮气公司，资本100万元，后扩充至150万元。

1月2日 日关东军参谋、驻承德特务机关长田中隆吉代表日方向冀察政务委员会委员长宋哲元要求察北沽源、康保、化德、宝昌、张北、商都六县改驻蒙古保安队，并要求该六县的行政权一并让出，由日顾问及伪方人员接管。3日，蒋介石电宋哲元本维护领土完整原则妥慎处理察事。宋电示察省主席张自忠察事交涉原则，对日所提察北六县改驻蒙古保安队勉为接受；但坚持伪军李守信部撤回多伦。

△ 国民政府依照国联决议案，对意大利侵略阿比西尼亚实行经济制裁，断绝中意贸易关系。

△ 第二十九军第一三二师第九十三团士兵在天津大沽搜查走私，与贩毒之日商大西洋行发生冲突。4 日，天津日总领事川樾茂向宋哲元提出严重抗议，并要求：一、正式道歉；二、撤销大沽驻军及公安局负责人；三、将“肇事”者逮捕、处分；四、赔偿损失；五、以后不得再有“侮日”行为；六、保障不得再有此类事件发生。16 日，宋哲元在天津就大沽事件向土肥原、多田骏、永见表示道歉。28 日，萧振瀛再与土肥原交涉，决定：一、赔偿 400 元；二、第二十九军不准进驻塘沽、大沽，地方治安由冀东伪保安队负责。大沽事件解决。

△ 上海市中华国货厂商联合会要求中央党部、国民政府抗议并制止在沪日侨发行纸币，并通告各会员一律拒绝使用。

△ 日陆军省新闻班长根本博大佐自粤、桂考察后抵沪会见驻华日大使有吉明，并发表谈话，声称此次来华系奉陆军省之命，谋求“中日亲善”。6 日，根本博抵南京。

1 月 3 日 北平学联组织“平津学生南下扩大宣传团”，总指挥董毓华、江明、宋黎。辖四个团：第一、二团为北京大学、东北大学、师范大学、中国大学、弘达学院、东北中山中学、镜湖中学等校学生。第一团指挥韩天石，第二团江明。是日，第一、二团出发，沿铁道东前进。第三团为清华大学、燕京大学、辅仁大学、朝阳学院等校学生，黄华、蒋南翔任指挥，于 4 日出发，沿铁道西南下。第四团由天津大、中学校学生组成，从天津直奔固安县城。8 日，四个团在固安县城汇合，深入民间宣传抗日救国。

△ 红军贺龙、萧克二、六军团大部抵贵州省铜仁。4 日占玉屏。6 日占岑巩。后卫部队在湖南省芷江、晃县间的便水、上坪与“追剿”军何键部章亮基第十六师、李觉第十九师及陈光中第六十三师之一部激

战，制止敌人急追。8日占领镇远等地。9日红六军团转移至贵州省江口，12日红二军团至石阡，作短时休整。由鄂西、川东和黔东突围之红六军团张振坤第十八师及地方武装亦于10日到达江口与红二、六军团主力会合。

△ 国民党中央党部决定整治全国教育，尤注意整饬校风，严厉防范学生爱国运动。5日，蒋介石强令平、津各校学生放假，强迫学生离校。

△ 驻苏联使馆武官邓文仪奉蒋介石命赴苏联同中国共产党驻共产国际代表团会谈国共关系，是日返抵莫斯科。

△ 乌兰察布盟四子部落旗潘王（潘第恭察布）在绥远省归化市（今呼和浩特）就任蒙旗“剿匪”司令，表示保蒙旗即保中国，当以最大努力，保全国家领土完整。

1月4日 西北“剿匪”副司令张学良与杨虎城自西安飞抵绥德同高桂滋、毛侃会商防止陕北红军北攻榆林、绥德。5日，张、杨、高、毛抵榆林与井岳秀会商并飞往清涧、镇川、响水视察红军活动。7日，张等飞抵山西离石柳林与孙楚、杨耀芳会商对付红军办法。8日，张等又飞太原与阎锡山会商。9日，阎锡山为防止红军入晋，委杨爱源为“剿匪”总指挥，并于次日在太原召开军事会议，决定“军政兼施”，在军事上分工防守。

△ “剿匪军”第一路总司令何键撤惩“剿共不力”军官，李觉“记大过二次，戴罪图功”；旅长邓南骥“革职留任”。

△ 中国共产党驻共产国际代表团在巴黎《救国时报》发表《第二次国共合作有可能吗?》一文，首次公开提出第二次国共合作的主张。

△ 山东省黄河水灾救济委员会致函上海筹募各省水灾义赈会称，山东省灾民达200万人。

1月5日 夜10时许，北平日兵30余名演习回城，朝阳门中国守军因开城门稍迟，驻守警士张玉亭及保安二队班长张巨挺等均被击伤。6日晨，北平卫戍司令部与日驻军派员调查，日方反诬“中国兵对日本军射击”，并由驻平武官向冀察政务委员会委员长宋哲元提出严重抗议。17 日，宋哲元向关东军驻沈特务机关长土肥原、天津日驻屯军司令多田等赔偿、道歉，惩办朝阳门事件中被打之中国军警，并应日方要求派石友三任北平保安司令，“朝阳门事件”了结。

△　中日双方在张北开会协商解决察北问题，日方主张察北问题应召开中、日、蒙、“满”四角会议就地解决，中方对此未表同意。同日，田中隆吉与多伦特务机关长植田、张家口武官大本飞赴长春，向关东军报告会谈情况。6 日，宋哲元、天津市长萧振瀛就此事与天津日驻屯军司令多田骏、参谋长永见交涉。

△　蒋介石抵上海，与前任北平政务委员会委员长黄郛及段祺瑞等商谈冀、察外交及中日关系等问题。

△　胡汉民离欧返国。8 日，陈济棠派其胞弟陈维周去南宁见李宗仁、白崇禧商讨对策。17 日，李宗仁到广州晤陈济棠，主张两广应表示尊重胡汉民，邀其到粤主持一切。22 日，李宗仁电召王公度赴粤，白崇禧嘱王转达李宗仁、陈济棠留胡在粤的三点做法：一、政治上尊重；二、经济上支持；三、生活上照顾。

△　阎锡山为对抗中共土地政策，经国民党中央批准在山西省五台县河边村等七个村试办“土地村有”，于上年 12 月 22 日在河边村召集“土地村有实施研究讨论会”，决定两项实施办法，即“真调查”与“假分配”。是日，阎对河边附近各村调查完毕，返抵太原。

△　中央研究院总干事、地质学家丁文江在长沙因中煤毒转脑充血去世。5 月 16 日，国民政府明令褒扬丁文江，谓其“对于地质一科精勤探讨，成绩尤多”。

1 月 6 日　蒋介石在南京国民党中央党部纪念周报告《做人、革命与建国之道》，宣称：“大学之道，就是我们做人、革命和建国最基本重要的道理。”

△　中国工农红军闽北独立师黄立贵部由崇安、建阳根据地挺进敌后，是日进入屏南县境，旋克建瓯县之玉山街、迪口、临江、水吉、东溪

等重镇，接着分散活动，开辟闽东北新游击根据地。

△　上海市华商卷烟公会为该会前任主席邬挺生被日人刺杀案召开执监委员联席会议，议决：一、分呈行政院、财政部、实业部缉凶究办；二、将邬挺生改良烟茶志愿、成绩及经过情形和设立河南许昌烟草公司之宗旨，送各报发表，广为宣传；三、邬君既因公被刺身亡，华商烟厂更应团结一致，以达同业自卫之目的。

△　日商在上海设日钞金库，发行纸币。同日，上海市商会劳资研究委员会主任委员叶家兴以日商此举破坏中国币制，特电行政院予以制止，并函告商会会员拒绝使用。

△　平津商会联合致电冀察政务委员会，请求救济商界。据统计，去年1月间北平商号总数为3.0106万家，至12月底减为2.8166万家，一年中倒闭1940家，目前尚有5000余家因营业不振，难以维持。

1月7日　魏道明携蒋介石亲笔函由沪赴新加坡迎接国民党中央常务委员会主席胡汉民返国。广东代表林翼中、李晓生，广西代表张任民、潘宜之也分别于8日、9日赴新加坡迎胡。

△　清华大学自行车宣传队与平津学联代表抵济南。是晚，齐鲁大学学生会召集全校同学听北平学联代表报告，并议决：一、健全济南学生联合会组织；二、参加华北学生联合会；三、与平津学联发起成立全国学生联合会；四、筹备各界救国联合会。会后，齐鲁大学部分学生北上北平，部分参加清华自行车宣传队去南京。

△　前日本递信省政务次官、众议院议员中野正刚一行在北平访宋哲元、胡适等。当晚，中野正刚率日本东方会“满友视察团”赴济南、青岛视察。13日，中野正刚等到南京访张群。

1月8日　宋哲元在保定就河北省政府主席职，并在南操场对全城民众训话，声称今后方针：一、枪口不对内；二、肃清共产党。

△　国民政府任命杨永泰兼湖北省保安司令，商震兼河南省保安司令；准免蒙古地方自治政务委员会委员长云端旺楚克职，遗缺以索诺木喇布坦继任；任命巴宝多尔济为乌兰察布盟盟长兼保安长官，原任云

端旺楚克准予免职。

△ 国民政府明令嘉奖檀香山侨商陈宽捐资兴学，陈历年捐助国内外学校经费12万元以上。

△ 日本外务省会议决定对南京会议方策，要求中国政府"提出以日首相广田三原则为基础的亲善具体方案"，"对于排日抗日运动，采取灭绝之措施"。日军部主张华北问题直接办理，不经过外交会议。

1月9日 国民党中常会选任云端旺楚克为国民政府委员；通过《中央党史史料编纂委员会组织条例》。

△ 平津金融维持会开首次常委会，推选萧振瀛为委员长，秦德纯为副委员长，并讨论救济平、津商业等问题。11日，萧振瀛召集冀察政委会经委会委员及银钱、商界代表周作民、姚泽生等会商救济平、津商业问题，决定由中央银行贷款150万元，中、交两行各100万元，四行各40万元，余行酌拨；各商号以房产、货品、铺底作抵押，并决定由经委会、银会、钱会、商会合组北平救济市面贷款委员会，由张季鸾召集，于15日开会审查抵押品。

△ 上海各大学教授沈钧儒、王造时、曹聚仁、周新民等60余人，发起成立大学教授救国会。决定援助全国学生爱国救亡运动，负起领导学生救亡的责任。

△ 中国工农红军徐海东部、刘志丹部2000余人在陕北与井岳秀部激战后抵韩岔。

△ 海南岛设置乐东、保亭、白沙三县。

△ 天津日驻屯军参谋长永见在津召集华北日军武官会议，讨论增加华北驻屯军兵额及恢复华中日驻军等问题，北平日使馆武官今井、山海关特务机关长竹下、太原特务机关长和知、济南武官石重、张家口特务机关长大本、天津日驻屯军司令部高级参谋石井以下全体幕僚均参加，日关东军副参谋长板垣亦出席。13日，日陆军省新闻班长根本博携此次会议议决案及华北、华中驻军扩编预算赴长春，见关东军司令南次郎后回国。

△　伪满中央银行自去年12月20日至是日止，每周平均发行钞票1.7835亿元。

1月10日　国民政府令：《边远省份公务员任用资格暂行条例》是日起施行，定期三年，暂定新疆、宁夏、青海、贵州、甘肃、西康六省为适用省份。

△　北平学界代表胡适、梅贻琦等赴南京参加蒋介石召开之谈话会。12日，梅贻琦等向教育部长王世杰报告平市学生运动情形。

△　各国驻北平使节对察北、冀东及中日将在南京召开调整中日关系会议等问题，甚为注意。是日，驻华英大使贾德干由北平抵南京，13日会见张群。驻华法代办贺柏诺、苏联、意大利大使、美国、德国使馆参赞均先后到南京访晤张群。

△　国民政府首席财经顾问李滋·罗斯等在华北视察完毕返沪，是日由上海抵南京。13日，蒋介石宴请李氏。14日，孔祥熙会见李氏。16日，李由南京抵汉口考察经济，17日在汉口对中央、中国、交通三银行行长谓：中国改革币制获意外成功，中国关税以不增加为妙，英国对华投资用途着重交通建设设备。20日，抵重庆访金融界。26日，返上海。27日，李在沪晤日使馆武官矶谷，发表对于中国币制改革的意见，说明英国对华援助态度，并听取矶谷意见。

△　上海特区人力车夫一万余人罢工，抗议"人力车夫互助会"拒绝借款救济。

1月上旬　原张学良东北军第一一七师第六一九团团长高福源于上年10月在榆林桥战役中被红军俘获后，受红军优待和教育，向中共中央联络局局长李克农请求自愿去洛川劝说张学良与红军联合抗日，得到中共同意，于月初离瓦窑堡，前往洛川东北军防地。

1月11日　国民政府公布《辅币条例》，凡九条。采10进分位法，发行五分、十分、二十分镍币及一分、半分铜币。规定辅币之铸造，专属于中央造币厂，其发行由中央银行专司之；伪造辅币及妨害辅币信用者依法惩治。

△ 国民政府任命程潜为陆军上将，叙第二级；特任张作相为军事参议院参议；派豫宗濬为新疆伊犁屯垦使。

△ 冀察政务委员会经委会在北平成立，以萧振瀛、张振鹭、王绍贤、冷家骥、钮传善、过之瀚、林世则等为委员。

△ 国民政府军委会派晏道刚为西北"剿匪"总司令部参谋长。

△ 日驻华使馆武官矶谷与关东军副参谋长板垣征四郎、驻沈阳特务机关长土肥原、天津驻屯军参谋长永见等在青岛举行会议，讨论增加华北驻军、恢复华中驻军等问题。12日，矶谷、板垣与伪满洲国外交部次长大桥忠一到济南，策动韩复榘加入冀察政委会。

△ 河南省六河沟煤矿工人因厂方积欠工资四个月，减薪20%，全矿工人5000名罢工。13日，实业部派劳工司长唐飞健抵六河沟调解，商定解决办法14条，为维持该矿营业计，决定减少工人工资50%，限期三年，非经呈准实业部，不得延期；厂方限期发给工人所欠四个月工资。双方同意接受，工潮遂平。

△ 台湾日驻军参谋长荻洲少将抵福建省考察。15日到厦门访蒋鼎文等。17日，离闽去广东省汕头，飞广州转赴广西，与华南诸要员会谈。日方认为荻洲此行，为日对华南政策一大转机。

△ 伪冀东防共自治军赵雷部奉殷汝耕之命侵入塘沽，占领新河、军粮城等产盐区，并向长芦盐运稽核所索款每月60万元，否则停新榆段运盐车辆。是日，伪冀东防共自治政府在辖区内设立大隆大兴公司，专售辖区内所产食盐，归日人主持，长芦盐冀东销场完全断绝。

△ 伪满洲国外交部次长大桥忠一在通县访殷汝耕，并代表伪满洲国与伪冀东防共自治政府缔结军事、外交、交通协定。

△ 据《申报》讯：日实业家纷纷来华接洽投资，日在华纺织同业领袖船津辰一郎由东京抵天津，拟考察天津、济南、青岛三地纺织业，准备投资。"满铁"天津事务所派调查课长野中时雄赴山西调查矿业，拟投巨资。晋西北实业公司经理梁标航、大同矿业公司经理梁世樵，应"满铁"事务所邀请到天津洽谈日投资开采大同煤矿事。

△ 伪满洲国公布全境人口，截至去年底为 547.4321 万户，3286.9054 万人，其中日本人、朝鲜人占 413.6932 万人。

1月12日 日本增设驻绥远特务机关，以羽山喜郎为特务机关长。

△ 天津日驻屯军参谋中井升太郎偕和知鹰二与羽山喜郎往太原访阎锡山，又访绥远省政府主席傅作义，策动晋、绥加入冀察政委会。24 日、27 日，土肥原两次飞太原策动阎锡山参与华北五省自治。

△ 日本关东军特务机关长土肥原回长春请示解决冀、察问题办法后，是日抵天津。下午，殷汝耕偕秘书池宗墨自通县抵天津与土肥原、多田骏等商谈冀东、察北事件。

△ 伪冀东防共自治政府实行《自治保甲法》，公安局改组，局长由区、村"选举"，警长、警察也由各村"选送"，各县成立联甲长，负责征收田赋附加杂税。

1月13日 邓文仪与中共驻共产国际代表团成员潘汉年在莫斯科会谈，邓表示此来系代表蒋介石与中共代表团"谈判合作的初步问题"。并提出国共合作应该解决两个具体问题：一、统一指挥；二、取得苏联援助。双方表明了合作抗日的愿望，但对统一指挥及苏联援助存在分歧。

△ 日本政府制定第一次《处理华北纲要》，下达天津日驻屯军司令官。《纲要》声称："自治的区域，以华北五省为目标"，"对冀察政务委员会的领导，目前通过宋哲元来进行……逐步实现实质性的自治，确立华北五省自治的基础。""当前的目标在于使南京政府毫无实行反对日满政策之余地……其他则逐步进行。如希望赶快获得独立权限，则应力求避免。""我方的指导，重点放在财政经济（特别是金融）、军事和对一般民众的指导方面，并抓住大局"，"不推行被人认为扶植满洲国之类的国家政策。"

△ 《北大周刊》第二期上发表平津学生联合会对时局通电，揭露国民政府"为缓和舆论、消灭运动计，乃一面宣布各地之戒严令，一面召

集全国学生代表入京”,“借训导之名,而行欺骗收买之实”。“且所谓学生代表,乃当局所指派……所能代表者若何”,“如政府立即对日宣战,实行革命外交,恢复民众组织及爱国言论、出版之自主,则吾侪不但入京听训,且将入京叩首”。“但四年来政府行径适与人民背道而驰,非人民不信政府,实当道自绝于人民”。

△ 清华大学20多名学生组成的自行车宣传队到达南京进行爱国宣传。17日,被宪兵押送回北平。

△ 广州学生罢课,举行爱国示威游行,西南政务委员会指使“市民救国除奸团”阻止,击毙学生一名,伤逾百。事件发生后,中山大学校长邹鲁辞职。陈济棠令其第一集团军总部宣布戒严,禁止罢工、罢课,取消集会、结社、出版自由,并在各机关门前架设机枪,派军队分驻各校。同日,大队学生前往西南政务委员会请愿,要求释放被捕学生,惩办凶手,保障学生安全。14日,广州军警又大举搜查中山大学、国民大学及中学校舍,致使学生1000余人被迫到香港暂避。

1月14日 宋哲元由北平抵天津,15、16日与关东军驻沈特务机关长土肥原贤二、天津日驻屯军司令多田骏等会商,宋建议任殷汝耕为天津市长,取消伪冀东防共自治政府,被日方拒绝。日方表示,须华北关税独立,盐税、烟酒税等不得向南京政府提解,邮政、电报、航运、铁路也须自主;由日方“开发”农村;冀东改为特别行政区,仍以殷汝耕为该区行政长官;成立冀、察两省地方参政会,选出所谓自治运动派为参议员,监督冀、察政务。俟上述条件一一实现,日方即令伪冀东防共自治政府撤销。30日,宋哲元与北平市长秦德纯、天津市长萧振瀛会商对策。

△ 国民政府派陆军中将刘兴为陆军第二十七军军长。

△ 行政院决议任命卫立煌为豫鄂皖边区“清剿”总司令,张发奎为闽浙皖赣边区“清剿”总指挥。

△ 冀察绥靖公署在天津成立,主任宋哲元,参谋长富占魁,总参议石敬亭,秘书长王式久。

△ 平津学生南下扩大宣传团第三团到达高碑店遇阻,被便衣警

察武力解散。第三团负责人蒋南翔等在最后一次全体会议上，提出成立“中国青年救亡先锋团”继续进行抗日救亡的建议。16日，该团在燕京大学开成立会，团章规定“以反帝反封建的民族解放运动为宗旨”。21日，南下第一团和第二团部分学生抵保定，活动受到河北省政府的限制。在第一、二两团合并的全体会议上提出建立“中华民族解放先锋队”的建议。

△　国民政府明令特赦为父报仇刺杀孙传芳被处徒刑七年之施剑翘。

1月15日　蒋介石为遏制“一二九”学生爱国运动，在京召集各地中等以上学校师生代表360人开谈话会，北平各大学学生会拒绝推代表参加。会上由胡适、张伯苓及北平市中学代表等发言，要求惩办汉奸、公开外交、反对任意修改教科书等。16日，蒋介石讲话，声称“决不签订任何损害中国领土主权之条约，也决不订秘密协定”，“为维持国家生命计，不得已时决不惜为最后之牺牲”。要求学生“守纪律、负责任……勿受人挑拨离间，勿因爱国之故而反毁坏学校或社会秩序”。同日，谈话会结束，参加该会之全国18省、市中等以上学校校长164人发表宣言，主张：一、拥护国家领土主权之完整，信任政府，并反对任何分离运动；二、尽力实施切合国难时期需要之教育；三、保持教育的生命，制裁罢课及“破坏纪律”之举动。

△　陈独秀、彭述之的徒刑执行已届两年，当局拟送苏州反省院“感化”，遭陈拒绝。

△　伪冀东防共自治政府将小学教科书改订为亲日内容，是日向“日满文化协会”要求指导及援助，并由殷汝耕颁布冀东各学校更改课本令，实行奴化教育。

△　浙赣铁路南昌至玉山段通车，是日在南昌举行通车典礼。

△　黄河凌汛暴发，河南省贯台、孟岗大堤决口，河南封丘、河北长垣两县交界处被淹500余村。

1月16日　财政部长孔祥熙发表谈话称，美电传我售银10亿元于美，非确数，计自前年来售银于美，前年为2000万元，去年12月为3000万元，总计5000万元。

△ 财政部通令，兑换法币延期三个月，至5月3日止。

△ 东北军团长高福源在洛川会见张学良，详细报告在红军中的所见所闻和切身感受，劝张与共产党团结抗日。张决定与共产党谈判，让高返回瓦窑堡，请红军派出正式代表。高于是日返回陕北苏区，将同张会见经过报告李克农。

△ 据《申报》讯：日本陆军省军事课长武藤中佐在华北及“满洲”视察各地实情归国后，即向日本参谋本部及陆军首脑部作详细报告。两部鉴于华北形势之复杂，决定改编日本之华北驻屯军，并强化其就地作战之准备，使其实力超过英、法、美等国之驻军以上。因对苏、蒙关系紧张，关东军实力尚须积极充实。同时，对于驻兵制度，将改革现在之交代制为常驻制。华北驻屯军司令部以日驻台湾军司令部为准绳，加以扩充。

△ 日关东军副参谋长板垣飞返长春向日关东军报告华北形势，关东军随即召开全体幕僚会议，主张“华北问题由日本军人直接办理”，不经中日外交会议。认定国民政府倡议召开之中日国交调整会议乃“华北自治运动牵制策”及“国内人心收揽策”，无甚必要，任外务省与国民政府折冲之，并就所谓华北“共同防共”、“经济合作”问题进行具体商议。

△ 安徽省地方银行总行在芜湖正式成立。

△ 同蒲铁路南段筑至蒲州镇终点，与黄河南岸陇海路潼关站衔接。

1月17日 国民政府公布《冀察政务委员会暂行组织大纲》，凡12条，规定“国民政府为处理河北省、察哈尔省、北平市、天津市政务便利起见，特设冀察政务委员会综理各该省、市一切政务”，“本会在中央法令范围内，得拟定单行法规呈请国民政府核准备案”。后国民政府与冀察政委会又在财政方面就关税、盐税、铁路收入等分配达成原则协议，于2月1日批准施行。

△ 邓文仪同中国共产党驻共产国际代表团团长王明在莫斯科会谈，邓提出三项条件：一、取消苏维埃政府；它的全体人员参加南京政府；二、将中国工农红军改编为国民革命军；三、国共两党恢复1924年至1927年的合作形式，在这种情况下，共产党可以独立存在。王明指出，红军与国民党若合作抗日，第一位的条件是互相信任，停止内战。经过协商，双方决定派代表回国内去谈判，南京方面承诺保证中共代表的人身安全。

△ 内蒙伊克昭盟防共总指挥兼达拉特旗"剿匪"司令康王在绥远见傅作义商议共同防共办法，当晚又赴太原见阎锡山报告伊盟防共情形，并请示伊盟与绥远联防办法。

△ 王宠惠辞海牙国际常设法庭法官职。

△ 伪蒙军李守信部侵占张家口至多伦的公路要隘大清门。

△ 伪蒙古保安队卓什海部2000余人开到距绥远省平地泉70里处。傅作义、曾延毅、李服膺等部在绥东陶林、兴和、平地泉、丰镇至晋北得胜口、大同一带布防，防止伪蒙军西犯。

△ 美国外交政策协会发表声明，主张恢复国联之满洲问题委员会，由美、英、苏三国合作制止日本侵略中国。声明并称美、英两国如认日本侵略中国之目的在预备进攻苏联，则英、美两国殆有卷入世界大战之可能。

△ 驻天津日总领事在津召开会议，各分馆领事、副领事均出席，决本支持伪冀东防共自治政府关税自主，与殷汝耕缔结互惠协定，助其防止漏税日货入境。

△ 山东省鄄城退埝及董王民埝先后被凌水撞溃决口，鄄城、寿张、郓城、范县四县良田万顷被淹。

1月18日 北平市长秦德纯致电行政院长蒋介石、军政部长何应钦称："平津学生联合会近来秘密进行甚力，其扩大宣传之要点：一、反对学生赴京代表；二、对于政府外交力持反对态度；三、要求停止国内战争；四、到处募捐，并组队向各县乡村宣传；五、组织武装纠察队，把持学校，压迫放假学生，不准离校；六、男组纠察队，女组妇女救国会，准备秘密危险工作。……显系共产党从中主持……究竟如何制止……伏乞电示方略。”28 日，蒋复电秦称：据教育部称，“平、津各校学生如有共产分子作违法之活动，应由当地政府会同各校长妥商制裁，已由部密令各校及本市社会局转行各校遵照”。

△ 阎锡山在太原与杨虎城商议“剿灭”红军办法。

△ 行政院下令自是日起察哈尔省右翼四旗改隶绥远省政府管辖。

△ 广东、广西两省政府对日向该省所提取缔抗日运动之要求予以答复，谓日方如不停止其在华北侵略行动，两省政府不能制止纯出爱国热情之学生反日运动。

△ 中国社会教育社在广州中山大学举行年会。出席代表 220 余人。由梁漱溟任主席。本届年会以“社会教育助成地方自治并促兴社会生产”为讨论中心。

△ 日本外相广田弘毅与新任驻华大使有田八郎商议对华方针，声称：一、日中两国调整国交，除具体实践去年秋季广田外务大臣提出之三原则外，无其他方法；二、华北为中、日、“满”三国之接近地带，要求中国政府善处。

1 月 19 日 国民党中常会主席胡汉民自法国返抵香港，蒋介石派司法院长居正及中央党部秘书长兼立法院副院长叶楚伧、中央委员陈策抵港迎接。胡在港对新闻记者发表书面谈话，声称：“余之党政主张，一如往昔……党应恢复有主义有精神之党，力除过去灭裂涣散之错误。政府应改造为有责任有能力之政府，力矫过去畏葸苟安之错误。”28 日，居、叶、陈返南京见蒋介石报告迎胡经过并面交胡致蒋亲笔函。

△ 红军西北革命军事委员会主席毛泽东、副主席周恩来、彭德怀签署《西北革命军事委员会东进抗日及讨伐卖国贼阎锡山的命令》，命令抗日主力红军即刻出发到山西去，打倒阎锡山，打通抗日前进道路，

响应全国抗日运动,把日本帝国主义赶出中国去。

△ 北平学生联合会召开执委会,议决:一、组织全国学生联合会;二、各校开学时,各同学一律复课,但要求校方施行非常时期课程。

△ 日人东北财政专家星野抵通州,调查冀东经济状况。

1月20日 中共中央联络局局长李克农抵陕西洛川与西北"剿匪"副总司令兼代总司令张学良会谈。李说明中共中央停止内战,组织国防政府与抗日联军,一致对外的主张。张表示南京方面同情建立国防政府的颇不乏人,只要中共确有团结抗日的诚意,他愿为此而奔走。张"不同意讨蒋"。

△ 冀察政务委员会外交委员会成立,主席委员陈中孚及委员陈觉生等六人宣誓就职。

△ 教育部通令各省、市教育厅、局,各县应遍设乡村小学。

△ 邹鲁、李宗仁等在广州开会讨论宁粤合作问题。

△ 李宗仁过广州赴香港迎接胡汉民,发表一文,略谓:"政府必须牢记,日本目的在实施大陆开拓政策,两国合作计划不足以解决目前难关。"

△ 贺龙、萧克红二、六军团由石阡西进,突破镇(远)、黄(平)、余(庆)封锁线,24日抵瓮安,26日,占领贵定并攻占平越,击毙平越第七区行政督察专员聂光。贵阳市宣布戒严。

△ 安徽省淮南铁路通车,自淮南矿山之田家庵经合肥、巢县等地至芜湖对江之裕溪口,全长220公里,主要运输淮南煤矿之煤,并兼营客运。

1月21日 日本外务大臣广田弘毅在贵族院演说外交方针,提出对华关系本三原则进行:一、中日两国积极亲善提携;二、中国承认"满洲国",调整中、日、"满"三国关系,以保东亚安定;三、中日共同防共。并称:中国政府业已对帝国所提出之三原则"充分谅解","表示赞成"。

△ 广东省汕头市日领署警员角田进患严重肺病倒毙街头,日领事诬指被华人枪杀,要求中国当局处理。22日,日本第三舰队司令及

川下令军舰“夕张号”自厦门驶抵汕头示威。23 日，该舰对汕头市海角石鸣枪百余响。29 日，“朝颜”、“芙蓉”两日舰由福州开往汕头。31 日，驻汕日领事向当地政府要求缉凶。

△　行政院决议通过发行铁路建设公债 1.2 亿元，拟兴筑湘黔、川桂等铁路干线及补助平绥、正太、胶济等铁路展长旧有路线之用。

△　上海复旦大学等七八校学生代表在南翔开会成立“上海各大中学学生救国宣传团”，分赴嘉定、太仓、昆山等县进行宣传。25 日，组织昆山民众救国会。27 日，到苏州宣传，被军警押送回上海。

△　外传蒙古地方自治政务委员会秘书长德穆楚克栋鲁普（德王）与蒙古保安队长卓什海宣布独立，用成吉思汗诞生后 736 年为年号。是日，德王电国民政府否认。

1 月 22 日　蒋介石同苏联驻华大使鲍格莫洛夫会谈，要求苏联充当国共关系的调停人，劝说中共放弃武装，服从南京政府。大使表示苏联支持中国抗日战争，国共两党应当建立抗日统一战线，蒋介石必须同中共直接谈判，谈判可以在莫斯科进行，但苏联不会扮演调停者的角色。在谈及中苏签订军事互助条约时，蒋介石希望当日本入侵蒙古、绥远和山西等西北地区时苏联能依据条约规定，承担出兵援助中国抗日的义务。

△　外交部发表声明，否认曾接受“广田三原则”。略谓：广田外相于去年 9 月中向蒋大使所提出之三点，“我方以措词过涉空泛，无从商讨，当要求日方提示其具体内容，日方迄今尚未提出，而广田外相演说谓中国业已同意，殊非事实”。

△　驻南京日总领事须磨见外交部长张群，传达日外务省对召开中日两国关系调整会议所持态度，要求具体实践“广田三原则”。

△　蒙政会秘书长德穆楚克栋鲁普窃用蒙政会名义，擅将察哈尔左翼四旗及四个牧群改为察哈尔盟。是日，察哈尔盟公署在张北成立，任命卓特巴扎普为盟长，达密凌苏龙为副盟长。自此，察北六县完全脱离察哈尔省政府管辖。

△ 德国远东经济考察团团长克朴、团员罗森柏抵南京访外交部长张群、实业部长吴鼎昌。23日，访财政部长孔祥熙、代理交通部长俞飞鹏、经济委员会秘书长秦汾，了解中国经济情况。克朴对记者发表书面谈话声称："中国为德国一最大市场，而德国也为中国之原料与其他产品之购买者。"

△ 国民政府公布《中医条例》，凡10条。

△ 法国政府驻华使节升格，任命那其亚为驻华大使，并决定使馆于三月后迁南京。

△ 中共中央政治局作出《关于张国焘同志成立第二"中央"的决定》，电令张国焘立即取消反党的非法组织，并在全党公布其错误。27日，张致电中共中央，表示"原则同意中央路线"。

1月23日 中国共产党驻共产国际代表团团长王明写信给毛泽东、朱德、王稼祥，介绍邓文仪去苏区直接与中央协商抗日救国的具体办法。同日，潘汉年以中华苏维埃共和国中央政府人民外交部副部长的身份致信蒋介石，代表毛泽东、朱德，保证邓文仪进入苏区谈判时的人身自由与安全。

△ 国民党候补中央委员、蒙政会委员、军政部明安牧场场长尼玛鄂特索尔（尼冠洲）赴张北与卓什海、德王等商察旗问题，是日下午2时由张北返张家口途中，在万全县猴儿山附近被日本特务拦车击毙。

△ 国民政府通令直辖各机关暂缓推行简体字。按：上年8月21日教育部公布第一批简体字324个。

1月24日 外交部声明未承认"广田三原则"后，华北人心大慰。是日，日本关东军特务机关长土肥原自太原见阎锡山后回天津，与日驻屯军司令多田对此有所集议。

1月25日 毛泽东、周恩来、彭德怀、叶剑英等20位红军领导人联名发出《红军为愿意同东北军联合抗日致东北军全体将士书》，表示红军愿同东北军联合抗日，"为全中国人民抗日的先锋"。该信建议互派代表，协商关于组织国防政府和抗日联军问题。

△ 国民政府明令设立绥远省境内蒙古各盟旗地方自治政务委员会，任命沙克都尔札布等20人为该会委员，并指定沙克都尔札布为委员长，巴宝多尔济、阿拉坦鄂齐尔、潘第恭察布为副委员长。同日，公布《绥远省境内蒙古各盟旗地方自治政务委员会暂行组织大纲》，凡15条。内称该会直隶于行政院，办理乌兰察布盟所属各旗、伊克昭盟所属各旗、归化土默特旗、绥东五县右翼四旗地方自治事务。会址设于伊金霍洛。

△ 宋哲元致蒋介石密电称："平津学联会始则嗾使各院校学生自治会反抗政府劝令，不推赴京听训代表，公然在各报登载启事，反对学校当局奉令指派之代表，侮辱国家尊严，淆惑国际视听，已擅出刊物毁谤政府，结队赴乡对政府作种种不利之宣传，意在煽惑民众，激起民变。……哲元既膺政府支持华北危局之重任……只有电请钧座转令教育部迅饬各该院校于2月1日上课以前，将下列各事先行办竣：(一)解散各学校学生自治会；(二)解散平津学联会；(三)开革鼓动风潮之不良分子；(四)严禁结队游行及赴乡鼓惑民众。"

△ 日本军部为召开重要会议，决定对华根本方针，特召驻华日使馆武官矶谷廉介返国。24日，矶谷由上海抵南京见张群，是日见蒋介石。蒋对矶谷宣称，"调整中日外交关系一举，不应坐失机宜"。矶谷晤蒋后谈称，蒋对改善中日两国关系具有十二分之决心，并称蒋"实已彻底了解日本之立场，实有真诚努力于两国国交改善之真意"。26日，矶谷返上海，30日搭船返日。

1月26日 宋哲元电国民党中央，保荐钮传善、陈觉生、陈中孚三人为冀察政务委员会委员。

△ 行政院会议决议江西、安徽、湖北三省重划江界：改划长江北岸三省界应以天然长江为界，南北分界以江中重要水道为准，马当及张家洲等处以江之北泓为界，长江北岸皖、鄂两省省界仍旧。

△ 胡汉民昨由港乘舰抵广州。是日与陈济棠、邹鲁、萧佛成、李宗仁、林云陔等会商时局。29日，胡与陈、李等再次会商，李认为："日

本所持之大陆政策，其目的在吞并东亚，夷中国为殖民地，我国东北之被蚕食，是其一种过程，其最终目的在囊括全亚洲，以应其大亚细亚之梦。我整个民族国家生存权绝对不能断送在外交当局，今后应力矫前非，公开外交，使国民均有参加与监督机会。”

△　张学良飞抵南京，次日见蒋介石、冯玉祥报告陕西军情。

△　上海工商业界王晓籁、虞洽卿在南京见蒋介石，陈述上海市工商业不景气情形，请求低利贷款救济。次日，虞返沪谈：“上海市工商业衰落为数十年所仅见，若不救济，将难支持。”

△　悍匪刘桂堂在河北省境啸聚匪徒一二千人入河南武陟一带，意图扰鲁。是日，山东省政府主席韩复榘决定派第二十九师师长曹福林为防剿总指挥，率部赴鲁西一带防剿。

1月27日　蒋介石在南京中央纪念周讲《公务人员训练的意义与政府财政经济建设的方针》，宣称要对一切公务人员加以训练，“以发挥政治上最大的效能”；严惩贪污官吏，建设“廉洁”的政府。

△　中日新派大使人选，经双方同意，中派许世英，日派有田八郎。

△　北平文化界救国会成立，北平文化界、教育界、新闻界马叙伦、武新宇、涂长望、许德珩、曾昭抡、刘尊棋、齐燕铭等150余人参加，选出马叙伦、白鹏飞、陈豹隐、张申府、许德珩、李达、崔敬伯等31人为干事，推马叙伦为主席、白鹏飞为副主席。并通过宣言，表示完全赞同上海文化界救国会宣言所提出的一切主张，“坚决地反对正在进行中的广田三原则下的亡国外交，以及一切断送华北的新阴谋”，“宁为自由而死，不为奴隶而生”。

△　蔡楚生和欧阳予倩等发起成立上海电影界救国会。

△　中日贸易协会在上海正式成立，选出中国理事周作民等21人，日本理事船津等四人。会章规定该会在日本称日华贸易协会，“以共同研究中日两国间之经济状况，促进两国贸易为宗旨”。各设总会于中国上海及日本东京，设分会于中日各重要商埠。同日，日华贸易协会在东京成立，以儿玉谦次为会长，饭尾、周作民为副会长。2月1日，中

日贸易协会首次理事会议推周作民为会长，徐新六为副会长，日华贸易协会会长儿玉谦次兼该会副会长。

△ 武汉学生罢课已一月，是日武汉学生救国会第四次全体代表大会通过救国工作原则，并决定即日起一律复课。

△ 日陆军省议决扩充华北日驻军案，陆相川岛、次官古庄、军务局长今井及天津日驻屯军参谋池田等出席。

△ 伪冀东防共自治政府新编滦县民团萧再兴部千余人奉殷汝耕命开驻昌平，与当地石友三部保安队冯寿彭部冲突，萧部占领县城。

△ 上海《晨报》停刊。

1 月 28 日 东北反日联军军政联席扩大会议在黑龙江省汤原县境内召开，会议决定成立东北抗日联军总司令部，推选赵尚志为总司令，李华堂为副总司令。

△ 林彪红一军团在陕北延长县临真镇举行东征誓师大会。该军团下辖三个师：陈赓第一师，刘亚楼第二师，陈光第四师。共计 6500 余人。

△ 贺龙红二军团由平越抵龙里北之虎场，一部向贵阳挺进；萧克红六军团由牛场向西，于 29 日渡过清水江，在开阳之羊昌集中。30 日，红二、六军团从洗马河、羊昌向西挺进。31 日进抵贵阳北面扎佐镇，歼敌两个营。

△ 行政院训令教育部整饬学校秩序纪律，声称："凡以任何方式妨害学校课业之学生，应立即严令离校。校内、校外尤不得容许任何团体为煽动罢课或干涉学校行政或妨碍社会秩序之举，地方军政机关查有从事此种煽动行为之团体，应即予以制裁。"次日，教育部通令各教育厅及各院校，宣布国难时期教育宗旨。

△ 贵州省政府主席吴忠信自南京取道粤、桂返黔，是日抵南宁，与李宗仁、白崇禧商谈"剿共"军事。

△ 驻华日大使有吉明到南京向林森、蒋介石、张群等辞行。29 日，国民政府颁给有吉明红色白镶大绶采玉勋章。

△ 上海农、工、商、学、妇各界代表800余人集会纪念"一二八"抗战四周年，通过成立上海各界救国联合会，推选沈钧儒为主席，沈钧儒、章乃器、李公朴、陶行知、邹韬奋、王造时、史良、刘良模、沈体兰、沈兹九、张定夫、潘震亚、顾执中、潘大逵、彭文应、沙千里等人组成执行委员会，统一领导上海市的抗日救亡运动。会后全体代表由主席团率领，步行至庙行镇，公祭"一二八"抗战无名英雄墓。

1月29日 中华苏维埃政府主席毛泽东和人民外交委员长王稼祥与红色中华社记者谈话，宣布："中华苏维埃政府对于蒋介石的态度非常率直明白。倘蒋能真正抗日，中华苏维埃政府当然可以在抗日战线上和他携手。"此系中共中央领导人第一次明确表明"联蒋抗日"的态度。

△ 蒋介石密电复宋哲元25日电称："对于不守纪律、妨害课业之学生，或从事煽惑罢课，或干涉学校行政，或妨碍社会秩序之团体，应分别由学校及地方当局严格制裁，已由院指示办法，令饬教育部及各省市政府遵照。"

△ 国民政府明令改组甘肃省政府，任刘广沛、朱镜宙、田炯锦、许显时、喇世俊、张维、周从政为甘肃省政府委员，刘、朱、田、许分别兼任民政、财政、教育、建设各厅厅长。

△ 章太炎致函冯玉祥，请冯向蒋转达其国事意见。函称："敌人所以侮我者……一者上下相疑，二者人心渐去，三者赏罚倒置。"2月3日，冯持函晤蒋，痛陈章函所说三事均切中时弊；并称，现在的军队，一师与一师的人数不同，饷项待遇各异，对将来抗日有极大危害。

△ 云南省与缅甸勘界委员会首段界线争执由该会主席伊立舍氏判定：即由南丁河北已定97号桩起，向西南近南滚河流入潞江处，再溯南滚河而上定线。

△ 驻伪满日领24人在长春举行会议，日关东军司令南次郎说明对"满洲国"第二个五年计划，声称对违反日、"满"国民融和之优越感"宜充分训戒"。

△ 伪满军百余人在连长周定萨带领下反正，杀死日军官四名，从金厂沟退入苏联格罗地科伏地区。30日，日“满”军一连侵入格罗地科伏地区，被苏联边防军击退。同日，苏联副外交人民委员斯提蒙尼亚科夫向日本驻莫斯科大使太田提出严重抗议。

1月30日 国民政府主席林森电促胡汉民入京主持中央大计。胡因与蒋介石政见不一，复电林、蒋，借口“须稍休养”，拒不去京。

△ 国民政府公布《第二期铁路建设公债条例》，凡13条。规定发行公债2700万元，专充玉萍铁路南萍段用，年息六厘，至民国三十五年(1946)6月30日本息偿清。

△ 天津市府奉令改组，直属于行政院。

△ 北平文化界救国会与北平学联共同发起组织华北民众救国联合会，是日在燕京大学举行成立大会，推马叙伦为主席。

△ 黑龙江原游击队改编为东北人民革命军第六军，夏云杰任军长。

1月31日 中共中央军委在陕北延长开会研究东征战略方针，毛泽东称：我们执行“在发展中求巩固”的方针，希望通过东征建立一块根据地，与陕北苏区连接，在山西“筹款”、“扩红”，以解决陕北根据地“太穷”的问题。会议决定了东征进军路线，部署了兵力，正式组成了“中国人民红军抗日先锋军”，彭德怀任总司令，毛泽东任总政委。

△ 胡适撰《再论外交文件的公开》一文，2月2日在天津《大公报》发表，指出中国外交部发言人于1月22日声明否认业已赞同“广田三原则”，“是近年来中国政府的第一壮举”；希望政府“全数公布那些造成今日华北危机的各种交涉文件”，包括1933年的《停战协定》、1935年的何应钦、梅津谈判和察东谈判。

是月 宋子文和宋庆龄商议，由宋庆龄出面邀见上海圣彼得教堂牧师董健吾(中共地下党员)，交董一信，请他送瓦窑堡交毛泽东、周恩来，传递国民党要求与共产党谈判的意向。为了保证董旅途安全，宋子文为他谋得财政部调查员名义。

△ 中共北方局派中共北平市委宣传部长周小舟专程赴南京，旋经吕振羽介绍，周小舟同国民党方面的谌小岑见面。谌转达陈立夫、曾养甫的意图，要求中共和红军放弃阶级斗争和暴力革命，承认蒋介石和南京政府的权威，赞助其统一中国，以便合作抗日。周小舟则要求国民党方面做到：一、立即发动抗日战争；二、开放民主自由；三、释放政治犯；四、恢复民众组织与活动，保护民众爱国运动。国民党代表则要求中共：一、协助联苏；二、要红军改编，苏维埃改制；三、帮助蒋先统一后抗日。

△ 高崇民从上海到达西安，劝说张学良联共抗日；又见杨虎城，建议东北军与第十七路军停止"剿共"，一致对外。杨表示同意。

△ 宋哲元派第二十九军教育处长兼第三十七师参谋长张樾亭赴南京见蒋介石、何应钦要求扩军。何允宋"可以成立混成旅，每旅以步兵两团为基干，装备和饷项由中央筹给；保安旅由地方筹给"。

△ 日本关东军制定《对蒙（西北）措施要领》，决先对现在军政府管辖区域内的重要部门进行整顿巩固，根据工作的进展，扶植其势力伸向绥远。然后向外蒙、青海、新疆、西藏等地区扩大。日陆军省据此制定《对内蒙措施实施要领》，规定对内蒙目前时期的工作范围为锡盟、察盟、乌盟及阿拉善地区，使中国政令达不到这些地区。关东军对内蒙军政府的指导，应依靠隐蔽和内部进行工作，主要通过特务机关进行，以最小限度的日人顾问团等辅佐之。在军政府管辖区域内，以亲日、"满"为基准，以建设蒙古人的蒙古为根本。

△ 1月份南京市人口，经首都警察厅调查竣事，人口总计101.7934万人。

△ 日本松井石根大将嗾使李盛铎、高凌霨、齐燮元等19人发起的"中国大亚细亚协会"在天津成立。《宣言》声称："亚洲乃亚洲人之亚洲"，亚洲各国"应赤诚相见，孜孜谋求其共同利益"。

2 月

2月1日 财政部长孔祥熙与上海金融界、商界领袖及持券人公会代表杜月笙、俞佐庭等商定，发行统一公债14.6亿元、复兴公债3.4亿元，用于收换旧发债券，健全金融组织，扶助生产建设。4日，行政院通过两公债条例。5日，国民党中央政治委员会批准发行。

△ 是日至4日，军委会禁烟委员会总会在南京开第一次全体委员会议，到总监蒋介石、委员许世英、吴鼎昌等24人，讨论依期完成禁烟计划。宣言昭告国人三项：一、政府确已下最大决心，务于六年内禁绝烟毒；二、政府决不因少数禁烟税收而改变其六年禁绝烟毒计划；三、各界民众应作政府后盾，并督促其进行。

△ 山东省府主席韩复榘自济南至乐陵会晤在原籍扫墓之宋哲元，就"如何维护国家主权及安定华北等问题"举行会谈。据宋称二人谈话内容，对于安定华北大局，"虽无何决定，但须以国家民族为前提，凡不利于国家民族者，决不办理"。

△ 交通部代表赵以廧与法国驻昆明副领事康栋在昆明签定《中国沿边三省（云南、广东、广西）与法国越南有无线电通信制度协定草案》。

△ 红军贺龙、萧克二、六军团自洗马河、龙里绕过贵阳进抵修文，2日西渡鸭池河，3日占领黔西，5日进抵大定。7日，"追剿军"前锋抵黔西大虎场。

△ 在中共北平市委领导下，"中华民族解放先锋队"在北平师范大学召开第一次代表大会，宣布正式成立，正式队员300人左右，分为26个分队。总队长兼党团书记李昌，主要领导人有敖白枫（即高锦明）、刘导生、杨雨民、杨克冰、孙传文、顾得欣、李哲人等。16日，民族解放先锋队发表宣言，指出"中华民族的危机，已经到了最后关头"，"我们首要的任务是：(一)揭破汉奸及其走狗的阴谋，并打击其种种阴谋的

破坏手段；（二）联合一切抗日反帝力量，无党无派，在抗日救亡的旗帜下一致团结起来”；并提出动员全国武力驱逐日本帝国主义出境、成立各地民众武装自卫组织、成立各界抗日救亡会等八项具体斗争纲领。

△ “左联”所编《新文化》于上海创刊，发表同人的代发刊词《新文化需要统一战线》，刊载王明在共产国际七大的报告《论反帝统一战线和中国民族解放运动》。

△ 西康大金寺喇嘛代表尼玛慈仁等三人抵南京，向蒙藏委员会陈述大金寺被驻军焚毁情形，请求救济。3日，翁文灏召见大金寺喇嘛代表，询问寺庙被焚情况。

△ 贵州省盐税由中央收回，此后每年由四川盐运使署直接拨付该省协款150万元，另加拨12万元作为教育经费。该省盐务处亦自是日起裁撤。

△ 据《大美晚报》北平特讯，冀、察外交谈判无效果，土肥原仍坚持华北五省“自治”主张，不肯让步，认冀察政委会系过渡组织。日方曾提出察哈尔省不驻军及脱离中央“独立”的要求，宋哲元未同意。日方认为冀东及察北问题系“家内”问题，无讨论必要，目前仍侧重华北五省“自治”之实现。

△ 驻陕北榆林之第八十六师师长井岳秀所佩手枪走火，中弹自毙。

△ 北宁路局近因该路各列车时有日、韩浪人行凶及走私等情，局方竟请日本宪兵押车，借以取缔私运。

△ 天津北洋工学院部分学生将学校指派赴南京之“学生代表”所有衣物、书籍焚毁。晨1时，天津保安队400人及便衣侦探四五十人包围该学院，与学校当局按名单逮捕学生刘莹等七人，打伤学生多人，激起学生愤怒，将总务长及训育主任殴伤。2日，驱逐校长李书田，风潮扩大。5日起，学生自治会组织纠察队维持校内秩序。

2月2日 贺龙红二军团、萧克红六军团抢占鸭池河渡口，红二、红六军团主力全部渡过乌江，占领贵州黔西县。6日，占领大定县城。

9日，占领毕节县城。

△ 苏联远东红军总部就“中国东北金厂沟地区伪满士兵反正逃往苏境”，日关东军声明诬称系“苏联鼓动”一事发表声明，指责日方此项声明“全系捏造”。

△ 华北日军参谋长永见俊德飞通县访殷汝耕，商洽“冀东问题”。

2月3日 华北各界民众救国会在北平召开筹备会议，出席者有天津文化界救国会、北平文化界救国会、北平妇女救国联合会、北平学联会、文艺青年协会等八个团体的代表。9日，在北平开扩大筹备会，到北平、天津、石家庄等地团体代表20余人。

△ 北平市学生联合会为天津北洋工学院学校当局勾结军警逮捕爱国同学发表宣言，谓：“中日南京会议和华北五省自治的酝酿，以及内蒙的伪自治……证明了中华民族的危机走上了更严重的阶段。”“我们全北平市的学生万众一心，誓死为被捕同学的后援！”

△ 北平记者公会举行北平新闻记者救国联合会第二次筹备大会，决定命名为“北平新闻记者救国联合会”，以联络同志、争取言论自由及促进中华民族解放为宗旨，并推出出席华北民众救国会代表两名。

△ 据南京《中央日报》讯：日商住友合资会社与广西省政府合办中日公司，开发锰、铁、锡等矿产，在台湾高雄设办事处，运台制炼。

2月4日 蒋介石对全国学生发表题为《今日青年的责任》的广播讲话，声称：“如有利用青年扰乱秩序，破坏纪律，牺牲青年学业，损害国家生命者，即为汉奸。”

△ 冯玉祥在南京电宋哲元勉以大义，万勿为敌人利用。是日，宋复电称：“哲元向有明白表示：一不屈服于人，二服从中央，三保卫国土；甚愿中央有整个办法，地方随之。”

△ 刘湘偕傅常、王又庸由成都飞抵重庆，与行营主任顾祝同会商消灭红军贺龙、萧克二、六军团计划。

△ 行政院决议任命蔡增基为国营招商局总经理，谭伯英为副总经理。

△ 占据昌平县城之刘桂堂匪部为冯治安第三十七师击溃，窜至北平市西郊猫儿峪、妙峰山附近，大部被北平市公安局俘获。刘自去岁12月25日以来，流窜冀、鲁、豫、晋四省30余县，经各军及地方协剿，至此遂瓦解。

△ 日第三舰队司令及川抵广州，向当局游说扩大自治及防共，企图增强西南对国民政府的离心力。

△ 日外务省在东京次官官邸召开重行检讨外交政策的重要会议，出席者有驻英大使松平、新任驻华大使有田及重光次官等，讨论日本外交方针必须以东亚主义为基础，以中日为中心，以确定日本在东亚的牢固地位。

2月5日 萧振瀛、陈觉生在天津就冀察问题访土肥原。冀察当局所持原则为取消冀东伪组织及战区名义，察北六县李守信伪军须一律撤回多伦。日方表示，既定方针不能改变，惟对运用方式可准冀察政委会在一定范围内略行变更。

△ 日陆军省讨论对华方针。驻华大使馆武官矶谷在陆相川岛召集之陆军省军官会议上作关于《中国现状及国民政府对日态度》的报告。旋以矶谷报告为中心，交换意见。决定：一、日本对华方针确立不变。加强陆、海与外务三省关系及地方与中央联络，积极实现对华国策；二、陆军部为实现与中国“共存共荣”，要求南京政府彻底清算“反日抗满”政策之态度，禁止一切排日运动；三、因华北政权与日本对“满”国策有密切关联，故日本军部将密切注视其动向，在能维持华北治安，予“满洲国”以良好影响下，日方将在“不干涉华北内政”的范围内尽力支援，使其圆满发展；四、中日间现有各悬案均望从速圆满解决。上述方针拟与海军、外务两省会商后决定。

△ 上海日商大康纱厂工人梅世钧遭日本监工毒打身亡，是日该厂工人4000余人举行罢工。7日，上海杨树浦、闸北及兆丰公园等地工人举行抗议示威，声援大康纱厂工人。8日，大康纱厂工人因梅世钧惨案未解决，一致拒领工资。同日，天津日人纱厂中之中国工人也相继

罢工声援。

2月6日　胡汉民与李宗仁、陈济棠、萧佛成、邹鲁、林云陔等在广州共商政局，历三小时，其内容为：一、整理西南党务，进而推及全国；二、西南仍以"剿共救国"为宗旨；三、胡汉民入京时机问题；四、整顿西南政务会领导机构等。对粤桂宁谈判合作也曾详尽探讨。8日，胡再邀陈、萧等会商时局。

△　财政部决定经营土地抵押放款及农村放款办法六项，规定中国农民银行至少应以5000万元经营此种放款。

△　实业部国际贸易局局长郭秉文致函孔祥熙，报告德国经济考察团来华任务：一、考察中国经济、商业状况，希望多购中国之原料如农产、矿产品等（矿产品钨、铜、铁、铅均要），并望中国多购德国机器；二、宣传德国之经济新政策；三、接洽中国以后向德国购买军火之办法。

△　绥远达拉特旗康王（康达多尔济）在太原见阎锡山，商谈伊克昭盟与晋西联合防共，阎允助枪百支、弹万粒，是日事毕返绥远。

△　北平市学联召开第十九次执委会，出席者有北大、清华、燕大、中大、师大、女一中、镜湖中学等院校代表，决定组织全国学联，并派代表赴各地联络组织华北民众救国会。会上还讨论了应付各校当局镇压学生运动及对被开除学生营救办法。

△　日陆、海、外三省在外务省开联席会议，协议对苏外交方针，决再提设立划界委员会，以解决苏、"满"边境纠纷。次日，讨论对华政策，声称："中日两国关系，依华方对于'满洲国'之存在认识如何，当能渐次改善。中日提携与共同防共，为日本东亚政策实行上不可缺之要件，努力迈进促其早日实现。"

△　日关东军司令部发表文告，谓苏联主张现有"满"、苏边界线应予承认，以免再发生冲突一节，断难赞同，并要求苏联引渡反正伪军。

△　日旅顺要塞司令官和田秀德少将与驻津日军司令官多田、参谋长永见、参谋中井、驻平日海军武官桑原及土肥原等，在天津商议旅顺海军扩充华北军港及与驻屯军联络办法，决挖深大沽、塘沽一段海

河,使巨型军舰得以应急乘潮入口。此议案由和田携归,转报军部。

2月7日 立法院通过《民国二十五年统一公债条例》。会上立法委员马寅初报告审查统一公债案经过,称二十四年度国家预算,原预定须短少二亿元左右,现年度仅过半,而短收已达1.5亿元,为平衡国库收支,自应亟图弥补,故迫不得已,乃发统一公债。次日,国民政府公布《民国二十五年统一公债条例》,凡12条。

△ 中国农民银行经政府特许发行纸币一亿元作为法币,半数充作地方农村通融资金,另半数则于停止各省银行发行钞票权后,以代替地方纸币。

△ 据《东方快报》载中央社讯:全国囚犯约10万人,已呈请假释人犯达9000名。

△ 国民政府令:赈务委员会委员长、中央救灾准备金保管委员会委员长许世英另有任用,应免本兼各职,遗缺由朱庆澜、王震分别继任。

△ 驻华日大使有吉明奉调离任返日本。同日,日本政府阁议正式任命有田八郎为驻华大使。

△ 侵入河北省昌平县城之伪冀东民众联合自治军第一混成旅被第二十九军击溃,旅长林雨时窜至平西妙峰山杨村被捕,团长萧再兴下落不明,日顾问逃逸。昌平仍由伪冀东政府委唐祖熙为县长办理善后。

△ 天津市西大沽海上公安局员警70余名,拟脱离河北省政府叛依伪冀东政府,被驻东沽第二十九军查悉,即予包围缴械拘禁。

△ 华北各救亡团体为"二七"纪念发表告全国同胞书,谓:"中国的工人群众从'二七'斗争中已经证明了他们是反帝反封建的急先锋,是民族解放战线上的最坚定的斗士……希望中国目前的民族解放运动会由工人群众的积极参加,迅速得到更广大的发展。"

△ 北平市学联发表复课宣言,指出:"我们罢课,是为了更扩大我们的阵线,我们复课,是为了要巩固我们的力量,二者之间,完全是一致的,这完全是一个策略的两个方面的运用。""在复课以后……我们希望能够在充实自己和扩大斗争的两大原则之下来推进我们的工作。"

△ 午后 1 时，山东省淄川鲁大煤矿汤家庄一号小井，石洞突然出水，流量甚速，排水机失去作用，井下工人淹死 100 余人。

△ 下午 3 时 30 分，甘肃兰州发生大地震，震幅约二三寸左右，3 时 33 分又震。3 时 39 分第三次大震，较前更强烈，历时二分钟，其后续有微震。房屋多倒坍。8 日晨 5 时许及 10 时又两度微震。

2 月 8 日 宋哲元由津返平，冀察外交事件宋与日方在津持续 24 天，未能达成任何协议，决定在北平继续商谈，由冀察政委会外交委员会主席陈中孚负责与土肥原谈判。宋在北平晤记者称："关于中日外交前途，本人以为先决条件，双方须处于平等地位，如一方为压迫者，一方为被压迫者，则势难有满意结果。其次双方应互相信任，若彼此怀疑，则根本难谈亲善，在东亚尤须中日提携，共同维持和平，故此际需要诚意的交涉。""相互相信及有诚意之互让，始能实现'中日亲善'。"

△ 国民政府任命许世英为中国驻日本大使，原任蒋作宾免职；驻法公使顾维钧升任驻法大使。

△ 国民党中央地方自治计划委员会讨论推行地方自治及编查保甲调整办法 11 项，要点为：一、容纳保甲于自治组织中；二、地方自治系统，采取县与乡镇二级制；三、各乡镇设保甲副长，专司编查保甲任务；四、以区署为县佐治机关；五、县保卫团法应即废止；六、各地完成自治期限，不必强行划一；七、保甲组织应隶属于民政厅；八、省保安处仍属省府，受内政、军政、参谋、训练各部指挥。

△ 红二、红六军团在贵州黔西县成立中共川滇黔省委，建立"中华苏维埃人民共和国川滇黔省革命委员会"，贺龙为主席，陈希云为代主席。

△ 国民政府监察院委员杜羲忧国投南京玄武湖自杀，有遗诗及自挽词留给于右任。

2 月 9 日 军事委员会副委员长冯玉祥在中央纪念周报告《中国存亡之路》，略谓今日我国所处之国际地位，极为危难，救亡图存，中华民族自当一致奋起，不可须臾或懈。

△ 宋哲元在北平与土肥原、和田、今井、桑原等谈冀察交涉程序。晚，和田赴沈转旅顺。

△ 四川“剿匪军”总司令刘湘赴邛崃“督剿”川康边红军。

△ 贺龙、萧克红二、六军团占毕节，主力集结于遵义西之打鼓新场游击。“追剿军”万耀煌部第十三师追占大定。13日，红军第十七师由打鼓新场回师大定，旋在大定城西十余里之将军山，将向毕节进攻之第十三师先头部队七个连包围歼灭，红军控制将军山，形成在毕节、大定地区开展游击根据地活动的东面屏障，并在毕节成立川黔滇省革命委员会、抗日救国军，以当地有名望的开明士绅周素园为主席和总司令，扩大红军5000余人。中旬，蒋介石亲飞贵阳督战，“追剿军”万耀煌、樊崧甫、郝梦龄、郭汝栋等四个纵队，共七个师一个旅向大定、毕节地区进攻，相继占领黔西、大定。

△ 上海职业界救国会成立，沙千里等任常务理事，葛师良、杨延修、任崇高等为理事。至10月发展为七个干事会，共有会员1300多人，联系了沪市广大职工和店员。

2月10日 蒋介石在南京中央政治学校讲演《做人立业之道》，宣称：“《大学》一书即基本的科学方法论，又为中国伦理政治哲学第一要典。”“力行《大学》之道，乃做人立业之本。”

△ 财政部明令农民银行钞票与法币同样行使，并规定该行钞票发行额以一亿元为限，发行区域应注重陕、甘、川、黔、滇边远省区。

△ 土肥原与冀察政委会外交委员会主席陈中孚在北平协议华北各重要机关分配日人顾问事宜。冀察政委会允先承诺二人，并对冀东、察北外交作初步洽商。土肥原否认3月份将就任冀察政委会高等顾问。同日，萧振瀛在天津访永见，对冀东问题非正式交换意见。12日，陈中孚访宋哲元报告接洽冀察外交情形。

△ 广州、河内直达无线电路成立，以传递广东与越南往来报务，交换气象记录。

△ 铜镍新辅币开始发行，南京、上海、汉口及江、浙、闽、赣诸省同

时行使。

△ 天津日海军前占东局子地亩筑飞机场，原约定 2 月后退还，河北省政府以春耕在即，是日派参议陈东升往驻津日军部交涉。

△ 日外务、陆军两省开联席会议，矶谷及新任驻华大使有田等出席，对华北防共、中央西南合作等问题交换意见，决定对华采取一致方针。

△ 据《申报》讯：日“满铁”调查部调查察、绥、晋等省经济、矿山、棉产、铁路、水道等，半月中派员达 200 名，分为十余批，由“满铁”驻津理事石本宪治、津事务所长太田雅夫指挥。最令人注意者为绥、察、内蒙、晋北一带之山川形势险隘，悉测量调查无遗。

△ 美国参议院外交委员会主席毕德门在参议院痛诋日本政策，谓日本“现已决心关闭中国之门户，而摈弃美国于门外”，“日本侵占满洲，系违犯巴黎《非战公约》与《九国公约》之举”，“日若阻碍中美贸易，不恤一战，美极宜有充分军力保护在华权益”。

2 月上旬 中共中央军委华北局联络书记王世英由天津到西安秘密会见杨虎城，提出以下几点建议：一、与红军秘密订立互不侵犯协定；二、与红军保持友谊，和其他反蒋派联合一致，发动反蒋抗日战争；三、争取东北军共同联共抗日。杨同意联络东北军，要求南京抗日，与红军互不侵犯，交通运输上在可能范围内予以帮助，建立电台联系等。

2 月 11 日 国民党中宣部为共赴国难发表《告国人书》，攻击上海救国运动。谬称共产党“欲利用文化团体及知识分子，在救国口号掩护之下，作卷土重来之计”；诬蔑上海文化界等救亡团体“不曰反对中央，即曰颠覆政府”，为“赤色帝国主义者之汉奸”；警告知识界勿受利用而为“民国之罪人”，否则，“当予以最后的严厉之制裁”。

△ 铁道部为建筑浙赣路南萍段，发行第二期铁路建设公债 2700 万元，是日向中国等八家银行及德国奥托华尔夫铁厂签订抵押现款及材料款总额共 2000 万元之合同。

△ 第二路军薛岳所部六个师和川军主力在天全、芦山地区向红

四方面军发动总攻；第五十三师李韫珩部由康定向丹巴进攻，策应东线作战。15日，红军放弃天全，23日撤离宝兴，向甘孜方向转移。

△ 广东省汕头市角田事件由日领原田与汕头市长李源和签约解决，以撤换一当地公安负责者了事。

△ 陈中孚访日关东军代表土肥原，续商冀察问题。

△ 伪满洲国外交次长大桥访苏联驻哈尔滨总领事斯拉夫斯基，抗议金厂沟事件，要求：一、对事件责任者给予处罚；二、对伤害者给予赔偿；三、划定苏"满"国界线；四、保证不再发生同样事件；五、引渡遁入苏境之"满"兵。斯拉夫斯基指出此事全系日伪捏造，予以拒绝。

△ 上海日商喜和纱厂工人3000人因不满人事科主任郭分被撤职，全体罢工，要求：一、郭分复职；二、不得开除老工人。厂方表示须无条件复工，并以停业相威胁。13日，厂方开除为首罢工工人赵忠学、陈品生等25名。上海市政府社会局及曹家渡公安分局以调停为名实行弹压。14日，工人被迫复工。

2月12日 德王与李守信、卓什海在苏尼特右旗德王府联合举行伪"蒙古军总司令部"成立大会。日关东军驻苏尼特右旗特务机关长宍浦、前川等人参加。德王以成吉思汗第三十世孙自居，就任伪"蒙古军总司令"，并兼政务部长；李守信为副总司令，兼军事部长。决定改用成吉思汗年号以纪年，用新制的蓝地上角有红黄白三条为表征的蒙古旗，改元易帜，标榜"独立自主"，走上背叛祖国、投靠日本的道路。

△ 冀察政委会聘任蒙藏委员会委员白云梯为该会顾问，以备咨询蒙情。

△ 李滋·罗斯离沪赴香港，转往华南调查经济。

△ 日、"满"军进攻蒙古贝尔池附近之鄂洛贺杜加边防军，激战数小时。同日，日、"满"军500人，乘卡车20辆、汽车一辆、坦克二辆、飞机两架，向蒙古布伦德生边防哨进攻，深入蒙境10至12公里，被蒙军驱出。蒙古当局急电伪满洲国政府，要求迅速调查越境真相，拘讯犯罪人员，并杜绝日、"满"军再侵蒙境。

△ 伪满外交次长大桥召开外交部首脑会，继续坚持对金厂沟事件所提之要求，声明如苏联不接受，此后发生重大事件，苏方应负全责，并向蒙古当局提出最后抗议。13 日，“满”军部开首脑会协议对策，决定“确保自卫”。

△ 日关东军在通县设立特务机关，派桑原少佐主持。

△ 伪冀东防共自治政府为增加财政收入，打击国民政府财政，决定“加强沿岸走私管理”，规定对走私货物只收取国民政府海关四分之一的进口税，并指定货物靠岸地及检查所。日人称此为“冀东特殊贸易”。从此日本商品充斥华北市场，并流入中国各地。

△ 陇海路西安至咸阳段火车正式通车。

2 月 13 日 国民政府特派阎锡山为绥远省境内蒙古各盟旗地方自治指导长官。

△ 美财长摩根索宣布，决定与中国合作，帮助解决币制问题。又谓美国向中国所购白银计有 5000 万盎司，中国此次购入之美金共计有 3250 万元，皆存于纽约各银行，其中 1000 万元已换成黄金，准备提回。

△ 夜，前国民政府司法部长魏道明及中委李晓生、李仙根同船自香港北上，代表胡汉民到南京与蒋介石商洽合作。16 日到沪，魏称：胡因身体未复原，故决俟天气稍暖即行来沪转京。18 日，魏入京将胡亲笔函呈蒋。

△ 日关东军代表土肥原在北平访宋哲元，密谈冀察问题。

△ 殷汝耕对外国记者宣称：“冀察政委会与冀东政府主义相背，目的也异，自难合作，本政府无取消准备。”

△ 绥境蒙政会委员长沙克都尔札布由包头到归绥见傅作义。沙称：“本会一切设施，悉本中央意旨，至成立日期俟各委到齐商定。”

2 月 14 日 上海文化界救国会发表《对国民党中宣部〈告国人书〉之辨正》，指出：“中宣部对于汉奸运动，则默加容许；对于救国运动，反严辞厉色，诬陷侮蔑，无所不用其极。”救国运动的发起者和参加者，“倘使是中宣部一纸诬蔑文告所能恫吓得倒的人”，他们“早就不敢在‘救国有罪’的环境下，公然以救国相号召”。希望政府“示大信于人民，必须立刻解除舆论的压迫，开放民众组织的自由”。

△　胡汉民在广州招待各界，发表谈话，指责南京国民政府，略称：“中国过去数年间之所谓大计，均属错误，所谓办法，亦尽属错误，诸如外交、财政、军事政策以及内政设施，均足以加速国家之分裂。”

△　冀察政委会第四次例会议决扩大外交委员会职权；并通过追认增聘唐悦良、张煜全、任援道为外交委员，叶弼良、童效先为经济委员，萧振瀛为经济委员会主席委员案；河北省保安处呈拟《防共办法》及《感化共党计划》两草案交政务处审核，分项拟具体实施办法。

△　据《申报》讯：日、韩浪人偷漏关税货物运入平、津益多，每日由滦东各站装车，不交关税，运入日租界，关员及北宁路局不敢干涉，因浪人均携武器，动则行凶，一周来漏税额达百余万元。顷宋哲元令萧振瀛协助北宁路局、天津海关税务司向日军部及驻津日领交涉。

△　苏联外交人民委员会决议封闭驻沈阳总领事馆。

△　中法联运粤河航空线正式通航。该线自上海飞广州至越南河内与法国邮航机衔接，由河内直飞马赛而达巴黎。

△　伪满财政部以现金流出，伪钞跌价，特颁统制金融办法11条，规定凡东北人向关内亲属及商店汇款者，须取得当地警所证明，私人每次汇兑不得过200元，商店不得过1000元，每月限汇一次。

△　伪满军政部下令统制粮食、面粉，不得出口，以维军需、民食。

△　日外务省协议对华政策，有吉、有田两大使、重光次官等出席。有吉报告最近中国情势，经协议一致意见：一、依广田三原则谋实质的解决；二、谋对华外交之完全统制及其一元化；三、对中日间进行建设性“提携”等。

△　上海日商日华纱厂将前因虐待工人被撤职之日人山甸复职充任布机车间总管，山甸到任后，限制工人午餐只许20分钟。厂方又招募童工200名为预备工，遇有工人出缺，即用童工抵补，开除工资较高之老工人。是日，全厂工人2000人愤而罢工，工人18人被开除。15

日，工人提出六项要求，厂方坚持于 17 日无条件复工，否则作自动退职论。17 日，工人复工后，厂方又将女工高彩凤等 11 名开除。

△ 据《时事新报》镇江电称：镇江全市丝业 20 余家，因洋货影响，完全关闭；机户停机者百余家，失业人口近千人。

△ 晨 2 时 20 分，天津南市华商公会主办之粥厂两处，明德慈济会主办之暖厂两处，突然起火，四厂席棚皆被焚，死贫民 150 人。

△ 北平市调查户口完竣，全市共 30.1766 万户，男 95.6640 万人，女 59.9724 万人，总数共 155.6364 万人。

2 月 15 日 国民政府令平津卫戍司令部着即裁撤，津沽司令部着即裁撤；任命刘家鸾为天津保安司令。

△ 山西"剿匪"总指挥孙楚在南京见蒋介石及何应钦，报告陕北军事。24 日，孙赴太原，与阎锡山商"剿共"军事。

△ 北平文化界救国会发表第一次宣言，称："我们鉴于华北危机更严重的发展，坚决地反对正在进行中的广田三原则下的亡国外交，以及一切断送华北的新阴谋。"

△ 美副国务卿费利浦斯演说，声称："中国门户开放主义乃系一种良好原则，无论对任何区域或任何国家，吾人决不能放弃。"

△ 据《中央日报》讯：最近教育部调查统计，全国图书馆公私共 2925 所(西康、新疆未统计在内)。

△ 中日上海至东京无线电话通话。

2 月 16 日 上海庙行镇"一二八"阵亡将士无名英雄墓行揭幕礼，参与"一二八"庙行之役之前第五军军长张治中到场讲话。

△ 康王在归化就任伊盟七旗联军总指挥及达拉特旗"剿匪"司令。

△ 伪冀东防共自治政府机关报《冀东日报》在唐山发刊。

△ 华北驻屯军参谋池田中佐由东京接洽扩军事毕返天津。日军部对华北军队强化方案大致决定增兵一个混成旅团，约多于现在军队两倍半，驻华北日军总数共 8000 余人。次日，土肥原在平对欧美记者

声称，扩充华北日驻军，并非侵略华北，乃用以护侨。

△ 德经济考察团克朴等抵北平。17日访宋哲元询问华北经济。

2月17日 中华苏维埃人民共和国中央政府和西北革命军事委员会联合发表《东征宣言》，阐明红军准备开赴华北抗日前线，实现直接对日作战目的。

△ 国民政府任命彭济群为华北水利委员会委员长；任命陆军少将朱怀冰为陆军第九十四师师长。次日，国民政府任命陆军少将李铁军为陆军第九十五师师长，原任唐俊德另有任用免职。

△ 宋哲元饬河北省政府驻津办事处长陈东升就沧县日、韩浪人强求杂居事向日总领事川樾茂交涉，无结果。沧县县长注意浪人行动，日方误为监禁。21日，天津日警署警务主任山田、司法署员佐藤往沧县调查。23日，山田将日、韩浪人50名带归天津。川樾并就此事向河北省政府驻津办事处抗议。

△ 山西省主张公道团省团部成立，阎锡山任团长，赵戴文为副。

△ 日"满铁"兴中公司社长十河赴济南见韩复榘，会商经济开发事宜。

△ 驻哈尔滨苏领事通知"满"外交专员施履本，谓除哈埠外，苏拟关闭"满"境所有苏领署，苏仅允"满"当局在赤塔、海参崴及伯力三处择一地设"满"领署。

△ 伪满外交部会议，决定对苏方针：一、关于金厂沟事件及确定国界之共同委员会，除日本外，无论任何第三国均须绝对拒绝参加；二、对于苏联主张设立国境纠纷委员会，亦须绝对反对；三、确定国界当由"满"、苏两当事国以及处于日、"满"共同防卫立场之日本参加。

2月18日 蒋介石发表《新生活运动二周年纪念之感想》一文，谓新生活运动的成效"有退无进"，"不及推行第一年时来得有成绩"。同日，新运总会拟定新生活运动第二年度工作纲领：一、积极训练推行新运干部人员及劳动服务团员；二、厉行推行新运干部人员考核办法；三、实施公务员推行新运考核等。新运会主任熊式辉免职，由钱大钧继任。

△ 国民党中委兼中政会外委会主任委员王正廷赴广州，衔非正式使命与胡汉民接洽蒋胡合作。23 日，王抵广州见胡汉民。24 日与胡汉民、萧佛成、邹鲁、陈济棠、李宗仁交换政局及外交意见。

△ 财政部公布民国二十五年统一公债换偿旧有各种债券办法，规定 3 月 11 日开始换偿，6 月底截止。

2 月 19 日 行政院密电天津市长萧振瀛、北平市长秦德纯下令取缔平、津两地学联。电称："若不取缔，势将燎原，拟请明令严行取缔，以弭隐患。"

△ 国民党中央政治委员会主席汪精卫离上海赴德国疗伤，曾仲鸣等随行。

△ 绥境蒙政会委员在归绥开首次谈话会，决议：一、请中央明令保障王公制度，维护亲王、郡王等爵位；二、请中央增发经费及开办费；三、各旗交通不便，请中央发给电台，每旗至少安设一座；四、电请阎锡山早就任指导长官，入蒙指导。

△ 外交部顾问汤良礼以公使衔身份，赴德、法、英、瑞士、荷兰、美国等国考察新闻事业，兼作国际宣传工作，与各国报界谋求接近，是日离沪出洋。

△ 萧振瀛、陈觉生在天津访多田、永见，再商冀东问题。多田、永见未完全同意取消伪冀东政权，萧、陈即赴平向宋哲元报告。

△ 日本外务省对支文化事业部拨款百万元充华北文化侵略经费。以前日本驻青岛总领事森安三郎主持其事，是日森安在天津访多田、永见、川樾，接洽后赴平筹设事务所。

△ 日松井石根大将抵香港，对记者谈称："此次南来除访晤粤、桂当局外，绝无任务，中日为远东两大国家，应实行携手。"

△ 日浪人要求天津榆海关放行私货，与关员冲突，双方负伤数名。

△ 德国经济考察团团长克朴等抵天津，20 日访萧振瀛及天津商会、银行业公会，并至南开大学参观，与教授商谈如何发展中德贸易，渠

否认德日同盟。23日,克朴由济南赴青岛考察经济情况。

2月20日 晚8时,毛泽东指挥中国人民红军抗日先锋军万余人东渡黄河。沿黄河北起绥德沟口,南至清涧沙口约100余里地段同时强渡,徐海东红十五军团在石楼县东辛关沿岸突破,次日占义牒镇、刘村一带,以一部包围石楼县城,大部直奔中阳县东山、关上。林彪、聂荣臻红一军团在中阳县之坪上村登岸,歼灭晋绥军杨耀芳第七十一师一个营,次日拂晓占三交镇,22日占留誉,向关上村追击。至23日,辛关至三交镇之间各渡口均被红军攻占,渡河战斗结束。

△ 国民政府颁布《维持治安紧急办法》,凡7条。规定"军警遇有妨害秩序,煽惑民众之集会游行应立予解散,并得逮捕首谋者,及抵拒解散之人"。依据此项办法,军警可以枪杀抗日群众,逮捕爱国分子,并解散救亡团体,钳制救亡言论。接着南京、上海、武汉等地先后宣布军事戒严,以武力弹压学生抗日救亡运动。随即以"鼓动学潮,毁谤政府"为名,查禁《大众生活》等24种抗日刊物,并逮捕上海复旦大学学生救国会负责人11名。天津、济南等地亦公开逮捕进步学生。

△ 东北抗日联军发表《统一军队建制宣言》,废除抗日军的不同名称,一律改称为东北抗日联军,并号召海内外同胞团结一致,抗日救国。

△ 李滋·罗斯在香港告美联社记者称,中国货币之统一,实为贸易开展之必要条件。又称南京政府之财政与政治安定之后,始有商借外债之余地。此后英国对华投资,必将较前40年为多。就目前看,日本对华贸易所得最多,但各国亦未始不能与之竞争。罗斯并主张广九、粤汉两路接轨。同日,广州市商会通电反对粤汉、广九两路接轨,因接轨后,洋货可直达中国腹地,将为华南经济之大害。次日,粤商会致函粤省府、省党部,要求在任何条件下拒绝考虑此项计划,指出如两线连接,广州将成一死埠。

△ 交通部参事张维稷与法国驻昆明副领事甘当在昆明签定《云南铁路草约》。

△ 英以许阁森继贾德干为驻华大使。

△ 伪冀东自治政府治下各小学一律采用奴化新教科书，内容力言东洋民族大团结，提倡东洋固有文化，尤其是孔孟道德思想；并力主中、日、“满”三国协调。

△ 日伪接收察北六县邮政，北平邮局请冀察政委会设法解决。

2月21日 行政院令教育部禁止平津学生联合会活动。宣称：“平津学联会之组织，于法无据，复叠据报告，有少数不良分子密谋操纵，煽动风波，中央为爱护多数纯洁青年免为挟持计，应即禁止该学联会活动，以敦学风。”同日，北平军警逮捕中国学院学生13人。22日，北平又逮捕东北中山中学等校学生25名。至月底，北平被捕学生共达200余人。

△ 巴西新任驻华公使赖谷向国民政府主席林森呈递国书。

△ 中华苏维埃人民共和国中央政府发表关于召集全国抗日救国代表大会的通电。略称：“救国大计，事不宜迟，因此本政府今特主张立刻召集全国抗日救国代表大会，正式组织国防政府与抗日联军，开始实行抗日战争的具体步骤”，“并实现苏维埃中央政府所提出的十大政纲。”

△ 中共中央代表团由李克农率领，由高福源引导，从瓦窑堡出发赴洛川。25日，到达洛川，会见东北军第六十七军军长王以哲，王当即以密电报告张学良，张复电称因事去南京，嘱王先与李克农商谈具体问题，重大问题留待张返陕后再谈。王与李经过数日商谈后，就红军与第六十七军抗日合作问题达成口头协定：一、为巩固红军与第六十七军一致抗日，确定互不侵犯，各守原防；二、恢复交通运输及经济通商；三、延安、甘泉第六十七军部队所需粮柴等物，红军准转饬当地苏维埃发动群众运送进城，恢复寻常关系；四、红军同意在甘泉被围之第六十七军两个营换防，不加阻挠；五、恢复通商，互有保护之责。约定自3月5日双方秘密下达施行。

△ 李滋·罗斯偕香港政府财政顾问杨格及英驻港商务专员史葛

抵广州，分访陈济棠、林云陔等。罗斯此行任务有二：一、平衡港、沪汇兑；二、促成广九、粤汉两路接轨。

△ 百灵庙蒙政会保安总队官兵800余人，连同土默特旗和绥东四旗的全部文职人员，因不满德王投日活动，在绥远当局策动下，由保安科长云继先等率领倒戈，在庙南集中。22日，傅作义派孙兰峰部在武川接应。25日，云继先等电南京军政当局，报告率部离百灵庙经过，称系“激于爱国热忱及不背叛国家”。27日，行政院令绥远省政府及绥境蒙政会对来归员兵妥筹安置办法。

△ 英兵200余名突入云南省境，强占澜沧县景冒地方。

△ 日本关东军电令北平日领署协助调查学生运动，日领署警察署长高浦按关东军指示，分访秦德纯及公安局长陈希文，详询北平学潮情形，表示愿协助平市防共工作。秦、陈均表示：平市军警有充分防共力量，无需日方协助。

△ 天津日本驻屯军司令多田与参谋长永见抵北平晤土肥原，并访宋哲元商谈外交。24日，多田飞抵张家口，与察哈尔省主席张自忠会见，然后赴绥远晤傅作义，并“考察”绥远、察哈尔各地情形。25日，永见由天津飞抵沈阳转道回国，向军部报告华北、绥、蒙近状及驻屯军强化等事。

△ 天津日军部决定与冀察政委会经济委员会合作，举办农村合作社，双方投资2000万，派“满铁”社员为指导员。

△ 据《申报》讯：日浪人在冀南煽动组织“华北自治军”及“万国讨赤联合会”，谓得日军部许可，强向地方摊派负担，已煽动起愚民数万人。冀察当局倾向与日军部交涉取缔。

△ 晨7时半左右，江苏镇江忽闻巨响如雷，有巨大流星一颗，光芒耀目，自南往北，如矢流射。7时35分，淮阴上空忽发巨响，房屋为之震动，声灭后，空中出现白云一片，旋即散灭。

2月22日 国民政府明令规定《土地法》及《土地法施行法》，均自民国二十五年三月一日起施行，并公布《各省市地政施行程序大纲》，凡八章 33 条。

△　胡汉民在广州谈对日外交，谴责南京政府在九一八事变中，对日本“既不抵抗又不直接交涉，一味依赖国联”，遂使日本肆所欲为，得寸进尺，铸成中国今日危机及蒋、汪之错误。并指出，南京当局“最近复有所谓调整中日问题之进行，其调整原则，据日方负责人宣称，且谓已经南京当局认可者有三：（一）中国承认伪满；（二）日本派兵来中国协助剿共；（三）中日伪同盟，中国不得与他国合作。此种原则，如果成为事实，则不特割弃东北四省，简直中国已侪朝鲜而为日本之保护国矣”。胡宣称将促进南京当局之觉悟，团结抗日，从事救国。

△　绥境蒙政会在归绥正式成立，委员长沙克都尔札布及各委员宣誓就职，并发表成立宣言，声称：本会仰承中央寄托之重，“于睦邻防共方策之下，提高蒙民生活，发展蒙旗文化，以及一切经济建设，藉图增厚实力，向防共之目标努力迈进”。

△　日本松井石根大将在广州见胡汉民，游说大亚细亚主义。胡答称：“余为亚细亚主义者，同时又为一抗日之主张者”，并称：“日本最近三原则之提出，殊属无意义无理由”，“苟日本不能改变其对于中国之手段，则中国民族之抗日情绪，纵为政府压抑，亦必愈益滋长，而出于最后抗战。”随后，松井石根又拜访陈济棠、李宗仁，劝说同蒋介石合作，改变蒋依附欧美的方针，建立“一个能够真正同日本推心置腹的统一政权”。

△　有田离东京，携对华新策：一、广田三原则具体化时，考虑华方之立场，谋渐进的并实质问题的解决；二、以三原则为对华政策之根本；三、谋外务与军部紧密联络，由外交一元化实现对华政策；四、华北问题、内蒙问题之解决，首要即中“满”关系之完全调整；五、讲求经济、文化方面积极对华援助。

△　陈中孚访土肥原，永见访宋哲元，续商冀察外交问题。

△　天津市长萧振瀛访兴中公司社长十河，谈兴中公司华北经济开发计划。十河并宴天津各界，曹汝霖等被邀。23 日，十河在北平访

宋哲元、秦德纯及实业界领袖，交换开发华北经济意见。

△ 徐行在《礼拜六》第六百二十八期上发表《评“国防文学”》一文，对“国防文学”口号提出异议。后又在该刊第六百三十八期上发表《再评“国防文学”》，并在5月5日《新东方》第一卷第二期发表《我们现在需要什么文学》，指出他们“把仇敌化为‘兄弟’”，主张用“社会主义的现实主义的文学来代替‘国防文学’”，要求作家“描写目前大众反对侵略者、压迫者和剥削者的斗争”。

△ 甘肃省兰州《新陇日报》停刊。

2月23日 蒋介石下令调洛阳、徐州、浦口等地重兵十几个师约20余万人，迅速开入山西，堵截红军东征抗日去路；又下令东北军、第十七路军及陕、甘部队进扰红军后方革命根据地，以牵制红军东征行动。

△ 阎锡山下令禁止市民集会，太原各重要街道满布军警，原定是日召开之市民救国大会未克举行。

△ 天津日驻屯军司令多田对记者谈：冀察外交，土肥原在平并未负有代表关东军交涉使命；中日应造成新局势，谋“亲善”。并谓：“冀东自治政府与冀察政委会合流事，本人甚望其实现。但两方有不同者，即冀东自治政府所标榜者为防共，而冀察政委会之设立，与南京政府为一命脉，故其目的稍有异点。双方能达于一水平线上，方可合流。”

△ 陶行知领导的国难教育社在上海成立，参加者400余人。

△ 全国银楼业代表600余人在上海开代表大会，决定组织请愿团赴南京向财政部请愿修改《银制品用银管理规则》（按：财政部前颁《银制品用银管理规则》规定，化学银制器皿饰物，必要时仅许搀用纯银30%。化学银利用机器制造，非手工所能竞争，如此全国数十万银楼业职工将遭失业）。26日，银楼业代表请愿团向中央党部、国民政府、行政院、财政部请愿，财政部表示，打造首饰搀用纯银30%，技术上并无妨害，请按规定银量作实验，如确有困难，再作磋商。

△ 据《大美晚报》讯：日本近运大批毒品鸦片，私销福建省兴化、

泉州、漳州沿海,并有军火运惠安、莆田沿海。

2月24日 教育部长王世杰就平、津等地学潮对中央社记者谈称:“本部对于此等情事异常重视,除一面责令各校严惩鼓动风潮分子外,并已决定于必要时采取断然处置。”

△ 阎锡山在太原就任绥远省境内蒙古各旗盟地方自治指导长官职。

△ 十河在天津布置兴中公司事务所,并赴北平访宋哲元、秦德纯接洽经济开发事。同日,冀察政委会经委委员钮传善晤十河交换东亚经济“提携”意见及华北开发事。

△ 大桥与日外务省取得对苏、蒙问题一致协议:一、苏联对蒙古人民共和国曾谓有积极援助之义务,故应阐明苏联与蒙古人民共和国之法律关系与今后之交涉基础;二、确立“满”、蒙之“国交”,并互换代表;三、设置“满”蒙国境确定委员会;四、从速任命金厂沟事件共同调查委员会之日、“满”方面委员。

△ 上海福新烟厂实行计时工资,工人每月得薪只有大洋三四元,工人数次要求改善待遇,均被拒绝。最近上海市三区卷烟业产业工会正式向厂方提出要求,仍无答复。是日,全厂工人1000余名游行,宣布罢工,捕房派大批探捕到厂镇压。27日,工人被迫与厂方订立复工办法:一、28日下午1时复工;二、罢工期内工资由厂方按每日两角计发;三、解雇工人14名,每人发给三个半月工资,张巧群等三人复工;四、厂方以后不得无故开除工人等。

△ 华北当局决定准将食盐输入日本。

2月25日 西南政务委员会致电国民政府,反对日本对华“三原则”,略谓“三原则”之精神,日之视我直如其保护国,若予以接受,则国家人格将损辱无余,望政府据理驳斥,一切外交秘密尤应剔除,予天下以共见。

△ 国民政府任陈庆云为中央航空学校校长,原任周至柔另有任用,应免本职。

△ 国民政府为筹集资金，兴筑湘、黔、川、桂等铁路干线，及补助平绥、正太、陇海、胶济等路展长旧有路线，公布《第三期铁路建设公债条例》，定额为国币1.2亿元，分三次发行，每次债额4000万元，年息六厘，22年后本息全部还清。

△ 财政部、铁道部宣布整理津浦路债办法，自民国二十五年至二十七年(1938)，每年各付利息二厘半，自二十八年(1939)起按原合同规定照付周息五厘；还本期展长30余年，预计40年左右，可全部还清。

△ 实业部为明了国际贸易状况，以资改进本国工商业，特计划设置商务官于本国驻外使馆或驻外使馆所在地以外之重要商埠，决定先在日本及南洋各地开始实行。是日，行政院会议通过驻外商务官章程八项。

△ 太原绥靖公署以此次红军东渡，守河官兵疏于防范，下令将第二〇七旅旅长温玉如褫职留任，督率所部，戴罪图功。

△ 徐向前红四方面军由四川省懋功向甘孜方向转移。次日，川军唐式遵部饶国华师陷懋功。

△ 日本驻太原武官和知中佐到北平会见土肥原和驻平武官今井共商防共问题。

△ 伪满外交部决定金厂沟事件交涉根本方针：一、引渡叛兵；二、日、“满”、苏平等组织委员会；三、在当地划定国界，并决定“满”、蒙国境纠纷处理委员会，拒苏参加。

△ 西藏政府为申谢国民党中央委员去岁入藏宣慰，特派代表隆图嘉错等由印度绕海道抵南京，是日由黄慕松领见蒋介石。隆图嘉错为热振寺募捐，国民党中央拨助二万元，蒋捐5000元。

△ 南京《华报》由王慎武接办复刊。

△ 据南京《中央日报》讯：皖北太和、颍上、涡阳、蒙城、阜阳、霍丘、凤台、怀远、定远等县春荒严重，灾民以树皮、草根、麦苗、粗糠、水藻充饥，各县流亡载道，十室九空，灾民麇集蚌埠，沿门乞讨，风餐露宿，甚至踯躅街头，高呼出卖小孩。

2月26日 胡汉民之代表任援道携胡亲笔函到平见宋哲元,传达西南意见。任称:胡现留粤,俟天暖即可入京,与中枢合作,共谋国是。

△ 河北省南部任县、尧山中共冀南地下党新成立之中国工农红军一部与宋哲元部第二十九军第二一七团激战,河北省政府令冀南各县民团增援第二十九军。

△ 张学良由西安飞南京,向蒋介石报告"剿共"情况。

△ 日本新任驻华大使有田八郎偕驻华使馆武官矶谷、书记官堀内抵上海。29日,有田在上海对《大美晚报》记者谈称:"陆军省、外务省两重外交时期已成过去,虽军部与外交人员于对华政策仍密切联络,但外交将全归外务省办理。"又称:关于广田所提三原则,"其中惟合力防共一点最为重要"。

△ 日、德在荷兰京城阿姆斯特丹谈判两国在内蒙经济合作问题,目的在划分两国势力范围,由两国分别承筑铁路,并引诱华北各省参加合作。

△ 冀察政务委员会通令严整学风,凡罢课、罢考学生均不给学业成绩,妨害社会秩序者应予以制裁。

△ 美海军考察团一行17人由孟松率领,由济南到青岛。

△ 苏州农民去岁歉收,无力交租,公安局派员下乡武装催收。是晚,目莲乡农民400人持灯笼游行,呼口号"誓死不交租",被公安局镇压。

△ 欧亚航空公司京滇线试航成功。

2月27日 上月间受宋庆龄委托前往陕北传递国民党要求谈判意向之牧师董健吾偕共产党员张子华到达瓦窑堡,受到林伯渠、博古、张云逸等的迎接。董、张介绍南京各派对抗日的态度,称蒋介石开始有同红军实行某些妥协、反对日本的倾向。

△ 林彪、聂荣臻红一军团攻占上村,全歼阎锡山部晋绥军独立第二旅两个团,俘官兵500余人,缴枪300余支,打赢渡河后的第一个胜仗。

△ 贺龙、萧克红二、六军团退出毕节城进入乌蒙山区活动，敌万耀煌、樊崧甫、郝梦龄三个纵队尾追，李觉、郭汝栋两个纵队向水城、威宁截击。

△ 驻日参事丁绍伋奉国民政府命令，正式向日本提议在南京举行中日谈判，促进中日"提携"。

△ 阎锡山在太原召开军事会议，杨爱源、朱绶光、孙楚等参加，会商截阻东征红军，布置总攻。

△ 国民政府新任驻德大使程天放向德元首希特勒呈递国书。

△ 绥远省政府委正黄旗总管达密凌苏龙为绥东四旗"剿匪"司令。

△ 上海电影界救国会成立，发表宣言，要求撤废现行的电影检查制度。

△ "平津院校教职员联合会"发表《告平津学生书》，声称："罢课非真正爱国之运动"，要求学生辟除目前障碍，"反对阶级斗争"，"以理智克复情感"。

△ 十河在天津会晤东亚经济协会理事长钮传善，商洽华北经济"提携"办法，即晚赴济南、青岛考察。

2月28日 宋哲元派冀察绥靖公署总参议石敬亭到南京分谒蒋介石、冯玉祥等报告冀察近况及商洽北平军分会编余职员安插办法，并商洽由南京担负旧东北军和庞炳勋部军饷等事。

△ 国民政府特派孔祥熙为整理内外债务委员会委员长，叶楚伧、宋子文、张群、顾孟馀等为委员。

△ 冀察政务委员会决议：电催在沪委员周作民、王克敏速到平就职；废除常委制，由全体委员受委员长指导，共同负责；设立教育、建设、交通三特委员。

△ 康王派"剿匪"总部参谋长刘承斌去太原见阎锡山，请示蒙旗防共机宜。

△ 徐向前红四方面军进占西康道孚。

2 月 29 日　晨 5 时，北平宪警数百人由监察长钱宗超带领闯进清华园宿舍搜查，逮捕学生蒋南翔、姚克广（即姚依林）、方左英等三人及工友一名，清华学生救国会组织学生和教职工在民先队员带领下同宪警搏斗，夺回被捕同学，并砸毁警车数辆。宪警于 9 时许星散。同日晚，军警 5000 人又包围清华园，再次搜查学生宿舍，捕去学生 20 多人，至次晨 5 时许始退出学校。

△　北宁路局局长陈觉生赴平报告冀察外交受日本政变影响而停顿，日方表示暂缓商洽；多田与土肥原意见不合，冀东伪政权与冀察政委会合流抑或维持现状，三个月后再议。

△　国际青年保卫世界和平大会是日至 3 月 1 日在比利时京城布鲁塞尔召开，出席美、法、苏、英、比等 23 个国家青年代表 300 余人，一致通过援助中国学生的民族解放运动的决议。3 月 14、15 两日，世界学联和留英中国学生发起在伦敦召集援助中国青年运动大会，出席英、法等国 45 个学生团体。

△　国民政府令：《兵役法》定自 3 月 1 日起施行。

2 月下旬　北平市学联和东北大学学生代表宋黎、韩永赞、马绍周去西安见张学良。是月末，张特派宋黎（化名宋梦南）以其秘书名义返回北平，见绥靖公署宪兵司令邵文凯（原系东北军宪兵）商谈营救被冀察当局逮捕的东北大学学生 43 名。

是月　据统计，华北日货走私计人造丝 1262 包，卷烟纸 561 包，匹头 1151 包，白糖 48 包，杂项 428 箱。

△　实业部资源委员会组勘探队试探湖北阳新大冶铜矿。4 月开工，用手摇钻机两架钻探，并开探巷两条同时并进。

3　月

3 月 1 日　阎锡山为阻挠红军东征抗日，调第七十师师长王靖国率所部第二一五旅由绥援晋，任王为“剿共”预备总队司令。同日，阎在太原召开“全省人民防共会议”，并急电各县长，“凡暗通红军者，格杀勿论”。

△ 徐海东红十五军团一部600余人由石楼迂回南下，先后攻克永和县嘴头、社里等村。

△ 日本松井石根大将抵厦门，与日台侨商议筹建厦门“大亚细亚协会”，命竹村英昌为主席。4日，松井抵福州访福建省政府主席陈仪，5日召日台侨民谈话，筹组“大亚细亚协会”。

△ 中苏文化协会上海分会成立，选举黎照寰为会长，褚民谊、张寿镛、潘公展等11人为理事，黄炎培等六人为候补理事。

△ 晨1时，江苏省灌云县监所囚犯暴动越狱，夺缴岗警枪械，闯出北门逃逸216名，被税警追击格毙八名。

3月2日 冀察政务委员会外交委员会主席陈中孚在平招待新闻界，报告该会职责，“在研讨及管理冀、察、平、津一切外交事宜”，并称该会产生，“旨在适应环境，安定北方”，表示“誓不丧权、不辱国，以保我国领土行政之完整”。

△ 贺龙、萧克红二、六军团沿毕（节）威（宁）大道进抵野马山地区，被李觉、郭汝栋、郝梦龄三个纵队截断去安顺道路，遂决定继续西进，准备到妈姑地区折向南行。4日，到达妈姑、回水塘地区，被到达水城、威宁间的李觉、郭汝栋纵队截断南进道路。

△ 中英庚款董事会决议通过铁道部请借26万英镑为粤汉、津浦、平汉及陇海等铁路购置路轨、零件等案。

△ 日舰三艘非法驶入连云港，并有数十名日军登岸视察，后三舰向东北驶去。5日，国民政府电令江苏省政府呈报日舰驶入连云港窥测经过实情。

△ 日驻广州沙面总领事署武官太平秀雄、炮兵大尉尾川勘治以游历为名赴东江一带窥视。是日抵惠阳，旋经平山、海丰、汕尾、陆丰、普宁、流沙、潮阳回汕头，对沿途山川形势和村落地名均志之甚详。

△ 日纺织业考察团伊藤等九人抵天津，考察华北毛绒纺织业情

况，以备大量投资。

3 月 3 日 张学良由南京飞返西安，次日即飞洛川与李克农第二次会谈，就联合抗日问题交换意见。张学良主张抗日必须“联蒋”，并要求中共派全权代表作进一步会谈。7 日，李克农离开洛川，取道延长渡河，赴晋西石楼向毛泽东等报告与张学良会谈详情。

△ 日关东军与华北驻屯军代表在津会商阻止工农红军前进措施。决定：一、对山西省反共军事，派遣专员负责搜集有关情报，逐日密报东京；二、冀察外交谈判暂缓举行。

△ 天津市政府饬公安局、教育局严厉取缔学联会，禁止其活动。

△ 国联行政院技术合作委员会通过中国建议，利用国联与中国技术合作经费每年预算之余款，作为中国每年派遣专家赴国外及国联技术考察之用。

△ 土肥原以煽动华北自治立功，晋升中将，是日离津回国任第一师团留守司令官。4 日，土肥原回国途中抵济南访韩复榘，声称“冀东应归并冀察，但时机未到”。“余主张大亚细亚主义，因中日同文同种，应负东亚和平与防共之责”。7 日，经大连抵长春，向日关东军报告后返日。

△ 据天津《大公报》讯：《河南省通志》自民国七年开始设馆编纂，迄今已 18 年，共用经费 50 余万元。现各稿件全部纂修告竣，成书 500 卷，金石部分搜集最富，其体例系仿《元和郡县志》、《元丰九域志》，而另置市、区、县志，分叙省会、行都、11 专员区、110 余县。

3 月 4 日 蒋介石召集张群、蒋作宾、何应钦、许世英等会商对日交涉事项，确定四项原则：一、察东事件以取消伪组织为终极目的；二、察北事件以交还行政权为原则；三、冀察政务委员会在实质上无改组之必要；四、以上原则，交由冀察政务委员会在平与日方代表，许世英大使在东京与日本外务省，张群外长在京与日使有田八郎，同时作许多方面之折冲。俟觅得一详细办法，再与日方议商召开南京会议，再作总的调整。

△ 董健吾到达瓦窑堡后，由秦邦宪、林伯渠等接谈，并即电报告毛泽东，毛泽东、彭德怀电复秦、林，提出和国民党谈判五项原则：一、停止一切内战，全国武装不分红白，一致抗日；二、组织国防政府与抗日联军；三、容许全国主力红军迅速集中河北，首先抵御日寇迈进；四、释放政治犯，容许人民政治自由；五、内政和经济上实行初步与必要的改革。此项原则是日由董健吾携回，南下向宋庆龄复命。

△ 贺龙、萧克红二、六军团南进受阻，西走则有孙渡纵队在昭通、威宁地区堵截，遂改变路线，自妈姑向西北彝良南之奎香方向移动。8日，突由奎香地区折回，在以则河反击樊崧甫纵队，歼敌两个连，急向镇雄前进。

3月5日 日新任驻华大使有田抵南京，访国民政府外交部长张群。6日，向国民政府主席林森呈递国书。

△ 据国际劳工局中国分局发表1935年中国失业人数，估计共达589.3196万人。以粤省最多，达157.8482万人。按行业分类，以盐业最多，达140.1万人。

3月6日 阎锡山3、4两日连电蒋介石，“请速定大计，盼中央及地方‘协剿’红军”。是日，蒋派张华辅等飞晋西侦察，并电告阎决派大军三路入晋“协剿”红军：一由风陵渡过河，经洪洞、赵城向隰县“进剿”；一由平汉路转正太路入晋，经汾阳向中阳方面“进剿”；一由道清路入晋，经晋城北上；每路兵力二师，入晋部队均归阎指挥。蒋并电张学良饬部向黄河西岸推进，以断红军后路。

△ 阎锡山派参议员阎应堃抵北平与宋哲元会商协力防共事宜；宋亦派李忻入晋了解晋南“剿共”军情。

△ 宋哲元召集张允荣、张吉墉、杨震南、秦德纯、萧振瀛等到北平会商“防共”办法，并令张允荣速加强冀南各县保卫团力量，并责令各县整顿保甲事宜，以阻红军进入省境。

△ 卫立煌将鄂豫皖边区各县划成四个“剿匪”区，命李默庵、刘茂恩、梁冠英、何知重分别为第一、二、三、四区司令官，统限4月底“肃清”

红军。鄂东"剿匪"总指挥丁炳权是日抵武穴，即率部向红军进攻。

△　伪满外交次长大桥照会"蒙古人民共和国"外长肯邓，接受蒙方组织"满"、蒙混合委员会之提议，请将所拟提交该会讨论之问题及该会工作地点告知。14 日，肯邓复文称："拟以 2 月 12 日武装冲突之情形及原因之调查与确定为该会之基本任务。倘该会能顺利执行此问题，则颇可使之负责调查 1935 年及 1936 年内发生之其他事件及冲突，然后再使之筹划专为防止将来边境事件突发之方法。"该会工作地点，蒙方提议在蒙境之塔姆西克索米和伪满境内之甘珠尔轮流举行。

△　日天皇任命植田谦吉为关东军司令兼驻"满"特命全权大使。原任南次郎调日参谋本部部附。

△　朝鲜实业界华北视察团田川等一行七人，由大连到青岛考察商业情况，旋赴济南、天津、北平等地考察。

3 月 7 日　宋哲元在北平召集第二十九军军官及冀察政务委员会委员商冀察防共办法，张自忠、刘汝明、萧振瀛、秦德纯、冯治安、赵登禹等 10 余人出席，决定对晋、察、冀交界地区派第二十九军扼险防守以阻红军东进。8 日，察哈尔省主席张自忠、天津市长萧振瀛、冀察政委会外委会主任陈中孚在津与日军司令多田骏商察边"防共"问题。

△　徐向前红四方面军占西康省炉霍。30 日占领甘孜。

△　驻华日大使有田在南京接见中央社记者，声称："此次奉使来华，日政府曾付以解决日中问题之方案。关于华北与'满洲国'问题，须就地按广田所定三原则解决。"有田复招待各国驻京记者，略谓："关于华北外交重大事件，将由本人与中国政府当局直接交涉。琐细事件，由关东军代表与华北地方当局就地解决。"又谓中国承认"满"现状，为稳定东亚和平的基础条件。

3 月 8 日　徐海东红十五军团与晋绥军第一纵队杨澄源部激战后退出晋西隰县石口镇的山神峪和云梦山，向北转移。同日，中共冀南地下党新组建的红军数百人在任县与第二十九军一部作战后向南转移。

△　下午 2 时，上海妇女界救国会、文化界救国会等七团体在北四

川路青年会礼堂举行纪念“三八”妇女节大会。何香凝、史良、刘王立明及全市妇女团体、学校代表1000余人出席，会后列队游行，至郑家木桥遭警察弹压，交大学生李觉非及一工人受伤。

△ 青岛市长沈鸿烈因山东大学发生学潮劝告无效，是日令警察逮捕学生32人。

3月9日 宋哲元派徐一清赴沧州一带检阅赵登禹部队，派门致中赴冀西蔚县检阅军队，视察防务，严防红军由晋入冀。

△ 国民政府任命陆军少将章亮基为陆军第十六师师长。

△ 国民政府派李平衡、包华国为出席第二十届国际劳工大会代表。

△ 驻华日使馆参赞清水、武官今井访北平市长秦德纯，探询晋西“剿共”军事。同日，天津日军部派参谋中井赴晋省调查红军情况。

△ 据《申报》蚌埠讯：安徽省西部霍丘、六安、霍山等县春荒严重，较之皖北各县尤甚。六安农村凋敝，已达极点，以致壮者铤而走险，老弱乞讨四方。四乡农民以草根、树皮充饥，最近树皮吃尽，多以榆树木块烤焦磨面度命。苏埠一带农民，竟有因欠二年田赋未完，粮差迭催，被逼投河而自尽者，此类情事，迭出不穷。企望官方速放春赈，拯救待毙饥民。

3月10日 全国有24个省市748个县成立新生活运动促进会。新生活运动自民国二十三年2月19日由蒋介石在南昌倡行后，全国响应，截至是日止，成立省、市新运会者，计有苏、浙、皖、鄂、湘、川、闽、滇、黔、冀、晋、鲁、豫、陕、甘、宁、绥、青、察等19省，南京、上海、北平、天津、青岛五个市；各县新运会，除川、滇等省尚未具报外，全国共有748个县。

△ 彭德怀、毛泽东指挥林彪红一军团、徐海东红十五军团在孝义境内的兑九峪与晋绥军李生达、杨效欧等部三个师、一个炮兵旅，共14个团兵力连日激战，是日红军分三路撤出战斗。为了调虎离山，徐海东红十五军团沿文水、交城挥师北上，骑兵部队威逼太原附近的晋祠。阎

为解太原之危，急调主力十多个团尾追十五军团至晋西北岚县、兴县、五寨、保德等地。

△　行政院长蒋介石通令所属机关铲除公务人员贪污，列举侵吞公款、公物、虚糜公帑等 10 种应除之积弊。

△　行政院就日方干涉津、秦两海关缉私，以致华北走私猖獗一案，决议由外交、财政、铁道三部采取有效方法，并由实业部与日中贸易协会妥商。按：华北走私，仅人造丝一项，数月来已达 800 余万元，其余糖、化妆品等类为数亦巨。

△　近任海牙国际法庭法官之王宠惠自欧洲抵香港，发表书面谈话称：目下国难日亟，受良心驱使，友好敦促返国，以私人资格共赴国难。下午招待记者，称返国欲促同志团结，先与京、粤、沪各要人交换意见，始决定一切。11 日，蒋介石令前南京市长魏道明南下促王即日入京。13 日，王晤胡汉民，共商胡所提之救亡方案，其要点为：一、救中国者只有中国人；二、须上下合作，具生要齐生、死要齐死之精神；三、胡入京使京、粤意见一致；四、树立全国拥护之中央政府，集中国力，以赴国难。

△　驻华日使馆武官今井、参赞清水赴太原与徐永昌等密商“防共”。

△　西藏代表阿旺桑登、子仲格登曲登、罗札洛桑穹勒及堪布四人取道印度抵南京，次日，向蒙藏委员会详陈西藏政教近情。

△　日本内阁新任首相兼外相广田弘毅对外务省次官重光等致训词，再次主张以中国当局接受“广田三原则”作为调整日中邦交的条件。

△　天津日驻军举行“日俄战胜纪念”大会，多田在日租界阅兵，日步、炮、骑混合大队 600 余人在津南八里台演习炮战、野战。11 日，日炮兵、装甲车队 500 余人在日租界演习巷战。

△　日军用飞机两架，分别侵入我甘肃、榆关领空侦察。

△　伪满委托“满铁”会社主持建筑及经理之锦承铁路完成通车，该线自锦州至承德，全长 436 公里，横贯热河全省。

3月上旬 彭德怀指挥东征红军越过吕梁山，进至兑九峪一带，逼近同蒲线。阎锡山调集了14个旅的兵力，分别由中阳、汾阳、介休、隰县地区编成四个纵队，从北、东、南三个方向向红军发起攻击。

3月11日 新任驻华日大使有田谒蒋介石，就调整日中关系交换意见。

3月12日 日陆军大将松井石根抵南京晤有田，并访外长张群。下午，接见中外记者，声称："中日关系欲求彻底解决，应彼此反省，各抱责己严、责人宽之见解，庶克有济。"14日谒蒋介石，15日离京返沪，行前散发其所著《大亚细亚联盟之必然性及意义》。18日，自沪乘轮返日。

△ 驻华日使馆武官矶谷抵天津。13日，日武官在津集议华北时局对策，决定日方对华北防共应取态度及驻华武官今后联络办法。下午，矶谷赴北平，次日访宋哲元，交换外交意见及详询晋省红军情况，并于即日南下过济与驻济武官石野接洽，又访韩复榘，询其对华北问题意见。16日，抵南京，向有田报告北上接洽经过。

△ 日本陆军省重视红军入晋，是日起草《关于防止山西赤化》文件，声称：日军要从内部指导冀察、山西两政权，要阎锡山在冀察协助下扫荡共军，日本方面可提供武器弹药、飞机或贷款，以及派遣军事顾问等加以援助。

△ 红二、红六军团由奎香进至则章坝，与万耀煌第十三师激战一昼夜，消灭其两个多连；郝梦龄纵队及傅仲芳第九十九师自镇雄回援。次日，红军改向西进，在六曲沟以西之财神堂，与郭汝栋第二十六师发生遭遇战。

3月13日 阎锡山以救援石楼为目的，对红军下第三次总攻击令。

△ 宋哲元之代表张志冲抵粤访胡汉民，14日访陈济棠、李宗仁，报告华北近况，18日赴广西访白崇禧。

△ 德穆楚克栋鲁普派代表敖云章抵归绥谒傅作义解释误会，声

称“德王处境不无困难,但态度不变”,并称此行与绥远省府交涉三事:一、请省府归还收缴之教导队枪械;二、重商绥、蒙税收问题;三、百灵庙蒙政会给养困难,请接济或帮同运输。

△ 天津、秦皇岛海关与北宁路局订定华北缉私办法六项,严缉漏税货物。

△ 河北省平山、灵寿、井陉等与晋省接壤各县发现有“穷人会”组织,举“分粮吃大户”旗帜,聚众千余人。是日,平山县民团捕获其首领贾、曹二人,并搜出宣传文件。

3 月 14 日 商震奉蒋介石令抵太原见阎锡山,会商“协剿”红军事宜,晚返石家庄,督饬所部入晋,参加北路前线作战。

△ 全国县政讨论会在南京开幕,行政院政务处长蒋廷黻主席,讨论县行政及与上级政府之关系、省县间关系调整、地方财政之整理、县政人才培育、行政督察专员制度设立、土地陈报之推行及征收制度之改善等问题。15 日,会议闭幕。

△ 国民政府颁令即日废止《土地征收法》。

△ 驻北平英使署武官佛莱塞与司考特赴太原视察晋境红军情形及在晋英传教士情形。

△ 中国民众友人会在伦敦开会,与会者有英、荷、法等国会员。会议严厉抨击日本侵华,并提议英、美、苏应立即联合遏日,吁请国联早日采取措施迫使日军退出华北、满洲及蒙古等地,并请《国联盟约》签字国、《九国公约》签字国尊重其担保中国领土完整的义务,召集远东顾问委员会讨论集体安定远东和平。

△ 安徽蚌埠人力车工人抗议增捐,举行总罢工,并殴伤岗警多名。15 日,市督察局警察处布告,今后人力车夫如再暴动或三人以上聚会,“图谋不轨”,一经查获,即按军法执行枪决。

3 月 15 日 全国邮务总工会第三次全国代表大会在上海开幕,次日通过派代表李绍裕、朱学范等 21 人赴京请愿,要求国民党中央颁布邮务工会组织法规案。

△ 汪精卫抵柏林疗伤。

3月16日 是日至19日，驻华日大使有田与外交部长张群作调整中日两国关系之首次谈判。19日，双方就日中关系调整问题发表公告，声称“虽双方见解未能全部一致，但可认为有裨于彼此意思之疏通”。张群在会谈中表示“国民政府不赞成以广田三原则作为调整日中邦交的基础”，“华北问题亦应视为日中关系的一部分，不能抛开东北、华北问题，孤立地空谈日中关系调整”。谈判陷入僵局。

△ 国民政府特准中央信托局设立中央储蓄会，办理有奖储蓄业务，是日在沪开业，推陈光甫、李馥荪、陈行为监理委员会常委，陈光甫为主席。

△ 德华经济协会全权代表师德威及理事德国铁路高级顾问雷德穆访北平市长秦德纯，旋访宋哲元，请宋提倡实业，多设工厂，即晚赴天津。

△ 太原市连日对学校、客栈、工厂稽查甚严，捕获共产党嫌疑犯甚多。前在国民师范捕去之学生段若宗、邢思廉、乔增禄、曹直四人是日被阎锡山枪杀。

3月17日 东征红军退出中阳县郭家掌、西峡沟、苏家滩、南岭上、武家庄，向大麦郊转进。同日，红军五六百人由汾西进抵灵石县南关镇附近，截断同蒲线，与晋绥军第一四二师铁甲车队激战一小时，占领义棠镇。

△ 关麟徵师第一五〇团抵霍县，林彪红一军团600余人包围霍县城。

△ 行政院通过《行政督察专员公署组织暂行条例》，规定各省划定行政督察区，设专员公署为省政府辅助机关。25日，行政院命令公布。

△ 行政院长蒋介石电令河南省政府主席商震严惩盗掘安阳一带古墓罪犯。

△ 日外务省根据广田内阁新政纲发表外交方针，声称：日本外交

根本方针，当置其基础于日本民族生存权之确保与发展，以资保持与各国间之友好关系。对华以中、日、“满”融和亲善之目的，促进中国之猛省，以期“三原则”之实现，并以“东亚责任者”之资格，使英、美在东亚作政治、经济活动时，必须得日本政府之谅解。

△　日驻苏大使太田访苏副外交人民委员长斯托摩尼耶可夫，提议：一、组织俄、“满”勘界委员会，确定兴凯湖至图们江一带之国界线；二、俟该委员会工作完成后，即可接受苏之建议，组一常设混合委员会，解决界务。苏同意此案，并主张“满”、蒙间设立同样之委员会。

△　河北省长芦盐运使署负责人在津对记者称：日本工业近需大宗食盐，决定就近向我华北购买，中国当局同意后，日本即由岩井商店、三井、三菱两洋行、大日本盐业组合等合组“芦盐共贩会社”，在长芦地区直接向盐户收购，由长芦盐场知事监督。长芦盐场年产盐约 420 万吨，日本拟购 50 万吨以内。

△　日驻沪第三舰队司令及川中将抵津，18 日访多田司令、川樾总领事，商华北局势，并议华北设港事宜。19 日，偕参谋长岩村等由海军驻北平武官桑原中佐伴同赴北平访宋哲元、秦德纯，探询冀察近况；20 日晨赴通县访殷汝耕，晚抵秦皇岛返任。

△　日本大阪东亚输出组合华北巡回考察团抵津。日横滨工商界考察团赴香港转粤，调查华南市场情形。

△　伪冀东自治政府在滦县洋河口设税关征收关税，致使秦皇岛海关税卡不能行使职权，官员撤回，报请财部交涉。

3 月 18 日　林彪红一军团 2000 余人于是日及 20 日两度猛攻晋西赵城县城，未克。同日，红军退出中阳县之三交镇。

△　国民政府任命韩复榘兼山东省保安司令。

△　冀察政委会接管北平《晨报》，派刘哲、戈定远、秦德纯等为该报董事，以刘哲为社长。该报编辑詹辱生、刘尊棋等 16 人在各报刊登离职启事，谓“与其因循而违厥初心，毋宁退避而还我本色”。原社长陈博生、经理林仲易亦辞职。19 日，该报继续出版，社论题为《中日人士

宜多接触》,论调为之一变。

△ 驻津日总领事川樾与多田等共议"开发华北"步骤。

△ 驻华德大使陶德曼回国述职,谒蒋介石辞行。

3月19日 徐海东红十五军团七八百人抵晋西文水,围攻县城不克,向孝义转移。另部五六百人抵晋西交城,晚围攻县城,激战七小时未克。

△ 张发奎抵京谒蒋介石,报告闽赣皖浙边区"剿共"情形。

△ 李兆麟率东北人民革命军第三、六两军留守部队和第四团,歼灭小兴安岭查巴旗和老钱柜一带的森林警察大队,击毙日本指挥官以下七人,俘虏森林警察150余人。

△ 前山东伪皇帝马士伟在津日租界组织"一心天道龙华圣教会",是日会徒列队在华界游行。冀东滦东各地近也发现该组织。

△ 天津鱼贩数万人反对22家鱼栈增抽鱼栈费49%,全体罢市。20日,经市公安、社会两局调解,鱼栈缓增1%栈租佣金,即日复市。

3月20日 王宠惠等离港赴京,称此行入京,希望促成南北切实合作。

△ 日军飞机是日起不断赴晋侦察红军情况。

△ 宁夏省政府主席马鸿逵飞抵西安,与朱绍良、胡宗南等共商陕、甘、宁三省"协剿"红军问题。

△ 苏联驻华大使鲍格莫洛夫由沪抵南京,接洽中苏外交。

△ 日使有田调任日外相,在京向蒋介石辞行,声称:"关于中日关系之调整,深信在广田首相兼任外相及本人任驻华大使之际,乃属绝好时期,此机一失,在最近之将来,殊不易再逢。"蒋答:"调整中日国交,乃属向所切望之事,决意对此作种种努力。"有田离华后,馆务由若杉代理。

△ "满铁"驻津理事石本召集多伦、绥远、张垣、太原、青岛、济南、郑州等处驻在员30余人会商"开发"华北矿产办法。23日,石本赴大连报告会议经过。"满铁"已定"开发"华北经济计划为:一、修筑沧石铁

路;二、开采察、鲁、晋铁、煤、石油等矿;三、接济农民试植棉产。

△ 河南开封物价飞涨,法币暴跌,市民向省府请愿,省府主席商震派员密查惩办奸商,建、财两厅长张静愚、尹任先召商会、银行界人士讨论金融维持办法,决定请财政部发行辅币,并令各县均用法币。

3 月 21 日 蒋介石与驻华苏大使鲍格莫洛夫会晤,蒋担保中国政府不会同意"广田三原则",声称:"这三点是日本的心愿。但中国政府只同意同他讨论,到现在还没有同意这三点要求。"23 日,鲍格莫洛夫向莫斯科报告称:"据我们掌握的情报,最近两个星期日本驻华大使有田同张群、蒋介石在南京举行的谈判,没有任何结果。……有田来南京前曾声明,调整中日关系的前提条件应该是承认满洲国","不论哪一个中国政府,现在不能将来也不会同意这些条件。"

△ 宋哲元抵保定布置防共,派秦德纯代理冀察政委会事务,石敬亭代理绥署事务。

△ 津海关与北宁路局订定之华北缉私办法开始实行。日驻津总领事向北宁路局提出口头抗议,路局派路警署日籍稽查员山本答复,谓:"海关严密缉私,系维护税收,保全国际信誉。主权所属,自有权衡,路局不过协助性质,且实行区域也仅天津东、总两站,并对各国货物同样对待,并无歧异。"

△ 上午,日将校级军官 21 名由沪乘汽车抵苏州"视察";下午,向苏常路方向驶去。同日,日驻沪陆战队将官四人分乘汽车经锡沪路至无锡。此军事行动引起各方对日垂涎华东之严重猜测。

△ 安徽省英山县划归湖北省统辖。

3 月 22 日 林彪红一军团 2000 余人进驻晋南曲沃县之侯马镇,受到驻军及保卫团夹击,向北转移。同日,红一军团退出晋西隰县水头镇。

△ 贺龙、萧克红二、红六军团在宣威北来宾铺、虎头山一带与滇军孙渡所部第一、五、七旅及蒋军郭思演纵队激战。26 日转移至贵州盘县北,28 日占盘县、亦资孔。

△ 是日至次日，有田在沪召开驻华日总领事会议，石射（沪）、须磨（京）、三浦（汉）、西田（济）、西春彦（青岛）、河相（广州）、中村（福州）及大使馆参事若彬、参赞堀内、有野等与会，听取各驻区现状报告，陈述对华外交意见及有田与蒋介石、张群会谈经过，旋对中国币制改革后各地经济状况进行讨论。

△ 日旅顺要塞部参谋长海军大佐原忠一等到津，会见驻津海军武官久保田，接洽华北辟港事。29日，日陆军军务局长太田在津与原宗一、久保田等再商华北辟港事。当晚太田携决议案返日报告。

3月23日 徐海东红十五军团四五百人占领山西省交城县古交镇，次日被晋绥军包围，红军突围至河口镇。

△ 冀察政务委员会下令解散未经立案之非法社团“冀察各县自治代表联席会”、“河北省民众自治协会”、“中华民国人民外交协进会”、“中华民国全民自治会”等，其所发文电一律扣发。

△ 冀南平乡县硝民反对税警平毁硝池，聚众示威，被商震部黄光华师镇压，捕400余人。同日，任丘县白洋淀、古洋河等30余村硝民亦集众反对长芦税警捣毁硝池。

△ 据天津《大公报》讯：川省各县灾荒奇重，尤以川北为甚，竟发现人食人之惨剧。近有省赈务委员会派往川北之王匡础会同该县府人员赴片口一带视察灾情，尝在一萧姓宅中发现三女饥民围食死尸。

△ 日本陆军省更动重要陆军官员：梅津美治郎调任陆军省次官，西尾寿造调任参谋本部参谋次长，板垣征四郎继西尾任关东军参谋长，矶谷廉介调任陆军省军务局长兼军事参议院干事长，喜多诚一继矶谷任驻华大使馆武官。

3月24日 胡汉民与魏道明在广东省从化商国是。胡并电约陈济棠、李宗仁、萧佛成、邹鲁赴从化叙谈。25日，陈、李等与胡、魏在从化磋商应付时局办法。魏旋返港转京报告奉命赴粤与胡等商谈经过。

△ 晚，上海公安局逮捕复旦大学救国会成员黄拔山、莫自新、包毅、蒋文燕、郑通骘、江南俊等六人，25日又捕杨伯鹏。警察总队第三

中队长李备武及警察两人被学生纠察队开枪击伤。26 日，保安队与警察会同复旦大学董事长钱新之、校长李登辉、秘书长金通尹搜查该校达一小时。校方应允：一、交出开枪学生；二、交出尚未就捕之共产党人；三、解散救国会；四、保安队及警察撤退后，恢复正常上课秩序；五、军训所用之步枪、刺刀等由校方负责收回；六、对被指为汉奸、不得入校之学生，学校保障其安全，返校上课。保安队与警察遂撤退。

△ 南满日本教育考察团加茂等一行 12 人，由济南赴青岛考察教育。

3 月 25 日 陈诚奉蒋介石令，自汉口抵太原，与阎锡山协商“剿共”事宜。28 日，阎以军事委员会副委员长名义委陈为“剿匪”军第一路总指挥，下辖关麟徵第五纵队、吕济第六纵队、汤恩伯第七纵队，令其迅速恢复同蒲路南段交通。

△ 徐海东红十五军团约 2000 余人由交城进至岚县境，连日数次攻岚县城，未克。27 日向兴县方面转进。

△ 绥境蒙政会委员长沙克都尔札布在归绥召集阿王、康王、郑王、石王、齐王等筹商绥境各盟旗联合“防共”办法。

△ 日首相广田弘毅招待各国记者，宣称：“中日关系乃最重要之外交问题，故日本政府对于调整两国关系，拟极其慎重。”并称“三原则乃调整中日问题之根本方针”。

△ 驻华日大使有田抵津召开华北日领会议，天津总领川樾、张家口领事中根、榆关领事原田、济南总领西田、北平使馆书记武藤、参赞若杉等参加，讨论华北外交及冀察防共。下午访多田、永见，交换华北军事、外交意见。

3 月 26 日 国民政府以《四库全书》赠苏联对外文化交谊会转列宁图书馆，中国驻苏使馆参赞吴南如在赠书仪式上述《四库全书》历史，并谓中国政府认此举为两国文化合作之重要行动。

△ 驻法大使顾维钧、驻意大利大使刘文岛出国返任。

△ 徐海东红十五军团围攻石楼县城一月，是日撤围，向马门庄、

会同村、王村等地转进。晋绥军刘光斗等旅占领石楼城。同日，红七十五师由岔口镇向娄烦镇转进，晋绥军一团由静乐出发向娄烦堵截红军。

△ 阎锡山制定学生自首及检举共产党办法，规定各校学生如有共产党嫌疑，于发觉前自首者应予免究；如能举发他人者，准免学费。

3月27日 关东军参谋花谷、专田、太原特务机关长和知到津晤永见，会商冀、察、晋"防共"事宜，午后飞太原一带侦察红军行动。

△ 绥境蒙政会副委员长潘第恭扎布及沙王、阿王、巴王之代表等抵南京，28日向蒙藏委员会报告绥境蒙政会成立经过。

△ 伪冀东自治政府新设沿海税卡，对私货只收华北关税四分之一，北戴河、滦州、昌黎海口每日到私货八九船，皆在伪税卡交税，每日由此地运津私货，仅砂糖一项即达一万至1.5万包，海关损失税款万元，津关总税司许礼亚是日访北宁路局长陈觉生，共商新对策。

3月28日 驻华日大使馆武官今井在北平访宋哲元，探询晋省"剿共"情形。

△ 日驻北平特务机关长松室孝良少将携日军部意见由沈阳到津访日驻屯军司令官多田、参谋长永见，协商对华北"防共"、冀察外交意见。30日，宋哲元在津宴多田、松室等交换"防共"意见。

△ 日关东军司令植田谦吉抵长春履新，与前司令南次郎办理交接。席间南次郎陈述其五大根本方针供植田参考：一、确立关东军的威容；二、五族协和；三、日、"满"经济提携；四、维持治安；五、维持和接壤国的友好关系。

△ 驻华日使有田在长春召集关东军参谋长板垣等会议，并听取关东军对华政策意见，要点是："(一)自西南政权及冀察、冀东两政权确立后，南京政府威势削弱，在对华外交上必须重视这一变化。(二)日本如以南京政府为唯一外交对手，则使新兴的冀察、冀东两政权长久不能安定。(三)鉴于过去专以南京政府为对手的外交毫无进展实绩，现下应乘机放弃过去的一元外交方针，除南京外，尤以华北、西南各新政权为交涉对手，使新兴政权得以发展巩固并资为'满洲国'的健全发达。"

△ 伪冀东自治政府在秦皇岛之东设立关卡，凡由东北进口货物，一律向该关卡纳税，到天津海关即言已经纳税，拒不再交。是日天津海关呈孔祥熙请示办法，并致函外交部转向日本等国声明：中国不承认有此海关，所有进口货物如经该关纳税，一律无效。同日，秦关缉私副班长英人鸠参因缉查走私船只，遭日浪人殴打致残，秦关总税司郝各得急电国民政府请示交涉。

△ 前天津市长程克因患心脏病逝世。

△ 国民政府任命李书华、叶恭绰、曾镕浦、康德利、李四光为管理中英庚款董事会董事。

△ 上海文化界救国会会刊创刊。

3 月 29 日 林彪红一军团撤出对晋西霍县的包围，退出石楼县义牒镇、辛关渡，向河西作战略转移。关麟徵师占霍县。

△ 苏联正式宣布与外蒙古政府订立《苏蒙互助同盟条约》。

3 月 30 日 天津日驻屯军司令官多田骏与冀察绥靖主任宋哲元秘密订立《华北防共协定》，次日签字。其要旨为：一、冀察政权协同阎锡山“扫荡”红军，力争与阎缔结防共协定，阎若拒绝，在适当时机可独立出兵入晋与红军作战；二、交换有关共产运动情报；三、为贯彻防共方针，冀察政权可与鲁、绥方面共同行动，缔结防共协定；四、日方支持冀察有关防共行动，并给予必要援助。

△ 汪精卫被刺案在南京公开审理，江苏高等法院五分院检察官罗人骥之起诉书称：“凶刺案之幕后主使人为陈铭枢、李济深。”31 日续审，张玉华等否认与陈、李有关，但供认曾谋刺蒋介石、宋子文及国联调查员未遂。

△ 徐海东红十五军团田守尧第七十五师进到兴县地区，掩护刘志丹红二十八军渡黄河入晋。

3 月 31 日 刘志丹率红二十八军从神木罗峪口西北强渡黄河，歼守敌一个团，到达康宁镇，向南推进。奉命堵击红军之晋绥军温玉如第二〇七旅在兴县曹家坡、刘家庄一带被田守尧红七十五师击溃，伤敌团长周森，温逃临县。

△ 林彪红一军团占领洪洞县城，先头部队南抵曲沃侯马附近。

△ 山东省政府主席韩复榘派参议张连升抵天津见宋哲元，旋偕陈觉生、陈中孚、石敬亭访日驻屯军参谋长永见、驻平特务机关长松室、驻榆关特务机关长竹下交换冀察“防共”意见。

△ 国民政府公布《民国二十五年四川善后公债条例》，规定发行公债总额1500万元，年息六厘，还本期限定为15年。

△ 北平学联为3月9日惨死狱中之河北省立高中学生郭清在北京大学举行追悼大会。北京大学、清华大学、燕京大学、朝阳大学等50余所院校1300多名学生，以“民先队”为骨干，会后抬空棺一具游行，反对国民政府出卖华北与镇压救亡运动，在北池子遭军警阻挠冲散，刘述云等54名学生被捕。

△ 据《申报》讯：日商大仓组在冀省保定、正定一带招募华工二万人，应征者多为农民，已徒步抵古北口报到，发给工人证，并由日方派赴锦州一带开矿筑路。

3月下旬 驻察外交特派员罗家衡、察省府主席张自忠在张家口与驻张日特务机关长大本等会谈察北问题，大本表示日方正注意华北“防共”，对察北问题交涉，须待“防共”问题了结之后再谈。

是月 中共北方局派周小舟再次专程赴南京和曾养甫谈判。周带来了向国民党提出的六项要求，其要旨为：开展抗日群众运动；组织国防政府和抗日联军；释放爱国政治犯；停止内战，一致抗日，停止进攻苏区，承认苏区合法地位。周并携毛泽东、朱德、周恩来三人联名致宋子文、孙科、冯玉祥、程潜、曾养甫等函。

△ 宋哲元派第二十九军参谋长张樾亭赴南京见蒋介石，报告平、津情况，并要求核发四个混成旅和保安旅之装备及饷项。结果由何应钦发给步枪2000支、炮八门、枪弹400万粒，并决定月发补助军费80万元。

△ 陈光甫率领中国币制代表团去华盛顿，与美国政府谈判出售

中国白银换成外汇，以维持国民政府实行之币制改革。

△　东北人民革命军第二军改编为抗联第二军，军长王德泰，政委魏拯民，下辖一个直属教导团和三个师，活动于汪清、珲春、安图、抚松等地。

△　刘少奇到天津主持中共北方局工作。

△　中法航空联运（自西贡至广州）开始试办。驻京日总领事须磨提出抗议，要求对日同等待遇。

△　日东洋纺织会社在天津开设裕丰大纱厂，预计安装机器2000台，纱锭10万枚，是月破土动工兴建。

△　天津裕元纱厂拥有七万枚纱锭，布机千台，为华北最大实业之一，售予日本东洋纺织会社、钟纺织社和大日本纺织会社。该厂负债550万元，卖价除抵债外，找现无多。

△　内政部重订禁止蓄婢办法，凡以慈善关系或收养养女名义蓄养婢女者均应禁止。由各省、市公安局调查婢女数目，列表登记，无条件解放，恢复其自由。

△　中国左翼作家联盟自动解散。

△　天津、秦皇岛、烟台、龙口四关是月税收2532.8万元，较去年同期减收1327.5万元；其中津关减收更大，去年3月收2078.9万元，是月只收1090.8万元。四关税收平均损失约49%强。

4　月

4月1日　西北革命军事委员会发布红一方面军改编训令："第一方面军全部改为中国人民红军抗日先锋军，第一军团改为中国人民红军抗日先锋军第一路军，第十五军团改为第二路军。""抗日先锋军以华北五省为作战范围，第一阶段以在山西创造对日作战根据地为基本方针。"

△　抗日先锋军第一路军1000余人在山西省赵城附近瓦窑头、石

止、马牧一带与国民党军关麟徵部作战后，撤围赵城。刘亚楼红二师攻克晋西南襄陵县城及侯马镇。

△　陕北红三十军组成，军长阎红彦、政治委员蔡树藩，与原在石楼地区的红十五军团一个团另一个营及山西游击队为中路军，担任牵制国民党军，继续包围石楼，控制黄河渡口，维持后方交通。

△　天津日军部经济顾问部成立，由松室、石井、中井及“满铁”专员矢野、风早等组成，是晨在天津日驻屯军司令部召开首次会议，讨论协助兴中公司、“满铁”开发华北经济策略。

△　天津日军部参谋中井堂胁、高级副官大竹乘机飞晋绥侦察红军情形。2日，又有日机一架飞晋侦察军情。

△　广西省政府通过各机关职员回避办法，规定各机关职员与本机关长官有配偶或三亲等内血亲、二亲等内姻亲关系者，应自行申请回避，并由省政府调换工作。

△　上海特区人力车商反对公共租界工部局人力车委会减租令而罢市，拒绝租车，二万余人力车工人生活恐慌，纷向工部局、市商会、纳税华人会请愿，要求车商放车，赞成减租，并要求继续办理车夫登记及停止征收互助会费。2日，上海车商继续罢市，人力车工人分赴各车行强曳车辆7500余辆。3日，车商代表殷芝龄与工部局总董事钟思及人力车委会主席麦西会商，决定车商先复业，车租暂按新章减至0.77元，互助会费缓缴，工部局对额外人力车工人继续办理登记。4日，上海车商复业，即日出租车辆。

△　据天津《大公报》讯：鄂省去年大水，全省70县中被灾者55县，乏食者达千万人，尤以汉水流域为最，饥民掠食之风大起。

△　广东省钦、廉各地发生剧烈地震，灵山、合浦也属震区范围，灾情以灵山县最重。是日上午9时30分，隆然发生巨响，继而地面颤动，在灵山二、三区一带，间有硝磺气味。罗阳、泗洲、佛子岭等山及平山墟、灵家村等处均有大裂痕，当爆烈时，频频开合，状最惊人，地陷成潭井者多处，有流出黄水者，有流出黑水如煤渣者，全县房屋倒坍，伤毙人

命甚多，无家可归者达二万余人，自是日起持续 10 来日，日凡 10 数次，至 11 日方渐弱而止。

△　上午 10 时 15 分，香港发生地震，震源在港外东南 280 里处。10 时 20 分，广州也有小震。

△　欧亚航空公司蓉滇线正式开航。该线由成都至昆明。

△　上海《大公报》发刊。

4 月 2 日　晋绥军第一纵队郭宗汾旅开抵临汾城西之界峪村、东宜村、泊庄村、堡子村、乔家院一带与红军抗日先锋军第一路军作战，红军撤围临汾城。

△　阎锡山发表红军进攻山西之经过，声称：被围多日之洪洞、赵城、临汾等县城先后解围。红军渡过汾河西岸，进占陈村、柴市等地。

△　王宠惠抵南京见蒋介石，转达胡汉民粤、宁合作意见，并对记者称：胡来南京已无问题，所谓精诚团结，现也不成严重问题。3 日，王赴蒋宴，对国是再度交换意见。4 日，王返沪，称蒋对胡来南京，盼望至为殷切。

△　华北缉私棘手，天津海关监督林世则去南京请示对策。3 日，孔祥熙召见林世则，听取华北走私及缉私之详细报告；下午，孔向蒋介石请示。

△　南京浦口发生火灾，延烧民房 1352 间。3 日晨又大火，毁房约 400 间。两日来被灾难民达七八千人。

4 月 3 日　商震第三十二军与关麟徵师由山西省平阳、赵城分别向洪洞县红军抗日先锋军第一路军进攻。

△　日新任外务相有田八郎在东京发表对华政策谈话称：对华政策不必拘泥于所谓“三原则”，惟依事势所宜，逐渐调整国交，而将中日共同防赤先行实现。

△　国民政府派杨虎继吴铁城为淞沪警备司令。

△　天津海关在大沽口扣留载人造丝、砂糖 900 余吨之悬伪满旗走私船“海昌号”，罚款 10 万元，否则船货没收。伪满请驻津日总领事

川樾茂提出抗议，要求发还，遭津海关拒绝。15日，天津日军参谋中井堂胁访天津海关日税务司赤谷，交涉放行。16日，天津海关允减低罚金为五万元。后经天津市政府与日领商定，将私货全部没收，另罚款5000元了结。

4月4日 为防红军由晋入冀，万福麟第五十三军一部开驻平汉线，正定以南沿线各桥梁均派军守护。驻大名骑四师王奇峰部奉调灵寿协防，该军驻南乐部队也动员待命。商震第三十二军开冀、晋边境扼守东洋关、壶口关、十八盘、黄泽关等要隘。

△ 红军抗日先锋军第一路军一、二两师2000余人在临汾县刘庄、王庄、张堡、柴村、孟家庄一带与晋绥军杨澄源部激战。5日午向襄陵转移。晚，晋绥军第一纵队郭宗汾等旅占襄陵城。

△ 红军抗日先锋军第一路军陈赓红一师占领史村镇，5日攻汾城县，汤恩伯第十三军翁旅驰援。6日，汾城围解。

△ 徐向前红四方面军占领瞻化县城。6日主力由四川天全抵西康丹巴、乾宁、德格、道孚一带，一部到达瞻化、康定西北。

△ 北平日使馆武官今井、海军武官桑原飞晋侦察红军情形，并晤日驻并特务机关长和知。6日，今井等飞返天津见松室。

△ 驻华英大使贾德干在沪接见记者称：一、英国对华，如有可能，愿与任何国家合作，固不仅日本一国；二、英国在华投资，重在上海及长江一带，尤以上海为甚，当随时维护其利益；三、华北走私事，英甚予注视，认为关系重要；四、英国已决定在上海及东京设置财政顾问，隶于驻两国大使馆，并经内定即由现在上海之李滋·罗斯爵士之助理巴志担任；五、英国为国联会员国，对承认“满洲国”问题，根本不谈；六、英国对华借款须视伦敦方面投资家的态度及中国担保品之性质而定。5日，贾德干离华返英。

△ 据平津查缉处调查，天津吸鸦片者达20万人。是日，又由察、绥运到天津鸦片10万斤，交查缉处土药店出售。

△ 川北蓬安、营山、岳池、仪陇、南部等八县，饥民聚众求食达万

余人,扇子队教乘机活动。该教以川北绵阳、梓潼为中心,信徒散处于川北各县,约计四五万人。

4月5日 贺龙、萧克红二、六军团攻占寻甸,7日由寻甸向普渡河上游西进,8日进至普渡河铁索桥,渡口被滇军孙渡部封锁。红六军团在小松园与另一部滇军遭遇。

△ 山东鄄城董庄黄河边坝堵合。

△ 驻日大使许世英向日皇呈递国书。

4月6日 毛泽东、彭德怀致电王以哲、张学良,通知周恩来、李克农行期及联络地点,并提出会商以下问题:一、停止一切内战,全国军队不分红白,一致抗日救国;二、全国红军集中河北抵御日帝迈进;三、组织国防政府、抗日联军具体步骤及其政纲;四、联合苏联及先派代表赴莫斯科;五、订立互不侵犯及经济通商初步协定。

△ 津日驻屯军部北平特务机关长松室孝良少将抵平就任,接见记者声称:"此来系代表津日驻屯军常川驻平,疏通中日意见,今后华北交涉,即由津驻屯军代表进行,与关东军无涉。"

△ 日军部派松永忠恕大佐抵津,在日租界组织特务机关,直属东京陆军首脑部统辖。

△ 美国纽约州银行事业管理部门核准中国银行在纽约设立分行。美伊尔文信托公司副经理勃杰斯与上海中国银行干部王正序分任该分行正、副经理。

4月7日 外交部照会苏联驻华大使馆,严重抗议《苏蒙互助协定》。认为协定"侵害中国主权,违反民国十三年中苏协定之规定",声明"中国政府断难承认"。9日,苏联政府人民外交委员会复照拒绝中国政府之抗议,指出:苏蒙协定"无丝毫损害中国主权之处",该协定不容许亦不包含苏联对中国及蒙古"有任何领土之要求","且适合于中国人民及蒙古人民之利益"。11日,外交部照会苏联驻华大使馆提出第二次抗议,声明仍维持第一次抗议所表明之态度。

△ 徐海东红十五军团第七十五师、第七十八师在山西临县白文

镇与刘志丹红二十八军会师。

△ 上海商业储蓄银行总经理兼中国银行董事陈光甫及国际贸易局局长郭秉文等，由驻美大使施肇基陪同访问美国国务卿赫尔与财政部长摩根索，商谈美援助中国管理货币之范围问题。8日，会谈继续。摩根索称：渠邀中国银行家来此交换中、美两国关于货币政策之意见，现正考虑两国间在金融问题上作更密切之合作办法。

△ 顾祝同偕韩德勤由贵阳飞昆明，与龙云商"剿共"军事。

△ 四川省西南部峨边县少数民族黑彝族因与汉人冲突，该族哈子家集合彝民13支，统众2000余人马，步、手枪千余支，围攻峨边县城，国民党军前往镇压，先后攻占化牛坪、金岩溪和上三夹洼，彝民不支，死200余人，向小凉山万石坪溃退。

△ 据天津海关统计，因冀东私货输入猖狂，3月21日至是日，关税损失20余万元。同日，财政部长孔祥熙在南京晤天津海关监督林世则，再商缉私办法。

4月8日 宋哲元与日驻屯军司令部北平特务机关长松室孝良在天津会谈冀察问题，结果如下：一、冀东伪组织在三周内撤销，殷汝耕的出路未定；二、察北问题，日方不允许撤退李守信部队，且称如"共祸"蔓延到绥远，日方还要增兵防堵；三、日方提议设置"中日防共委员会"，缔结"防共协定"，宋未接受，坚持自力"防共"，不假外力，免使主权旁落，土地被侵。是日，驻津日军司令部参谋长永见赴东京出席日师团长会议，请示对华意见，并提出增兵华北的建议，请陆军部指示。

△ 徐海东红十五军团由兴县抵方山县南之赵庄、大西沟一带与晋绥军李生达部激战四小时后，向南转移，驻大武镇一带。

△ 红军叶飞部600余人由闽东福鼎、寿宁转移到浙江省泰顺、平阳。

△ 美国非战协会秘书长李比氏宣称：美国在华之投资为数不过1.3亿元，武力保护，得不偿失。

△ 禁烟总监部通令严禁公务员吸毒，并颁布检举办法，违者"立予免职或送惩处"。

△ 湖北省政府警备部奉行政院令解散湖北省学生救国联合会。

△ 冀南隆平、巨鹿、任丘、内丘等十余县硝民在郭汉良领导下起义，是日隆平县长张庆荣率团队“围剿”。郭率众突围转移。

△ 河北省柳江煤矿董事会以66万元将该矿出让给日太记公司。临榆县长城煤矿及与柳江矿毗连之宝兴煤矿，均受日方压力停办。

△ 广东省营钢铁厂由英商百利实业公司承建，分六年付款，三年筑竣。

△ 凌晨1时50分，兰州发生较强烈地震，一分钟间先后连震两次。

4月9日 中共中央军委副主席周恩来与西北“剿匪”副司令兼代总司令张学良在肤施(延安)举行联合抗日救国会谈，就以下问题取得一致意见：一、关于组织国防政府和抗日联军问题，张同意这是中国当前的惟一出路；二、关于红军集中问题，张承诺赞助红军集中河北；四方面军出甘肃，东北军可以让路；红二、六军团北上路线，因须经中央军防区，张愿任斡旋之责；三、东北军方面派赴苏联的代表，取道欧洲前往；中共方面代表由张负责保护，由新疆前往；四、张完全同意停止内战，并谓红军一旦与日军接触，则全国停战运动将更有力量；五、在张未公开表明抗日以前，不能不接受蒋令进占苏区，为此，张以王以哲军继续驻防肤施，沿路筑堡，双方交通仍旧；六、关于通商问题，普通办货可由红军设店自购，军用品由张代办；七、双方互派代表常驻；八、张认为红军去河北恐不利，在山西亦恐难立足，不如经营绥远较妥。

△ 日武官今井再飞太原晤阎锡山及绥靖公署参谋长朱绶光等要员，调查红军入晋情形。同日，天津日军部高参石井等飞绥侦察红军情形。11日，今井返津称：红军在山西除北部兴县、临县外，大部在晋南汾城、同蒲线附近，总计万余人。

△ 红军三四千人在山西省新绛县泉掌镇、西薛、郭村一带与汤恩伯部第十三军激战后，西向稷山县转移。

△ 红军三四千人在汾城县北古城镇与晋绥军杨澄源部第六十九

师激战后，向汾城西南稷县方向转移。

△ 中阳、石楼境内红军千余人进抵隰县东南之陡坡、还珠、三交等村，与来自洪洞县万安镇之红军千余人会合，在三交与晋绥军激战。

4月10日 蒋介石偕陈布雷、钱大钧等抵汉口巡视军政事务，是日接见何成濬、杨永泰、高一涵等。次日赴武昌主持中央军校武汉分校开学典礼。

△ 贺龙红二军团、萧克红六军团在柯渡会合，遇滇军孙渡纵队截击，西渡普渡河未成，遂折转向南，佯攻昆明。11日，攻占富明县城（距昆明20公里），昆明震动，全城戒严，龙云急调普渡河渡口的滇军救援昆明。贺、萧两部红军突然转向滇西，到石鼓、丽江渡金沙江。

△ 徐海东红十五军团三四千人集中在山西省离石县大武镇一带，其中一部千余人是日抵离石城下，11日与晋绥军李生达、杨效欧等部作战后，转移到离石、中阳间的朱家庄一带。李生达部抵离石县城。

△ 财政部密令农民银行不得在原规定一亿元限额之外，再订印钞票。同日，财政部又电农民银行，根据军事委员会委员长行营命令，该行所请将已封存之湖北省银行钞券1585万元改印该行字样，与该行钞券同样行使一案，“姑准备案”。

△ 天津东局子日兵营加紧修筑，工人增至2000人。新辟机场、扩建兵营，占地850亩，均购自民间，兵营五里内外，禁止农民耕作，土地任其荒芜。

△ 上海民营大生纺织第二厂因外资竞争而倒闭。是日，第三次开标拍卖，价格由200万元减至120万元。

4月上旬 蒋介石调集洛阳、徐州、浦口等地军队10个师，号称20万人，分两路入晋增援阎锡山。一路五个师经陇海路至豫西，从风陵渡渡黄河，沿同蒲路北上，一路五个师自正太路西进，开赴晋中，增援太原。阎锡山也派五个师和两个旅的兵力，由晋中向南进攻，驻守黄河以西的陕军沿河北上，滋扰红军后方，企图包抄红军后路。红军形势十分严重。

△ 徐向前红四方面军制定4、5两月战斗计划，在“迎接二、六军团，准备北上创造西北广大抗日根据地”的口号下，积极展开整训、筹集物资等准备工作。整编后的序列是：红四军辖第十、第十一、第十二师和独立师；第九军辖第二十五、第二十六、第二十七师和模范师，以上两军各师均直辖营，不设团，实际每师相当一个大团；第三十军辖第八十八、第八十九两个师；第三十一军辖第九十一、第九十三两师，以上两军每师各为三个团。第三十三军已于1月间与原第一方面军第五军团合编为第五军，原红五军团部队编为第十三师第三十七、第三十九团，原第三十三军部队编为第十五师第四十三、第四十四团，各团由军直辖，不设师部。另外，还集中各军骑兵共200余人组成骑兵师。总计连原第一方面军的部队在内，共约28个团四万余人。

4月11日 立法院长孙科、中央党部秘书长兼立法院副院长叶楚伧、中委陈布雷、考试院长戴季陶等到上海访王宠惠，续商时局及宪草问题。16日，叶、戴、陈再访王宠惠谈宪草问题。

△ 红军抗日先锋军第一路军在稷山城北与汤恩伯第一路军激战后向西转进。

△ 日外相有田访首相广田，将在华所刺探之对日态度及华北情势详加汇报。有田、广田一致认为“力谋中、日、‘满’三国之亲善，须南京政府有真正认识东亚现状，非仅为口头上之中日亲善，例如抗日、排挤日货等事，须绝对取缔。”同日，方田召集东亚局长桑岛，听取对华政策意见。

△ 日关东军驻太原特务机关长和知、驻张垣军事联络官大本、驻绥远特务机关长羽山、驻榆特务机关长竹下及多田、松室等在津讨论华北“防共”问题。14日，永见由长春抵津，在日军司令部开会，商冀察“防共”事，并由永见说明向日军部请示结果。

△ 冀东昌黎城伪保安队借口“发现共党暴动”，关闭城门，搜捕74人。同日，伪保安四总队赵雷部亦在唐山大捕共产党人。

△ 陈维周抵广州，向陈济棠、林云陔报告到南京商洽改大洋制经

过称:“中央拟发大洋券来粤、桂行使,所有白银由中央派员保管。”

△ 财政部规定余盐输往日本办法四项,分电长芦、山东、两淮、福建四区盐运使署遵办。该办法规定,各区输日工业用盐税率,暂定为每公吨一元。

4月12日 徐海东红十五军团主力约五万人在中阳县北被晋绥军李生达、杨效欧、孙楚各纵队包围,经肉搏,在师庄地区歼敌第六十六师一个团另一个炮兵营,击溃敌三个团,俘敌团长以下600余人,尔后由师庄突围,转至大麦郊休整。

△ 孔祥熙在上海召开华北缉私谈话会,关务署长郑莱、总税务司梅乐和、津海关监督林世则、秦海关监督奚定谟出谋,讨论华北缉私办法,决定侧重外交力量之辅助,充实并扩充缉私范围。

△ 天津《大公报》载胡适《调整中日关系的先决条件》一文,指出:“广田的三原则是增进中日仇恨的条件,不是调整中日关系的先决条件”,“调整中日关系必须以消除中日间的仇恨局势为基本原则”;并提出废止《塘沽停战协定》、取消非战区域,宣告所谓《何应钦梅津协定》的无效等七条作为调整中日关系的先决条件。

4月13日 陈诚谒阎锡山,商定“进剿”红军策略后,是日飞晋南侯马镇红军占领区视察,并分别会晤汤恩伯、胡宗南等面授机宜。次日,陈诚赴稷山、河津各地视察,15日返太原。

△ 刘志丹红二十八军到达山西中阳县以西之留誉镇。黄昏前,军部召开团以上干部会议,部署进攻三交镇。

△ 松室由北平到天津,晤多田、竹下、和知、羽山、大本及日军部各参谋等,讨论华北“防共”问题。

△ 日本增兵华北。是日起至6月22日止,日本增兵八次,计增7840人,原驻日军为2203人,合计共为10043人,其后有1600人换防回国,实际留驻华北者为8843人。此项数字为原驻日军数字的四倍,为美、英、法、意四国驻兵总额的两倍。

△ 据日关东军司令部发表,伪满兴安北省省长凌升等高级伪官

吏六人，于去年 10 月受委托为代表交涉哈尔滨事件之际，与苏、蒙代表暗约反满抗日，拟建立内蒙人民政府，事泄被捕，解长春以军法审讯。

4 月 14 日 刘志丹红二十八军抵中阳县三交镇、李家寨一带，与晋绥军方克猷旅章拯宇团激战。军长刘志丹在三交镇南山指挥战斗时牺牲。15 日，红二十八军向冀家垣方面转进。

△ 红军抗日先锋军第一路军一部千余人撤出稷山县境，西渡黄河返陕；另部经乡宁县向北转移，15 日占领吉县城。

△ 留陕北红军集中在靖边、延川等地，重要机关在瓦窑堡、永平镇等处。张学良令其部队是日起，分由鄜县交道镇向拐茆镇、甘谷泽进攻。

△ 日有田外相决定对华外交政策，将依下列各点积极进行交涉：一、华北问题与冀察政权直接交涉；二、由文化、政治、军事等方面援助冀察政权，使其扩大、强化，并与日本发生更密切关系；三、与国民政府开始正式谈判，急谋调整中日经济关系，尤以要求国民政府减轻关税税率，为目前急要之图，至于军政方面，可暂置次要地位；四、俟经济关系调整成功后，再进一步促成中、日、“满”之关税同盟；五、对于“满洲国”之存在，固不必强迫国民政府承认，但最少限度须令其默认、参加中、日、“满”三国之关税同盟或经济集团；六、关于共同防赤问题，仍须以建立中、日、“满”之经济集团为前提，不可操之过急，但仍须促令对于由外蒙、新疆东渐之赤化势力，共同采取有效之防止办法。18 日，有田将该政策在日议会发表。

△ 西藏近开政教大会，热振继续摄政。是日，行政院开会讨论改进对藏关系。

△ 行政院通过《土地赋税减免规程》，规定公有土地一律免税，立案私立学校及学术机关办有成绩者免税，公园、体育场、农林试验场、医院酌减。

△ 伪冀东自治政府秘书长兼外交处长池宗墨代表殷汝耕赴长春，讨论冀东与伪满联络问题。16 日，池见日关东军司令植田及伪满

外交大臣张燕卿，分别呈递殷之亲笔函，并接受张致殷复函，鼓吹签订“防共互助协定”。17日，伪满外交部发表伪冀东自治政府致伪满提议订立“防共互助协定”之公函。

△　冀察政委会在河北省近海处设立沧盐海岸各口稽查处，降低海关税八分之七。委前直鲁联军军长王锡三任稽查处处长。特警3000名改编为缉私队，归稽查处指挥，对未完税走私者，实行武力缉私。

△　汕头日浪人因警察阻止走私，寻衅报复，殴打岗警。汕头市政府向日领事馆交涉。

△　上海公共租界工部局人力车委员会举行车夫登记，额定5000人，但前往登记者达两万余名，发生纠纷，击坏电车、公共汽车九辆，捕房派警弹压，双方发生冲突，各有微伤。

4月15日　贺龙、萧克红二、六军团分两路向滇西挺进，红六军团占牟定，红二军团下楚雄、盐兴，16日占镇南，18日克祥云。红六军团17日克姚安，19日攻占盐丰。

△　甘孜“波巴依得瓦”政府（藏族人民政府），以格达活佛为政府主席，夏克刀登为副主席兼军事部长。23日，红四方面军与甘孜西北的德格土司订立互不侵犯协定。5月，红军俘获在甘孜等地活动的国民政府蒙藏委员会副委员长诺那呼图克图，给予优待，礼送出境。

△　萧振瀛、陈中孚在津代宋哲元访永见、松室，洽谈冀察外交及防共事务。日方认为冀察外交态度犹豫，防共情势紧急，有立须实现中日会拟具体办法必要。

△　殷汝耕偕王厦材到天津，与多田、永见、松室商冀东问题。

△　日军步、炮兵500余人在天津八里台演习夜战，由萱岛队长指挥。16日，日军一队在演习中，流弹击伤华警吴忠头部。

△　国民党中政会通过国民工役法原则，其要点为：一、国家为平时及其他时期的重要工作，得征工役；二、工役分服役及征工两种；三、平时工役，凡年满18至45岁之男子，每人每年至少须担负三日。

△ 孟十还主编之文学月刊《作家》在上海出版。创刊号发表萧红的短篇小说《手》和陈荒煤的《长江上》,至11月出至第八期停刊。

4月16日 外交部以日方包庇走私、破坏关税,对日本政府提出书面抗议,略称:今年4月起,中国海关税收因走私损失已达800万元,破坏中国财政,侵害中国主权,莫此为甚,请对秦皇岛等处所驻日军严加告诫,不许再有干涉海关缉私及包庇私运之行为,并立将"石河转运公司"等私贩集团予以解散。

△ 林世则返天津,向宋哲元报告在南京会商缉私及请拨冀省协款各事经过。

△ 日联合舰队军舰65艘驶抵青岛,司令高桥洁大将访韩复榘、沈鸿烈。17日,韩至日"长门"旗舰答拜。韩称:近来国际纷扰,无论中日亲善或东亚和平,两国均有提携必要,盼共同努力。高桥答称:"近年中日虽多事,独山东安静如恒,皆贵主席维持之力。"19日,日联合舰队离青返日。

△ 日外务省事务官曾弥由北平飞太原视察红军情况后,转长城口及战区视察。

△ 行政院召开故宫博物院三届理事会议,推蔡元培连任理事长。

4月17日 红军抗日先锋军第一路军第一、二两师与由隰县午城镇东皮条湾前来之红军千余人会合,在北庄、苏家庄一带与太原绥靖公署第一路第五纵队关麟徵第二十五师激战,红二师参谋长钟学高阵亡。红军旋向西进攻大宁城南之军岔山。

△ 日内阁会议决定增强日本在华驻军。18日,发布陆甲第六号军令,规定驻屯军司令官亲任实职,并增强约三倍兵力;同时变更一年交替制为永驻制。其增强后的新编制为:中国驻屯军司令部,步兵旅团司令部,步兵第一、二联队,战车队,骑兵队,炮兵联队,工兵队,通讯队,宪兵队及驻屯军医院、仓库等。6月上旬完成新编制后,总人数达5774名,马648匹。中国驻屯军司令部、步兵第二联队和军直辖各部队驻天津,步兵旅团司令部及步兵第一联队主力驻北平和丰台,其他一部步兵

部队分布于塘沽、滦州、山海关、秦皇岛等地。

△ 日本内阁会议决定川樾茂升任驻华大使，须磨总领事访问外交部长张群，征求中国政府同意。

△ 胡汉民、邹鲁等电慰王宠惠疾，并促早日南下，共商时局。

4月18日 立法院长孙科到上海访王宠惠，续商宪法草案增订问题。

△ 华北农业合作事业委员会原隶前行政院驻平政务整理委员会，后改隶实业部，今改隶冀察财务委员会。据该会委员刘炤称：该会自1934年7月25日成立，在冀察经办合作事业，迄今年4月16日止，共组成合作社1277个，互助社2541个。

△ 晨1时，武汉天气骤变，狂风暴雨成灾，百年来仅见。全市倒房3000栋，死四五十人，伤三四百人。

4月19日 17日蒋介石飞抵成都。是日在成都召集川绅及教界训话，望协助政府启导民众。川绅由尹昌龄向蒋申述灾情，并交人吃人照片，请拨大批赈款。次日，蒋介石出席四川省党部扩大纪念周讲话，题为《四川民众的光明之路》，并召邓锡侯、刘文辉、潘文华、唐式遵、李家钰、孙震、薛岳、吴奇伟、周浑元等作"剿共"指示。

△ 为迎接贺龙、萧克红二、六军团北上，徐向前红四方面军以罗炳辉第三十二军和王宏坤第四军一部由道孚出动进攻雅江，16日占领东俄洛。是日，逼进雅江，守敌两个团逃窜，第三十二军在追击中歼其一部，占领雅江城，继占西俄洛。至此，遂将康定之敌阻于雅江以东，保障了第二、六军团侧翼北上道路的安全。

△ 是日至25日一周内，自秦皇岛、北戴河、南大市、留守营及昌黎等处运往天津私货，计人造丝31.178万公斤，白糖726.939万公斤，卷烟纸202包，匹头货190包，杂货4253包。另自天津由北宁路、平津路运赴各地的私货，计人造丝8.379万公斤，白糖370.539万公斤，卷烟纸245包。由于私货大量销行，国货大受打击，影响外商正当贸易，引起英、美、德诸国商人及其政府深切关注。日商三井、三菱等，也要求

由日方与中国政府合作防止走私。

4 月 20 日 首次伪蒙古大会在锡盟乌珠穆沁右旗开幕，至 5 月 1 日闭幕。参加这次大会的王公，以锡、察两盟最多。李守信、吴鹤龄等以蒙古军总司令部军政首脑资格参加。会上主要议案有：一、关于建立“蒙古国”和先在嘉卜寺（化德）成立“蒙古军政府”，以资整军经武，收复蒙古固有疆土案；二、关于征兵、扩军，组织“蒙古军”案；三、关于实行统制经济、开发资源案；四、关于成立蒙古生计会，组织救济新村案。大会通过吴鹤龄起草的《蒙古军政府组织大纲》。最后按照德王等事先拟定的名单，选出云王（云端旺楚克）为蒙古军政府主席，索王（索特那木拉布丹）、沙王（沙克都尔札布）为副主席，任命德王为总裁，负实际责任，掌握军政大权，实行独裁。5 月 12 日，伪蒙古军政府在“德化”市成立，正式使用成吉思汗纪元 731 年年号，并悬挂蓝地红黄白条旗作为蒙古军政府的旗帜。

△ 冀察政委会建设委员会成立，门致中为主席，王揖唐、高惜冰、魏绍武、张砺生等六人为委员。23 日，门致中访宋哲元，商建设计划，并规划首先筑沧石铁路，全长 500 华里。

△ 冀察绥靖公署参谋处长宋梅村、第三十七师师长冯治安应宋哲元召，到津商冀南“防共”。

4 月 21 日 蒋介石电派龙云为滇黔“剿匪军”总司令。

△ 蒋介石电希特勒祝寿，并力赞“中德友谊”与经济合作成功。希特勒电蒋答谢。

△ 国民政府任命陆军少将王万龄为陆军第四师师长；任命陆军少将赵锡光为陆军第九十六师师长；任命陈又新为陆军第五十一师师长，原任柏天民另有任用，应免本职。

△ 贺龙红二军团与萧克红六军团在宾川会合。22 日，攻占鹤庆。25 日，攻占丽江。

△ 上午 9 时，萧振瀛、陈觉生、冯治安及宋梅村等在天津与永见、石井会商冀东外交与华北“防共”，日方主张先“防共”，后冀察交涉。

△ 唐山开滦煤矿工人占据矿坑，要求连班工作，增加收入，遭矿方拒绝。23日，矿工拒绝下井工作。

△ 苏州郭巷乡下塘村一带农民300余人，聚众抗租，被公安局捕去农民王阿金等人。22日晚，苏州车坊乡上潭村农民百余人聚众抗租，鸣土枪向镇公所示威。23日，斜塘西金沙乡、张王坟等地农妇500余人到乡长杨益嵩处，声言无食，请求救济。下庄乡农妇千余人包围乡长。斜塘乡、莲慕乡、下庄、南沙、西华沙等村农民2000余人纷纷请愿，鸣锣抗租，被军警鸣枪驱散。25日下午3时，车坊乡胡家巷、姚村等村农民也纷纷聚众抗租。23日，苏州县政府决严禁抗租，否则以《紧急治罪法》论处。

△ 伪满军政部判决密谋反“满”抗日之前兴安北省省长凌升、警务厅长春德、第一警备军参谋长福龄、秘书官叶霖太死刑。前海拉尔警察巡官倭兴泰徒刑15年。前兴安北省警备军骑兵少尉沙德尔图徒刑12年。

4月22日 蒋介石自成都飞抵昆明，见龙云等。23日，蒋在云南省府欢迎会上演说，勉励将士努力“剿共”。

△ “剿匪军”第一路总指挥陈诚抵灵石召集“剿共”各将领，面授机宜，饬令分途进攻晋西红军。

△ 绥境蒙政会副委员长潘第恭扎布赴太原访阎锡山，商晋、绥联合“防共”。

△ 下午4时，永见偕天津日军部附冈田少佐、航空支配长通口少佐等到津英租界宋宅访宋哲元、萧振瀛、陈中孚、陈觉生等，谈冀察外交及“防共”。

△ 是日至29日，国际学联规定为世界青年援助中国学生周，号召全世界各国大学召开全体大会，实行罢课，举行游行示威。

4月23日 国民党中常会通过宪法草案审议报告，交立法院审查；又关于国民大会东北四省代表名额与其他各省同样，以人口为比例。

△　陈诚返太原，与阎锡山密商“肃清”灵石、孝义等处红军。

△　广州湾发生法兵枪杀中国难民惨案。广东省赤坎华商募捐购米3000包，运往坡头散发，赈济因天灾歉收之难民，坡头法国营官借口影响治安，派兵驱逐，击毙难民陈大轩、许可福、李其福三人，群众追缉凶手，复被击毙陈卿贵、李芝和两人，击伤董马成等12人，赈米3000包亦被扣留。惨案发生后，难民代表陈保等五人到广州向当局求援，要求与法方交涉。

△　伪冀东自治政府秘书长兼外交处长池宗墨发表宣言，声称：冀东与“满洲国”之互助协定，已于长春商妥大纲，不日成立专门委员会研究细目，正式签约。

△　据《大公报》讯：甘肃省河西区10余县灾情惨重，玉门、安西、民乐等县瘟疫大作，每日因瘟疫饥饿死者，每县自500至千人不等。存者大半向阿拉善、额济纳两旗边境草地逃亡。

4月24日　行政院长蒋介石令内政部转行各省“慎重县长人选”，“尤应选用体格健全，耳目聪明，通明治理，矢忠守职之人”。并“将现行县长任用考试法规，妥为修正，以资遵守”。

△　中央研究院由傅斯年主持在山东城子崖发掘商代古黑陶器。

△　上海洋庄茶叶同业公会会员吴信昌、洪源永、求兴隆、协泰等14家茶栈，反对安徽省政府统制祁茶。上海市商会也电蒋介石、全国经委和安徽省政府，要求制止皖省统制运销祁茶，以维茶栈生计。

4月25日　中共中央发表《为创立全国各党各派的抗日人民阵线宣言》，提出共同行动纲领六条：一、停止一切内战，一致抗日讨逆；二、全国红军与全国海、陆、空军集中华北打日本；三、召集全国抗日救国代表大会，组织国防政府与抗日联军；四、言论、集会、结社、出版、信仰自由，释放一切政治犯；五、实行外交公开；六、联合世界上以平等待我的民族与国家。

△　国民政府派陆军中将胡宗南为陆军第一军军长；任命马步芳为青海省保安处处长。同日又命陆军少将陈安宝为陆军第七十九师师

长,原任樊崧甫另有任用,应免本职。

△ 夜,红二、红六军团开始在滇西北丽江县石鼓、巨甸等处渡金沙江,至28日黄昏,红军1.7万人全部渡过金沙江,踏上与红四方面军会合的征途。

△ 云南省立鼎新初级商校童子军出外演习,欲乘便游览“英国公园”,由樊弥德(美籍)教练员及杨品金、马运前往交涉,被驻滇英领事哈定殴伤,童子军前往交涉请愿。29日,哈定访国民党特派员王占祺,态度强横,反称其行凶打人,系出于正当处置,意欲中方道歉,王据理反驳。

△ 李滋·罗斯到天津,调查华北走私及对英国商业影响。27日,李滋·罗斯邀集英商询问英在华北经济状况及华北走私情况,并会见海关总税务司许亚礼。

4月26日 华北日武官会议在天津举行,永见报告归国出席师团长会议经过,传达陆军首脑部意见。会议着重讨论“防共”,决议催促冀察政委会成立“中日防共委员会”,此外并讨论“华北经济开发”问题。27日,石井高级参谋携会议结果飞长春与关东军司令部接洽后归国报告。

4月27日 华北实行缉私新法,以天津海关及北宁、津浦、平汉等铁路为主体,沧县、长辛店、津郊、小闸口各设税卡,对水陆转运私货,收买眼线百余名告密。海关并以低价拍卖没收之砂糖、人造丝。

△ 国联行政院组织委员会在日内瓦开会,通过中国常任理事席案,任期一年。

4月28日 蒋介石于4月27日由贵阳飞抵长沙。是日对参加军训的2000多名各校学生作《军训的目的与救国的基础》的训话,勖勉学生以湖南为中流砥柱,作复兴民族的贤豪,“负担起当前挽救国家复兴民族的责任”。

△ 红军抗日先锋军第一路军以阎锡山又增兵力七个旅,企图将红军消灭在黄河以东的狭长地区,鉴于敌情变化,为避免不利决战,是

日奉命西渡黄河，回师陕甘苏区。

△　粤省当局派冯锐飞南京，商改大洋制详细办法。

△　李滋·罗斯在天津晤日新任驻华大使川樾，称华北走私影响英方经济，且足导致中国经济界不安。川樾强调走私起因为中国关税率过高，若中国改进关税，自可禁绝。罗斯称，渠已建议中国政府减税，望日领协助缉私，免英商市场受侵夺。川樾则称，此系中国政府事，无权过问。

△　粤汉铁路株洲至韶关段铺轨竣工，粤汉路全部接轨。

4 月 29 日　张学良飞太原与陈诚、阎锡山、徐永昌、杨爱源、赵戴文、高桂滋等会商晋、陕夹击红军办法。30 日飞返西安。张在太原期间，曾将中共抗日民族统一战线政策以及必须力劝蒋介石停止内战一致抗日的主张等等密告阎，以争取阎的支持。阎迫于红军东征的压力，亦表示同意，并愿与张配合共同行动。

△　立法院 24 人委员会通过国民大会选举代表名额案。

△　贺龙、萧克红二、六军团沿玉龙大雪山西麓及金沙江东岸分两路北进，至格罗湾越大雪山，经清香树，30 日全军到达中甸。

△　英国下院讨论华北漏税私运严重情形。保守党议员却尔顿询问外相艾登，英国将采取何种步骤以稳固关税作抵之中国借款。艾登答称已向中日政府交涉，并积极考虑保障华北英人贸易及外债安全办法。

4 月 30 日　立法院通过《国民大会组织法草案》，规定："国民大会制定宪法及行使宪法所赋予的职权。"同日，又通过《行政院组织法》，规定行政院由内政、外交、军政、海军、财政、实业、教育、交通、铁道等部和蒙藏委员会、侨务委员会、卫生署等组成。

△　驻法大使顾维钧向法总统勒勃伦呈递国书。

△　德国远东经济考察团团长克朴代表德国汇兑管理局在日本东京与伪满洲国政府签定《德"满"通商协定》，内容规定"满洲国"得自本年 6 月 1 日起之 12 个月内以值日金一亿元之产品运入德国，其货价

75％由德国以外币偿付，其余25％以马克付之。德国输往“满洲国”之数量，以其输入额为限，不得溢出。

4月下旬　北平中国学院教授、中共北平市委领导的自由职业者大同盟书记吕振羽将中共提出的国共合作四项条件，面交国民党代表曾养甫，要点为：在停止内战、一致抗日的前提下，一、改组国民政府，邀请各爱国党派、团体的代表参加；二、承认苏区政权的合法地位；三、集中南方游击队，择路北上抗日；四、释放政治犯，开放人民抗日的言论、出版、集会、结社自由。

△　南浔路局欠日债1000万元，欠息约800万元，经中日双方代表商定，每月归还日金七万，由路局自筹1.5万元，铁路部摊5.5万元，于10年内还清。

是月　国民政府公布《县司法处组织暂行条例》，规定凡未设法院之县，应一律暂设司法处，办理司法事务。时全国1700余县，已设地方法院者仅300余县，其十分之八以上，仍沿用县长兼理司法制度。

△　因受冀东走私影响，国民政府是月关税收入损失达800万元。自1935年8月1日至是月30日止，因华北走私，海关税收损失共计达2550.6946万元。

△　北平各界救国会成立，北平学联改名为北平学生救国联合会。

△　陈立夫自德国柏林回国。陈在柏林图与苏联谈判，一旦中日发生战争，苏联对中国进行军事援助和签订中苏互不侵犯条约等问题，等候三个月，未得苏方回音。

△　日本关东军制定《三年治安肃正计划要纲》，妄图在三年之内消灭一切抗日力量。计划以抗日联军为主要目标，首先在抗联活跃地区东边道一带付诸实施。

△　内蒙古大雪成灾，为数百年所未有，灾区达4000余里，受灾最重者为锡林郭勒盟，次为乌兰察布盟，再次为伊克昭盟。平均每日冻毙牛羊五六百头，居民冻死者甚多。中央允拨款赈济灾民。

5　月

5月1日　是日至5日，中国人民红军抗日先锋军先后从山西省永和县铁罗关、清水关一带渡过黄河，撤回陕北。此次红军东征，历时两月余，扩充新战士约7000人，筹款40万元，并运回棉花、粮食等大批军需物资。

△　是日至3日，红二、红六军团越过海拔5300余米的哈巴雪山，齐集滇西北康藏高原之藏族居住地中甸县。5日，红二、红六军团分路向甘孜前进。

△　驻汕头市日领事原田就1月21日日警角田进倒毙案，向汕头市政府提出最后通牒，限定至迟须于2日下午6时以前作圆满答复，否则自由行动。2日，日驻马公港要塞司令华田乘“秋风”舰抵汕头交涉，日本第十三驱逐舰队司令西岗率“苦作”、“早苗”二舰开汕威胁。

△　日陆军省任命第十一师团长田代皖一郎中将为华北日驻屯军司令，原任多田骏调任第十一师团长。

△　台湾爱国青年20余人袭击离埔里社10余里之乡村，杀日警二人后，退向阿里山，临行留下油印传单数千张，抨击日本帝国主义侵台罪行，号召全台民众一致反日。

△　关内外货物是日起实行联运。联运协定系北宁路局与“满铁”及关外铁路局签定。

5月2日　国民政府特派孔祥榕为黄河水利委员会委员长；派张惠长为庆贺古巴国恢复宪法专使。

△　英驻日大使克莱武访日外相有田，就华北走私及冀察、“冀东”关税政策，询问日政府意见，并称英国贸易因华北私运受重大损失，“冀东自治委员会最近与‘满洲国’订立关税协定，承认四分之一之特惠，英国政府对此结果抱重大关心”。有田诡称：“日本也因华北私运所受影响与英国同样，应要求中国政府反省。”

5月3日 晋陕军奉令对东征红军全线总攻。4日,晋绥军杨澄源部越过隰县西之桑壁镇联合关麟徵、汤恩伯两师向黄河沿岸进击。5日,关麟徵、杨澄源等部进至永和、大宁一带黄河沿岸。

△ 河北省政府划四区"剿共",一区平汉线西徐水、满城至井陉共17县,二区临城等七县,三区顺德以南,四区由涞水、易县越平汉线迤南,分别以王奇峰、林作桢、黄光华、赵登禹为各区司令。是日,一区第二分区指挥丛兆麟召所辖清苑、完县、唐县、望都、定县、新乐等县县长会议,讨论"防共"办法,决定从清查户口、建筑碉堡、反共宣传等入手。

△ 中国共青团中央委员会致书全国学生联合会及全国学生,建议:一、担负武装民众工作,本身也要武装起来;二、争取士兵抗日,争取军官抗日;三、继续到民间去,扩大抗日的宣传和组织工作;四、注意建立人民统一战线,结成抗日救国联盟。

△ 是日至5日,伪蒙古政务委员会第四届全体会议在百灵庙召开,德王主持,讨论请求中央增加蒙政会经费,请求中央发给枪支扩充保安队、防共、迁移会址至德化县加卜寺等案。

△ 日本大藏、拓务、外务、商工四省合组之华北调查团一行30人由拓务省植场课长率领从东京出发,12日到达天津,13日转张家口,再赴北平、保定、正定、顺德、郑州、青岛、海州、济南调查,定7月15日到上海与兴中公司社长十河晤会,决定投资开发事宜,再返日报告。

5月4日 蒋介石视察鄂、川、滇、黔、湘、赣六省结束,是日到安庆,5日抵芜湖,换乘汽车返南京。

△ 李滋·罗斯赴上海访财政部长孔祥熙及中国银行董事长宋子文,谈华北调查走私经过。

5月5日 国民政府公布《中华民国宪法(草案)》,凡八章148条。后简称"五五宪草"。

△ 东征战役结束。当夜,中国人民红军革命军事委员会发表《停战议和一致抗日》的回师通电,通电指出:"国难当前,双方决战,不论胜负属谁,都是中国国防力量的损失,而为日本帝国主义所称快。""为了

促进蒋介石氏及其部下爱国军人们的最后觉悟，虽然在山西取得了许多胜利，仍然将人民抗日先锋军撤回黄河西岸。”呼吁：“在全国范围，首先在陕、甘、晋停止内战，双方互派代表磋商抗日救亡的具体办法。”

△　贺龙、萧克红二、六军团决分两路由云南中甸出发北上。是日，二军团由中甸出发到达西康得荣，24 日到达巴塘县中咱，向巴塘城前进。

5 月 6 日　新编第一军军长邓宝珊由太原到保定与万福麟、张允荣商“剿共”军事。

△　阎锡山令兵工筑路，限 10 日内完成平遥至汾阳铁路，以便运兵入陕“追剿”红军。

△　青海省保安处长马步芳令德格（位于甘孜西北）土司所属民团偷袭甘孜波巴人民政府，遭红军还击，死 350 余骑。

△　日陆军省参谋次长西尾寿造中将与新任华北日驻屯军司令官田代皖一郎中将谈话，主要内容为：一、中国驻屯军驻屯地区，大体上限于自渤海湾至北平铁路沿线；二、中国驻屯军为维持《停战协定》地区内之治安，必要时准许行使武力。

△　永见访萧振瀛，续商撤销冀东伪组织问题，日方提出交换条件为：签订中日共同防共协定，冀察政委会与“冀东”合并。12 日，多田偕永见访宋哲元，萧振瀛及陈觉生在座，多田希望冀察当局能依其方案，在其离华前解决冀东问题。宋表示原则同意，惟不愿接受交换条件。

△　《救亡情报》创刊，由上海文化界救国会、上海妇女界救国会、上海职业界救国会、上海各大学教授救国会、上海国难教育社编辑。

5 月 7 日　外交部就驻昆明英总领事哈定殴辱鼎新商业学校教练樊弥德事，照请驻华英使馆要求将该总领事撤换。14 日，哈定正式照会昆明外交办事处，对殴辱鼎新商业学校教练事表示歉意。27 日，英大使照会外交部表示歉意，并称已令该领事即行离华。

△　华北走私波及长江流域，上海租界私货日增，是日华商纱厂联合会电请行政院实业部取缔走私。8 日，中华工业总联合会执委会议

亦请求迅速制止。

△　江苏南通秦灶乡农民3000余人，反对抽壮丁，捣毁乡公所。吴县县长以陆墓秧上乡农民聚众抗租，指令公安局查明密拿。

△　天津市政府以海河工程局大权操诸外人之手，近年来海河日淤，影响津港繁荣，函海河工程局要求将董事名额中增加河北省府、天津市府、华北水利会、商会各一人，俾期中外密切合作。是日该局开会讨论，决由董事长英总领事召集领事团开会，再向公使团请示。9日，领事团议决暂不表态，原函转公使团候示。天津市长萧振瀛谈：要求改组系正当权利，倘不采纳我方意见，当取有效强制手段，决不再容权责旁落。

△　日本上院议员三上参次在贵族院发表侮蔑我国之演说，声称："皇室之尊严，非但在国内须绝对保持，即在国外也无二致。""中国妄自尊大，僭称中华民国，而我方竟以中华呼之，冒渎我国体之尊严，莫此为甚，此后应改称'支那'，以正其名。"中国留日学生闻讯，异常激愤，组织三上事件交涉委员会，派员分赴日本各地，联络华侨，一致对日抗议，请中国驻日使馆严重交涉。

△　日外务省前通商局长斋藤良卫偕外务省调查部第二课长水野伊太郎及南满铁路会社长冈伊八、横田英治等抵汉口，调查长江流域经济状况。

△　教育部通令各级学校为奖助家境清贫、体格健全、资禀颖异、成绩优良之学生，设免费及公费学额。

5月8日　财政部长孔祥熙、铁道部长张嘉璈与中英银公司代表戴维森、中国建设银公司代表宋子良在南京签订《中国政府完成沪杭甬铁路六厘金镑借款合同》，票面总额英金110万镑。

△　挪威驻华公使高兰向国民政府主席林森呈递国书。

△　冯玉祥对美记者斯诺谈对时局五点主张：一、中苏联盟；二、扩大救亡运动；三、保障人民自由；四、组织并武装民众；五、停止内战。

△　"满铁"理事石本宪治宴北宁铁路局长陈觉生及北宁路各重要

职员，由“满铁”津事务所长太田等作陪，对建筑沧石路、津石路进行磋商。

△ 华北部分日在乡军人、日侨反对取消伪冀东防共自治政府，主张最力者为日驻北平武官今井、驻济武官石野、驻通县武官上野等，殷汝耕也极力活动，图再保存。是日，多田赴通州访殷，劝殷自动取消防共委员会，以保证该会全体委员参加华北防共委员会为交换条件。

5月9日 西藏噶厦（地方政府）致电国民政府蒙藏委员会，反对中央派军队入藏，称：“中藏交涉未解决时，中央官军绝对不得入藏，假使班禅随带官军入藏，民众必然惊惧，发生意外，断绝中藏感情，最为可能。”

△ 财政部总税务司派缉私课税务司英人白立查到天津调查华北走私情形，并协助海关计划缉私办法，白旋赴秦皇岛调查走私情况及损失。

△ 1日至是日，从冀东一带私运到津日货汽油和石油在13000箱以上，美国石油在华北市场上被排挤。12日，美国驻津领事就此事向津、秦海关提出抗议，要求制止。

△ 萧克红六军团从中甸出发，11日到达翁水，14日到达四川乡城县，20日沿硕曲河北上，经水洼、百根、桑川，于22日占领稻城县，30日向理塘进发。

5月10日 行政院召开苏、浙、皖、赣、湘、鄂、闽、鲁、豫、陕10省地方高级行政人员会议，蒋介石任主席，各方出席代表138人。蒋在会上演说称：“会议的目的，在求明了行政专员督察制度施行后的利弊，并讨论改革的方法，可增进行政效率。”11日下午起，分民政、教育、治安三组讨论。13日，会议闭幕。

△ 无锡锡成、隆昌、华盛三机器翻砂厂工人，因资方开除工人及延长工作时间而罢工。11日，无锡祥太、三新、广勤三厂工人罢工声援。

5月11日 重庆设市，将巴县、江北两县辖境各划分一部辟为市区,全市面积187平方里,人口53.63万余人。

△ 实业部在上海设立之鱼市场开业,资本120万元,官商各半。杜月笙为理事长,王晓籁为经理。该市场规定,凡海产鱼类、淡水鱼类、咸干鱼类和其他水产品输入上海后,首次贸易须由该市场经售。上海大多数鱼行为维护自身利益,未肯加入,坚持自由营业。

5月12日 国民党中常会主席胡汉民突患脑溢血,于下午7时40分在广州逝世。留有遗嘱谓:“归国以来,外力日见伸张,抵抗仍无实际。”

△ 国民政府公布修正《行政院组织法》,凡16条。

△ 行政院通过实业部所拟渔业银团办法,规定渔业银团办理下列事项:一、提倡渔民组织合作社;二、渔业贷放款项;三、建造新式渔轮,租赁与渔民等。渔业银团资金暂定100万元,实业部出资20万元,其余80万元由参加银行负担。

5月13日 蒋介石电陈济棠,请其兄陈维周赴京晤谈。次日,陈维周飞京见蒋,蒋告以“中央将对桂用兵”,嘱其转达陈济棠。陈在南京探悉中央彻底解决西南的三大原则:一、彻底解决广西的李、白,由中央协助广东出兵;二、驱逐萧佛成等反蒋的元老离粤;三、广东仍维持原来局面。蒋谋以此挑起粤、桂之间的摩擦。陈回广州后即密告陈济棠,陈济棠深恐被各个击破,遂抢先行动,以要求中央领导抗日为借口策划反中央。

△ 陈诚在太原与汤恩伯、阎锡山等商“剿共”军事。16日,陈诚与阎锡山协商中央军入陕事宜。

△ 秦皇岛海关监督奚定谟应财政部视察走私专员萧希超邀到天津会谈缉私。奚谓秦关原有缉私队60名,因限于《塘沽协定》中滦东为非武装区之规定,日方强行干涉,乃收回武器,缉私人员徒手坐视私运猖獗。15日,萧赴平转保调查走私及统税情况。

△ 日陇海路沿线经济考察团团员横山政重等十余人,由陕西到徐州,一部赴连云港考察。

5 月 14 日　国民政府公布《国民大会组织法》和《国民大会代表选举法》。

△　桂系白崇禧、黄旭初等奉李宗仁命赴广州与陈济棠、邹鲁、萧佛成等召开西南党政军联席会议，讨论反中央问题。

△　山西绥靖公署召开治安会议，决议除晋西沿黄河各县外，全省自 16 日起一律解严。

△　冀东伪组织代表王润贞到东京访问日本陆军要员，携有殷汝耕手拟日伪合作开发冀东实业计划，以为要求日军部维持伪组织之交换条件。15 日，殷在天津宴日方要员，求保冀东。

△　冀察政委会交通委员会成立，主席陈觉生谈该会直隶于冀察政委，办理交、铁两部所不能办之事，与交、铁两部不直接行文，对外不负直接责任，所管事项为路、电、邮、航各政。

5 月 15 日　外交部就日政府放任日、鲜人在华北走私事，提出第六次严重抗议，声明《塘沽协定》不能限制中国海关武装缉私工作，要求严诫秦皇岛等处日军不许干涉海关缉私和包庇私运行为，并要求立即将私贩集团如石河转运公司等组织予以解散。抗议书指出，从上年 8 月至今年 4 月，中国海关因日、鲜人走私所受损失已达 2500 余万元，仅 4 月份一个月关税损失已达 800 万元，照此推算，每年损失要在一亿元左右，相当于每年全国关税收入三分之一。

△　宋哲元由天津返北平，向记者发表谈话称："在津与多田、永见、松室交涉多次，多田、松室皆主张取消冀东伪组织，但是关东军方面有人反对，因此不能解决。"又称："防止走私的有效办法有三项：(甲)中日政府筹议一种妥协办法；(乙)中国政府减低关税；(丙)在天津成立统一的海关管辖，收归国人掌握。"

△　美、英等国因华北走私影响外债的担保和对华贸易，相继向日本政府提出抗议和谴责，是日美国驻日大使格鲁为华北走私问题，向日本政府提出交涉。日当局声称，华北走私与日方无关。

△　日本开始大举增兵华北。首批新增日军 1800 名，从秦皇岛开

抵天津，一部分开驻通县、北平。日陆军省发表谈话，声称此次增兵华北目的，在于“防共”、护侨。16日，第五师团河边旅团部在北平正式成立。

△ 外交部电令驻日大使许世英向日外务省交涉制止日增兵华北。

△ 国民政府派郭泰祺为议订中腊（拉脱维亚）友好条约全权代表。6月25日，郭与拉驻英公使在伦敦签订《条约》。11月26日，国民政府批准《中腊友好条约》。

△ 国民政府《会计法》定自本年7月1日起施行。

△ 清华大学学生救国会出版《觉报》。该报是继《学联日报》之后的平、津学生救亡运动的代表刊物。

5月16日 陈济棠宴白崇禧、黄旭初及粤要员商时局，决定贯彻以前主张，不因胡汉民逝世而有所变更。

△ 美国政府就日本在华北大规模增兵事发表宣言，重申美国拥护《九国公约》，尊重中国独立及领土主权。

△ 成都商民因与征税员发生争执罢市。

△ 汕头市政府电广东省政府报告，谓角田案日方仍坚持缉凶及恤金六万元，已予拒绝。

△ 广州湾惨案后援会代表30余人到国民党西南执行部及两广外交特派员公署请愿，要求向驻广州法领事交涉：一、取消人头税及与人头税同等之苛抽；二、今后田赋应照中国税率抽收；三、惩办凶手，抚恤被难同胞家属，赔偿损失及保证以后不得发生同样事件；四、对广州湾中国同胞，应负保障生命财产安全之责任；五、根据华府会议之决定，从速收回广州湾。19日，国民党西南政委会令西南外交特派员甘介侯向驻粤法领事抗议广州湾惨案，提出惩凶、赔偿、减税三项要求。

5月17日 财政部长孔祥熙发表宣言，为安定金融、保障法币，规定三项新办法：一、政府为充分维持法币信用起见，其现金准备部分仍以金银及外汇充之，内白银准备最低限度，应占发行总额25％；二、政府为便利商民起见，即铸造半元、一元银币，以完成硬币之种类；三、政府为增进法币地位之巩固起见，其现金准备业已筹得巨款，充分增加黄金及外汇。

△ 徐向前红四方面军于6日退出雅江，15日退出崇化，是日攻占理化（今理塘），并进抵距九龙约100里与木里交界处。

△ 中华民族解放先锋队召开代表大会，集中讨论“联合阵线”口号。北平民先队员200多人进行长达六小时的讨论，并在京郊举行军事演习。

△ 驻津各国领事对日增兵华北极为注意，是日在津举行联席会议，并分电各该国政府报告情况。

△ 美国务院发表声明称，对华北情势不能坐视。同日，美驻沪海军陆战队40余人由维赛朋上校率领开赴长城一带，声称此行纯属游览。

△ 财政部通令修正银制品用银管理规则，将银制品用银量“不得超过30%”修正为“仍照原有习惯办理”。

△ 甘肃省陇西县遭雹灾，冰雹之大有重108斤者，人畜死伤颇多。

5月18日 红军西北革命军事委员会发布西征命令，决定组织中国人民红军西方野战军，任命彭德怀为司令员兼政委。野战军组成左、中、右三路军，约1.7万余人。左路军由红一军团组成，代理军团长左权，政委聂荣臻；右路军由红十五军团组成，军团长徐海东，政委程子华；中路军由红八十一师及骑兵团、红二十八军组成，军长宋时轮，政委宋任穷，红八十一师师长贺晋年，政委张达志。

△ 国民党中央常会临时会讨论胡汉民丧葬事，决定：一、推居正、许崇智、孙科、叶楚伧、李文范、傅秉常、褚民谊、朱家骅八委员代表中央前往致祭，由居主持其事；二、举行国葬；三、定本月25、26、27三日为全国公祭日。

△ 财政部代表陈光甫与美国财政部长摩根索在华盛顿签订《中

美白银协定》，根据此协定，美国财政部购买中国白银5000万盎斯，每盎斯以美金五角作价，以卖价所得在汇兑市场上维护中国货币现行价格。是日，摩根索宣布协定内容，谓中美两国已成立协定，美国即将以现金或美元开始大批购买华银，以协助中国政府之新币制政策，并履行1934年美国国会所通过之购银法。该项协定足以协助国际通货稳定之成功，以后并准备与他国采取稳定通货之同样行动。19日，美国总统罗斯福宣称，中美两国新订白银协定，系两国谈判最佳之成就，并谓此项协定不仅能协助中国稳定通货，并能发展美国贸易。

△ 英国开平矿务股份有限公司与中国滦州矿务股份有限公司在天津签定开滦产业信托及共同利益契约。

△ 外交部发表《塘沽协定》全文，以示该协定与制止走私并无抵触，日方不能借此限制海关武装缉私。

△ 湖北省商联会鉴于武汉私货充斥，电蒋介石、孔祥熙请速采取有效方法，严厉取缔走私。

△ 冀察政委会法制委员会成立，主席委员邓哲熙。

△ 江海关监督唐海安在广州与陈济棠、林云陔、区芳浦、林翼中等商粤改大洋制问题，获原则同意。

△ 日外务省决定扩充对华文化侵略经费，由每年300万元增至400万元，其目的：一、在中国各大学设立日语科；二、与中国民间私人团体谋“经济与文化合作”；三、在中国各处设立日本文化图书馆。

△ 伪满答礼使高崇禄抵通州会见殷汝耕，面交伪满外交大臣张燕卿亲笔书，声称“‘满洲国’决定将于适当时期，与‘冀东政府’正式订立条约”。

△ 参加英国艺展之北京故宫古物91箱自伦敦运回南京。

5月19日 彭德怀亲率西方野战军红一军团、红十五军团从延川出发，分左右两路西进。

△ 国民政府任命王景岐为驻瑞典兼驻挪威特命全权公使，原任诸昌年免本兼各职；任命竺可桢为国立浙江大学校长。

△ 英下院外委会讨论华北走私，议决以全力赞助政府促迫对目前局势获一总澄清，尤其当使中国有得力之缉私队，以巡船游弋河北省沿海及在铁路一带设立关卡，俾认真遏止走私。

△ 松室由长春返天津，已与日关东军取得一致意见，欲使整个冀察区域效尤“冀东自治”办法。

5月20日 奉蒋介石派到粤吊胡丧之王宠惠向陈济棠提出“宁粤团结”五条件：一、西南执行部和西南政务委员会取消；二、改组广东省政府，省主席林云陔调京任职；三、在西南执行部和政委会工作的负责人愿到京工作者，中央将妥为安排；愿出国者，将给以旅费；四、陈济棠的第一集团军总司令改为第四路总指挥，各军、师长由军委会重新任命；五、统一币制。陈未接受。

△ 李宗仁自南宁抵广州。21日，李宗仁、白崇禧、陈济棠、邹鲁等对蒋解决两广问题的方针进行讨论，李、白主张慎重，邹鲁也反对用兵，陈济棠要求采取积极行动。同日，西南执行部与政委会开会决定李宗仁、余汉谋补执行部常委，林翼中补政委会常委，并派李仙根到南京见蒋介石，报告胡汉民逝世经过。

△ 国民党中政会通过《惩治偷漏关税暂行条例》，凡八条，训令海关实施，规定凡走私在5000元以上者，处死刑；偷漏税1000元以上者，处无期徒刑。

△ 国民党中政会决议，通过修改完成《沪杭甬铁路借款合同》；修正《滇越铁路合同章程》；准拨八万元赈济蒙灾。

△ 海关发表自5月1日至20日，华北走私使税收损失达600万元。华北私货侵入内地，西抵平绥线之包头，西南至西安及郑州，以糖类及煤油为大宗。

△ 闽西红军谭震林部联合龙岩、永定张鼎丞、邱质文、邓子恢等部红军进攻永定县之金丰、上洋一带，与闽粤“围剿军”作战。

△ 闽东“剿匪军”游击队一部抵浙江省平阳、泰顺，与浙军联络向红军刘英、范义生部开始总攻。

5月21日 陈诚、朱绶光、关麟徵晨飞西安，与张学良会商“剿共”。

△ 河北省政府为“防共”设大名行政区，是日成立，包括大名、邢台、曲阳以南14县，由大名县长马润昌兼行政专员。

△ 天津“满铁”事务所附设华北长途汽车运输公司成立，并用武力接收津唐线华商永固长途汽车运输公司，仅付车价2.4万元。

△ 无锡翻砂工人因劳资谈判无结果，再度罢工。24日，劳资双方议定解决办法：一、已开除工人24名暂不复职，由资方发给工资半月，并由全体翻砂工友提出一日工资，支援被开除工友；二、今后各厂工友如遇工作稀少时，须调班工作，膳食概行自理；三、厂方不得无故停歇工友。28日，工人复工。

5月22日 财政部、铁道部会订《防止铁路走私施行细则》，凡七项，规定洋货由铁路运输，必须呈验海关纳税凭证，海关可在津浦、平汉、平绥、胶济、宁沪、陇海各路重要车站设稽查处，关员可随车缉私。

△ 国民政府特任翁文灏为行政院秘书长。

△ 新任华北日驻屯军司令田代皖一郎在天津军部召集松室、永见、饭田、石井及武官大本、石野、和知、羽山等会商华北外交问题，并由田代传达日军部新计划及侵华政策：一、现除华北各省设置特务机关外，对华南各重要省份当继续增设；二、日、鲜人走私问题，除说明日军立场外，余概不置答；三、关于取消伪冀东组织，暂取延宕手段应付之；四、对华北金融及开发经济问题应加强。

5月23日 国民党中央祭胡代表居正、叶楚伧、孙科、许崇智、朱家骅、褚民谊、李文范、傅秉常、吴铁城及韩复榘之代表徐彦之等抵广州；下午，与陈济棠、李宗仁、白崇禧商胡国葬及“合作救亡”问题，宁粤关系又趋紧张。

△ 伪蒙古军政府在嘉卜寺正式成立，由蒙政会委员长兼乌兰察布盟盟长云端旺楚克任主席，蒙政会副委员长兼锡林郭勒盟盟长索特那木拉布丹和蒙政会副委员长兼伊克昭盟盟长沙克都尔札布二人任副

主席，李守信为蒙古军总司令，德穆楚克栋鲁普则任总裁，总揽军政大权，实际操纵一切。

△　天津日人汤浅等三人私运现洋 500 元出境，被天津关员搜出没收，日人抗拒，拟动武，经法租界警探协助，将三人拘获，午后由日警署引渡。事后，日领永井分访税司许礼亚、市长萧振瀛抗议侵犯日侨身体。

△　国民政府任命陆军少将高双成为陆军第八十六师师长。

△　开滦煤矿工人罢工。井下工人与外班工人因生活困难，要求准许连班，增加收入，遭矿方拒绝。是日，外班工人钱永泽等号召工人罢工，矿方即调动大批矿警驱散工人，捕去钱永泽等九人，双方引起冲突，互有受伤。次日，开滦矿工拟包围法院索回被捕工人，法院被迫下令释放。当日，工人推代表向驻矿劳资接洽处要求：一、准许连班；二、不得开除为首代表；三、不得再有虐待工人情事，复遭拒绝。25 日，天津矿务总局电令严惩罢工工人，劳资接洽处即通告开除钱永泽等 20 人，永不复用。工人愈愤，继续罢工。26 日，伪唐山保安总队长赵雷、公安局长吕良忱与劳资接洽处主任魏子吨组成调解委员会，试行调解。

5 月 24 日　1 日至是日，走私日货共计人造丝 9744 包，卷烟纸 846 包，匹头 8379 包，白糖 23.7399 万包，杂项 3.4483 万箱。25 日至 31 日，走私日货共计人造丝 2526 包，白糖 5.1957 万包，卷烟纸 613 包。1 日至 23 日，关税因走私损失 600 万元。

△　津海关缉私队在开往大连的日船“朝鲜丸”中，抄获私运白银 1.2 万元。

△　汤恩伯由陕赴太原与阎锡山会商“剿共”。

5 月 25 日　外交部长张群在外交部纪念周上发表演说，阐明对日外交称：“中国之于邻国愿以最大努力辑睦邦交，乃势所必然，而中日两国间，以同种、同族、同文化之关系，亟应互相提携，共谋发展。”并谓：“本人受任外交部长以来，即具有充分决心，主张由外交途径调整中日关系。”

△ 毛泽东致书阎锡山，称："侧闻蒋氏迫先生日甚，强制晋军二度入陕，而以其中央军监视其后，是蒋氏迄无悔祸之心"，"先生如能与敝方联合一致，抗日反蒋，则敝方同志甚愿与晋军立于共同战线，除此中国人民之公敌"，"今遣郭团长（按：郭登瀛，阎部第三九二团团长）返晋面致手书，如有所教，乞令郭君再来，以沟通两方，成立谅解，对付共同之公敌。"

△ 阎锡山于是年春截获蒋介石致晋军将领第十九军军长李生达密电一份，大意为蒋令李在"剿共"期间，配合关麟徵、商震作倒阎之内应。阎乃决心杀李，以除内患。是日深夜，李生达在从太原赴晋西离石县途中之柳林镇，被马弁熊希月枪杀。

5月26日 陈济棠、李宗仁、白崇禧、林云陔、林翼中、区芳浦、黄季陆、刘纪文等会同居正、叶楚伧、孙科、许崇智、朱家骅、李文范、褚民谊、傅秉常八人赴从化商时局及宁粤合作办法。

△ 外交部驻平特派员程锡庚电外交部情报司，称："探闻田代司令携来日军部改造方案如下：（一）冀东政府取消，畀给伪满相当地位；（二）驱逐宋、萧，排去二十九军系统，由曹锟另组华北政府；（三）关税、盐税、统部均脱离中央，外债担保继续有效；（四）曹锟如不恰当，拟令陆宗舆、齐燮元、李厚基等组织多头政权，受日驻军监督；（五）迫晋阎、绥傅势力退汾河以南。此项办法即由松室向宋间接表示。……又闻宋决定让出冀主席予张自忠，以师长刘汝明继察主席，已向中央保荐。"

△ 财政部设立防止路运走私总稽察处，派安斯迩为处长。

△ 江海关监督唐海安再访广东省财政当局，商改大洋制。同日，广东省政府宣布收兑银币新政策，收兑分三期，第一期以银币兑换法币者加给二成，第二期内加给一成，第三期概不给。31日，唐海安离广州，广东省改大洋制决逐步施行。

△ 日外相有田决定派东亚局长桑岛赴华北视察。

△ 湖北省钟祥县襄河遥堤溃决，溃口扩大至700公尺，钟祥、天门、汉川、京山等县老弱妇孺多有溺毙。

5 月 27 日 国民政府任命赵戴文为山西省政府委员兼主席，原任徐永昌准免本兼各职。

△ 日增兵华北，天津已到二万余人，尚有从山海关外以便衣潜入者，为数颇多。是日，外交部再电驻日大使许世英向日方交涉制止。28 日，许以书面向日外务省交涉，表示日在华北增兵，“足以引起中国民众之疑虑，尚望查照前议，设法阻止”。6 月 1 日，许亲赴日外务省访有田外相，询问日本强化华北驻军事件。有田诡称：“华北现状的不安，使日本有强化驻军的必要，且增加驻军为辛丑和约所许可，故不能中止增军。”

△ 西征军徐海东红十五军团经安塞、靖边越过长城向安边、定边、盐池威逼。是日，分左、右两路向宁条梁、安边进攻。红七十三师首占宁条梁镇，守敌向西逃窜。红七十五、七十八两师向安边进攻，未克。

△ 据《大美晚报》讯：最近汕头市私货充斥，日籍侨民原有二三百人，现已增至 700 余人，新设商店洋行，至 5 月中旬已达 185 家。

△ 天津海关塘沽分卡在津驶塘之日汽船上，从朝鲜旅客田龙太等三名身旁搜获私运白银值 8500 元，银块值 2900 元。28 日，永井访许礼亚提出口头抗议，要求发还钱款，并指责关员侵犯日侨人身自由。

△ 夜 11 时，平浦路客车经天津东站时，日浪人 170 人暗藏武器，携人造丝百件、烟卷纸 30 包，强行登车占客座南运。

△ 东北抗联第五军周保中部袭击图宁铁路三台站，消灭日寇数十名。

△ 上海学生救国联合会成立。

△ 芦盐输日契约由长芦盐运使戈定远与天津日领岸伟一签字，准三菱、岩井两公司购买，年限 33 万吨。

△ 国联禁止鸦片委员会在日内瓦开会，美国代表福勒、中国代表胡世泽发言抨击日人在华贩卖毒品。胡称，1935 年因违禁贩卖、吸食、制造毒品，为中国当局处死者共 970 人。委员会英顾问赖尔发言指出华北非武装区内之昌黎县设有烟膏店 131 家，多为日人所设，故无从施

禁。厦门之烟馆323家，福州之烟馆390家，也多为日人所开。

△ 开滦煤矿工人继续罢工，工人要求：一、恢复被革20名工人工籍；二、准许连班。矿方不允，并派警察严密防范。

5月28日 国民政府派陈诚为晋陕绥宁四省边区“剿匪”总指挥，归军事委员会副委员长阎锡山节制指挥。

△ 中共天津市委领导学生反对日本增兵华北，举行大规模示威游行，工人、教职员亦参加，共万余人。日方要求冀察当局制止。29日，宋哲元发表谈话，拒绝日方要求，谓学生运动并未越轨，不便取缔。

△ 中央滇缅勘界委员会委员梁宇皋返京，对国民新闻社记者发表勘界经过，略称：自去年12月1日中英委员在户算与中立委员相见，开始工作，共开会33次，双方检出人证物证，并亲往界线有关各地视察，以谋解决首段界线。随后连续迁驻金厂坝（炉房）、刚猛（班洪）、猛角、猛董、拉坝、老厂等地，一面实地调查，一面与英方开会讨论划界有关问题。在老厂时，清明节已过，雨水连绵，兼发瘴气，测量勘划工作无法继续，故决定暂行休会。

△ 美国国务卿赫尔训令驻华财政视察专员布克迅即调查日本走私损害美国商业情况，并与美驻华官员商应付措施。是晨，布克分访美驻沪总领事戈士、商务参赞安诺德及美国侨商领袖，对华北走私问题详加商讨。

△ 驻英大使郭泰祺访艾登外相，讨论华北走私问题。

△ 英驻日大使克莱武访日外务省堀内次官，要求日方取缔华北走私。堀内竟答称：“华北并无走私事，英、美诸国关于华北走私问题对日政府提出抗议，可以证明美、英等国不理解东亚事情之真髓。”

△ 日军发言人称，关于走私问题，《塘沽协定》并未规定阻止中国海关在战区及其沿海一带行使职权，惟海关巡船（艇）不得携带武器，今日如非另行成立协定，则海关武装巡船如驶入战区沿岸，日军将视为一种军队。

△ 伪自治团体“普安协会”、“亚洲协会”、“华北自治促进会”等，

最近又在日方支持下，由高凌霨、曹汝霖、陆宗舆等主持指挥，连日在天津日租界及市区各要地散发荒谬宣言及标语。是日，石友三与曹汝霖、陆宗舆、白坚武、张璧等 10 余人在天津石宅集议，至深夜始散。

5 月 29 日 李宗仁、白崇禧访陈济棠续谈反蒋事。30 日，白先返南宁准备发动反蒋，李留广州，与陈等主持西南大计。

△ 天津中等以上学校学生为抗议日本增兵华北，举行示威游行。当日深夜，宋哲元在私邸召集第二十九军将领会商，各将领咸主对日人取强硬态度。次日，宋哲元发表谈话，称："华北外交刻所争者，为保全我国主权问题。凡不损害我国主权者，方可本平等互惠原则向前去做。余对交涉事……个人所能负责所应负责者，绝对负责。"

△ 新增华北日军第三批抵塘沽，共步、骑、坦克兵 1500 余名，当日分组开赴山海关、天津、通县各地。

△ 夜，北宁路军粮城附近 41 号桥被炸，由天津开出之平沈列车被阻，津榆交通断绝。日方以北宁路被炸，压迫冀察政委会要求第二十九军南调。30 日，第二十九军将领及冀察当局在北平武衣库宋哲元宅集议，决不接受任何条件。

△ 青岛保定路日本第一小学某女生在热河路日本运动场被另一幼童（中日人不详）殴伤右臂。下午 6 时许，黄台路市立小学学生姜万善、于慈复路经日本运动场，被该女生家长硬指为殴伤女生之人，将姜、于拳打足踢后，送日警署。30 日，日本居留民团、青年团等召开紧急会议，请日领提出交涉。日领遂向市府交涉，要求：一、市长亲向日领道歉；二、撤换教育局长雷法章；三、改定小学课本，不准有排日思想；四、保证不再发生同样事件。日青年团声称，如不允其所请，即电日海军部派舰来青保护日侨。

△ "满铁"财产调查委员会委员长竹下向理事会提出报告，公布"满铁"财产总数为 15 亿 1300 余万日金元。

△ 国联禁烟顾问委员会决议，请日政府以重刑制止在华贩毒。30 日，该会讨论二烷酐输入中国事，发现近六个月，输入一万基洛之

多,其中 9000 基洛乃由日人输入。中国代表胡世泽称,因汉口日租界设有制造麻醉品之秘密工厂四所,每日能产八基洛,供全世界一日需要有余。

5 月 30 日　日外相有田接见记者,重申日本对华政策之三原则:一、承认"满洲国";二、共同防共;三、遏灭一切反日运动。

△　驻南京日总领事须磨归国,在神户宣称:"今之局势为中国必须在对日相互维系与对日作战两途中,选择其一。余已向蒋院长切实说明此点。日本如退让一步,即不啻总退却,日本必须抱其不可变更之自信心,勇往直前。"

5 月 31 日　是日至 6 月 1 日,全国各界救国联合会在上海召开成立大会,到华北、华南、华中及长江流域 20 余省、市 60 多个救国团体的代表共 70 余人。大会通过《全国各界救国联合会成立大会宣言》、《抗日救国初步政治纲领》、《全国各界救国联合会章程》等重要文件。《宣言》指出救国阵线目前的主要任务,是促成全国各党各派彻底团结共同抗日。大会选举宋庆龄、何香凝、马相伯、邹韬奋等 40 余人为执行委员,沈钧儒、章乃器、李公朴、史良、沙千里、王造时、孙晓村、曹孟君、何伟等 14 人人被推为常务委员。

△　红军西方野战军左权红一军团经吴起镇直向陇东环县曲子镇进发。6 月 1 日,杨得志红一师占领曲子镇,俘马鸿宾第三十五师第一〇五骑兵旅旅长冶成章。次日,向庆阳方向前进。3 日,在曲子以南的阜城附近与马鸿宾部援军马玉麟第一〇三旅第二〇六、二〇九两个步兵团遭遇,援军被击溃,俘 1000 余名。后又占领庆阳及环县城。

△　郑州查获朝鲜人李基善、郑斗铭私运现银 315 公斤。

△　李滋·罗斯奉英国政府命,由上海乘轮赴日本,向日本政府交涉华北走私、保护英国在华利益等问题。

是月　宋哲元派张自忠到天津,继萧振瀛出任天津市市长。张到津后,为防备日军突然袭击,对第三十八师兵力作如下部署:黄维纲之第一一二旅驻小站,刘振三之第一一三旅驻廊坊,董升堂之第一一四旅驻韩柳墅，成为犄角之势，拱卫天津。另将其统辖的李致远之独立第二十六旅分驻马厂、沧州一带，维护津浦路交通；同时又将第三十八师特务营改编为天津市保安队，驻于市府内，保卫机关。

△ 蒋介石命令陆军整理处长陈诚拟定同日本作战的全面计划，负责编制60个国防师，准备对日作战。

△ 曾养甫、陈立夫、谌小岑商谈国共合作事，由陈口授意见四条，谌笔录，要点为：一、K（国民党）方欢迎C（共产党）方的武装部队参加对日作战，但须加以改编；二、C方武装部队改编后，与中央军同等待遇；三、成立民意机关，C方可派代表参加；四、K方承认边区政府的合法地位。谌将陈之四条意见写成两份，以一份送吕振羽转交中共。

△ 中共长江局张子华（化名黄某）到南京见曾养甫表示愿去陕北。谌小岑将陈立夫之国共合作条件抄件一份交与张，并请覃振写亲笔信带交林伯渠。

△ 陈济棠派范德星到港请蔡廷锴返粤协助反蒋，遭拒绝。

△ 张学良、杨虎城在西安南郊王曲成立军官训练团。张、杨分任正、副团长，训练东北军和第十七路军现任连至团长级军官。训练期间两个月，每期500多人。先后共办三期。训练目的为改造思想，准备抗日。张、杨亲临训话，公开提出抗日问题，并批判“攘外必先安内”以及“抗日准备论”。

△ 东北旅陕人士高崇民、车向忱、刘澜波等人在西安组成东北救亡总会（简称“东救”）。

△ 西北抗日救国会改组为西北各界抗日救国联合会（简称“西救”），以杨明轩等人为领导。

△ 全国学联创刊《学生呼声》，宣传抗日救亡。共出版五期。

△ 北平学联召开扩大代表大会，决定在北平举行服用国货扩大宣传周。在宣传周里，各大、中学校学生分头出动进行宣传，并劝说日货商人不再出售日货。

△ 中国工农红军福建永定独立团与游击队恢复大片苏区，在石

城坑成立永定县苏维埃政府。

△ 日方近一月来，在广州增设商店40余家，专售私货，陈村、大良、石岐亦有此等商店设立。广州日浪人走私日盛，每月海关缉获私货有四五十起，但多为日领出面交涉取回。

△ 交通部与德国汉莎航空公司合办之欧亚航空公司，资本增至750万元，交通部占三分之二。

6 月

6月1日 “两广事变”爆发。陈济棠、李宗仁在广州召开国民党中央委员会西南执行部和国民政府西南政务委员会联席会议，决定以抗日为名反对中央，并以“冬电”致中央党部和国民政府称：“日本侵我愈亟，一面作大规模走私，一面增兵平、津，经济侵略、武力侵略同时迈进。”“时危势急，敝部等认为非立即对日抗战，国家必无以求生。”“乞一致主张，即行督促中枢领导全国从事抗日。”次日，西南执行部、西南政委会又以同一内容通电全国。4日，西南将领数十人由陈济棠、李宗仁领衔向中央党部、国民政府军委会发电响应，表示拥护“冬电”内容，要求“迅予改颁军号，明令属部北上抗日”。

△ 晋陕绥宁四省边区“剿匪”总指挥部在太原成立，陈诚任总指挥，孙楚任副总指挥，杨爱源任前敌总指挥。

△ 中国人民抗日红军大学在瓦窑堡成立，校长林彪，政治委员毛泽东（兼），教育长罗瑞卿，训练部主任刘亚楼，政治部主任莫文骅。第一期学生1038人。

△ 北平各大学为反对日本增兵华北，是日起停课三日。2日，北平各校学生推派清华、燕京两校代表赴西苑，平大、农学院、东大、师大、法商学院等代表赴南苑，北大、中法大、朝大、平大、工院、大同中学代表赴北苑，分别与第二十九军官兵谈话，并对附近农民宣传抗日救亡。同日下午，北平市大、中学90余校在燕京大学召开代表大会讨论救亡工

作进行方案。3日，北平当局决定制止学联活动，冀察政委会发令禁止学生罢课，扬言“学生如有企图罢课者，将予逮捕或开除”。4日，北平市学生与四郊农民、士兵联欢。

△ 驻南京日总领事须磨向有田外相与堀内次官报告国民政府内情及其对华北走私问题之方针和其他中日两国间重要问题，并建议日本应取之对华政策。

△ 驻日大使许世英访日外相有田八郎，正式表示反对日本在华北增兵及走私。有田答称：华北现状的“不安”，使日本有强化驻军的必要，且增加驻军为《辛丑和约》所许可，故不能中止。

△ 日陆军参谋部次长杉山元奉命来华“考察”，是日抵上海，4日转抵汉口。6日，飞南京会见雨宫武官，听取报告，并访代总领事松村，对中日关系交换意见。

△ 日军事当局发言人声称，上月29日北宁铁路爆炸案继续调查后，若发现日军尊严感受影响时，则日方当诉诸强力手段。

△ 萧振瀛、张自忠赴天津张园访田代、松室、永见交换冀察近事意见。

△ 缉私总稽查处长安斯迩到天津。3日，安斯迩与许礼亚、陈觉生等洽商缉私。陈表示应一面保持中央关税制度，一面顾及冀察环境。

△ 华北走私愈形猖獗，是日由北戴河运到天津日租界走私煤油及啤酒万余桶。同日，私糖50吨运到济南。兰州中山市场200家商号及市内各绸布庄、海菜店皆充斥走私日货。

△ 实业部在南京召集全国煤业会议，与会者10省一市50余人，代表30家煤业公司和两个矿业联合会。重要提案有实业部所提各煤矿联售办法案和全国矿业联合会所提的产销之平衡、运量及运费的平衡、矿税之平等、官办商办之平等、出口税之减免等案。大会决定先在上海设立煤矿业联合事务所。3日下午闭幕。

△ 天津、东京无线电报正式通报。

△ 鲁迅与冯雪峰商议后提出“民族革命战争的大众文学”的口

号，是日由胡风在《文学丛报》第三期上发表《人民大众向文学要求什么》一文中公开提出。

△ 巴金、靳以主编的《文季月刊》在沪创刊。创刊号发表曹禺的剧本《日出》、巴金的长篇小说《春》。

6月2日 全国各界救国联合会为争取合法公开，派沈钧儒、章乃器为代表会见上海市长吴铁城，说明全国救国会已经成立，并送去救国会宣言和《抗日救国初步政治纲领》等文件，表示向政府登记，希望得到认可。吴反诬指“全救会”为“少数野心家”所操纵，扬言要逮捕救国会负责人。

△ 李滋·罗斯到达日本神户，向记者发表谈话，声称此来目的为“站在第三者的立场来调整日本与中国、日本与英国之间的利害关系”，并称“中国经济财政恢复繁荣，若得日本的协力，一定可以成功”。5日，日外相有田在外、陆、海三相会议上称：“假使罗斯对日提议援助中国财政问题，则日本因与华北有特殊关系，不能与之商议具体事项。”三相会议决定：日、中有特殊关系，尤其在华北，因要考虑中、日、“满”关系及为东亚安定势力的日本立场，不能如英国仅从经济立场处理华北走私问题及其他一般问题。

△ 国民党民众训练部转报厦门日侨勾结台湾人组织“华南青龙会”，并致参谋本部函称：“日人拟将旅厦台氓（号称三万人）组成台湾军。”

△ 蚌埠公安局破获汉奸组织修真堂，捕获首犯李玉林，搜出天津日驻军司令部委任状10张、宣言百余张及蚌埠区调查军事主任委任状一张等。据李犯供称，渠在石友三部充上校副官，近奉石命来蚌，借办道为名，募壮丁，以修真堂名义收纳徒众，数月以内计收3000余人，秘送北上。李并派党徒潜赴各县，联络天仙道、圣贤道、一心堂、中央圣道会、光蛋会、金丹道、修身道、青红帮等邪教党徒，图谋不轨。

6月3日 蒋介石通电发起设立国民经济建设运动委员会，蒋自任会长，南京设总会，各省、县设分、支会，并颁发该会总章，称该会任务为:一、协助推行中央及地方政府经济建设计划;二、倡导社会各种经济建设事业;三、培训及介绍各种经济建设人才;四、研究发展全国农工副业及地方特殊产品;五、倡导节约,推行国货等。8 日,该会总会筹委会成立,以刘维炽为总干事,委员冯玉祥等 322 人,委员兼专员 67 人,专员 165 人,共 554 人。

△ 萧克、王震率红六军团先头部队第十六师在理化以南之甲洼寺和罗炳辉红三十二军会合。7 日,红六军团第五十一团配合红三十二军击溃李韫珩部,攻克理化县城。

△ 贺龙红二军团先头部队到达巴安附近,旋向白玉前进,19 日占白玉城。

△ 彭德怀西方野战军右路军徐海东红十五军团进至陕北定边西南焦家湾、纪岭等地区,4 日攻占红柳沟后,继续西进。

△ 济南日警四人,率朝鲜人及汉奸殴伤缉私处主任叶春遇等,将被查获之私糖 290 吨、麻丝 45 吨强行运走。另有私糖 40 吨到济南,被日人 40 名强迫取走。

△ 据《大美晚报》讯:华北日驻军司令田代到任后,经干部会议决定对华北政策五原则:一、协助冀、察二省共同“防共”;二、促使冀察政权一元化;三、增速华北与伪满经济合作;四、协助“满铁”对华北经济发展;五、保持华北已成事实及日本利益。

6 月 4 日 广州市各团体二万余人在省参议会礼堂开会,要求西南当局“出兵抗日,以救危亡”。会后列队向西南执行部、西南政务委员会及第一集团军总部请愿。

△ 殷汝耕偕池宗墨飞天津,访田代、永见等。晚访石友三、齐燮元等。5 日,田代、永见、石井、饭田、中井与殷汝耕、齐燮元、石友三、陆宗舆等 30 余人,在天津张园讨论华北时局。6 日,陆、石等在天津宴殷汝耕,邀齐燮元、王揖唐等 30 余人作陪,再商时局。

△ 天津海河近月来发现浮尸 600 余具,据是日《大美晚报》讯:白河浮尸疑案,情节已渐判明,据谓系日方雇华工千余名近在津、沽等处

潜修地道三处通往津市各重要地区，暗埋军火，工竣后恐秘密泄漏，将全数雇用工人秘密杀害，抛置河中。津市工人对此极表愤慨。

6月5日 浙江省政府主席黄绍竑到南京见蒋介石。7日去沪，见陈济棠之代表杨德昭；8日复去南京，准备近期返桂省亲，调停中央与西南纠纷。

△ 广东省财政厅开会，议决即日起实行禁止买卖期货，规定港币加七五补水；停止支付法币；禁止买空卖空及军人购港币。同日，银号拒收桂币，李宗仁派张任民访区芳浦，商维护办法。6日，西南政委会人员发表关于华南大局安定人心之谈话，广州金融危局逐渐和缓。

△ 驻津日军步兵700余人，装甲车三辆、载重车两辆、炮八门由海光寺出发在市内游行。

△ 据《大美晚报》讯：日方令石友三组织“防共军”，石委白坚武为第一军团长，王德禄为总指挥，在日租界积极活动。6日，华北当局表示：“我方为维持和平计，对日委曲求全，困苦撑持，已达极点，目前虽有不少丧心病狂之分子，潜伏某租界阴谋活动，但当局在坚决维护领土主权大原则下，当随时予以制止，不稍姑息。”

△ 交通部电政司与意大利无线电服务公司签订《无线电报务合同》。

△ 文艺家协会机关刊物《文学界》在沪创刊，周渊主编。创刊号上载有周扬《关于国防文学》一文，号召作家参加抗日民族统一战线，努力创作抗日救亡的文艺作品，但强调必须把国防文学作为共同创作的口号。

6月6日 白崇禧派李品仙偕李觉飞长沙，敦促何键反中央。何表示只有桂军到达长沙，湖南才能有所行动。

△ 蒋介石电邀白崇禧到南京共商国是。

△ 各地学生陆续罢课，举行抗日示威，是日广西全省各地学生参加全省各界抗敌大示威。9日起上海学生罢课二日，组织抵制日货团，上街宣传。10日，南京学生大示威，参加者2000余人。21日，上海学

生举行抗日大示威，包围北站，京沪车停开。

△ 张国焘在甘孜被迫宣布结束伪中央，并于 10 日致电中共中央，准备于 6 月底北上。

△ 国民政府令派徐永昌为山西清乡督办。

△ 总稽查处长安斯迩抵济南访日领西田交涉走私事。7 日抵青岛调查走私，9 日返津。10 日，访天津日副领事永井，交换华北缉私意见。

△ 上海市 40 余各业职工代表会议决定组织上海市各业职工检举走私委员会。8 日，该会开始工作，通电全国一致实行检举走私办法。办法规定职工发现私货后，书面或口头向该会报告，该会派员秘密调查属实后，即呈报主管机关办理。检举走私之职工，给予名义或物质奖励。

6 月 7 日 蒋介石以行政院长名义复电劝告粤绥靖主任陈济棠，谓："两广行动，果如外电所传，是不啻以御侮之名义，而适与侮我者以快心；以救亡之决心，而招致与救亡相反之结果。""和战为党国之大事，岂可不征求于全体多数之意见?""望推派负责人员来京共同商决一切。"

△ 据《大美晚报》讯：内蒙日人最近激增，人数达 6000 余人，此等日人，名义上经商、设慈善机关或学校等，实际上联络蒙民，鼓动自治。德王府日籍供职人员亦达 30 余人，均受关东军指派。伪军李守信、卓世海等部占据察东六县后，在张北设立两所陆军学校，招募蒙古青年加以训练。张北、百灵庙等处已由关外派来飞机 20 架。伪军主力集中商都，有进窥绥东企图。集宁一带几已被伪军势力所控制。更有许多日本青年以组织巡回医疗为名，联络蒙民，鼓动自治。

△ 上海律师公会举行冤狱赔偿运动周第二届纪念大会，公推沈钧儒等为主席团。会议竭力主张以赔偿制平反冤抑，俾冤狱受害人得以根据此种法律得到损害赔偿。

△ 中国文艺作家协会在沪宣告成立，由茅盾、傅东华、夏丏尊发

起，王统照、艾思奇、朱自清、郭沫若、郁达夫、郑振铎、叶圣陶等 111 人参加。《宣言》称："坚决拥护民族救国阵线的最低限度的基本要求：团结一致抵抗侵略，停止内战，言论出版自由，民众组织救国团体的自由。"

△　邹韬奋和胡愈之、金仲华等在香港创办《生活日报》和附刊《生活日报星期增刊》，旨在"唤醒国人，共起救亡御侮"，正确地宣传中国共产党的抗日主张，8 月 1 日自动停刊。《生活日报星期增刊》移到上海继续出版，从第一卷第十二期起改名为《生活星期刊》，共出 28 期，于 12 月被迫停刊。

△　全国学联发表《为最近时局紧急宣言》，要求立刻"对日宣战"。

6 月 8 日　蒋介石在南京中央纪念周发表演说，否认中央向两广提出五项条件，对于两广来电所提意见，声称准备召开五届二次全体会议讨论。

△　李宗仁邀李济深到邕坐镇。胡宗铎离粤赴桂襄赞军务。

△　驻粤日总领事河相口头警告陈济棠，声称："日本无意干涉中国内战，即此次西南向中央作战，也严守中立态度，但广东政府及军事当局利用抗日为宣传，不宜过度刺激民众团体，以免发生不祥事件。"10 日，有田训令河相再度警告西南。

△　粤代表杨德昭抵南京，向蒋介石面呈陈济棠亲笔函，有所商谈。

△　国民政府前外长罗文幹就西南政委会委员职。

△　天津华北日驻屯军部召开幕僚及各联队长、大队长会议，由河边旅团长、永见参谋长主持，讨论内容分三项：一、由永见提示军部最近对华北外交指示。二、军部组织加强各部分混合工作，分为三课，一课掌军事战斗策划及军队调遣；二课掌政治、经济；三课掌外交、情报。第二课长由高级参谋石井充任。三、关于各地军队配备、军风纪整饬事宜。

△　李滋·罗斯抵东京，下午 4 时半在驻日英使馆内与日陆军省

军务局长矶谷中将会谈。罗斯称:“南京国民政府为中国最完备、最有势力之政治机关,以财政助力给予国民政府,使得从事经济的振兴及其建设良好的国家行政,可大有益于中国大局之安定;日本对于南京国民政府财政改革方案,抱不赞成态度,殊为不解。”矶谷称:“中日两国在地理上有密切关系,日本今日所处地位,不能考虑以经济助力给予未呈任何政治和谐之南京政府。”

6 月 9 日 蒋介石派陈诚到长沙,急调两个军控制衡阳,以阻粤桂军北上,并派军舰九艘抵厦门。次日,蒋又令各军集中武汉,向衡阳进展。

△ 蒋介石电陈济棠、李宗仁、白崇禧,谓:“中央秉承五全大会关于外交的报告之决议,以努力和平与不惜牺牲的方针,遵循不逾。诸同志关怀迫切,尤具同情,自应于最近期内召开全体执监会议,于一贯方针之下,进为步骤缓急之谋。希望所属部队勿因轻率之自由行动,致误救亡之大计。”

△ 军委会副委员长冯玉祥与中委李烈钧联名致电李宗仁、白崇禧,劝告“促进全国团结”。10 日,冯再电白崇禧,告诫勿单独行动,并盼早日到京参加二中全会。

△ 国民党西南执行部商讨时局,对南京召开二中全会事,因未接明文,暂不表态。

△ 上海市商会、地方协会、银行公会、钱业公会、轮船业公会五团体联名电请南京蒋介石及广州陈济棠等精诚团结,一致御侮。同日,并通电全国一致主张。

△ 粤军将领缪培南因不赞同西南当局反中央,被拘于广州总部。

△ 上海《字林西报》和伦敦保守党《晨邮报》是日就中国国内局势发表评论,认为西南举动,有害远东和平。美国方面报纸认为,中国若发生内战,长江以北军队必纷纷南调,而日本在华北更可收渔人之利。

△ 冀察政委会外交委员会主席陈中孚自北平绕道大连、长春、东京到达广州,是日参加西南政委会会议,与陈济棠讨论时局。

△ 西征军左权红一军团进抵甘肃省洪德、山城堡一带。12 日，该部由双井子向七营进发。

△ 西征军徐海东红十五军团张绍东第七十三师抵宁夏豫旺附近之大水坑。12 日，向同心城进击，当即攻占该城，21 日攻占王家团庄。

△ 冀察政委会取消对汉奸白坚武的通缉令。

△ 日关东军司令植田偕今村副参谋长飞抵榆关阅军，并视察长城各口。

△ 李滋·罗斯偕驻日英大使克莱武在东京访日外相有田和次官堀内。罗斯极言中、英、日三国应以经济利益为基础，彼此合作，希望列强能辅助中国发展交通。有田答称，非俟中国政治安定，一切经济上的援助，和日本都没有多大利益。

6 月 10 日 粤桂军分三路入湘，右路从粤闽边境北进；中路由粤第二军军长张达率领进抵郴州；左路由桂第十五军军长夏威率领，到达永州。驻饶平、云霄间粤军一部不愿参加作战，拒不奉命。

△ 国民党中央第十四次常委会议，决议 7 月 10 日召开五届二中全会。

△ 蒋介石因未得陈济棠复电，特再电陈，请撤粤桂军前进部队。电称："现二中全会已决于一月内举行，一切均当待决于党议。""中央已命衡州以南部队一律北移，冀免冲突，以待协商整个一致之方案，务希严饬粤所有北进部队即日停止行进，迅令归复原防，以扫除谣诼与不安。"

△ 白崇禧令开抵祁阳大营市的桂军部队停止前进，并宣传"中国军队不打中国军队"。

△ 阎锡山、韩复榘电请陈济棠、李宗仁、白崇禧到南京会商救国大计。

△ 何键在长沙绥靖公署对新闻界谈称："粤、桂当局竟出兵湖南，声言抗日，且派李品仙来长沙说明西南主张，征求湖南同情，余以湘省对外主张素与中央一致，要求西南当局即日停止军事行动。"

△ 日驻华使馆武官喜多诚一在南京访张群、何应钦。同日，喜多对中央社记者谈，日本对粤、桂军事行动极为重视，对日方出售军火给桂省事亦不否认，谓此系普通商业性质，惟对该项军火系信用借款售予一节则推称不知。

△ 粤因政局发展，金融危迫，是日粤币跌至1801元折合港币千元。次日又下跌至1865元折合港币千元。米价上升约30%。桂币跌至每元值港币三角。广西当局决定严禁用桂币作投机买卖，并下令此后仅广西省银行能经营外汇交易。

△ 张学良由陕飞南京见蒋介石，报告西北军事情形。

△ 伪蒙古军师长包悦卿突由内蒙到北平，旋赴天津，与日方接洽后转赴榆关、锦州、热河，行踪甚秘密。25日，包返滂江，透露此行系奉德王令派赴锦、热一带招募3000名蒙兵，编游击队六队，每队500名，分防察、蒙边界，所有枪械悉由日本关东军供给。

△ 冀东伪自治政府唐山查验所开始办公，所长查南疆，辖唐山、昌黎、南大寺、滦县、秦皇岛、榆关等查验所，夺取秦皇岛海关权，正式征收进口货税。

△ 伪满洲国与日本签订关于日本国臣民在"满洲国"居住和"满洲国"课税等条约。

△ 李滋·罗斯往访日藏相马场，力言英日应辅助中国发展交通，以增加中国人民的购买力。马场则主张中国应改革现行税制，以提高人民的购买力。罗斯所提英日协力对华投资问题，马场表示在中国政局未获安定以前，日本不能对中国积极投资。

6月11日 粤第二军司令部由韶关移至乐昌。是晚，粤军便衣30余名潜入湖南衡阳，与城中守军冲突半小时后被击散。桂军五师2.5万人由永州抵衡阳附近，中央军开赴衡阳扼守。

△ 白崇禧派韦云淞飞广州，向李宗仁、陈济棠建议在广州成立抗日政府，期使旗帜鲜明，扩大号召力量。

△ 陈济棠、李宗仁、白崇禧电复蒋介石之9日电，重申动员抗日

的决心，拒绝蒋所提各点，另提指定军队进行路线、集中地点及供应军辎军火等要求。陈济棠并就粤、桂出兵致电国民政府主席林森。12日，陈、李等再以西南执行部和政务委员会名义发表对时局通电。

△ 粤籍中委李文范、马超俊、张发奎、陈策等10人电陈济棠称："日人企图本在分裂宰割，伪满造成之不足，又欲煽惑华北独立、蒙古自治，其于西南、于闽则收买汉奸，策动自治，于粤、桂则怂恿反蒋。""西南此次甘为内战戎首，何异为人扮傀儡戏耶?""务望临崖勒马，立即停止军事行动。"

△ 驻广州日总领事河相致函陈济棠、李宗仁，谓西南如非真心反日，务速取消抗日口号，并望立予答复。12日，河相再访陈、李，抗议反日游行。

△ 日使馆武官喜多在南京访铁道部长张嘉璈、实业部长吴鼎昌。午后，与张群会谈中日问题。

△ 日新任驻华大使川樾在东京访外务省堀内次官，协议实施对华政策。日政府授与川樾大使之训令，仍坚持对华"三原则"，惟使新大使应付时局变迁，实施根本政策须缓急得宜；同时要求中国确认华北"殊特"地位为其方针。

△ 日陆军参谋次长杉山元与田代在天津召开华北日驻屯军部与关东军部会议，讨论应付华北政局方策，关东军参谋长板垣之代表第二课长田中、华北日驻屯军部参谋长永见及松室、饭田、石井、河田等均参加。次日，继续讨论华北时局，并有重要决定事项，由田中飞返长春报告。

△ 日外务省东亚局长桑岛在天津访齐燮元、石友三，接见陆宗舆、曹汝霖，策划时局。

△ 广西省苍梧县夏呈区六堡乡农民反抗强迫征兵从事内战，纠集武装群众，焚烧乡公所，击毙乡公所职员，县长派去围剿之团丁被包围两昼夜之久。14日，梧州民团指挥部调军队三个连前去镇压，东安、贤德两区农民奋起斗争，双方激战，农民死伤甚多。

6 月 12 日　冀察当局表示，决不因西南事而受日方压迫，为分崩离析之举，第二十九军全体将士尤具内向心，不受任何方面利用。同日，宋哲元在平郊阅军时训话称，决不参加任何内战，对外则将竭力保卫主权。

△　中国科学社等各学术团体、平津各院校、河南省党部等单位纷电陈济棠、李宗仁、白崇禧等，呼吁和平。

△　陈济棠电冯玉祥，谓已饬入湘部队就地停止。

△　桂军第一三五团覃兴部撤回永州待命。次日，桂军第四十五师全部开回永州。

△　粤省米价上涨，是月省财政厅布告，自本月 15 日起至 7 月 15 日止，洋米入口税每担减征大洋两角，洋谷减半。

△　日军舰载大批军火由台湾抵汕头，转运入桂。

6 月 13 日　王宠惠在南京与蒋介石等商宁粤团结，并电陈济棠、萧佛成、李宗仁称："公等意欲救亡，敢请力避内争，速令出发军队停止进行，即派负责同志与中央接洽，并参加二中全会，共筹一致救亡之策。"17 日，陈复电表示赞成团结御侮主张。

△　西南政委会代表潘宜之、王继文、黄建平抵天津，向各方活动联合反中央。16 日，潘等秘密抵北平活动，并访宋哲元商西南大局。

△　陈济棠指定张瑞贵、叶肇两师为总预备队，集赣南候命；调海军陆战队梁开成团戍虎门，委杨幼敏为虎门要塞司令；命李洁之为增编独二师师长。

△　国民政府公布《民国二十五年浙江省整理公债条例》，总额 6000 万元。

△　广州各工厂、学校及民众五万人举行抗日示威游行。

△　日强化华北空军，加派军用机一大队 18 架已陆续由沈飞抵天津。

△　北平各大、中学校学生举行抗日救国大示威，除高呼"反对日本增兵华北"、"反对武装走私"、"彻查海河浮尸"等口号外，为争取第二

十九军抗日，并喊出“拥护二十九军保卫华北”等口号。同日并在鼓楼召开市民大会，通过《反对日本增兵华北》、《二十九军勿南调，继续抗日》、《武力保卫华北》等议案。16日，天津学生响应北平学生运动举行示威游行，被军警捕去30余人，殴伤20余人。

△　苏州县长派张一骏为第十区处理田租纠纷委员，会同该区区长、小学校长及保安一中队，同赴斜塘、金庙等乡，挨户武装催租。26日，苏州渭泾塘等乡农民以土枪击伤武装催租之保安队员六七人，一人失踪。27日，县府派保安队百余人到渭泾塘、秧上等乡催租，逮捕农民顾子安、徐鹤林，农民鸣锣集合约300人，携土枪、锄头将顾等救出，双方发生冲突，农民死顾子安等三人，伤八人，保安队伤六人，失踪一人。

△　日浪人在天津联络80家商人结帮武装走私，当晚派人运私糖450吨赴济南。

6月14日　陈济棠致电南京国民党中央各执行委员称：“此间抗日进行，正盼中央领导，而自相猜疑，自破抗日战线，似非党国之福，切望力予匡正。”同日，陈并致电冯玉祥，请其赞助抗日运动，声明已令西南军停止前发，以止谣言。

△　陈济棠、李宗仁、萧佛成、林云陔等在广州萧宅会商时局及应付二中全会方策。

△　粤汉铁路停止运兵。粤军退出郴州，张达第二军巫剑雄师回抵汝城、宜章，李振良师回抵九峰，黄质文师回坪石暂驻。余汉谋所属第一军留赣南，缓回粤北。

△　唐绍仪坚辞西南执行部、政委会本兼各职，对两粤当局出兵入湘表示惋惜。

△　前湖南省长赵恒惕抵粤。吴佩孚亦派代表到粤。

△　中国近代民主革命家、著名学者章太炎在苏州寓所逝世。

△　天津日华北驻屯军参谋长永见到北平访宋哲元，商外事问题后，返津向田代报告。宋哲元在北平颐和园宴山元、桑岛、永见、松室等。

△ 津浪人组织“特殊贸易协会”，设于日租界福岛街 95 号，是日向北宁、津浦铁路当局强硬表示不得阻碍运输。晚，押私货人造丝 70 件、卷烟纸 11 捆、砂糖 500 余吨，强登津浦车南运。

6 月 15 日 西南执行部商讨军队撤退后各问题，陈、李仍主战，对外则表示缓和，并拟派陈维周北上，向中央剖白一切。白崇禧派参谋长张任民到广州促陈继续出兵。

△ 李宗仁、白崇禧电复各方，谓已饬部退让。缪培南等已恢复自由。

△ 桂军王赞斌、苏祖馨两师到全州。入黔之廖磊师奉命由独山退却 25 里。桂军主力仍在永州与祁阳一带。

△ 徐海东红十五军团田守尧第七十八师奉命归建西进，是日在归建途中攻占定边，全歼马鸿逵一个连及保安团全部。旋在中路军配合下，又进入宁夏，向盐池进攻，21 日攻占该城，全歼守敌马鸿逵一个骑兵营及民团全部。

△ 国民政府任命吴国桢为汉口市市长。

△ 国民政府公布《铨叙处组织条例》，规定铨叙部于各省设铨叙处，办理各该省委任职公务员之铨叙事宜。

△ 广东省农林局长冯锐及江海关监督唐海安抵沪，声称：“此来系奉广州绥靖主任陈济棠及广东省主席林云陔之命，向中央有所解释。”“两广军队绝对服从中央，现已遵中央之命向后方撤退。”次日，冯抵南京，向蒋介石面呈陈、林之亲笔函，并商陈时局。同日，陈所派另一代表孙家哲亦到京谒蒋等报告粤、桂情况。

△ 广州日领事河相向粤当局提出关于粤省反日运动之严重抗议，特别注意 6 月 13 日广州之反日大示威游行，称此种举动足使中日关系大受影响，日政府视此游行违反中日友交之原则。

△ 北平警察局在武衣库附近破坏一暗杀机关，当场捕获陈公佐等两人及日人川上、田原、朝鲜人金荣贵，并抄获相约暴动文件甚多。暗杀目的以宋哲元、秦德纯、萧振瀛三人为中心。

△ 日外相有田训令川樾暂时静观中国政局，先由华北实施“经援”，有棉花栽培之技术援助，开发煤、铁等矿山，在华北建设铁路，先由沧石铁路着手施工等项。

△ 日东亚局长桑岛在北平访宋哲元，交换华北问题意见。

△ 天津日军部召开干部会议，永见、饭田、石井、中井、滨田及驻军少佐级以上军官出席，议决要案两件：一、冀察、冀东合并问题，暂不接受谈判，两政权仍维持现状；二、对西南北进事，严密注视其变化，机会来临，立即利用。

6月16日 西南和蒋介石所派代表在衡阳进行和谈，江西省主席熊式辉、湖南绥靖主任何键参与谈判。同日，粤军总部发布三项命令：一、已出发部队全部退回湘、粤边界；二、奉命开动部队，就地停止前进；三、出发中的部队，停止前进，候命复员。

△ 桂军夏威部继续北进，后方大队也纷纷开拔，17日逼近祁阳。

△ 前第十九路军第七十八师师长翁照垣抵广州，被任为桂军新编第一师师长兼前敌总指挥，所部不断向永州集中。

△ 王宠惠之代表前司法行政部长魏道明离沪南下，分访陈济棠、李宗仁、白崇禧劝告息兵。

△ 徐海东红十五军团进攻宁夏省豫旺县城，未克。是日占领红水城。

△ 粤当局答复日方抗议，拒绝遏止省内抗日活动。18日，驻粤日领河相第二次向陈济棠抗议，谓西南抗日宣传，不能诿诸民众。20日，河相复提抗议，警告粤当局，谓目前之“骚动”，恐将引起严重后果。21日，陈答复日领两次抗议，认为对民众抗日情绪不能制止。29日，河相奉日外相训令，又以公文书面向陈抗议。

△ 日新任驻华大使川樾茂由东京启程来华，向欢送人员发表对华外交方针：一、在中国政治未安定前，日本对华经援实不可能，所以首先须以政治的力量实现中国政治安定；二、对华北经援，第一步先从铁道借款、农村提携以及矿山调查开发着手；三、关于华北走私，即华北

“特殊贸易”,应先由中国政府表示减低税率,除去走私的内在原因,然后日本政府方可在可能范围内努力阻止走私;四、各国应注意中日关系为两国死活的问题,与英、俄对华关系不同,如不损及日本在华利益,日本愿与英国协调。

△ 李滋·罗斯由日抵沪,访孔祥熙称,日本如不愿与英国合作,英国是否单独赞助中国,须视情形而定。旋赴南京,行前发表谈话称:中国虽竭力避免白银危机,但仍因金融制度不巩固,治安及华北特殊问题不解决,因而经济仍未臻佳境。又称:中国发展贸易,似须减轻关税。并表示,英国颇愿以巨资开发中国,但须有确实保障。

△ 上海通易信托公司倒闭。该公司于 1921 年 7 月创立,董事长王晓籁。

6 月 17 日 国民政府明令国葬国民政府前常务委员、立法院院长胡汉民。

△ 国民党中央政治委员会第十六次会议通过创办所得税原则八项,规定所得税为中央税,凡公司、商号、行栈、工厂或个人,资本在 2000 元以上营利事业之所得及薪给报酬所得,均须征税。课税方法,以采用累进制为主。

△ 日外务省东亚局长桑岛飞天津,会见田代、田尻交换意见。18 日,桑岛到济南访韩复榘谈称,“中日经济提携应先鲁后冀,华人应认识日本近年国际地位的重要”。

△ 日海军武官桑原、海军省军令部课长本田、事务官佐佐木、渡边,第十四驱逐舰队司令久宗未次郎,“荻”、“菊”、“葵”三舰长飞田、铃木、古贺及第十四驱逐舰队机关长国吉在天津开会。由天津武官久保田主持,讨论:一、塘沽海军筑港事;二、常川派舰三艘驻塘沽,与陆军联络事。

6 月 18 日 蒋介石对《字林西报》记者谈及 11 月间国民大会选举总统问题时声称,彼绝不愿为总统候选人。

△ 广东财政问题经粤方孙家哲、冯锐与财政部多次商谈,决定办

法三项：一、中央允拨特别经费1000万元给广东省，以弥补因掉换纸币所受之损失，同时广东省银行发行之纸币继续流通；二、广东省存银交由纸币发行监委会保管。该会有权运用3000万银元向中央银行购买同数“大元”纸币，省行逐渐收回所发之纸币；三、俟本省纸币收回后，仅认“大元”纸币为法币，广东省行只能发行辅币券。

△ 入湘粤军先头部队已陆续撤退，集中小塘。桂军集中永州方面，未再撤退。

△ 彭德怀率领之西征军步、骑各五六百人围攻宁夏省预旺北之韦州。20日，续有来自陇东洪德城之红军2000余人围攻。

△ 北京故宫博物院发生第二次盗宝案，乾清宫失窃大批古物，内部人员涉有嫌疑。19日，故宫检验全院职工指纹。

△ 日华北、关东两军部在天津举行武官会议，讨论：一、促成冀察政权明朗化；二、川樾大使所携国策，与实现华北经济提携互相呼应；三、军部对西南斗争应持态度；四、关东、华北两军部权限划分，平时以长城为界，战时紧密联络；五、天津市长张自忠就职后，监视其行动；六、非常时期特殊组织与人选准备等问题。

6月19日 李滋·罗斯任满回国，是日抵南京，向蒋介石辞行，询及有无要转告欧洲人士的话。蒋谓：“对日抗战是绝对不能避免的。由于中国的力量尚不足击退日本的进攻，我将尽量使之拖延。但当战争来临时，我将在沿海地区做可能的最强烈抵抗；然后逐步向内陆撤退，继续抵抗。最后，我们将在西部某省，可能是四川，维持一个自由中国，以等待英美的参战，共同抵抗侵略者。”23日，李滋·罗斯乘轮离沪返英。

△ 白崇禧致电湖南省主席何键，宣布占据永州之桂军已全部撤退，请何接防警备。但据是日申报社长沙电称：桂军在祁阳未全撤，永州续有大批军队，白电何派队接防，全系桂方宣传。

△ 察北伪军李守信部派伪警向延庆属四海设卡，查户口收捐，被村民殴走。是日，日机一架飞往侦查。当夜，日军一中队、李守信伪军

一个连包围全镇，以猛烈炮火轰击，全镇悉成瓦砾，老幼被屠杀无数，村民逃往南湾、西沟各村。20 日，日方复饬保安队截堵，务达全歼为止。

6 月 20 日 韩复榘晤宋哲元于津浦路泊头车站，后同至黄河崖站附近树林中，商洽华北时局及应付方策与冀、鲁联防事宜，主张遵照中央睦邻令，谋中日邦交亲善，并在互惠平等原则下，协商解决华北各问题。

△ 中共中央在陕北瓦窑堡向党内发出《中央关于东北军工作的指导原则》，规定“争取东北军走上抗日是我们的基本方针”。指出共产党在东北军中的工作目标是“使东北军变为红军的友军，把共产党所提出的关于抗日救国的纲领变为他们自己的纲领”。

△ 西征军左权红一军团主力经毛居井进入宁夏，向七营、上新堡方面前进。是日拂晓攻占七营，切断敌北进去路，包围李旺堡，袭击黑城镇、杨朗镇，在清水河、七营、双井子东北地区与东北军对峙。

△ 日本“大荣丸”走私船载私货 300 余吨由大连向歧口进发，被津关缉私炮艇“榆光号”在烟台芝罘附近发现，船上七浪人、二华人以机枪对抗，炮艇被迫还击。“大荣丸号”船长和水手长均受伤，引擎被击碎，被我炮艇拖往塘沽。21 日，日、韩浪人侵入塘沽海关滋扰，要求发还“大荣丸号”及私货。

△ 日海军中将梅田到粤访陈济棠、李宗仁。

△ 日步、炮兵 500 名、马 10 匹、炮 16 门，由山海关南海登陆，开往北平。

△ 刘桂堂在天津日租界寓所被刺受重伤，系韩复榘买通刘旧部一连长徐一龙等所为。

6 月 21 日 宋哲元、韩复榘联衔通电向中央呼吁和平，请“克日停止各方军事行动”。23 日，蒋介石电复宋、韩，声称：“中央自惟有一本精诚，力求团结，对于各省袍泽，皆推心置腹，开诚相与。所有军队，皆用以保卫疆圉，维持秩序，决无丝毫轻启内战之意。”“惟望两广诸君共体此意，勿作阋墙之争。”

△　陈济棠、李宗仁及其他两广将领10余人，在广州召开紧急军事会议，决定由两广组织独立军事委员会，作为西南最高军事机关，下设西南联合军总司令部，以陈济棠为军事委员会委员长兼联合军总司令，李宗仁为副委员长兼副总司令，并将两广军队改称“国民革命军抗日救国军”，决定于南北两军正式交战时，任命白崇禧为联合军前敌总指挥。

△　据《大美晚报》讯：国内各地国人创办之纺织厂总计24家，纱锭数约270万左右，年来因金融界采取紧缩主义，致纱业在经济流通上遭受致命打击，相继停业减工，直至目前，各厂仍在减少纱锭数，每月中有三分之一以上时间停工。而在华日商开设之纱厂，计上海、青岛、汉口三处，纱锭数达245万。天津裕元、裕大等纱厂被日收买后，大部扩充，纱锭数拟置66万。现上海日商之内外棉、日华、公大、丰田、上海等各厂，自上月起增加锭数15万，日夜开工出货，异常忙碌。

6月22日　冯玉祥在中央纪念周报告《华北走私问题》。略谓：现在国家最感危险的莫过于走私。“据中国银行的统计，去年我们因走私而损失达二万万一千多万……又据最近海关统计，自去年八月十一日至本年四月三十日，九个月中间，因走私而损失有二千六百万。本年五月份内，只是三星期，损失六百万。假定每月以八百万计算，每年损失要一万万元”。惊呼：走私的结果，“工商业大受打击，经济基础根本动摇……不费一兵一卒，来达到亡人国家的手段啊！”要求“全党党员做先锋，唤起民众的注意，严密缉私的方法，那么私货自然绝迹”。

△　红六军团到达甘孜附近的蒲玉隆，朱德、张国焘、刘伯承在蒲玉隆红四方面军指挥部会见红六军团军团长萧克、政治委员王震等，红四方面军与红六军团举行会师大会。

△　日领永井访津关税务司许礼亚，对“大荣丸”案提口头抗议，谓“大荣丸”未载货，受弹伤220发，所悬日旗中八弹。24日，日海军武官久保田访天津海关长奚理亚德，指摘中国缉私船。津日领岸伟访许礼亚，提书面抗议，要求赔偿损失，发还船只，税务司道歉，保证以后不再

发生此类事件。

△ 中央研究院在河南安阳小屯编号为一二七的灰坑内，发掘大批甲骨文，经清理发现甲骨共17096块，其中完整龟甲约300块，是殷墟历次发掘中收获最多的一次。

6月23日 近由湖南永州退走的桂军，现又向东北推进，已抵祁阳与衡阳间的某地。桂军一纵队也由祁阳向北往邵阳推进。

△ 陈济棠就国民革命抗日救国军第一集团军总司令职。

△ 白崇禧下令禁止广西壮丁出省。梧州组织妇女义勇军数百人，是日开始训练。

△ 济南走私商仿天津浪人组织贸易协会，专营走私。

△ 日外务省决定：一、以日本为中心之国际形势倾向恶化，须充实国防，确立自主积极的外交；二、以日"满"不可分离的关系为基础，强化对苏、对华政策；力谋获得资源，发展通商，以确立国民生存权。

6月24日 陈济棠在广州召集西南海陆空军司令会议，讨论作战计划。同日，桂军先遣部队到达衡阳城外，袭击中央军驻地。

△ 是日及25日，粤、闽交界之漳浦、云霄、漳安一带海面，发现日舰20余艘，由细萱率领，往来演习攻防及掩护登陆等战术，意在侦察华南海防情况。

△ 据《申报》载申时社香港电称，桂当局以大广公司名义，与日本签订借款合同，由广西省财政厅长黄钟岳代表桂省当局在港签字。主要内容为：一、借款总额500万元；二、日本供给广西水泥10万桶，来复枪一万支，飞机20架，其价值在借款内扣除；三、此项借款以广西所有镁矿为担保，给予日本以在该省投资之特别优先权；四、10年内分期偿还；五、日本得随时给予广西以物质上之帮助。

△ 上海市第一特区市民联合会等50余团体联席会议议决组织上海各界缉私协会，推定王晓籁、虞洽卿等35人为委员，并发表宣言。26日，上海市商会又组检私委员会，检查私货。

△ 田代赴通州与殷汝耕商冀东与冀察合流事，是日回天津。

△ 福建红军游击队攻占莆田黄石镇第三区署，获枪20余支，毙巡官一人，区警三人。

6月25日 蒋介石接见中央社记者谈对两广处理方针：一、中央必本对内和平统一之政策贯彻到底；二、中国应为统一的国家，凡国家行政必须统筹办理者，中央职责所在，决不放弃；但在统一国家中，尽有尊重地方状况之可能。中央以和平方法力求统一，各省也宜循正当轨道，拥护中央；三、全国军队行动，皆应服从决定国策之最高中央机关之命令，不得有丝毫之自由。如有关于国事之意见，必须用和平方式开诚洽议。近来粤、桂军队擅入湘、黔、赣、闽各省，不符合此项原则。

△ 陈济棠决定扩编第四、第五两军，以黄任寰任第四军军长，曾友仁、严应鱼分任第十、十一师师长；缪培南任第五军军长，谭邃、陈章分任第十三、十四师师长。

△ 朱德领导红四方面军作出分左、中、右三个纵队与贺龙、萧克红二、六军团共同北上，向松潘、包座一线前进的部署。27日，右纵队董振堂第五军一部攻占崇化。29日，红四方面军颁发二次北上命令。

△ 田代在天津与宋哲元商冀东伪组织取消办法，双方意见分歧。

6月26日 国民政府任命刘汝明为察哈尔省政府委员会主席，原任张自忠另有任用，应免本兼各职；任命张自忠为天津市市长，原任萧振瀛准免本职。

△ 何应钦、程潜、朱培德、唐生智、陈调元联名致电陈济棠、李宗仁、白崇禧，劝迅即退兵，过去之事均可一概置之不论。

△ 四川大学校长任鸿隽、浙江大学校长竺可桢、武汉大学校长王星拱、南京中央大学校长罗家伦、重庆大学校长胡庶华、华西协和大学校长张凌高致电中央，表示拥护对内和平统一政策，并电请陈济棠、李宗仁、白崇禧停战撤回原防。

△ 李宗仁、白崇禧决定在桂恢复第十九路军，是日蒋光鼐赴广州与陈济棠、李宗仁商妥条件，共编三师，将来翁照垣师也拨入该路军。

△ 李宗仁委夏威为抗日救国军第四集团军前敌总指挥。

△　驻丰台第二十九军第三十七师有军马五匹，因火车鸣笛受惊奔跑，窜入日兵营区域内，马夫追至，要求入内寻马，遭日兵拒绝，旋有日军大尉副官小川原野出来干涉，将马扣留，并殴伤马夫。华北军事当局派兵一小队将马取回。29 日，日使馆武官今井向冀察当局提抗议。7 日，原丰台驻军第三十七师第一〇九旅第二一七团崔营撤出，而以同师第一一〇旅蒋华延部约 600 人调驻丰台。丰台事件解决。

△　徐海东部田守尧红七十五师攻克豫旺县城，全歼敌马鸿逵骑兵一个营及民团总队。

△　日外相有田、陆相寺内、海相永野讨论华北走私及日轮“大荣丸号”案，决训令日领严重交涉，声称必要时可采取直接行动。同日，日巡洋舰两艘由旅顺开往青岛、大沽，载特派调查日走私船被击案的海军军官若干员。晚，青岛日侨包围海关，击碎海关门窗。

6 月 27 日　国民政府公布《县司法处办理诉讼补充条例》及《县司法处刑事案件复判暂行条例》。

△　据《大美晚报》讯：国民政府向美国购运之 1000 余万美元之黄金暂存美国，作为平衡中美汇兑之用。截至现在，中国运美白银已达 2000 余万元美金。

△　广西学生军在南宁成立，即日开赴前方。

△　粤、桂学生组成西南学联会。

△　日大使馆松村书记官奉日外务省命令访外交部，就“大荣丸”案提出抗议。日旅顺要港部也派参谋大西乘驱逐舰“菊号”抵塘沽。

△　殷汝耕等再度到津，访田代、永见及石友三、齐燮元、陆宗舆、曹汝霖、孙殿英等。28 日，永见、松室等与殷、石、齐、陆、孙等对华北时局有所策划。下午，在海光寺兵营由田代主持召集永见、松室、河边及军部幕僚与殷讨论冀东税收、行政、公路建设等事，并决定整理保安队，根据上周华北、关东两军部会议决定，置冀东于华北驻屯军管辖下。

6 月 28 日　王宠惠应蒋介石电邀入京，是日与蒋介石、居正商粤、桂事，并分访林森、孙科、张群等。次日晚车返沪。

△ 丰台一贩毒韩人侵入华人住宅，日人助其驱逐宅内居民。中国士兵二人排解不成，将日人拘捕，韩人乘机逃逸。30日，日武官向冀察政委会提出抗议。

6月29日 李宗仁、白崇禧分别在广州、南宁就任抗日救国军第四集团军总、副司令职。

△ 据《申报》讯：陈济棠以五师兵力，向闽、赣边境潜进。

△ 行政院通过本年度各私立大学补助费72万元，受补助者39校。

△ 防止路运走私总稽查处在南京开始正式办公。总稽查处长安斯迩向财政部次长邹琳报告设置津浦、平汉、陇海、胶济、京沪各路缉私稽查分处经过与视察华北走私情形。

△ 日、"满"签订《关于工业所有权相互保护协定》，7月1日起生效，规定一方"臣民"有向另一方"政府"请求特许专利并登记商标而不纳税之优先权。

6月30日 国民政府令：《国民大会代表选举法》定于7月1日起施行；派定国民大会代表选举监督：蒋介石为国民大会军队代表选举总监督；蒋作宾为国民大会辽宁、吉林、黑龙江、热河四省及自由职业团体代表选举总监督；黄慕松为国民大会蒙古、西藏代表选举总监督；陈树人为国民大会在外侨民代表选举总监督。

△ 粤桂军与中央军在湘南发生激战，桂军占邵阳。

△ 贺龙红二军团在甘孜西面的绒坝岔与红四方面军的第八十八师第二六三团会师。

6月下旬 周小舟等第三次抵南京，同曾养甫谈判，经过多次交换意见，双方形成了一份共同的《谈话记录草案》五条，要点计有：K(国民党)、C(共产党)双方一致确认，为求得民族生存，须立即实现民族之联合战线，共同抗日；C方提议组织国防政府和抗日联军，C方承认K方之主导权，成为抗日之主导力量；K方停止"围剿"红军，红军亦停止进攻的军事行动；双方共同组织一混合委员会，讨论具体实现抗日联合战线之政治形式及统一经济、军事、外交等问题，以及联俄诸问题。

△ 日本参谋本部中国班长高桥秘抵广州。日本军官约100人到广州，陈济棠准备将大部派至陆、海军部队担任顾问，协助指挥作战，并以一部约30人派到天河机场及白云机场视察设备情况，引起空军官兵极大愤慨。

是月 全国各界救国联合会派杨东莼去西南会见李宗仁等，阐述全救会主张："内战不容再有，御侮不能再缓"，希望团结抗日，免使日本侵略者"渔翁得利"。

△ 李宗仁、白崇禧派邓初民往山西动员阎锡山参与支持"六一运动"，阎未作肯定回答。

△ 马步芳之叔父青海省政府主席马麟因病电国民政府请假三个月，马步芳串通主办人员在电尾增添"政务由马步芳代理"一语。国民政府复电批准。

△ 国民政府与德国签订借款协定，规定由德国供给中国以一亿元军需品，如飞机、高射炮、战车等，其代价则由中国输出桐油、锑矿、钨矿、锰矿等机械工业原料及花生等农产品偿付。此协定由德国莱亨纳中将签订。

△ 日本关东军参谋长板垣征四郎中将在化德检阅蒙古军。此时伪蒙古军的编制有第一军军长李守信，辖第一至第三师（每师约1500人），第二军军长德王兼，辖近卫队及第四至第六师。

△ 杨虎城密令驻防鄜县的王劲哉旅开设一所军用合作社，作为第十七路军与红军的交通站和运输站，并调田静忱任该社主任。

△ 中共北方局在北平创办《长城杂志》，进行形势和抗日民族统一战线政策的宣传，指导学生救亡运动。

△ 粤赣边红军"南山游击队"到达"三南"（龙南、虔南、定南），在南坑伏击保安团一个连，进抵南雄之水口圩。南山游击队在"三南"扩大组织，改编为"三南游击队"。

△ 红军闽北独立师师长黄立贵率领该师主力西出将乐、泰宁、建宁一带，开辟邵（武）将（乐）泰（宁）游击根据地。

△　抗日联军第一、二军奉命组成抗联第一路军，杨靖宇任总司令兼政委。杨率部转战辽宁、吉林两省广大地区，下旬于本溪县赛马集山区伏击伪军邵本良主力部队，歼敌1000余人。不久，邵之残部在四道江、蚂蚁河一带被包围，日军顾问英俊志雄被击毙，邵负重伤后丧命，邵部伪军被全歼。

△　鲁迅、巴金、曹禺、吴组缃、蒋牧良、张天翼、靳以、曹靖华、鲁彦、黎烈文、胡风、萧军、张香山、周而复、萧红等63人在《作家》第一卷第三期上发表《中国文艺工作者宣言》称，当前民族危机达到了最后关头，"我们绝不屈服，绝不畏惧，更绝不彷徨、犹豫。我们将保持住我们各自固有的立场，本着我们原来坚定的信仰，沿着过去的路线，加紧我们从事文艺以来就早已开始了的争取民族自由的工作，我们决不忽略或是离开现实"。"我们以后将更加沉着而又勇敢地在这动乱的大时代中，担负起我们的艰巨的任务"。

△　中国航空公司由中美双方合资经营，中国股东为交通部，美国股东为美商飞运公司，资本1000万元，交通部占55%。至是月底止，双方已缴股本416万元。

△　中央研究院地质研究所所长李四光研究安徽地质，在黄山调查冰碛层，发现该地层为第四纪所有，距今约五万余年。

△　日人图占闽、粤交界之南澳岛作为南侵据点，近日台湾军事当局测量队10余人赴南澳岛，沿该岛四周探测海深。台湾当局并拨巨款作为该岛渔民移居台湾之奖励金。该岛渔民为日方利诱，先后偷渡移民台湾者，已有十分之七。

△　日在广州沙面领署成立特务机关，委臼田中佐为特务机关长。

7　月

7月1日　国民政府明令公布二十五年度岁入岁出总预算。岁入岁出各为9.9065845亿元，实际上收支相抵不敷二亿元。岁入主要是关税、盐税、统税。支出主要是军费，为 2.930146 亿元，其次为债务费，2.39037908 亿元。

△ 陈济棠、李宗仁等在广州宣誓接受胡汉民遗嘱，并发表宣言，声称：“总理逝世后，依据遗教领导三民主义者，实胡先生一人。”

△ 红二、六军团贺龙、任弼时、关向应等到达甘孜之甘海，与红四方面军朱德、张国焘会面，随即举行甘孜会议，决定北上抗日，与红一方面军会合。

△ 鲁迅在《现实文学》第一期发表《论现在我们的文学运动》一文，指出：民族革命战争的大众文学“是无产阶级革命文学的一发展”。在当前形势下，它应当是无产阶级革命文学的“总的口号”。并称：“决非革命文学要放弃它的阶级的领导责任，而是将它的责任更加重，更加大，重到和大到要使全民族不分阶级和党派，一致去对外。”

△ 日本关东、华北两军部、陆军首脑部负责人和大使馆武官等在天津日本兵营海光寺举行会议，先由永见说明华北政情、外交状况及与关东军协商意见，次由喜多、高桥分述访蒋介石、陈济棠、李宗仁经过，及目下国民党中央与西南情势，然后讨论：一、冀东政权存废问题；二、冀察政权改造问题；三、西南演变随时注意问题；四、驻华各武官密切联络问题；五、特殊工作发展问题，并作出具体决定，由田代等赴北平与宋哲元商谈。

△ 天津日领田尻在青岛与日领西春颜商议日走私船“茂益丸”于上月在青岛港外被海关缉私船截击事。2 日，日驻华使馆一秘堀内奉日外务省电令，由沪赴青调查。驻青日领西春颜向胶东海关税务司姜佩尔提出要求条件。3 日，日本第三舰队司令及川抵青岛调查，预备向南京提出交涉。

△ 伪满教育部制定奴化教育措施，规定：一、为实现“日、满亲善”，中小学以日文教授为主体；二、不设大学及专门学校，中学毕业后可至日本升学，以符日、“满”一体；三、中华民国留学生或有中华民国思想者，不得充“满洲国”官吏。

7月2日　粤空军驱逐机三架、轰炸机四架、战斗机两架分别从广州、从化、韶关飞长沙投中央，并有空军尉官四五十人逃港。6日，粤空军人员黄志刚等40余人通电反对两广发动内战，电中指出：当胡汉民先生逝世之后，李宗仁曾秘密赴沙面与日人密商六天，又派陈中孚、潘宜之赴日，要求日军进占华北，扰乱闽南，牵制中央。自陈逆霸据南粤，其苛征暴敛，旷古所无，单就个人资产而言，不下一亿元，广州之地产、香港之房屋，富甲全国，然军队欠饷达六个月，人民派捐有数十种，至其滥杀无辜，枉兴党狱，不论人民官兵，凡腹诽政治者，即加逮捕，非指为共党，即视为蓝社，非刑拷打，民众死于“莫须有”三字者，不知凡几。

△　桂空军人员驾机12架离桂投中央。桂空军司令兼航校校长林伟成也离职去港。

△　军政部长何应钦、参谋总长程潜等再电陈济棠、李宗仁劝其罢兵并出席二中全会。3日，粤、桂举行联席会议，推黄麟书、黄季陆、邓青阳、李任仁、麦焕章、崔广秀、李绮庵七人去南京出席二中全会。6日，除黄季陆、麦焕章外，其他五委抵港乘轮北上。

△　陈济棠委何荦继缪培南任粤军总部参谋长。

△　李宗仁、白崇禧将第四集团军扩编为两纵队，由廖磊、夏威分任司令，所遗第七军军长职由王赞斌升任，第十五军军长由周祖晃升任。

△　徐向前率红四方面军第九军、第四军第十二师、独立师、第三十一军第九十三师以及红四方面军总部组成的中央纵队从炉霍地区北上。3日，朱德、张国焘率领由红四方面军第四军第十师、第十一师和第三十八军第八十九师及红一方面军第三十二军组成的左路纵队从甘孜地区北上，红二、红六军团沿左路纵队行进路线前进。10日，董振堂率领红四方面军第五军和第三十一军第九十一师组成的右路纵队从绥靖、崇化地区北上，向甘南挺进。

△　广西省外贸全停，米价飞涨，每担21元。

△　红军西征军徐海东亲率红十五军团攻宁夏韦州城，与守城保

安团激烈战斗。4 日，徐又率红军 2000 余人攻城，马鸿逵回军骑二团团长马光宗率骑兵七个营驰援。5 日与马光宗部骑兵作战后退出红城水。

△ 日第十三驱逐舰队司令西岗茂太中佐访广东省汕头市长陈同昶及李汉魂，重提角田案，4 日向市府要求恤金一万元。8 日，西岗率两舰，不通知市府擅自驶入汕头海域。

△ 冀东伪组织欲编玉田民团为保安队，拟验收民团枪械，激起民变，民团图袭县城，与伪保安队开火。是日，民团仍集城外与城内伪保安队相持。

7 月 3 日 国民党中央监察委员唐绍仪因不赞成粤、桂反中央，离广州抵上海。

△ 陈济棠任命其胞兄陈维周为广东省警备军司令，全军辖三个师 12 个团。

△ 日驻华大使川樾茂向国民政府主席林森呈递国书。

△ 冀察政委会代理外交委员陈觉生访驻北平日武官今井，接受日方对丰台事件全部要求。宋哲元将该地驻军营长崔蕴秋撤职留任，并将原驻该地第二十九军第三十七师第一〇九旅第二一七团第三营调往他处，由该师第二二〇旅第二营接防。4 日，陈访永见，代宋哲元致歉，此案结束。随后驻丰台第二十九军又因田代认为影响日军安全，完全撤退。

△ 日轮“天津丸”由津驶大连，日人高山龙三私带银块 923 两，现洋 20.8599 万元，被海关关员查获没收。28 日，日浪人力武兴携现银 1000 余元由津南运，在总站被关员查获没收。29 日，日领永井访许礼亚交涉发还，被拒绝。

7 月 4 日 蒋介石发起之国民经济建设运动委员会总会在南京成立。

△ 国民政府明令公布《惩治偷漏关税暂行条例》，规定凡偷漏关税者，视情节轻重分别处以有期徒刑、无期徒刑或死刑。

△　陕北驻军将领汤恩伯、高桂滋、李藩侯、毛侃等由绥德飞西安见张学良、邵力子报告陕北军事。据高桂滋谈称：中国工农红军从山西撤回后，由毛泽东等率领分两路，一路经环县、一路由三边，向西进攻宁夏、陇北。留陕北红军第二十八、二十九、三十军及北路军等四军驻守陕北，并以第三十军扼守黄河西岸，阻止"中央军"由晋北开入，红军每军共九连，人数约1000，四个军总数不过3000余人。

△　陈济棠召集第一集团军将领会议，到余汉谋、缪培南、张达、黄任寰、陈维周等。决定将粤、桂现有七个军编为七个纵队，余汉谋、李扬敬、廖磊各为一路，余辖第一、二军对湘、赣，李辖第三、四军对闽、赣，廖辖第七、十五军对湘、黔，缪培南为预备队。对湘、黔暂取守势，而由福建、江西两路逐渐进攻。

△　粤军教导师先头部队抵赣州。进入闽西永定、武平、上杭一带之粤军，征集居民修筑防御工事。

△　粤空军飞机48架飞离粤境效投中央。6日，该空军人员通电表示"服从中央，报效党国"。7日，粤机九架飞抵南京。

△　绥西河套临河境内民兴渠决口，淹田百顷以上。

△　驻丰台日军百余名，分乘汽车三辆、巨型坦克七辆、军用大卡车六辆，开入北平游行示威。

7月5日　中革军委命令：以红二军团、红六军团、红三十二军组成红二方面军，任命贺龙为总指挥兼红二军团军团长，任弼时为政委兼红二军团政委，萧克为副总指挥，关向应为副政委，陈伯钧为红六军团军团长，王震为政委。

△　粤军第六师参谋长吴沧桑因反对出兵，主张"拥护中央"，被陈济棠枪决。

△　津日驻屯军司令田代、日使馆武官喜多由津抵平与渡久雄、高桥、松室、今井等会谈，由喜多报告南京政府对西南与华北的政策；松室报告冀察政权最近动向；渡久雄传达日中央意见后，即商华北对策。会后，田代、喜多访宋哲元、秦德纯。6日，田代等应宋、秦宴请，共商签订

冀察政治、经济协定，在“中日互利、不损主权”之下，开发华北矿藏、棉业、公路等。

7月6日 粤第二军副军长兼广东东区绥靖委员李汉魂在汕头挂印封金，通电辞东区绥靖委员职，7日抵香港，致蒋介石、林森、陈济棠、第一集团军各将领等，“悬崖勒马，听命中央”。请中央对“西南此次举动，因势利导，纳诸正轨”，宣称：“当此举国一致对外之时，若挑起内战，实属丧心病狂。”8日，李又致电第二军将领张达等对陈济棠实行兵谏。

△ 陈济棠令各军自20日起采取战时编制。

△ 张学良、朱绍良、杨虎城、邵力子、于学忠、马鸿逵、马步芳等电陈济棠、李宗仁、白崇禧，劝撤退入湘部队，出席二中全会。

△ 冀察政委会撤销石友三通缉令。10日，委石为冀察政委会委员。

△ 日本近在内蒙阿拉善旗、额济纳旗设特务机关，国民党中央是日电阿拉善旗、额济纳旗与宁夏省政府联合拒绝日方此举，行政院亦饬外交部向日方提严重抗议。

△ 伪军李守信、卓世海等积极扩军，察匪颜东五、绥匪王英分别被任为伪军第二军第一、二旅旅长职，司令部设张北，日方连日秘密运军用品供给伪军。24日，据《大美晚报》华联社天津电称：察北伪军李守信部近又在百灵庙等处招兵，扩编内蒙古自治军两个师。

7月7日 新任日驻华大使川樾在南京晤蒋介石，交换中日关系意见。

△ 日外务相有田对中国政府所传日本政府庇护华北走私事，认为诬赖日本，是日训令川樾向中国政府提出警告。

△ 陈济棠电令第一集团军新编第四军军长黄任寰即饬前线部队向闽赣边推进。蕉岭、大埔一带续到粤军一批。中央军第十师李默庵部开闽增防，先头部队到达漳州。8日，粤新编第四军由兴宁向赣南会昌推进。

△ 翁照垣率前第十九路军官兵约600人由广州赴桂编入“抗日

救国军”第四集团军。

△ 是日至14日，上海第四、六区15家丝厂工人7500名女工因要求恢复原有工资，减少工时，举行罢工，结果胜利，全市丝厂女工工资自6月份起复原，最高工资0.45元，每日工时10小时半。15日全体复工。

△ 因大宗日本私货输入，天津商业凋敝，端午节后数日，倒闭商店500余家，是日天津市府召开扩大救济事业会议，决向银行商会筹款救济各业。

7月8日 粤军第一军军长余汉谋秘密由大庾去南京见蒋介石，表示愿受蒋命收拾粤局。李汉魂于12日亦电蒋授权余汉谋办理粤局善后。

△ 江海关监督唐海安抵广州访陈济棠、林云陔、区芳浦等商改币制。

△ 华北日驻军高级参谋石井、部附滨田离天津赴长江流域调查，并转赴湘南探查西南军事状况。

△ 桂军于六寨、独山、都匀等地调驻重兵，并积极布防，战事侧重桂、黔边境。

△ 日贵族院议员板西利八郎中将由青岛到天津访田代，调查华北情形。10日，坂西抵北平访宋哲元，11日赴长春。

△ 浙赣边红军400余人攻占开化县城，开狱释囚30余人，当日退出，向北门高坑转移。

△ 上海人力车工人陈惠章因英国水兵不给车资，发生争执，被殴身亡。20日，上海英水兵惨杀陈惠章后援会向市府请愿，要求迅向英领严重交涉惩凶、道歉、抚恤及保障以后不再发生同样事件。22日，后援会派张世英等向上海市党部及外交部驻沪办事处作同样请愿。23日，后援会紧急会议决议，请上海市府函咨驻沪英领署答复办理陈案凶手经过。25日，后援会函请王晓籁、杜月笙、虞洽卿、黄金荣、张啸林等协助向英方交涉。

7 月 9 日 余汉谋在南京电促粤各将领“服从中枢”，“团结御侮”，并称：“汉谋秉承蒋委员长面授方略，不日回军。”其所属第一军副军长李振球以下师、旅长 20 余人亦于同日联合发出通电，反对内战，力谏陈济棠停止军事行动。

△ 晚，陈济棠与西南各领袖在广州开紧急会议，决派巫剑雄兼第二军副军长 10 日衔命赴大庾。

△ 国民政府明令国葬章太炎。

△ 王克敏、王揖唐到北平晤宋哲元，商谈中日在华北经济合作问题。10 日，王克敏在冀察政委会例会上声称：“余在津访田代，在上海晤川樾，感觉中日政治关系复杂，双方须密切接近，而经济合作实为调整中日关系之首要步骤。”

△ 日军坦克七辆，满载日兵之载重汽车八辆，六轮军用车两辆及汽车两辆，由丰台开入北平示威。天津亦有日坦克三辆及满载日军之军车驶入华界游行示威。

△ 法驻华大使那其亚向国民政府主席林森呈递国书。

7 月 10 日 国民党五届二中全会在南京开幕，出席委员约 200 人，粤、桂出席代表有黄麟书、黄季陆、邓青阳、李任仁、麦焕章、崔广秀、李绮庵。唐绍仪、余汉谋亦出席会议。预备会推蒋介石、孙科、冯玉祥、于右任、丁惟汾、居正、陈果夫、王法勤、孔祥熙九人为主席团，叶楚伧为秘书长。

△ 萧佛成、陈济棠、李宗仁等数十人电二中全会，请讨论通过西南关于与日绝交、宣战等五项提案。

△ 是日至 12 日，陈济棠召开粤、桂联席会议，陈济棠、李宗仁坚决主战，决定二中全会如不通过粤、桂五项提案，将另组抗日政府。

△ 全国各界救国联合会发表《对国民党二中全会宣言》，要求二中全会接受人民要求，决定由中央领导全国立即对日抗战，并实行：一、停止一切内战，一致对外；二、释放政治犯；三、给人民以抗日救国的言论、出版、集会、结社的自由；四、以武力制止日本在华北增兵；五、以武

力制止日本武装走私；六、罢免并惩办亲日派官僚政客。同日，推派沈钧儒、章乃器、史良、沙千里、彭文应到达南京请愿。13日，五位代表至中央党部大会会场，要求准许“全救会”代表在大会上发言，遭马超俊拒绝。下午，章、史等在南京招待新闻界，介绍“全救会”的主张和成立经过，要求新闻界积极支援，尽量登载救国运动消息，扩大宣传。

△ 白崇禧派黄旭初、刘斐由南宁到广州，与陈济棠商议，决定在军事上组第一、第四集团军联军总司令部，并请粤军改取内线作战部署。同时，广西银行行长黄蓟与广东财政厅长区芳浦商定：粤、桂两省钞票，彼此互相收受；桂对粤汇款，粤行尽量收受。13日，黄旭初、刘斐、黄蓟离粤回邕。

△ 陈济棠调第十三师赴韶关，防余汉谋回师，并派机轰炸吉安附近，威胁余军。又调重兵驻东北江，准备开赣、闽。从湘回桂之桂军也向黔推进。

△ 粤宪兵司令利树宗、第一兵器制造厂厂长黄涛、虎门要塞司令李洁芝、军医学校校长张建及空军人员11人离粤投中央。

△ 财政部负责人对记者谈广东滥发纸币情形，谓广东省所存现金，毫洋7000万元，大洋2000万元以上，合计不过9000余万元，而发行之纸币，已超过二亿元以上。

△ 日军30余人由天津行军至大沽，第二十九军以事前未接通知，鸣枪示警，日军竟开枪射击。11日，宋哲元在北平召集第二十九军军官会商解决办法。13日，经陈中孚向田代道歉了事。

△ 冀察政委会例会决定批准萧振瀛辞去该会经委会主席职，由王克敏继任。

△ 上海日商三菱会社海产部职员萱生矿作在狄思威路被人开枪击毙。11日，驻沪日代理总领事杉原要求上海市政府缉凶护侨。16日，驻沪日总领事若杉访市长吴铁城，要求中国政府对日水兵案及萱生案迅速处理。

△ 上海外国领事团召开会议，讨论修正工厂检查协定草案，认为

该项协定只能适用于租界内中国工厂及无领事裁判权国之工厂，享有领事裁判权国之工厂不能引用。

△　中法广州至河内航线开航。

7 月上旬　中共中央由瓦窑堡迁到保安县。

7 月 11 日　外交部长张群在五届二中全会首次大会上报告半年来外交经过，宣称：五全大会决定之对外方针，即和平未到完全绝望时期，决不放弃和平；牺牲未到最后关头，决不轻言牺牲。半年来政府对外策略始终本此方针。“中日两国间，应经由外交途径谋整个关系之调整”，“中日负责当局，为东亚和平前途计，应迅由正当途径，谋有利于两国邦交之调整”。

△　赣南余汉谋军莫希德、叶肇、张瑞贵三师集中信丰、大庾、南雄间，以副军长李振球为先遣队司令，开始南返，提出“打倒陈济棠、拥护中央”等口号。粤第二军李振良师通电响应余汉谋，请陈悬崖勒马。

△　陈济棠、李宗仁、白崇禧等电蒋介石，申述动员抗日决心。

△　李扬敬、张达、黄任寰、缪培南、黄延桢、黄质文、陈汉光等在广州联电南雄余汉谋军，劝勿自分裂。同日，粤第二军第四师巫剑雄部进攻南雄余军。

△　宋哲元、秦德纯等宴王克敏，并就时局交换意见。12 日，王离平赴津，访永见、田代、饭田、田尻交换华北“经济提携”意见。15 日王到南京，次日见蒋介石报告北上经过。

△　是日至 12 日，川樾在沪召集全华日军武官会议，讨论两广问题、华北今后对策及国民政府最近对日态度等。14 日，渡久雄返日向日外相有田及陆军省参谋本部报告津、沪武官会议结果。

△　驻苏大使颜惠庆返国抵上海。

△　卫生署长刘瑞恒等被控侵吞公款案在南京公审，证实侵吞公款可查者 17 万余元。

△　无锡五丰、瑞昌、万昶、永甡、乾甡、宝丰、永盛等 11 家丝厂女工 3000 余人要求厂方改善待遇而罢工。13 日，续有大成、民丰、太昌

等25家丝厂女工响应罢工。同日，太昌女工与警察冲突，伤10余人，表示不达目的，誓不罢休。县府召开劳资调解会议，提出俟复工后，由党政各方会商解决。15日，女工数百人游行，被军警阻止，发生冲突，全体警察出动驱散女工，并逮捕"鼓动风潮嫌疑犯"高德华、陆亮卿等数人，次日公安局又捕女工蔡妹一名。18日，各丝厂工人先复工。21日与厂方签订协定，对工作时间、工作标准等作出了规定。

7月12日 陈济棠在广州访李宗仁及白崇禧之代表黄旭初，共商时局。陈说明粤方关于二中全会的见解，并为补救广西财政困难，允对广西银行通融五亿元；要求桂方遣军至广东，以加强北部防备。李当即允诺，并电令桂军二万人集结梧州待命。

△ 桂省主席黄旭初电粤省主席林云陔，建议粤、桂经济提携：一、两省纸币准在两省境内互相流通使用；二、必要时粤省银行透支巨款，助桂平定外汇，稳定金融。

△ 立法院院长孙科电促陈济棠将粤军事交余汉谋负责收拾，并即去京共负中央任务。

△ 陈济棠在广州召集海陆军将领会议，决定：一、彻底肃清不正分子；二、缩短战线，严守省境；三、极力扩充军备，恢复第十九路军；四、增派精锐部队，巩固北部及东部省境。

△ 粤军第九师邓龙光部反陈济棠，在潮阳与陈维周警卫军激战；陈济棠调陈汉光部往援。13日，邓龙光辞职抵香港。

△ 粤第一集团军缩短防线，驻小北江一带李扬敬部奉命向英德集中，小北江防务由桂军周祖晃、王赞斌两师担任。粤第一军第一师莫希德、第二师叶肇续向韶关、英德推进，陈济棠命炸毁清溪铁桥，以断广韶交通，广州戒严，宪警总动员。

7月13日 国民党五届二中全会举行第二次大会，居正主席，讨论通过以下重要提案：一、组织国防会议，指定李宗仁、白崇禧、陈济棠、刘峙、张学良、宋哲元、韩复榘、何成濬、顾祝同、刘湘、龙云、何键、蒋鼎文、杨虎城、朱绍良、徐永昌、傅作义、余汉谋为委员；二、改任余汉谋为广东绥靖主任，并负责整理全省军事；任李宗仁为广西绥靖主任，白崇禧为副主任；三、任林云陔为广东省政府主席，黄旭初为广西省政府主席；四、中委唐绍仪等 31 人提议，明令撤销中执监委员会西南执行部及国民政府西南政务委员会，其在西南指导党务、政治的同志，均集中中央，共同负责。

△ 蒋介石在五届二中全会上代表主席团报告，否定萧佛成等所提《目前抗日救亡最低限度方策》一案，宣称："中央对外交所抱的最低限度，就是保持领土主权的完整。""半年来的外交形势，并未到达和平绝望时期"，"并未到最后关头"，"我们决不能轻举妄动，致陷国家民族于万劫不复之地。""假如有人强迫我们签订承认伪国等损害领土主权的时候，就是我们不能容忍的时候，就是我们最后牺牲的时候。"

△ 蒋介石在中央纪念周报告，声称："军令、政令的统一，是对外抗争的根本要件"，对两广异动，"中央始终不放弃政治的途径与和平的方法来解决"，并称"中央决不能因外患之严重，而放弃平定内乱之工作"。

△ 军事委员会发表人事命令：一、广州绥靖主任陈济棠免去本兼各职。二、派余汉谋为广东绥靖主任。三、派余汉谋为第四路军总司令兼第四路军第一军军长，李振球为副军长。四、派张达为第四路军第二军军长，李汉魂为副军长。五、派李扬敬为第四路军副总司令兼第三军军长，黄延桢为副军长。六、派黄任寰为第四路军第四军军长。七、派缪培南为第四路军第五军军长，林时清为副军长。任黄光锐为空军驻粤指挥官。任张之英为广东省江防司令。

△ 陈济棠接中央撤职电后，邀李宗仁、李扬敬会商对策，并令第二军第四师向南雄推进。粤北省境战事激烈。

△ 余汉谋自南京飞回大庾，14 日通电就广东绥靖主任、第四路军总司令职，回师韶关，并通电限陈济棠 24 小时内离粤。

△ 驻粤海军第一、第四两号鱼雷舰舰长邝光民、邓瑞功率舰离粤抵港投中央。

△ 孔祥熙在二中全会作财政报告，指出：由于受巨量走私之害，二十四年度全国关税收入，按预算约短收 9000 余万元之多，加上盐税、统税俱属短收，全年岁入按预算数短收几达一亿元，是以一年之中，竭力整顿税务，并积极筹办所得税、遗产税。关于地方财政，截至本年 6 月底止，据报各省废除苛杂计 5000 余种，裁减数额 5100 余万元。

△ 天津华新纱厂因欠外债无法偿还等原因，决定出售（该厂为北洋六大纱厂之一，有纱锭 2.5 万枚）。17 日，天津宝成纱厂无力经营，售与日商裕大纱厂，售价 37.5 万元。28 日，上海同昌、振华纱厂各有纱锭 1.5 万余枚，被日商内外棉纱厂全部收买。

△ 济南鲁丰纱厂因机器陈旧、棉花缺乏而停工。1600 余名工人失业。

△ 浙江省定海岱山镇渔民 2000 余人集会反对地方当局盐斤归堆政策及增加盐税，被税警击毙一人，群众夺枪反抗，击毙税警队长胡不归，焚毁盐场公署和秤放局，杀死场长缪光、职员钱甸等 20 余人，渔民也死 30 余人。

△ 近一月来，川东南及小川北各地旱灾严重，田畴龟裂，禾苗枯槁，秋收大都绝望。四川省财政厅决定组织旱灾民食救济委员会向金融界筹款，在上海、芜湖两地购米入川。是日财政厅长刘航琛召集金融界开会，商定经费 110 万元，由中国、中央、农民三行共认 90 万元，其余由各行分担。

7 月 14 日 国民政府特派蒋介石为国防会议议长，汪精卫为副议长；阎锡山、冯玉祥、程潜、朱培德、唐生智、陈调元、孔祥熙、何应钦、陈绍宽、张群、张嘉璈、俞飞鹏、李宗仁、白崇禧、陈济棠、刘峙、张学良、宋哲元、韩复榘、何成濬、顾祝同、刘湘、龙云、何键、蒋鼎文、杨虎城、朱绍良、徐永昌、傅作义、余汉谋 30 人为国防会议会员。

△ 国民政府公布修正《内务部组织法》、修正《财政部组织法》、《财政部税务署组织法》、《财政部关务署组织法》、《财政部盐务总局组织法》。

△　国民党五届二中全会举行第三次大会，孔祥熙主席，通过电慰汪精卫及大会宣言草案等案后，即举行闭幕式，由冯玉祥宣读大会宣言，声称："中国目前形势，非以决死之心求生存，则不能得安全之保障；非举国一致以整齐之步骤谋挽救，则将无逃于各个击破之危机。""吾人对内唯有以最大之容忍与苦心，蕲求全国国民之团结；对外则决不容忍任何侵害领土主权之事实，亦决不签订任何侵害领土主权之协定，遇有领土主权被侵略之事实发生，如用尽政治方法而无效，危及国家民族之根本生存，则必出以最后牺牲之决心，绝无丝毫犹豫之余地。"

△　国民政府西南政委会开会，萧佛成主席，讨论撤销执行部与政委会事，决议拒绝。关于拟在最短时期于广西召开非常会议，另组政府案，为萧佛成等反对，未通过。次日，萧以陈济棠、李宗仁"破坏党国统一，称兵异动"，携眷离粤赴港。

△　陈济棠派员强提中国银行广州分行关税存款，未果。15 日，陈派员去香港，向汇丰银行提取第一集团军公积金 100 万元。

△　粤第四路军莫希德师抵南雄、始兴，前锋距韶关仅 30 里。陈济棠为缩短防线，令粤军退出韶关，第二军集英德为第一防线，源潭为第二防线，军田为第三防线。

△　粤第二军第一教导团团长张威、第四师第十团团长覃香、第五师第十四团团长黄超成投中央。

△　陶行知从香港出发，经新加坡、马来西亚、印度去欧洲，8 月间到达伦敦，出席世界新教育会议第七届年会；同时受全国各界救国联合会的委托，担任国民外交使节，向海外华侨和外国友人宣传中国人民抗日救国的主张。

7 月 15 日　陈济棠、李宗仁在广州召开会议，议决：一、以西南政委会、执行部名义否认二中全会各议决案，通电拒绝中央撤销两机关令，宣布将在广州召开中央执监委员特别会议。二、组织抗日救国军一、四集团军联军，陈济棠、李宗仁分任总、副司令。

△　陈济棠令第二军张达部向余汉谋军猛攻，并调坦克 10 余辆出

发北江，同时下令炸毁粤汉路南段田头水及九峰两座铁桥，粤北韶关一带战事激烈。晚，张达部由韶关南撤，主力集中英德、军田与余汉谋部对峙。次日，余部莫希德、叶肇两师抵韶。

△ 粤军第九师师长邓龙光电劝陈济棠“入辅中枢”。同日，何应钦、程潜等再电促陈济棠、李宗仁、白崇禧入京“共抒救国大计”。

△ 全国各界救国联合会以沈钧儒、章乃器、陶行知、邹韬奋四人名义发表《团结御侮的几个基本条件与最低要求》的公开信，阐述对联合救亡的立场及对当局和民众的六点希望：一、希望蒋介石放弃“先安内后攘外”的政策，联合各党各派，开放民众运动，共纾国难；二、希望陈济棠、李宗仁、白崇禧推动中央政府出兵抗日；三、希望宋哲元不再压迫学生爱国运动，不逮捕殴打抗日民众；四、希望国民党联合各党各派，主要是与共产党重新携手，为抗日救国共同奋斗；五、希望中共实行《八一宣言》中提出的主张；六、希望民众督促政府出兵抗日，并且尽可能与政府合作从事抗日。

△ 江海关奉财政部命令，撤销对意经济制裁。

△ 冀察政委会令经济委员会委员钮传善在王克敏就职前暂行代理经委会主席职。

△ 日军在伪满柳河县白家堡子屠杀居民三百六七十人，烧毁房屋五六十户。

△ 苏（州）嘉（兴）铁路建成通车。

△ 宋棐卿在天津英租界修建之东亚毛纺厂新厂全部竣工，生产驼绒及游泳衣、毛内衣、花毛衣等。

7月16日 陈济棠、李宗仁就“中华民国国民革命抗日救国军第一、第四集团军联军”正、副总司令职，并召开军事会议，讨论设置联军总司令部的部署及两广军事策略。任命张达为北路总指挥，第三军副军长黄延桢为中路总指挥，第四军军长黄任寰为东路总指挥。决定东江由惠州至广州、北江由军田至广州两线，加紧部署兵力，实行内线作战。

△　毛泽东在陕北保安同美国记者斯诺谈话，估计中日战争形势，提出争取胜利的各种方针，预言抗日战争是持久战，指出中国战胜日本帝国主义有三个条件，“中国人民的大联合是主要的”，并称中国共产党和全国人民一样，坚决抗战到底，“不容许日本保留中国的寸土”。

△　桂军第四十五师奉白崇禧之命由龙虎关出动小江北，协助周祖晃、王赞斌两师加强英德前线防守力量。

△　粤第三军第九师第二十五团团长李绍嘉、第二十六团团长刘镇湘、教导团团长王德全等在五华通电“服从中央”，率部投余汉谋第四路军。

△　粤军第十四师参谋长罗隆、团长梁荣球、何联芳、李卓元等率全体官兵通电数陈济棠罪状，谓陈私人财产，存储外国银行达 1.1 亿元，其兄陈维周、其妻莫秀英等亦各有四五千万元，陈氏兄弟妻孥廉俸有限，巨资何来，而我三军将士竟至欠饷数月，且扣捐抽税，七扣八折，不得一饱。要求“驰赴前线，诛杀卖国贼”。

△　驻朝鲜清津随习领事孙秉乾等七人被当地日驻军指有探报军情嫌疑被捕，外交部电令驻日大使馆向日外务省交涉，要求迅速释放，同时电饬驻朝京城总领事馆向朝鲜总督府作同样交涉。25 日，孙秉乾等被押送清津地方法院开始侦查。

△　宋哲元对日本记者发表谈话，期望日本对于华北之经济振兴，予以强有力的援助，其中最期望者为平绥路宣化之铁矿等矿山事业，目下正由中日双方进行研究。交通建设为经济开发的基础，故铁道建设刻不容缓，华北经济干线之沧石铁道务必敷设。惟经济提携，须负责得人，慎重人选。王克敏再度北上，必能于此方面开一活路。即冀察政委会的增强、扩大，亦须待王北上方能决定。

△　内政部通令各省、市查禁三种刊物：一、《创造月刊》，南宁桂军政训处出版；二、《火星半月刊》，北平“一二九”文艺社主编，因“宣传普罗文艺，鼓吹阶级斗争”；三、《史地知识》，因以“唯物论、阶级斗争观点解释史地”。

7月17日 午,陈济棠召开紧急军事会议,提议离粤,实现和平;并电中央请停止派军南下。下午1时,又派陈汉光先飞南雄见余汉谋,后北飞见蒋介石,提出和平条件两项:一、请中央派员来粤主持军务;二、给陈济棠名义出国。陈离职后军权交缪培南主持。同日,陈济棠下令枪决以看相扶乩主战的粤军总部秘书翁半玄,并扣留其他主战者10余人。

△ 粤空军司令黄光锐召全体空军官佐开紧急会议,决定率全部机队投中央。18日晨6时半,黄与参谋长陈卓林、航校校长胡汉贤、大队长、分队长及全体飞行员160余人同时自广州起飞,其中58架飞韶关集中,余四架专载黄光锐、陈卓林、胡汉贤等直飞到港,并通电宣称:粤空军全部脱离西南,加入韶关之余汉谋军队。

△ 余汉谋电陈济棠,限由18日午起,24小时内离粤。蒋介石也致电促陈引退下野,从速入京。

△ 萧佛成致函陈济棠,斥陈勾结外敌,责令"克日离粤,还政中央"。

△ 粤第二军军长张达派政训处长冯鸾晃飞大庾与余汉谋接洽后返军田。当晚,张电陈济棠称:"二军将士已无斗志,虽驱策再三,亦逡巡不前,时势至此,惟有请钧座临崖勒马。"

△ 陈济棠军放弃英德,退集军田。

△ 粤第二军第四师巫剑雄、第三军第九师欧阳新、第五军第十四师陈章等率部投中央,与第一军会合南进。

△ 西南政委会布告,准许广西货币在广东省内自由流通,并声明以桂币交付各项租税亦属合法。

△ 冀东伪政府实施奴化教育。是日,伪冀东教育处通令各县中、小学一律加授日本史地。19日,通令规定中学生升大学,应向伪教育处呈请审核,由处免费送往东京或伪满大同学院肄业;小学毕业后应在冀东升学,不得前往平、津入学。

△ 日轮"长江丸"水手小林进、乌井真次在天津酒醉雇人力车,发

生口角，警察窦文彬排解不听，反被刺伤后腰，殴伤两腿。18 日，天津公安局一分局局长阎家桢访日警署交涉，要求道歉、疗伤。日方允接受。

△ 东北军骑兵军军长何柱国奉蒋介石令，指挥骑六师、骑十师和第五十一军之第一一八师及马鸿宾第三十五师残部分两路向隐蔽集结于七营、豫旺城及其附近地区的红军西方野战军主力进攻。是日，骑六师被左路军左权红一军团击溃，四个骑兵连被俘。经教育后，归还武器，全部释放。

△ 晋省南部连日大雨，山洪暴发，漳河猛涨，南运河大溜汹涌下注。18 日，沧县减河受南运河涨水倒灌，邢家庄新堤溃决 60 丈，沿河数十村被淹。漳河沿岸大名县属第一、二、三区老堤头、双井镇等百余村亦被淹，大名城处于水中央。20 日，永定河水在卢沟桥上涨，武清县境鱼坝口村东河套一带决口扩大。

7 月 18 日 陈济棠在广州宣布下野，在燕塘军校召集李扬敬、缪培南、林翼中、区芳浦、林时清、林益谦、何荦等处理善后：一、所有东、北两江及驻省军队交由李扬敬、缪培南统率。二、广州市治安交由公安局长何荦负责维持。三、政治方面则分别交林翼中、区芳浦、黄麟书暂维现状，俟余汉谋抵省，即分别办理移交。下午 5 时 15 分陈乘英舰“蛾号”离广州去香港。

△ 陈济棠派师长陈汉光携亲笔函飞南京见蒋介石，函称：“国事至此，不忍作无谓之牺牲，故决遵令下野，以免掀起内战，但粤事交幄奇（余汉谋）主持，各将领均不服从，仍恐不免一战，应请钧座另派一孚众望之大员来粤主持，职当摆脱一切，遂我初服。”同日，蒋电促陈去京，并称：“幄奇对兄，于公于私，均属忠诚耿耿，今彼既由中央委任，兄之视彼即应视为受中央命令之大员，以军权交幄奇实为交军权于中央，而粤中将领更应知幄奇系奉中央之命，负粤军之责，故听命于幄奇，乃所以服从中央，决不可以个人为观点，稍存彼此异同之见。”

△ 陈济棠电大庾余汉谋，谓：“棠诚信未孚，救国主张无方贯彻，

现决摆脱仔肩，此后对救国责任、广东治安、袍泽维系，偏劳吾兄独负其责。”余接电后，即召开部属会议，决定 20 日派员飞省晤何荦，商交接手续，并下令所部兼程前进，先遣队 20 日抵广州。

△　广东省主席林云陔、广州市长刘纪文逃抵香港。

△　李宗仁闻陈济棠下野，急调桂军两师入广州，缪培南率部赴江村（离广州市 50 华里）堵截，黄任寰率第三军一师往西江防桂军侵入。李以桂军被阻，遂于下午 4 时 45 分乘西南民航机返南宁。

△　蒋介石偕宋美龄、钱大钧等 20 余人由南京飞南昌转赴庐山避暑，并与湖北省主席杨永泰长谈。杨向蒋建议趁此千载一时的机会彻底解决广西李、白。

△　李宗仁与白崇禧为谋对蒋缓和，分电吴忠信、张定璠、黄绍竑，表示广西抗日主张不变，如中央真抗日，广西将竭诚拥护，盼将此意转达。

7 月 19 日　李宗仁、白崇禧、黄旭初等在南宁开会，决定：一、服从中央命令，李就广西绥靖主任，白就副主任，黄就广西省主席；二、李、白、黄三人联名通电维持和平，拥护中央。20 日，黄乘民航机飞长沙转赴庐山谒蒋表明李、白态度。

△　白崇禧继续备战，令梧州戒严，并在近郊赶筑工事。

△　留粤日空军人员 60 余人分批化装入桂。

△　广州市面渐复常态，宪兵司令利树宗、公安局长何荦分别布告安民，并与张达、黄任寰、缪培南、林时清、张文英、范德星、杜益谦等联名电请余汉谋即派员来省，处理一切。

△　陈维周之警备军第一、二、三、四团开赴西江，拟与集结三水、广州间之桂军合作，缪培南派第十二师陈汉光部前往包围解决。

△　据《大公报》讯：广东省工商业及金融界联合各界人士组织白银保管委员会，监视白银外流。粤省当局年来滥发纸币，竟达 2.5 亿余元，所存白银不过 9000 万元，近更将该项白银分运港、琼交与日本购买军火，2.5 亿元纸币立成废纸。

△ 日萱岛、铃木两联队长指挥唐山、榆关、秦皇岛日军千余人，在南大寺、秦皇岛间演习遭遇战。

△ 据《申报》讯："满铁"驻津事务所调查华北经济情形，现已完成华北财政概况、晋省产业贸易及河川测量、华北港湾情形、鲁省纺织业概况及产棉情形、华北农村经济、冀省滦榆蓟密区内贸易概况等项调查。

7 月 20 日 蒋介石电令白崇禧出洋考察，李宗仁调往南京军委会任职。李、白复电指责中央"墨沈未干，自毁信誉"，表示"殊难遵令"。

△ 余汉谋第一军副军长李振球率先锋部队 1500 人入广州。同日，余派陈章甫由韶关飞广州商接收手续。

△ 广东省主席林云陔、广州市长刘纪文由香港回广州办公。

△ 余汉谋电粤各将领，指示粤省今后措施：一、陈济棠决心下野，盼即通电，光明磊落宣示国人；二、委缪培南兼广州警备司令，所有广州水陆军警均归节制，维持治安；三、各部队暂在原防待命，不得擅自调动；四、白银由保管委员会切实保管，由缪培南、张之英负责监督，制止偷运出口；五、省行未发法币由保管委员会封存，不得滥发；六、即派工人修复广韶路，恢复交通。

△ 孔祥熙派宋子良为广东省财政特派员，调江海监督唐海安代两广盐运使，调江西省财政厅长吴健陶代粤桂闽区统税局长，并特派财政部次长邹琳率秘书陈汝霖等赴粤视察财政。21 日，行政院决议委派宋子良兼代广东省财政厅长。

△ 全国各省、市、县商会联席会议在上海开幕，到 21 省市、县商会代表，公推王晓籁（上海）、余蓉樵（汉口）、于小川（江苏）、蔡昌（广东）、袁端甫（浙江）为主席团。主席王晓籁报告召集会议主旨，在仰仗各省、市商会群策群力共谋挽救商业凋敝之方策。21 日，会议议决：一、请立法院修改《民法》第 681 条关于合伙债务清偿责任的条文；二、电请行政院财政部撤废各省变相厘金；三、电请行政院财政部缓办所得税案；四、电请政府通令保障正当商品运销；五、组织中华民国各地商会

检私委员会总会。22日，决议组织中华民国商会联合会。会议闭幕。

△ 察哈尔省边区永宁堡保安队罗紫宸部再遭冯寿彭部保安队围攻，冯炮击城内，毁民房无数。22日，察保安队日人顾问大山到津访永见，商遏止策。30日，察边保安队火并事平息，罗紫宸部正式改编为察东保安队第一总队，驻延庆县永宁堡。

7月中旬 共产国际执委会书记处会议讨论中共的统一战线的策略方针问题，主张改变“国内战争与民族战争”同时并举的方针，建议以“建立全国统一的民主共和国”代替“建立苏维埃人民共和国”的口号。

7月21日 国民政府公布《所得税暂行条例》，凡六章22条。

△ 粤各界团体及3000万民众电请国民政府通缉陈济棠归案，谓陈踞粤七年，横征暴敛，苛抽惢剥，公开烟赌，祸国殃民，串同区芳浦、林翼中、陈维周等，假国防、自治、军需、建设、航空救国、整理金融、维持纸币等名义，迭次发各种公债库券数十亿元，收支未明。

△ 司法院第十九次常会决定撤销西南最高法院分院，派叶夏声代理广东高等法院院长。

△ 粤各团体派代表检查银仓，计存毫银8000万，大洋1950万元。法币共发2.4亿元。

△ 山东省政务会议议决设立乡村建设学校，以培养乡村建设各级技术人才。

△ 天津人力车公会反对英租界工部局将颁布拉车验捐法，通告各车厂一律摘下英租界捐照，拒绝在英租界行车；并具呈市府声述拉车上捐影响营业，要求全体退捐。市府即派员访英租界当局交涉。22日，续有胶皮车商200余人到社会局请愿，要求向英工部局交涉，取消新验捐法。23日，市府派人访英工部局秘书长巴恩士交涉，英方允每辆车到局受验时，赔偿时间损失费一角，并同意将来发出车照数不加限制，人力车每年须到局受验两次。英租界人力车遂复市。

△ 中日天津警探冲突。警卫天津市府之保安第九中队第三分队长邹凤岭便衣赴日租界购物，日工部局特务认邹形迹可疑，带往日警署

讯问。22 日，邹押经市府门前，门卫见邹被押，即开枪射击，毙特务张德禄。23 日，日副领事西田口头提出四点要求：一、市长正式道歉；二、严惩开枪人及肇事分队长；三、从优抚恤已死特务及负伤汽车司机；四、保障以后不得再有此类行为。天津市长张自忠全部接受日方要求。

△　日外务省事务官相场、警察部长盐泽到天津访田尻总领，商平汉、津浦两线扩张警权等事。22 日，盐泽召集北宁路及平、津各日警署警官在津日总领警署会议，对扩张警权及平汉、津浦两线设警察分署及日、韩人杂居事有所决定。29 日，驻张家口日领事中根在津与盐泽会商在张北一带扩张警权事。旋由盐泽携决议案返日报告。

△　日陆、海、外三相会议讨论中日关系及上海萱生事件、青岛渡边事件之对策。22 日，会议议决全力援助冀察当局及冀东政权，并促进绥、察、冀、鲁、豫、陕、晋七省"中日经济提携"，并要求签订中日关税新协定。24 日，又发表宣言重申三点：一、说明日本在华北"特殊地位"，倘南京漠然视之，仍取"以夷制夷"政策，则日本之华北政策将更趋强硬；二、南京政府无诚意，"取缔排日"不力；三、"忠告"南京政府，以日本可以接受之方式解决华北问题。

7 月 22 日　军事委员会侍从室第一组主任钱大钧飞韶关晤余汉谋，接洽粤省军务整理。23 日，余偕钱抵广州开军事会议，决定：粤军一律照旧维持，饷项照旧发给，各军暂驻原防；裁撤广东军政学校，改设中央军校广东分校。24 日，余召开军事整理会议，决定将第一集团军改为第四路军；任命徐景棠为总部参谋长，黄涛主持兵工厂工作，黄振球为防空委员长，李洁芝为广州公安局长，陈策为虎门要塞司令。同日，海军部次长陈季良、军委会海军处长陈策抵广州与余商整顿粤舰。

△　第四路军余汉谋第一军莫希德第一师开抵广州。

△　中共中央发布《关于土地政策的指示》，对地主、富农的政策作适当调整，以适应建立抗日民族统一战线的新形势。《指示》规定：对地主阶级的土地没收之后，仍分给以耕种份地及必需的生产工具和生活资料；情况很坏的小地主的土地不没收；富农的土地及其多余的生产工

具(农具、牲口等),均不没收。

7月23日　国民政府明令追赠陆军第十九军军长李生达为陆军上将。

△　铁道部胶济路局收买民营博山轻便铁路,购价78万元。

7月24日　国民政府特派汤尔和、曹汝霖、戈定远、刘汝明为冀察政务委员会委员。

△　李宗仁、白崇禧联电国民政府、行政院、军事委员会,定于8月1日就广西省绥靖正、副主任,请派员监誓。

△　各省、市商会代表请愿团由上海到南京分别向中央党部、行政院、立法院、财政部、实业部请愿:一、各省变相厘金克期裁尽,如湘省产销税、赣省"清匪"善后捐、粤省各种专税、川省落地税、江、浙蚕丝改良费、陕、甘、滇特种消费税等;二、所得税应俟变相厘金一律裁尽,外侨能依律交纳后,同时举行;三、修改《商会法》、《同业公会法》等。接见人允研究解决。

△　前任驻济南日总领事西田耕一被聘为冀察政委会顾问,是日由神户启程来华。

△　冀察政委会通过宋哲元提议之沧石铁道建设案。

△　河北省开滦煤矿马家沟矿区,近有陈荣设荣庆公司,允工人开采土矿,前后已掘井60余处,每矿日给陈保险费38元。开滦矿局以矿区被占,函滦县政府取缔。是日,县府派员制止,陈纠集各小矿工人3000余名,持械阻止入境。25日,县府将陈捕去,矿工数千计议暴动。

△　漳河又有两处决口,两岸30里被淹,人畜淹毙无数。25日,蓟运河三处决口,两岸40里被淹。同日,永定河水势陡涨,北埝溃决40丈。次日,天津北双口村杨家堤溃决百余丈,双口等村农民2000户万余人受灾,淹地四万余亩,损失30余万元,灾民代表到津请愿要求华北水利会赔偿损失。27日,永定河下游双口镇迤上平庄一带溃决,决口30公尺,天津、武清两县30余村被淹。同日,山东省南阳湖、微山湖溃决数口,湖田被淹。

7月25日　国民政府令免广西绥靖主任李宗仁、副主任白崇禧职；特派李宗仁为军事委员会常务委员；任白崇禧为浙江省政府委员兼主席；特派黄绍竑为广西绥靖主任，李品仙为副主任，负责处理桂局善后。

△　夜，李宗仁、白崇禧在南宁召集军政首脑开紧急联席会议，决定拒绝中央对李、白的罢免令，并决议组织军政府。27日，李、白再开军政联席会议，讨论李品仙在广州与陈诚、钱大钧会谈结果，决定拒绝中央对李、白的新任命，以全省力量抗御中央。31日，李、白致电蒋介石，略称："更调新职，中央苦心措置，职等无不尽谅，唯关于抗战救亡大计，仍恳为更明确具体之指示，俾便遵循。"

△　陈诚抵广州访余汉谋，代蒋介石指示收拾粤局机宜。26日，余访陈诚商谈粤局。27日，余下令裁减兵额至6月1日前状况，凡6月1日以后由陈济棠所委的军、师长均复回原职。同日，余在纪念周演说，声称："军队乃中国之军队，并非隶属于一省或个人，此为余永矢勿忘之原则。"

△　余汉谋邀宋子良、邹琳、贝祖诒、唐寿民、唐海安等商议粤省财政，确定：一、军政费不敷，拟请中央对禁烟赌案延期半年；二、缩编军队，核减行政费，期收支平衡；三、军费由国税支给，不敷请中央补拨。

△　财政部次长邹琳在广州召林云陔、宋子良、唐海安、唐寿民、贝祖诒、沈代利等商整理粤省金融办法，决定短期内先整理广东省银行财产，并将其改组为中央银行广州分行，代理国库收支，然后再依改革币制程序，运法币至粤，将原有毫洋制改为大洋制。对苛捐杂税和非法的盐税附加准备废除。

7月26日　王宠惠偕孙科由上海赴九江转庐山与蒋介石会商两广事宜。

△　黄绍竑抵庐山见蒋介石，辞广西省绥靖主任职。

△　广西省银行奉令将存银440余万元集中南宁。次日，广东省财政厅撤销两广金融协约。

△　李宗仁、白崇禧电请息影梧州的李济深克日到邕面商一切。

次日，李济深偕胡鄂公到南宁，李、白即约翁照垣、刘斐、徐启明、戴石浮、夏威、廖磊、张任民、黄旭初、韦云淞、黎行恕与李济深研究关于抵御蒋介石进攻广西的策略。

△　贺龙红二方面军各部先后到达阿坝。

△　天津海关在津郊北仓一带缉获私货煤油2100余箱。近每日平均约有20吨左右私货运津，日浪人贸易协会为逃避缉私，不经津浦路，每夜改用汽车装砂糖、人造丝等品，插“日军用品”旗，由日租界驶过南大道西营转冀、鲁行销。30日，津海关缉私调查班开始工作。同日，许礼亚访张自忠，张允在可能范围内协助缉私。

△　日东京各大学来华考察团20余人在天津考察完毕，赴榆、秦各地考察。28日，日学术旅行团27人，由桥本率领抵北平，访秦德纯。

7月27日　国民政府公布《察哈尔省境内蒙古各盟旗群地方自治政务委员会暂行组织大纲》，废止《蒙古地方自治政务委员会暂行组织大纲》，并指定德穆楚克栋鲁普为察哈尔省境内蒙古各盟旗群地方自治政务委员会委员长，卓特巴札著、林沁旺都特为副委员长。

△　余汉谋令第四方面军恢复6月1日以前编制。调第二军副军长黄质文为第八师师长，第六师师长梁世骥为第二军参谋长，第四军军长黄任寰为独立第一师师长，第五军军长缪培南为教导师师长。

△　钱大钧飞庐山见蒋介石报告粤局。

△　中共中央批准成立中共中央西北局，张国焘为书记，任弼时为副书记，朱德等为委员。

△　日外务省未经我国同意，决在成都设领事馆，并任驻华使馆情报部中国班长岩井英一为领事。是日，岩井抵沪向记者谈称：“此次奉派为驻四川成都领事，唯一使命厥系发展日本在该地商业及调查川中一般农产物及贸易状况，余将以最大努力从事开发四川经济。”28日，四川旅沪团体发起组织四川旅沪各界反对日在成都设领。29日，四川旅沪同乡会和四川旅沪各大学同学会亦分别通电反对，要求外交部迅予制止。

7月28日 行政院在庐山开会，决议改组广东省政府及四川省政府、蒙藏委员会等人事任命案。

△ 蒋介石任命黄光锐为杭州航空学校校长。粤空军指挥官由陈庆云充任。粤机队留杭训练。

△ 李宗仁、白崇禧决定备战。白赴全州布置军事。桂军集结梧州戎墟一带。余汉谋调巫剑雄师开赴四会、广宁防桂，并调陈章师赴西江肇庆布防。

△ 桂币暴跌，每元折合港币三角，南宁米价涨至每担80元。

△ 外交部亚洲司司长高宗武飞庐山见外交次长徐谟，并代张群向蒋介石报告外事。29日，张群派高宗武抵上海访川樾，对中日"经济提携"及"中山"、"萱生"两案处理与王克敏北上等问题交换意见。

△ 铁道部为钱塘江铁桥工程与沪杭甬路工程事与中国建设银公司、中英公司商洽改订新合同，借款110万英镑，是日呈报行政院备案。

7月29日 国民政府明令改组广东省政府，任命黄慕松、王应榆、宋子良、刘维炽、许崇清、李煦寰、罗翼群、萧吉珊、刘纪文为广东省政府委员；黄慕松兼主席，王、宋、刘、许分兼民政、财政、建设、教育各厅厅长；原省政府委员兼主席林云陔应免本兼各职。同日又特任林云陔为蒙藏委员会委员长，原任黄慕松应免本职。

△ 李宗仁、白崇禧在南宁召开紧急军事会议，决议：一、拒绝新任命；二、扩大组织，成立军政府；三、请李济深到南宁主持工作；四、扩编部队为四军。并决定对滇、黔取守势，对湘、粤取攻势，将民团120万名分"前头"、"准备"两组，"前头"归周祖晃、廖磊、覃连芳指挥；"准备"归夏威指挥。

△ 余汉谋召开军事会议，讨论应付桂局办法。余已令独二旅陈章部第一团何联芳、第二团梁荣球往肇庆及粤桂边布防。

△ 财政部法币发行准备管理委员会广州分会成立，宋子良兼主席。宋电告财政部，决定编民国二十五年度广东省地方普通岁入岁出预算案，第一步先废除苛捐杂税1700万元。

△ 宋哲元与日本驻平特务机关长松室为“联络中日将校的情感，俾开发华北经济得以顺利进行”，在中南海怀仁堂联宴第二十九军营长以上官佐、军部各处长，冀察绥署、政委会处长以上职员以及冀察政委会所属五委员会主席，日军驻平旅团长河边及北平通州、丰台等地日驻军少佐以上军官赴宴者共百数十人，席间除宋及松室先后致词外，并有中日将校表演大刀及舞剑。宋书“东亚本色”四字以赠日方。

△ 日河边旅团长偕参谋渡边、副官小野及士兵 30 名赴南大寺，指挥步兵独立第三联队，自 30 日起在秦皇岛留守营驻地作大规模演习。

△ 殷汝耕令冀东 22 县，限于 8 月 15 日前抽选各地壮丁，组织防共义勇军，每县至少成立五队，每队人员约在 3000 左右，凡无壮丁应征之家，纳捐 100 元。

7 月 30 日 李宗仁、白崇禧、李济深、黄旭初、刘芦隐、林翼中等开党政军联席会议，决定于 8 月 5 日组织军政府，内定李宗仁为主席，李济深为副主席，白崇禧为全军总指挥，蒋光鼐、蔡廷锴、刘芦隐、林翼中等任政府委员。31 日桂军参谋长张任民不满李、白行动，辞职去港。

△ 蒋介石电余汉谋，准香翰屏继李扬敬任第四路军副司令。

△ 粤、桂两军在两省边界发生激战，余汉谋电蒋介石请示应付桂局办法。

△ 国民政府令陆军第三十三军军长徐永昌、陆军第三十四军军长杨爱源另有任用，均应免本职；派陆军中将王靖国为陆军第十九军军长，陆军中将孙楚为陆军第三十三军军长，陆军中将杨效欧为陆军第三十四军军长。

△ 国民政府任命曾养甫为广州市市长。

△ 厦海关监督戴恩赛抵广州接收粤海关。

△ 桥本继永见任华北日驻屯军参谋长。

△ 是日至 8 月 4 日，察北伪蒙西北防共自治军王道一部 2000 余

人，以一部侵犯绥东陶林县土木尔台，被民众守备队击溃。其主力围攻红格尔图，被傅作义军赵承绶部和内蒙正黄旗总管达密凌苏龙骑兵击退。王逃回商都，后被日军处死。

7月31日 桂军千余人图袭粤边封川、肇庆，被防军陈章部击退。桂军另部向贵县、陆川等地推进，谋打通海路。余汉谋令陈汉光率警备军往雷州半岛阻止。

7月下旬 蒋介石派陈诚到广州筹设委员长行营，并借口对广西用兵，将嫡系部队第二十五军万耀煌部第十三师、孙元良之第八十八师先后调到广东，后又调罗卓英第十八军的三个师驻粤汉路南段和广州石龙虎门线上；并派罗卓英为粤汉路警备司令，用以监视余汉谋的第四路军。

△ 蒋介石调大军四五十万围困广西，顾祝同所指挥的汤恩伯、薛岳等军，自贵州向桂北窥伺，陈诚的第十八军循西江而上，余汉谋自高州一带进逼桂南，何键取道湖南向桂林一带压迫。

是月 蔡元培、鲁迅、郭沫若、茅盾、周扬、巴金、沈钧儒等140人在《文学丛报》第四期上发表《我们对于推行新文字的意见》，提出用拼音的新文字，代替方块汉字。这种新文字，“确有力量帮助唤起大众挽救我们垂危的祖国”。

△ 中央农业实验所发表农民离村统计，苏、浙、皖、赣等22省1000余县的农民，全家离村者为各该地农户数的4.8%，约200万户，1000万人。其中以佃农、自耕农最多，佃农占25%，自耕农占29%。离村去路，往城市者占59%，往他村者占32%，去处不明者占9%。离村原因是农村经济极度衰落，天灾人祸煎迫，诸般剥削加甚，佃农欠租者日多，租额不减，捐税照纳，不得不竞相逃亡。

△ 陕北神府地区成立红军独立师。王兆相任师长，张秀山任政委。

8 月

8月1日 李宗仁、白崇禧在南宁举行抗战宣誓典礼，决心抗击中央军。桂军各师、团长200余人参加。6日，李、白积极备战，将全省民团编为省防军，不数日，省防军由14个团扩编为44个团。

△ 蒋介石电李宗仁、白崇禧促就新职，并解释调动彼等职务原因，声称中央新命，无非爱护其革命历史与勋业，解脱其环境之困难，彻底实现国家统一，加强团结，以便一致对外。任命地方官吏，原属政府职权，全会亦无不得变更之限制，断不得视为违反决议，违法失信。并劝李、白到广州面谈一次，只要统一、和平，国家与地方都有好处，一切都可以尽情商酌。

△ 冯玉祥应蒋介石电召赴九江转庐山，冯劝蒋对广西采取和平解决方针。

△ 桂军苏祖馨第四十三师一部与谭邃第三十五师越过隆盛、白马向广东信宜进发。第四十五师由陆川向粤北进发。余汉谋调陈章师由罗定堵击桂军。

△ 徐向前红四方面军抵达包座。王均第三军两个师在文县、武都、天水、西固，毛炳文第三十七军两个师在陇西、定西，鲁大昌新十四师在岷州、洮州、西固，企图在甘南构成两道封锁线，阻止红军二、四方面军北上。

△ 红二方面军指挥部及第二军到达下阿坝，第六军到达箭步塘及其附近。5、6两日，指挥部及第二军、第三十二军到达葛曲河，贺龙指挥部遭藏骑兵袭击，警卫部队将敌驱逐。7日，全军在水草地上跋涉，翻过一座大山，下午达严朵坝附近山沟露营。8日，第六军到达上包座。

△ 东北人民革命军第三军改称东北抗日联军第三军，军长赵尚志，政委冯仲云，下辖九个师，活动于通河、汤原、巴彦、木兰、勃利等地。

△ 是日至20日，天津海关共查获走私糖及其他走私货20万包。24日，天津海关、公安局破获北马路福康里台湾人许炳文走私仓库，搜出私糖2000包，并在直裕商行及裕太兴货栈缉获私糖600余包。25日，天津日领永井访公安局长程希贤，口头抗议公安局协助缉私。26日，日领岸伟一、西田长康分访海关、公安局，要求引渡人犯，发还扣货，被海关拒绝。日警署长和久井等率巡警干涉海关扣私货，与关员、华警对峙。和久井旋访公安局交涉。次日，双方议定将许炳文等三人及私糖引渡给日方。

△ 第十一届奥林匹克世界运动会在柏林举行，中国派代表参加该会足球、篮球、田径、游泳等比赛项目，由王正廷总领队。16日，奥运会闭幕。

△ 下午1时，甘肃天水发生剧烈地震，大小续震10次，房屋墙垣多有震坍。1时10分，兰州地震，地面成东西向摇动，10秒钟即止，震前大雨如注。2时，西安地震，地下有隆隆之声，室内桌椅电灯均摇动，约五六秒钟即止，震源由西来。

△ 飓风在汕头、厦门间登陆。3日，东山、诏安等县发生海啸，死亡100余人，灾情奇重，为20年所未有。同日，飓风过沪。

8月2日 国民政府任命顾祝同为贵州省政府委员兼主席。原任吴忠信辞职。

△ 国民政府撤销滇黔"剿匪"总司令部；特派龙云为滇黔绥靖主任，薛岳为副主任。

△ 据《申报周刊》载华联社天津讯：日军部为促进华北各省特务工作，除充实特务机关组织外，并决定在天津秘密设立特务工作人员训练班，专招日、鲜青年及汉奸子弟授以侦探及间谍技术，四个月毕业。毕业以后即化装商人、医生或僧道等，前往蒙古、河南、陕西、宁夏各地工作。

△ 上海英水兵惨杀陈惠章案后援会招待各界，主席苏春莲称，陈案发生后，英三水兵被英捕房拘去，但未照章办理即行释放。18日，后

援会推代表包振黄等偕死者家属向上海市政府请愿，要求迅向英领署交涉，务达惩凶目的，市府科长俞和德允再交涉。

△ 全国国糖产销协会在上海成立，宗旨为防止走私及外糖倾销。

△ 东北抗日联军第三军第二团政委赵一曼在珠河牺牲。

8月3日 李宗仁、白崇禧在南宁开军事会议，决定放弃梧州，以平南为第一防线；并分别任命廖磊、李品仙、夏威为第一、二、三路军指挥，白崇禧自兼第四路军指挥。

△ 第四路军缩编方案已定，全部粤军缩编为10个师一个独立旅，按乙种师编制，每师二旅，每旅三团。以莫希德、叶肇、张瑞贵、巫剑雄、李汉魂、黄质文、邓龙光、曾友仁、谭邃、陈汉光10人为师长。原任军长调回总部服务。

△ 是日至8日，驻天津和丰台日军频频进行军事演习，每次数十至数百人不等，包括步、炮、坦克等兵种，先后赴南大寺、卢沟桥、长辛店、榆关、南海及津市日租界内演习攻守战、野战、巷战等。

△ 财政部决定不在北宁路及津、平设立陆路稽查处，撤回在津工作人员，华北缉私全由天津海关负责。7日，津海关分函华北各县政府，请派保卫团查验各县境内运入货物，如无海关完税证，即予扣留。

△ 粤省月来霪雨连绵，山洪暴发，江堤纷纷溃决，是日东江上游蕉岭县决口16处，该县兰畲堤、泗溪堤、山枣树下堤、白桥沥堤相继决口，水深10余尺，浸没田禾万余石，房屋数千间。12日，高要县第六区香山围及鹅塘围决口，堤内各乡尽成泽国，农作物完全淹没。

8月4日 行政院第二七二次会议决定，将警官高等学校改组为中央警官学校，并推蒋介石兼任校长，原校长李士珍调任该校教育长。

△ 桂机11架飞长沙，投降中央。

△ 桂军三师由广东灵山进占廉州。

△ 红军闽北独立师黄立贵部300余人由光泽石陇突围，向浙南松阳、丽水转移，遭蒋军堵击，一部入景宁、青田，一部往闽东北边境。

8月5日 蒋介石于2日接李宗仁、白崇禧上月31日电后，是日再电李、白促就新职，电称："所谓救亡大计，关于外交方针与抉择国策之限度，二中全会已曾明白具体之宣示"，"兄等身为党员，分属军人，只有遵中央决定计划，依照执行。"

△　第四路军总参议邓世增奉命离粤到桂劝李、白就任新职，是日在南宁与李、白会见。8 日，香翰屏、邓世增持粤军政要员联名函再劝李、白。10 日，香、邓返广州谒余汉谋、陈诚，报告晤李、白经过，称此次赴桂斡旋时局，收效甚微，但和平尚未绝望。

△　中共西北局发布岷(州)洮(州)西(固)战役计划，将红四方面军编成第一、第二纵队，红二方面军为第三纵队，先机夺取岷州、洮州、西固地区。

△　贺龙、徐向前红二、四方面军各纵队开始由包座地区向甘南挺进。9 日，第一纵队先头部队第三十军第八十八师抢占天险腊子口。次日，红八十九师攻克甘南要地哈达铺、大草滩，歼敌千余，随即包围岷县城。第二纵队之第四军沿洮河北上，向洮州旧城进攻。20 日，红十师在妇女先锋团配合下，一举攻占该城。同时，红十二师夺得临潭，并向临洮发展。26 日，第一纵队之第三十军第八十九师克渭源。红五军与红九军一部续攻岷县。9 月 7 日，第二纵队第三十一军第九十三师克通渭。岷(州)洮(州)西(固)战役结束。

△　甘肃盐池附近之红军西征军徐海东部约 2000 人到预旺。6 日，据《大公报》中央社西安电称，陕北红军化整为零，分布于甘肃预旺堡、东沟滩、河连湾子、毛居井、庙儿掌等地。

△　冀东各县发现"反殷自治军"，军部设马兰峪，军长王道。20 日，冀东石河区发现"反殷人民自卫军"约千余人，便衣持枪分赴抚宁、滦县、遵化、玉田等地，向民间宣传驱殷，并联络民团，自出枪械壮丁，谋求打倒殷逆，各地民众参加者甚众，殷电所属特警队严密搜杀。24 日，殷汝耕到天津，偕伪驻津办事处长沈达夫往谒田代、桥本乞援。26 日，冀东兴隆、都山、马兰峪迤北姚镇、十里河一带，发现武装人民响应石河"驱殷自卫军"号召，连日散发告团警书，号召群起驱此奸恶。27 日，驻

宁南乡的伪特警张砚田部第四分队警士百余人哗变，留守营张砚田总部也连日发现反殷传单。

△ 粤财政厅长宋子良告示禁止桂省纸币在粤流通。

△ 日海军联合舰队到我国厦门海面演习，由海军大将高桥三吉率领军舰 76 艘、官兵 2.7 万人，于是晨抵达厦门鼓浪屿与胡里山屿。

△ 陈觉生、潘毓桂在天津与“满铁”理事大渊、所长太田接洽筹筑沧石路事，关于技术、材料、日资援助已定，是日太田、陈觉生分别赴大连和北平请示。

△ 河北省滦河上游溃决两口，淹农田无数。8 日，蓟运河在香河县决口两处，淹 40 余村。

8 月 6 日 国民党第十八次中常会决议改组广东省和广州市两党部，采用特派员制；推陈立夫视察并指导该省、市党务。广东省党部特派员为黄慕松、余汉谋、曾养甫、罗翼群、香翰屏、陈策、萧吉珊、邓彦华、钟天心、李煦寰，常委黄慕松、曾养甫、李煦寰，书记长谌小岑。广州市特派员为余俊贤、邢森洲、陈绍贤、刘石心、曾三省等 11 人。常委余俊贤、邢森洲、陈绍贤，书记长陈宗周。14 日，粤省、市党部特派员办事处接收粤省、市党部，15 日，接收监委会。18 日，蒋介石、陈立夫召见广东省、市党部特派员，指示整理党务办法。

△ 李宗仁、白崇禧委程树芳为第二十四师师长，贺为珍为第四十三师师长，张义纯为第二十五师师长，刘士毅为第八军副军长，石化林为郁林警备司令。

△ 白崇禧飞梧州视察防务。同日，桂第七军第十五师抵梧布防。

△ 四川旅沪各界反对日在成都设领，派周君实赴京，请国民政府训令外交部交涉制止，并急电四川各团体制止岩井入境履任。10 日，旅京、沪川人代表与四川旅沪同乡会代表李棠林、刘仙舟分别就此向中央党部、行政院及外交部请愿。外交次长徐谟答称：“早已对日方提出交涉，并已训令川省府及外交部特派员妥为处置。”

△ 绥远省乌兰察布盟西公旗札萨克石拉布多尔济（石王）前因与

曼头依锡大喇嘛额宝斋发生争权冲突，被停职八个月，现期满复职，是日双方在包头第二区色登胡庐头乡附近又起冲突。11 日，日人指挥大喇嘛军击败石王。12 日，石王逃包头向绥省乞援。大喇嘛驱走石王后，宣称西公旗仍属庙蒙会德王管辖，不属绥蒙会。15 日，绥省派王绶祺赴西公旗调处，谋使石王返任，遭大喇嘛拒绝，傅作义遂派田树梅部武装调停，击退大喇嘛，护送石王返任。

△ 全国学联等救亡团体联名致电华北将领，呼吁："绥东事急，为自身计，亦当感唇亡齿寒之惧，望抗战到底，不以寸土让人。"

△ 日本民政党发表宣言，主张调整中日关系，称两国关系之调整，对于东亚之前途有绝大之关系。

△ 南昌受暴风雨袭击，毁房 448 栋，死伤 272 人，损失约 100 万元。

8 月 7 日 国民政府派香翰屏为粤第四路军副总司令；派张达、黄任寰、缪培南、黄延桢和李振球分任广东第一、二、三、四、五军区司令官。

△ 绥东形势紧张，日人控制的王英等伪边防自治军二万余人进犯陶林、兴和。

△ 日本内阁召开首相、外相、陆相、海相、藏相五相会议，通过《基本国策纲要》，规定日本的根本国策，"在于外交和国防的互相配合，一方面确保帝国在东亚大陆的地位，另一方面向南方海洋发展"。并指出，日本的意向是对中国发动大规模的新的进攻。尔后，很快就实行了国家规模的战时动员。

△ 华北日驻屯军司令田代为绥东事在天津海光寺日兵营举行会议，与会者有永见、石井、和知、中村、饭田、营岛及绥张通特务机关长羽山、大本、上野等 20 余人，首由羽山报告绥东及李守信、德王两部情况，然后商讨对策。会毕，羽山即由津飞绥视察。

△ 李宗仁、白崇禧电请蒋介石派黄绍竑入桂谈判。蒋介石复电，决携黄赴粤。

△　桂军三个师入粤境北海。

△　前广东省教育厅长黄麟书奉陈济棠命与蒋介石接洽陈出国事。11日，黄在沪谈，接洽甚为满意，正由外交部代办护照。30日，陈离港赴意大利。

△　日本设立“鲜（朝鲜）满（洲）拓殖公司”，内定二宫中将为社长。

△　日“满”经济共同委员会议决：一、实行贸易紧急统制法，限制小麦、面粉、羊毛入口；二、增资扩充满洲煤油公司，在原资本500万元之外，再投资一倍，其中一半由伪满认交，余由“满铁”、三井、三菱分摊。

△　上海征信所职工因董事长祝仰辰声称要清洗救国会分子，不许职工参预政治活动，并无故开除职员三名；又因印刷工人工时过长，工资过低，任务过重，且常苛扣工资，于是日全体罢工，要求：一、增加工资；二、减少工作时间；三、津贴放假日饭资；四、无故不得任意开除职工。11日，先复工，另推代表九人与董事会磋商。此次罢工经章乃器与宋子文谈判，撤换祝仰辰，取得胜利。

8月8日　国民政府任命林云陔为审计部部长，吴忠信为蒙藏委员会委员长。

△　李济深偕张文抵南宁，与李、白商反蒋策略，同时起用第十九路军将领翁照垣编组一个师，在广东南路活动。

△　日浪人小野菊池由唐山私运烟草2.5万斤到天津，在徐家庄被税警截获，发生冲突。小野自作伤痕到津向日总领报告，日警署即派山下部长往调查，日领永井并向长芦盐运使提出抗议。9日，日方又向运署提出道歉、赔偿损失、付医药费等要求。

8月9日　商都伪军王英部数千人，编成若干纵队向西南移动，并有日军约千人开入商都，运来大批枪械、粮秣。同日，晋军李服膺第六十八师一部到达兴和、丰镇防御。

△　上海工人救国会正式成立，并发表对最近时局主张的通电，要求国民政府“即刻改正所谓对日‘和平’提携的错误政策……联合各党各派，召集真实而不是挂名的国防会议，动员全国军队、全国民众立即

北上抗日”,“本会号召上海及全国各地工友,誓为抗日战争后盾”。

8 月 10 日 李宗仁、白崇禧派刘斐随香翰屏、邓世增赴粤了解情况。

△ 毛泽东致函章乃器、陶行知、邹韬奋、沈钧儒四先生并转全国各界救国联合会,指出他们在 7 月 15 日发表的《团结御侮的几个基本条件与最低要求》,和全国各界救国联合会的宣言与纲领,“这些文件已经在我们这里引起了极大的同情和兴奋,认为这是代表全国最大多数不愿作亡国奴的人民之意见与要求。……我们同意你们的宣言、纲领与要求,并愿意在你们这些纲领和要求下面,同你们同一切愿意参加抗日救国的党派、团体和个人诚意合作与共同奋斗”。

△ 粤省农林局长冯锐以“贪污”罪被广州公安局逮捕,旋奉蒋介石令准枪决。

△ 徐青甫代理浙江省政府主席。

△ 日军两联队由热河开抵张北,并在多伦等地增兵,商都日机场停有轰炸机九架、侦察机五架、坦克七辆。

△ 据《申报》讯:日浪人今村清在津日租界组织便衣队,成立所谓“自治救国会”,受川岛芳子指挥,得日军部同意,以扰乱治安、造成恐怖为目的,俾日方有所藉词,然后以外交手段逼使华北“自治”。连日天津探警先后逮捕赵振缳、曹文凯、刘绍周等五名,余犯逃大连、榆关及冀东。

△ 山东省当局组“山东省孔教会”,以本省军界营长以上、政界科长以上及其他官阶相等之军政官员为当然会员,总会设济南,各县设分会,会员年交会费二元,总会设正、副会长各一人,由省主席韩复榘委聘。是日,省政务会议决修正通过该会组织章程。

8 月 11 日 蒋介石偕宋美龄、陈布雷等由九江飞抵广州,召集长官会议,研究和平解决桂局办法。蒋电邀李宗仁、白崇禧到粤会谈,李、白以疾为辞,派李品仙为代表见蒋。12 日,蒋续召余汉谋、陈诚、钱大钧等会商桂局。

△ 参谋总长程潜电询桂军高级参谋刘斐，广西方面有无谋和可能，刘复电希望分途进行敦劝。程即与何应钦联名电蒋介石(时尚在庐山)建议主和。蒋复电同意，并要程赴广州详商。程即电约刘去广州见面。是日，刘抵广州与程晤面后即往见蒋。蒋问刘桂事如何解决，刘答："只要不自己打自己，而是从事抗战准备工作，我可想法劝说广西当局。"蒋表示首肯。13日，刘返南宁转达蒋对和平解决桂局意见，并认为蒋处境不佳，确有谋和可能。当即商定以蒋接受抗战、收回事变以来调动李、白职务的成命和派大员入桂正式和谈等三点为基础，拟定六项条款。

△ 日本政府决定《第二次处理华北纲要》暨《附录》。《纲要》宣称："处理华北的要点，在于援助完成以华北民众为主的政治，在该地区建设巩固的防共、亲日满地带，同时有利于获得国防资源和扩充交通设备，以防备苏联的入侵，一切都为了建立日、满、华互助的基础。""分治的地区，最终以华北五省为目标。"策略上必须利用南京政府，使之"对帝国的处理华北政策抱合作态度"。在华北经济开发上，强调扩大日方利益为目的。

△ 日本政府决定《对中国实施的策略》，指出对华政策所应采取的措施，由以下四部分组成："一、对华北政策；二、对南京政府的施策；三、对其他地方政权的措施；四、对内蒙方面的措施。"对国民政府的具体措施：一、签订防共军事协定。二、签订日华军事同盟。三、促进日华悬案的解决：1. 使国民政府聘用日本人担任最高级的政治顾问，参与国民政府的内政、外交等方面的机要工作；2. 聘用日军事顾问及军事教官；3. 除设立华北航空公司外，利用台湾、福建之间的航空，上海、福冈之间的试航等方法，引导南京答应建立日华航空联系；4. 减低关税。四、促进日华经济合作，并就南京政权和党部的机构及人事问题，加以必要的调整。

△ 行政院第二七四次例会决议，派孔祥熙、蒋作宾、吴鼎昌、张嘉璈、俞飞鹏、秦汾、徐廷瑚、钱天鹤、蔡无忌等23人为农本局理事，陈振

先为总经理，钱永铭、邹秉文为协理。

△ 红二方面军指挥部及第二军到达下包座。16日，第六军经普济寺（甘肃）到达蔡里公坝，20日、21日，继续沿白龙江而下经哇藏寺、石门万险桥到达莫牙寺。23日，第六军经过腊子口、大拉山到曹子里。24日，第六军向哈达铺前进；指挥部及第二军到达蔡里公坝；第三十二军在十八盘。25日，第六军一部到达哈达铺。26日，第六军在哈达铺与红四方面军某军直属队开联欢大会。

△ 日外相有田在阁议席上宣称日外交政策已定，重心在对付苏联，拟在华北设立"理想区域"，作为缓冲地带。对英国应维持友好关系，使其明了日本的大陆政策。对南进政策须审慎进行，以免增加英日间冲突。

△ 德王赴百灵庙，称因"察蒙经费困难"，下令结束蒙政会事宜。

△ 日军2000人由承德开往察北。日机在多伦大演习，并有20架飞张北视察。百灵庙伪蒙军向商都集中。

△ 日商钟纺社以120万元收买天津华新纱厂，改名为公大第七厂。

8月12日 中共中央致电朱德、张国焘，指出夺取宁夏的战役计划所要达到的战略目的，是为执行"打通苏联、巩固内部、出兵绥远，建立西北国防政府之任务"，并由此"配合并推动全国各派统一战线，达到大规模抗日战争之目的"。

△ 国民政府特派顾祝同兼贵州全省保安司令，原兼司令吴忠信免兼职。

△ 日关东军召开幕僚会议，华北驻屯军参谋长永见列席报告华北现状，并提出重要建议，力主直接行动。

△ 察北伪军连日调动甚忙，绥东又趋紧张，傅作义下令加紧防御。

8月13日 财政部长孔祥熙召徐堪、陈光甫、顾翊群、郭秉文在庐山商币制、金融问题，并与徐堪、宋子良、陈行、贝淞荪等商讨粤省财政金融问题，对改革粤省金融、币制等有详尽研究。15日，宋子良、徐堪、陈行、陈光甫、顾翊群、贝淞荪等飞抵广州，整理粤省财政、金融。同日，粤印花税采用中央颁布之印花。

△ 蒋介石电召财政部长孔祥熙飞粤，商整理广东财政问题。

△ 毛泽东致书第十七路军总指挥、西安绥靖公署主任杨虎城，略称："目前日本进攻绥远，陕甘受其威胁。""蒋氏向西南求出路，欲保其半壁河山，倚靠英国，西北已非其注意之重心。全国各派联合抗日渐次成熟"，"兹派张文彬同志（红军派驻杨部之联络代表）奉诚拜谒，望确实表示先生之意向，以便敝方作全盘之策划。先生如以诚意参加联合战线，则先生之一切顾虑与困难，敝方均愿代为设计，务使先生及贵军全部立于无损有益之地位。"

△ 国民政府驻朝鲜清津随习领事孙秉乾，前被日方指为刺探军情加以逮捕，现已获释，是日返国抵南京，向张群报告经过。

△ 殷汝耕下令冀东22县，每县聘日籍教育指导官一名。又令各中小学实行亲日教育，教员均应兼习日语及日本史地，每年考试一次，凡有违背亲日的校长与教员考试不及格者，日籍教育指导官有权撤换。

△ 日海军武官久保田与"满铁"调查课长野田等在津会商塘沽辟军港事，决呈军部审核。

△ 德王在百灵庙遇刺未中，次日返滂江。

8月14日 蒋介石电召黄绍竑，指示解决桂局办法。是日黄抵香港，与李宗仁、白崇禧驻港代表张任民会谈。张将黄对桂局意见电告李、白。15日，李、白另一代表刘斐抵广州与陈诚、余汉谋会谈。16日，黄绍竑抵广州，分别与蒋介石、余汉谋、陈诚、钱大钧、朱培德、程潜等商议解决办法，并与李、白之代表李品仙详谈。17日，李品仙返桂。李、白拒绝刘斐携回之蒋所提解决广西问题条件，主要内容为：一、白崇禧就浙江省主席职，或出洋考察；二、李宗仁暂留桂；三、桂政局由黄旭初主持；四、桂军由中央另颁番号，改编为六师等。李、白发电另提新要求。

△　蒋介石召见广东省军区司令及师、旅长 65 人，对广东省军政设施及解决桂局办法作详细训示。

△　蒋介石致电张学良，令即与兰州绥靖主任朱绍良策定围歼川甘陕边区红军计划。张无反应。

△　毛泽东致书全国经委会主席宋子文，呼吁国共两党联合抗日，略称："十年分袂，国事全非，救亡图存，惟有复归于联合战线。""先生邦国闻人，时有抗日绪论，甚佩甚佩！深望竿头更进，起为首倡，排斥卖国贼汉奸，恢复贵党一九二七年以前孙中山先生之革命精神，实行联俄、联共、农工三大政策，则非惟救国，亦以自救。"

△　毛泽东致书冀察政务委员会委员长宋哲元，望宋"确立抗日决心"，联合华北人民群众作实力之准备，恢复西北军曾实行之联俄联共政策，一俟时机成熟，实行发动大规模之抗日战争；提出愿与鲁韩、绥傅、晋阎发生关系，共组北方联合战线，并派张经武为长驻联络代表。

△　毛泽东致函绥远省政府主席傅作义，呼吁全国各界联合抗日。略称，"先生如能毅然抗战，弟等决为后援。亟望互派代表，速定大计，为救亡图存而努力。"

△　桂军在北海附近与粤军冲突。桂空军第三队长郑梓湘、副队长李一飞、分队长梁伟如、队员罗士敏驾机三架飞广州降中央。16 日，桂空军司令林伟成率队长宁明阶驾机离南宁飞广州降中央。18 日，桂军夏威部 4000 余人抵广东省罗定、信宜边境，前哨与粤军发生小接触。

△　蔡廷锴、刘芦隐、区寿年等 20 余人由安南抵龙州。16 日，蔡廷锴偕区寿年抵南宁，与李宗仁、白崇禧商定恢复第十九路军。18 日，在南宁设立第十九路军总指挥部，以蔡廷锴为总指挥，重新编成三个师，翁照垣为第六十师师长，丘兆琛为第六十一师师长，区寿年为第七十八师师长。

△　梧州桂军炮击英舰。

△　伪蒙军李守信、王英等在张北集会策划侵绥，日人多名参加。会上决定，王道一出师不力，立即枪毙，所部归王英指挥。

8月15日 国民政府特派任可澄为监察院云南、贵州监察区监察使。

△ 鲁迅在《作家》月刊第一卷第五期发表《答徐懋庸并关于抗日统一战线问题》一文，对徐懋庸8月1日给鲁迅的信进行批判，表示拥护中共提出的抗日统一战线政策，“赞成一切文学家，任何派别的文学家在抗日的口号之下统一起来的主张”。

△ 伪蒙军由商都一带进犯绥东集宁，与傅作义军激战。

△ 据《申报》讯，日钟纺社投资30万，在张家口设洗毛厂，收买内蒙羊毛供给纺织厂，拟二年内抵制澳洲羊毛输入华北，夺占其市场。22日，日东拓公司拟在张家口投巨资收买电气公司扩大经营，并收买长城煤矿，已派员调查。

△ 据《申报》讯：伪冀东政府全年各种税收为：一、田赋及附捐800万元；二、关税420万元；三、烟600万元；四、盐税协款300万元；五、北宁路协款120万元；六、鸦片烟税500万元，共收入2740万元。

8月16日 全国各界救国联合会发表《为绥东事件宣言》，严正责问国民政府：“是否犹认绥远为中国的国土?”要求践履五届二中全会“不再以尺寸领土和丝毫权利让人”之诺言，迅下御侮决心，停止内战，集中力量对日作战。

△ 全国律师公会第二次执委会在青岛召开，沈钧儒报告冤狱赔偿运动进行经过，会后复开冤狱赔偿运动会。

△ 我国各地米麦丰收，日商三井、岩井、三菱等会社在芜湖、无锡、常州等沿长江农产区域，大量收买小麦，作为战时储粮。截至是日止，三井等会社在华收买小麦，总数约达30余万担，小麦价格上涨至每担五元。苏、浙、皖各地面粉业公会纷呈实业部请禁小麦出口。旋经财政部批示，“暂无禁止小麦出口必要”。

8月17日 李宗仁、白崇禧在南宁开紧急会议，决定：一、召集非常会议，以李宗仁、白崇禧、李济深、刘芦隐、陈铭枢、黄旭初等为委员，李济深主席兼组织部长，陈铭枢兼国际特派员及侨务部长，刘芦隐兼宣传部长；二、设立“中华民国人民抗日救国军政府”，李宗仁为主席，白崇禧、蔡廷锴为副主席，廖磊、李品仙、夏威、覃连芳、杨震千等为委员；三、组织军部，李宗仁任总司令；蔡廷锴、白崇禧分任第一、二两路军前敌总指挥。

△　中国科学社发起与中国数学会、中国物理学会、中国化学学会、中国动物学会、中国植物学会、中国地理学会在北平举行联合学会。蒋梦麟致开幕词，指出“我们是一个科学落后的国家”，“我们没有牛顿，没有伽利略，没有达尔文，也没有爱因斯坦”。十几年来，经过大家的努力，我国科学还只是在萌芽中。“我们的希望是，将来我们的牛顿、伽利略、达尔文、爱因斯坦……就要从这萌芽中生长出来”。

△　国民政府任胡庶华为四川省立重庆大学校长。

△　德王召察北六县保安队 3000 余人集嘉卜寺，编为一师，由日方训练。

△　东北抗联王德泰第二军收复抚松县城，歼敌 700 余人。

8 月 18 日　行政院第二七五次会议决定：任命曹经沅、王澂莹、张志韩、胡嘉诏、周恭寿、韩德勤、何辑五为贵州省政府委员，由曹、王、张、胡分别兼任民政、财政、教育、建设各厅厅长；通过《所得税暂行条例施行细则》，自 10 月 1 日起施行，先征公务员薪给及公债存息，余项自 1937 年 1 月 1 日起征。

△　蒋介石召见广东省政府主席黄慕松及各厅长，指示整理广东省政方针。21 日，蒋在粤召见党政军要员陈诚、余汉谋、黄慕松、曾养甫等 30 余人，指示党政军要政。

△　海关总税务司梅乐和由沪抵秦皇岛视察。19 日，津秦关税司许礼亚赴秦皇岛访梅商缉私。25 日，梅乐和在北戴河与许礼亚、郝格得商津关设津郊分卡事，决由三处试办：一、堵截平、津陆路；二、堵截由运河南下水路；三、堵截由御河西下水路。每卡关员四五名，与铁路线稽查分处任务同。

8 月 19 日　日驻华大使川樾偕书记官荻原等在北平访宋哲元，对

"共同防共"与"经济提携"交换意见。川樾谓:"日本希望远东和平与中日国交之调整,华北与日本有密切地理关系,两国实现经济提携对中日两国大局最为必要。"宋表示同意。午,宋偕秦德纯、陈中孚访川樾答礼,对川樾华北中日"经济提携"原则重申赞同,表示冀察方面有充分实行之意。同日,川樾对新闻界发表与宋谈话要点:一、中日两国应协力"防共";二、关于华北经济开发问题,仅交换意见,无具体谈判;三、中日国交调整,两国当局应一致努力进行。

△　国民政府训令行政院、军委会撤销李济深、陈铭枢因参加"闽变"之拿办令。

△　蒋介石在广州召朱培德、程潜、黄绍竑、陈诚、余汉谋等商应付桂局新办法。

△　广西空军司令兼航校校长林伟成等在广州函劝李宗仁、白崇禧停战谈判。

8月20日　军事委员会参谋总长程潜派唐星,陈诚派邓世增,黄绍竑派舒宗鎏三人到南宁重申南京谋和诚意。

△　外交部长张群通知刘湘,谓日本外务省决定恢复成都日本领事馆,以野村为领事。刘电重庆市政府转告重庆日本领事,以成都恢复日领馆事,民众纷纷反对,希望日人暂缓前往。是日,野村仍派四人由重庆去成都筹备恢复领馆事务。21日,省府秘书长邓汉祥召集成都警备司令蒋尚朴等商议办法,决定由民众游行示威,省府根据民意电请外交部交涉拒绝,并电重庆劝阻野村缓行。

△　粤汉铁路广州至衡州段通车。

△　中华棉业统计会发表本年全国棉产第一次估计报告,主要棉区12省5000余万亩,产皮棉1600余万担,为近20年间之最高数。

△　"中日合办天津电业股份有限公司"成立。董事长张自忠,副董事长石井,资本800万元,分整股(50元)、半股(25元)向中日双方募集。据天津支公司社长清野谈,中日现办汽车事业,系该公司试办华北经济项目之一,将来如举办成功,再办他项,如农业实验场、农业合作社

等。21 日，天津市政府称，中日合办电业公司用人及计划权，全归华方；日方仅作技术援助。

8 月 21 日 唐星奉命赴桂传达蒋介石向桂方所提新条件：一、黄绍竑仍任广西“绥靖”主任；二、白崇禧必须出洋，浙江省主席名义仍保留；三、黄旭初留任广西省主席；四、桂军改称第五路军；五、中央军队不开入桂省，但党务由中央派员整理。

△ 李宗仁、白崇禧为试探蒋介石谋和诚意，特书五项条件交唐星、邓世增、舒宗鎏带回广州：一、解放救国言论及救国运动；二、撤南下之兵北上抗日；三、从速决定抗日救国计划及实施的时期；四、照调解人所拟第二方案发表新命（主要内容是李宗仁留任广西绥靖主任，黄绍竑仍回任浙江省主席，实际上是撤销 7 月 25 日的南京国府命令）；五、第一条实现，第二条开始，即宣布就职。

△ 孔祥熙电令宋子良执行整理粤省币制办法：一、广东省、市两银行原有毫券发行额为 2.4858 亿元，照常流通；二、一切税收其向以中央法币为本位者，仍照旧办理，如无法币，应按当日市价折合抵交，但不得超过加五计算（即法币一元最高合毫券 1.5 元）。

△ 宋哲元委冯治安代理第二十九军军长。

△ 是晚，日侨森川太郎在丰台中国军营前窥视，被第二十九军士兵刺伤。次日，日宪兵队长赤藤少佐会同冀察绥靖公署杜副官、孙参谋等抵丰台调查真相。同日，冀察政务委员会外交委员会主任陈中孚赴天津与桥本会商解决此案。9 月 17 日，陈中孚偕松室孝良由天津抵北平，陈称：“丰台驻军与日人纠纷事件，由华方赔偿医药费 600 元，已告解决。”

△ 苏联代表罗木在美国加利福尼亚召开之太平洋学会席上演说，承认中国在外蒙的主权。

△ 日陆、海、外三省代表影佐、中村、太田在天津召开时局会议，宣示三省重大意旨，讨论华北政权问题，并经济提携旨趣。会上决定华北时局应付办法：政权明朗化归陆、海两部官员负责促进，外交官吏从

旁协助。经济提携及特殊贸易，减低关税，津警权、领权扩大等问题归使馆主持，陆海军从旁协助。绥东事由关东军部负责。22日起，由陆、海、外三方分别召开会议，贯彻时局会议有关议案。

△　天津市商会及银钱业公会招待川樾，中日财界各到30余人，川樾致词，声称加强中日经济合作，必须政治合作，中日两国提携应由商人自己先行提携，然后谋求政治合作。

△　据《申报》讯：据内政部统计处调查，全国农民人口总数为3.20384018亿人，占全国人口80%以上。农佃比例除新疆、宁夏、蒙古、西藏等五省尚无结果外，其余25省计自耕农占23%，佃农占32%。

8月22日　绥境蒙政会开大会，讨论对付日伪进犯绥东事，傅作义派代表参加。

△　内政部统计处发表全国耕地面积调查，总计全国耕地面积为11.6848亿亩。

△　行政院会议通过《所得税施行细则》，以院令公布，定10月1日施行。

△　台湾全岛发生强烈地震，震源在高雄东南71公里附近。

8月23日　日关东军参谋长板垣由长春秘密飞抵百灵庙，晤德王、李守信、包悦卿等，举行蒙军最高军事会议，传达关东军对绥东的意见，怂恿西侵。25日，板垣由津飞绥晤傅作义交涉，日方提出"绥东五县，前身为察北四旗，应与察北六县一致，由德化管辖"。遭傅拒绝。

△　刘斐奉李宗仁、白崇禧命赴广州与蒋介石谈判。蒋基本上同意李、白所提六项条款，表示收回调李、白离桂的成命，由中央补助若干财政和复员经费，并告刘将派程潜、居正、朱培德到桂和谈。25日，李、白电程潜等表示欢迎入桂和谈。

△　国民政府拨款8200万元助粤整理金融。

8月24日　成都民众万人发生反日暴动。日本擅在成都设领并遣人伪作商人及新闻记者至成都先事部署，寓大川饭店。市民闻知，愤慨万状，群起诘问，殴毙日人深川经二、渡边洸三郎，殴伤田中武夫、濑户尚，并捣毁大川饭店、交通公司及益晋、恒宝等商号，军警驰往弹压，军警民众互有伤亡。

△　成都事件发生后，复兴社和 CC 系干部当夜在康泽部属叶介仁宅开联席会议，决定：联电报告蒋介石，指控刘湘暗中派人打死日人，以图增加中央对日外交的困难，建议免刘省主席职，由康泽继任。

△　李宗仁、白崇禧邀李济深、刘芦隐、彭泽湘、李任仁、黄旭初、张文、王公度、杨东莼（代表救国会）、胡鄂公、邱昌渭、朱佛定、夏威、刘斐等举行会议，商讨成立抗日政府问题。初步拟定成立"中华民国国民救国委员会"或"中华民国临时政府"两案，电张学良、刘湘征询意见。

△　李宗仁、白崇禧在南宁开最高级军事会议，决定白崇禧任第一路军指挥，蔡廷锴任第二路军指挥，分两路进入粤南。同日，桂军入钦廉地区之张屋，次日占领廉江城。晚，周祖晃部及民团 4000 余人开进合浦县乌家、白沙墟等处。26 日，第十九路军翁照垣师攻北海，进入灵山陆屋墟。桂军韦云淞等部由廉江城进抵安铺、永安，并派一团推进化县。廖磊、夏威及第十九路军共 10 万人，分三路进入粤境，第一路由岑溪攻罗定，第二路由梧州攻封川、德庆，第三路由怀集攻广宁、四会。27 日，周祖晃、翁照垣等部抵遂溪。28 日，桂、粤两军战于罗定、大兴、信宜等地。桂军占合浦西境。晚，封川桂军夜袭德庆。

△　南京当局为缓和桂省局势，令驻桂边封川、广宁部队后撤 30 里。蒋介石并电请李宗仁、白崇禧到港与程潜谈判和平办法。

△　北京大学文学院院长胡适在美加州召开之太平洋学会第六届大会演说，抨击日本对华政策，指斥日"阻止中国民族之复兴"，称"中国任何政府，凡力足以统一国家而增强国家地位者，皆非日本所能容忍，此在日本殆成为定策"。表示"中国民族已抱定决心，誓必奋斗到底，以维护本国之生存"。

△　财政部、铁道部通告整理陇海路借款还本付息办法，减付利息 1.5 亿余元。

△　财政部应粤米商之请，下令改变粤省征收洋米入口税办法：

一、自7月20日至8月10日期间内已到之洋米免税放行；二、此后进口洋米，照税则规定税率减半征取，并征一成附加税，减税期至8月底为限；三、所有在粤免、减税米谷转销粤省以外时，概照税则补税。

△　厦门日侨组织台湾公会，将厦门市划分为若干区保，仿国民党保甲区方法，设区保事务所，办理日籍民户及人事登记，并自是日起至9月8日止，举行各区家长会议。当地政府以有碍中国行政权，曾向日领交涉取消，迄无结果。

8月25日　中共中央致书中国国民党中央委员会，严词批评国民党对内压迫人民对外妥协投降的政策，指出内战局面由于国民党的错误政策仍在继续，再次呼吁立即停止内战，组织国共两党共同抗日的坚固的民族统一战线，同时对国民党较之过去有若干进步的地方表示诚恳欢迎，并提出国共两党代表进行重新合作的具体实际的谈判建议。

△　行政院第二七六次例会决议：任命蒋廷黻为驻苏大使，王正廷为驻美大使，梁龙升任驻捷公使。26日，国民政府发表任命令。

△　晋军李服膺等师开抵绥东增防。

△　日本广田内阁发表向我东北移民"20年百万户计划"，自1937年开始，20年间将向我东北移民100万户，500万人；并将此计划作为十大国策之一。

△　天津日军步、炮兵两队在市郊演习夜战。丰台日军300余名往卢沟桥演习野战。又自是日起至31日止，平、津、塘、通日军3000余人，在大沽口东西炮台大规模演习海港攻守战，由河边旅团长指挥。

△　四川省府秘书长邓汉祥召集成都市长、警备司令、警察局长开会，商议24日反日暴动事件之善后措施，决定：一、用棺木将两日人尸体盛殓，备日方查验；二、由警备司令部提出已经判决之死囚苏德胜、刘成元二人，作为当场捕获的凶手枪毙；三、由刘湘密电国民政府，严正指出康泽部属叶介仁等指使学生打死日人情形。

8月26日　行政院院长蒋介石、副院长孔祥熙电令刘湘查办成都事件负责人，谓"成都市内忽然发生人民殴击外人事件，虽属意外事变，防范究有未周，当地军警负责人保护不力，自应依法惩办”。外交部一面派员入川彻查真相，一面电令成都军警当局严行“缉凶”，弹压民众，并加紧保护外侨。

△ 外交部长张群由庐山回南京接见日本总领事须磨后，立即电令川康外交特派员吴泽湘由重庆飞成都，准备接待日本调查团。28日，外交部特派调查员邵毓麟、专员杨开甲由南京飞成都查案。

△ 华北当局对中日“经济提携”规定五原则：一、华北经济开发在中日互助原则下进行；二、进行此项交涉必须尊重中国主权，不损中国权利；三、开发目的与方式须共同研究，检考利弊；四、材料供给、资金贷予、技术援助须根据前项原则好意洽商，尽量接受；五、日方希望铁道建设、矿山采掘、棉花栽培，容认其协助与投资。

△ 国民政府特派盛世才为国防会议会员。同日又派李平衡、包华国为出席国际劳工局第二十一届暨第二十二届海事会议中华民国国民政府之代表，并指定李平衡为第一代表。

△ 外交部派专员段茂澜抵绥晤傅作义，调查绥东情形。

8 月 27 日 华南日领会议在上海召开，到若杉（上海）、须磨（南京）、中村（广东）、三浦（汉口）及外务省代表太田、尚未赴任之驻津总领堀内和使馆华文参赞清水、情报部长吉冈等。首先交换成都事件意见，旋由太田传达外务省对华外交策略及华北日领会议经过。28 日续开，由各总领事报告驻在区域内状况。29 日，川樾返沪参加会议，听取若杉报告过去两日来会议经过，继续综合讨论制定决议案。

△ 蒋介石密电孔祥熙称，前广东省财政厅长区芳浦以库券向省银行押借款项偿还旧欠，以余款用私人名义存入省银行，陆续提用1600 余万元，案情可疑，应即严令彻查。

△ 张子华携带曾养甫邀请周恩来出边区商谈的信件和与国民党电台联系的密码第二次抵达保安。31 日，周恩来复函曾养甫，表示“亟愿与贵方负责代表进行具体谈判”，“兄及立夫先生能惠临敝土，则弟等愿负责保兄等安全，万一有不便之处则华阴之麓亦作为把晤之所”。

8月28日　国民党陕西省党部奉蒋介石电令将在张学良掩护下进行抗日救亡活动的中共地下党员宋黎、马绍周、关雨苍逮捕。宋黎当场被杨虎城第十七路军宪兵营巡逻队截住夺回，交与张学良。29日清晨，张学良派卫队包围陕西省党部，将马、关两人救出，并查抄出特务电台、密码、档案等。次日，张向蒋报告事情发生经过，并自请处分。蒋复电称："我弟处理此案，殊失莽撞，所请予以处分一节，应免置议。"

△　日外相有田在阁议例会宣称，成都事件除惩凶、赔偿等惯常要求外，有采取基本步骤之必要。同日，有田在日陆、海、外三相会议上声称，成都事件不应视为地方问题，当由中日双方政府处置之；两国当局应调查其起因而予以根本解决。

△　以驻华日使馆三秘松村为首的调查团由上海飞抵成都。29日，日本调查团传讯有关人证，寻找民众示威游行和政府方面的关系及证据，但毫无所获。松村等拜会刘湘，称：奉有田外相及川樾大使之命，调查成都事件。9月1日，松村等携两日人骨灰飞上海。

△　日关东军与日华北驻屯军高级将领在天津开联席会议，关东军代表板垣、武藤(第二课长)、福荣真次(部附)、泉可长义(副官)，华北驻屯军代表田代、桥本、饭田、池田、浅井、专田等出席。商定一致对华外交意见，强化全盘政策，划定两军部权限，长城以外归关东军，以内归华北驻屯军。

△　据《申报》讯：司法行政部长王用宾谈，全国政治犯在普通监狱者约2100余人，在各省反省院者1060余人。

8月29日　国民政府为成都事件重申睦邻令，宣称："对于友邦，须敦睦谊，不得有排斥及挑拨恶感之言论行为，早经明令饬遵在案。最近四川成都竟因人民暴动，发生殴击外人情事，殊违政府睦邻之旨。"

△　桂军总部下总攻令。夏威部两师续向信宜推进。

△　冀察政委会交通委员会讨论修筑沧石路问题，决定将路线延至天津，由北宁路供给工人、资本，"满铁"及兴中公司供给材料及技术人员。31日，十河、潘毓桂等洽商沧石路技术援助与材料供给问题。

△　天津日驻屯军司令部宣称，日在华北经济开发大体步骤为：一、开发范围系采永久渐进方式，并无限度；二、日本注意华北主权，中国尊重日方权益；三、初步开发地域及部门，即向华北当局谈判；四、日本供应华方者为材料、资金、技术援助等；五、开发华北工作，初期以铁路建设、矿山采掘、棉花栽培等为重点。

△　天津华北日驻屯军司令部强占南开六里台大清化学公司房地 600 亩，筑化学战车队兵营，是日，天津市政府与日驻屯军司令部交涉。

8 月 30 日　蒋介石召朱培德、居正、程潜、余汉谋、陈诚、钱大钧、何键、熊式辉等会商桂局，对桂仍主宽大；推定朱、居、陈、程携和平方案及蒋介石、余汉谋、黄绍竑三人亲笔函飞桂；桂事未和平解决前，南京中央取监视态度。

△　陈济棠持中央签发之出国护照，离港赴瑞士。

△　蔡元培、于右任、吴敬恒、叶恭绰、卫聚贤等发起组织之吴越史地研究会在沪成立，推蔡元培为会长，吴敬恒、钮永建为副会长。

8 月 31 日　蒋介石派王宠惠飞南宁与李宗仁、白崇禧谈和。

△　国民政府公布《民国二十五年四川省建设及换偿旧债公债条例》，定额 3000 万元，以 2000 万元办理交通生产建设事业，以 1000 万元换偿旧债，本公债年息六厘，还本期限定为 15 年，应还本息基金，指定在四川省田赋正税收入项下划拨。

△　白坚武、刘桂堂、陈嘉谟在津分别为王英、包悦卿伪军秘密招募旧直鲁军，送察北训练。

△　国际学联召开之世界青年大会在日内瓦召开，全国学联派陆璀前往参加。9 月 1 日，陆璀代表中国学联向大会作报告称："我们的纲领只有一个'抗日救国'，我们的行动，也只有一个'抗日救国'。"

是月　张学良、杨虎城分别派出以下各路代表进行抗日联络工作：一、派解如川到广西联络李、白，提出联合抗日主张，并调查"两广事变"真相；二、派栗又文到新疆联络盛世才共同抗日，并商谈如何沟通国际路线问题；三、派蒲子政到太原、北平、济南，向阎锡山、宋哲元、韩复榘提出逼蒋抗日主张，借以探询阎、宋、韩对抗日问题的态度；四、派傅剑目到四川探询刘湘对抗日问题的态度。

△　南京各界救国联合会成立，负责人为孙晓村、曹孟君、千家驹等。

△　上海各界救国联合会等团体发表宣言，反对日本帝国主义及其豢养的伪蒙军侵犯绥东、绥远，呼吁援绥抗日。

△　中央军、粤军联合向闽西南红军游击队进行第四期“清剿”。中华苏维埃人民共和国闽西南军政委员会坚持抗日反蒋方针，在反“清剿”战争中加紧争取粤军工作。

△　国民党中宣部印发《中央取缔社会科学反动书刊一览》，查禁676种社会科学书刊。

△　黄立贵率红军独立师自崇安出发，经建阳、邵武，克界首镇，歼福建省保安团一部，旋下峡阳镇，渡闽江，挺进将乐、顺昌、泰宁。

△　红军西征军在宁夏预旺、海原地区，建立预海县回民自治政府，回族人马和福任主席，并建立以回民为主体的县游击大队。月末，左权红一军团和徐海东红十五军团由预旺堡、同心城、黑城镇地区出发南下，以策应第二、四方面军的北上行动。

△　广东海南岛成立琼崖工农红军第三支队，由冯白驹领导。

△　冀东伪保安总队缩编为四总队、一教导队，由张庆余、张砚田、李海天、赵雷分任总队长，每总队辖二区队，每区队辖三大队。每大队官兵480名，配机枪八挺及山炮野炮等，并增设特务中队。每总队人数超过3500名，重武器由日方接济。各保安队均归保安处统辖，刘宗纪任处长，殷汝耕兼教导队长。

△　“中日合办电力有限公司”在天津成立。公司总资本为400万元，中日各半。中方应出资金由兴中公司出面向“满铁”借垫，故名为合办，实为日方独营。

9 月

9月1日 李宗仁、白崇禧电余汉谋表示和平诚意，请居正等赴南宁和谈，并令粤桂军撤退。2日，居正、程潜、朱培德抵南宁与李、白谈判，携有蒋介石亲笔信，劝李、白“协力完成国家统一”。3日，居正等电粤报告称：“桂态度已有转变，提数项折衷办法请转达蒋，并派李品仙随同来粤磋商。”

△ 中共中央向党内发出《关于逼蒋抗日问题的指示》，指出：“目前中国人民的主要敌人，是日本帝国主义，所以把日本帝国主义与蒋介石同等看待是错误的，‘抗日反蒋’的口号，也是不适当的。”“在日本帝国主义继续进攻，全国民族革命运动继续发展的条件下，国民党中央军全部或其大部有参加抗日的可能。我们的总方针应是逼蒋抗日。”中央立刻准备派代表同国民党进行谈判。

△ 中共中央政治局委员、中革军委副主席周恩来致函国民政府江苏省主席陈果夫及陈立夫，重申中共“停战抗日”主张。略谓：“敝方现特致送贵党中央公函，表示敝方一般方针及建立两党合作之希望与诚意，以冀救亡御侮，得辟新径。两先生居贵党中枢，与蒋先生又亲切无间，尚望更进一言，立停军事行动，实行联俄联共，一致抗日，则民族壁垒一新，日寇虽狡，汉奸虽毒，终必为统一战线所击破，此可敢断言者。”

△ 中共中央电告在西安的潘汉年，任命潘为中共中央谈判代表，与陈立夫直接面谈。11月7日，中共中央再电在沪的潘汉年，令其以中共中央正式代表资格赴南京与陈立夫会谈。

△ 绥远蒙政会在绥东举行第二次大会，由沙王主持，讨论绥蒙边境“防共”及改革蒙政等问题。2日，议决绥东丰镇、凉城、兴和、陶林、集宁五县仍由蒙、绥共同防守，以杜伪军入侵。3日，通过议案四项：一、通缉西公旗叛首曼头；二、抚慰被灾难民；三、训练蒙兵“防共”；四、

派员督导盟旗教育。次日，闭会。

△ 贺龙红二方面军王震红六军到达甘南礼县附近，前卫部队攻城未下，将城内王均部一营包围。红二方面军总指挥部及红二军先头部队到达哈达铺。3日，王均派一旅应援礼城。黄昏，红六军撤围退至东川一带。

△ 新任冀察政委会经济委员会主席王克敏离上海北上。

△ 日陆、海、外三省会议讨论对成都事件处理意见。4日，日内阁会议通过交涉成都事件条件，除要求道歉、惩凶、赔偿损失以及在成都设领外，并要求中国彻底取缔反日运动。5日，日外相有田八郎就交涉成都事件、北海事件给驻华大使川樾训令称："(一)使国民政府认识它负有自己践踏了邦交务敦睦谊令等精神的重大责任，要求它通过即时解决重要悬案(如航空联系，降低进口税等)及华北问题等，披沥诚意，采取措施。(二)要国民政府从根本解决排日运动，例如：彻底贯彻禁止排日命令、解散排日团体、修改一切排日教科书、禁止排日言论等。(三)对事件要求道歉，处罚肇事者，严惩主犯、从犯及煽动者，并赔偿损失。"同日，川樾召开使馆首脑会议，根据外务省训令，讨论交涉步骤。同时，日本在上海、南京、九江、汉口、长沙、宜昌、重庆、大沽、旅顺等地配置军舰24艘，作为对华外交后盾。

△ 兴中公司社长十河信二召"满铁"天津事务所长太田、兴中公司驻津理事平山敬三等会议华北经济开发具体步骤。4日，讨论设立天津发电厂事。18日，兴中公司对察哈尔省资源调查完毕。该省口北10县共有煤矿95处，铁矿三处，水晶矿二处，金、银、铜、铅、玉石、石棉、石膏等矿各一处，合计百十余处，总面积2000万公亩。

△ 北宁路局局长陈觉生访日本兴中公司社长十河，商谈修筑津石铁路(天津至石家庄)。据4日华联社讯：具体办法已定，建筑由北宁路局负责，由日方提供资本，用中日合办名义，定下月动工，明年10月内完成。

△ 粤汉路(广州至武昌)全线通车。

9 月 2 日　第十九路军翁照垣部在北海组织抗日大示威游行。晚，日本间谍中野顺三在自己开设之丸一药房被便衣队数人入内刺死。事件发生后，日本驻广州沙面领事要求派兵登陆调查，被余汉谋拒绝。

△　国民政府派汪子刚为出席国际劳工局第二十一届暨第二十二届海事会议雇主方面代表。

△　日本改派陆军大将小林跻造任台湾总督，原任中山健藏准其辞职。

△　日方在化德开会，决令王英部伪军沿蒙古草地潜往绥西活动，谋先侵扰阿拉善旗及河套。

△　天津海关税务司许礼亚赴北戴河与总税务司梅乐和商缉私及对冀察总稽察处之设立与海关职权冲突事。7 日，冀察当局宣布设立总稽察处之原意，以求国人谅解，称华北走私严重，政府努力防止迄未收效，走私问题在未解决前，入境私货加以清查，酌收验费，借以调剂市面物价，此不过一时权宜之计，一俟政府有解决办法，当即停止。

9 月 3 日　晚，李宗仁召集白崇禧、黄旭初、潘宜之、王公度、李任仁在广西省政府讨论和战问题。王公度仍主张团结进步党派，在南宁另创新局。会议直到深夜无结果。4 日上午继续讨论。李宗仁称："'六一运动'以来，虽与各方面有密切联系，但只有救国会寄予精神上的支持；张学良尽管抗日，但倒蒋未必参加；刘湘则始终不肯一同露面。在上述情况下，广西独力支撑，财政断难持久。如果蒋答应抗日，而又维持广西现状，应以和为上策。"于是议定和议方案如下：一、重申解放抗日救国运动及言论、集会、结社自由；二、撤退南下各军，恢复各方交通；三、确定抗日计划及时期，务求在最短期间实现；四、李宗仁任广西绥靖主任，并保留第四集团军；五、白崇禧以军事委员会常务委员名义出国考察；六、广西党政人事一仍其旧；七、广西军队保留三个军，军费由中央补助；八、以上各条除第三条保密外，余均电蒋以谈话方式宣示国人。下午，居正、程潜、朱培德携此方案返粤复命，李、白派刘斐随行。

△　李宗仁、白崇禧与李济深、蔡廷锴、黄旭初、刘芦隐等军政首脑

50余人开联席会议，讨论蒋介石所提之和平办法，大部接受。同日，蒋在广州召高级将领会商桂事，并派唐星飞南宁传达意旨。

△　德王召李守信、王英、张海鹏、苏万龙及各伪师长、独立旅长等，在百灵庙开军事会议，策划侵绥。

△　广州湾惨案代表陈宝、陈致力抵广州，向粤省府请愿，要求向法国提严重抗议，并进行交涉。

△　上海各界缉私协会电蒋介石，要求制止冀察政委会征收新税。6日，中华国货维持会电蒋介石、孔祥熙、吴鼎昌，请制止冀察政委会征收新税。

△　上海市社会局召集益友、天成、永丰、宝华、裕村五丝织厂劳资双方进行调解，益友、天成、永丰三厂签订和解办法：一、益友厂素缎工资每公尺一律照四分三厘计算。人造丝单绸照原工资增加8%。准备部工资增加5%。二、天成厂织工部四寸单绸，每码工资加五厘。准备部加5%。三、永丰素缎每尺工资加五厘，真丝缎每公尺工资加六厘，准备部工资自九折恢复至九五折。宝华、裕村两厂调解失败，工人继续罢工。

△　芦盐输日合同由中方芦丰公司与日方三菱、岩井两公司在天津签字，有效期三年，本年输日七万吨，规定每吨纳税一元，盐价及杂项共计三元。民用商盐比输日盐价贵40倍以上。

△　世界和平运动大会在比利时首都布鲁塞尔开幕。中国代表团熊式一、陶行知、钱俊瑞等出席。会上，伦敦中国留学生代表王礼锡演说，略谓“九一八”以来，中国国难严重，空前未有，内忧外患，纷至沓来，中国人民素具和平精神，为今之计，厥宜组织团结，以参加广泛的和平运动。

9月4日　居正、程潜、朱培德、唐星等偕刘斐飞抵广州见蒋介石。刘呈李、白复蒋函，内称桂方承认中央和解原则。5日，蒋召居正、程潜、朱培德及各将领会议，决定大致采纳李、白所提办法，并由蒋作长函劝谕，交刘斐带桂复命。10日，刘斐、邓世增携蒋函抵南宁。李、白召李济深、蔡廷锴、黄旭初及各军、师长开会，议决原则接受中央和平方案。

△ 第十九路军翁照垣部突由廉江进占化县城，沿梅菉镇江边前进。

9月5日 国民政府派李扬敬为闽浙赣边区清乡司令。

△ 国民政府任命李登辉、冯自由、王毓祥、林庚白、艾沙为立法院立法委员。

9月6日 国民政府令：军事委员会常务委员李宗仁免职，特派李为广西"绥靖"主任；浙江省政府委员兼主席白崇禧免本兼各职，特任白为军事委员会委员，并指派为常务委员；广西"绥靖"主任黄绍竑免职，任命黄为浙江省政府委员兼主席。9月16日，国民党中政会决议追认。

△ 蒋介石派王宠惠抵香港，劝萧佛成赴广州协助中央处理广东省事务。10日，朱培德抵香港访萧，面交蒋介石亲笔函，促萧早日入京。18日，刘纪文抵港敦劝，萧表示病稍愈即北上供职。

△ 全国各界救国联合会在沪组织300多个宣传队共2000余人，上街进行抗日宣传，并为援绥募捐。随后，南京救国会由孙晓村、曹孟君等领导，与王昆仑、许宝驹等配合，在冯玉祥大力支持下，推动国民政府中的上层人士如张继、孙科、居正、覃振等，发起援绥抗日运动。

△ 德王在嘉卜寺开会，对犯绥商定新策，由包悦卿飞津和日驻屯军接洽。同日，日第一师团四联队抵察北。日机七架自多伦运兵至张北。

△ 驻昌黎北郊之伪冀东保安队李海天部100余名反正，响应石河驱殷自卫军，绑架当地伪官11人，日军前往堵截，被该部毙、伤各一人。

△ 河北省永定河水涨至1.9丈，破历年最高纪录。双口镇杨家地新堤决口30余尺，淹没十余村，农田千余亩。同日，滦河决口，宽20余丈，滦县城处水中。北宁路滦河铁桥附近决口四丈余，农田被淹。9

日，北运河杨村段漫溢，两岸田园皆淹。12日大清河水暴涨，武清县史各庄、文安县吴家潭、霸县吴家罐堤均溃决，淹百余村。

9月7日 华北日驻屯军参谋长桥本抵北平访宋哲元。宋表示希望实现中日亲善，并愿对此努力。18日，华北日驻屯军司令田代又访宋哲元，交换华北时局、冀察政权及"经济提携"等意见。

△ 华北日驻屯军推举建川美次中将、桥本欣五郎大佐分任冀察政委会最高政治及军事顾问。

△ 国联同志会总会在日内瓦举行世界青年大会，中国国联同志会派留欧学生钱钟书等约30人组成代表团参加。

△ 徐向前红四方面军占领甘肃通渭、洮州旧城。

9月8日 国民政府通令全国人民服兵役，称"服行兵役为人人应尽之义务"。

△ 蒋介石听取刘斐报告北海事件经过，认为解决该事件，应撤退第十九路军。

△ 中日就成都事件开始预备会谈，外交部长张群、次长徐谟、亚洲司长高宗武和日驻华大使川樾、驻南京总领事须磨在南京连日进行谈判。

△ 日驻广州代理总领事吉竹就北海事件向广东省主席黄慕松提严重抗议，并派日舰"嵯峨号"前往调查。

△ 何成濬、杨永泰在汉口召开豫鄂皖边区"清剿"会议，对"追剿"驻军及防区分配等商讨改善办法。

△ 因"新生事件"被判刑之《新生周刊》主编杜重远，是日刑满出狱，恢复自由。

△ 天津海关奉财政部指示函复日领，接受日方对"大荣丸"事件关于赔偿损失、给受伤者医药费等全部要求。

△ 上海市党政当局议决制止工潮办法：一、由市党部、社会局会衔布告，重申禁令，凡未经党政机关核准，工方不准自由罢工或怠工，否则依法究办；二、市党部对各厂工人进行指导，不被"利用"；三、对于工

潮消息，各报馆一律慎重登载等。

△　冀察政委会决定在天津设总稽察处，在北平、保定、张家口、石家庄、沧州、泊头镇、岐口等地设分所，对冀东输入的私货课以海关正税八分之一消费税，准其在冀察及平、津自由运输行销。是日，总稽察处在津成立，处长由北宁路稽察处长王鸿恩兼任。

9月9日　蒋介石在广州出席总理首次起义纪念会，演讲《复兴中华》，并宣读《兴中会宣言及章程》，号召发扬总理与诸先烈之革命精神，共同奋斗，建设国家，复兴民族。告诫全党，如果"还像前清政府一样腐败"，"人家就要起来革我们的命，我们就要为亡清之续"。

△　李宗仁、白崇禧电居正、程潜等，表示接受新命。同日，蒋介石决定派陈诚赴桂整理军事，桂军改为第五路军，下设五个师，由王赞斌、周祖晃、覃连芳、苏祖馨、贺维珍分任师长。

△　日外务省训令川樾赴南京交涉北海事件。同日，日驱逐舰"若竹"、"早苗"两舰离沪驶北海。10日，川樾召使馆武官喜多、佐藤商讨北海事件，日大使馆一等秘书须磨谒张群，声称日政府决定派员赴粤调查，望妥为保护。同日，日舰"球磨"、"芙蓉"、"刈萱"、"朝颜"号南下。翁照垣宣布北海戒严。蒋介石令李、白撤回翁部。

△　伪蒙新募壮丁七八千名开往商都、化德，由日派军官训练。同日，张海鹏部伪军5000余名开抵商都，并有大批新武器及巨型坦克10辆由热境运抵察北。伪军并加紧修筑军用公路，架设电线，运输辎重。

△　王克敏在津访日驻屯军司令田代、桥本交换华北现状及开发华北经济意见。日方对王北上就职，意见分歧，天津日军当局对王不满，王决定中止赴平就职。12日，宋哲元派张自忠访王，王表示愿辞职南下，并将冀察经委会主席聘书退回。

△　中华工联会电行政院及财政部、实业部，请撤销冀察稽查处，并严惩建议或实施人。12日，上海市商会呈请财政部制止冀察稽查处活动，谓该稽查处的设立，并非辅助缉私，实乃保障私货入境。

9月10日　国民政府明令全国官吏、人民恪遵准则，办理国民代表大会选举。

△　行政院通令各省、市维持地方秩序，保护外侨。内称："所有外交案件，中央正在妥慎办理，不宜以局部之纷扰动摇大局，'九一八'纪念已近，尤恐或有'无知之徒'蓄意滋乱。"

△　上海公共租界总巡捕房对上月16日《大公报》载反日文章《演不出的戏》一文，一再涉及"满洲国"，认为有煽惑他人抗拒《敦睦邦交令》之嫌，控该报总编辑张季鸾妨害秩序罪。是日，在上海第一特区地方法院开审。被告张季鸾驳称：中华民国迄今并未放弃东三省为本国领土，国民政府迄未承认"满洲国"，故并非与《敦睦邦交令》中所称之"友邦"抵触。

△　上海总工会召集80余行业工会代表开会，议决通令各工会告诫所属工友，不得无故罢工或怠工，实行劳资协调；忠告资方不得无故停业，无故开除工人；函请公安局，在劳资纠纷调解期中，未经党部许可，不得逮捕工人等；并将上述议案呈报中央党部、行政院。

△　贺龙红二方面军总指挥部决定乘陕、甘之敌分散的弱点，分三个纵队前进，打击成县、徽县、两当、康县、凤县、略阳之敌，袭取以上县城，建立临时根据地。是日，红二军第六师为左路纵队，由岩昌出发向康县、略阳前进。11日，红二军第四师和总指挥部及第三十二军为中路纵队，向两当、凤县前进，同时宣布红二军第五师归第三十二军编制，番号为第九十六师。15日，红六军由余家村经寻家底到平南川；第四师第十二团袭西和县未克. 16日夜，敌先占娘娘坝反击，红十六师师长张辉牺牲。

9月上旬　蒋介石急调胡宗南第一军由湖南兼程北进，企图抢占西兰公路的静宁、会宁、定西段，隔断红军三个方面军会合的通路，并命令位于定西、陇西和武山地区的毛炳文第三十七军，位于天水、泰安、武都地区的王均第三军，阻红二、红四方面军北进，命令宁夏的马鸿逵部和固原及其以北的何柱国、马鸿宾部南北推进，夹击清水河以西红一方面军主力。

△ 红军西征军红一方面军主力在七营、李旺堡歼敌一部，尔后以左权第一军团各个歼灭分散防守黑城镇、李旺堡、同心城、海原、郑旗堡等地的马鸿宾部。

9月11日 日舰“若竹号”自香港转驶北海。粤日代理领事吉竹访两广外交特派员刁作谦，坚持派员乘舰往查日侨中野被杀案，刁婉言劝止。12日，刁作谦所派秘书凌士芬抵北海，遭驻军拒绝，折返途中遇日舰“嵯峨号”，加以劝阻。日领署电该舰暂停港口待命。

△ 国民政府明令嘉奖北平私立燕京大学校务长司徒雷登募款兴学，为该校先后所募捐款计达2000万元。

△ 伪满兴安北省西额旗和金厂工人2000余人，同抗日军联合，击毁金厂办事处、作业所、伪警察分驻所等24处，打死日伪军警八人。

9月12日 国民政府令陆军中将余汉谋特加陆军上将衔；任命张发奎为陆军中将，并加陆军上将衔。

△ 天津日领馆致函津市公安局，声称南开中学学生连日开会筹备“九一八”纪念会，实为抗日行动，请予取缔。

△ 前北京安国军政府国务总理潘复在北平病故。

△ 东北抗日联军周保中第五军在中东铁路代马沟水平站截击日军东行兵车，击毙日军官兵90余名，重伤50多名。

9月13日 蒋介石委陈诚兼第三路军总指挥，罗卓英擢升第三路军参谋长。委任李宗仁为第五路军总司令，委任何键为第一路军总司令，辖现驻湘各省部队；卫立煌为第二路军总司令，驻闽各部队归其指挥。

△ 程潜、黄绍竑等由广州飞南宁，商桂局整理，并监誓李、白就职。14日，程、黄分访李宗仁、白崇禧、李济深、李品仙商谈桂局，白拟下月出洋考察军事，经程、黄劝挽作罢。

△ 中共中央和中央军委提出静(宁)会(宁)战役计划。要点为：红一方面军以一部兵力向西兰大道静会段挺进，红四方面军以主力迅速占领隆德、静宁、会宁、定西段公路及其附近地区，控制西兰大道；红

二方面军以一部兵力直出宝鸡以东地区，牵制与侧击胡宗南部，以便三个方面军提前会合，协同消灭胡宗南部。

△　新任英国驻华大使许阁森抵沪，对中外记者谈称：英国外交有固定的基础，不容轻易变更。英国不欲与任何一国结盟，以敌视他国。英日合作经济援华问题，必中、英、日三国共同合作，始可成功。

△　国民政府委员徐绍桢在沪逝世。

9 月 14 日　李宗仁、白崇禧发出和平通电，谓："宗仁痛念国家危亡，激于良心职责驱使，爰有前此请缨出兵抗战救亡之发动，唯一目的即欲以行动热忱吁请中央领导，俾能举国同仇，共御外侮。""今后一切救国工作自当在中央整个策略领导之下，相与为一致之努力。"16 日，李、白在南宁偕黄旭初分别就任桂省绥靖主任、军委常委及桂省政府主席职。

△　北海第十九路军翁照垣部拒绝日方调查人员登岸调查中野事件。

△　蒋介石在广州黄埔召黄慕松、刁作谦等商北海事件应付办法，决定先令刁之秘书凌士芬调查真相。

△　英船"泰利号"驶过广东省西江江门附近时，因激起江水，淹没稻田，农民开枪射击，死华籍舵手一名，伤船主英人裴里斯、二等机师比利时人蓝琴堡及美教士卡莱特女士。英当局获悉，即派炮船"西加拉号"往查。广州英总领费列浦亦向中国当局提出严重抗议，要求缉凶。

△　驻平绥路察绥旗云继先部蒙古保安队 500 人、驻毕克旗 400 人，因欠饷哗变，击伤云继先。18 日，云继先死。所部窜阴山黑牛沟，被绥军搜剿殆尽。26 日，副队长朱实夫赴毕克旗集中余部改编，并与绥当局洽商名称及扩充办法。

△　彭德怀红一方面军陈赓第一师主力附骑兵第二团一部组成之特别支队占领将台堡，徐海东红十五军团以步、骑兵各一团组成之特别支队占领打拉池。

9 月 15 日　李宗仁、白崇禧电令翁照垣部限 20 日前退出北海。

同日，川樾偕须磨、清水访张群，交涉北海等案。新任日驻粤总领事中村抵上海，传达日外务省对北海事件的训令。16日，川樾再访张群，要求设法使日方人员前往调查。张群表示，促翁照垣部撤退，以解除现地调查障碍。同日，翁部分批撤退，由粤军谭邃第一五九师接防。21日，翁电广州报告北海驻军撤退完毕。

△ 行政院决议任命马步青为青海省政府委员，任命乌珠穆沁旗护理札萨克图桑噶为察省境内蒙古各盟旗群地方自治政务委员会委员。

△ 行政院会议通过北平发行市政公债300万元，青岛发行民国二十五年建设公债600万元。

△ 实业部成立农本局，推孔祥熙为理事长。该局任务为：一、筹备农产品运销仓库；二、调节国内食粮；三、运销国内其他农产品如茶叶、烟草、棉花、麻等；四、辅助发展农业生产；五、辅助设立合作金库。该局由实业部联合国内各银行组成，资本分三种，固定资金3000万元，由政府分年筹拨；合股资金3000万元，由参加各银行合交；流通资金额数由参加各银行与农本局协定。

△ “九一八”纪念日将临，淞沪警备司令部宣布17日至20日，上海市区临时局部戒严，禁止集会、游行、罢工、罢课、散发传单以及其他影响治安之行动。16日夜起，天津警戒三天，武装军警皆出动。17日，南京警备司令部下令“九一八”纪念日禁止游行、集会。18日，北平戒严，军警在各校、各街巷布防，严禁结队游行。

△ 红军西征军左权红一军团进至西兰大道以北之海原、固原地区。东北军何柱国以骑六师、第一零五师一个旅及马鸿宾三个团进攻西进红军。是日，李天佑红四师歼灭敌马鸿宾两个营，17日又消灭何柱国骑六师两个团。18日，红一军团占领界石铺。

△ 日本军令部决定《处理北海事件方针》：“一、与成都事件一并以国民政府为对手，引导其走向全面禁止排日，从根本上调整邦交”，促进对此事件的解决；二、调查现场，依既定方针进行。不得已需要用兵

时，应止于保持我方威信的必要程度；三、防备抗日事态波及全中国。”在第二项中，海军并考虑到对海南岛和青岛“实行保障占领”。

△　日本参谋本部制定《对华时局的对策》，主要内容为：一、对华中、华南方面，按目前形势，不以陆军行使实力；二、为预防因抗日行为波及华北而爆发不祥事件，看时机先派一个师团去满洲，在锦州附近待机；三、在华北，万一发生有关帝国军队威信的事件时，中国驻屯军应断然给以惩罚；四、关东军作好对苏作战准备，以策万全。

△　日关东军参谋田中隆吉由长春飞抵天津，王英随即亦到津会晤。嗣王携日方接济之六万元飞返绥东。

△　自是日至30日，平、津、塘沽、丰台、通县等地日驻军演习行军、打靶、巷战、野战和由坦克、汽车、炮兵、装甲车等配合进行游行示威，据不完全统计达22次之多，参加日军达5000余人。

△　驻沪领事团要求修正6月间所订《租界工厂检查协定》草案，认为实行该协定“不啻将领判权予以局部废除”。是日，上海市政府秘书长俞鸿钧就此事致函公共租界工部局，转请领事团不要曲解，以妨碍我国行使行政权，阻扰执行《租界工厂检查协定》。17日，实业部咨上海市政府继续交涉执行《租界工厂检查协定》。

9月16日　国民党中政会决议，国民政府委员胡汉民、徐绍桢出缺，选任汪精卫、黄郛为国民政府委员。

△　徐向前红四方面军第九军三四千人围攻甘肃临洮，是日与援敌于学忠第五十一军第一一八师作战后，退出临洮东山一带。17日，临洮附近红军向官堡镇转移。18日晚，红军猛攻甘肃岷县。

△　财政部为保持关税的完整，特派参事李青选、总税务司缉私科税务司白立查北上与冀察当局协商缉私有效办法。是日，李抵津，访许礼亚、过之瀚等交换意见。20日，李青选以财政部指示办法与秦德纯、孙维栋、王鸿恩交涉：一、查验私货由海关或另设机关办理均可，但查验费须与海关税率相等，以免破坏关税完整；二、私货取消查验证，由商人补税免罚放行。

△　冀察总稽察处因各方反对，实行秘密查验放行，由各走私商担保，登记货数，将来总收费。是日，一次放行私货砂糖 1.3 万包、人造丝 300 箱。

9 月 17 日　中共中央作出《关于抗日救亡运动的新形势与民主共和国的决议》，指出：在日寇继续进攻，抗日救亡运动继续发展，国际形势新的变动等条件之下，南京政府有转向参加抗日运动的可能。"中央认为在目前形势之下，有提出建立民主共和国口号的必要，因为这是团结一切抗日力量来保障中国领土完整和预防中国人民遭受亡国灭种的惨祸的最好方法"。中国共产党积极赞助民主共和国运动。

△　中共中央电令各路红军全力以赴准备静会战役后，是日张国焘致电中共中央，提出红四方面军进出甘北继进甘西的主张，遭到朱德等反对。当夜在岷州的三十里铺举行西北局会议，讨论通过旨在迅速夺取兰西大道、会合红一方面军打击胡宗南的"通（渭）庄（浪）静（宁）会（宁）战役计划"。

△　程潜、黄绍竑偕李宗仁、黄旭初等飞抵广州会见蒋介石，承商桂省善后，决定取消第四集团军，改为第五路军，辖八个师，蔡廷锴部归并编入。关于整理桂省党政由中央负责，军事由李宗仁主持。

△　香港总督郝德杰爵士抵广州会见蒋介石。次日，蒋介石参加沙面驻广州英领事宴会，会晤英港督郝德杰爵士。

△　贺龙红二方面军第六军经高桥、百杨村、水泉沟、狗家店到徽县之马家庄；第四师占成县，击溃敌王均部一个团，缴俘人枪数百。

△　广东汕头市日商广志洋行厨房内发现炸弹一颗。汕头市公安局长丁杰萃亲往查勘，疑点颇多，该弹已废，无爆炸力。18 日，日领山琦借此扩大事态，向市府要求协同调查，并谓该炸弹乃华人潜置，要求：一、查明真相，并缉凶究办；二、此后切实保护日侨，并担保以后不再发生同样事件。同日，汕头市长陈同昶以案情"严重"，命宪兵制止市民下半旗纪念"九一八"。

△　日关东军司令官植田发布告，宣称："协和会、关东军与'满洲

国’三者为一体，强化‘满洲国’之‘国体’。”

△　越南中华国货公司驻沪办事处为国货遭受越南政府苛税，阻遏在该国推销，特致函国产厂商联合会，要求转呈外交部交涉。

9月18日　山西省统一战线性质的抗日救亡群众组织“牺牲救国同盟会”（牺盟会）成立。阎锡山任会长；戎伍胜、刘玑、张隽轩、宋劭文、牛佩琮、宋维静、杜任之等为委员。10月，薄一波等到太原后，加强扩大牺盟会组织。在中共领导下，提出“不分党派，不分男女，不分职业，只要不愿做亡国奴的人们，一齐动员起来，积极参加一切救亡运动”的总纲领。

△　下午5时40分，驻丰台第二十九军冯治安部张华亭营孙香亭连，与日军穗积中队发生冲突，孙连被围。丰台日军大队长市木率步、炮兵驰至将张营营房包围。驻平日军步兵第一联队长牟田亦率步兵数百人驰至丰台应援，在大井村将张营一连包围。陈觉生当晚访日军高级参谋饭田，要求下令制止丰台日军行动。夜12时后，华北日驻屯军部通知宋哲元，许可派员调查，并附带提出条件：一、丰台第二十九军于24小时内完全撤退，以后距车站20里内不得再驻正规军；二、丰台镇由冀察维持治安；三、距丰台20里外枣林庄、赵庄子许驻军一连；四、肇事张营士兵须整队向日军托枪敬礼，鸣军号致歉。饭田并电话警告宋哲元，否则日军将取断然行动。19日晨，宋派副师长许长林与池田等在丰台日兵营内签字换约。上午9时，日军始撤围。中午，第二十九军张营士兵忍辱自丰台撤退。21日，宋又调张自忠部三个连开往丰台填防，终因日军之胁迫，不得不退出丰台，丰台遂被日军占领。

△　毛泽东致函章乃器、陶行知、沈钧儒、邹韬奋，称对四先生所发表的抗日救国言论和英勇行动，表示无限敬意，为了实行停止内战一致抗日，“先生们与我们还必须在各方面作更大的努力与更亲密的合作”；并委托潘汉年“与诸位先生经常交换意见和转达我们对诸位先生的热烈希望”。

△　毛泽东致函宋庆龄，望其利用国民党中委之资格作具体实际

活动，以唤醒国民党中枢诸负责人员，迅速改变其错误政策，停止内战，联合抗日，并派潘汉年面申具体组织统一战线之意见，和商酌公开活动之办法。

△ 上午 9 时，蒋介石到继园(广州陈维周寓)访李宗仁(按：这是 1929 年蒋桂战争以来蒋、李首次会晤，蒋桂对峙局面至此结束)。20 日李等返南宁。

△ 国民政府嘉奖绥远省政府主席傅作义，称傅“比年主持绥省政务，剿匪安民，保固边圉，厥功尤伟”。

△ 国民政府任命黄慕松兼广东省保安司令。

△ 立法院通过《保甲条例》。

△ 贺龙红二方面军司令部在哈达铺下达命令，指出“我军决乘甘、陕敌人分兵据城的弱点，通过其封锁线，打击成县、徽县、两当、凤县、略阳、康县之敌而袭取之，建立临时根据地”。同日，王震红六军前卫师占两当县城，守城地主武装保卫团及县府人员全部被消灭。午后 6 时，该军第十八师袭占徽县城。次日第六军向凤县前进。

△ 中国人民抗日红军代表朱瑞等三人和东北军骑兵白凤翔第六师签定《停战协定》，协定指出“抗日”为双方联合的基本条件。

△ 北平各大、中、小学联合举行“九一八”纪念会，北平各校学生救国联合会代表报告今后北平学运中心工作有三：一、保护十几万青年在华北求学；二、保护华北文化、教育界之安全；三、保留忠勇之第二十九军在华北。大会并通过四议案：一、通电全国，请政府公开成都、北海两案件之中日谈判经过；二、通电全国，请政府严遵二中全会议决案，保卫绥东及华北；三、建议学联组织东北义勇军后援会；四、请东北军北上抗日。同日，天津数校学生集会纪念“九一八”，节食资助傅作义部队。

△ 九一八事变五周年纪念日，西安各界举行大规模群众大会，发表宣言，呼吁“停止内战，一致抗日”，并举行盛大游行示威。

△ 上海妇女界纪念“九一八”举行游行，队伍在南市老西门被军警阻挠，与军警发生冲突，史良等被打伤，19 日，上海市各界救国联合

会通电要求政府惩办肇事者。

△ 全国各界救国联合会召开第二次执委会，提出严密组织，扩大救国阵线，加强吸收落后人物和争取张学良、冯玉祥等上层分子的工作。

△ 据《大美晚报》讯：冀东反殷自治军顷分“滦榆”、“蓟密”两区活动，内部并有政治组织。抚宁、乐亭、滦县、昌黎、遵化、迁安等地，近均发现“反殷人民自治军总指挥部”编印之《揭发殷逆十大罪状告同胞书》。

9月19日 王震红六军攻凤县城未克，在县城附近桑园宿营；红六师占康县后即向略阳前进。20日，红六军撤凤县之围，退到双石铺。25日，红六军教导团突击队到永宁镇；贺龙总指挥部和红四师在徽县休整。27日至28日，红四师一部和罗炳辉红三十二军于成县以西之大船坝与敌王均部第三军第十二师激战。

△ 徐向前红四方面军指挥部发布向静宁、会宁进军命令。张国焘复于22日、26日连电中共中央，称目前与胡宗南第一路军在静、会地区作战不利，“四方面军已照西渡（黄河）计划行动”。27日，中共中央下令张国焘停止西进，立即回占通渭。29日，红四方面军指挥部重下北进命令，从30日起，分五个纵队，先后由岷州、漳县等地向通渭、庄浪、会宁、静宁前进。

△ 汉口日租界日警吉冈庭二郎在租界内大正街日信码头被人枪杀毙命，日方捕去华人七名。日方派海军陆战队登陆戒备。22日，日领三浦访鄂省府主席杨永泰，要求中国当局对吉冈事件负完全责任，立即缉凶。杨答：中国官厅极愿协助缉凶，但不能担负在租界内发生事件的责任。25日，汉口日居留民团电广田、有田、寺内、永相四相和川樾大使、及川司令请愿，要求对华取断然态度。

△ 国民政府公布《民国二十五年整理广东金融公债条例》，债额1.2亿元，用于整理广东金融、充实毫券准备，年息四厘，分30年还清本息。

9 月 20 日　宋哲元在天津与田代商谈开发华北经济，宋向田代表示，在“平等互惠、共存共荣”原则下可以进行，并与田代商谈开发华北经济四大原则、八项要求。10 月 27 日，宋电蒋介石报告称：中日经济提携日方提出已久，迄未与议，上月在津与田代面谈关于开发经济，决定四原则八要项如下：(甲)中日经济提携之原则：一、遵据共存共荣之原则，以收中日均等之利益；二、中日以平等的立场规划一切；三、由日本招集资本、技术援助中日合办之企业；四、谋民众安居乐业。(乙)经济开发要项：一、经营定期航空事业；二、铁路敷设，首先新设津石铁路；三、开发优良之煤矿，先与矿权者协商，促进井陉正丰煤矿之增产；四、开发龙烟铁矿；五、塘沽筑港；六、扩充电力；七、促进棉、盐、羊毛等之对日输出，以谋增进农村福祉；八、依靠日本资本、技术改善通信。

△　张子华携周恩来致曾养甫(8 月 31 日)函及致陈果夫、陈立夫(9 月 1 日)函离开保安，于是日抵广州，将信交谌小岑收转。

△　巴金、王统照、茅盾、陈望道、郭沫若、夏丏尊、洪深、鲁迅、郑振铎、周瘦鹃、包天笑、黎烈文、谢冰心、张天翼、丰子恺、林语堂等 21 人在《新认识》第一卷第二期上发表《文艺界同人为团结御侮与言论自由宣言》，要求政府“加紧全国的缉私运动，竭力援助东北义勇军，严命冀、绥当局坚决保卫华北各项主权，并尽量资助华北国军物质上的缺乏”；“对北海事件与成都事件之交涉，不作妥协之让步，对绥东伪军之侵扰与北海日舰之威胁，迅速以实力应援各该地方之爱国军事长官”；即刻开放人民言论自由，立即废止阻碍人民言论自由之法规。主张文艺界同人不分新旧派别，为抗日救国而联合。

△　日外务省拟就侵华具体政策：一、创立缓冲区域，包括冀、察、晋、鲁、绥五省。南京政府在以上各省内，仍保留其领土宗主权，其他权利、义务(如官吏任免、赋税征收及军事管理等)统须移交当地自治政府；二、利用目前时机，设法解决中日交通合同，特别是航空问题；三、中国对九一八事变后加于日货的关税，实行根本修改；四、中国应尽量聘日本顾问。

△　全欧华侨抗日救国联合会在巴黎成立，参加者有英、法、德、瑞士、荷兰等国华侨代表400余人。陶行知、钱俊瑞、陆璀在成立大会上发言，阐明全救会团结御侮的主张，并介绍国内救亡运动进行情况。

△　顾维钧从巴黎去日内瓦，参加国联第十七次大会，争取英、法、美等国代表协助中日关系好转。30日，顾与苏联外交人民委员李维诺夫交换在中、日冲突中苏联给予中国帮助之意见。10月10日，顾与李维诺夫续谈远东局势，李维诺夫表示，一旦中日发生激烈冲突，苏首先给以物资支援，并愿与中国军事合作。

9月21日　李宗仁在南宁电居正，谓桂军各将领对蒋介石意旨均表示竭诚拥护，桂局将遵中央颁布组织条例改组。

△　国民政府颁布《护送班禅回藏专使训令》，凡11条。规定：西藏对于中央应保持原来密切之关系，为中华民国领土之一部；西藏不得与外国订立条约；西藏与外国旧订之约，应提请中央政府处理；中央政府允许西藏自治，方案另订之；西藏之军政、外交及其他有关全国一致性质之重大事项由中央政府处理之；中央政府派大员常川驻藏，执行国家行政，并指导地方自治各事宜等。

△　全国海关总税务司署缉私课长白利查由沪抵津，访许礼亚再商缉私。22日，白利查访李青选，交换缉私意见。23日，白利查、许礼亚访张自忠商军警协助津郊缉私。

9月22日　李宗仁、白崇禧召开军政会议，讨论军政改革及桂局善后。到各军、师长、民团指挥官及省府各委员等数十人。次日，会议决定：军事依中央编制，编为三军八师；新省府定下月1日成立，省会决迁桂林；禁赌问题，因军费不敷，暂缓执行。

△　西康建省委员会委员长刘文辉，因康境红军北进，是日将省会由雅安迁至康定。

△　毛泽东致书第十九路军总指挥蒋光鼐、军长蔡廷锴，提议互派代表集于适当地点正式签订抗日救国协定。同日，毛泽东致书李济深、李宗仁、白崇禧，商订抗日救国协定，称："当前急务，在于全国范围内停

止内战一致对日。""全国各党各派各界各军向南京当局一致呼吁,请其将仇恨国人之心移以对外,蒋介石氏及中国国民党一律参加抗日统一战线,实为真正救国政策之重要一着。""贵我双方订立抗日救国协定,实属绝对必要。"并对他们所提协定草案,提出了修改意见,表示"如荷同意"即成定案。

△ 毛泽东致书南京中央研究院院长蔡元培,赞其同情抗日救国事业,并希望"持此大义,起而率先","痛责南京当局立即停止内战,放弃其对外退让对内苛求之错误政策,撤废其爱国有罪卖国有赏之亡国方针,发动全国海陆空军,实行真正之抗日作战,恢复孙中山先生革命的三民主义与三大政策精神","召集人民选举之全国国会,建立统一对外之国防政府,建立真正之民主共和国"。

△ 毛泽东派彭雪枫与甘肃省政府主席、第五十一军军长于学忠洽谈停战议和,合作抗日。

△ 周恩来致函蒋介石,重申"共产党今日所求者,唯在停止内战,建立抗日统一战线与真正发动抗日战争"。提议:"商定停战地区,邀请国内救国团体各界代表监视停战。"同日,周恩来致函陈果夫、陈立夫,希望他们力促蒋介石"停止内战,早开谈判",并称"为促事速成,特委潘汉年同志前来详申弟方诚意,并商双方负责代表谈判之地点与时间"。

△ 据《申报》讯:华北日驻军总数达1.4万名以上,其中驻北平4000人,驻丰台约2000人,驻天津市内海光寺兵营2825人,东局子1600人,驻通州700人,山海关800人,秦皇岛500人,南大寺500人,唐山400人,塘沽500人,昌黎、滦县各300人,其他在北宁路沿线及留守营等,每处驻一百七八十人不等,各地驻军均按战时编制。

9月23日 外交部长张群与驻华日大使川樾在南京继续会谈,日方提出解决中日争端五条件:一、日本在长江各地有驻兵保护日侨的权利;二、扩大华北缓冲区域,要求华北五省自治;三、中日经济合作,减低对日货关税;四、开通中日航空;五、修改中国学校教科书,取缔排日宣传与活动。张群态度强硬,提出:一、取消塘沽、上海两停战协定及"九一八”以来被迫签订的条款；二、取消冀东伪组织；三、华北日军及飞机不得任意到处飞行；四、解散察东及绥北伪军（德王的蒙古军），日本勿予接济等。会谈无结果。

△　晚8时20分，日本“出云”舰水兵三人，在沪虹口区海宁路日商上海银行门前遭狙击，一名（田港朝光）毙命，伤两名（出利叶藏已、八播良胤）。日本陆战队遂全体出动，在虹口租界和闸北布防放哨，检查行人。虹口捕房亦派探捕往查凶犯。日使馆要求我方协助。

△　英国驻华大使许阁森向国民政府主席林森呈递国书。

△　中日调查组往北海调查中野事件，据目击者谓：“中野恃势凌人，大动公愤，为路人乱拳殴毙。”24日，日舰六艘退出北海。现场调查勉强结束。

△　日参谋本部决定《时局处理方针》：一、需要确定对华惩罚的国家决心；二、联合舰队立即从佐世保方面开始行动；三、促进对华作战准备；四、促进现正进行的对华交涉，并限期答复；五、根据中国方面的态度，可对河北、山东及青岛进行保障占领。

9月24日　上海市政府布告敦睦邦交，声称：凡我国人，对于友邦，须敦睦谊，不得有排外及挑拨恶感之言论行为，倘敢故违，决不宽贷。

△　日陆、海、外三省开会讨论上海事件，决定由日海军省令驻华第三舰队司令及川负责保护在华日侨生命财产，同时海军中央部立即增派舰艇及特别陆战队去沪，并组成第11航空队在台北集中待命。同日，上海市长吴铁城向日总领提出书面抗议，要求立即撤回派往市区的日本陆战队。26日，越界日军大部撤防，但仍构筑工事。

△　国民政府派赵班斧为出席国际劳工局第二十二届海事会议中国劳工方面代表；派姚定尘为中国劳工方代表顾问。

△　日方擅在包头修筑机场。包头县长奉傅作义令，向驻包日办事员滨田交涉阻止无效。

9月25日　财政部就冀察成立总稽查处事，电参事李青选称，如不破坏关税完整及行政统一，可由海关、财政部、冀察政委会各派委员一名，组织一委员会，处理私货补税行销及防止走私，税款仍按海关原税率征收，不得减低，委员会负监督之责，不经手收税，一俟私货补税完毕，委员会即取消；冀察总稽查处仍维持其成立，只许其查缉盗匪军火，与私货补税无关。

△ 驻瑞典公使王景岐向瑞典国王呈递国书。

△ 驻广东省日总领事中村访广东省“绥靖”主任余汉谋，要求防止“抗日恐怖行为”，余允负责制止。

△ 日政府训令川樾与张群继续就调整中日关系进行谈判，并令川樾敦促国民政府请蒋介石早日返南京，以便与蒋直接会谈。同日，日外相有田邀驻日大使许世英就根除排日主义及调整中日关系等问题交换意见。

9月26日 国民政府特派何应钦为军事委员会委员长广州行营主任。

△ 据《申报》讯：芦盐输日合同修正后，由中日双方签字，要点有三：一、合同有效期限改为一年，明年售盐任滩户自由，日方欲买时另订合同；二、为优待日商出口，盐按青岛例九六折算，每百吨折实96吨；三、每吨价由2.6元减为2.4元，运费由汉沽运往口外，每吨合价2.9元。

△ 中国经济学社第十三届年会在上海举行。社员马寅初、董时进、陈长蘅、陈行等200余人到会，辩论题为新金融政策。会上宣读论文14篇，其中有陈行的《非常时期之经济问题》，马寅初的《非常时期之物价问题与纸币政策》，朱其傅的《非常时期我国农村金融应取途径之商榷》等。

△ 日陆、海、外三省联席会议决定：一、敦促蒋介石速回南京进行外交谈判；二、如蒋拖延回宁，则以最后通牒强求之；三、再若不肯，则采取实力手段。

△ 日在乡军人东京本会干部木谷美雄、古川政田力等七人抵天

津，转绥、蒙“考察”，津日军部派员随往。

9月27日 蒋介石在广州召粤省府主席、各厅长等训话，提出今后改进政治根本要点四端：一曰勤考察以求得人；二曰求迅确以谋振刷；三曰任劳怨以期改革；四曰当合作以策成功。

△ 毛泽东、周恩来、彭德怀电告朱德、张国焘等：“与南京谈判系国际指示，南京内部已起变化，民族资产阶级与上层小资产阶级均与前不同，所以我们重提国共合作，力求停止内战，以便真正抗日，这是当前唯一正确方针。恩来准备出去，仍应南京要求，实亦有此必要，因七个月来，往来接洽者均次要代表，非负责人不能正式谈判。”

△ 罗炳辉红三十二军自甘肃省小川镇向成县转移，29日退出成县，向徽县转移。

△ 新任日驻苏大使重光葵偕日驻纽约领事泽田抵天津。29日，重光葵、泽田分别会见朝鲜、正金、三井、三菱、大仓各金融实业界代表，交换蒙、绥及华北经济商务意见。同日下午，宋哲元宴重光葵，谈华北经济问题。

△ 宋哲元向行政院长蒋介石报告与田代司令官商谈共同开发华北经济之“四原则，八项要求”。其中，关于“经济开发事项”，计有：一、航空；二、铁路，首先新设津石铁路；三、炭矿，促进井陉、正丰炭矿之增产；四、铁矿，目下当着手开发龙烟铁矿；五、筑港，于塘沽附近先选定地址，随铁路、矿山之开发，开始筑港；六、电力，扩充电业并举行水力资源之开发；七、农渔之振兴，首先促进棉花、盐、羊毛等对日输出，并举行治水及水利事业；八、通信，实行改善与统合现存之设施，如需资金及技术人员，应依日本之助力。12月4日，行政院电令冀察政务委员会，作出八项指示，指出对外交涉属中央权限，各省、市对外协商及与外人合资条款，非经中央核准者，一律无效。宋遵从行政院的训令。

△ 据《申报》讯：晋省各地迭遭大雨，62县遭水灾，田庐人畜淹没不可胜计，其中灾情最重，急需赈济者有阳曲等15县。

9月28日 国民政府公布《民国二十五年江西省整理土地公债条

例》,债额 300 万元,年息六厘,至民国三十一年(1942)9 月 30 日本息还清。

△ 日外相有田在东京向新闻界发表重要谈话,声称:近来中国发生之排日事件,中国政府与国民党不能诿卸其责任,中国应对排日运动作更有力之控制;并称中国现已临关系重大之歧路口,切望中国应速决定与日本携手与否。

△ 上午,日大使馆秘书清水奉川樾命,访外交部亚洲司长高宗武,就中日一般问题探询国民政府意旨。下午,高宗武奉蒋介石命访川樾,交换中日交涉意见。

△ 贺龙红二方面军王震第六军由永宁镇回师两当县城。

9 月 29 日 蒋介石电令各省、市保护外侨,严维地方秩序,防止"奸徒"滋生事变。

△ 中国代表顾维钧在国联大会演说,促请注意远东危局,日本野心不戢,严重影响势将及于欧洲。

△ 日本中日公司代表江藤丰二抵京见孔祥熙,要求偿清中国与该公司所订电信借款未偿之余款。

△ 日外务省、海军省、军令部联席会议集议对华问题,要求中国取缔排日主义,解决中日各悬案,调整中日关系,并准备增派驻华军队。

9 月 30 日 日华北驻屯军司令官田代与宋哲元就"华北开发计划"达成《宋哲元、田代协定》,其要点为:一、建设津石(天津至石家庄)铁路;二、开发龙烟铁矿,复兴石景山钢铁厂;三、向日本输出长芦盐;四、改良华北棉花(设立华北棉花协会和进行技术指导);五、开发井陉煤矿;六、修筑塘沽堤坝,兴修白河水利事业。

△ 国民政府派曾养甫督办黄埔开埠事宜。

△ 天津日驻屯军参谋长桥本与板垣、今村等在长春会议,决定:一、对于策动华北五省独立,除仍本过去嗾使汉奸自行活动方针,以免民众反感,引起国际纠纷外,尤应全力威胁冀察当局,割断其与中央的联络,迫其就范。威胁办法,除运用政治手腕、阴谋离间外,应使驻屯军

与第二十九军的实力成正比例增加，此次增兵则以商团义勇队、在乡军人名义进行；二、静观川樾与南京谈判结果，必要时不惜诉诸武力，由关东军派遣热河军及察北伪军袭击归绥、大同，驻屯军进攻第二十九军；三、要求海军派舰队于必要时集中胶州湾胁迫韩复榘。

△　日军百余人携小钢炮四门，由承德开抵古北口，派测量员分赴各村镇测绘地图。

是月　梁启超《饮冰室合集》由中华书局出版，全书共 40 册，分文集专集两部分，文集 16 册，专集 24 册。

△　冀东伪自治政府实行鸦片专卖。

△　东北抗日联军第八军成立，由东北民众自卫军改编，军长谢文东，下辖三个师，共千余人，活动于勃利、依兰、方正、密山等地。

△　东北抗日联军第九军成立，军长李华堂，活动于依兰、勃利、桦川、方正、汤原等地。

△　抗日联军王德泰第二军第二师代理师长陈翰章率部在牡丹江东北太平沟夜截日军军用列车，全歼日第十九师团阅边司令亲率之讨伐队三四百人，缴获大批军火给养。

10　月

10 月 1 日　蒋介石在两广问题解决后，即抽调胡宗南、关麟徵等师星夜开赴甘肃增援。是日，萧之楚师由郧阳进驻安康，图从陕南夹击红军。2 日，西北“剿总”所属部队向两当、凤县贺龙红二方面军进攻，红军开始向渭水以北转移。

△　军委会委员长广州行营在黄埔成立，行营主任何应钦未到前，由代理行营参谋长林蔚主持一切。

△　广西绥靖公署和第四集团军总部由南宁迁桂林。广西省政府改组成立，省会亦迁桂林。

△　为纪念 1924 年 10 月 23 日冯玉祥发动的北京政变，在南京成

立“国民军革命纪念会”，推冯玉祥为理事长，于右任、鹿钟麟等为理事；并决定在北平、济南、太原、西安、郑州、兰州等处设分会，规定每年 10 月 23 日为纪念日。

△ 日外务省发表声明，否认路透社所传日本对华提出四项要求。该四项要求是：一、中日经济合作；二、华北冀、察、绥、晋、鲁五省自治；三、日本有权在长江沿岸各地及海南岛驻军以保护日本利益；四、修改中国学校教科书，删除反日宣传。《密勒氏评论报》并载有第五条，即罢黜陈果夫、陈立夫、冯玉祥、孙科等。2 日，日外务省情报局长天羽大肆抨击路透社，指责该社为离间中日制造根据。同日，路透社电声明，该社对于日本大使川樾在南京谈判时提出的要求，向甚审慎处之，电讯大半取材于日本报纸。

△ 田代在天津与宋哲元会谈中日“经济提携”，按日军部所定《提携大纲》分铁道、棉产、港湾、矿山、芦盐、电气六部门逐一洽谈。宋原则上接受。7 日，宋在平召集秦德纯、刘汝明、戈定远、邓哲熙等商洽“经济提携”实施方策及冀察政权扩大案。

△ 关东军参谋田中隆吉到德化与德王举行多次军事会议后，是日确定犯绥目的旨在打倒绥远省主席傅作义，首先进攻平地泉附近，然后夺取绥东四县，接着进入归绥或大同。计划由伪王英军占领五原地区，把谋略部队推向第一线，伪蒙古军（第一、二军各扩充为四个师）摆在第二线。

10 月 2 日 日首相广田、外相有田、海相永野、陆军省次官梅津在东京集议打开对华交涉僵局。是日，派桑岛赴南京向川樾训示：待蒋介石回南京后，川樾即和蒋会谈，在蒋承认日方提案的根本要点邦交调整问题和制止排日问题的大纲后，再和张群就其细节进行协商。关于调整邦交内容为：一、作为将来达到日华军事同盟的开端，签定华北五省防共协定和以防止赤化为目的的一般协定；二、承认华北特殊性，在华北设立特别的政治组织，如特政会形式，同时给予该组织以财政、产业、交通等有关权利；三、福冈、上海之间进行航空联络；四、降低关税等。

关于禁止排日问题，要求将以前交涉中业经华方同意事项，立即付诸实行。

△　全国各界救国联合会发表《为团结御侮告全国同胞书》，要求国民政府立即停止与日外交谈判，团结全国力量，共同抗日。

△　彭德怀红一方面军为接应徐向前红四方面军北进，于9月30日以红一军团第二师附骑兵第二团主力为左纵队，南下和特别支队靠拢，以第十五军团第七十三师为右纵队，主力出郭城驿，是日进占甘肃会宁城，敌向定西溃逃。

△　中国工农红军五、六军围攻甘肃省岷县县城，不克，昨今两日全部东撤，先头部队已过荔川，岷县围解。

△　日水兵中山秀雄在沪被杀案审讯终结。上海特区法院判决该案嫌疑人杨文道、叶海生死刑。3日，杨、叶再次上诉。

10月3日　外交部亚洲司司长高宗武访驻华日使川樾及驻南京总领事须磨，交涉调整中日关系事，旋将交涉始末报告张群并详电蒋介石请示。

△　上海、南京各报联合发表《中日关系紧张中吾人之共同意见与信念》一文，要求国人："局势无论如何特殊，吾人须一秉常道，处之以定，不摇于一时之感情，不慑于当前之事态，尽其所应尽之力，而整齐步骤，集中意志，以听命于整个之国策。""此时应重视破裂，期待挽回，事至无可如何，唯有率四万万人，以卫国殉国于最后之一瞬。"望日本朝野认清最近中国频发"不幸"事件之性质，勿借此而变更调整国交之本意；"日本新闻界应重视两国久远之利害，各尽其最善之努力，以谋国交常态之恢复"。4日至6日，粤、汉、黔、汴、渝各报界相继著文响应。10月下旬，上海杂志界发表《我们对于现阶段中日关系之共同意见》一文，对其中的某些错误观点予以批驳。

△　白崇禧奉蒋介石电，暂留广西襄助军事。

△　驻日大使许世英应邀访日外相有田，有田表示希望蒋介石、张群在最短期内与川樾举行谈判，以达到"调整中日关系"之目的，声称：

“中国现在站于是否与日本携手提携之歧途。”“望鉴于事态之重大性，充分认识日政府欲贯彻调整国交之决意。”

△ 王宠惠由广州抵上海。4日对记者谈中日交涉问题，谓日方要求与蒋介石谈判，各国并无此例。

△ 行政院派往欧洲考察农村经济专员薛光前返国抵沪，称各国力谋战事经济之准备，我国应先从健全组织入手，尤以健全工商业团体之组织为当务之急。

△ 英、美两国政府交换关于远东危局之情报。日外务省表示，中日关系应由中日两国解决，不容第三国干预。

△ 上月23日上海日水兵田港被杀案开审。30日，宣判嫌疑人张荣和无罪释放。

10月4日 张学良在西安接见伦敦《先驱日报》记者海史脱夫人，发表关于中日问题意见称：一、外报前传西北四省独立及联俄之说，纯属谣言；二、本人及西北诸将领绝对拥护领袖，拥护统一，一致对外；三、个人及西北诸将领，绝对服从中央命令，甚愿效命于国防第一线。又称：“国交能否调整，责任全在日本而不在中国，盖如日本所提条件为中国所不能容纳者，即使政府容忍，而民众亦难接受。”

△ 贺龙红二方面军向渭水以北转移。是日，王震红六军放弃两当县城到高桥，6日经舒家坝、大湾里、达山镇到杨家湾；贺龙总指挥部、红二军和罗炳辉红三十二军到达娘娘坝。7日红六军到达横河镇。经罗家堡时，遭敌进攻，第十六师政委晏福生负重伤。9日，红六军经甘谷县、武山县间渡渭水。10日在杨家庄集结。11日，总指挥部、红二军、第三十二军到榆盘镇及其附近之毛家店集结。13日，经李家店、马河店到峡口、吴家村(离通渭东南约10里)一线，通过胡宗南、马步芳十余万军队布防的兰西公路封锁线。

△ 天津海关新税务司梅维亮抵津到任。5日，津、秦两关发现合谋伪造税单查放走私货物之重大舞弊案，上海总税务司已饬梅负责根究；21日，此案经梅彻底查毕，报财部核办，漏税额在四万元以上，伪造

税单者为津关缉私课长斯普、巡船长溥士德等。

△　据津、秦两海关统计，自去年 8 月至是日，由冀东走私入津货物，估计：一、人造丝 12.0069 万包；二、卷烟纸 8432 包；三、砂糖 97.5807 万包；四、杂货 23.4166 万捆；五、海味类 6.3801 万捆。合计偷漏关税 1504.4416 万金单位，以国币计共 3460.2157 万元。

10 月 5 日　毛泽东、周恩来致函张学良称："先生是西北各军的领袖，且是内战与抗战歧途中的重要责任者。""为了迅速执行停止内战一致抗日主张，只要国民党军队不拦阻红军的抗日去路与侵犯红军的抗日后方，我们首先实行停止向国民党军队的攻击，以此作为我们停战抗日的坚决表示。""并祈将敝方意见转达蒋介石先生速即决策，互派正式代表谈判停战抗日的具体条件。"

△　西北"剿匪"代总司令张学良在西安对各部队军官训话，题为《中国复兴的前途》。略谓："国家的复兴前途之基本条件，不外两种：人民与自然资源。""我们中国的复兴条件，一点不成问题，是绝对够的……我们的祖先曾给我们留下了伟大的遗产，那末只要我们肯努力，在不久的将来，一定还会有伟大的事业出现。"并谓："中国绝对能复兴，何以能复兴？有我在。如果四万万同胞都能这样想，都能自觉自励，从自身做起，中国怎能不复兴呢？"

△　察北伪军图犯绥东，王英部主力集结陶林与商都，李守信部仍据张北，连日调动甚忙。是日至 7 日，德王召伪军政首脑齐集嘉卜寺集议犯绥事。

△　宋哲元在北平对记者称："予在天津曾与田代晤谈数次，关于华北中日通航问题，系继续前政整会及军分会商而未定之谈判，至经济合作如开采铁矿、敷设铁道，只要真能平等互惠，于双方咸有裨益，予定一本真诚，促其实现。"宋否认与日方作政治谈判。

△　青岛日本总领事馆发表关于解决"茂益丸"事件的声明，谓 6 月 19 日中国海关缉私船射击"茂益丸"事，由西彦总领事与张伯尔海关长交涉，已完全解决。

△ 天津海关奉财政部令，发出芦盐出口输日执照，交日商三菱公司收执，共核准6.4万公吨，并限制不得以多报少或中途变卖。按：芦盐出口为近百年中国所悬禁例，防出口后供人制为硝酸等军火用品，日人要求开禁有年，今始达目的。

10月6日 张学良召集胡宗南、关麟徵等会商"进剿"红军军事，决定首先防止川、陕红军会合，陇南军事由胡宗南指挥、陕南由关麟徵堵击，然后联合川、青、甘三省军队对红军采取大包围形势。

△ 日军在沪制造紧张局势，各国军舰纷纷驶沪。是日，法国军舰三艘到沪。7日，上海谣诼繁兴，日侨纷纷离境，闸北我国居民争相迁徙。8日，上海市政府抗议日方越界布防。9日，日陆战队在上海江湾路、虹口公园与六三花园间，越界演习巷战。15日，英航空母舰一艘抵沪。16日，美舰20艘由青岛驶沪，连同以前抵沪之各外舰，共达42艘之多，创黄浦江停泊外舰最高纪录。

△ 日华北驻屯军圈占塘沽盐滩，遍插木橛，上书"大日本陆军用地"之字样。8日，长芦盐运使李翰华就此事报请宋哲元向日方交涉。

△ 国际劳工海事会议在日内瓦开幕。中国劳方代表赵班斧提出议案，主张平等对待中外海员，取消各国轮船公司在华施行的包工制度。

10月7日 据《大美晚报》讯：宋哲元在天津数度与日天津驻屯军司令田代皖一郎会晤，对于华北整个问题，在梅津美治郎、多田骏任内商而未决之悬案为赓续之谈判。日方提出冀察政委会与冀东伪政权合流，在保存中国领土宗主权名义下，冀察内部政治、军事完全脱离中央，被宋拒绝，只就经济合作问题作具体讨论，其内容如下：一、航空问题，由中日合作投资开通航线，就日、华两方分别投资三分之一和三分之二之草案续商；二、龙烟铁矿开采问题；三、修筑津石铁路问题，华方坚持接受投资，谢绝合办的原则。

△ 是日至15日，日军在北平、天津、丰台一带举行大规模演习。26日，华北日军约7000人在良乡、长辛店一带举行秋季演习，为期10

日，演习期间，强占津郊大直沽民房300余间，逐出居民，征集民夫、柴草、物品，断绝交通，大直沽土城一带民房多被摧毁，禾稼被刈除。外交部以日军此举违反条约与国际公法，破坏中国主权，于30日向日使馆提出抗议。31日，天津日军部声称“决不中止演习”。

△ 是日和8日，徐向前红四方面军先头部队第十师，在会宁东之青江驿、界石铺等地，分别同彭德怀红一方面军的第七十三师和第一师会师。

10月8日 驻华日大使川樾谒蒋介石。川樾表示中日双方应各尽其最大努力，消除增进友谊障碍，共谋互利之合作。蒋谓：“中日间一切问题应根据绝对平等、互尊领土主权与行政完整之原则，由外交途径在和平友善空气中从容协商。”并表示对于成都与北海事件，中国政府准备依照国际惯例即时解决，其他问题仍应由外交部续商。同日，蒋对中央社记者发表谈话，声称：“今日与川樾大使接谈，所谈者虽均为中日两国前途与东亚大局的关系，而未涉及交涉中的具体问题，但双方谈话精神，完全立于平等基础之上。”“以今日川樾大使表现之精神，推而言之，则中日两国问题，皆可不采外交正当途径以外的方式，而以外交常规以平等基础解决。”

△ 广州行营参谋长陈诚飞南宁与李宗仁、白崇禧商桂局善后，讨论桂军缩编并敦促白入京。

△ 国联大会选出中国、拉脱维亚为非常任理事。

△ 国民政府前司法行政部长郑天锡当选为海牙国际法庭法官。

△ 汉口日商思明堂药号内发现无爆炸力之炸弹一枚。9日，驻汉日领三浦义秋访湖北省政府主席杨永泰谈及炸弹案情形。驻汉日军在租界内演习，汉口人心浮动。12日，湖北省当局布告悬赏缉拿案犯。

△ 太原无照日侨田中芳太郎、武田末雄买通奸民王俊德顶名租屋，设和中公司走私贩毒，被取缔。27日，日太原特务机关长河野访阎锡山，口头提出抗议。29日，和知衙田代命访堀内总领事交换意见。田代并电河野再访阎交涉，声称如交涉无结果，日军部将取“自卫”行动。

△ 上海华商银行自1日至是日一周中，白银库存减少2100万元，大部流入美国及香港。

10月9日 蒋介石为纪念民国成立二十五周年，以英文发表题为《中国之统一与建设》，略谓：今日之中国已非往日分崩离析时可比。八年来之成绩，在中国历史上从来未有，今后唯企求不受干涉、不遭阻碍之自由发展机会。

△ 红军第四方面军指挥部到达会宁，同红一方面军会师。

10月10日 西安“西北各界抗日救国联合会”和“东北人民抗日救国联合会”组织群众大会，发出宣言，驳斥蒋介石“攘外必先安内”谬说，并游行示威。

△ 东北抗日联军第二军军长王德泰率部200人，在吉林省敦化县东清沟附近，与日军激战八小时，击毙间岛军区副司令石川隆吉少将，重伤中尉一人，死伤12人。

△ 北平学联召开代表大会，规定学联工作原则四项：一、建立广泛的抗日民族统一战线；二、拥护政府抗日；三、师生合作；四、救亡不忘求学。

△ 云南省个(旧)碧(色寨)石(屏)铁路正式通车。

△ 上海《福州日报》复刊。

10月11日 中共中央军革委发布《十月份作战纲要》，提出集中主力向北发展，在西兰公路以北、黄河以东地区，歼灭来犯之敌，夺取宁夏，巩固和扩大以陕甘宁边区为中心的西北抗日根据地。中央军革委并命令红四方面军之第三十军迅速渡过黄河，控制两岸，配合主力在黄河以东地区歼灭来犯之敌，其余部队于通渭、马营、静宁、会宁地区迟滞敌军前进。

△ 上海市学生界救国会正式成立，下午1时召集成立大会，到浦东、东南、美专等50余校代表共80余人，全国学联、文化界救国会及职业界救国会均有代表列席，通过该会简章、宣言等。

△ 日兴中公司社长十河访驻日英使馆商务参赞撒逊姆，提议华

北经济合作，诱英投资天津电气事业。

10月12日 北平教育、学术界徐炳昶、顾颉刚、钱玄同、朱光潜、黎锦熙、冯友兰、梁思成、沈从文、黄子卿、杨秀峰、朱自清、雷洁琼等70余人发表对时局宣言，向国民政府提出八项要求：一、集中国力，在不丧国土不辱主权之原则下，对日交涉；二、中日外交绝对公开；三、反对日人干涉中国内政及在华有非法军事行动与设置特务机关等情事；四、反对在中国领土内以任何名义成立由外力策动之特殊行政组织；五、反对日本在华北特殊地位；六、反对以外力开发华北；七、以武力制止走私活动；八、立即出兵绥东协剿借外力作乱之土匪。

△ 冀察政委会根据《矿业法》第七条铁矿应收归国营之规定，下令将龙烟铁矿公司收归国营。旋在日人压力下交陆宗舆筹办。

△ 沙王赴归绥见傅作义，商绥东防务。

10月13日 冀察政委会在日方同意下，发表李思浩为经济委员会主席委员。15日，李就职，对记者发表谈话，略谓：关于中日经济合作问题，宋哲元前曾与田代洽商，已决定在"平等互惠、共存共荣"原则下进行。方针有二：一、有利于华北的事业；二、不损害国家领土与主权。详细内容以及举办事业的先后，尚待研究。大致先易后难，修筑沧石路，开发龙烟铁矿等，自当继续进行。植棉问题，平常易举，且为有利事业，可先推广，此事由日方投资或中日合办均可。同日，李访日驻北平武官今井，表示今后全力促进华北"中日经济提携"。

△ 山西省今春苦旱，夏季迭遭大雨，山洪暴发，河水泛滥，田屋淹没，人畜漂走者不可胜计。秋来天气骤寒早霜，灾情奇重，各县纷呈报请赈。是日，山西省政府电请国民政府拨款赈济该省62县。

10月14日 周恩来接到张子华来电，报告国民党的谈判条件：一、苏维埃区域可以存在；二、红军名义不要，改联军，待遇同国军；三、中共代表参加国民大会；四、即派人具体谈判。次日，张子华携南京国民党谈判协定草案，由南京返西安。

△ 察北匪军王英部进犯绥东兴和、陶林等地。17日，与傅作义

部发生遭遇战，傅抵平地泉视察。伪军李守信部 2000 人和第四旅吴堠庭部 3500 人集中商都，与驻商都、集宁交界处之王英部联络，对绥东取包围形势。

△ 北平市学生救国联合会发表对目前政治形势宣言，略称：目前在敌人武装威胁下所进行的中日外交调整，一个新的屈服新的妥协有马上完成的可能。这一妥协如果成立，则中国将无以谈立国，中华民族将无以求解放。为挽救目前的危局，只有全中国人民大团结，统一在抗日的原则之下。

△ 国民政府任命刘雨卿为第二十六师师长，原任郭汝栋免职；任命鲁大昌为第一六五师师长。

△ 冀察当局决定修筑津石路，其路线展至天津与北宁、津浦两路接轨。是日，冀察政委会任命陈觉生督办津石铁路事宜。

10 月 15 日 国民党中常会决议，国民大会延期举行，俟全国各地代表选竣，再行召集。

△ 国民党中央党务委员会推派居正、王宠惠、孙科、许崇智、陈立夫五委赴粤参加胡汉民国葬典礼。25 日，胡汉民国葬典礼在广东番禺县龙眼洞斗文塑墓园举行，由孙科主持，参加者逾 10 万人。

△ 是日至 17 日，贺龙红二方面军总指挥部和红二军到谷头岔、侯家川一线；王震红六军到青家驿，18 日达老君铺。彭德怀红一方面军派杨得志第二师第五团一部迎接。19 日，经六军在老君铺集合第十六、第十八师、模范师全部及第十七师连以上干部欢迎红五团代表。21 日，总指挥部、红二军达滥泥河；罗炳辉第三十二军达旧营。22 日，红六军到公阳镇。

△ 行政院颁布施行《各省市征工服役办法大纲》，规定征工服役以自卫、筑路、水利、造林等工程为主；年满 18 岁至 45 岁之壮丁，每年须服工役三至五日；征工之召集、分配及遣还等事项，参照征兵原则办理。

△ 李宗仁、白崇禧在桂林召集广西省军政首领开联席会议，决定

停发纸币，继续收银，并请中央发行整理金融公债。

△ “满铁”在津设“日满商事株式会社”分社，资金1000万元，先收资本600万元，以经营煤、钢、铁、硫酸、煤油等80余种矿产品的输出入为目的。总社设大连。

10月16日 国民政府派顾维钧、郭泰祺为出席国际联合会行政院代表。

△ 山东省政府主席韩复榘、陕西“绥靖”主任杨虎城、山西清乡司令徐永昌抵杭州谒蒋介石，韩表示一切听命中央。次日，冀察政委会秘书长戈定远及张群、杨杰抵杭州。蒋召华北将领开军事会议。晚，宴华北将领。19日，蒋由杭飞返南京。

△ 冀察政委会在华北日驻屯军司令田代授意下，指定齐燮元、贾德耀、秦德纯为办事委员，常川驻会办公；并聘章士钊、李思浩、曹汝霖为委员。

10月17日 宋哲元与日驻津总领事堀内干城签订《中国华北航空协定》，由双方合组惠通航空股份有限公司，资金540万元，中日各半，共同经营。23日，惠通航空股份有限公司在津成立，张允荣任总经理，儿玉常雄任副总经理。

△ 西南彝族代表高玉柱等赴行政院，请中央设立彝务委员会，提倡彝族教育，以挽救边疆危机。

△ 日商三井会社、三菱会社合组粮食运输会社，在江、浙内地收购陈米及新粳用作军需，致使上海米价暴涨，是日，上海社会局呈请市政府禁粮出口。

10月18日 甘肃“绥靖”主任兼第一路总指挥朱绍良命令胡宗南第一军、王均第三军、毛炳文第三十七军于21日分别由东、南、西三面向静宁、通渭、会宁地区猛进，图围歼会师的红军三大主力。

△ 日机三架由多伦飞绥东侦察。傅作义赴卓资山视察防务。19日，傅电平称，“绥东情事虽紧，但我方防务巩固，治安无虑”。25日，傅偕绥蒙政会副委员长阿王及李服膺到太原见阎锡山，报告绥防近况。

△　上海实业界、教育界褚辅成、穆藕初、项康元、沈恩孚、黄炎培等 215 人联合通电响应全救会《为团结御侮告全国同胞书》，称日本如有轨外行动，政府应“力以武力制止，遏未来之萌蘖，收已失之桑榆”。

△　冀察政委会任命石友三为冀北边区保安司令。

△　台湾志士反对日本殖民统治，武装起义计划被发觉，400 余人被捕。是日，台湾日当局开庭审问。

10 月 19 日　晨 5 时 25 分，伟大的文学家鲁迅因肺病转心脏麻痹症病逝于上海施高塔路大陆新村九号寓所。治丧委员会由蔡元培、马相伯、宋庆龄、内山完造、史沫特莱、沈钧儒、茅盾、毛泽东、周建人、胡愈之、曹靖华等组成。20 日，吊唁及瞻仰鲁迅遗容者，有 102 个团体，5000 余人。宋庆龄、何香凝、苏联驻华大使鲍格洛莫夫及在沪文艺界知名人士均亲往万国殡仪馆吊唁。21 日，鲁迅遗体大殓，但灵柩未加棺盖，任各界瞻仰，吊唁者仍不绝于途，尤以学生与工人为最多。22 日，鲁迅灵柩移上海虹桥万国公墓安葬，执绋者 6000 余人。中共中央、苏维埃中央政府致电国民党中央、南京政府表示哀悼，要求对鲁迅遗体国葬，废止一切禁止言论、出版自由之法令。23 日，南京中苏文化协会接苏联对外文协及作协唁电各一通，称鲁迅逝世系中国文化界与全人类的极大损失。

△　外交部长张群与驻华日大使川樾作第四次中日外交谈判，日方提出“中日共同防共”及“华北五省自治”问题，被张群拒绝。对成都、北海各案，张群表示限期解决；对中日通航由惠通公司经营问题，虽由冀察政委会与日方签字，但宋哲元未报中央，故也难承认。

△　中比合资经营之秦皇岛耀华玻璃公司在天津开股东会议，通过将比商股份让与日商。

10 月 20 日　行政院通过任命章士钊、邓哲熙为冀察政务委员会委员。

△　“东亚经济协会”成立，高凌霨等 15 人为理事，以“联络中日和平亲善，实行经济合作”为宗旨。

10 月中旬 福建省政府与财政部订立协助盐务缉私办法，以增加税款。福建省全年盐税收入，包括营运盈余，除外债附税、整理费及行政收入三项外，规定以 500 万元为标准数，超出项下，以五成补助福建省经费，自 10 月份起，按月先拨 1.5 万元，由省府设置协助盐务缉私专员一人，随时接洽办理，现征盐附加等一律取消。

△ 据教育部统计，1935 年度全国 24 省、市共有私塾 8.5291 万所，私塾教师 8.6034 万人，学生共有 154.2961 万人，全年所收学费共 55.2698 万元。

△ 禁烟总会公布烟民统计数字，各省、市烟民登记总数共计 264.2101 万人，冀、察、浙、鲁、粤、桂、西康、新疆、南京、青岛、威海等省、市未包括在内。

10 月 21 日 川樾、张群作第五次中日外交会谈，对“共同防共”和“华北特殊化”等问题意见仍不一致。张群称日方要求华北五省特殊化，为华方所不容；防共属中国内政，毋庸日方代劳。次日，须磨奉川樾命返国报告。

△ 国民政府特派李思浩为冀察政委会委员；冀察法制委员会主席邓哲熙辞职照准，由章士钊继任。

△ 第四路军副总指挥香翰屏、广东各军区司令黄任寰、张达、黄廷桢、缪培南、李振球等组成国内军事考察团分赴各省、市考察，先后由广州抵上海，是日到南京分别见蒋介石。

10 月 22 日 红军胜利完成长征。贺龙红二方面军总指挥部和红二军到静宁东北将台堡与彭德怀红一方面军陈赓第一师会师。23 日，王震红六军到兴隆镇与红一方面军会师。红军三大主力胜利会师。至此，红二方面军与红四方面军亦胜利完成长征。

△ 为粉碎国民党军合围企图，红军主动撤出静会地区，向北转移至海原、打拉池地区。国民党军乘势分四路追击：胡宗南第一军由静宁青家驿向打拉池、海原追击；毛炳文第三十七军、王均第三军由会宁地区分别向靖远追击；东北军王以哲第六十七军、何柱国骑兵军、刘多荃

第一〇五师及马鸿宾第三十五师由隆德地区经固原向黑城镇追击。

△ 蒋介石偕钱大钧等十余人飞抵西安布置反共军事。

△ 据《申报》讯：桂省军队已完全复员，全省正规军编为两军七师，计第七军军长廖磊、副军长周祖晃，辖徐启明第十九师、杨俊昌第二十一师、程树芬第二十四师；第十五军军长夏威、副军长韦云淞，辖贺维珍第四十三师、王赞斌第四十四师、莫树杰第四十五师。此外尚有新编第一师翁照垣部。

△ 宋哲元提倡国故，拨款在保定筹建莲池讲学院，是日组成筹委会，由河北省政府委员梁式堂任会长，王明、王承增任副会长。该会规定听讲人 800 名，由大学毕业生甄选，时间为三年，以经、史、文三门为主要学科，每年基金 15 万元，已拨 10 万元。

△ 上海市商会常务会议议决，积极倡导该市《立报》发起的“以一日贡献国家”运动，通电各省商会仿办，并通告全市各业公会奉行。

△ 四川水泥公司成立，资本定 120 万元，系省与中央合资，厂设重庆南岸玛瑙溪，日产水泥 900 桶。以潘昌猷为董事长，刘航琛、卢作孚等为董事。

10 月 23 日 蒋介石在西安先后接见晏道刚、张学良、邵力子、彭昭贤等，详询西北“剿匪”及陕西政情。张学良建议停止内战，进行抗日，遭蒋拒绝。蒋强令张加紧“讨伐”红军，指责东北军、西北军“剿共”不力，并调蒋鼎文率中央军入陕，监视张学良、杨虎城作战。

△ 中共上海地下党负责人冯雪峰抵成都，与四川省政府主席刘湘的参谋长傅真吾及四川省财政厅长刘航琛会谈，达成四条协议：一、四川方面向南京国民党、蒋介石提出国共合作建议；二、推动与联合南京抗日派准备抗日；三、与各实力派共同在政治上逼蒋抗日；四、国际上联合支持中国抗日的国家，孤立日本。

△ 毛炳文第三十七军攻占华家岭，旋占会宁，红五军副军长罗南辉牺牲。红五军在激战中损失近千人。同时，第一军胡宗南部、第三军王均部也分别占领通渭、静宁、界石铺等地。

△　驻日大使许世英访日外相有田，遵南京训令说明不能接受日方所提“华北特殊化”与“中日共同防共”等要求之理由，并请其重行考虑日本的态度，部分解决中日悬案。有田表示拒绝。

△　宋哲元因冀察稽查处曾放行大批私货，经财政部电请制止，是日手谕该处着即撤销。29日，路运缉私总稽查处自南京移天津，首批人员乘津浦车北上。11月2日，总稽查处在津正式成立。

10月24日　沪各界在龙华机场举行为庆祝蒋介石五十寿辰献机命名典礼。全市募款100万元购机10架，编为一队，定名中正队。

△　王震红六军在兴隆镇休整，准备战斗。第十七、十八师方向发现国民党军，战斗约半小时，将之击退。25日，为配合红一、四方面军消灭来犯之国民党军，贺龙红二方面军继续向北移动，红四师到袁家河之线。

△　中共中央军委决定将红军主力逐次转移，诱敌深入，集中优势兵力在海(原)打(拉池)地区予胡宗南部以歼灭性打击，为北取宁夏创造条件。

△　日本派遣华商在徐州竭力购粮备战，并在苏、皖、鲁、豫四省边县乡镇设庄趸买，由青岛、连云港出口，致苏、皖一带米、麦、面粉价格飞涨，较两月前几增一倍。是日，徐州各乡镇长因粮价飞涨，联呈当局禁止粮食出境。27日，江苏省政府为维持民食，通过禁粮出口暂行办法。

△　须磨抵东京，日外务省召开重要会议，讨论对华具体方针。日军部认为，今后日本实无固守与国民政府谈判的必要，而应向华北地方当局谈判。

△　中美航线在香港设站问题经英方允许后，中美全线试航成功，计历程万余里，首次试航机是日由香港飞抵上海龙华。

△　日华北农业调查团抵天津，访田代、桥本、堀内交换意见，并在津开会商讨调查华北农业方法。

10月25日　国民党候补中央执行委员、湖北省政府主席杨永泰在汉口遇刺身亡。凶手陈燮超当场捕获。31日，国民政府派省府委员兼秘书长卢铸暂兼代该省主席职务。

△ 毛泽东致函傅作义，并派彭雪枫与傅洽谈共同抗日。函称："红军主力之三个方面军已集中于陕甘宁地区，一俟取得各方谅解，划定抗日防线，即行配合友军出动抗战。"

△ 徐向前红四方面军第三十军、总指挥部、第九军、第五军约两万余人相继在靖远城西南虎豹口西渡黄河，至27日渡毕。11月10日，过河红军部队改称西路军，成立西路军军政委员会，以陈昌浩为主席，统一指挥西路军作战。

△ 冯雪峰与四川省主席刘湘会谈。双方同意10月23日达成的四条协议，并商讨了川军、红军与东北军三方的军事联合协定问题。刘答应资助红军10万元经费，以表示与中共合作抗日的诚意。

△ 傅作义赴太原与阎锡山商绥东防务。

10月26日 红军将领毛泽东、朱德、张国焘、周恩来、彭德怀等46人致书蒋介石及西北各军将领，望"悬崖勒马，立即停止进攻红军，并与红军携手共赴国防前线，努力杀贼，保卫国土，驱逐日寇，收复失地"，并声明红军"愿服从全国统一的军事指挥"。

△ 蒋介石在张学良、杨虎城陪同下，到西安城南王曲军官训练团训话，宣称："要分清敌人的远近，事情的缓急。我们最近的敌人是共产党，为害也最急；日本离我们很远，为害尚缓。如果远近不分，缓急不辨，不积极剿共而轻言抗日，便是是非不明，前后倒置，便不是革命……要予以制裁。"

△ 红军总部令红四方面军除第三十军、第九军及指挥部已过河外，其余各部应停止过河，并部署已过河部队以"一个军向中卫延伸，一个军准备争取战略要地定远营"。同时命令"四、三十一两军即以一部逐渐迟滞敌人"，准备于郭城驿附近与之决战。

△ 川樾、张群进行第六次中日外交会谈，再议"华北特殊化"和"中日共同防共"问题，仍未获一致意见。同日，日外务省又两度集会，商对川樾新训令内容。

△ 天津日驻屯军司令部少佐谷荻那奉命到青岛组织陆军特务机

关,并就首任特务机关长职。

10月27日 青海省政府主席马麟率回教徒朝圣团一行130余人由上海乘轮赴麦加朝圣,省主席一职由省府委员马步芳代理。

△ 贺龙红二方面军罗炳辉第三十二军在甘肃袁家河与敌胡宗南第一师作战。红二军第四师到曹家洼遇敌何柱国骑兵阻击。28日,红六军经水头沟到冯家庄;总指挥部到杨明堡;第四师到股列堡与何柱国骑兵继续战斗。

△ 日内阁例会通过有田提出之对川樾新训令,其内容为:一、日本已定政策并无变更。二、日方所提各项要求,仍以“华北特殊化”及“中日共同防共”为核心,最低限度要求达成原则协定。同日,须磨携新训令由东京返任。31日,须磨抵沪,对记者称:“日本对华方针,仍秉原定主张,决不让步。”

10月28日 蒋介石在华清池对《大公报》记者称,“中日交涉政府始终本既定方针,守必要限度,以竭诚周旋,而河北省内行政完整之恢复,察北、绥东匪祸之取缔,尤为必要。总之,中国外交,决以自主精神拥护国家,此种立场绝对不变,决不依赖人,亦决不受人束缚。”又宣称政府“坚决贯彻戡乱方针”。

△ 伪军李守信部500余人攻扰绥远兴和县东北庆益乡豆腐窑子附近,被晋绥军击退。

10月29日 蒋介石由西安抵洛阳,名曰“避寿”,实则部署对西北红军军事。

△ 贺龙红二方面军总指挥部和红二军第六师到仁井子及其附近;王震红六军到达相桐川;罗炳辉第三十二军于预旺西南之红羊房与胡宗南第一师作战后,到干盐池堡和古西安州之间。

△ 驻朝鲜日总督南次郎与关东军司令植田在图们商朝、“满”合作,决定全鲜铁道归“满铁”经营,并在图们江、鸭绿江上架铁桥,以利军运。

10月30日 胡宗南先头部队两个师逼近打拉池,毛炳文、王均、关麟徵各部尾追王宏坤红四军及萧克红三十一两军，分别进占郭城驿、大芦子、靖远等地，靖远以北之三角城渡口及浮桥被突进之胡宗南部所控制。王、萧两军被阻未能过河。

△ 国民政府公布《民国二十五年青岛市建设公债条例》，总额600 万元，年息六厘，八年本息偿清。第一期 300 万元，定明日发行。

10 月 31 日 蒋介石 50 寿辰，发表《五十生日感言》。德国元首希特勒、日首相广田皆有电致贺。南京举行蒋介石寿辰献机典礼，各地捐献飞机 70 余架，由何应钦代表蒋受机转献国民政府。据蒋寿辰献机委员会常委周至柔报告，截至 30 日止，实收各方捐款国币 655 万余元。

△ 蒋介石在洛阳召张学良、阎锡山、贺耀组、刘峙、傅作义、商震、徐永昌、陈布雷、朱家骅等开军事会议，商对付西北红军。张学良力劝蒋介石停止内战，一致抗日，遭蒋痛斥。同日，蒋颁对红军总攻击令。

△ 国民政府国际贸易局长郭秉文致函实业部，报告赴美磋商白银问题及考察国际贸易状况。函称："中国必须尽量售银于美，俾增厚政府库存之现金及国外汇兑，而保护中国货币对外价格。"

是月 教育部根据民国二十三年度统计结果，编成最近高等教育概况，内称全国专科以上学校总计 110 所，教员 7200 余人，职员 5300 余人，在校生 4.17 万余人，毕业生 9600 余人，图书 487 万余册。

△ 据教育部发表，民国二十三年度中国留学生共计 859 人，以留日、留美为最多，年费 212.7 万余元。

11 月

11 月 1 日 国民政府明令撤销驻鄂"绥靖"公署，特派何成濬为武汉行营主任，陈诚为副主任。

△ 平、津日军 6000 余名在北平大规模演习攻防战，4 日演习完毕，5 日分返天津、通县。

△ 北平学联议决，日军在北平举行空前大演习，将由朝阳门至广

安门穿行市内，耻辱空前，请学校当局于日军通过北平时，允学生停课一小时志痛。3日，北平各大学于日军演习穿行城内时停课一小时，以示抗议。清华大学师生800余人宣誓保卫祖国，并下半旗示痛。同日，河北省教育界460余人联名电行政院拥护统一。7日，中华民族解放先锋队队部派队员千余人分赴城郊发放赈品，慰问因日军大演习受灾难民。

△ 红四方面军一部二万余人由甘肃靖远渡过黄河后，是日孙玉清红九军占领一条山之琐罕堡、打拉牌一带，将马禄骑兵旅600余人包围。2日，敌马步芳第一〇〇师骑兵两个旅向一条山红军阵地猛攻，被程世才红三十军击退。马禄表示"接受"联合抗日主张，撤往凉州，红军撤围。

△ 匪伪军李守信、王英部在商都集结步、骑兵9000余人，在日军官指挥下建筑防御工事。王英部3000余人窜扰武川、陶林间黑山子，以分散傅作义兵力。阎锡山、徐永昌、傅作义由洛阳飞返太原。

△ 西北"剿匪"代总司令张学良由洛阳返西安。4日，张偕晏道刚、胡抱三飞兰州与朱绍良、于学忠会议西北反共军事。5日，张等返西安。

△ 广西省政府宣布自是日起，改用大洋法币为本位，而以桂钞为辅币，法币与桂钞比价为法币一元折合桂钞1.6元。前发金库币券由省银行收回。

△ 冀察总稽查处取消后，是日起仍恢复沧盐海防稽查处名义，专办沿海走私军火、盗匪等的缉捕，并秘密售卖查验证，放行私货。

△ 安徽省自秋收迄今，输出米粮数百万石，致使粮价飞涨，民食恐慌。是日，该省政府决定禁米出境，以资救济。

△ 陇海路通车至虢镇。

11月2日 冀察政委会主席宋哲元在平宴华北日驻屯军司令田代，席间宋致词，谓中日亲善，应本互惠平等精神，冀察与日绝无密约；并谓目下铁路、邮政及航空联运之一切讨论，皆系赓续到任前业已开始之谈判，将继续采用保护中国主权及领土完整之政策。田代则否认日军演习有何秘密动机,并声称将根据平等、诚意及互惠原则,力谋中日两国之日趋密切,东三省事决不使之再见于冀察辖境。

　　△　冀察政务委员会经济委员会主席李思浩在上海访财政部次长徐堪等洽谈"中日经济合作"。6 日,由杭州飞洛阳见蒋介石。8 日,飞南京见翁文灏、张群、吴鼎昌、张嘉璈等,9 日飞上海,对新声社记者谈见蒋经过,谓所谈仅大体原则;关于经济提携,蒋表示在"不丧主权,不含侵略"原则下可相机进行。

　　△　傅作义与阎锡山协商绥省防务及治安,旋即返绥。同日,日机一架飞包头侦察。日方由热河续调两联队日军至多伦待命。3 日,傅在归绥对记者发表谈话,称绥省目下尚平静,惟环境复杂,东、西边防均吃紧。"余服务边疆,矢守二旨:一、凡属上级命令绝对服从;二、凡扰害绥民治安者,当予以痛击"。

　　△　北平名教授刘仙洲、卢郁文、李建勋、何基鸿、于树德、崔敬伯等 485 人联名电行政院称:"连日报载中日交涉经过,以'华北特殊化'问题为主要症结之一","请政府坚决拒绝侵略者特殊化之要求,誓与全国民众,以全力为政府后盾,保护领土与主权之完整。"

　　△　冀东伪政府派外交处主任秘书林东铭偕伪保安队张砚田部接收北戴河海滨自治区。

　　△　长沙日商金融组合店主山岸贤藏被人刺伤。3 日,泊汉两日舰驶往长沙,外交部令湖南省政府将详情报部核办。5 日,凶手黄某在株洲被捕,供称系图财所致。

　　△　前北京政府临时执政段祺瑞因胃溃疡症转剧在沪逝世。段氏临终之前,于 10 月 6 日预书遗嘱,谓:"国虽微弱,必有复兴之望,复兴之道亦至简,慎勿因我见而轻启政争,勿尚空谈而不顾实践,勿兴不急之务而浪用民财,勿信过激之说而自摇邦本,讲外交者勿忘巩固国防,司教育者勿忘保存国粹,治家者勿弃固有之礼教,求学者勿骛时尚之纷华。本此八勿,以应万有,所谓自力更生者在此,转弱为强者亦在此矣。"5 日,国民政府明令国葬段祺瑞,并发给治丧费一万元。

△ 中共中央电令张国焘，河西红军“暂以现地区为中心，向三面扩大占领区域”，“大的方向仍前不变”。

△ 北宁铁路局长陈觉生对记者谈建筑津石路事，谓原拟建筑之沧石路，今改为由石家庄直达天津，现正进行测量工作，资金、材料均已商妥。

△ 上海中汇、江浙两银行合并营业，统称中汇银行。中汇原址改称总行，江浙银行宣告解散，改为中汇分行继续营业。资本总额为350万元，董事长及总经理均由杜月笙兼任。

11月3日 须磨访外交部亚洲司司长高宗武，为张群、川樾第七次会谈作准备折冲，仍未获一致意见。7日，日使馆秘书清水与须磨访高宗武，为川樾、张群会谈再作准备，日方坚持以“共同防共”为谈判主题，希望签订“中日共同防共”协定。国民政府则主张先解决地方事件，仍未获妥协。

△ 贺龙红二方面军总指挥部在何家堡召开干部会议，朱德总司令传达中央关于集中红一、二、四方面军消灭胡宗南主力的战斗动员报告。20日，总指挥部、红二军、第三十二军在洪德及其附近；红六军一部在刘溪、新集子一线备战。

△ 为抗议日军在北平举行军事演习，北平各校师生举行悲痛纪念，并要求第二十九军“以演习回答演习”。

△ 日军在平郊军事演习后，列队入城，一朱姓女孩因高呼“打倒日本”，惨死在日军坦克之下。

△ 华联通讯社社长郁建中及电报员等在上海被法租界巡捕房捕去。

11月4日 绥蒙旗剿匪司令潘王到绥见傅作义，报告乌兰察布盟政情，并商防务。绥东形势紧张，日机六架飞绥东侦察。傅偕骑兵司令赵承绶分赴前线视察，与各部队讲话，表示“誓保国土”。

△ 广东省政府主席黄慕松偕广州市长曾养甫及两广外交特派员刁作谦等抵香港访港督郝德杰。黄对记者称：“中英两国邦交向称敦

睦，粤、港关系向来密切，两地经济商务均应切实联络，共同繁荣。”

△ 国民政府在云南省置宁蒗设治局，以旧宁蒗县原有区域改置。该地彝族人多于汉人，永守土司势力尤盛，且与川、康两省接壤，区域辽阔，乃设治以资整理。

11 月 5 日 张国焘电令河西红军占领大靖、古浪、永登地区，必要时应迅速占领凉州，称“目前主要任务是消灭马步芳部，独立开展一个新的局面”。根据此电，四方面军总指挥部制定“平(番)、大(靖)、古(浪)、凉(州)战役计划”，决定放弃一条山和五佛寺渡河点，分三个纵队西进。

△ 德王在嘉卜寺召开军事会议，决定以伪军王英、李守信两部为主力，侵犯绥远。王部由商都进犯陶林，李部由张北以西之南壕堑、大青沟直取兴和。同日，德王以伪蒙古军总司令及副司令卓特巴扎普名义向绥省发出宣战性通电，诡称绥省“企图分化蒙旗，推翻自治”，“迫使蒙古已退无可退之地，蒙古民众均希诉诸武力，争取最后生存”；“蒙古虽弱，亦做最后之抗争。如演成事变，责任完全应由贵省负担”，并提出将察盟右翼四旗退还察盟、取消百灵庙以南一带军事设备、经济封锁等五项要求。6 日，傅作义军击退侵犯陶林、兴和之匪伪军。

△ 中国航空公司沪粤线通航，“福建号”巨型水上飞机自上海龙华机场起飞，经温州、福州、厦门、汕头、九龙抵广州，与英国皇家航空公司远东站连接。

△ 国糖产销协会以日、荷两国成立贸易协定，将降低食糖价格向华倾销，特电财政部拒绝该两国政府要我降低糖进口税则的请求。

△ 桂省锰矿砂因售价大跌，矿商经营困难，由桂省府咨请财政部豁免出口关税以资维持。财政部以锰矿砂为炼钢及工业上重要原料，国内需要日有增加，出口未便免税，惟行销国内之转口税，可准予豁免。

11 月 6 日 中法教育基金委员会议决：一、补助国民政府教育部义务教育及特种教育费 5 万元；二、补助国立清华大学设置科学讲座费 9000 元，聘请法国名教授任教；三、通过考选留法公费生办法，年定五名，留学三年，1937年开始实行。

△ 华北日驻屯军部开幕僚会议，讨论华北经济开发等问题。7日，该军部参谋池田抵长春见植田，征询关东军部关于开发华北经济之意见。8日，池田抵津，田代即召集高级幕僚会议对此交换意见。

11月7日 宋哲元第二十九军在红山口（位于河北赤城县）举行对抗性军事演习。北平各校学生在学生会、救国会组织下，分赴演习地区慰问和宣传。

△ 两广外交特派员刁作谦自港返广州，谓此次赴港曾与港方商九龙案，此案须由外交部直接与英政府交涉。10日，英国驻粤总领事访刁，解释港政府要求九龙华人他迁原因并探询粤方态度。20日，刁与英方续商九龙案。

11月8日 绥省府主席傅作义致电德王驳复5日电，谓"今日边土安危，责在执事，而不在义"，"执事如摆脱现状，不受利用，翻然有所表现，则往日之罪，义当负之，愿即负荆以请，并即解职，以明心志"。同日，蒋介石接得傅报后，也电致察境"蒙政会"，指责德王之挑衅行为，促令以国家前途为重，即日停止军事冲突，听候中央处理。

△ 傅作义在归绥召开秘密军事会议，研究加强防务，决定绥东由彭毓斌、董其武负责；绥北由孙长胜、孙兰峰负责，绥西由王靖国负责，并分别任命彭毓斌、董其武为绥东防守总、副指挥官，孙长胜、孙兰峰为绥北防守总、副指挥官，准备作战。

△ 察北匪伪军变更计划，图由百灵庙犯绥北。日军官数十人乘机往来于百灵庙、察北间，调度甚忙。同日，察北匪首王英偕包悦卿飞天津，代表德王与日军部秘密接洽。

△ 冀察政委会查禁救国组织，通令冀、察两省及平、津两市，谓北平市学生救国联合会、女同学会、民族先锋队等组织，"有碍治安"，令严密查禁，勿任自由活动。

△ 绥远中等学校学生联合会成立，宣言呼吁全国援绥。9日，绥远旅平同乡定15日绝食一日，积资慰劳绥远将士。10日，清华大学学

生议决停止煤火五日，积资千元，慰劳绥东前方将士。14日，天津14院校发起慰劳绥远将士募捐运动，北洋学院规定每生至少捐一元，并定15日绝食一天，节资慰问。15日，归绥教育界同人联合会为绥远前线将士购置皮衣出动募捐。16日，教育部及其在京直属机关职员捐薪一日劳军。天津各校代表集议决定扩大募捐。20日，天津学界再次发起募捐20辆汽车及万件绒衣劳军运动；北平学生也发起万件皮衣劳军运动。23日，平津教联代表杨立奎、师大代表熊梦飞等赴绥劳军。

△　长江江水猛跌不已，芜湖水位降至18英尺，较去年同时期低12英尺，为数十年所仅见。巨轮均到芜湖卸货，再用铁驳船转运上游，运费加收70%。长江航运衰颓。

11月9日　阎锡山电令颁发绥战战斗序列，任命傅作义为晋绥剿匪军总指挥兼第一路军司令官，汤恩伯为第二路军司令官，李服膺为第三路军司令官，赵承绶为骑兵军司令官，门炳岳为副司令官。

△　财政部以冀、鲁、豫、晋各省农民煎制硝盐，影响耕作，致使民食发生恐慌，特令饬四省盐务机关查禁硝盐并改良盐碱地。

△　田代宴宋哲元等，席间就冀察问题交换意见。10日，宋在天津对记者称："余对国家，凡所献替，自信绝无秘密。以通航言，此为由《塘沽协定》俱来之公案，余不过完成未了手续耳。譬如经济提携及资本问题，余主张以平等互惠为原则，需要借款时，亦持三点为磋商根据：(一)款需十足兑付，不折不扣；(二)取消手续及佣扣费用；(三)利息务必减低。若津石路、若津沽港以及龙烟铁矿之恢复，均本此旨去做，彼此虽曾协商，但实现则非咄嗟间可立致。国家到此地步，国人宜免去猜疑，精诚团结。中国如不愿自亡其国家，孰又能亡之？"宋并表示决不甘为亡国奴，也决不做洪承畴、吴三桂。

△　国民政府通令会计年度改为历年制，"定二十八年(1939)一月一日施行"。

△　国民政府任命陶柳为第六十二师师长，原任钟光仁准予免职。

△　第三军军长王均在甘肃通渭马营东南坠机丧命。蒋介石令派

该军第七师师长曾万钟暂代军长职务。

△ 沪东日商同兴纱厂、上海纱厂一、二、四、五厂，大康、裕丰、公大纱厂一、二厂以及东华纱厂 1.5 万工人因反对日人压迫实行总同盟罢工。16 日，各厂工人主动复工。

△ 华北日驻屯军参谋长桥本偕参谋和知自天津飞抵青岛，晤驻青武官谷获及青岛市长沈鸿烈。10 日，赴济见韩复榘，探询韩与蒋介石在杭州会见情形。12 日，桥本等返津，向田代报告。13 日，日舰两艘先后由上海抵青岛，各舰陆战队登岸游行示威。

△ 福州日人图以武力向海关索回被没收之私货，与中国警察发生严重冲突，旋包围税务司美人威廉斯寓所，后经日领事到场干涉，始撤。

△ 青岛海关缉获运私货日轮一艘。

11 月 10 日 国民党代表陈立夫在上海沧州饭店约见潘汉年。潘口头传达中共中央草拟的《国共两党抗日救国协定草案》中的八条件。陈代表蒋介石答复称，对立的政权与军队必须取消，红军只可保留 3000 人的军队，师长以上的领袖一律解职出洋，半年后按才录用。潘当即予以驳斥。指出“这是站在剿共立场的收编条件，不是抗日合作的谈判条件”，国共两党谈判的前提是讨论合作。陈又提出：可否请周恩来出来一次，蒋愿和周面谈。12 月初，中共中央指示潘拒绝蒋的要求。潘并通知国民党方面，红军只能扩充，不能减少一兵一卒；真要谈判，必须停战。

△ 川樾与张群作第七次谈判。深夜，川樾电东京报告称：“中国态度强硬出于意外，对华北特殊地位与中日合作防共，坚持不同意。”张群坚持河北省内行政完整之规复及察北、绥东之安定为调整华北中日关系之前提，并要求取消冀东伪政权。次日，驻日大使许世英奉国民政府令，往访日外相有田，说明国民政府关于“共同防共”与华北问题之立场，希日政府谅解。

△ 绥北前方发生小冲突，匪伪军由百灵庙方面对绥军作试探性

进攻,当即被击退。同日,王英、包悦卿在津与日军司令部接洽完毕飞返商都。

△ 全国各界救国联合会致函山西牺牲救国同盟会,称:“山西现在已成为国防前线,而日本帝国主义掠夺山西之阴谋,也日进不已。”“抗日不是孤军的抗战,而是全国一致的奋斗。”“希望你们能够和我们联合起来,在抗日救国纲领之下,共同推进我们的工作。”

△ 国民政府令:《狩猎法》定自民国二十六年(1937)4 月 1 日起施行。

△ 驻苏大使蒋廷黻向苏联中央执行委员会主席加里宁呈递国书。

△ 徐向前红四方面军孙玉清红九军在干柴洼突破马步青两个旅之截击,进至横梁山,经一昼夜激战,击退尾追之马步芳三个骑兵旅。13 日,红九军前锋部队占古浪城。15 日,红九军全部进据古浪。

△ 中日合办之天津电业公司行奠基礼。该厂之设计、监工皆由日方负责,技术人员全为日人。

11 月 11 日 行政院秘书长翁文灏对记者发表谈话,谓政府为便利军事,现特划定绥、宁、青及内蒙一带为剿匪区,深恐各该区内外侨之安全受影响,顷由外交部照会各驻华使馆注意,并不得发给该区内旅行护照,无照前往者不负保护责任。20 日,绥远省政府通告外侨即退出绥境,否则如有损害,概不负责。近日来,美、英、法、意、日领已令绥、宁、青三省侨民撤退。

△ 宋哲元第二十九军秋季大演习开始。参加部队为冯治安所部第三十七师,赵登禹所部第一三二师官兵约 3000 人,宋哲元任总监,张维藩任参谋长,总监部设于平南庞各庄。12 日,由冯治安指挥,两师在黄村、固安间演习对抗战。13 日,为攻守演习,宋偕秦德纯前往指挥。北平清华大学、燕京大学等校学生 300 人分赴演习地区慰问,并赠“国家干城”锦旗一面。14 日,演习毕,宋等由固安随军抵庞各庄举行阅兵式。华北日驻屯军参谋长桥本与参谋和知由津飞庞各庄参观。

△　关东军参谋部幕僚会议确定对绥策略：一、中国冀察军与绥晋军同时之迎击场合，则华北日驻屯军即为作战之主力，以伪军为辅，战时中心在冀、察、平、津，成为决死场；二、若仅有绥晋军迎战之场合，则华北驻屯军坐镇察冀，取监视宋哲元军之态度，以伪军匪军攻绥北、绥东，取包围之游击式作战方略，使晋绥军疲于应付，兵力分散，再集中猛攻；三、目前作战，以不引起冀察战争为主，俟两月后形势顺利，再图发动。但今绥远之进击，仍为侦察性质，伪匪军作战以严冬为得占时利，以充厚之给养，伪匪军之北方耐寒性，取得军事供给上之优势。

△　国民政府重申公务员应革除婚丧寿宴浪费令。

△　商都、南壕堑伪军李守信部向绥东陶林一带进攻，并有日机助战。12 日，李守信部向兴和、丰镇进攻，均被击退。

△　中共中央军革委授予已过河的红四方面军第三十军、第九军、第五军三个军和红四方面军总部共 21800 余人以西路军番号，并任命红四方面军政治委员陈昌浩为西路军军政委员会主席兼政委，徐向前为副主席兼总指挥，王树声为副总指挥。

△　程世才红三十军进至大靖附近，守军马步青骑五师祁明山旅固守不出。继进围凉州，占领四十里铺。18 日克永昌，21 日克山丹，进至甘北地区。

△　阎锡山遵父命将遗产 87 万元捐助绥远抗日将士。

△　陆宗舆在北平就任龙烟铁矿督办职。13 日，陆在冀察政委会与齐燮元、门致中、贾德耀、邓哲熙等商议办矿事宜，晚赴津与田代接洽日方投资问题。

11 月 12 日　全国各界救国联合会在上海举行孙中山先生诞辰纪念大会，由沈钧儒主持。李公朴等讲话，抨击国民政府“攘外必先安内”政策，呼吁团结抗日。沪东区日本纱厂罢工工人代表讲话，介绍日本纱厂和声援日商纱厂罢工的上海 26 家工厂 4.5 万人大罢工情况，呼吁各界给予经济援助。大会一致通过成立支援日商纱厂罢工斗争后援会，当即募款 400 余元。会后，上海各界救国会散发“请全国同胞援助日商纱厂罢工工人”的呼吁书。

△ 日本首脑部因张群、川樾会谈无望，故电驻华北陆、海、外机关首要征询意见。是日，田代与驻津日领事堀内、海军特务机关长久保田交换意见，结果均同意中止谈判，一切悬案保留，俟机再交涉，遂以此意电复东京。

△ 刘文辉率步兵一团自雅安首途入西康，亲自主持西康建省委员会事宜。

△ 中央大学校长罗家伦在绥发表慰勉武装同志文，谓：“经我们血染的山河，一定永久为我们所有，民族的生存和荣誉，只有靠自己民族的头颅和鲜血，才可保持。”罗代表中央大学3000名教职员和学生向抗敌将士致敬。

△ 旅京绥远同乡集议援助并慰劳绥远将士办法三项：一、请国民政府、军委会、行政院实力援助绥远将士戮力抗敌；二、推国民党中央委员赵允义等晋京谒党、政、军当局，陈述绥省实况；三、按在京同乡月薪额捐款劳军，月薪500元以上者捐200元，最低月薪20元者捐四元，学生则减食一周，节款捐献。

11月13日 红一、二方面军及红四方面军余部由靖远、会宁转移至海原东之同心城一带。是日，胡宗南第一军向同心城、王家团庄进攻，红军放弃同心城、王家团庄、高崖、李旺堡，向豫旺转移。15日，胡宗南军分三路攻预旺，红四方面军第三十一军集中在预旺东之萌城堡、甜水堡一带据险还击。16日，红四方面军一部与红十五军团向萌城、甜水堡东进。17日，红四方面军第四军四个团预伏在萌城西北之羊福山沟，红三十一军第九十一师及第九十三师一部预伏于魏家山，红三十一军第九十三师另一部在萌城西之石梁山正面，阻击胡宗南第一师之第二旅，胡军官兵死伤甚多。另一部红军在萌城西石板桥附近与胡军激战后，退入甜水堡。18日，红军在萌城击溃胡宗南部第二旅后，向山城堡及环县转移。

△ 日陆、海、外三省开紧急会议，商对华谈判对策，议决对已同意

诸点积极进行，尽早促其实现，对华北及防共问题，力获国民政府最低限度接受。

△ 董其武在平地泉就绥东保安司令职。

△ 日机三架飞平地泉侦察，投弹数枚向商都方向逸去。夜间匪伪军千余人猛扑绥东防地，与赵承绶部骑兵师激战。

△ 伪军王英部驻百灵庙骑兵第一旅第一团团长苏义和率士兵1000余人反正。

△ 杭州西湖灵隐寺罗汉堂因香客烧香不慎失火，500尊罗汉全部焚毁。

11月14日 绥远抗战揭幕。在日化德特务机关长田中隆吉指挥下，由王英部伪"大汉义军"副司令雷中田率领伪军2000余人向陶林境红格尔图推进。夜12时，先头部队进至距红格尔图四里之阳坡村，与傅作义之侦骑接触。次日，王英部伪军在飞机掩护、山炮配合下向红格尔图猛攻六次，激战至晚，卒被傅作义部及地方团队击溃。16日，王英伪军3000余人再犯红格尔图，战况激烈，企图夺取平地泉、卓资山。傅作义在集宁命彭毓斌率骑兵四个团、董其武率步兵两个团星夜驰援。敌机数架飞陶林、兴和一带继续轰炸，掩护伪军前进。

11月15日 财政部准各省、市地方银行发行辅币券，其办法如下：一、发行数额须先呈财部调查核准；二、发行式样须绘图呈财部审核以资统一；三、印制委托中央信托局代办；四、须照法币发行办法预定法定准备金，由财部随时派员检查。

△ 驻平汉线北段之东北军万福麟第五十三军是日开始演习三天。参加部队为缪澂流、孙德荃、朱鸿勋三师及王奇峰骑四师一部，炮兵、工兵各一营，混合编成南、北两军，朱、缪分任指挥，万任统监，北军由望都、南军由新乐分别前进，在新乐附近作遭遇战。17日演习完毕。

△ 西安市各中小学校扩大成立救国会，由中共西北特别支部领导。

△ 中国佛教会在上海举行第八届全国佛教徒代表大会。出席代

表计 15 省八市 127 人，以圆瑛、叶恭绰、王一亭、雪峰、智圆五人为主席团，赵朴初为记录。大会议案有修改会章、弘宣教义、僧众教育、整理教规、保护教产、促进会务等项。

△　上海各界救国联合会吁请全国同胞援助日商纱厂罢工工人，指出："四万余上海日商纱厂的工人，每天要做十二小时以上的工作"，"他们所得的工钱，最低的每天只有一角八分，连饭都吃不饱。""援助抗日罢工，是每一个不愿做亡国奴同胞的责任。""我们要求华商厂厂主及工友一致以实力援助日厂罢工。"

11 月 16 日　全国各界救国联合会发表绥远问题宣言，提出：一、华北中日经济协定，已经把所有的国家命脉断送净尽，中央要负完全的责任；二、中央对于绥远的安全，应负绝对完全的责任；三、中央对于绥远如依然以消极抵抗，与敌言和，我们万万不能承认；四、政府应该发动全国规模的积极抗战，立刻停止内争，尤其应该停止南京谈判；五、要求全国实力派一致请缨抗敌；要求全国不愿做亡国奴的同胞，全力援助绥远抗敌军队。

△　马步芳部五个骑兵旅及民团一部赶至古浪一带，以两个旅从古浪东北及西南钳击孙玉清红九军，强攻不克，佯作败退。红九军以主力出击，遭逆袭，伤亡重大，撤回古浪城内固守。17 日，马部突入城内，红九军与之激烈巷战，至 18 日晚，撤出古浪，向北转移至四十里铺。此役歼马军 2000 余人，红军也损失 2000 余人。

△　国民政府任命李及兰为陆军第四十九师师长，牟中珩为陆军第一百十四师师长，徐继武为陆军第四十八师师长。

△　蒋介石电令农民银行在宁夏、青海设立机构。

11 月 17 日　晨，伪军在山炮、重机枪掩护下，以密集队形向红格尔图东北及正北阵地突击，连续数次，均被击退。18 日，董其武率部出敌不意，袭击红格尔图东北达拿村伪军指挥部，进行包围；彭毓斌率骑兵迂回敌后，截击增援之敌，激战三小时，于 19 日拂晓将敌彻底击溃。王英与田中隆吉仓皇逃走。

△　阎锡山在太原召集晋绥高级将领徐永昌等十余人共商绥省军事。蒋介石亦自洛阳飞抵太原晤阎，嘱转告傅作义不许绥东战事继续扩大，由南京从外交方面设法缓和日伪进攻，以争取绥东停战。

△　韩复榘应宋哲元约到南宫晤商冀鲁联防。

△　全国各界救国联合会为援绥抗战分电国民政府及傅作义、张学良、宋哲元、韩复榘等。致国民政府电要求“立即停止外交谈判，发动全国抗日战争，乘机收复失地”。致张电称：“望公本立即抗日之主张，火速坚决要求中央立即停止南京外交谈判，发动全国抗日战争，并电约各军事领袖一面对中央为一致之督促，一面对绥远实行出兵援助。”致傅电促“积极作战，乘机收复失地”。

△　据《申报》讯：日本乘路远缉私停顿之际，将大量私货运津，每批约150余载重汽车。各奸商因冬季河道结冰，来货不易，皆大量购趸，日本正金、朝鲜两银行特放款接济私商，总额达500余万元，故冀东日本纸币已直接行使市面。依伪冀东政府统计，自本年1月至10月底，经北宁路运津私货共漏税在4400万元左右。

△　中日合办惠通航空股份有限公司在津开幕。18日，津连（天津至大连）、津锦（天津至锦州）两线通航。19日，津承（天津至承德）、津张（天津至张北）两线通航。20日，又辟专供日军官员使用之军用航线津青（天津至青岛）、津太（天津至太原）、津包（天津至包头）三线。

△　东北旅平二救国团体代表于毅夫等抵绥慰劳前线将士。同日，上海各团体决定成立绥远剿匪慰劳救护委员会，并募捐劳军。

△　胡宗南分兵三路向定边、盐池前进：左路第一师李铁军第一旅由惠安堡东进；右路丁德隆第七十八师由田家原向山城堡前进；中路廖昂第二旅向萌城、甜水堡前进，被红四方面军王宏坤第四军在萌城以西地区击溃，后由邹洪第四十三师接替中路。

11月18日　红一、二、四方面军领导人毛泽东、周恩来、朱德、张国焘、彭德怀、任弼时、贺龙联合发出“决战动员令”。令称：“从明日起粉碎蒋介石进攻的决战，各首长务须以最坚决的决心，最负责的忠实与最吃苦耐心的意志去执行。而且要谆谆告诉下级首长转告于全体战斗员，每人都照着你们的决心、忠忱与意志，服从命令，英勇作战。”

△ 蒋介石由太原飞返洛阳，次日又飞往济南晤韩复榘，并通过韩向宋哲元转达其“剿匪”方针。

△ 高宗武访川樾交涉绥远事件，日方否认有日军参与。同日，日外务省发言人天羽声称：绥东战事，纯系中国内政，与日无关，纵有日人参加蒙军作战，也应认为个人行动，与日政府及日军无涉。继而又承认日政府对伪蒙“因反共而起之任何防御行动”表示同情。

△ 汉口各业工会代表致电傅作义及前方将士，谓武汉 30 万工人誓作后盾，并议决全市工界以一日所得劳军。

11 月 19 日 国民政府令：四川善后督办公署及四川“剿匪”总司令部均着撤销；特派刘湘为川康“绥靖”主任。

△ 红军前敌总指挥部部署战斗，以左权第一军团、徐海东第十五军团和王宏坤第四军、萧克第三十一军集结山城堡之东、南、北地区，隐蔽待机出击；贺龙红二方面军和贺晋年第八十一师等部集结于洪德城、环县及其以西地区，担任策应各方和迟滞东北军的任务；宋时轮红二十八军在红井子一带钳制敌左路李铁军第一旅。同日，胡宗南第一军侵占惠安堡，其丁德隆第七十八师经预旺堡、古城于 20 日占领山城堡、小台子、风台堡等地，妄图从两翼合围红军于盐池以南地区。

△ 陈立夫与潘汉年在南京继续会谈。陈坚持蒋介石原提各点无可让步，潘将《国共两党抗日救国草案》交陈，供国共两党合作参考。晚，张冲看望潘汉年，望双方继续努力，并转达陈立夫意见，希望潘把蒋的意见电告陕北，如果周恩来能与蒋面商，条件可斟酌。

△ 伪军以包悦卿部骑兵为左翼，王英部步兵任正面，李守信部任右翼，共 3000 余众向兴和陶林猛袭，被赵承绶部及援军击退。德王、卓世海遂分别就蒙军司令、副司令职，率军开百灵庙。

△ 日本关东军参谋原田大佐、航空大队长饭岛由长春飞抵天津，与田代、桥本等交换应付绥东办法。20 日，据《申报》讯：绥、并日特务

机关工作人员均增加。天津日军部已先后派出军官数批前往。

△ 南京妇女界李德全、何香凝募捐慰劳绥远前方将士。何对南京妇女界称:“本人系一画家,唯有将书画换来的钱,汇至前方聊表慰劳。希望文官多出钱,武官多出力。”同日,上海市文化界成立绥远剿匪后援会,议决电慰傅作义及前方将士,并通过文化界募捐慰劳办法。又太原山西陆军监狱全体监犯绝食一日,节省囚粮捐献绥东抗敌将士。

△ 是日至23日,青岛日商内外棉、大康、隆兴、同兴、丰田、宝来、上海、青山等纱厂及瑞丰染织厂工人共2.4万余人要求厂方延长休息时间、增加工资及改善待遇等,先后罢工。25日,大康纱厂4000余罢工工人包围公安局第五分局,并捣毁日人汽车。同日,驻青日领事为日纱厂工人罢工事数次至市政府提出抗议,要求限时平息,否则即派驱逐舰水兵武装登陆。27日,市政府与日领交涉结果:一、工资增加5%;二、面贴照旧;三、嗣后不得无故开除工人;四、不得虐待工人;五、恢复吃饭休息时间;六、被开除者酌予复工,不能复工者资助回里。罢工工人基本接受以上条件。

11月20日 傅作义在绥远新城召开军事会议,决定收复百灵庙,以孙长胜为前敌总指挥,孙兰峰为副总指挥。兵力配备为:孙长胜骑二师三团骑兵,孙兰峰步二一一旅二团步兵,王靖国部一团步兵,周玳部一营炮兵并装甲车一辆。

△ 李守信、王英等匪首以犯绥未逞,与日军官八人在商都开紧急会议,决改变策略,转扰绥北,以百灵庙为中心,进窥归化、包头、河套。同日,傅作义由平地泉返归绥,下达以迅捷手段袭占百灵庙命令。

△ 是日至23日,蒋鼎文在建瓯开闽浙边境“剿匪”会议,两省师长、独立旅长以上军官出席,张发奎亦派员出席,商分配防务,加紧“剿共”。

△ 昌黎伪冀东保安队第三总队第四大队韩则信部400余人哗变,将日宪兵队长樱井、顾问平井囚于货仓中后,逃往丰润县。23日,一部抵玉田、遵化交界处之燕山口,后经榆关被日军伪保安队第二总队

围击,200余人被迫缴械。韩则信下落不明。

△ 交通部邮政总局与苏联邮电人民委员会在南京签订《互换包裹协定》。

11月21日 红军西征军主力摆脱国民党军的围追堵截,进行环县山城堡战役。下午,左权红一军团、徐海东红十五军团发起总攻,红四方面军之王宏坤第四军、萧克第三十一军配合作战,与胡宗南部激战一昼夜,将丁德隆第七十八师第二三二旅及第二三四旅的两个团全部歼灭。同时,向盐池、定边方向进攻之胡宗南部李铁军第一旅,也被宋时轮红二十八军击溃。山城堡战斗胜利结束。胡宗南部主力西撤。

△ 绥北吃紧,匪伪大军退集百灵庙,欲南犯武川。晚,曾延毅率第三十五军一部进驻武川。同日,阿王到归绥,与傅作义商剿匪事。

△ 北平市学生救国联合会发表《对于时局之意见书》,希望政府立即断绝对日亲交,剿灭察、绥伪匪,并号召全国各界立即召开临时紧急国民救亡代表大会,讨论全盘抗日作战之方针,发动四万万同胞一致奋起抗日。

△ 青岛各界成立慰劳前方将士会,参加者数十团体,规定募捐办法。上海各界推行"国民一日所得运动"。张学良与东北军各官佐,共捐一日所得款一万元,慰劳绥军。

△ 唐山华新纺织厂与日商大阪吴羽纺绩会社签订合办契约。该厂拥有2.68万纱锭,500台织布机。

△ 日设满洲兴业银行,统制伪满洲国金融。

11月22日 阎锡山在太原召集杨爱源、徐永昌、孙楚、杨效欧开军事会议。同日,汤恩伯第十三军、门炳岳骑兵第七师与驻宁夏阿拉善之关麟徵第二十五师开抵大同。

△ 李守信在南壕堑指挥匪伪军再犯兴和,并以飞机、坦克助战,被傅作义部击退。

△ 察哈尔省旅京同乡开会呼吁收回察北,决议:一、向中央政府请愿收复失地;二、通电慰劳绥远将士;三、通电冀察政委会及察哈尔省

政府迅速出兵收复失地;四、通电全国各地一致援绥;五、组织察哈尔省抗敌义勇军,并推定代表向国民政府请愿。同日,石家庄各界成立慰劳前方将士联合会,参加团体80余个。

△ 纽约全体华侨抗日救国会决议,加入全国各界救国联合会,团结一致,抗日救亡。

△ 关东军首脑部在长春连日讨论绥东情势,是日决定策略如下:一、要求东京停止中日交涉,采取有效方法;二、增派日伪正规军三师协助侵绥;三、华北日驻屯军严密监视冀、察华军行动,俟华军出动援绥,华北日驻屯军应即攻击。23日,田代召集桥本、松室等讨论绥事。24日,日关东军参谋长板垣征四郎抵津,与华北日驻屯军协商时局,华北驻屯军部主张对绥事应取“适可而止”方针。

△ 本年丰收,粮价竟至高涨,是日财政部、实业部、军政部协议,主张全国粮食自由流通。24日,行政院通过粮食调节暂行办法,规定:一、粮食在国内应听其自由流通,以达到供求相济,各省、市应一律停止禁运;二、目前不禁止输出,嗣后由海关按月调查粮食输出入种类及数量,遇有禁止出口必要时,再由财政部报行政院行之;三、本年粮食不足之省,由实业部农本局与当地官厅协商后,自农作区域输入调节;四、农本局调节粮食时,交通、铁道两部应减低水陆运费。

△ 四川省合作金库在成都开业,基金1000万元,由建设厅厅长卢作孚任理事长。

△ 惠通航空公司中日双方因军用线问题产生矛盾,中方要求取消军用线,日方坚决不允,理事长张允荣拒赴公司办公,一切事务归日方副理事长儿玉常雄处理。28日,陈中孚访和知等,请停止日军用航线,日方诡称此线以前即有,非开航后增辟。

△ 日轮“盛京丸”由基隆到福州,海关一队登轮缉私,即遭痛击,数人重伤。

△ 北方作家协会成立,选举曹靖华、杨丙辰、李何林、孙席珍等11人为执委,杨刚等五人为候补执委。成立后,在《北平新报》上编印

《文学周刊》,宣传抗日救亡。

11月23日 清晨,全国各界救国联合会领袖沈钧儒、章乃器、李公朴、邹韬奋、王造时、史良、沙千里七人以所谓"鼓动工潮"、"反动嫌疑"等罪名,被上海市公安局逮捕,分别解送江苏高二分院及高三分院审讯。沈钧儒等在法庭上驳斥了上海市公安局代表对他们的诬陷,重申"全国团结,一致对外"主张。法院被迫裁定责付律师保释。晚,沈钧儒、章乃器、邹韬奋、沙千里、王造时又被拘捕。次日,李公朴亦自投法院,史良因故躲避未到案。上海高等法院第三分院发出通缉史良令。此即著名的"七君子事件"。

△ 百灵庙伪军第七师穆克登宝部3000人分两路向武川、固阳出动。傅作义部第三十五军副军长曾延毅指挥之孙兰峰旅、王靖国之第七十师补充团以及赵承绶部孙长胜骑兵师,一面迎击,一面派骑兵绕袭百灵庙,激战10小时,次晨9时占领百灵庙,敌伤亡七八百人,俘虏300余名。

△ 上海市商会、地方协会、红十字会合组的绥远剿匪慰劳救护会派代表黄炎培、王晓籁等七人飞绥慰劳将士。次日,该会以10万元汇绥前线。上海各界援绥捐款已达50万元,上海市民发起赶制战士御寒皮、棉、绒衣及药品运动。25日,黄、王等抵绥见傅作义,并将5000元现金分赠受伤士兵800余人。

△ 香港广东银行总行在董事长宋子文主持下复业。

11月24日 全国各界救国联合会为沈钧儒等无辜被捕发表《紧急宣言》,声明救国会的宗旨,"只在抗日救国",是全中国一切不愿做亡国奴的人们所组织的,不是受什么人利用成立的。现在领袖虽被无辜逮捕,但救国会的会员决不因而放弃抗敌救亡主张。郑重宣言:如果政府还愿与人民合作抗敌,团结一致对外,就应立即释放被捕诸领袖,公开保护救国运动;并要求:一、立即释放被捕诸领袖;二、公开保护救国运动;三、打倒汉奸;四、立即抗战。

△ 北平文教界李达、许寿裳、许德珩等109人联名致电国民政

府，要求即日开释被捕的救国会领袖，勿再拘传。同日，北平各大学学生救国联合会议决，自25日起罢课两日，并派代表赴南京请愿，要求释放被捕救国会领袖，开放民众救国运动。

△ 行政院会议通过京赣铁路建设公债案，总额1400万元，年息六厘，至民国三十五年(1946)还清。

△ 中日实业借款整理案由孔祥熙、江藤签字成立。该借款原为中日实业会社在民国八年时贷与汉口造纸厂者，款额为72.5万元，至今本利皆未偿付。这次整理，规定中国今后偿还一本一利，即145万元，八年偿清，月偿1.5万元。

△ 日飞机四架轰炸百灵庙，被绥军击落三架。日关东军特务机关向傅作义抗议。

△ 司法院秘书宋述樵从贵州省视察司法返南京，称贵州省本年遭受各种灾患之受灾县份共56县，约占全省三分之二，灾民约200余万人，农作物及财产损失达3000万元，现虽新谷登场，但粮价已涨至20元之外，灾民嗷嗷待哺，为状极惨，如不预筹赈济，将蹈1934年大荒之惨状。

11月25日 上海市政府发表沈钧儒等被捕经过，诬称沈钧儒等七领袖之罪状为"非法组织所谓上海各界救国会后，托名救国，肆意造谣"，"勾结赤匪，妄倡人民阵线，煽动阶级斗争"，"密谋鼓动上海总罢工，以遂其扰乱治安，颠覆政府之企图"等。

△ 国民政府发言人否认日方所传中英同盟说。

△ 国民政府任命陈可忠为国立编译馆馆长。

△ 《德日反共协定》由德代表里宾特罗甫与日驻德大使武者小路在柏林签字。同日，沪德国新闻社发表声明，谓该《协定》并不危害中国主权及其他权益，德国对华维持亲善，中国对此不必具任何疑问。26日，国民政府宣布："今后防共工作，政府深信可恃自力应付裕如，且纯属内政问题，无待与任何第三者协商之必要。"27日，驻华德大使陶德曼访张群，说明《德日反共协定》性质，张提醒德国政府注意中国自力

“剿共”之一贯政策。29日,蒋介石在洛阳军校纪念周讲话,宣称“中国剿共为中国内政,决不受国际任何影响或牵制”。

△ 外交部长张群电询驻法大使顾维钧,在目前情况下应采何种外交政策。次日,顾复电称:“我国处境危急,地位孤立。”“前此我与德、意接近,凡军事上之一切人才、器械,大都取之于彼。……现德、意与日结合,实际上同以侵略、主战、反对国联为政策。是不特与我国策国情相背,恐于我国前途有害。日本或将借口我国不肯与日订立防共专约,逼我加入柏林协定,以绝中苏合作之途径,而遂其侵略之计,是宜一并拒绝之。”顾主张“改弦易辙”,速谋与英、法、苏、美四国接近。

△ 北平各校以绥远抗战关系民族国家存亡,救国已至最后关头,应集中国力奋起杀敌,决定停课,并推代表六人与津、保、京、沪等地学生,组织请愿团赴南京请愿。同日,南京各界开慰劳守土将士及贡献一日所得运动成立大会,并以大会名义电慰傅作义及前方将士,通电全国一致行动。

△ 《读书生活》出至第五卷第二期,被上海国民党当局查禁。

11月26日 全国各界救国联合会执行委员宋庆龄为沈钧儒等七救国领袖被捕在沪发表声明,提出抗议。指出:这种违法逮捕和“毫无根据的罪名”,“都是由于日本帝国主义的影响所致”。全国各界救国联合会的目的,“完全是促进政府与人民的一致成立联合战线,抵抗日本侵略。恰巧与日帝国主义的挑拨武断的言词相反,救国会既不袒护共产党,也不反对政府”。最后庄严宣告:“救国会的七位领袖已经被捕了,可是我们中国还有四万万人民,他们的爱国义愤是压迫不了的。让日本军阀们当心些罢!”

△ 李宗仁、白崇禧为营救沈钧儒等致电冯玉祥、孙科、居正、程潜等,称:“公等主持中枢,党国柱石,务恳迅予援救,以顺舆情。”

△ 德王在西苏尼特旗卧病,有日员三人往探,力唆德王再征集蒙军反攻。

△ 宋哲元加委齐燮元、张维藩等为龙烟铁矿研究会委员,着对资

本募集、矿坑采掘，慎重研究进行。

△ 据上海《时事新报》讯：全国各专科以上学校的医学毕业生，自民国元年至现在共有4517人。

11月27日 国民政府令准免宋哲元河北省政府委员兼主席；任命冯治安为河北省政府委员兼主席。

△ 全国各界救国联合会发表为七领袖无辜被捕告当局及国人书，严重抗议当局逮捕救国会七领袖，驳斥上海市当局诬陷救国会的罪名，吁请全国人民营救。声称："此次敝会七领袖于一无罪证之情形下，即为市公安局会同英、法租界捕房所逮捕，于法律上言之实为非法，就领袖本身言之实为无辜。"

△ 广西学生救国联合会通电反对逮捕沈钧儒等七位爱国人士，称沈等七位先生"为救国被拘，凡我国人，亟应竭力营救"。

△ 张学良向蒋介石递交请缨抗日书，称："今绥东战事既起，正良执殳前驱，为国效死之时矣。""伏恳迅颁宠命，调派东北军全部或一部，克日北上助战。"

△ 日陆军省军事参议官佐藤中将由长春飞津，向田代、桥本传达日中央首脑部对绥东、华北意见。同日，伪满外交部与日关东军司令部在长春共同发表公告，谬称：如绥远局势危及"满洲国"之安宁秩序，则日本与"满洲国"当局不得不取适当办法，以防患于未然。

△ 曾养甫代表粤省当局与英商马尔康公司签订改进广州自来水工厂合同，约需华币225万元。同日，并与英商通用电气公司签订购买价值英金20万镑之李兰德牌公共汽车62辆之合同。

△ 据《申报》蚌埠讯：皖北入秋以来，旱象惨重，三月未雨，田畦龟裂，灾区广达20余里，尤以太和、阜阳、临泉、霍丘、涡阳、亳县、蒙城、宿县、灵璧等县灾情最重。

11月28日 外交部发言人发表谈话，称："此次蒙伪匪军大举犯绥，政府负有保卫疆土、戡乱安民之责，不问其背景与作用如何，自应予以痛剿。""领土主权之完整，为国家生存必具之条件，不容任何第三者以任何口实，加以侵犯或干涉，万一不幸而发生此种非法之侵犯或干涉，必竭全力防卫，以尽国家之职责。”

△ 蒋介石派陈诚到绥远安抚傅作义，并指示傅和汤恩伯、门炳岳准备“剿共”。

△ 纽约华侨抗日会和中华公所致电全国各界救国联合会称：“养日全侨大会公决本会加入贵会一致抗日救国。倾闻七领袖被捕，甚愤，已电宁请释。盼奋斗到底，本会誓为后盾。”同时致电国民政府，要求立即释放七领袖，并惩办陷害主犯。

△ 上海26家日商纱厂四万余工人在上海工人联合会领导下爆发反日大罢工，得到社会各界支持。12月15日，沪东、沪西日本纱厂罢工工人代表朱永康等20人及上海市总工会代表朱学范，与上海市党部、社会局、公安局代表在法租界谈判。经杜月笙调解决定：一、工资增加5%；二、将月赏工制改为奖励制；三、不准无故开除工人；四、不准打骂工人；五、每日工作12小时，礼拜天工作14小时，多做之二小时另给工资；六、12月16日晨复工。日本纱厂工人总罢工胜利结束。

△ 绥境蒙政会正副委员长沙王、巴王、阿王、潘王等通电拥护中央，争取民族独立。称，蒙族为中华民族之一部，同舟同命，愿在中央领导与地方当局之协力下奋斗，以争取整个中华民族的独立与解放。

△ 伪军李守信之一部在嘉卜寺反正。王英部旅长苏雨田亦反正。

△ 日关东军司令部举行绥事重要会议，第一、四、七师团长均参加，听取板垣报告在津会谈结果，赤峰、承德日军已作紧急出动准备。同日，日本参谋本部作战课长石原由长春抵津，田代即召集会议，由石原传达参谋本部对绥事命令及长春关东军部议决案。

△ 《意日协定》正式成立，规定意大利承认伪满洲国，日本则承认阿比西尼亚为意大利属地。30日，驻华意大使齐亚诺由上海到南京访外交部长张群，声明中意友好毫无变更，张当即就意日协定提出质询，意使允电本国请示后答复。

△ 南京各界救国联合会负责人曹孟君、孙晓村以所谓“赤匪嫌疑，危害民国”罪被南京宪兵司令部逮捕。

△ 西安各界举行纪念杨虎城率部守城十周年纪念大会。到张学良、杨虎城、邵力子及各界民众五万人，由杨报告十年前坚守西安八个月的意义与经过。张讲话对杨坚守西安策应北伐备加赞扬，嘉勉第十七路军以更坚定的意志与牺牲精神，和东北军一起对日军作战。

11月29日 上午，第三路军总司令，晋陕绥宁四省边区剿匪总指挥陈诚抵归绥会晤傅作义、王靖国、汤恩伯、赵承绶、门炳岳等将领，商绥远剿匪军事。下午，陈对记者谈称，“国军入绥各部，除已到达者外，今后当就事实上之需要，陆续增调前来。今后剿匪任务，自一惟中央之命是从。”

△ 全国各界救国联合会经常委会议决，特派张语还参加西北救亡工作，张是日由沪抵陕。

△ 李济深、翁照垣因绥战决定中止出洋。第四路军退伍军官500名准备北上，自愿协助绥军作战。

△ 南京华侨组织绥远剿匪将士慰劳团，通电海外华侨积极援助前线将士。同日，北平清华大学学生战地服务团一行18人赴绥。

△ 据《申报》浙江慈溪讯：该县南乡富孀陈氏，其夫原在东北从事矿业，前年被日军惨杀，近见绥战又起，痛心往事，复感国事日急，乃倾其家产输助绥军，遗书家人，服毒自杀。

△ 《独立评论》第二百二十九期刊载清华大学教授张奚若所撰时评《冀察不应以特殊自居》一文，揭露日本大搞“华北特殊化”的最终目的是使华北脱离中国，并入日本；指出华北特殊化的局面不是日本一方所能单独造成的，国民政府的对日政策是造成“华北特殊化”的重要原因，要求政府“明令取消冀察政务委员会；速令二十九军出兵援助绥远，尽政府守土卫国之责”。该文因触怒日本当局和国民政府，12月初《独立评论》被北平当局责令停刊。

△ 日关东军部第二课长武藤、参谋小野及第七师团高级参谋吉

冈等在嘉卜寺召开伪匪首领会议,企图再犯兴和、陶林及反攻百灵庙。

△ 驻津日军萱岛第二联队在津郊大毕庄、宜兴埠演习夜战,攻守队伍各800名,以天津为争夺目标。

△ 据《申报》讯,日方统计,全华现有日纱厂共纱锭52.46万余锭,布机8786架,占全中国纺织业80%强。工厂多设在津、青、沪。

11月30日 财政部以晋绥军事需款,孔祥熙先拨临时费50万元汇太原"绥靖"公署。阎锡山除前已向太原商会借款100万外,现复向太谷等县借221万元,充作战费。

是月 西北各界抗日救国联合会、东北民众救亡会和西安学联发起西安各界援绥大会,发表宣言,提出国共两党应立即把打内战的军队开赴绥远前线,共御暴敌,会后并举行大规模游行示威。

△ 张学良派应德田到上海慰问沈钧儒等七君子,转告张反对内战、联共抗日决心已定。

△ 南京各界救国联合会在王昆仑、冯玉祥等支持下,推动国民政府中上层人士如覃振、居正、孙科等发起援绥军民抗日运动,并成立"南京各界援绥后援会",柳亚子、经亨颐等均参加成立大会。会后开展抗日救亡宣传和募捐运动,一直深入到政府各机关、学校、工厂、商店及医院病房中。

△ 德、日签定反共协定,日外相有田对驻日大使许世英表示欢迎中国参加。许奉南京之命谢绝。

△ 天津振远机制酒精公司成立,资本50万元。

△ 抗联第四军第二师在黑龙江省饶河县宝马顶子正式扩编为东北抗日联军第七军,陈荣久任军长。下辖三个师,700余人。

△ 抗联第十军正式建立,军长汪雅臣,约千余人。

12 月

12月1日 国民政府特派何成濬为军事委员会武汉行营主任,陈诚为副主任,任命郭忏为武汉警备司令,撤销驻鄂绥靖主任公署。

△ 中共中央及苏维埃中央政府发表关于绥远抗战的通电,声称:“日伪匪军进攻晋绥的前哨战已经开始,大规模的侵掠战争即将爆发”,要求南京政府立即放弃对日妥协政策,停止中日谈判,“调集大军增援晋绥前线,动员全中国海陆空军准备全国性的抗战”,“停止进攻红军,实行停止内战一致抗日”。并声明“全中国主力红军第一、二、四方面军现已集中完毕,只要给我们以抗日去路,我们准备立刻开赴晋绥前线,担任一定的抗日战线,并愿受全体抗日军最高统率机关之指挥”。号召全国人民不分党派、阶级和职业,更紧密地联合起来,督促南京政府实现团结抗战。

△ 毛泽东、朱德、张国焘、周恩来等联名致书蒋介石,略谓:“吾人敢以至诚,再一次地请求先生当机立断,允许吾人之救国要求,化敌为友,共同抗日,则不特吾人之幸,实全国全民族唯一之出路。”

△ 国民政府公布《民国二十五年北平市市政公债条例》,定额300万元,用于完成公路,举办卫生救济及其他建设事业,扩充义务教育,发展市银行业务,并整理财政。

△ 日本驻华北海陆军积极备战。是日,第十四驱逐舰队司令官久宗等抵津,与海军武官久保商渤海湾“警戒”与“保侨”事。4日,旅顺、秦皇岛、塘沽、平、津等地日海军武官、舰长在津商议华北要港“警戒”与“保侨”办法及渤海湾沿岸紧急出动法。同日,田代召集驻张家口及绥远日武官具体讨论侵华军事。6日,驻锦州日军第九师团一部移驻滦、榆等地。日海军除自旅顺港增调驱逐舰多艘到津外,并积极组织陆战队,一切布置,均依战时编制。

△ 热河伪军张海鹏部3000余人,由日军官指挥集中于滂江。伪军于芷山部2000名,携重武器由辽宁西移。绥东商都、绥北大庙子匪伪军8000余人,以大庙子为根据地,一部抵察绥边境大靖沟,定日内分两路扰绥:一路由滂江再犯百灵庙,一路由大靖沟进扰陶林、兴和。

△ 冀察当局为加强河北省各边区地方防务,决定增编两个保安

旅，以前天津市公安局长程希贤和高树勋分别任旅长。

△　华盛顿华侨抗日救国会致电蒋介石，要求释放救国会七领袖，并致电全国各界救国联合会，呼吁更加努力救国。

△　东北抗日联军第四军军长李延禄受抗联委托发表关于东北抗日联军义勇军最近活动状况的谈话，要求国民政府出兵收复东北失地。

△　清华大学绥远前线服务团 19 人，携棉衣 730 件及医药用品等物到绥远前线慰问受伤将士。2 日，北京大学化学系师生抵绥从事支前工作。4 日，燕京大学新闻系战地调查团及清华前线服务团，在绥慰劳伤兵，其他平、津各大学学生代表群集归绥，分赴各医院慰问。

△　中国出席太平洋学会首席代表胡适返国抵上海，盛赞美国对华舆论。3 日晚，胡在上海市国际问题研究会等五团体招待会上演讲《演变中的太平洋》，称“日本对华侵略将酿成世界战争”。

△　国民政府任命陆军中将黄显声为陆军第一一九师师长。

△　伪冀东自治政府强行接收冀东各县司法机关，是日在通县、唐山、玉田、迁安各设一地方法院，另于通县设置伪最高法院。

△　青岛日商纱厂开除工人，大康、隆兴、内外棉等纱厂相继罢工。各日商纱厂联合决定，将其余未罢工之六家纱厂悉数停闭，致使 2.7 万名工人顿陷失业。2 日深夜，日海军陆战队 760 人借口青岛纱厂工潮登陆。3 日晨，派队搜查国民党青岛市党部、胶济路党部及平民报社等，逮捕国术馆秘书向禹九等九人，并在九个纱厂各驻兵 40 余人。同日，日方提出苛刻复工办法，迫使市政府接受并开除大量工人，计丰田 40 人，内外棉 100 人，隆兴 116 人，同兴 20 人，大康 220 人，公大 115 人，共 500 余人。市政府屈服于日方压迫，于 12 日令四方、沧口等乡镇办事处胁迫工人复工。14 日，日商纱厂大部分工人复工。

12 月 2 日　国民政府任命朱家骅为浙江省政府委员兼主席，原任黄绍竑另有任用，应免本兼各职；任命黄绍竑为湖北省政府委员兼主席，湖北省政府委员兼秘书长卢铸着毋庸代该省政府主席职务。

△　绥赵承绶部骑、炮兵向商都附近增防。日军约 2000 名，飞机

30余架驻商都。绥东伪蒙军抵三道沟、黑山子一带，兴和、陶林边境不断有小接触。日机三五架一组不时飞平地泉侦察。

△ 朱德、张国焘率红军总部到达陕北保安，与中共中央会合。

△ 广东省退伍军官一部到绥抗日。

△ 国民党中政会通过遗产税原则。

△ 上海市妇女界成立绥远剿匪慰劳会，议决募集手套10万双、丝棉背心五万件，以慰劳绥远抗日前线战士。同日，北平各界援绥联合会成立。

△ 汉口杂粮油饼业公会以余汉谋、黄慕松电请国民政府取消洋米进口税，足以动摇平衡国际汇兑，扰乱全国商业，残害农村经济，特电请行政院及财政部、实业部不予批准，以安定人心。3日，上海市豆米业及杂粮油饼业两同业公会，亦分电行政院、实业部，请勿予照准，以维持农村。25日，财政部电复广东省政府洋米税碍难免征，并请实业部督促湘、赣、皖等省将产米源源运粤，以济民食。

12月3日 拂晓，匪伪军5000余人，由日方百灵庙特务机关长胜岛角芳指挥，自大庙、商都到达百灵庙东南、西南及正西三个方面。晨6时，王英部副司令雷中田率伪军千余人向百灵庙发起反攻，激战三小时，被孙兰峰旅击退，雷中田被击毙，并俘匪200余人。晚，绥军发动总攻击，匪向北溃退。

△ 张学良乘军用机飞洛阳见蒋介石，请求率东北军赴绥远前线抗日，蒋坚决主张“剿共”，仍令即日回陕。张央求释放救国会负责人，蒋亦拒不采纳。

△ 晚，西北回军马步青部进攻永昌以西水泉子、宋家堡一带红军阵地。4日晨，与西路军红军步、骑兵遭遇，激战竟日，红军退出宋家堡。同日，马军进犯永昌三十里铺红军阵地，红军自动转移，敌又进犯十里铺一带。10日，红三十军占领永昌和山丹。11日，马步芳第一〇〇师旅长马元海率部进犯永昌十里铺之红九军。战事甚烈。红九军军长孙玉清被俘至西宁杀害。12日，马军进犯山丹，22日陷永昌东关，28

日陷永昌。

△ 外交部就日本海军登陆青岛事向日本大使馆提出严重抗议。同日晚，外交部长张群会见川樾大使，提出要求三点：一、撤退日本陆战队；二、释放违法逮捕之人民；三、返还日陆战队违法强取之各种文件。川樾允转达日本政府，并要求继续中日关系之讨论。川樾遂诵读一预拟的历述过去谈判情形的备忘录，并将此备忘录留置。张以内叙各节与实际出入甚多，不能接受，退还日使馆。4 日，外交部声明，该件既非谈判之正确记载，不能作参证根据。

△ 驻华德使陶德曼赴外交部晤张群，根据该国政府训令，答复张群前次所提关于《德日协定》的质询，谓："《德日协定》绝不致妨碍中国利益，中德友好关系也决不因是发生任何不利影响，德政府将继续设法增进中德间的敦睦邦交。"

△ 法国殖民部长莫泰与驻法大使顾维钧会谈，要求中国辞退德国顾问，并称已向法国外交部建议与中国订立合作条约。顾称已向政府建议争取和法、英、美、苏合作。8 日，张群电顾表示同意。

△ 美国纽约中国学生会抗日救国会要求国民政府立即释放救国会七领袖。

12 月 4 日 蒋介石由张学良等陪同，自洛阳抵西安，设行辕于临潼华清池。陈诚、卫立煌、蒋鼎文、陈继承、朱绍良等亦先后到达。中央军纷开潼关，最新式战斗机分批在西安机场降落。6 日起，蒋在华清池排次召见张学良、杨虎城及东北军、西北军师长以上军官谈话，要求听从命令，继续"剿共"，并对张、杨提出：服从"剿共"命令，将东北军和第十七路军全部开往陕北前线"进剿"红军，中央大军在后接应督战；如张、杨不愿在陕、甘"剿共"，则将陕、甘两省让出，东北军调往福建，第十七路军调往安徽。10 日，蒋严令"在三个月内对红军进行扫荡，12 日开始总攻击"。

△ 国民政府训令行政院，重申各省对外交涉应由中央办理前令，凡各省、市对外协商及与外人合资条款，非经中央核准者一概无效。

△　武川境内红房子、北号村发现伪骑兵千余人，欲遮断晋绥军与百灵庙联系，同时以步兵1000余人包围关帝庙晋绥军。孙长胜师分路迎击，战况激烈。

△　上海市公安局将沈钧儒、章乃器、邹韬奋、李公朴、王造时、沙千里六人移送至苏州江苏高等法院检察处侦讯。当日即由该处开庭个别侦查，然后送横街看守分所监押。史良于30日到苏州江苏高等法院投案，被羁押于司前街女看守所。

△　日外务、海军、陆军三省代表协商对华方针，决定：一、日本将要求中国政府切实答复川樾3日下午致张群外长的照会；二、如中日谈判决裂，日本当取适当自卫法，无论中国何处，凡日侨生命财产有危险之虞时，立即派陆、海军实行警戒。

△　国货联营公司筹备委员会在南京成立。家庭工业社等50余工厂推代表李新甫等向实业部请求扩大国货联营公司组织，以资普及。

△　赛金花在北平病故，葬于陶然亭鹦鹉冢旁。

12月5日　驻日大使许世英奉国民政府令往访日外相有田，抗议青岛日海军陆战队非法登陆事，要求：一、立即撤退登陆日军；二、恢复纱厂原状；三、释放非法逮捕之华人；四、归还被抄收之华人财产，并声明保留提出其他要求权利。有田答称：此系偶发性行动，俟局势和缓，自当撤退。有田态度强硬，反提出解决工人罢工要求。

△　晨，晋绥军骑兵肃清达尔罕旗残匪。午刻，日伪派飞机八架，先后至百灵庙轰炸，掷弹100余枚。匪伪军败退至大庙子。伪满军三个师分三路向察北集中，混入伪匪军内者，均着蒙古装。同日，王英部残匪围攻武川，经孙长胜部出击，不支溃退，孙部克红房子、北号村一带，并占领大庙附近之五圐圙。武川县迤北三眼圐圙等地伪军四五百人派代表接洽投诚，被第三十五军收编。

△　冀察政委会经委会主席李思浩访天津日驻屯军部第三课长池田，商华北“经济提携”。关于华北经济开发，日方仍主张抛开中日外交关系，视作局部问题，按彼此口头约定各项依次进行。6日，李访田代，

就开发华北经济事交换意见。10 日，李称："开发华北经济，目前正在筹备资金中。"

△ 日本外务省文化事业部以"提携文化"为名，在平、沪两市设立近代科学图书馆。北平近代科学图书馆于是日下午正式开幕；上海馆已觅定四川路福州路口为馆址，24 日起先将报纸杂志部分开放。

△ 国民政府任命盘珠祁、戴夏、张西曼、温源宁、刘廷芳、凌冰、缑克敬为立法院立法委员。

△ 国民政府指令行政院，军委会调闽浙赣皖边区主任张发奎为苏浙边区主任，遗缺调豫鄂陕边区主任刘建绪继任，递遗之缺以陈继承充任。准予备案。

△ 交通部电政司与法国无线电公司驻华代理人法商长途电话公司在南京签订报务合同。

12 月 6 日 外交部发言人发表中日两国调整邦交交涉始末，指出"终以日方并未准备为彻底之调整而未见效果"；并称："吾人所切望者，现时障碍外交进行之状态早日消灭；深信一切问题，于中国不感威胁之空气中，可由正当途径，进行合理之解决。"

△ 实业部为统制偏远省区土铁事业，特对陕、甘、川、晋、滇、黔六省规定：各省铁矿经主管厅查明，实系合于《矿业法》第五十九条第一项各款规定之一者，得由当地炉户或窑主，就现时采掘之部分，划为小矿区，依法呈领，惟每一申请人，只准呈领一区，且所采出之铁矿，亦只准售于当地土炉化炼，不得运往他处贩卖出口，否则撤销该小矿业权。

△ 陈诚奉命赴绥、晋与傅作义、阎锡山晤谈前方军事后，是日返西安谒蒋介石报告一切。

△ 国民政府委员、前驻平政务整理委员会委员长、内政部长黄郛在上海病逝。

12 月 7 日 张学良到华清池见蒋介石"哭谏"，痛陈东北失陷，华北局势严重，要求改变"攘外必先安内"政策，联合共产党，团结抗日，被蒋拒绝。晚，张、杨密议捉蒋，实行"兵谏"。

△　据《申报》讯：中日交涉各问题，已有五项双方原则上同意，中国方面之态度约略如下：一、中日航空问题，在日方自由起飞的事态未终止以前，甚难进行；二、改订入口关税问题，中国政府首先考虑停止走私与海关缉私之自由；三、关于取缔朝鲜人之非法行动，朝鲜、台湾及其他日本国籍人民在日本势力庇护下为非法行为者，日本当局亦应取缔；四、关于聘用日本顾问，中国得自动聘用外籍技术人员，此非外国政府要求之事；五、关于取缔排日运动，如日方能改变对华政策，真正与中国携手，则一切所谓反日行动，自可完全消灭。

△　国民政府任命吴南如为驻丹麦特命全权公使。

△　国民政府派郭泰祺为互换《中拉友好条约》全权代表。12 月 30 日，《中拉友好条约》在伦敦中国使馆互换批准书。

△　中共中央军委主席团转发中华苏维埃中央政府的命令：一、中央革命军事委员会应即扩大组织，以毛泽东、朱德、周恩来、张国焘、彭德怀、任弼时、贺龙、项英、林彪、王稼祥、徐向前、陈昌浩、刘伯承、关向应、叶剑英、陈毅、萧克、董振堂、徐海东、聂荣臻、郭洪涛、张云逸、王维舟 23 人为委员，以毛泽东、朱德、周恩来、张国焘、彭德怀、任弼时、贺龙七人组成主席团，毛泽东为主席，周恩来、张国焘为副主席。朱德为中国红军总司令，张国焘为总政治委员。二、任命林彪为中国红军大学校长兼政治委员，刘伯承为副校长，罗瑞卿为教育长。三、刘伯承为中央军委总参谋长，叶剑英为副总参谋长。四、任命王稼祥为总政治部主任，杨尚昆为副主任。

△　山西省政府呈请国民政府核准发行民国二十六年(1937)公债 1000 万元，以偿还山西省银行垫款，年息七厘，13 年还清，以该省田赋附加税全部收入为基金，不敷时再由田赋正税拨补。是日，赵丕廉到上海访孔祥熙商洽。21 日，国民政府公布该项公债条例。

△　驻德大使程天放访德外长牛赖特，就《德日反共协定》有所叩询。牛赖特将陶德曼最近在南京所发宣言加以证实，谓："德日两国反共协定，并非针对中国而发，也非助长日本在中国北方行使压迫的一种

工具。至于协定中所规定设立的常设委员会,其活动范围,也仅以德日两国境内为限。"

12 月 8 日　是日及次日,伪军王英部旅长石玉山、金宪章先后率领 10 个团 6000 余人反正,先将驻大庙之穆克登宝师全部解决,并将派在该两部之日指导官小滨大佐等 20 余人全部处死。10 日,王英部金宪章、石玉山、曹凯、张子敬、王奉钧、葛子厚、赵奎阁、王惠民通电反正,傅作义即下令围攻大庙,伪军残部败退草地,上午 10 时傅部克复大庙。

△　冀察政委会改组,为检察行政效率,特组织检察委员会,聘齐燮元、邓哲熙、贾德耀、张维藩、刘治洲等为委员,并将该会所属各委员会缩小,外交委员会改组后,仅设主席一人,委员由 10 人改为二人。各委员会改组后,被裁人数约达半数以上。被裁职员均免职待命,月薪照发。

△　国民政府特派刘湘为第六路军总指挥。

△　中央古物保管委员会南京朝天宫古物保存库竣工,是日存沪故宫古物一部计 3151 箱运南京,其中有历代书画、铜器、瓷器、古书、玉器、景泰蓝、漆器、银器、犀牛角器、缂丝等类。铜器中多三代古物,余大部为唐、宋、元、明、清各代珍品。存沪古物共 2.4 万余箱,分五批运南京,最后一批 21 日运出。31 日,故宫博物院驻沪办事处撤销。

△　中央庚款委员会在南京举行临时常务董事会议,讨论并通过铁道部京赣铁路借款案,借款总数为料款 45 万镑,现款 1777 万元。

△　日本五大电力公司在天津设立华北电力兴业会社,资本 500 万元,以小林一三等为董事,河西丰太郎等为监事。

12 月 9 日　西北各界抗日救国会发表《一二九宣言》,并组织 1.5 万余名学生和市民游行请愿,要求张学良、杨虎城停止内战,一致抗日。宪兵二团及武装警察开枪击伤一名小学生,群情激愤,学生决定徒步到临潼华清池向蒋介石请愿。蒋令张学良武力阻止,"格杀勿论"。张驱车至浐桥,答应一星期内以事实答复学生抗日救国的要求,将学生劝回。

△ 蒋介石宣布任蒋鼎文为西北"剿总"前敌总司令，卫立煌为陕甘绥宁边区总指挥，陈诚以军政部次长身份驻前方指挥"督剿"，樊崧甫、万耀煌分别为总预备队司令、副司令，准备对红军发动全面进攻。

△ 中国与越南交界之布敏泉发生界务争执，经中法洽商合组委员会进行解决。外交部以布敏泉在广西境内，特电广西省政府办理。是日，广西省当局派覃连芳任中法布敏泉勘界委员。

△ 菲律宾总统奎松等一行15人抵香港，10日赴九龙，与宋子文谈中菲国交及发展两国经济事宜，奎松并详询开发琼崖事。12日，奎松抵广州。外交部通知广东省政府以友邦元首礼欢迎。13日奎松返港。

△ 伪军王英部特务团因受石玉山、金宪章部反正影响，在商都、康保间被李守信、张俊哲两部包围缴械，一部突围向嘉卜寺、滂江逃逸。

12月10日 蒋介石在西安向东北军、西北军将士训话称："我们最近的敌人是共产党，日本离我们很远，如果远近不分，便是前后倒置，便不是革命。"同日，蒋召集全体参谋人员会议，决定在12日颁布向红军发动总攻击令，如张、杨两部不服从命令，即解除其武装。

△ 张学良、杨虎城分别向蒋介石再次进谏，要求停止内战，抗日救国。张向蒋指出，倘再一意孤行，蛮干到底，必将成为民族罪人，袁世凯第二。蒋拍桌斥张为"犯上作乱"。

△ 中共中央致电潘汉年，指出蒋介石还没有抗日救亡决心，合作谈判缺乏必要前提，我们"根本不同意蒋氏对外妥协对内苛求之政策，更根本拒绝其辱红军之态度"，坚持"红军不能减少一兵一卒，并须扩充之"，"离开实行抗日救亡任务，无任何商量余地"。历时一年的国共两党秘密接触和谈判，至此告一段落。

△ 据《救国时报》讯：冯玉祥、于右任在南京发起征集10万人签名营救沈钧儒等"七君子"运动，以示民意依归，促南京最高当局觉悟。

△ 日外务省发表中日交涉之声明，略谓："日政府仍希望与中国由外交途径解决各项问题，此种希望可以从日政府尚未召川樾茂大使

返国之事实证明之。”又谓：“日本将注意中国如何取缔排日运动。”

△　华北日驻屯军司令田代到北平与宋哲元续商“开发华北经济问题”。

12 月 11 日　下午，张学良、杨虎城商定捉蒋军事部署，东北军负责到临潼捉蒋，第十七路军逮捕在西安城内的“督剿”大员，接管城防，完成后对临潼山以南警戒。晚，张仍到华清池对蒋再次苦谏无效，并获悉蒋将要解除张、杨武装和按预定名单逮捕共产党的同情者的消息，遂决心按原计划实行兵谏捉蒋、逼蒋抗日。午夜，张、杨分别召集在西安的东北军和第十七路军将领，宣布捉蒋、逼蒋抗日的决定和计划。

△　深夜，杨虎城命令冯钦哉师连夜由陕西大荔渡过渭河，移驻潼关，阻止中央军西进。

△　中央军樊崧甫部第二十八师占领潼关。冯钦哉派密使和樊联系，并将杨虎城所派传达命令之张处长处死，率部背杨投中央。

△　日关东军派副参谋长今村和第二科科长武藤飞嘉卜寺，召集德王、李守信、王静修、卓什海等会商大庙惨败后之军事行动。12 日，关东军认为“战线已波及察哈尔省，不能不行使武力”，但为中央部制止。同日，因“西安事变”爆发，田中参谋和德王等“为使国民政府无北顾之忧，得以专心讨逆”，决定停止军事行动。

△　外交部负责人对记者解答日外务省 10 日发表之中日交涉之声明，略谓：日方声称“中国已答应日本根绝一切排日运动并改订排日教科书”云云，我方曾一再说明，我政府已竭尽其力敦睦邦交，此为我一贯方针，惟人民情绪发于自然，恢复人民情感之道，首在铲除足以引起恶感之原因。我国本无所谓排日教科书，但教科书中包含历史的记述，自极正当，不能加以干涉。川樾大使留置之觉书，所载与过去交涉情形不符之处甚多，已向日方声明，难作参证之根据。任何外国以任何借口，在中国领土内采取任何非法行动，断不容许，而必设法排除之。

△　立法院通过《民国二十六年京赣铁路建设公债条例》，总额 1400 万元，用于展筑自宣城至贵溪段铁路，年息六厘，偿还期限定为 10

年，由交通银行承销400万元，中国农民银行300万元，四行储蓄会250万元，中南、大陆、金城、盐业等行各100万元，浙江兴业银行50万元。12日，该公债签订抵借合同，上海各承借银行合组银团，指定金城银行为代表，并规定借款办法。22日，国民政府公布该项公债条例。

12月12日　张学良、杨虎城发动西安事变。凌晨，临潼东北军包围华清池，捉蒋行动计划由驻临潼之东北军第一〇五师师长刘多荃总负责，东北骑兵第六师师长白凤翔及所辖团长刘桂五指挥守护华清池的卫队一营（营长王玉瓒）和守护张公馆的卫队二营（营长孙铭九），迅速解除华清池蒋介石卫队武装，侍从室主任钱大钧被击伤，侍从室副官蒋孝先被击毙。蒋介石闻枪声，出卧室越墙逃至骊山半腰虎畔石洞躲藏，被搜出，孙铭九命士兵挟架蒋下山，旋即送往西安新城大楼。与此同时，杨虎城第十七路军按计划解除宪兵第二团、省公安纵队、交通纵队和西安中央军各零散部队武装，逮捕省主席邵力子和“剿总”参谋长晏道刚，接管西安机场，囚禁住西安招待所之蒋鼎文、朱绍良、陈诚、陈继承、卫立煌、万耀煌、陈调元、马占山、蒋作宾、曾扩情、毛炳文、张冲、蒋百里等几十名军政要员。邵元冲于逃跑时被枪击重伤，不治毙命。7时左右，战斗结束。

△　张学良、杨虎城通电全国，宣称：“蒋委员长介公受群小包围，弃绝民众，误国咎深。”“学良等多年袍泽，不忍坐视，因对介公为最后之诤谏，保其安全，促其反省。”同时提出抗日救国八项主张：一、改组南京政府，容纳各党各派，共同负责救国；二、停止一切内战；三、立即释放上海被捕之爱国领袖；四、释放全国一切政治犯；五、开放民众爱国运动；六、保障人民集会、结社一切之政治自由；七、确实遵行总理遗嘱；八、立即召开救国会议。同时派代表去新疆、山西、山东、广西、四川等省说明对蒋实行“兵谏”，是为了促其反省，改变其内战政策，实现抗日救国。

△　南京国民党中央获知西安事变消息后，即举行中央常委会及中央政治委员会临时会议，由丁惟汾主席，通过如下决议：一、行政院由副院长孔祥熙负责。二、军委常委改为五人至七人，并加推何应钦、程

潜、朱培德、李烈钧、唐生智、陈绍宽为常委。三、军委会会议由冯玉祥副委员长及常委负责。四、关于指挥调动军队归军委会常务委员军政部长何应钦负责。并决议张学良应先褫夺本兼各职,交军委会严办,所部军队归军委会直接指挥。同日,国民政府下令拿办张学良。何应钦随即下令陕、甘、宁、绥、豫之中央军作战略性移动,对西安取包围态势。

△ 张学良致电宋美龄,保证蒋介石生命安全。

△ 张学良致电毛泽东、周恩来,谓:“吾等为中华民族及抗日前途利益计,不顾一切,今已将蒋及其重要将领陈诚、朱绍良、蒋炳文、卫立煌等扣留,迫其释放爱国分子,改组联合政府,兄等有何高见,速复。并盼红军全部速集中于环县一带,以便共同行动,以防胡(宗南)敌北进。”同日,毛泽东、周恩来复电张学良,提议“立即将东北军主力调集西安、平凉县,十七路主力调集西安、潼关线,固原、庆阳、鄜(县)、甘(泉)一带,仅留少数红军,决不进占寸土”。“红军担任钳制胡(宗南)、曾(万钟)、毛(炳文)、关(麟征)、李仙洲各军”。“蒋介石必须押在兄自己的卫队营里,切须严防其收买署员,尤不可将其交其他部队,紧急时诛之为上”。“恩来拟来兄处协商大计”。

△ 张学良、杨虎城致电冯玉祥、李烈钧,说明西安事变起因和情况,称蒋坚持“剿共”主张,拘捕爱国领袖,“一意孤行,亲痛仇快,危亡无日,海内骚然,自非另寻救国途径,则国脉之断送,近在眉睫。因请蒋公暂留西安,保障一切安全,以便反省”。13日,冯电张要求释蒋。

△ 晚7时,驻兰州于学忠部奉张学良命,将驻兰胡宗南部、甘肃绥署特务营及兰州警察总局、兰州军警督察处解除武装,并扣押警察总局局长史铭及绥署高级官员,响应和支持西安事变。次日,兰州公布张、杨八项政治主张。

△ 凌晨,张学良密电洛阳东北军炮兵第六旅旅长黄永安,令率所部占领洛阳机场、军械库、中央银行,并控制铁路和通讯。黄持电向巩洛警备司令祝绍周告密,祝即调樊崧甫部向潼关集中,阻止张、杨部出关,并令万耀煌部由咸阳回军西安,协同樊军候命。

△ 全国各界救国联合会代表团、全国学生救国联合会代表团、西北各界救国联合会代表团、西安学生救国联合会、东北民众救亡会、陕西援绥战地服务团、全欧华侨抗日救国会代表团等团体通电全国，拥护张、杨抗日救亡主张。同日，西安人民结队游行，直至夜晚。

△ 宋子文、宋美龄和孔祥熙在上海孔宅开会，研究张、杨八项主张内容，认为西安事变是政治问题，主张用政治方式解决，先把蒋营救出来。

△ 国民党中央致电在欧养病之汪精卫，报告蒋在西安被扣消息，并促其回国。14日，汪复电称："事变突起，至为痛心，遵即力疾启程。"18日，汪在法兰克福城与中国驻德大使程天放会晤后，经法国马赛转赴意大利热那亚。

△ 陇海路火车西行至潼关为止，西安与南京之间电报中断。上午11时，国民政府派飞机30多架在西安上空侦察。

△ 张学良致电宋哲元，说明西安事变扣蒋的原因，希望宋本人或派遣全权代表，前往西安，"共商国是"。13日，宋复电要求两项先决条件："(一)共产主义不适合中国国情，请务与共产党绝缘；(二)蒋委员长之安全，关系民族存亡，请负责维护。"

△ 北平举行援绥抗日大会，会后学生示威游行，高呼"庆祝收复大庙"、"援助绥远抗战"、"争取爱国自由，释放救国领袖"、"反对青岛屈服协定"、"各党派联合起来一致抗日"等口号，并提出要求冀察当局出兵冀东，收复察北。

△ 日本东洋造纸会社决定在天津设造纸厂，资本1000万元，设办事处开始筹备。

12月13日 宋美龄、孔祥熙和蒋介石之顾问端纳由上海飞抵南京，宋子文、宋美龄等反对何应钦"讨伐"张、杨，炸平西安主张。宋美龄亲自召集黄埔军官和空军人员开会，嘱勿听何的命令，并央请端纳赴西安探明情况，居中调停。同日，端纳偕黄仁霖飞洛转陕。

△ 中央军沿陇海路入陕，占华县。

△　张学良部队由渭南向临潼集中，洛川、庆阳均放弃。中国工农红军即由陕北南下，配合张部抗击中央军。

△　张学良、杨虎城电请孙科入西安。17 日，孙科复电，要求张、杨送蒋介石回南京。

△　张学良致阎锡山电称："西安十二日之变，数电报告，谅已均悉。我公有何见教，盼赐复。"14 日，阎复电质问张、杨："第一，兄等将何以善其后？第二，兄等此举，增加抗战力量乎，抑减少抗战力量乎？第三，移内战为对外战争乎，抑移对外战争为内战乎？第四，兄等能保不演成国内之极端残杀乎？"

△　国民党陕西省党部所办《西京日报》被接管，改出《解放日报》，由张学良派其秘书郭维城任主编，是日创刊。发刊词指出：中华民族正当生死存续的关头，"我们唯一的愿望，是要解放，是要抗战杀敌。我们将振臂兴起，集合一切救亡力量冲上前去"。

△　第十七路军成立抗日同志会，以杨虎城为会长，南汉宸、孙蔚如、赵寿山、王炳南等人参加领导。

△　孔祥熙致电张学良称："对于国事，尚有种种意见亟待奉商，尚希指定电台一处，以便随时通讯，而免延迟。"

△　何应钦邀黄绍竑去南京晤谈赴晋与阎锡山商救蒋事。14 日，黄抵太原，除传达中央决议外，并请阎电西安解救蒋介石。

△　阎锡山接到何应钦 12 日电告西安事变后，在太原召开紧急会议，是日复电南京，决定"共维大局"，并同意先营救蒋介石出西安。20 日，阎派山西省政府主席赵戴文、清乡督办徐永昌到西安，以居间调停为名，要求把蒋介石送到太原，无结果。

△　行政院副院长孔祥熙在南京寓所召见苏联驻京代办司皮礼瓦尼克，告以如蒋安全发生危险，势必迫使中国与日本共同抗苏，望速告苏联政府，并转告第三国际注意。同日，驻苏大使蒋廷黻访苏外交人民委员李维诺夫，要求苏联出面协助释放蒋介石。

△　晚，日本外务省召集堀内次官、桑岛东亚局长、东乡欧亚局长

及天羽情报部长等讨论西安事变，决定如下："关于张学良之叛变，日政府不仅须等待正确之消息，且亦不应采取中国乱事而为日本图谋或易滋误解之任何行动，故日本目前应止于静观事态之演变，而避免积极行为。"

△ 红军驻西安联络处成立。

△ 西北各救亡团体联席会议发表《对于救亡的共同主张》：一、拥护张学良、杨虎城和西北各将领的抗日救国主张；二、立即开放政权，集合全国各党各派人才，组织救国的政府；三、急速召开全国救国会议；四、组织抗日救国最高军政机关；五、立即组织援绥联军；六、立即停止一切内战，一致抗日；七、立即动员全国海陆空军抗日；八、立即动员全国兵力收复失地等。

△ 西北各界救国联合会成立，杨明轩等负责。同日，西安学生救国联合会第六次代表会议决定到各县去动员民众，组织救国会。

12月14日 晚8时，张学良在西安电台发表广播讲话，说明西安事变真相，要点为：一、整个中国眼见就要沦为日本帝国主义的殖民地，蒋胶执"剿共"主张，逮捕大批爱国分子，查禁救国刊物，主张以武力弹压爱国青年，几次苦谏被申斥，不得不实行兵谏，望蒋能有最大反省；二、不是反对蒋个人，而是反对他的主张和办法；三、这次举动是为民请命，决非造成内乱；四、向国人提出八项主张，要求共同抗日救亡。

△ 下午，端纳由洛阳飞抵西安晤张学良，携有宋美龄致张学良和蒋介石的信。致蒋信中有"南京戏中有戏"一语。当晚，张偕端纳探视蒋。端纳对蒋称："张将军对蒋先生并无恶意，只是要求停止内战，一致抗日，只要蒋先生答应这个要求，张、杨两将军还要竭诚拥护您做领袖。"在端纳劝说下，蒋由新城大楼搬到金家巷高桂滋公馆。

△ 黄埔系青年将领胡宗南、黄杰、邓文仪等275人电张学良，表示绝对忠于蒋介石，"早已将整个生命，交付于领袖"，要求张、杨即刻恢复蒋之自由，否则他们将"不顾一切，悉力以赴"，与张、杨"不共戴天"。同日，刘峙、顾祝同、樊崧甫、关麟徵等在"讨伐"前线的将领亦电张，要

求他即刻释放蒋介石，如释蒋则任何问题无不可以从长讨论，尽量采纳，见诸实施。

△ 张学良、杨虎城宣布撤销“西北剿匪总司令部”，成立“抗日联军临时西北军事委员会”，由张、杨分任正、副主任，董英斌为参谋长。并以临时军委会的命令改组陕西省政府，以杨的总参议王一山为民政厅长代理省政府主席，杜斌丞为省政府秘书长，续式甫为财政厅长，李寿亭为教育厅长，建设厅长雷葆华仍旧。

△ 张、杨调动军队，准备抗日援绥和迎击中央军进攻，东北军第五十七军和第一〇五师到渭南一带；第五十一军和第六十七军警戒兰州、平凉到咸阳一带；第十七路军警戒蓝田、商县和蒲城、大荔一带。

△ 国民党陕西省党部解散，成立西北民众运动指导委员会，以王炳南为主任委员，潘自力、方仲如、宋黎、张性初等人为委员。

△ 北平学生救国联合会致电张学良、杨虎城，拥护西安事变，要求早日召开救国会议，贯彻八项主张，克日誓师北上，收复已失山河。

△ 西安学生联合会决议：一、组成西北学生联合会；二、督促各校学生一致参加救亡工作；三、深入农村宣传西安事变的意义。

△ 第二十九军各将领应宋哲元召到平商时局。同日，张学良电宋报告西安事变经过，宋复电劝张以“国事为重，俯顺民情，速护送蒋返南京，一切要求均可从长计议”。

△ 宋哲元派外委会委员赴各使馆表明：一、维持平、津治安；二、继续采取反共政策；三、服从中央命令。

△ 刘湘电何应钦，表示：“川事湘当绝对负责，尽力防护，共维大局。”

△ 苏联政府机关报《消息报》就西安事变发表社论，称张学良之行动足以破坏中国抗日力量的团结，这次事变“不独为南京政府之危险，抑且威胁全中国”，希望中国用和平方式解决。17 日，苏联外交人民委员针对日方及中国亲日派大肆宣传西安事变为苏联与中共“阴谋发动”的结果，正式声明西安事变与苏联无关。

△ 上海英文《字林西报》著文主张和平解决中国政局，强硬对日，谓："照我们的看法，南京在解决西南事件的时候，已采取新的坚决的立场……开始对于日本所提要求加以拒绝。"29日，该报发表社论，公开赞同国共合作，谓："只要南京能够充分保持他的最高权力，他便不妨在政策上同共产党采取某种形式的联合。"

△ 日本军部驻沪代表向南京国民政府表示：对张学良"非力加讨伐不可，倘南京政府趋向妥协，日本断难漠视"。

△ 美国代理国务卿穆尔对西安事变发表声明，宣称美国政府在尽力获得关于西安事件之详情，美国对于远东仍继续遵循其不干涉他国事务之政策。

12月15日 红军领导人毛泽东、朱德、周恩来等致电南京国民党中央及国民政府，呼吁国共合作，"共赴国仇"。建议"接受张、杨二氏主张，停止正在发动之内战，罢免蒋氏交付国人裁判，联合各党、各派、各界、各军，组织统一战线政府……开放言论自由，启封爱国刊物，释放爱国人犯，举内战之全军，立即开赴晋绥，抗御日寇"。"若是，则鄙人等虽不敏，愿率人民红军二十万众，与贵党军队联袂偕行，共赴民族革命之战场"。

△ 端纳飞洛阳，电宋美龄告蒋平安并张、杨主张，称张学良希望孔祥熙与宋美龄到西安谈判。

△ 中央军由洛阳陆续开进潼关，一部进至华县以东地区。空军在渭南、华县等地轰炸，一架飞西安上空侦察。

△ 杨虎城在西安电台发表广播讲话，说明西安事变的意义，并指出：我们除了全国一致、不分派别对日抗战外，实在再没有第二条生存的道路了。蒋介石的"所谓'安内'仍然是中国人杀中国人，将来的结果也只有同归于尽"，希望全国同胞一致起来，不分派别，共同负起抗日救国的责任。

△ 张学良、杨虎城致电阎锡山、傅作义及绥远抗日将士，称："此间文日谏请蒋公积极抗日，未蒙采纳，因请暂留西安，只为贯彻抗日救

国主张,既非内争,亦不赤化,与各将士目标一致,甚足加强抗战力量。”

△ 抗日联军临时西北军事委员会通令释放政治犯,规定办法七项,除汉奸卖国贼外,其余政治犯一律释放,限10日办理完竣,以便集中一切人材,群策群力,共赴国难。同日,军委会军法处释出106人,陕西省第一监狱释出45人。

△ 全国各界救国联合会为当前时局发表紧急宣言,宣称:“张学良、杨虎城诸将军提出的主张是联合各党各派,实行民主政治,团结全国力量出兵收复失地;而所用的手段却是扣留蒋介石先生,实行武力诤谏,这种不合常规的办法,当然不能为全国民众所赞同。”“尤其希望政府当局对于陕事能谋迅速和平的解决,实行抗日救亡的主张;希望张学良、杨虎城将军一面恢复蒋先生等的自由,一面率领东北和陕中健儿驰赴绥远,援助我晋绥将士,用事实来表示收复失地的主张。”要求停止一切内战,反对一切可能的新内战,集中一切力量对付日本帝国主义。

△ 上海《申报》、《新闻报》、《大公报》、《中华日报》、《神州日报》、《立报》、《大晚报》、《大陆报》、申时电讯社、中央通讯社上海分社、新声通讯社等全国200余家报社和通讯社就西安事变发表《全国新闻界对时局共同宣言》,要求张、杨即日恢复蒋介石自由,安全护送其出境。支持南京政府“讨伐”张、杨,声称:“对任何主义或思想,亦应绝对以民族国家生存为最高基点。”

△ 德王以察境蒙政会名义致电南京国民政府,指责张、杨容共抗日,劫持最高领袖,紊乱国家纪纲,并称:“目前正值蒋委员长蒙难之际,蒙方情愿停火,以待中央裁决。”21日,德王据日方指示,与卓什海等协商,决乘机收束军事,停止攻绥及反攻百灵庙,发出停战通电,称:“愿中止进攻绥远,与南京合作反共。”

△ 驻南京日总领事须磨到外交部访张群,代表川樾探问西安事变情况,声言如南京政府执行所谓八项主张,则日本将“不惜采取断然手段”。

△ 行政院决议改组浙江省政府,任命程远帆、许绍棣、王徵、罗霞

天、蒋锡侯、朱孔阳为浙江省政府委员；以该省政府主席朱家骅兼民政厅长，程、许、王分任财政、教育、建设三厅厅长。18日，国民政府发表任命令。

12月16日　国民政府下令讨伐张学良，并特派何应钦为“讨逆”总司令。令称：“张学良背叛党国，劫持统帅，业经褫夺本兼各职，交军事委员会严办，乃犹不自悟，束身待罪，反将所部军队集中西安，负隅抗命，希图遂其逆谋，扰害大局”，“政府为整饬纪纲起见，不得不明令讨伐。着由讨逆总司令何应钦迅速指挥国军，扫荡叛逆，以靖凶氛，而维国本。”

△　中央军在华县附近与张学良部刘多荃第一〇五师发生冲突，并派飞机十余架开始轰炸陇海铁路沿渭南、华县之线，毁房千余间，死伤居民数百人。

△　国民党中央委员、西北政训处长曾扩情在西安发表广播讲话，说明西安事变的原因，事变后的情况，蒋介石的现状，希望南京方面不要用谩骂和武力来解决问题。次日，西安《解放日报》发表曾扩情致胡宗南等30余将领电，要求勿以武力进攻西安。

△　全国各界救国联合会致电国民政府称：“当前寇氛日亟，抗战紧张之秋，任何内争均足消耗国力，授敌以可乘之机”，要求郑重处理陕事，避免内战。

△　全国各界救国联合会领导人马相伯、何香凝、宋庆龄发表《为七领袖被捕事件宣言》，申明：“救国阵线唯一的目的只在促成全国人民不问其社会地位如何，政治主张如何，能够团结一致，完成抗日救国的任务。救国阵线绝不反对政府，恰恰相反，它是督促和支持政府抗日。”要求立刻无条件恢复被捕七领袖的自由，释放一切因爱国行动被捕的同胞。

△　西安市各界民众十余万人，举行西北各界拥护张、杨两将军救国主张民众大会。大会通过《立即召集各党各派救国会议建立救国政权》等提案10项。张、杨出席讲话，对西安事变发生原因作了说明，要

求全国同胞团结抗日。会后示威游行。

△ 李宗仁、白崇禧、李济深等 16 人通电全国，反对内战，主张确实建立抗日政府，举国一致实行对外。通电要点为：一、西安事件主张用政治解决；二、统一抗日战线，立即对日宣战；三、反对独裁政治，确立举国一致之政府；四、出动攻击西安之中央军，从速移开绥远前线；五、广西军一部北上援绥。

△ 驻甘肃静远附近打拉池地方之胡宗南军骑兵团 1000 余人，拥护张、杨救亡主张，全部反正，击杀团长，由团附王心元率领，投入抗日联军。

△ 河南省政府主席商震、绥署主任刘峙之代表魏树鸿到太原，与阎锡山商营救蒋介石办法。

△ 傅作义、汤恩伯、李服膺、王靖国、赵承绶、门炳岳、曾延毅、陈长捷、孙长胜等自绥远致电张学良，要求释蒋。

△ 红军进驻延安城。

△ 中共领导之《中国人》杂志在北平创刊。共出五期，于 1937 年 2 月 16 日停刊。

△ 中国建设银公司代表川黔铁路公司与法银团代表中法工商银行签订成渝铁路借款合同，总额 3450 万元，分 15 年还清，由铁道部无条件担保。据中国建设银公司执行董事宋子文谈，该路共长 523 公里，预计两年半完成，建筑费共约需 5450 万元，其中 2000 万元由川黔铁路公司担任，3450 万元为法国银团承借，内 2750 万元为材料价及运至重庆之运费，其余 700 万元则为现款。

12 月 17 日 周恩来偕罗瑞卿等九人抵达西安（博古、叶剑英 24 日到达）。当晚周恩来、张学良会谈，商定：东北军、第十七路军集中于西安、潼关一线，红军南下肤施（今延安）、庆阳一线接防；红军加入由东北军、第十七路军成立的抗日联军临时西北军事委员会。周恩来表明中共主张保证蒋的安全，但要声明如果南京挑起内战，则蒋的安全无保障。并和张学良商定同宋子文谈判的五项条件：一、停止内战，中央军全部开出潼关；二、下令全国援绥抗日；三、宋子文负责成立南京过渡政府，肃清一切亲日派；四、成立抗日联军；五、释放政治犯，实现民主，武装群众，开救国会议。18日，周恩来往西安九府街会见杨虎城，耐心解释关于解决西安事变的方针。

△ 行政院代院长孔祥熙在主战派压力下，在南京发表广播演说，斥责张学良、杨虎城"劫持领袖，以下犯上，其罪已无可恕"，声称："国民政府为迅速弭平事件起见，不得不出以断然的处置，已于昨日俯顺舆情，下令讨伐"，以"明是非，分顺逆，整纪纲"。

△ 何应钦就任"讨逆军"总司令，刘峙、顾祝同分任"讨逆军"东、西两路集团军总司令。同日，中央军第二十八、第三十六、第五十七等师及教导总队进入潼关，并派飞机轰炸三原、富平。

△ 抗日联军临时西北军事委员会命令组成抗日援绥第一军团，任命孙蔚如为军团长，王以哲为副军团长，郭希鹏为骑兵指挥官，何宏远为炮兵指挥官，马占山为抗日援绥骑兵集团总指挥。同日，张学良、杨虎城发出通电，称援绥军队即日北上。

△ 于右任离南京西上，"宣慰"西北军民。行前曾访孔祥熙、何应钦、张继等，并发表书面谈话，宣称："中央派我前往西北宣慰，我自当以中央之心为心，希望军民一致的觉悟与努力，挽救艰厄。"18日，西北各界救国联合会发表声明，反对于"来陕宣慰"。

△ 上午11时，上海市各学校学生数千人在北站开会，准备游行示威，响应西安事变。上海市长吴铁城派大批军警弹压，学生受伤十余人，失踪数人。

△ 日本首相、外相、海相举行会议，认为对西安事变有必要采取"注视等待的态度"。为支持何应钦"讨逆"，通电关东军停止对绥军事行动。是日，日本关东军发表声明，要求国民政府实行"反共防共"，日本将"不惜给予援助"。同日，日外相召见驻日大使许世英表示：南京如果与张、杨妥协，日本政府不能坐视。21日，驻华日使川樾奉命向外交部长张群提出上述同样警告，并声明张学良所提八项主张，在"思想上

和日本为东亚大局着眼的根本方针，恰正相反”。张群答称：中国当局并无与张学良进行政治妥协之意图，政府的外交政策不变。

△ 山西、绥远旅陕同胞在西安组织晋绥抗日救国同志会，推景梅九、续范亭等为委员。

△ 晨，商都近郊炮火连天，至夜未止，传系张海鹏部到达商都，与李守信发生冲突。夜，归绥迤北乌兰花发生激战，李守信、张复堂部约千余名被李服膺部击退。

12月18日 蒋鼎文携蒋介石停战手令飞抵南京。16日夜，张学良偕蒋百里见蒋介石，经蒋百里再三劝说，蒋介石答应手令何应钦对西安停战三日。17日，张学良偕蒋鼎文再见蒋介石，蒋介石当即写给何应钦手令曰：“敬之吾兄：闻昨日空军在渭南轰炸，望即令停止，以近情观察，中于本星期六日（十九日）前可以回京，故星期六日以前，万不可冲突，并即停止轰炸为要！”是日，蒋鼎文飞抵南京，向何应钦面交蒋介石手令。

△ 中共中央致电国民党中央，指出“武力的讨伐，适足以杜塞双方和解的余地”，呼吁国民党应实行：一、召集全国抗日救国代表大会，对日抗战，组织国防政府和抗日联军；二、将讨伐张、杨和进攻红军的中央军全部增援晋绥前线；三、停止一切内战，一致抗日；四、开放人民抗日救国运动，实行言论、集会、结社的民主权利，释放一切政治犯及上海爱国领袖；五、实现孙中山先生的三大政策。申明：“如贵党能实现上项全国人民的迫切要求，不但国家民族从此得救，即蒋氏的安全自由当亦不成问题。”

△ 四川省政府主席刘湘通电对西安事变提出补救办法四项：拥护中枢，抗御外侮，弭息内争，营救领袖。要求“立谋具体办法，以救目前之急”。19日，刘湘电张学良请释蒋。

△ 贵州全省救国联合会致电张学良、杨虎城，响应八项救亡主张。

△ 绥远南壕堑驻防之伪军张万庆部旅长安华亭、王子修率所部

三个团2000余人通电反正，开赴兴和县榆树乡集结候编。19日晨，张万庆部另一团也相继随安、王两部反正。张向张北逃逸。王英率残匪200余人逃往商都西之八台附近。后王被田中隆吉送回天津。

12月19日　中共中央召开政治局扩大会议，张闻天主持，毛泽东作报告，会议经过讨论正式确立和平解决西安事变的方针。会议通过两个主要文件，一个是公开发表的《中华苏维埃中央政府及中共中央对西安事变通电》，一个是党内发布的《中央关于西安事变及我们的任务的指示》。《通电》提议召集和平会议，讨论国策。电称："以目前大势，非抗日无以图存，非团结无以救国，坚持内战，无非自速其亡！"并向南京及西安提出以下建议：一、双方军队暂以潼关为界，南京军队勿向潼关进攻，西安抗日军亦暂止陕、甘境内，听候和平会议解决。二、由南京立即召集和平会议，除南京、西安各派代表外，并通知全国各党、各派、各界、各军选派代表参加。本党本政府亦准备派代表参加。三、在和平会议前，由各党、各派、各界、各军先提出抗日救亡草案，并讨论蒋介石先生处置问题，但基本纲领，应是团结全国，反对一切内战，一致抗日。四、会议地址暂定在南京。《指示》提出中共应坚持的方针是：主张"南京与西安间在团结抗日的基础上，和平解决"；"联合南京左派，争取中派，反对亲日派，以达到推动南京走向进一步抗日的立场，揭破日寇及亲日派利用拥蒋的号召，发动内战的阴谋"；"给张、杨以积极的实际的援助"；"切实准备'讨伐军'进攻时的防御战，给'讨伐军'以严重的打击，促其反省……依然是为了促成全国性抗日统一战线的建立与全国性抗日战争的发动"。

△　行政院代院长孔祥熙召开会议，何应钦、孙科、居正、宋子文、宋美龄、叶楚伧、王宠惠等出席，经过激烈辩论，决定："一、准宋委员子文以私人资格即日飞赴西安，营救蒋公；二、准许至十二月二十二日（养日）暂行停止轰炸；但张、杨在此期间不得向南移动。"

△　南京"讨逆军"总司令部急电前方，20日仍照常进攻，并令飞机继续轰炸。20日，中央军董钊第二十八师包围华县，将东北军两营

缴械，占华县城，进抵赤水；冯钦哉部第四十二师沿渭河北岸西进；飞机复往西安城郊撒下大批传单及各省电报、报纸等。企图分化西北军民。

△ 驻华苏大使馆临时代办司皮礼瓦尼克在南京会见外交部长张群，郑重说明，苏联政府不但与西安事变始终无任何联络，且与中国共产党无任何联络，因此对于中国共产党之行动不负任何责任。

△ 北平市学生救国联合会发表《为陕变泣告全体同学全国同胞书》，内称："我们认为非全国和平团结，无以挽救危亡。"郑重希望全国各方"用各种调解的方法来谋解决，消弭内战的发生"，"立即召集全国救亡大会，由人民公决国家全盘的国策"。

△ 抗日联军临时军委会组成西北民众运动指导委员会，以王炳南为主任委员，接管国民党西北各省、县党部，负责宣传、组织和武装群众工作，领导和协调各群众救亡团体的活动。

△ 中共中央电示潘汉年立即与南京当局接洽和平解决西安事变的可能性及最低限度条件。21日又指示潘与陈立夫进行谈判。

△ 伪满在哈尔滨出版的《大北新报》公布伪满第二军区11月份"讨伐"抗日联军统计：日伪军同抗日联军作战共99次，共遇到抗日联军1600多人，伪满军死九名，伤三名。

12月20日 宋子文应张学良电邀与端纳同机自洛阳飞抵西安。张晤宋称，东北军、第十七路军和红军已经共同商定和平解决的方针，只要蒋答应张、杨通电中的八项主张，三方面将一致同意释蒋。同日，宋、蒋密谈，蒋授意一面和平谈判，一面不放松武力威胁，以达到他早日离开西安的目的。宋旋同周恩来长谈，周耐心阐明和平解决西安事变的方针，并望宋说服蒋真正改变政策，和平解决西安事变。21日，宋与端纳飞回南京，报告与张、杨、周晤谈情况。

△ 周恩来在长安县政府邀请各界知名人士杨明轩等20余人谈话，称西安事变的发动虽然主要是由于张、杨的爱国抗日决心，同时也是在不断高涨的抗日爱国群众运动有力推动下发生的，必须广泛深入地发动群众，支持事变朝有利于举国团结抗日的方向发展。

△ 西北各界救国联合会致电何应钦，责其“妄动干戈，酿造内战”；并警告何“如能放弃野心，翻然憬悟，调西来内战之旅，先北上救绥抗战，将来抗日功成，民族解放，或可以保晚节而盖前愆。非然者，执迷不悟，自弃国人，不特负内战全责，且民意所在，顺逆昭然，一意孤行，必致身败名裂而后已”。

△ 西安各界抗日救国会纷纷成立。是日，西安起卸工人救国会、西北各界救国联合会宣传团、西安市妇女救国后援会成立。次日，西北妇女救国会、解放日报社职工救国会、陕南旅省各界救国会、长安小车业救国会宣告成立。23 日，西安印刷工人救国会成立。24 日，西安市各机关公务员救国会成立。26 日，长安县各界民众救国会成立。28 日，西安市运粮工人救国会成立。

△ 东北旅平各界抗日救国联合会在北平成立，由东北旅平青年救国会、东北妇女抗日救国会、东北人民抗日会等团体组成；个人参加的有外交月报社编辑李华春、东方快报社编辑张庆泰、张东之等。汪之力、董学礼、赵濯华、于毅夫、陈大凡等参加该会筹备工作。

△ 李宗仁电劝张学良送蒋回南京。

12 月 21 日 中共中央书记处为和平解决西安事变电示周恩来：“(一)争取蒋介石、陈诚等与之开诚谈判，在下列基础上成立和平：第一，南京政府中增加几个抗日运动之领袖人物，排除亲日派，实行初步改组；第二，取消何应钦等之权力，停止讨伐，讨伐军退出陕、甘，承认西安之抗日军；第三，保障民主权利；第四，停止‘剿共’政策并与红军联合抗日；第五，与同情中国抗日运动之国家建立合作关系；第六，在上述条件有相当保证时，恢复蒋介石之自由，并在上述条件下，赞助中国统一，一致对日。(二)依上述条件与阎锡山、宋子文、于右任、黄埔左派、二陈派等谈判。(三)对阎锡山迁蒋至山西办法，应表示可以考虑。(四)招致一切愿意和平之人士来西安谈判。(五)招致英、美顾问再来西安，经过他们使英、美赞助和平。(六)巩固西安军事阵地，使尽可能持久，以待政治谈判之成功。(七)对陕、甘之黄埔军官如胡宗南、樊崧甫、董钊等进行接洽。(八)兄应以共产党代表资格公开与蒋、陈、宋、阎、于等基于上述条件谈判调停双方。"周接电后,即根据中共中央建议,同张、杨进行具体磋商。

△　何应钦派其弟何辑五由南京北上,22 日抵济南晤韩复榘。韩称:"本人一切当惟中央是从。"当晚,何转赴北平访宋哲元。

△　刘峙指挥东路军近 10 个师从东面进逼西安,顾祝同指挥西路军 10 个师拟向天水、陇西集中,尔后经宝鸡、凤翔从西面进攻西安。是日,以周恩来为首的中共代表团和张学良、杨虎城共同商定,集中东北军、西北军和红军主力,采取诱敌深入的方针,在西安以东地区和刘峙决战;以一部兵力抗击和钳制顾祝同军东进。26 日至 27 日,红军主力进到庆阳、宁县、合水、正宁地区。

△　青岛市各纱厂工人联合会派代表携带致张学良、杨虎城函,绕道到达西安。函内表示:"停止内战、联合抗日的口号,真是我们每个人内心的要求!"

△　旅津山东同乡会靳云鹏等数十人电兰州于学忠,声称:"西安之变,危及国家","深望联合将士,力挽危局。"同日,吴佩孚电责于学忠附张。

△　国民政府令驻波兰特命全权公使张歆海免职。

△　国民政府派陆军中将邓锡侯为第六路军副总指挥。

△　铁道部为筹筑湘黔铁路,并修理平汉路黄河铁桥,向德国奥脱华尔夫等五公司借款 4000 万元华币,其中 3000 万用于修筑湘黔铁路,1000 万用于修理黄河铁桥,双方在南京签订合同,年息三厘,分 10 年至 12 年偿还,以湘黔铁路之财产及收入为担保。两项工程决于明春同时开工。

△　意大利外长齐亚诺电张学良,谓:"阁下为吾挚友,倘参加共产,即为吾敌。须知中华民国苟无蒋介石将军,则难于自存。"

12 月 22 日　宋子文偕宋美龄、端纳、蒋鼎文、戴笠飞抵西安与张、杨谈判。蒋介石授意宋氏兄妹负责谈判改组政府,三个月后开救国会议，改组国民党，改组国民政府，同意联俄容共等。张、杨与周恩来提出以八项主张为谈判的基础。蒋提出两个条件：一、他本人不出头，由宋氏兄妹代表他谈判；二、商定的条件，他以“领袖的人格”作保证，不作任何书面签字。张、杨、周为尽快达成协议，答应蒋的要求。

△ 宋美龄同张学良商谈，张说：兵谏只是要求委员长同意抗日，绝没有伤害他的意思。并要宋转告蒋介石，“我等实一无要求，不要钱，不要地盘，即签署任何文件，亦非我等所希望”。

△ 毛泽东致函阎锡山，称：“敝方为大局计，不主决裂，亦丝毫不求报复南京，愿与我公及全国各方调停于宁、陕之间，诚以非如此则损失尽属国家，而所得则尽在日本。目前宁军攻陕甚急，愿我公出以有力之调停手段。至于红军，只要南京停止‘剿共’政策，赞同统一战线，一致抗日，并划定适宜之防地，决不向南京管辖境内进攻。”

△ 西北各界救国联合会提出同南京谈判的六项基本条件：一、立即停止内战之挑衅，中央军退出潼关；二、改组南京政府，驱逐一切亲日分子及不抵抗主义者；三、南京政府即刻动员军队赴绥援战，尤须积极拨空军参加；四、改组南京军事委员会，另组抗日联军总司令部；五、民众须享受一切集会、结社、言论、出版等自由权利，并即刻释放上海被捕爱国七领袖及一切政治犯；六、召集全国救国会议，首先于西安召集预备会议。

△ 平、津各救亡团体代表邹大鹏到西安谒见张学良、杨虎城，报告平、津各救国团体的工作情形，及对西北抗日救国运动的殷切期望。

△ 冯钦哉就渭北“讨逆军”司令职，率部向渭南推进，中央军抵固市镇，与渭南东北军、西北军隔河对峙，发生炮战。

△ 宁夏七营、固原与平凉间东北军已南下，红军由预旺堡向陕西省西北部转移。

△ 汪精卫自意大利热那亚乘德船“波资丹号”启程返沪。临行前发表谈话，谓：“中央有电催促，故即首途，西安事变而言御侮，直所谓南辕而北辙。”

△ 国民政府公布《民国二十六年京赣铁路建设公债条例》，该项公债定额国币1400万元，用以展筑京赣铁路自宣城至贵溪段工程，年息六厘，20年还清。

12月23日 宋子文代表蒋介石与张学良、杨虎城正式开始谈判，周恩来作为中共全权代表参加。首由周代表中共及红军提出和平解决事变的六项主张：一、停战，撤兵至潼关外；二、改组南京政府，排逐亲日派，加入抗日分子；三、释放政治犯，保障民主权利；四、停止"剿共"，联合红军抗日，共产党公开活动（红军保存独立组织领导。在召开民主国会前，苏区仍旧，名称可冠抗日或救国）；五、召开各党、各派、各界、各军救国会议；六、与同情抗日国家合作。并声明：以上六项只要蒋接受并保证实行，中共、红军赞助他统一中国，一致对日。宋个人同意，承认转达蒋。

△ 宋美龄会晤周恩来，周一再申明：在中国目前阶段，除了蒋委员长之外，别人谁也没有资格成为国家的领袖，并表示：我们不是说委员长不抗日，我们只是说他在抗日问题上态度不够明朗，行动不够迅速。

△ 下午，宋子文与张学良、杨虎城、周恩来继续谈判，宋首先提出先组织过渡政府，三个月以后再改造成抗日政府，目前先将何应钦、张群、张嘉璈、蒋鼎文、吴鼎昌、陈绍宽赶走，推孔祥熙为行政院长，宋子文为副院长，及财政、外交、内政、军政、海部、铁道、交通、实业、教育各部部长人选，张、杨、周提议宋庆龄、杜重远、沈钧儒、章乃器等人入行政院（讨论后改杜、沈、章为次长）；宋提议由蒋下令撤兵，蒋即回京，到后再释放爱国七领袖，张、杨、周坚持中央军先撤出潼关，爱国领袖先释放。张、杨、周提议在过渡政府时期，西北联军先成立，次东北军、第十七路军、红军成立联合委员会，受张领导，进行抗日准备，实行训练补充，由南京负责接济。宋答此事可转蒋。

△ 万耀煌部集中咸阳，与冯钦哉军取得联络，大举向西安进迫，是晨与张学良东北军激战于渭南东之孝义附近。次日，东路"讨逆军"

一部自赤水向南绕道抵渭南西部联络冯钦哉部，包围渭南。

△ 宋哲元、韩复榘通电主张对西安事变和平解决，并称："目前急务，约有三大原则：第一、如何维持国家命脉？第二、如何避免人民涂炭？第三、如何保护领袖安全？"提议"由中央召集在职人员，在野名流，合谋万全无遗之策"。

△ 日本首相广田在枢密院会议报告，对西安事变决采不干涉方针。"倘国府与张学良以容共为妥协条件，日本则断然抨击"。

△ 西安事变发生后，中共中央电令西路军在永昌地区休整，伺机东进，向驻兰州的东北军靠近，以便返回黄河以东。是日，西路军军政委员会主席陈昌浩复电中央，认为接通新疆取得国际援助已无问题，不同意东进。24日，中央军委致电西路军，指出，从整个战略考虑，"西路军以东进为有利"，陈仍未认真考虑。30日，西路军占领临泽。

△ 国民政府公布《最低工资法》，规定"成年工以维持其本身及足以供给无工作能力亲属二人之必要生活为准"。

△ 行政院代院长孔祥熙在南京接见英、意、日各国驻华大使，说明西安事变情况。

△ 国民党中央常会议决：一、中政会主席、副主席未回京以前，推林森委员代理；二、推居正委员为中央常务委员；三、推居正代理中常会副主席。

△ 国民政府任命朱家骅兼浙江全省保安司令，原任黄绍竑免职。

△ 保定河北省第四监狱囚犯越狱，万福麟及冯治安两部协力镇压，逃走十余名，未逃出之人犯16名于24日在保定北关枪决。

12月24日 上午，宋子文、宋美龄代表蒋介石与张学良、杨虎城、周恩来谈判，达成释放蒋介石，和平解决西安事变之《西安协定》：一、孔、宋组行政院，肃清亲日派；二、中央军撤兵调离西北；三、蒋允许回后释放爱国领袖；四、苏维埃、红军仍旧。两宋担保停止"剿共"，并可经张手接济。抗战发动，红军改番号，统一指挥，联合行动；五、开放政权，召集救国会议；六、分批释放政治犯；七、抗战发动，中共公开；八、联俄，与英、美、法联络;九、蒋回后通电自责,辞行政院长职。

△ 下午,宋子文同周恩来谈判。宋要求中共作他抗日、反亲日派的后盾,并专派人驻沪与他秘密接洽,提出暂不开国民代表大会,先开国民党的会议,改组国民党,开放政权,释放政治犯之办法待回后同孙夫人商量。答应南京政府每月拨给红军、苏区50万元经费。

△ 晚,周恩来会见蒋介石,向蒋说明中共抗日救国的政策以及西安方面的意图,并指出目前形势是民族危机极端严重,非抗日无以图存,非团结无以救国,坚持内战,只有加速灭亡,要蒋改变"攘外必先安内"政策,停止内战,一致抗日。蒋表示:一、停止剿共,联红抗日,统一中国,受他指挥;二、由宋子文、宋美龄、张学良全权代表他与周解决一切;三、他回南京后,周可直接去谈判。

△ 晚,张学良邀集王以哲、何柱国、董英斌等东北军将领到公馆,宣布他亲自陪送蒋介石回南京,向中央请罪,以恢复蒋介石的威信,然后回西安共商抗日大计,并嘱咐王等:关于东北军,听命于于学忠;关于抗日联军总部之事,听命于杨虎城;有问题时多和周恩来商量。

△ 蒋鼎文携蒋介石撤兵手谕飞返洛阳,一面电话报告代行政院长孔祥熙、军政部长何应钦,一面即由蒋坚忍偕蒋鼎文飞赴华县前线以蒋之手谕传示各将领,双方各部均撤退1000米,以免冲突。

△ 驻华日使川樾访何应钦,对蒋在西安之安全近况表示关切,并探询讨张军事。何告:"本人唯知遵循中央既定方针办理。"

△ 顾祝同由洛阳抵太原转宁夏指挥西路"讨逆"军事。

12月25日 下午5时半,蒋介石由张学良护送离开西安飞抵洛阳。下午2时半,张学良、杨虎城见蒋介石。蒋于榻前对张、杨训示,谓:"此次西安事变,实为中国五千年来历史绝续之所关……今日尔等既以国家大局为重,决心送余回京,亦不再勉强我有任何签字与下令之非分举动,且并无任何特殊之要求,此不仅我中华民族转危为安之良机,实为中华民族人格与文化高尚之表现。"并谓:"此次事变之造因,即自我自己疏忽而起……余抚躬自问,实无以对党国,无以对人民,不能不向中央与国民引咎请罪……尔等二人是直接带兵之将官，当然应负责任，应听中央之裁处。”

△　东北军和第十七路军高级将领联名致函宋子文，表示商定条件必须有蒋介石的签字，中央军必须首先撤至潼关以东才能放蒋，否则虽张、杨答应，也誓死反对。蒋、宋大惊，要求张学良尽早放蒋。宋并到新城见杨虎城及诸将领，反复说明蒋不回南京，任何一条皆难实行。下午，张、杨释蒋，张亲自陪蒋飞洛阳。临行，张写手令交杨，令东北军由于学忠统帅，归杨虎城指挥。蒋在飞机起飞前对杨表示具体意见：“（一）明令中央入（潼）关之部队于25日起调出潼关；从本日起如再有内战发生，当由余个人负责。（二）停止内战，集中国力，一致对外。（三）改组政府，集中各方人才，容纳抗日主张。（四）改变外交政策，实行联合一切同情中国民族解放之国家。（五）释放上海各被捕领袖，即下令办理。（六）西北各省军政，统由张、杨两将军负其全责。”

△　全国民众庆祝蒋介石离开西安飞抵洛阳。南京中央广播电台将此消息向全国及海外播放，首都及各地报社发放“号外”，京、沪、苏、浙、闽、赣、武汉、平、津、青岛、芜湖、粤、港、山西、川、滇、黔等地民众闻讯，欢声雷动，燃放鞭炮，上街游行，热烈庆祝。

△　抗日联军临时西北军事委员会秘书长吴家象发表广播讲话，说明张、杨同蒋谈判情形及张送蒋去洛经过，称蒋已“完全容纳”张、杨以及西北大众“关于抗日的一切要求”。

△　杨虎城、马占山、何柱国、王以哲等通电声明蒋介石已“由副座恭谨陪送洛阳”，蒋“对于副司令及虎城等救国主张已表完全容纳”。

△　周恩来、博古致电中共中央报告与宋子文、宋美龄谈判结果和见蒋介石情况，略称：“宋表示要我们为他抗日、反亲日派后盾，并派专人驻沪与他秘密接洽。”“蒋在此表示确有转机，委托子文确具诚意，子文确有抗日决心与改院布置。故蒋走张去虽有缺憾，但大体是转好的。”“蒋临行时对张、杨说：今天以前发生内战，你们负责；今天以后发生内战，我负责。今后我绝不剿共。我有错，我承认；你们有错，你们亦须承认。”

△　刘湘致电蒋介石表示慰问，并派代表傅常、刘航琛去南京谒蒋。

△　国民政府公布《劳动契约法》，凡五章 34 条；公布修正《公务员考绩法施行细则》，凡 20 条。

12 月 26 日　午，蒋介石由洛阳飞抵南京，国民政府主席林森暨各院、部、会等党国要人到机场迎接。随后，张学良与宋子文陪同由洛阳飞南京。至此，西安事变和平解决。当晚蒋介石发表书面谈话，声称："余对西安事变之见解，已见余今日发表之在西安对张、杨二人之训话中，现在一切均应听中央之决定。余身为统帅，率导无方，至生此事变，深觉负疚。"

△　宋子文、张学良由洛阳乘机于下午 2 时 10 分抵南京。张一下车，即被送至宋子文私邸加以软禁。蒋并派人示意张写"请罪书"。张遂函蒋表示来京待罪，称："学良生性鲁莽粗野，而造成此次违犯纪律不敬事件之大罪。兹靦颜随节来京，是以至诚愿领受钧座之责罚，处以应得之罪。振纲纪，警将来，凡有利于吾国者，学良万死不辞。"蒋将此函交国民政府军委会。

△　中央军第四十六军军长樊崧甫和张学良部第五十七军长缪澂流在陕西赤水会见，分别下令撤军。

12 月 27 日　国民党中央党部暨国民政府各机关在南京举行庆祝蒋介石回京大会。林森任主席并致词，谓："吾人于此西安事变解决后所得之教训，深觉国家无论遭遇任何危难，只须国民万众一心，服从中央，拥护领袖，一切危难，均可迎刃而解。"

△　中共中央向党内发出《关于蒋介石释放后的指示》，指出："蒋介石的接受抗日主张与蒋介石的释放，是全国结束内战一致抗日之新阶段的开始，但要彻底的实现抗日任务，还须要一个克服许多困难的斗争过程。""这个过程的快慢首先决定于抗日派力量的壮大。为此，必须努力扩大全国人民的抗日救亡运动，巩固东北军、西北军与红军的团结，继续推动各地实力派参加抗日，继续督促与逼迫蒋介石实现所允诺

的停止内战,团结对日等条件。”

△ 蒋介石电慰傅作义及绥远前线将士。谓:此次西安事变起,正值前方战事酣烈之际,全体将士不懈不摇,却敌卫国,“特电劳问,益望为国努力,贯彻始终”。

△ 李宗仁、白崇禧电知所属明年元旦成立第五路军,同时取消第四集团军原名。第五路军编制悉照中央规定,设两军、六师、36个团,团长以上军官均派定。国民政府自明年1月份起,每月补助桂省军费40万元。桂军复员、编遣事已竣。

12月28日 蒋介石为西安事变具呈国民党中央、国民政府,引咎自请处分,并请免去本兼各职。29日,国民政府指令“应毋庸议”。国民党中常会决议慰留。同日,蒋再请辞职。30日,中常会决议碍难允准,并给假一月“以资调摄”。

△ 孔祥熙通电卸除代理行政院长职。

△ 全欧华侨抗日救国会、侨商协会、巴黎中国学生会及陈铭枢、方振武等致电南京国民政府,望速释放沈钧儒等七人,以示政府救国之诚意。

△ 阎锡山电南京报告伪匪密集商都,将继续大举侵犯。

△ 清华、燕京、协和、南开、金陵五大学与河北省定县平民教育委员会,合组华北农村建设协进会,会所暂设山东济宁,旨在使大学课程面向农村,训练高级技术人才,改良农村建设。于定县、济宁分设实验区,各职员已由理事会聘定,会长晏阳初,副会长梅贻琦、林可胜,书记翟菊农,代理研究主任林可胜,定县、济宁实验区主任分别为孙伏园、张鸿钧,是日开始工作。

12月29日 国民党中央政治委员会决议:一、张学良亲来都门,束身谢罪,交军事委员会依法办理;二、张学良已悔罪来京,愿受惩处,“讨逆”军事应即停止,“讨逆”总司令及总司令部并应撤销,所有结束事宜,交军政部办理。晚,国民政府发布命令即日停止军事行动,撤销“讨逆军”总司令部及“讨逆军”东西两路集团军总司令部。

△ 周恩来、博古联名致电中共中央报告关于西安事变和平解决后的局势和我们的方针。指出:“西安事变之和平解决,意味着中国的政治生活走入一个新的阶段的开端。”电文分析了事变和平解决后的阶级力量的分化情况,并提出了“打击亲日派、巩固以西北为中心之左派,影响与吸收中派”的方针。

△ 国民党中常会决议:定于二十六年 2 月 15 日举行第五届中央执委会第三次全体会议。

△ 抗日联军临时西北军事委员会训令甘、陕两省政府,指示救亡工作四点:一、认真组织民众;二、军民切实合作;三、严肃整饬吏治;四、加紧训练团队。

△ 汉奸程国瑞、王虎臣受日关东军命由长春秘密潜返天津日租界,主持在河北各县招募伪军三师,秘运察北,供日方编入伪蒙军。程谋独成一军,称“防共救国军”,其参谋长王虎臣已由通州返津。是日,程赴张北,与日特务机关长接洽,所募伪军集结商都一带听候点验。

△ 华北水利委员会全体大会通过:一、拟于河北省各大河源处建坝蓄水,借缓涌急,以资灌溉案,决函察、冀、晋三省府会商;二、官厅水库工程计划,请经委会核定施行。

12 月 30 日 成都事件以国民政府向日本政府道歉、赔偿、惩凶而告解决。是日,外交部照会日驻华使馆称:“省会警备司令蒋尚朴及公安局长范崇实究属疏于防卫,中国政府已将该二员免职;又警备司令部营长曹午堃、公安局科长郑介雄等也分别予以处分,本事件之首犯刘成先、苏得胜业已处死刑,其他凶犯岑群、王述清、彭定宅、刘子云等也分别处以徒刑。”中国政府给予日方死者遗族及伤者恤金 98.8871 万元。

△ 北海事件解决。外交部照会日使馆代表中国政府向日本政府深致歉意,并称本事件之凶犯业已视情节之轻重分别予以处分,中国政府对该日商中野顺三之遗族给与抚恤金三万元。同日,日使馆复照国民政府外交部,认为本事件已经解决。

12 月 31 日 国民政府令:行政院仍由蒋介石院长继续执行职权,

主持大计；同日，又令终止军事委员会由副委员长及常务委员负责案。

△　下午，蒋介石具呈国民政府请予特赦，并请责令张学良“戴罪图功，努力自赎”。

△　国民政府军事委员会派李烈钧为审判长，朱培德、鹿钟麟为审判官，组成高等军事法庭会审张学良，10时开庭审判，以“首谋伙党，对于上官为暴行胁迫”之罪名，判处张有期徒刑10年，褫夺公权五年。次年1月1日，国民政府明令颁布。

△　国民政府令李烈钧为陆军上将。

△　刺汪精卫案经一年余侦察审理，是日在南京地方法院宣判：主犯张玉华、贺坡光以危害民国为目的而组织团体，各处有期徒刑七年，褫夺公权七年，四本违禁刊物没收；张玉华、贺坡光、刘书容、李怀成、项中霖、卢庆麟等关于杀人部分，移送地方法院。

是月　陆费逵、舒新城主编《辞海》由中华书局出版，共收单字1.3万余个，词目十万余条。

△　国民政府以“拥护张、杨主张罪”查禁各地进步刊物二十七八种。

是年　新疆省督办盛世才和苏联签订《聘请苏联专家待遇合同》，于是大批苏联顾问、专家来到新疆。与此同时，盛为了取得苏联援助，提出“反帝、亲苏、民平（民族平等）、清廉、和平、建设”六大政策，标榜以马克思列宁主义原则为依据，“发展新经济，创造新政治，发展新文化”，并悬挂自制的六星旗。

△　春，抗联第一军由东北人民革命第一军改编，军长兼政委杨靖宇，政治部主任宋铁岩，该军下辖两个直属教导团和三个师，活动于盘石、双阳、伊通、永吉等地。

△　1929年至是年，国民政府查禁文艺书籍309种。是年1月至3月查禁报刊92种。

△　四川饥民十余万人，以树皮为食。安徽六安县饿死数千人。苏北淮阴、泗阳等县瘟疫流行，黑热病患者甚多。浙、豫蝗灾，皖、鄂亢旱，灾情均重。

△ 全国工农业总产值 306.12 亿元，其中工业(包括矿业)总产值约 106.89 亿元，近代工业(包括全部矿业)总产值 33.19 亿元，占工农业总产值的 10.8%。手工业总产值约 73.71 亿元，占工农业总产值的 20.5%。航空、水运、铁路、汽车、人力车、搬运、电信、邮政等总收入 13.5 亿元，其中属于近代企业经营的约占 51%，属于个体经营的占 49%。

△ 本年度国库收入总额为 19.8695553964 亿元；支出总额为 18.9397650049 亿元。国家普通岁入、岁出预算及追加数各为 13.3487329063 亿元。

△ 据海关统计，本年度全国输出为 7.05741403 亿元。输入为 9.41544738 亿元。入超 2.35803335 亿元。

△ 据海关统计，本年度输入我国之农产品价值计为 2.61814396 亿元；矿产品 2.02533574 亿元；工业品 4.77196768 亿元。我国输出之农产品价值为 5.32720810 亿元；矿产品 6975.6735 万元；工业品 1.03263858 亿元。

△ 本年黄金进口数量为 246.6959 万元，出口为 4308.6563 万元。白银进口为 471.3482 万元，出口为 2.54336763 亿元。

△ 从 1927 年至是年，国民政府发行国内公债 22.68 余亿元，比北洋军阀 15 年间发行公债 6.2 亿元，多出将近四倍。

△ 全国共有铁路总长 1.9028 万公里。

△ 中央、中国、交通、中国农民四大银行吸收存款 26.7 亿元。四行在全国 164 家中国资本银行中的比重已经达到：实收资本占 42%；资本总额占 59%；发行兑换券占 78%；纯益占 44%。

△ 全国棉花种植面积 5621.0472 万亩(旧亩)，皮棉产量 1446.8288 万担(旧担)。全国经委会所属棉业统制委员会在苏、鄂、豫、陕、青等各省推广美棉 267.6025 万亩，亩产皮棉 25 斤，该新种皮棉一担较国产棉价格高出四元。

△ 据全国纱厂联合会调查，全国纱厂纺锭总数华商为 282.492

万枚，日商为248.7943万枚。华商纱厂纱锭54%集中在上海、天津、无锡、青岛四地，上海一地占40%。

△ 据《中国经济统计年报》统计，是年全国华商纺织厂92家，其中倒闭13家，减工者14家，停工者24家。全国火柴厂由142家减为88家。

△ 全国棉纺机达510万锭，织机5.8万台，其中日本资本拥有的纺锭占41.8%，织机占49.5%。农民纺制土纱130万担。土布和改良土布年产3.7亿匹。

△ 据东亚研究所统计：至是年底，日本向华北地区的各种直接间接投资4.32604亿元，占日本对华投资总额9.93478亿元的43.5%。其中：工矿业1.95778亿元，金融业1.2608亿元，商业6412.3万元，交通通讯业3241.9万元，仓库、不动产及建筑业1988.9万元，公共事业632.8万元，农牧水产业366.8万元，其他为779.2万元。

△ 外国在华设立的各种类型工厂820余家(不含日本占领下的东北)，其中日本在关内的工厂为543家。

△ 据估计，是年全国省地税收5.34亿元，大部分是田赋正额及其附加。关、盐、统三税合计占国民政府岁入总额的64%。

△ 上海英商耶松船厂与英商瑞熔船厂合并成立英联船厂，资本扩充到1400万元，成为上海最大的船厂。

△ 六合硫酸铵厂全部竣工，包括硫酸厂、合成铵厂及永利煤气厂等。出品硫酸铵年产量约五万吨。

△ 陕西酒精厂建成，内分酒精厂、榨油厂、洋铁筒厂等四厂，全部资本150万元。

△ 大成纺织染公司经理刘国钧与汉口震寰纱厂股东商定合作办法：由大成出资36万元，震寰以机器折价24万元，工厂交与大成公司经营，改为汉口大成三厂，定期六年。年底，大成公司增加资本至400万元，订购了最负盛誉的瑞士里特纱锭3.2万枚，布机1008台，并将汉口大成三厂改名为大成四厂，另在常州东门外筹建大成三厂。